令和5年3月申告用

医療費控除と住宅借入金等特別控除の手引

各種住宅税制を網羅した確定申告時の必読書!!

今井慶一郎
鈴木憲太郎 共編

一般財団法人 大蔵財務協会

は じ め に

　確定申告においては，医療費控除や住宅に関する控除を適用される方が多く，実務において多くの質疑が寄せられています。

　特に，令和4年度の税制改正においては，令和4年から令和7年に入居する方の住宅借入金等特別控除について，大幅な改正が行われています。

　こうした中，本書は，第1部に「医療費控除関係」，第2部に「(特定増改築等) 住宅借入金等特別控除関係」，第3部に「住宅耐震改修特別控除・住宅特定改修特別税額控除・認定住宅等新築等特別税額控除関係」と構成し，ご自身が適用する制度が一目で確認していただけるようにしています。

　また，各部を「解説編」，「質疑応答編」及び「資料編」に分けて構成し，制度の概要については「解説編」を，具体的な質疑については「質疑応答編」を確認していただくことによって，初めての方でも制度の内容を理解していただけるように配意しました。

　本書が税の専門家だけでなく，多くの納税者の方々や金融機関など関係者の方々の正しい制度の理解の一助となれば幸いです。

　なお，本書は，休日等を利用して執筆したものであり，文中意見にわたる部分は，個人的見解に基づくものであることを念のため申し添えます。

　　令和4年12月

今　井　慶一郎

鈴　木　憲太郎

［凡　例］

1　本書中において引用する法令等の略称は，次のとおりです。

所法………………………………所得税法

所令………………………………所得税法施行令

所規………………………………所得税法施行規則

基通………………………………所得税基本通達

措法………………………………租税特別措置法

震災特例法………………………東日本大震災の被災者等に係る
　　　　　　　　　　　　　　　　国税関係法律の臨時特例に関す
　　　　　　　　　　　　　　　　る法律

平成15年所法等改正法…………所得税法等の一部を改正する法
　　　　　　　　　　　　　　　　律（平成15年法律第8号）

平成21年所法等改正法…………所得税法等の一部を改正する法
　　　　　　　　　　　　　　　　律（平成21年法律第13号）

平成28年所法等改正法…………所得税法等の一部を改正する法
　　　　　　　　　　　　　　　　律（平成28年法律第15号）

平成29年所法等改正法…………所得税法等の一部を改正する等
　　　　　　　　　　　　　　　　の法律（平成29年法律第4号）

措令………………………………租税特別措置法施行令

震災特例令………………………東日本大震災の被災者等に係る
　　　　　　　　　　　　　　　　国税関係法律の臨時特例に関す
　　　　　　　　　　　　　　　　る法律施行令

措規………………………………租税特別措置法施行規則

震災特例規則……………………東日本大震災の被災者等に係る
　　　　　　　　　　　　　　　　国税関係法律の臨時特例に関す
　　　　　　　　　　　　　　　　る法律施行規則

措通………………………………昭和55年12月26日付直所3—20
　　　　　　　　　　　　　　　　ほか1課共同「租税特別措置法
　　　　　　　　　　　　　　　　に係る所得税の取扱いについ
　　　　　　　　　　　　　　　　て」（法令解釈通達）

震災特例通 …………………………	平成23年12月22日付課個2—32ほか1課共同「東日本大震災の被災者等に係る国税関係法律の臨時特例に関する法律関係通達（所得税編）の制定について」（法令解釈通達）
新型コロナ税特法 ………………	新型コロナウイルス感染症等の影響に対応するための国税関係法律の臨時特例に関する法律
新型コロナ税特令 ………………	新型コロナウイルス感染症等の影響に対応するための国税関係法律の臨時特例に関する法律施行令
新型コロナ税特通 ………………	令和2年6月29日付課個2－14ほか1課共同「新型コロナウイルス感染症等の影響に対応するための国税関係法律の臨時特例に関する法律関係通達（所得税編）の制定について」（法令解釈通達）
医薬品医療機器等法 ……………	医薬品，医療機器等の品質，有効性及び安全性の確保等に関する法律

2 本書は，令和4年12月1日現在の法令・通達等によっています。
　なお，本書における表記は，法令改正後の用語によっています。

3 令和4年分とは，令和4年1月1日から令和4年12月31日までの期間に係る年分をいいます。

〔目　次〕

第1部　医療費控除関係

解　説　編

1　医療費控除の内容及び控除額……………………………………5

2　控除の対象となる医療費の範囲…………………………………6

3　医療費を補塡する保険金等………………………………………8

4　医療費控除を受けるための手続…………………………………10

5　セルフメディケーション税制による医療費控除の特例………11

6　セルフメディケーション税制を受けるための手続……………11

質疑応答編

第1　医師又は歯科医師による診療等の対価

1　高価な材料を使用した歯の治療費………………………………17

2　歯列を矯正するための費用………………………………………17

3　妊婦の定期検診のための費用……………………………………18

4　不妊症の治療費・人工授精の費用………………………………18

5　人工透析の費用……………………………………………………19

6　妊娠中絶の費用……………………………………………………19

目　　次

7　自閉症の治療費……………………………………………………19

8　人間ドックの費用…………………………………………………20

9　PCR検査費用………………………………………………………20

10　メタボリックシンドロームに係る特定健康診査の費用…………21

11　特定保健指導に基づく運動施設の利用料…………………………22

12　動機付け支援として行われる特定保健指導の指導料……………22

13　ホクロの除去費用…………………………………………………23

14　ケロイド部分の皮膚の移殖手術の費用……………………………23

15　無痛分べん講座の受講費用…………………………………………24

16　宗教団体の道場にこもるための費用………………………………24

17　公益財団法人日本骨髄バンクに支払う骨髄移植のあっせんに
　　係る患者負担金……………………………………………………25

18　公益財団法人日本骨髄バンクに支払う末梢血幹細胞移植のあ
　　っせんに係る患者負担金…………………………………………25

19　公益社団法人日本臓器移植ネットワークに支払う臓器移植の
　　あっせんに係る患者負担金………………………………………26

20　母体血を用いた出生前遺伝学的検査の費用………………………27

第2　あん摩マッサージ指圧師等による施術の対価

21　マッサージ代やはり代………………………………………………28

第3　治療等に必要な医薬品の購入費用

22　医薬品の範囲………………………………………………………29

23　かぜ薬の購入費用…………………………………………………29

24　漢方薬やビタミン剤の購入費用……………………………………30

目　次

25 国内において製造・販売が認められる以前の治験薬の購入費用……30

26 Ｂ型肝炎ワクチンの接種費用………31

27 食事療法に基づく食品の購入費用………32

第4 療養上の世話の費用

28 在宅療養の世話の費用………33

29 療養中のため家事を家政婦に頼んだ場合の費用………34

30 親族に支払う療養上の世話の費用………34

31 付添人の交通費や食事代，謝礼………35

32 家政婦紹介所に支払う紹介手数料………35

33 旧措置入所者の施設サービス費………36

34 要介護者が指定介護老人福祉施設等から受ける施設サービス
の費用………37

35 要介護者等が介護サービス事業者から受ける居宅サービス等
の費用………38

36 介護老人保健施設の施設サービス費………41

37 指定介護療養型医療施設の施設サービス費………42

38 介護医療院の施設サービス費………43

39 訪問入浴介護の居宅サービス費………44

40 訪問看護の居宅サービス費………45

41 短期入所生活介護の居宅サービス費………46

42 介護福祉士が行う喀痰吸引等の費用………47

第5 入院等の費用

43 差額ベッド料金………48

8 　　　　　　　　　目　　次

44　入院患者の食事代……………………………………48

45　付添人の食事代………………………………………49

46　入院のための水枕や氷のうの購入費用……………49

47　入院のための寝具や洗面具等の購入費用…………50

48　病院に支払うクリーニング代………………………50

49　病院に支払うテレビ・冷蔵庫の賃借料等…………51

50　献血者に対する謝礼…………………………………51

51　リハビリ専門病院の入院費用………………………51

52　温泉利用型健康増進施設の利用料金………………52

53　連携型施設の利用料金………………………………53

54　指定運動療法施設の利用料金………………………54

第6　医療用器具等の費用

55　注射器の購入費用……………………………………55

56　血圧計の購入費用……………………………………56

57　心臓ペースメーカーの取付け及び電池の交換費用…56

58　療養中に使用する電動ベッドやマットレスの購入費用……57

59　トイレの暖房工事費…………………………………57

60　空気清浄機の購入費用………………………………57

61　歩行練習用の歩行器の購入費用……………………58

62　寝たきりの人のおむつ代……………………………58

63　2年目以降の「おむつ使用証明書」の提出………59

64　ストマ用装具の購入費用……………………………60

65　防ダニ寝具の購入費用………………………………61

66　AEDの購入又は賃貸費用……………………………62

目　次

9

第7　松葉づえや車いす等の費用

67　松葉づえや車いすの購入費用……………………………………64

68　医師による治療のため直接必要な眼鏡の購入費用…………65

69　レーシックに係る費用……………………………………………67

70　オルソケラトロジーによる近視治療に係る費用………………67

71　マスクの購入費用…………………………………………………68

72　かつらの購入費用…………………………………………………69

73　医師による治療のため直接必要な補聴器の購入費用…………69

第8　通院費や旅費等

74　お産のために実家へ帰る旅費……………………………………71

75　通院のためのタクシーの利用料金………………………………71

76　病院に収容されるためのタクシーの利用料金…………………72

77　通所介護及び短期入所生活介護における交通費………………73

78　通所リハビリテーション及び短期入所療養介護における交通費……73

79　病院に収容されるためのヘリコプターの利用料………………74

80　自家用車で通院する場合のガソリン代等………………………74

81　通院のための乗用車を運転してもらった費用…………………75

82　通院のための付添人の交通費……………………………………75

83　患者の世話のための家族の交通費………………………………76

84　長期入院中の人の年末・年始の帰宅旅費………………………76

85　遠隔地の医師の治療を受けるための旅費………………………77

86　遠隔地の医師の治療を受けるための通院費……………………77

87　遠隔地の医師の治療を受けるための宿泊費……………………78

10　　　　　　目　　次

88　海外で診療等を受けるための旅費や宿泊費……………………78

89　湯治の費用……………………………………………………………79

90　転地療養のための費用……………………………………………79

91　ぜんそくを治すための転居費用……………………………………80

第9　支払った医療費

92　未払の医療費…………………………………………………………81

93　借入金で支払った医療費……………………………………………81

94　クレジットカードで支払う医療費…………………………………82

95　入院時の保証金………………………………………………………83

96　海外旅行先で支払った医療費………………………………………83

97　非居住者期間中に支払った医療費…………………………………84

98　特定健康診査と特定保健指導が年をまたがって行われた場合………84

99　医療費の領収書がない場合…………………………………………86

100　健康保険組合等が発行する「医療費のお知らせ」………………86

101　診断書などの作成に係る文書料……………………………………87

第10　生計を一にする親族の医療費

102　共働きの夫婦の一方の配偶者が他の一方の配偶者の医療費を
負担した場合………………………………………………………88

103　青色事業専従者の医療費を事業主が負担した場合………………88

104　同居していない母親の医療費を子供が負担した場合……………89

105　父親の控除対象配偶者である母親の医療費を子供が負担した
場合…………………………………………………………………90

106　生計を一にするかどうかの判定時期………………………………91

目　　次　　　11

107　上京した父親の医療費を妹の夫が負担した場合······················91

108　死亡した父親の医療費···92

109　親族の範囲··93

第11　医療費を補塡する保険金等

110　医療費を補塡する保険金等に当たるもの·························95

111　医療費を補塡する保険金等に当たらないもの·····················96

112　支払った医療費を超える補塡金·································97

113　医療費の支払者と保険金等の受領者が異なる場合·················97

114　医療費を補塡する保険金等の見込控除·························98

115　医療費を補塡する保険金等の金額の按分計算·····················98

116　医療費を補塡する保険金等を返還した場合·······················99

117　高額介護サービス費···99

118　産科医療補償費···100

第12　医療費控除に関する手続について

119　医療費控除の適用を受ける場合の手続（制度改正の概要）··········102

120　確定申告書に添付すべき書類等の拡充···························103

121　「医療費控除の明細書」の記載方法·····························104

122　証明書類の取扱い···105

123　「医療費通知」を添付する場合の留意点·························106

124　「医療費通知」を申告書の添付書類として使用できない場合·······106

125　「医療費通知」に記載のない医療費の支払がある場合·············107

126　医療機関の窓口で医療費の負担がない場合·······················108

127　補塡された金額の「医療費通知」への付記方法·····················110

12　　　　　　　　　　目　　次

128　「医療費通知」に記載された負担額と実際の負担額とが異なる

　　　場合‥‥‥‥‥‥‥‥‥‥‥‥‥‥‥‥‥‥‥‥‥‥‥‥‥‥‥‥‥112

129　記載されている医療費の額がいわゆる10割負担の額である

　　　場合‥‥‥‥‥‥‥‥‥‥‥‥‥‥‥‥‥‥‥‥‥‥‥‥‥‥‥‥‥113

130　「医療費通知」に記載されている医療費のうち「療養を受け

　　　た病院，診療所，薬局等の名称」欄が空欄である場合①‥‥‥‥‥‥114

131　「医療費通知」に記載されている医療費のうち「療養を受け

　　　た病院，診療所，薬局等の名称」欄が空欄である場合②‥‥‥‥‥‥115

132　「医療費通知」上の被扶養者が生計を一にする親族に当たら

　　　ない場合‥‥‥‥‥‥‥‥‥‥‥‥‥‥‥‥‥‥‥‥‥‥‥‥‥‥‥118

133　「医療費通知」データ（XML形式）を活用した確定申告の

　　　概要‥‥‥‥‥‥‥‥‥‥‥‥‥‥‥‥‥‥‥‥‥‥‥‥‥‥‥‥‥119

第1部　資　料　編

資料1　　B型肝炎ワクチン接種費用に係る医療費控除関係通達‥‥‥‥‥123

資料2　　ストマ用装具に係る費用の医療費控除関係通達‥‥‥‥‥‥‥‥125

資料3　　医師による治療上必要な眼鏡の購入費用に係る医療費控

　　　　　除関係文書‥‥‥‥‥‥‥‥‥‥‥‥‥‥‥‥‥‥‥‥‥‥‥‥129

資料4　　温泉利用型健康増進施設の利用料金の医療費控除関係の

　　　　　取扱いについて（情報）‥‥‥‥‥‥‥‥‥‥‥‥‥‥‥‥‥‥132

資料5　　医療費控除の対象となる在宅療養の介護費用の証明関係

　　　　　文書‥‥‥‥‥‥‥‥‥‥‥‥‥‥‥‥‥‥‥‥‥‥‥‥‥‥‥141

　（参考）「医療費控除の対象となる在宅療養の介護費用の証明

目　次　　　　　　　　　　13

について」の一部改正について（事務連絡平成18年12月

25日）・・・150

資料6　指定運動療法施設の利用料金に係る医療費控除関係通達・・・・・・・153

（参考1）　運動健康増進施設認定基準について（平成元年7月

11日健医発第846号改正令和4年3月30日健発0330第

4号）・・155

（参考2）　指定運動療法施設の利用料金に係る医療費控除の取

扱いについて（平成4年7月6日健医発第816号改

正平成18年7月26日健発第0726006号）・・・・・・・・・・・・・・・158

（参考3）　指定運動療法施設の利用料金に係る医療費控除の取

扱いについて（平成4年7月6日健医発第49号改正令

和4年3月30日健健発0330第2号）・・・・・・・・・・・・・・・・・161

資料7　介護保険制度下での指定介護老人福祉施設の施設サービ

スの対価に係る医療費控除関係通達等・・・・・・・・・・・・・・・・・・・・・・・・・171

（参考）　介護保険制度下での指定介護老人福祉施設の施設サー

ビス等の対価に係る医療費控除の取扱いについて（事務

連絡平成18年12月1日）・・・・・・・・・・・・・・・・・・・・・・・・・・・・・・・・・174

資料8　介護保険制度下での介護サービスの対価に係る医療費控

除の取扱いについて（情報）・・・・・・・・・・・・・・・・・・・・・・・・・・・・・・・・・178

（参考）　介護保険制度下での介護サービスの対価にかかる医療

費控除の取扱いに係る留意点について（平成12年11月16

日老振第73号改正平成30年老振発0928第2号・老老発

0928第3号）・・・179

資料9　介護保険制度下での居宅サービスの対価に係る医療費控

除関係通達・・188

14　　　　　　　　　　目　次

　（参考）　介護保険制度下での居宅サービス等の対価に係る医療
　　　　　費控除等の取扱いについて（事務連絡平成28年10月3
　　　　　日）‥‥‥‥‥‥‥‥‥‥‥‥‥‥‥‥‥‥‥‥‥‥193

資料10　指定訪問看護及び指定老人訪問看護の利用料に係る医療
　　　　費控除関係文書‥‥‥‥‥‥‥‥‥‥‥‥‥‥‥‥‥‥202

資料11　おむつに係る費用の医療費控除関係通達‥‥‥‥‥‥‥205

資料11―1　おむつに係る費用の医療費控除の取扱いについて‥‥‥205

資料11―2　おむつに係る費用の医療費控除の取扱い（「おむつ
　　　　　使用証明書」の様式の変更等）について（法令解釈通達）‥‥‥208

資料11―3　おむつに係る費用の医療費控除の取扱い（「おむつ
　　　　　使用証明書」に代えた簡易な証明手続等）について（法令
　　　　　解釈通達）‥‥‥‥‥‥‥‥‥‥‥‥‥‥‥‥‥‥‥213

　（参考）　「おむつに係る費用の医療費控除の取扱いについて」の
　　　　　一部改正について（医政総発0914第1号，障企発第
　　　　　0914第1号，老総発第0914第1号平成30年9月14日）‥‥‥220

資料12　非血縁者間骨髄移植のあっせんに係る公益財団法人日本
　　　　骨髄バンクに支払われる患者負担金の医療費控除の取扱い
　　　　について（法令解釈通達）‥‥‥‥‥‥‥‥‥‥‥‥‥223

資料13　非血縁者間末梢血幹細胞移植のあっせんに係る公益財団
　　　　法人日本骨髄バンクに支払われる患者負担金の医療費控除
　　　　の取扱いについて（照会）‥‥‥‥‥‥‥‥‥‥‥‥‥226

資料14　臓器移植のあっせんに係る公益社団法人日本臓器移植ネ
　　　　ットワークに支払われる患者負担金の医療費控除の取扱い
　　　　について（法令解釈通達）‥‥‥‥‥‥‥‥‥‥‥‥‥238

資料15　入院時生活医療費に係る生活療養標準負担額に対する医

目　　次

療費の取扱いについて……………………………………………………247

（参考１）「医療費の内容の分かる領収証の交付について」等

　　　　　の一部改正について（保発第0929004号平成18年９月

　　　　　29日）……………………………………………………………248

（参考２）　医療費の内容の分かる領収証及び個別の診療報酬の

　　　　　算定項目の分かる明細書の交付について（保発0304第

　　　　　２号令和４年３月４日）………………………………………254

（参考３）　療養病床に入院する高齢者に係る食費及び居住費の

　　　　　負担の見直し（参考図）………………………………………273

資料16　特定健康診査及び特定保健指導に係る自己負担額の医療

　　　　費控除の取扱いについて……………………………………………274

資料17　介護福祉士等による喀痰吸引等の対価に係る医療費控除

　　　　の概要等について（情報）……………………………………………288

資料17―１　厚生労働省事務連絡（介護保険制度関係）………………293

資料17―２　厚生労働省事務連絡（障害者自立支援法等関係）…………302

資料18　法令等に基づき行われる健康の保持増進及び疾病の予防

　　　　への取組を定める告示……………………………………………311

資料19　補聴器の購入費用に係る医療費控除の取扱いについて

　　　　（情報）………………………………………………………………313

資料20　介護保険制度の下で提供される施設・居宅サービス等

　　　　の対価についての医療費控除の取扱い……………………………318

（参考）　給与所得について年末調整を受けた方が，医療費控除

　　　　を受ける場合の申告書の書き方………………………………………319

第2部 （特定増改築等）住宅借入金等特別控除関係

解 説 編

第1 令和4年入居者の住宅借入金等特別控除

1 制度の概要 ……………………………………………………334

2 住宅借入金等特別控除の対象となる住宅の取得等 ………………334

3 一般住宅を取得した場合の住宅借入金等特別控除 ………………339

4 認定住宅を取得した場合の住宅借入金等特別控除 ………………343

5 省エネ基準適合住宅を取得した場合の住宅借入金等特別控除 ……347

6 住宅の増改築等をした場合の住宅借入金等特別控除 ……………351

7 住宅借入金等特別控除の対象となる借入金又は債務 ……………354

8 住宅借入金等特別控除の重複適用 ………………………………355

9 住宅借入金等特別控除の適用が受けられない場合 ………………356

第2 令和3年以前の入居者の住宅借入金等特別控除

1 平成26年から令和3年までの入居者 ………………………………357

2 平成25年入居者（10年目） ………………………………………361

3 平成20年入居者（15年間の特例を選択した者の15年目） ……………361

4 2年目以後の手続 …………………………………………………361

第3 再び居住の用に供した場合の（特定増改築等）住宅借入金等特別控除の手続

Ⅰ 再び居住の用に供した場合の再適用

1 再び居住の用に供した場合の再適用が受けられる方……………………363

2 再び居住の用に供した場合の再適用が受けられない年分……………364

3 再び居住の用に供した場合の再適用を受けるための手続と必
要な書類…………………………………………………………………365

Ⅱ 再び居住の用に供した場合の適用

1 再び居住の用に供した場合の適用が受けられる方……………………368

2 再び居住の用に供した場合の適用が受けられない年分………………369

3 再び居住の用に供した場合の適用を受けるための手続と必
要な書類…………………………………………………………………370

第4 災害により家屋を居住の用に供することができなくなった場合

1 適用期間の特例……………………………………………………………374

2 重複適用の特例……………………………………………………………375

第5 東日本大震災に係る（特定増改築等）住宅借入金等特別控除における措置

1 住宅借入金等を有する場合の所得税額の特別控除等の適用
期間等に係る特例（震災特例法第13条）……………………………376

2 住宅借入金等を有する場合の所得税額の特別控除の控除額
に係る特例（震災特例法第13条の2）………………………………379

令和4年入居者の住宅借入金等特別控除についての質疑応答編

第1　制度の概要

1　令和4年入居者の住宅借入金等特別控除の概要……387

2　新築住宅の取得……389

3　買取再販住宅の取得……390

4　既存住宅の取得……393

5　認定住宅とは……393

6　特定省エネ基準適合住宅とは……394

7　一般省エネ基準適合住宅とは……395

第2　居住要件の判定

8　転勤のために居住できなくなった場合……397

9　郷里に住宅を新築した場合……398

10　非居住者期間中に家屋を購入した場合(1)……399

11　非居住者期間中に家屋を購入した場合(2)……400

12　海外に転勤後再び居住の用に供した場合……402

13　死亡した場合……403

第3　所得金額要件の判定

14　合計所得金額の判定……404

目　次　　　19

第4　取得等の要件の判定

15　所有権移転登記が留保されている場合の家屋の「取得の日」………406

16　生計を一にする親族から住宅を購入した場合………………………407

17　財産分与により住宅を取得した場合…………………………………408

18　財産分与による共有持分の追加取得…………………………………409

19　中古家屋を購入後，地震に対する安全上必要な構造方法に関
　する技術基準又はこれに準ずるものに適合する建物であると証
　明された場合……………………………………………………………410

20　居住の用に供する前に行ったリフォーム……………………………411

21　「家屋の取得等をした後6か月以内に入居する」の意義…………412

22　住宅借入金等特別控除の対象となる増改築等………………………412

23　住宅借入金等特別控除の対象となる大規模の修繕及び模
　様替え……………………………………………………………………414

24　住宅借入金等特別控除の対象となるマンションのリフォーム………415

25　住宅借入金等特別控除の対象となる修繕・模様替えの工事…………416

26　住宅借入金等特別控除の対象となる家屋について行う高齢者
　等が自立した日常生活を営むのに必要な構造及び設備の基準に
　適合させるための修繕・模様替え……………………………………417

27　住宅借入金等特別控除の対象となる家屋について行うエネル
　ギーの使用の合理化に資する修繕・模様替え………………………419

28　住宅借入金等特別控除の対象となる設備の取替え及び取付け
　の工事……………………………………………………………………420

29　増改築等の金額の判定…………………………………………………421

30　他の者が所有する家屋について増改築をした場合…………………422

第5　床面積要件の判定

31　床面積の判定･･･424

32　店舗併用住宅や共有住宅の床面積の判定･･･････････････425

第6　借入金又は債務の範囲

33　敷地の先行購入に係る住宅借入金等の範囲････････････426

34　底地の購入･･427

35　底地の取得及び取得価額の範囲･･････････････････････428

36　基準利率に達しない使用者からの借入金等････････････430

37　共済会等からの社内融資･･････････････････････････････432

38　共済会等からの社内融資が使用者からの借入金とされる場合･･･････433

39　使用者から低額譲渡を受けた場合････････････････････434

40　共済組合からの借入金又は債務･･････････････････････435

41　使用者に代わって住宅の取得等に要する資金の貸付けを行っ
　　ていると認められる一定の法人からの借入金の範囲･･････437

42　利息や事務手数料等の取扱い････････････････････････437

43　機構住宅の割賦金総額に含まれる利息等に相当する金額の取
　　扱い･･･438

44　資金交付日（融資実行日）が金銭消費貸借契約締結日の翌年に
　　なる場合の取扱い･････････････････････････････････････440

第7　借入金の借換え等

45　借入金等を借り換えた場合････････････････････････････442

46　繰上返済又は返済遅延した場合･･････････････････････443

目　　次　　　21

47　親族からの借入金を銀行からの借入金で返済した場合……………444

48　債権譲渡があった場合………………………………………………444

49　債務を承継した場合…………………………………………………446

50　住宅借入金等の借換えを行った場合の住宅借入金等の年末残高……447

第8　割賦償還の方法等

51　割賦償還の方法又は割賦払の方法の意義…………………………450

52　返済等をすべき金額の明示がない場合……………………………451

第9　償還期間等

53　償還期間又は賦払期間の意義………………………………………452

54　据置期間がある場合の償還期間等(1)………………………………453

55　据置期間がある場合の償還期間等(2)………………………………454

56　使用者からの借入金を有する者が退職した場合…………………455

57　繰上返済等をした場合………………………………………………456

第10　連帯債務の借入金等

58　共有の家屋を連帯債務により取得した場合の借入金の額の計
算(1)……………………………………………………………………458

59　共有の家屋を連帯債務により取得した場合の借入金の額の計
算(2)……………………………………………………………………460

60　連帯債務により家屋を取得した場合の各年の年末残高の額の
計算………………………………………………………………………462

61　連帯債務により家屋を取得し単独所有とした場合の借入金の
額の計算…………………………………………………………………463

62 敷地の持分と家屋の持分が異なる場合・・・・・・・・・・・・・・・・・・・・・・・463

63 家屋の持分を有しない場合・・・464

第11 借入金等が家屋の取得対価の額等を超える場合等の年末残高

64 借入金等が家屋の取得対価の額等を超える場合等・・・・・・・・・・・・・・・466

第12 家屋等の取得等の対価の額

65 共有住宅の取得対価の額・・・468

66 共有住宅に一方の共有者のみが増改築を行った場合の増改築

等の費用の額・・469

67 家屋等の取得等の対価の額と割賦事務手数料等・・・・・・・・・・・・・・・・470

68 家屋等の取得等の対価の額と電気設備等の取得対価の額・・・・・・・・471

69 設計料を建築の請負業者以外の建築士に支払った場合・・・・・・・・・・472

70 家屋等の取得等の対価の額と共用部分の取得対価の額・・・・・・・・・・473

71 家屋等の取得等の対価の額と門等の取得対価の額・・・・・・・・・・・・・・474

72 居住用家屋の敷地の判定・・・475

73 敷地の取得対価の額の範囲・・・・・・・・・・・・・・・・・・・・・・・・・・・・・・・・・・・・・・476

74 居住の用に供する部分の敷地の面積・・・・・・・・・・・・・・・・・・・・・・・・・・・・478

75 定期借地権付建物を購入する場合・・・・・・・・・・・・・・・・・・・・・・・・・・・・・・480

76 補助金等・・482

77 補助金等の見込控除・・・483

78 経済的利益の付与・・・484

79 家屋等の取得対価の額等から控除する方法・・・・・・・・・・・・・・・・・・・・・485

目　　次　　　23

第13　店舗併用住宅等の場合の年末残高

80　店舗併用住宅等の年末の借入金等の合計額……………………486

81　店舗併用住宅を新築した場合……………………………………487

第14　（特定増改築等）住宅借入金等特別控除額の計算明細書

82　（特定増改築等）住宅借入金等特別控除額の計算明細書………489

83　（特定増改築等）住宅借入金等特別控除額の計算明細書が必要

な場合………………………………………………………………490

第15　住宅取得資金に係る借入金の年末残高等証明書

84　年末残高等証明書の様式…………………………………………491

85　年末残高等証明書の交付…………………………………………491

86　独立行政法人勤労者退職金共済機構等からの転貸貸付資金に係

る借入金等の年末残高等証明書…………………………………492

87　連帯債務の場合の年末残高等証明書……………………………494

88　家屋等の取得対価等の額が記載されている年末残高等証明書…495

89　共済会等の社内融資の場合の年末残高等証明書………………496

90　年末残高等証明書の発行時期……………………………………497

91　年末残高等証明書の「予定額」…………………………………498

92　借換えや債権譲渡の場合の年末残高等証明書の交付…………499

93　死亡した場合の年末残高等証明書の交付………………………499

94　年末残高等証明書が年末調整に間に合わない場合……………500

第16 居住用財産の譲渡所得の特別控除の特例等の適用を受ける場合の修正申告

95 居住用財産の譲渡所得の特別控除の特例等の適用を受ける場合の修正申告･･501

第17 住宅取得等資金の贈与の特例の適用を受けた場合

96 住宅取得等資金の贈与税の非課税又は住宅取得資金の贈与を受けた場合の相続時精算課税選択の特例の適用を受けた場合の住宅借入金等特別控除の対象となる住宅借入金等の範囲･････････････････････503

第18 居住用財産の買換え等の場合の譲渡損失の損益通算及び繰越控除の特例の適用を受ける場合

97 居住用財産の買換え等の場合の譲渡損失の損益通算及び繰越控除の特例の適用を受ける場合････････････････････････････504

第19 認定住宅の新築等に係る住宅借入金等特別控除の特例

98 認定住宅の新築等に係る住宅借入金等特別控除の特例の概要･･････505
99 住宅用家屋証明書と認定長期優良住宅建築証明書･････････････････506
100 認定計画の取消し･･507

目　次　　25

　第20　認定住宅の新築等に係る住宅借入金等特別控除の
　　　　特例又は住宅借入金等特別控除の控除額の特例を受
　　　　けた場合

101　選択替えに係る更正の請求の可否……………………………509

　第21　新築をした家屋にその後住宅借入金により増改築
　　　　等をした場合

102　重複適用の場合の控除額の計算……………………………510

> ## 令和3年以前の入居者の住宅借入金等特別控除の質疑応答編

第1　住宅借入金等特別控除の概要

1　平成26年4月〜平成30年入居者の住宅借入金等特別控除の概要……515

2　令和元・2年入居者の住宅借入金等特別控除の概要………………516

3　令和3年入居者の住宅借入金等特別控除の概要……………………517

4　「特定取得」，「特別特定取得」の意義………………………………519

5　異なる年中に住宅の取得等に係る対価の額又は費用の額に含ま
れる消費税額等が新消費税率により課されるべき消費税額等であ
る住宅の取得等と，それ以外の住宅の取得等の両方がある場合の
住宅借入金等特別控除額の調整措置………………………………521

6　「特別特定取得」に該当する住宅の取得等の住宅ローン控除
（制度改正の概要）……………………………………………………522

7　同一年における住宅の取得等について，特定取得と特別特定取

得の両方がある場合の住宅借入金等特別控除額‥‥‥‥‥‥‥‥524

8 「特別特例取得」,「特例特別特例取得」の意義‥‥‥‥‥‥‥526

第2 特定増改築等住宅借入金等特別控除

9 適用対象となる者の判定‥‥‥‥‥‥‥‥‥‥‥‥‥‥‥‥528

10 翌年以後に適用対象者の要件を満たさなくなった場合‥‥‥‥‥529

11 高齢者等居住改修工事等の範囲‥‥‥‥‥‥‥‥‥‥‥‥‥‥530

12 一体となって効用を果たす工事‥‥‥‥‥‥‥‥‥‥‥‥‥‥532

13 高齢者等居住改修工事等の金額の判定(1)‥‥‥‥‥‥‥‥‥535

14 高齢者等居住改修工事等の金額の判定(2)‥‥‥‥‥‥‥‥‥535

15 高齢者等居住改修工事等の金額の判定(3)‥‥‥‥‥‥‥‥‥537

16 高齢者等居住改修工事等を含む住宅の増改築等の費用に関し

交付を受ける補助金等‥‥‥‥‥‥‥‥‥‥‥‥‥‥‥‥‥‥538

17 高齢者等居住改修工事等を含む住宅の増改築等の費用に関し

補助金等の交付を受ける場合における控除額の計算‥‥‥‥‥‥539

18 敷地の先行取得に係る住宅借入金等の範囲‥‥‥‥‥‥‥‥‥541

19 死亡時に一括償還をする方法により支払う借入金‥‥‥‥‥‥544

20 断熱改修工事等の範囲‥‥‥‥‥‥‥‥‥‥‥‥‥‥‥‥‥545

21 特定断熱改修工事等の範囲‥‥‥‥‥‥‥‥‥‥‥‥‥‥‥546

22 (特定)断熱改修工事等の金額の判定‥‥‥‥‥‥‥‥‥‥‥548

23 断熱改修工事等を含む住宅の増改築等の費用に関し補助金等

の交付を受ける場合における控除額の計算‥‥‥‥‥‥‥‥‥549

24 特定多世帯同居改修工事等の範囲‥‥‥‥‥‥‥‥‥‥‥‥550

25 特定多世帯同居改修工事等の金額の判定‥‥‥‥‥‥‥‥‥552

26 特定多世帯同居改修工事等を含む住宅の増改築等の費用に関

目　　次　　27

し交付を受ける場合における控除額の計算……………………552

27　特定耐久性改修工事等の範囲…………………………………554

28　住宅借入金等特別控除に関する規定の準用…………………555

第3　年末調整によって控除を受ける場合の手続

29　年末調整によって控除を受ける場合の手続…………………556

再び居住の用に供した場合の（特定増改築等）住宅借入金等特別控除についての質疑応答編

1　再び居住の用に供した場合の適用関係…………………………559

2　住宅借入金等特別控除の適用を受けずに転居した場合……560

3　所得制限により住宅借入金等特別控除の適用がなかった期間

　がある場合…………………………………………………………561

4　転任の命令に伴う転居その他これに準ずるやむを得ない事由……562

5　居住の用に供しなくなった場合の意義………………………563

6　再び居住の用に供した場合の意義（親族の居住）…………565

7　家屋を賃貸の用に供していた場合の意義……………………567

8　2回以上の再居住………………………………………………569

9　居住の用に供しなくなったときの手続………………………570

10　居住の用に供しなくなる日までに届出書を提出しなかった場合……572

11　再び居住の用に供したときの手続(1)【再び居住の用に供した

　場合の再適用】……………………………………………………572

12　再び居住の用に供したときの手続(2)【再び居住の用に供した

　場合の適用】………………………………………………………573

13　再居住年の翌年以後の住宅借入金等特別控除の手続………574

28 目　次

14　再居住の直後に増改築を行った場合……………………………575

災害により家屋を居住の用に供することができなくなった場合についての質疑応答編

1　災害により引き続き居住できなかった場合…………………………579
2　住宅が焼失した場合……………………………………………………580

東日本大震災に係る（特定増改築等）住宅借入金等特別控除についての質疑応答編

1　適用期間の特例………………………………………………………585
2　「居住の用に供することができなくなったこと」の判定（重複
　適用の特例）……………………………………………………………586
3　通常の修繕によっては原状回復が困難な損壊の意義……………588
4　震災後の住宅の増改築等……………………………………………589
5　「居住の用に供することができなくなった」等の判定（住宅の
　再取得等に係る住宅借入金等特別控除の控除額の特例）………590

新型コロナウイルス感染症に係る住宅借入金等特別控除における措置についての質疑応答編

1　増改築等工事後6か月以内に入居できなかった場合………………595
2　適用要件の弾力化を受けるときの手続………………………………596

目　次　　29

第2部　資　料　編

第1　買取再販住宅・既存住宅に関する告示

資料1　地震に対する安全性に係る基準を定める国土交通省告示

（平成14年第271号、平成17年第393号、平成18年第185号）………599

資料2　耐震基準適合証明書を定める国土交通省告示（平成21年

第685号）……………………………………………………………602

資料3　耐震基準適合証明書の発行に関する手続等を定めた国土

交通省通知……………………………………………………………614

資料4　要耐震改修住宅について耐震基準適合証明に係る申請に

関する書類を定めた国土交通省告示（平成26年第430号）………622

資料5　要耐震改修住宅について耐震基準適合を証明する書類を

定めた国土交通省告示（平成26年第431号）………………………632

資料6　買取再販住宅であることを証明する書類を定めた国土交

通省告示（令和4年第423号）………………………………………636

第2　認定住宅に関する告示

資料7　認定長期優良住宅であることを証明する書類を定めた国

土交通省告示（平成21年第833号）…………………………………637

資料8　認定低炭素住宅であることを証明する書類を定めた国土

交通省告示（平成24年第1383号）…………………………………644

第3　省エネ基準適合住宅に関する告示

資料9　（特定）省エネ基準適合住宅に関する基準を定めた国土
交通省告示（令和4年第456号）……………………………651

資料10　（特定）省エネ基準適合住宅であることを証明する書類
を定めた国土交通省告示（令和4年第455号）……………653

資料11　（特定）省エネ基準適合住宅であることを証明する書類
に関する手続等を定めた国土交通省通知……………………664

第4　一般住宅に関する告示

資料12　令和6年1月1日以後，住宅借入金等特別控除の対象と
なる一般住宅であることを証明する書類を定めた国土交通
省告示（令和4年第422号）…………………………………673

第5　居住用家屋の増改築等に関する告示

資料13　居住用家屋の増改築等に係る居室等を定める建設省告示
（平成5年第1931号）…………………………………………674

資料14　バリアフリー改修工事を定める国土交通省告示（平成19
年第407号）……………………………………………………675

資料15　省エネ改修工事を定める国土交通省告示（平成20年第
513号）…………………………………………………………677

資料16　増改築等工事証明書に関する建設省告示（昭和63年第
1274号）…………………………………………………………694

資料17　増改築等工事証明書に関する手続を定めた国土交通省通知……762

目　次　　31

第6　様式・記載例等

資料18　令和04年分（特定増改築等）住宅借入金等特別控除額の
　　　　計算明細書･･833

資料19　（付表）連帯債務がある場合の住宅借入金等の年末残高
　　　　の計算明細書･･837

資料20　住宅借入金等特別控除を受けられる方へ（新築・購入
　　　　用）･･838

資料21　住宅借入金等特別控除を受けられる方へ（住宅の増改築
　　　　用）･･858

資料22　住宅取得資金に係る借入金の年末残高等証明書（モデル
　　　　様式）･･･869

資料23　給与所得者の住宅借入金等特別控除用の記載例････････････870

32　　　　　　　　目　次

第3部　住宅耐震改修特別控除・住宅特定改修特別税額控除・認定住宅等新築等特別税額控除関係

解　説　編

第1　住宅耐震改修特別控除

1　住宅耐震改修特別控除が受けられる方……………………………879

2　住宅耐震改修特別控除の対象となる家屋…………………………881

3　住宅耐震改修特別控除の対象となる耐震改修……………………881

4　住宅耐震改修特別控除の適用を受けるための手続………………882

第2　住宅特定改修特別税額控除

1　住宅特定改修特別税額控除が受けられる方………………………884

2　住宅特定改修特別税額控除の対象となる改修工事………………886

3　住宅特定改修特別税額控除額及びその他工事等特別税額控除

　の計算…………………………………………………………………890

4　控除が受けられない年分……………………………………………899

5　住宅特定改修特別税額控除を受けるための手続と必要な書類……900

第3　認定住宅等新築等特別税額控除

1　認定住宅等新築等特別税額控除が受けられる方…………………904

目　次　　33

2　認定住宅等新築等特別税額控除の対象となる認定住宅等············905

3　認定住宅等新築等特別税額控除額の計算····························906

4　控除が受けられない場合··906

5　認定住宅等新築等特別税額控除を受けるための手続と必要な

書類···907

住宅耐震改修特別控除・住宅特定改修特別税額控除・認定住宅等新築等特別税額控除についての質疑応答編

《住宅耐震改修特別控除についての質疑応答》

1　住宅耐震改修特別控除の適用を受ける場合の手続·················913

2　耐震改修後，その住宅について居住の用に供しなくなった場合····914

3　耐震改修後，その住宅について居住の用に供した場合·············914

4　住宅ローンにより耐震改修を行った場合·························915

5　補助金等の取扱い··915

《住宅特定改修特別税額控除についての質疑応答》

6　太陽光発電設備設置工事··917

7　改修工事等の標準的な費用の額································918

8　改修工事等に要した費用の額が標準的な費用の額を超える場

合の税額控除額··920

9　住宅特定改修特別税額控除を適用した場合の効果···············921

34 目　次

《認定住宅等新築等特別税額控除についての質疑応答》

10　居住の用に供した日の属する翌年分における控除‥‥‥‥‥‥‥923

11　認定住宅等新築等特別税額控除を適用した場合の効果‥‥‥‥‥924

第3部　資料編

資料1　「住宅耐震改修特別控除額・住宅特定改修特別税額控除
　　　　額の計算明細書（平成29年4月1日以後用）」‥‥‥‥‥‥‥927

資料2　「住宅耐震改修証明申請書・住宅耐震改修証明書」に関
　　　　する告示（平成23年6月30日以後の契約）‥‥‥‥‥‥‥‥930

資料3　住宅耐震改修の内容に応じて定める金額に関する告示‥‥‥‥933

資料4　住宅特定改修特別税額控除におけるエネルギーの使用の
　　　　合理化に資する増築，改築，修繕又は模様替を定める件に
　　　　関する告示‥‥‥‥‥‥‥‥‥‥‥‥‥‥‥‥‥‥‥‥‥‥935

資料5　住宅特定改修特別税額控除における高齢者等居住改修工
　　　　事等の内容に応じて定める金額に関する告示‥‥‥‥‥‥‥943

資料6　エネルギーの使用の合理化に資する改修工事の標準的な
　　　　費用の額に関する告示‥‥‥‥‥‥‥‥‥‥‥‥‥‥‥‥‥945

資料7　一般断熱改修工事等が行われた家屋と一体となって効用
　　　　を果たす太陽光の利用に資する設備に関する告示‥‥‥‥‥950

資料8　一般断熱改修工事が行われる構造又は設備と一体となっ
　　　　て効用を果たすエネルギーの使用の合理化に著しく資する
　　　　設備に関する告示‥‥‥‥‥‥‥‥‥‥‥‥‥‥‥‥‥‥‥952

資料9　多世帯同居改修工事等の内容に応じて定める金額に関す

目　次　　35

　　　る告示‥‥‥‥‥‥‥‥‥‥‥‥‥‥‥‥‥‥‥‥‥‥‥‥954

資料10　「認定住宅等新築等特別税額控除額の計算明細書（令和

　　　4年分以降用)」‥‥‥‥‥‥‥‥‥‥‥‥‥‥‥‥‥‥‥956

資料11　認定住宅の構造の区分に応じて定める金額に関する告示‥‥‥957

資料12　長期優良住宅建築等計画に係る認定通知書等‥‥‥‥‥‥958

資料13　認定長期優良住宅建築証明書に関する告示‥‥‥‥‥‥‥961

資料14　耐久性改修工事等の内容に応じて定める金額に関する告

　　　示‥‥‥‥‥‥‥‥‥‥‥‥‥‥‥‥‥‥‥‥‥‥‥‥‥968

第1部

医療費控除関係

解 説 編

解 説 編　　　　　　　　　　　　　　5

1　医療費控除の内容及び控除額

　あなたやあなたと生計を一にする配偶者その他の親族のために，その年中に支払った医療費があるときは，確定申告を行うことで，次の算式で計算した金額を医療費控除として所得金額から控除することができます。

　これを「医療費控除」といいます。

$$\left(\begin{array}{l}支払った \\ 医療費\end{array} - \begin{array}{l}保険金等で補 \\ 塡される金額\end{array}\right) - 10万円 = \begin{array}{l}医療費控除額 \\ （最高200万円）\end{array}$$

　　　　　　　　　　　　　　↑
　　　　　　　　　　　　　　　　総所得金額等が200万円未満
　　　　　　　　　　　　　　　　の方は，その5％相当額

【留意点】

○　あなたが支払った親族の医療費については，その親族が，医療費を支出すべき事由が生じた時又は現実に医療費を支払った時の現況において，あなたと生計を一にする親族である場合には，医療費控除の対象となります。

○　親族の方に所得があっても医療費控除の対象となります。

　あなたと生計を一にする親族に所得があっても，あなたが医療費を負担した場合には，医療費控除の対象になります。

㊟　「親族」とは，あなたからみて，配偶者，6親等内の血族及び3親等内の姻族です。

　未払いとなっている医療費がある方は，実際に支払った年分の医療費控除の対象となりますので，確定申告する年分にご注意ください。

2 控除の対象となる医療費の範囲

医療費控除の対象となる医療費は，次の(1)又は(2)に当てはまるものです。

(1) 次のものの対価のうち，その病状や指定介護老人福祉施設などにおけるサービスの提供状況に応じて一般的に支出される水準を著しく超えない部分の金額

 イ 医師又は歯科医師による診療又は治療

 ロ 治療又は療養に必要な医薬品の購入

 ハ 病院，診療所，指定介護老人福祉施設，指定地域密着型介護老人福祉施設又は助産所へ収容されるための人的役務の提供

 ニ あん摩マッサージ指圧師，はり師，きゅう師，柔道整復師などによる施術

 ホ 保健師，看護師，准看護師又は特に依頼した人による療養上の世話

 ヘ 助産師による分べんの介助

 ト 介護福祉士による社会福祉士及び介護福祉士法（昭和62年法律第30号）第2条第2項《定義》に規定する喀痰吸引等又は同法附則第3条第1項《認定特定行為業務従事者に係る特例》に規定する認定特定行為業務従事者による同項に規定する特定行為

【留意点】

○ イからトに当てはまるものの対価であっても，その病状に応じて一般的に支出される水準を著しく超える部分の金額は，医療費控除の対象とはなりません。

○ 容姿を美化し，又は容ぼうを変えるなどのための費用は，医療費控除の対象とはなりません。

解 説 編　　　　　　　7

○　いわゆる人間ドックなどの健康診断や特定健康診査の費用は，医療費控除の対象とはなりません。ただし，健康診断によって重大な疾病が発見され，かつ，引き続きその疾病の治療を受けるとき，又は特定健康診査を行った医師の指示に基づき一定の特定健康指導を受けるときには，健康診断や特定健康診査の費用も医療費控除の対象となります。

○　治療又は療養に必要な医薬品の購入費用は，医療費控除の対象となりますが，疾病の予防又は健康増進のための医薬品の購入費用は，医療費控除の対象とはなりません。

○　ホの「療養上の世話の費用」には，寝たきり老人の在宅療養の世話の対価として家政婦等に支払う費用も含まれますが，親族に支払う療養上の世話の費用は含まれません。

　　なお，ホームヘルパーを派遣する市町村や介護福祉士などが発行した「在宅介護費用証明書」（資料5参照）のある費用は，医療費控除の対象となりますが，この証明書の発行されていない費用であっても，ホの「療養上の世話の費用」に当てはまるものは，医療費控除の対象となります。

○　助産師に頼んだ場合のお産の介助の対価は，ヘに当てはまり，病院や診療所でお産をした場合の介助の対価は，イに当てはまります。

　　なお，妊婦，じょく婦又は新生児の保健指導の対価も，医療費控除の対象となります。

　　介護保険制度の下で提供される施設，居宅サービス等の対価についての医療費控除の取扱いは，資料20を参照してください。

(2)　次のような費用で，医師等による診療等を受けるため直接必要なもの

イ　医師，歯科医師，あん摩マッサージ指圧師，はり師，きゅう師，
　　柔道整復師等又は助産師（以下「医師等」といいます。）による診療，
　　治療，施術又は分べんの介助（以下「診療等」といいます。）を受け
　　るための通院費・医師等の送迎費，入院・入所の対価として支払う
　　部屋代・食事代等の費用，医療用器具等の購入・賃借・使用のため
　　の費用で，通常必要なもの
ロ　自己の日常最低限の用をたすために供される義手，義足，松葉づ
　　え，補聴器，義歯等の購入のための費用
ハ　身体障害者福祉法，知的障害者福祉法，児童福祉法などの規定に
　　より都道府県又は市町村に納付する費用のうち，医師等による診療
　　等の費用に相当するもの及びイ・ロの費用に相当するもの

【留意点】

○　イの通院費・送迎費，部屋代・食事代等の費用，医療用器具等の
　　購入等のための費用については，①医師等による診療等を受けるた
　　め直接必要でないものや，②通常必要でないものは，医療費控除の
　　対象とはなりません。
　　　また，ロの義手，義足，松葉づえ，補聴器，義歯等の購入のため
　　の費用については，自己の日常最低限の用をたすためのものであっ
　　たとしても，医師等による診療等を受けるため直接必要でないもの
　　は，医療費控除の対象とはなりません。したがって，例えば，医師
　　による治療を受けるため直接必要としない一般的な近視や遠視のた
　　めの眼鏡などの購入費用は，医療費控除の対象とはなりません。

3　医療費を補塡する保険金等

その年中に支払った医療費の総額から差し引く「医療費を補塡する保険

解　説　編　　　　　　　9

金等」には，次のようなものがあります。

(1)　社会保険又は共済に関する法律その他の法令の規定に基づき支給を受ける給付金のうち，医療費の支出の事由を給付原因として支給を受けるもの

〔例〕　健康保険法の規定により支給を受ける療養費，移送費，出産育児一時金，家族出産育児一時金，家族療養費，家族移送費，高額療養費，高額介護合算療養費等

(2)　損害保険契約，生命保険契約又はこれらに類する共済契約に基づき医療費の補塡を目的として支払を受ける傷害費用保険金，医療保険金，入院費給付金など

(3)　医療費の補塡を目的として支払を受ける損害賠償金

(4)　法令の規定に基づかない任意の互助組織から医療費の補塡を目的として支払を受ける給付金

【留意点】

○　保険金等で補塡される金額は，その給付の目的となった医療費の金額を限度として差し引きますので，引ききれない金額が生じた場合であっても他の医療費からは差し引きません。

○　医療費を補塡する保険金等の額が，医療費を支払った年分の確定申告書を提出する時までに確定していない場合は，その保険金等の見込額を支払った医療費の金額から差し引きます。この場合において，後日，その保険金等の確定額とその見込額とが異なることとなったときは，さかのぼってその年分の医療費控除額を訂正します。

○　次のようなものは，医療費を補塡する保険金等には含まれません。

(イ)　死亡したこと，重度障害の状態となったこと，療養のため労務に服することができなくなったことなどに基因して支払を受ける保険

10 　　　　　　　　第　1　部

金，損害賠償金等

㈠　社会保険又は共済に関する法律の規定により支給を受ける給付金
のうち，健康保険法の規定により支給を受ける傷病手当金又は出産
手当金その他これらに類するもの

㈢　使用者その他の者から支払を受ける見舞金等（法令の規定に基づ
かない任意の互助組織から医療費の補塡を目的として支払を受ける給付
金を除きます。）

4　医療費控除を受けるための手続

医療費控除の適用を受けるためには，あなたの住所地等を所轄する税務
署に対して，医療費控除に関する事項を記載した確定申告書を提出する必
要があります。

その際には，「医療費控除の明細書」を確定申告書に添付する必要があ
ります。

ただし，医療費通知（医療費のお知らせ）の原本を添付する場合は，こ
の通知に係る医療費について，医療費控除の明細書への記載を省略するこ
とができます。

㊟　医療費通知とは，医療保険者又は審査支払機関が発行する医療費の額等を
通知する書類で，次の事項が全て記載されたものをいいます。なお，「原本の
添付」とは，確定申告書を e-Tax で提出する場合の一定の電子データ（XML
形式）の添付や，当該電子データを基に国税庁ホームページで公開している
「QR コード付証明細書作成システム」で作成・印刷した書面を含みます。
①被保険者等の氏名，②療養を受けた年月，③療養を受けた者の氏名，④療
養を受けた病院，診療所，薬局等の名称，⑤被保険者等が支払った医療費の額，
⑥保険者等の名称

なお，医療費の領収書は確定申告書に添付する必要はありませんが，確
定申告期限等から５年間，税務署から領収書（医療費通知に係るものを除き

解　説　編　　11

ます。）の提示又は提出を求められる場合がありますので，保管が必要です。

㊟　確定申告書をe-Taxで提出する場合には，医療費通知の添付を省略できます。
省略する場合のその医療費通知については，５年間の保管が必要です。

5　セルフメディケーション税制による医療費控除の特例

　申告する方が健康の保持増進及び疾病の予防への取組として一定の取組
を行っている場合，あなたやあなたと生計を一にする配偶者その他の親族
のためにその年中に支払った特定一般用医薬品等購入費(注)があるときは，
次の算式によって計算した金額を医療費控除の特例として所得金額から控
除することができます。これを「セルフメディケーション税制による医療
費控除の特例」（以下，「セルフメディケーション税制」）といいます。

㊟　特定一般用医薬品等購入費とは，医師によって処方される医薬品（医療用
医薬品）から薬局などで購入できるOTC医薬品（いわゆる市販薬）に転用さ
れた医薬品の購入費及び令和４年以降に購入された医薬品でスイッチOTC医
薬品と同種の効能又は効果を有する一定の医薬品の購入費をいいます。

　　控除の対象となる医薬品は，領収書（レシート）に控除対象となることが
記載されています。

$$\left(\begin{array}{l}\text{支払った特定一般用}\\\text{医薬品等購入費}\end{array} - \begin{array}{l}\text{保険金等で補填}\\\text{される金額}\end{array}\right) - 1万2千円$$

$$= \begin{array}{l}\text{セルフメディケーション}\\\text{税制による控除額（最高8万8千円）}\end{array}$$

「セルフメディケーション税制」と「通常の医療費控除」のいずれかを
選択して適用しますので，セルフメディケーション税制の適用を受ける場
合には，通常の医療費控除は適用できません。

6　セルフメディケーション税制を受けるための手続

　セルフメディケーション税制を受けるためには，あなたの住所地等を所
轄する税務署に対して，セルフメディケーション税制に関する事項を記載

した確定申告書を提出する必要があります。

その際には,「セルフメディケーション税制の明細書」を確定申告書に添付する必要があります。

なお,医薬品購入の領収書は確定申告書に添付する必要はありませんが,確定申告期限等から5年間,税務署から領収書の提示又は提出を求められる場合がありますので,保管が必要です。

【令和4年分の所得税及び復興特別所得税の確定申告】

所得税及び復興特別所得税の確定申告は,毎年1月1日から12月31日までの一年間に生じた全ての所得の金額とそれに対する所得税の額を計算し,申告期限までに確定申告書を提出して,源泉徴収された税金や予定納税で納めた税金などとの過不足を精算する手続です。

令和4年分の確定申告の受付は,令和5年2月16日(木)から令和5年3月15日(水)までですが,還付申告は,令和5年2月15日(水)以前でも行うことができます(税務署の閉庁日(土・日曜,祝日等)は,原則として,税務署では相談及び申告書の受付は行っていません。)。

なお,確定申告書には,マイナンバーの記載及び本人確認書類の提示,又はその写しを添付する必要があります。

㊟ 平成25年から令和19年までの各年分については,東日本大震災からの復興を図るための施策に必要な財源を確保するため,復興特別所得税を所得税と併せて申告・納付することとされています。

【年末調整済みのサラリーマンが医療費控除を受けて還付を受ける場合に必要な書類の例】

○ 給与所得の源泉徴収票(確定申告をする年分のもの)

※ 確定申告書の作成には必要ですが,確定申告書に添付する必要はありま

せん。
- ○ 医療費控除の明細書
- ○ 還付金の振込先，口座番号の分かる書類（申告される方の口座に限ります。）

　㊟　「公金受取口座」を登録されている方は，その登録している口座への振込を選択することができます。

> 　確定申告書の記載例については，319ページの「(参考) 給与所得について年末調整を受けた方が，医療費控除を受ける場合の申告書の書き方」を参照してください。
> 　㊟　医療費控除は，年末調整の際に受けることはできません。

【留意点】
- ○ 住民税についても医療費控除の適用を受けることができます。所得税等の確定申告書を提出すれば住民税の申告書を提出したものとして取り扱われることになっていますので，改めて住民税の申告書を提出する必要はありません。

〈確定申告書の作成について〉
　確定申告書の作成はご自宅のパソコン等から申告書を作成することができる国税庁ホームページ（確定申告書等作成コーナー）が便利です。
　なお，その年分の収入が給与収入，年金や副業等による収入のみであるなど一定の方はスマホ専用画面により申告書の作成ができます。
　スマホ専用画面へのアクセスは，右下のQRコードによるアクセスが便利です。
　㊟　「QRコード」は，株式会社デンソーウェーブの登録商標です。

アクセスはこちらから

質疑応答編

質疑応答編　　　　　　　　　　　　　　　　17

第1　医師又は歯科医師による診療等の対価

1　高価な材料を使用した歯の治療費

問　金やポーセレンなどの高価な材料を使用した場合の歯の治療費は，医療費控除の対象になるのでしょうか。

答　医師や歯科医師による診療や治療の対価であっても，その病状に応じて一般的に支出される水準を著しく超える部分の金額は，医療費控除の対象とはなりません（所令207，基通73—3）。

　歯の治療については，歯の治療のために一般的に使用されている材料を使用するのであれば，その材料の使用について健康保険の適用がないため治療費が高額となる場合であっても，その費用は，医療費控除の対象となります。

　現状では，金やポーセレンなどの材料は，歯の治療材料として一般的に使用されているといえますから，歯の治療のためであれば，医療費控除の対象となります。

2　歯列を矯正するための費用

問　将来の就職や結婚を考慮して歯ならびを矯正するための費用は，医療費控除の対象になるのでしょうか。

答　発育段階にある子供の成長を阻害しないようにするために行う不正咬合の歯列矯正のように，歯列矯正を受ける人の年齢や矯正の目的などから

みて社会通念上歯列矯正が必要と認められる場合の費用は，医療費控除の対象となりますが，容ぼうを美化したりするなどのための費用は，医療費控除の対象とはなりません（所令207，基通73—4）。

3　妊婦の定期検診のための費用

> **問**　出産までの定期検診やそれを受けるための通院の費用は，医療費控除の対象になるのでしょうか。

答　医師による診療等の対価として支払われる妊婦の定期検診の費用は，医療費控除の対象となります（所令207）。また，その定期検診を受けるための通院費についても，通常必要なものであれば，医療費控除の対象となります（基通73—3）。

　なお，出産後の検診の費用についても，健康診断の対価にすぎないものを除き，医療費控除の対象となります（所令207，基通73—7）。

4　不妊症の治療費・人工授精の費用

> **問**　不妊症の治療費や人工授精の費用は，医療費控除の対象になるのでしょうか。

答　医師による診療等の対価として支払われる不妊症の治療費は，医療費控除の対象となります。また，医師の診療等の対価として支払われる人工授精の費用も，医療費控除の対象となります（所令207）。

質疑応答編 19

5　人工透析の費用

問　腎臓病患者の人工透析のための費用は，医療費控除の対象になるのでしょうか。

答　腎臓病患者の人工透析は，病院内で行われる場合と自宅で行われる場合とがありますが，これらの人工透析のための料金や器具等の購入費用は，医師による診療等の対価，又は医師による診療等を受けるため直接必要な医療用器具等の購入費用に当たるので，医療費控除の対象となります（所令207，基通73―3）。

（注）　人工透析については，通常，医療費を補塡するための保険給付を受けることができます。

6　妊娠中絶の費用

問　医師による妊娠中絶の費用は，医療費控除の対象になるのでしょうか。

答　妊娠中絶の費用で，母体保護法に基づいて医師が行う妊娠中絶に係るものは，医療費控除の対象となります（所令207）。

7　自閉症の治療費

問　子供の自閉症の治療費は，医療費控除の対象になるのでしょうか。

答　自閉症の治療が医師による治療として行われ，その治療の対価として

支払われるのであれば，その対価は，医療費控除の対象となります（所令207）。

8 人間ドックの費用

> 問 人間ドックの費用は，医療費控除の対象になるのでしょうか。

答 いわゆる人間ドックその他の健康診断のための費用は，疾病の治療を伴うものではないので，医療費控除の対象とはなりません。

しかし，健康診断の結果，重大な疾病が発見され，引き続きその疾病の治療をした場合には，その健康診断は，治療に先だって行われる診察と同じように考えることもできるので，その健康診断のための費用も，医療費控除の対象に含めることとされています（基通73—4）。

9 PCR 検査費用

> 問 新型コロナウイルス感染症の PCR 検査の費用は，医療費控除の対象になるのでしょうか。

答 (1) 医師等の判断により PCR 検査を受けた場合

　新型コロナウイルス感染症に感染している疑いのある方に対して行う PCR 検査など，医師等の判断により受けた PCR 検査の検査費用は，医療費控除の対象となります。

　なお，医療費控除の対象となる金額は，自己負担部分に限りますので，公費負担により行われる部分の金額については，医療費控除の対象とはなりません。

質疑応答編　21

(2)　上記(1)以外の場合（自己の判断により PCR 検査を受けた場合）

　　単に感染していないことを明らかにする目的で受ける PCR 検査など，自己の判断により受けた PCR 検査の検査費用は，疾病の治療を伴うものではないので，医療費控除の対象とはなりません。

　　ただし，PCR 検査の結果，「陽性」であることが判明し，引き続き疾病の治療をした場合には，その検査は，治療に先立って行われる診察と同様に考えることができますので，その場合の検査費用については，医療費控除の対象となります（基通73―4参照）。

10　メタボリックシンドロームに係る特定健康診査の費用

> 問　メタボリックシンドロームに係る特定健康診査の費用（自己負担額）は，医療費控除の対象となるのでしょうか。

　答　特定健康診査のための費用は，疾病の治療を伴うものではないので，医療費控除の対象とはなりません。

　しかし，その特定健康診査の結果が所得税法施行規則第40条の3第1項第2号イ～ハのいずれかに掲げる状態（高血圧症，脂質異常症又は糖尿病と同等の状態であると認められる基準に該当する人）と診断され，かつ，引き続き特定健康診査を行った医師の指示に基づき特定保健指導が行われた場合には，この特定健康診査のための費用（自己負担額）も，医療費控除の対象となります（所規40の3）（資料16参照）。

22　　　　　　　　　　第　1　部

11　特定保健指導に基づく運動施設の利用料

> 問　メタボリックシンドロームに係る特定健康診査の結果，血糖値と中性脂肪値が高かったことから，特定保健指導（積極的支援）を受けるように指示され，早速，指導を受けました。この指導において，定期的に運動をすべきとのことでしたので，スポーツジムに通うこととしました。
>
> 　この場合，スポーツジムに支払った運動施設の利用料は，医療費控除の対象になるのでしょうか。

答　特定健康診査を行った医師の指示に基づき行われる特定保健指導（積極的支援により行われるものに限ります。）を受ける場合，その特定健康診査の結果が高血圧症，脂質異常症又は糖尿病と同等の状態であると認められる基準に該当する人の状況に応じて一般的に支出される水準の医師による診療又は治療の対価は，医療費控除の対象となります（所規40の3）。

　しかしながら，運動施設の利用料は，医療費控除の対象となる特定保健指導そのものの対価ではありませんし，医師の診療等を受けるために直接必要な費用にも該当しませんから，医療費控除の対象とはなりません（資料16参照）。

12　動機付け支援として行われる特定保健指導の指導料

> 問　メタボリックシンドロームに係る特定健康診査の結果により，特定保健指導として動機付け支援を受け，その指導料を支払いました。
>
> 　この指導料(自己負担額)は，医療費控除の対象になるのでしょうか。

質疑応答編　23

答　医療費控除の対象となる特定保健指導の指導料の自己負担額は，特定健康診査の結果が高血圧症，脂質異常症又は糖尿病と同等の状態であると認められる基準に該当する人に対して，その特定健康診査を行った医師の指示に基づき行われる積極的支援に係るものに限られます（所規40の３）。

　したがって，特定保健指導の指導料であっても，上記の基準に該当しない人に行われる積極的支援に係る指導料や動機付け支援に係る指導料は，医療費控除の対象とはなりません（資料16参照）。

　(注)　特定保健指導の指導料が医療費控除の対象となる場合には，その旨が明示された領収書が発行されます。

13　ホクロの除去費用

問　ホクロを除去するための手術の費用は，医療費控除の対象になるのでしょうか。

答　容姿を美化し又は容ぼうを変えるための費用は，疾病の治療のための費用には当たらないので，ホクロの除去費用は，一般的には，医療費控除の対象とはなりません（基通73―４）。

14　ケロイド部分の皮膚の移殖手術の費用

問　やけどの治療とともに行うケロイド部分の皮膚の移殖手術の費用は，医療費控除の対象になるのでしょうか。

答　やけどの治療とともに行うケロイド部分の皮膚の移殖手術の費用のように，単なる美容の目的（前問参照）のための費用とは異なるものは，原

則として医療費控除の対象となります（所令207）。

15　無痛分べん講座の受講費用

> **問**　無痛分べん講座に出席し，腹式呼吸などの指導を受けました。この講座の受講費用は，医療費控除の対象になるのでしょうか。

答　無痛分べん講座は，妊婦の精神的不安を和らげる効果があるだけでなく，適切な指導の下に正しい腹式呼吸の方法などを会得すれば，安産も期待できるといわれています。しかし，このような講座の受講費用は，医師による診療等の対価として支払われるものではなく，また，医師による診療等を受けるため直接必要な費用でもないので，医療費控除の対象とはなりません（所令207，基通73―3）。

16　宗教団体の道場にこもるための費用

> **問**　ある宗教団体の道場にこもって腰痛の治療をしてもらったところ腰痛が治りました。この道場にこもるための費用は，医療費控除の対象になるのでしょうか。

答　その道場にこもるための費用が，医師又は歯科医師による診療や治療，あん摩マッサージ指圧師，はり師，きゅう師又は柔道整復師による施術の対価若しくはそれを受けるため直接必要な費用に当てはまらない場合には，結果的に腰痛が治ったとしても，医療費控除の対象とはなりません（所令207，基通73―3）。

質疑応答編 25

17 公益財団法人日本骨髄バンクに支払う骨髄移植のあっせんに係る患者負担金

問 公益財団法人日本骨髄バンクに支払う骨髄移植のあっせんに係る患者負担金は，医療費控除の対象になるのでしょうか。

答 白血病，再生不良性貧血，先天性免疫不全症等の患者で，当該傷病の治療のため医師を通じて公益財団法人日本骨髄バンクに患者登録をした者が，その公益財団法人が行う非血縁者間骨髄移植を成立させるための業務に係る経費としてその公益財団法人に対して支払う「患者負担金」は，医師による診療又は治療の対価，医療又はこれに関連する人的役務の提供の対価のうち通常必要と認められるものとして医療費控除の対象となります（資料12参照）。

18 公益財団法人日本骨髄バンクに支払う末梢血幹細胞移植のあっせんに係る患者負担金

問 公益財団法人日本骨髄バンクに支払う末梢血幹細胞移植のあっせんに係る患者負担金は，医療費控除の対象になるのでしょうか。

答 白血病，再生不良性貧血，先天性免疫不全症等の患者で，その治療のため医師を通じて公益財団法人日本骨髄バンクに患者登録をした者が，その公益財団法人が行う非血縁者間末梢血幹細胞移植を成立させるための業務に係る経費としてその公益財団法人に対して支払う「患者負担金」は，非血縁者間骨髄移植のあっせんに係る患者負担金と同様に，医師による診療又は治療の対価，医療又はこれに関連する人的役務の提供の対価のうち

通常必要と認められるものとして医療費控除の対象となります（資料13参照）。

⒡　非血縁者間末梢血幹細胞移植は，非血縁者間の造血幹細胞移植として，
　　従来の骨髄移植に加えて平成22年10月からあっせんが開始されたものです。

19　公益社団法人日本臓器移植ネットワークに支払う臓器移植のあっせんに係る患者負担金

問　公益社団法人日本臓器移植ネットワークに支払う臓器移植のあっせんに係る患者負担金は，医療費控除の対象となるのでしょうか。

答　臓器の機能に重い障害がある者で，その傷病の治療のため医師を通じて公益社団法人日本臓器移植ネットワークに患者登録をした者が，その公益社団法人が行う臓器移植を成立させるための業務に係る経費としてその公益社団法人に対して支払う「患者負担金」は，医師による診療又は治療の対価，医療又はこれに関連する人的役務の提供の対価のうち通常必要と認められるものとして医療費控除の対象となります（資料14参照）。

質疑応答編　　　　　　　27

20　母体血を用いた出生前遺伝学的検査の費用

問　妊婦に対して行う母体血を用いた出生前遺伝学的検査（以下「本件検査」といいます。）の費用は，医療費控除の対象になるのでしょうか。

なお，本件検査は，胎児の染色体数的異常を診断するためのものですが，結果的に染色体の数的異常が発見されたとしても，それが治療につながるものではないとされています。

答　医療費控除については，いわゆる人間ドックその他の健康診断のように疾病の治療を伴わないものはその対象とはなりませんが，健康診断の結果，重大な疾病が発見され，引き続きその疾病の治療をした場合には，治療に先立って行われる診察と同じように考えることもできるので，その健康診断のための費用も医療費控除に含まれます（基通73―4）。

しかし，本件検査は胎児の染色体の数的異常を調べるものであって，本件検査を行った結果，染色体の数的異常が発見されたとしても，それが治療につながらないとされていることから，治療に先立って行われる診察と解することはできません。

したがって，本件検査の費用は，医療費控除の対象となりません。

第2 あん摩マッサージ指圧師等による施術の対価

21 マッサージ代やはり代

> **問** マッサージ代やはり代は，どのような場合に医療費控除の対象となるのでしょうか。

答 治療のためのあん摩マッサージ指圧師，はり師，きゅう師，柔道整復師などの施術の対価として支払うマッサージ代やはり代は，原則として医療費控除の対象となります（所令207）。

　ただし，健康維持のためのマッサージ代やはり代は，医療費控除の対象とはなりません。

質疑応答編   29

第3　治療等に必要な医薬品の購入費用

22　医薬品の範囲

> **問**　治療や療養のために必要な医薬品の購入費用は，医療費控除の対象になるそうですが，この場合の「医薬品」とは，どのような範囲のものをいうのでしょうか。

答　「医薬品」とは，医薬品医療機器等法第2条第1項に規定する医薬品をいいます（基通73―5）。

23　かぜ薬の購入費用

> **問**　薬局や薬店などで市販されているかぜ薬は，医療費控除の対象になるのでしょうか。医師の処方や指示がある場合に限られるのでしょうか。

答　医薬品の購入費用は，治療や療養に必要なものであって，かつ，その病状に応じて一般的に支出される水準を著しく超えない部分の金額であれば，医療費控除の対象となります（所令207）。

　かぜの治療のために使用した一般的な医薬品の購入費用は，医師の処方や指示がなくても医療費控除の対象となります。

24 漢方薬やビタミン剤の購入費用

> 問 漢方薬やビタミン剤の購入費用は，医療費控除の対象になるので
> しょうか。

答 医薬品の購入費用で医療費控除の対象となるものは，治療又は療養に
必要なものに限られています（所令207）。

漢方薬やビタミン剤は，治療又は療養に用いられるほか，疾病の予防や
健康の増進にも効能があるといわれていますが，これらの医薬品の購入費
用について，その費用が治療又は療養に必要なものでない場合は，医療費
控除の対象とはなりません。

(注) 医薬品医療機器等法第2条第1項に規定する医薬品に当てはまらない漢
方薬等の購入費用は，医療費控除の対象とはなりません。

また，医薬品に該当するものであっても，疾病の予防や健康増進のため
のものであれば，その購入費用は医療費控除の対象とはなりません（基通
73—5）。

25 国内において製造・販売が認められる以前の治験薬の購入費用

> 問 国内において製造・販売が認められる以前の多発性骨髄腫の治療
> のためのサリドマイドの購入費用は，医療費控除の対象になるのでし
> ょうか。

答 サリドマイドは，平成20年10月に多発性骨髄腫の治療薬として国内に
おいて製造・販売が認められましたが，それ以前は国内において製造・販

質疑応答編 31

売が認められている承認薬ではなく，厚生労働省の製造承認を得るために臨床試験に用いられる治験薬として，医師の個人輸入により臨床使用されていました。

　しかし，国内において製造・販売が認められる以前のサリドマイドは，実際には医師の個人輸入により多発性骨髄腫の治療に臨床使用されている状況にあったことから，①医師の処方によるものであること，②治療又は診療に必要であること，③その購入の対価がその症状等に応じて支出される水準を著しく超えないもの，という要件を満たす場合に限り，医療費控除の対象とされていました。

26　Ｂ型肝炎ワクチンの接種費用

> **問**　夫がＢ型肝炎になったため，医師に勧められて妻がＢ型肝炎ワクチンを接種した場合の費用は，医療費控除の対象になるのでしょうか。

答　海外旅行をするに際し予防接種を受ける場合の費用のような疾病の予防のための費用は，医療費控除の対象とはなりません。したがって，Ｂ型肝炎ワクチンの接種についても，Ｂ型肝炎の予防のためにのみ行われる場合であれば，それに要する費用は医療費控除の対象とはなりません。

　しかし，Ｂ型肝炎の感染経路の主なものは血液による感染，性的接触による感染及び母子感染であり，Ｂ型肝炎の患者の介護に当たる家族に感染する危険性は非常に高いため，その家族にＢ型肝炎ワクチンを接種することは，医師によるＢ型肝炎の患者の治療の一環として不可欠であるといわれています。

　このようなことから，Ｂ型肝炎の患者の親族（その患者と同居する人に限ります。）のＢ型肝炎ワクチンの接種に要した費用については，医師によ

32　　　　　　　　　　　第　1　部

る診療又は治療を受けるため直接必要な費用として医療費控除の対象とすることとされています（資料1参照）。

　なお，B型肝炎ワクチンの接種に要した費用について医療費控除を受けるためには，当該診断書に記載された親族に対するB型肝炎ワクチンの接種に要した費用であることがわかる領収書に基づき「医療費控除の明細書」に記載し，この明細書を確定申告書に添付するとともに，B型肝炎にかかっており医師による継続的治療を要する旨の記載のある医師の診断書を確定申告書に添付するか，確定申告書を提出する際に提示することが必要とされています。

　㊟　ただし，①診断年月日，②診断書の名称及び③診断者の名称（医療機関等）を「医療費控除の明細書」の欄外余白などに記載することにより，確定申告書への添付等を省略しても差し支えありません。

　　　なお，この場合，添付等を省略した診断書は医療費領収書とともに確定申告期限等から5年間自宅等で保存する必要があります。

27　食事療法に基づく食品の購入費用

> 問　高血圧症のため，医師の指示により，自宅で低カロリー・低塩分の食品による食事療法を行った場合のその食品の購入費用は，医療費控除の対象になるのでしょうか。

答　自宅で行う食事療法のための食品の購入費用は，治療又は療養に必要な医薬品の購入の対価に当たらず，また，医師による診療等を受けるため直接必要な費用にも当たらないので，医療費控除の対象とはなりません（所令207，基通73―3）。

質疑応答編　　　　　　　　　　　　　　　　　　　　　33

第4　療養上の世話の費用

28　在宅療養の世話の費用

> 問　在宅療養の場合に，看護師や保健師以外の人に依頼して療養上の
> 世話を受けるために支出した費用は，医療費控除の対象になるのでし
> ょうか。

答　保健師，看護師又は准看護師による療養上の世話の対価は，医療費控
除の対象となります（所令207）。また，これらの人以外の人で療養上の世
話を受けるために特に依頼した人から受ける療養上の世話の対価も，医療
費控除の対象となります（基通73―6）。この場合，療養の場所については，
病院であるか自宅であるかは問いません。

　したがって，例えば，在宅療養の身体障害者の療養上の世話を家政婦に
頼んだ場合の対価は，医療費控除の対象となります。

(注)1　確定申告の際，療養上の世話の費用については，医療費控除の明細書
　　　の記載のみによっては医療費控除の対象となるものであるかどうか（例
　　　えば，療養上の世話の費用であるか，あるいは家事手伝いの費用である
　　　か）が，必ずしもはっきりしない面があるところから，医療費控除の対
　　　象となることを明らかにするため，厚生労働省から市町村等に対して一
　　　定の証明書を発行するよう要請されています（資料5参照）。

　　　　この証明書は，ホームヘルパーを派遣する市町村等の在宅介護サービ
　　　スの供給主体等が，患者名，傷病名，介護内容，介護費用等を記載して
　　　交付することとされています。

　　2　ただし，①証明年月日，②証明書の名称及び③証明者の名称（医療機
　　　関等）を「医療費控除の明細書」の欄外余白などに記載することにより，

確定申告書への添付等を省略しても差し支えありません。

　なお，この場合，添付等を省略した証明書は医療費領収書とともに確定申告期限等から5年間自宅等で保存する必要があります。

29　療養中のため家事を家政婦に頼んだ場合の費用

> **問**　出産後しばらくは無理ができないので，家政婦を依頼し，子供の世話や家事をしてもらっています。この家政婦に支払う費用は，医療費控除の対象になるのでしょうか。

答　療養上の世話を受けるため特に依頼した人（保健師，看護師又は准看護師の資格がない人でもよい。）に支払う療養上の世話の対価は，医療費控除の対象となります（基通73─6）。したがって，療養上の世話を家政婦に依頼した場合の対価は，医療費控除の対象となります。しかし，子供の世話や家事を依頼した場合の対価は，出産後の療養中であるため自ら家事をすることができなかったとしても，医療費控除の対象とはなりません。

30　親族に支払う療養上の世話の費用

> **問**　入院中の母の付添いをしてくれた娘に対して支払う謝礼は，医療費控除の対象になるのでしょうか。

答　療養上の世話を受けるため特に依頼した人に支払う療養上の世話の対価は，医療費控除の対象となります（基通73─6）。この場合の「特に依頼した人」とは，保健師，看護師又は准看護師等の資格を有する人に依頼することができない状況にある場合に，これらの人に代わる人として特に依

質疑応答編 35

頼した人（原則として家政婦等人的役務の提供を業とする人）をいいますから，労務の提供の対価の支払を前提としない親族に対して支払う謝礼は，医療費控除の対象とはなりません。

31　付添人の交通費や食事代，謝礼

> **問**　入院患者の付添人として頼んだ家政婦の交通費や食事代，謝礼は，医療費控除の対象になるのでしょうか。

答　入院患者の付添いの対価は医療費控除の対象となりますから，その付添人の交通費や食事代が付添いの対価の一部として支払われるのであれば，医療費控除の対象となります（基通73―6）。しかし，例えば，面倒をよくみてくれるという理由で，付添いの対価として支払うもの以外に，時々食事をごちそうするとか，特別の心付けとして謝礼を支払うとかいう場合の支出は，付添いの対価とはいえないため，医療費控除の対象とはなりません。

　(注)　親族が付き添う場合については，問45参照。

32　家政婦紹介所に支払う紹介手数料

> **問**　入院患者の付添人を紹介してもらった対価として家政婦紹介所に支払う紹介手数料は，医療費控除の対象になるのでしょうか。

答　療養上の世話の対価は，医療費控除の対象となります（基通73―6）。家政婦紹介所に支払う紹介手数料は，一般的には，療養上の世話の対価として支払うものではありませんが，療養上の世話をする人を紹介してもら

36 第 1 部

ったことに対する対価として支払う場合の紹介手数料は，医療費控除の対象となります。

33 旧措置入所者の施設サービス費

> **問** 経過措置による指定介護老人福祉施設（特別養護老人ホーム）入所者の施設サービス費に係る自己負担額は，医療費控除の対象になるのでしょうか。

答 介護保険法の施行日（平成12年4月1日）以後の指定介護老人福祉施設（特別養護老人ホーム）の入所対象者は，要介護度1～5の要介護認定を受けた人ですが，介護保険法の施行日に指定介護老人福祉施設に入所している人（以下「旧措置入所者」といいます。）で，「自立」又は「要支援」の認定を受けた人であっても，その指定介護老人福祉施設に入所している間は要介護被保険者とみなされ，介護保険の適用が受けられるという経過措置がとられています。

しかし，この経過措置は，旧措置入所者の利益の保護を図りながら，円滑な介護保険制度の移行を目指すことを目的としたものであり，旧措置入所者の施設サービス費に係る自己負担額は，従来どおり応能負担の考え方に基づき算出されることとなっています。

したがって，「自立」又は「要支援」の認定を受けた旧措置入所者の施設サービス費に係る自己負担額については，療養上の世話等の提供の状況に応じた対価とはいえないことから，医療費控除の対象とはなりません。

質疑応答編　　　37

34　要介護者が指定介護老人福祉施設等から受ける施設サービスの費用

> 問　介護保険制度の下で，指定介護老人福祉施設又は指定地域密着型介護老人福祉施設において要介護者が提供を受ける施設サービスの費用は，医療費控除の対象になるのでしょうか。

答　介護保険制度の下で，指定介護老人福祉施設又は指定地域密着型介護老人福祉施設において要介護者が提供を受ける施設サービスの対価のうち，療養上の世話等に相当する部分の金額については，医療費控除の対象となります（所令207，所規40の3，基通73―6）。

　その施設サービスの対価のうち，どの部分の金額が療養上の世話等の費用に相当するかについては，次の(1)の対象者について提供された(2)の費用の額とすることとされています（資料7参照）。

(1)　対象者……要介護度1から5までの認定を受け，指定介護老人福祉施設又は指定地域密着型介護老人福祉施設に入所する人

(2)　対象費用の額……介護費（介護保険法に指定する「厚生労働大臣が定める基準により算定した費用の額」）に係る自己負担額，食費に係る自己負担額（「指定地域密着型サービスの事業の人員，設備及び運営に関する基準」並びに「指定介護老人福祉施設の人員，設備及び運営に関する基準」に規定する「食事の提供に要する費用」）及び居住費に係る自己負担額（「指定地域密着型サービスの事業の人員，設備及び運営に関する基準」並びに「指定介護老人福祉施設の人員，設備及び運営に関する基準」に規定する「居住に要する費用」）として支払った額の2分の1に相当する金額

　なお，介護保険法では，指定介護老人福祉施設又は指定地域密着型介護

老人福祉施設は「指定介護老人福祉施設等利用料等領収証」を発行することとされていますが，厚生労働省では，医療費控除の対象となる金額を明らかにするため，その領収証に上記(2)の金額を区分して記載するように各指定介護老人福祉施設を指導しています（資料7参照）。

(注)1　「指定介護老人福祉施設」とは，特別養護老人ホーム（入所定員が30人以上であるものに限ります。）のうち，「要介護者に対し，施設サービス計画に基づいて，入浴，排せつ，食事等の介護その他日常生活上の世話，機能訓練，健康管理及び療養上の世話を行うことを目的とする施設」であって，介護保険法の規定により，都道府県知事が指定した施設です。

　　　「指定地域密着型介護老人福祉施設」とは，特別養護老人ホーム（入所定員が29人以下であるものに限ります。）のうち，「要介護者に対し，地域密着型施設サービス計画に基づいて，入浴，排せつ，食事等の介護その他日常生活の世話，機能訓練，健康管理及び療養上の世話を行うことを目的とする施設」であって，介護保険法の規定により，市町村長が指定した施設です。

　　2　各種サービス種別ごとの医療費控除の取扱いについては，資料20参照。

35　要介護者等が介護サービス事業者から受ける居宅サービス等の費用

問　介護保険制度の下で，介護サービス事業者等から要介護者等が提供を受ける居宅サービス等の費用は，医療費控除の対象になるのでしょうか。

答　介護保険制度の下で，介護サービス事業者から要介護者及び要支援者（以下「要介護者等」といいます。）が提供を受ける居宅サービス等（要介護者等が，居宅において受ける，一定のサービスをいいます。）の対価のうち，

質疑応答編　　　　　　　　　　　　　　　39

いわゆる医療系サービス（下記(1)ロに列挙するサービス）及び療養上の世話
に相当する部分の金額については，医療費控除の対象となります（所令
207，基通73－6）。

　居宅サービスの対価のうち，どの部分の金額が療養上の世話の費用に相
当するかについては，次の(1)の対象者について提供された(2)のサービスに
係る(3)の費用の額とすることとされています（資料9参照）。

(1)　対象者……次のいずれも満たす人

　　イ　介護保険法に規定する一定の居宅サービス計画又は介護予防サー
　　　　ビス計画に基づいて居宅サービス，介護予防サービス，地域密着型
　　　　サービス，地域密着型介護予防サービス又は地域支援事業のサービ
　　　　ス（以下「居宅サービス等」といいます。）を受けること。

　　ロ　イの居宅サービス計画又は介護予防サービス計画に，次に掲げる
　　　　居宅サービス，地域密着型サービス又は介護予防サービス（これら
　　　　を医療系サービスといいます。）のいずれかが位置付けられること。

　　【居宅サービス】

　　　　○　訪問看護

　　　　○　訪問リハビリテーション

　　　　○　居宅療養管理指導

　　　　○　通所リハビリテーション

　　　　○　短期入所療養介護

　　【地域密着型サービス】

　　　　○　定期巡回・随時対応型訪問介護・看護

　　　　○　看護・小規模多機能型居宅介護（上記のサービスを含む組合せ
　　　　　　により提供されるもの（生活援助中心型の訪問介護の部分を除きま
　　　　　　す。）に限ります。）

【介護予防サービス】

- ○ 介護予防訪問看護
- ○ 介護予防訪問リハビリテーション
- ○ 介護予防居宅療養管理指導
- ○ 介護予防通所リハビリテーション
- ○ 介護予防短期入所療養介護

(2) 対象となる居宅サービス等……(1)のロに列挙する居宅サービス，地域密着型サービス又は介護予防サービスと併せて利用する次に掲げる居宅サービス等

- ○ 訪問介護（生活援助が中心である場合を除きます。）
- ○ 訪問入浴介護
- ○ 通所介護
- ○ 短期入所生活介護
- ○ 定期巡回・随時対応型訪問介護看護（一体型事業所で訪問介護を利用しない場合及び連携型事業所に限ります。）
- ○ 夜間対応型訪問介護
- ○ 地域密着型通所介護
- ○ 認知症対応型通所介護
- ○ 小規模多機能型居宅介護
- ○ 看護・小規模多機能型居宅介護（(1)のロの居宅サービスを含まない組合せにより提供されるもの（生活援助中心型の訪問介護の部分を除きます。）に限ります。）
- ○ 介護予防訪問介護
- ○ 介護予防訪問入浴介護
- ○ 介護予防通所介護
- ○ 介護予防短期入所生活介護

質疑応答編   41

　　○　介護予防認知症対応型通所介護

　　○　介護予防小規模多機能型居宅介護

　　○　地域支援事業の訪問型サービス（生活援助中心のサービスを除き
　　ます。）

　　○　地域支援事業の通所型サービス（生活援助中心のサービスを除き
　　ます。）

⑶　対象費用の額……⑵に列挙する居宅サービス等に要する費用（介護
　　保険法に規定する「厚生労働大臣が定める基準により算定した費用の額」）
　　に係る自己負担額又は市町村が定める利用料

　なお，介護保険法では，介護サービス事業者は「居宅サービス等利用料
領収証」を発行することとされていますが，厚生労働省では，医療費控除
の対象となる金額を明らかにするため，その領収証に上記⑶の金額を区分
して記載するように各介護サービス事業者を指導しています（資料９参照）。

　㊟　各種サービス種別ごとの医療費控除の取扱いについては，資料20参照。

36　介護老人保健施設の施設サービス費

　問　介護老人保健施設の施設サービス費に係る自己負担額は，医療費
控除の対象になるのでしょうか。

　答　介護老人保健施設は，要介護者（病状が安定期にあり，次の①〜③のサ
ービスを受ける必要があると主治医が認めた人に限ります。）に対し，施設サ
ービス計画に基づき，①看護，②医学的管理の下における介護，③機能訓
練その他必要な医療及び④日常生活上の世話を行うことを目的とする施設
であって，都道府県知事が許可したものです（介護保険法8㉘）。

　したがって，介護老人保健施設は，医療法に定める「病院」又は「診療

所」ではありませんが，医療法以外の規定（健康保険法などを除きます。）
では，原則として「病院」又は「診療所」に含まれることとされている（介
護保険法106）ことから，介護老人保健施設の施設サービス費に係る自己負
担額及び個室等の特別室の使用料（診療又は治療を受けるためやむを得ず支
払うものに限ります。）については，医療費控除の対象となります。

　㊟　各種サービス種別ごとの医療費控除の取扱いについては，資料20参照。

37　指定介護療養型医療施設の施設サービス費

> **問**　指定介護療養型医療施設の施設サービス費に係る自己負担額は，
> 医療費控除の対象になるのでしょうか。

答　指定介護療養型医療施設は，要介護者（病状が安定期にある長期療養患
者であって，次の①〜④のサービスを受ける必要があると主治医が認めた人に
限ります。）に対し，施設サービス計画に基づき，①療養上の管理，②看護，
③医学的管理下における介護その他の世話及び④機能訓練その他必要な医
療を行うことを目的とする療養型病床群等を有する施設であって，都道府
県知事が指定したものです（旧介護保険法8㉖，48①三）。

　したがって，指定介護療養型医療施設は，「病院」又は「診療所」にあ
たることから，施設サービス費に係る自己負担額及び個室等の特別室の使
用料（診療又は治療を受けるためやむを得ず支払うものに限ります。）につい
ては，医療費控除の対象となります。

　なお，指定介護療養型医療施設は，その設置期限が令和5年度末とされ
ており，これに代わる新たな介護保険施設として介護医療院（介護保険法
8㉙，107①）が創設されています。介護医療院の施設サービス費について
は，次問を参照ください。

（注） 各種サービス種別ごとの医療費控除の取扱いについては，資料20参照。

38　介護医療院の施設サービス費

問　介護医療院の施設サービス費に係る自己負担額は，医療費控除の対象になるのでしょうか。

答　介護医療院は，要介護者であって，主として長期にわたり療養が必要である人（その治療の必要の程度につき一定の人に限ります。）に対し，施設サービス計画に基づいて，療養上の管理，看護，医学的管理の下における介護及び機能訓練その他必要な医療並びに日常生活上の世話を行うことを目的とする施設であって，都道府県知事の許可を受けたものです（介護保険法8㉙，107①）。

したがって，介護医療院は，医療法に定める「病院」又は「診療所」ではありませんが，医療法以外の規定（健康保険法などは除きます。）では，原則として「病院」又は「診療所」に含まれることとされている（介護保険法115）ことから，施設サービス費に係る自己負担額及び個室等の特別室の使用料（診療又は治療を受けるためやむを得ず支払うものに限ります。）については，医療費控除の対象となります（資料8参照）。

39 訪問入浴介護の居宅サービス費

> **問** 訪問入浴介護の居宅サービス費に係る自己負担額は，医療費控除の対象になるのでしょうか。

答 訪問入浴介護とは，居宅要介護者の居宅を訪問し，浴槽を提供して行われる入浴の介護をいいます（介護保険法8③）。

介護保険制度の下で，「居宅サービス計画」に基づいて，医療系サービスと併せて利用する場合の，訪問入浴介護の居宅サービス費用に係る自己負担額（介護保険給付の対象となるものに係る自己負担額に限ります。）は，医療費控除の対象となります（資料9参照）。

なお，介護保険法では，介護サービス事業者は利用者に対して利用料の証明書を発行することとされていますが，厚生労働省では，医療費控除の対象となる金額を明らかにするため，その領収証にサービス内容や種類を記載するように各介護サービス事業者を指導しています（資料9参照）。

（注）各種サービス種別ごとの医療費控除の取扱いについては，資料20参照。

質疑応答編 45

40 訪問看護の居宅サービス費

> **問** 訪問看護の居宅サービス費に係る自己負担額は，医療費控除の対象になるのでしょうか。

答 訪問看護とは，居宅要介護者（病状が安定期にあり，訪問看護が必要であると主治医が認めた人に限ります。）について，その人の居宅において看護師，保健師，准看護師，理学療法士及び作業療法士により行われる①療養上の世話及び②必要な診療の補助をいいます（介護保険法8④）。

したがって，訪問看護は看護師等から受ける療養上の世話又は診療の補助であることから，居宅サービス費に係る自己負担額（介護保険給付の対象外のものに係る自己負担額を含みます。）は，医療費控除の対象となります。

なお，介護保険法では，介護サービス事業者は利用者に対して利用料の証明書を発行することとされていますが，厚生労働省では，医療費控除の対象となる金額を明らかにするため，その領収証にサービス内容や種類を記載するように各介護サービス事業者を指導しています（資料9参照）。

（注）各種サービス種別ごとの医療費控除の取扱いについては，資料20参照。

41 短期入所生活介護の居宅サービス費

> **問** 短期入所生活介護（ショートステイ）の居宅サービス費に係る自己負担額は，医療費控除の対象になるのでしょうか。

答 短期入所生活介護とは，居宅要介護者について，養護老人ホーム，特別養護老人ホーム又は老人短期入所施設に短期間入所させ，これらの施設において行われる①入浴，排せつ，食事等の介護その他の日常生活上の世話及び②機能訓練をいいます（介護保険法8⑨）。

　介護保険制度の下で，「居宅サービス計画」に基づいて，医療系サービスと併せて利用する場合の，居宅サービス費に係る自己負担額（介護保険給付の対象となるものに係る自己負担額に限ります。）は，医療費控除の対象となります。

　なお，介護保険法では，介護サービス事業者は利用者に対して利用料の証明書を発行することとされていますが，厚生労働省では，医療費控除の対象となる金額を明らかにするため，その領収証にサービス内容や種類を記載するように各介護サービス事業者を指導しています（資料9参照）。

　㊟　各種サービス種別ごとの医療費控除の取扱いについては，資料20参照。

質疑応答編　　　　　　　　　　47

42　介護福祉士が行う喀痰吸引等の費用

> **問**　介護保険制度の下で，介護保険施設において介護福祉士による喀痰の吸引や経管栄養といった日常の「医療的ケア」を受けましたが，これらの費用に係る自己負担分は医療費控除の対象となるのでしょうか。

答　社会福祉士及び介護福祉士法の規定により，介護福祉士及び認定特定行為業務従事者（以下「介護福祉士等」といいます。）が，診療の補助として行う喀痰の吸引及び経管栄養（特定行為を含みます。以下「喀痰吸引等」といいます。）に係る費用の自己負担分は，医療費控除の対象となります（所令207，資料17参照）。

　したがって，質問の場合は，領収証に記載された自己負担分が医療費控除の対象となります。

　(注)　特定行為とは，喀痰吸引等のうち，認定特定行為業務従事者が修了した喀痰吸引等研修の課程に応じて定める一定の行為をいいます。

48　　　　　　　　　　第　1　部

第5　入院等の費用

43　差額ベッド料金

> 問　自己の都合によりその個室を使用する場合などの差額ベッド料金
> は，医療費控除の対象になるのでしょうか。

答　いわゆる差額ベッド料金や医療用器具等の購入費用などは，医師等の
診療等を受けるため直接必要なもので，かつ，通常必要なものに限り，医
療費控除の対象となります（基通73—3）。

　したがって，自己の都合によりその個室を使用する場合などの差額ベッ
ド料金については，医療費控除の対象となりません。

44　入院患者の食事代

> 問　病院に支払う入院患者の食事代は，医療費控除の対象になるので
> しょうか。

答　病院に対して支払う入院患者の食事代は，いわゆる入院費用の一部で
あり，入院の対価として支払われるものですから，通常必要なものに限り，
医療費控除の対象となります（基通73—3）。

　(注)　病室に出前をとったり外食をした場合の食事代や，おやつ代など，病院
　　　から給付される食事以外の食事の費用は，入院の対価には当たらないため，
　　　医療費控除の対象とはなりません。

質疑応答編　　　　　　　　　　　　49

45　付添人の食事代

> 問　入院患者の付添人の食事代は，医療費控除の対象になるのでしょうか。

答　家政婦などの付添人の食事代は，付添いの対価の一部として支払われるものであれば，医療費控除の対象となりますが（問31参照），親族が付き添う場合のその親族の食事代は，医療費控除の対象とはなりません。

46　入院のための水枕や氷のうの購入費用

> 問　入院に際し，病院から水枕や氷のうを持参するように指示があったので，これらの器具を購入しましたが，その購入費用は，医療費控除の対象になるのでしょうか。

答　医薬品以外の物品の購入費用で医療費控除の対象となるものは，医師等による診療等を受けるため直接必要なものであることが必要です（所令207，基通73─3）。質問の場合の水枕や氷のうは，疾病の治療のために使用されるものであり，また，病院の指示によって購入したものであることから，医師等による診療等を受けるため直接必要なものと考えられますので，これらの器具の購入費用は，医療費控除の対象となります。

47　入院のための寝具や洗面具等の購入費用

> **問**　入院をする際に必要な寝具や洗面具などの身の回りの品の購入費用は，医療費控除の対象になるのでしょうか。

答　医薬品以外の物の購入費用で医療費控除の対象となるものは，医師等による診療等を受けるため直接必要なものであることが必要です（所令207，基通73―3）。質問のような寝具や洗面具などは，入院をするためには必要なものではありますが，医師等による診療等を受けるため直接必要なものには当たらないので，その購入費用は，医療費控除の対象とはなりません。

48　病院に支払うクリーニング代

> **問**　入院中，病院に支払うシーツ等のクリーニング代は，医療費控除の対象になるのでしょうか。

答　入院・入所の対価として支払う部屋代・食事代等の費用は，原則として医療費控除の対象となります（基通73―3）。

病院が用意したシーツや枕カバー等のクリーニング代は，医療費控除の対象となりますが，患者自身のパジャマや寝巻き等のクリーニング代は，入院・入所の対価として支払われるものではないので，医療費控除の対象とはなりません。

質疑応答編　　　　　　　　　　　　51

49　病院に支払うテレビ・冷蔵庫の賃借料等

問　入院中に病室で使用するため，病院から借りたテレビ・冷蔵庫の賃借料や電気の使用料は，医療費控除の対象になるのでしょうか。

答　病室で使用するためのテレビ・冷蔵庫の賃借料や電気の使用料は，医師等による診療等を受けるため直接必要なものには当たらないので，医療費控除の対象とはなりません（基通73—3）。

50　献血者に対する謝礼

問　手術に際して友人や知人から献血を受けたので，交通費や食事代などに充ててもらおうと思い，これらの人に対して謝礼として金品を贈りましたが，この場合の謝礼の金品は，医療費控除の対象になるのでしょうか。

答　献血をしてくれた人に対する謝礼の金品は，いわゆる謝礼であって，医療用器具等の購入，賃借又は使用のための費用には当たらないので，医療費控除の対象とはなりません（基通73—3）。

51　リハビリ専門病院の入院費用

問　温泉地のリハビリ専門病院に入院してリハビリを受けた場合，その入院費用は，医療費控除の対象になるのでしょうか。

答　医師による治療を受けるためのリハビリ専門病院の入院費用は，たと

52 第 1 部

えその病院が温泉地にある場合であっても，病状により一般的に支出される水準を著しく超える部分の金額や，医師等の診療等を受けるため直接必要なものではない金額を除き，原則として医療費控除の対象となります（基通73―3）。

52 温泉利用型健康増進施設の利用料金

> **問** 医師が治療のために患者に温泉利用型健康増進施設を利用した温泉療養を行わせた場合の温泉利用型健康増進施設の利用料金は，医療費控除の対象になるのでしょうか。

答 医師が治療のために患者に，温泉利用型健康増進施設として厚生労働大臣の認定を受けた施設（以下「認定施設」といいます。）を利用した温泉療養を行わせた場合の当該施設の利用料金（療養期間が1週間以上にわたる温泉療養が行われた場合に限ります。）は，医師の治療を受けるため直接必要な費用として医療費控除の対象(注)1となります（基通73―3，資料4参照）。

なお，認定施設の利用料金について医療費控除を受けるためには，認定施設の利用料金に係る領収書に基づき「医療費控除の明細書」に記載し，明細書を確定申告書に添付するとともに，温泉療養の場を提供した認定施設及び治療のために患者に認定施設を利用した温泉療養を行わせた医師が作成した「温泉療養証明書」を，確定申告書に添付するか，確定申告書を提出する際に提示することが必要です(注)2。

(注)1 認定施設を利用するための宿泊費は，医療費控除の対象とはなりません。

2 ①証明年月日，②証明書の名称及び③証明者の名称（医療機関等）を「医療費控除の明細書」の欄外余白などに記載することにより，確定申告

質疑応答編　　　　　　　　　　　　　　　53

書への添付等を省略しても差し支えありません。

　なお，この場合，添付等を省略した証明書は医療費領収書とともに確定申告期限等から5年間自宅等で保存する必要があります。

3　湯治の費用については問89参照。

53　連携型施設の利用料金

> 問　医師の指示で，治療のための温泉療養とともに，健康増進のための有酸素運動を併せて行うことになりましたが，温泉を利用するための施設がそれぞれ別の施設であり，それぞれに利用料金を支払いました。
>
> 　これらの施設に支払った利用料金は，全て医療費控除の対象となるのでしょうか。

答　(1)　温泉利用型増進施設（連携型施設）

　厚生労働省によると，健康増進のための温泉利用及び有酸素運動を安全かつ適切に行うことができる施設が異なる場合であっても，これらの施設が一体となって運営するものについては，一定の要件の下で，複数の施設を一つの施設とみなして温泉利用型健康増進施設（以下「連携型施設」といいます。）として認定することとされています。

(2)　温泉利用型増進施設の利用料金（連携型施設）

　連携型施設については，慢性疾患の予防に資するとともに，医師の指導に基づき疾病の治療のための温泉療養を行う場として十分機能しうると認められるものですので，医師が治療のために連携型施設を利用した温泉療養を行わせ，その旨を「温泉療養証明書」により証明されている場合には，その利用料金については，医師等の診療等を受けるために直接要した費用として医療費控除の対象となります。

54 指定運動療法施設の利用料金

> **問** 医師が治療のために患者に指定運動療法施設を利用した運動療法
> を行わせた場合の指定運動療法施設の利用料金は，医療費控除の対象
> になるのでしょうか。

答 医師が治療のために患者に，健康増進施設として厚生労働大臣が認定
した施設のうち，一定の基準に基づき厚生労働省が指定を行った施設（以
下「指定運動療法施設」といいます。）を利用した運動療法を行わせた場合
の当該施設の利用料金（概ね週1回以上の頻度で8週間以上にわたる運動療
法が行われた場合に限ります。）は，医師の治療を受けるため直接必要な費
用として医療費控除の対象となります（基通73―3，資料6参照）。

　なお，指定運動療法施設の利用料金について医療費控除を受けるために
は，指定運動療法施設の利用料金に係る領収書（疾病の治療のために医師が
患者に発行した運動療法処方せんに基づく運動療法実施のための指定運動療法
施設の利用の対価である旨及び患者の氏名が明記されたもの）に基づき「医療
費控除の明細書」に記載し，明細書を添付するとともに，運動療法を実施
する場を提供した指定運動療法施設及び治療のために患者に指定運動療法
施設を利用した運動療法を行わせた医師が作成した「運動療法実施証明
書」を，確定申告書に添付するか，確定申告書を提出する際に提示するこ
とが必要です(注)。

> (注)　①証明年月日，②証明書の名称及び③証明者の名称（医療機関等）を「医
> 　　療費控除の明細書」の欄外余白などに記載することにより，確定申告書へ
> 　　の添付等を省略しても差し支えありません。
> 　　なお，この場合，添付等を省略した証明書は医療費領収書とともに確定
> 　申告期限等から5年間自宅等で保存する必要があります。

質疑応答編　　　　　　　　　　　　　55

第6　医療用器具等の費用

55　注射器の購入費用

> **問**　糖尿病のため通院中の患者がインシュリンを注射するための注射
> 器の購入費用は，医療費控除の対象になるのでしょうか。

答　医療用器具などの購入費用で医療費控除の対象となるものは，医師等
による診療等を受けるため直接必要なものであることが必要です（基通73
—3）。

　このため，インシュリンの注射器の購入費用が医療費控除の対象となる
といい得るためには，その費用の支出が医師による診療等を受けるため直
接必要であることが必要です。

　糖尿病の治療に当たっては，医師による治療の一環としてインシュリン
を注射することが一般的に行われており，医師による治療中，患者はその
医師の指示に基づいて自らインシュリンを注射することも行われています。
この場合の医師の指示は，その医師が治療を行う上で直接必要と判断した
ことによるものと考えられ，そうであれば，患者がインシュリンを注射す
ることは，医師による治療を受けるために直接必要な行為であり，その注
射をするための注射器の購入費用の支出は，単なる治療のためではなく，
医師による治療を受けるため直接必要な支出であるといえます。

　したがって，このような場合の注射器の購入費用は，医療費控除の対象
となります。

56 第 1 部

56 血圧計の購入費用

> **問** 高血圧のため，医師による治療中，自宅においても血圧測定をす
> るように医師から指示されて購入した血圧計の購入費用は，医療費控
> 除の対象になるのでしょうか。

答 健康管理のための血圧計の購入費用は，医療費控除の対象とはなりま
せんが，現に医師の診療等を受けている場合において，治療の必要上，そ
の医師の指示に基づいて購入した血圧計の購入費用は，医師の診療等を受
けるため直接必要な医療用器具等の購入費用に当たるので，医療費控除の
対象となります（基通73―3）。

57 心臓ペースメーカーの取付け及び電池の交換費用

> **問** 心臓ペースメーカーの取付けのための費用及び電池の交換のため
> の費用は，医療費控除の対象になるのでしょうか。

答 心臓ペースメーカーの取付け及び心臓ペースメーカーの電池の交換の
ための手術費用は，医師による診療等の対価に当たるので，医療費控除の
対象となります。また，心臓ペースメーカーの代金及び心臓ペースメーカ
ーの電池の代金についても，医師による診療等を受けるため直接必要な医
療用器具等の購入費用に当たるので，医療費控除の対象となります（所令
207，基通73―3）。

　(注) 心臓ペースメーカーの取付け等については，通常，医療費を補塡するた
　　めの保険給付を受けることができます。

質疑応答編　　　　　　　　　　57

58　療養中に使用する電動ベッドやマットレスの購入費用

> 問　中風のため半身不随の人が療養中に使用する電動ベッドやマットレスの購入費用は，医療費控除の対象になるのでしょうか。

答　療養中に使用する電動ベッドやマットレスの購入費用は，療養上必要なものであったとしても，医師等による診療等を受けるため直接必要な費用には当たらないので，医療費控除の対象とはなりません（基通73—3）。

59　トイレの暖房工事費

> 問　寒さは高血圧にはよくないといわれているので，自宅のトイレの暖房工事を行いましたが，この工事費は，医療費控除の対象になるのでしょうか。

答　自宅のトイレの暖房工事費は，医師による診療等を受けるため直接必要な費用には当たらないので，医療費控除の対象とはなりません（基通73—3）。

60　空気清浄機の購入費用

> 問　ぜんそくの患者が，医師に勧められて空気清浄機を自宅に取り付けた場合の購入費用は，医療費控除の対象になるのでしょうか。

答　自宅に取り付ける空気清浄機の購入費用は，医師による診療等を受けるため直接必要な費用には当たらないので，医療費控除の対象とはなりま

58 第 1 部

せん（基通73—3）。

61 歩行練習用の歩行器の購入費用

> 問 心臓病で長い間入院生活をし歩行困難となったため，退院を間近
> にひかえ歩行器を買って歩行の練習をした場合，その歩行器の購入費
> 用は，医療費控除の対象になるのでしょうか。

答 退院を間近にひかえた心臓病の患者が行う歩行練習のための器具の購
入費用は，現に行っている心臓病の治療を受けるため直接必要な費用には
当たらないので，医療費控除の対象とはなりません（基通73—3）。

62 寝たきりの人のおむつ代

> 問 病気で寝たきりの人のおむつ代は，医療費控除の対象になるので
> しょうか。

答 傷病によりおおむね6か月以上にわたり寝たきりであり，医師の治療
を受けている人のおむつ代は，医師による治療を受けるため直接必要な費
用とし医療費控除の対象となります（基通73—3，資料11参照）。

おむつ代について医療費控除を受けるためには，支出したおむつ代の領
収書に基づき「医療費控除の明細書」に記載し，明細書を確定申告書に添
付するとともに，その人の治療を行っている医師が発行した「おむつ使用
証明書」（資料11参照）を，確定申告書に添付するか，確定申告書を提出す
る際に提示することが必要です。

なお，証明書発行日以前であっても医師の治療を受けるため直接必要な

質疑応答編　　　　　　　　　　　　　　　　59

費用と認められる場合は，医療費控除の対象となります。

(注)1　「おむつ使用証明書」は，現に治療を行っている医療機関が作成して交付することとされています。

2　①証明年月日，②証明書の名称及び③証明者の名称（医療機関等）を「医療費控除の明細書」の欄外余白などに記載することにより，確定申告書への添付等を省略しても差し支えありません。

なお，この場合，添付等を省略した証明書は医療費領収書とともに確定申告期限等から5年間自宅等で保存する必要があります。

63　2年目以降の「おむつ使用証明書」の提出

問　私の父（80歳）は寝たきりの状態が続いており，平成12年4月の介護保険法の導入と同時に要介護度4に認定されています。毎年，父のおむつ代を，他の医療費とあわせて医療費控除の計算に含めて申告しています。ところで，2年目以降は医師が発行した「おむつ使用証明書」に代えて市町村が交付する証明等でも確定申告ができると聞きましたが，今年の確定申告の際も主治医の「おむつ使用証明書」が必要となりますか。

答　おむつ代について医療費控除を受けるためには，確定申告の際に「おむつ使用証明書」の提出が必要とされています（前問参照）。

ところで，介護保険法に基づく要介護認定の申請があった場合には，市町村長は申請者の主治医に対し，申請者の疾病，負傷の状況等に関する「主治医意見書」の提出を求めることとされています。この主治医意見書には，①障害高齢者の日常生活自立度（寝たきり度）及び②尿失禁の発生可能性の有無を記載することとされています。

そこで，寝たきりで介護保険法の要介護認定を受けている65歳以上の人

60　　　　　　　　　　　第　1　部

のおむつ使用に係る医療費控除の適用においては，市町村長が治療上おむ
つの使用が必要な状態が継続していることを確認することにより，医師の
発行する「おむつ使用証明書」に代え，市町村長等が交付するおむつ使用
の確認書等で代用することができることとされています（資料11参照）。

　㊟　医師の治療上，おむつの使用が必要となった人で１年目の方や，要介護
　　認定を受けていない人で治療上のおむつ使用が必要な人については，前問
　　の主治医の「おむつ使用証明書」が必要となります。

　　　なお，「おむつ使用証明書」に代えた市町村等のおむつ使用の確認書等（資
　　料11参照）については，平成14年分から適用されています。

64　ストマ用装具の購入費用

> 問　人工肛門に取り付ける蓄便袋など（ストマ用装具）の購入費用は，
> 医療費控除の対象になるのでしょうか。

　答　いわゆる人工肛門のストマ（排泄孔）又は尿路変向（更）のストマを
有する人のストマケアに係る治療を行っている医師が，その治療上，適切
なストマ用装具（ストマ部分に取り付ける蓄便袋や蓄尿袋など）を消耗品と
して使用することが必要不可欠であると認め，「ストマ用装具使用証明書」
を発行した場合には，そのストマ用装具に係る費用は，医療費控除の対象
となります（資料２参照）。

　なお，ストマ用装具に係る費用について医療費控除を受けるためには，
支出したストマ用装具代の領収書に基づき「医療費控除の明細書」に記載
し，明細書を確定申告書に添付するとともに，その人の治療を行っている
医師が発行した「ストマ用装具使用証明書」（資料２参照）を，確定申告書
に添付するか，確定申告書を提出する際に提示することが必要です。

質疑応答編　　　　61

(注)　①証明年月日，②証明書の名称及び③証明者の名称（医療機関等）を「医療費控除の明細書」の欄外余白などに記載することにより，確定申告書への添付等を省略しても差し支えありません。

　　　なお，この場合，添付等を省略した証明書は医療費領収書とともに確定申告期限等から5年間自宅等で保存する必要があります。

65　防ダニ寝具の購入費用

　問　アトピー性皮膚炎に効果があると勧められた防ダニ寝具の購入費用は，医療費控除の対象になるのでしょうか。

　答　医師等による診療又は治療を受けるため直接必要な医療用器具等の購入費用で通常必要なものについては，医療費控除の対象となります（所基通73―3）が，ここにいう医療用器具等とは，それ自体が医療用器具等である場合に限られていると解されています。

　したがって，「防ダニ寝具」はそれ自体が医療用器具等に当たらないことから，その購入費は医療費控除の対象とはなりません。

（参考）　平成11年5月24日　大裁・裁決要旨

○　請求人は，本件防ダニ寝具は，医療費控除の対象として認められるべきである旨主張するが，本件寝具は，アトピーの発症の外的要因であるダニ抗原を寝具自体から除去し，アトピーの発症を抑制しようとするもので，患者の身体機能の回復を図るというものではなく，また，その使用，購入に当たり医師の診断等を要するなどの制約があるとは認められず，その使用態様についても請求人らの自宅において寝具として日常生活の用に供されており，通常の寝具の使用状況と異なるとも認められない。よって，本件寝具の使用には，医学的専門性，技術性が認められるものではなく，本件寝具は，医師がその専門知識，技術及び経験をもって行うべき診療ないし治療に当たって直接使用する医療用器具に当たるということはできない。そうすると，本件費

用は，医師等が自ら行う診療等に使用する医療用具の購入の対価に当たるとは言えず，また，本件寝具が医薬品に該当しないこと及び本件費用が所令第207条のその他の各号に該当しないことも明らかであるから，原処分庁が行った本件更正処分は適法である。

66　AEDの購入又は賃貸費用

> 問　心臓病患者が医師の指示・処方に基づきAEDを購入し又は賃借した場合，その購入費用又は賃借料は，医療費控除の対象になるのでしょうか。

答　医療費控除の対象となる医療費の範囲については，所得税法第73条第2項，同法施行令第207条《医療費の範囲》及び同法施行規則第40条の3《医療費の範囲》に規定されているほか，所得税基本通達73―3《控除の対象となる医療費の範囲》⑴において，「医師等による診療等を受けるための通院費若しくは医師等の送迎費，入院若しくは入所の対価として支払う部屋代，食事代等の費用又は医療用器具等の購入，賃借若しくは使用のための費用で，通常必要なもの」は，医師等による診療等を受けるため直接必要な費用に該当し，医療費に含まれる旨定められています。

　心臓病患者が購入又は賃借するAEDについては，次の理由から，その費用の支出が医師等による診療等を受けるため直接必要なものであると考えられますので，心臓病患者が購入又は賃借するAEDの購入費用又は賃借料については，医療費控除の対象となる医療費に該当するものと考えられます。

⑴　心室細動が発症した場合，電気的除細動が唯一の効果的治療法であること。

⑵　心臓病患者については，心室細動が発症する可能性が高いことから，

質疑応答編　　　　　　　　　　　　63

病院外で同症状が発症した際に，随伴する家族や介護者等が救命のため AED を使用する目的で，医師の指示・処方に基づき AED を購入又は賃借するものであること。

(3)　AED を用いた除細動は，医療行為に該当するものであること。

(4)　心臓ペースメーカーの代金及び同メーカーの電池の代金については，医師等による診療等を受けるため直接必要な医療用器具等の購入に該当し，医療費控除の対象となっていること。

なお，AED は，心臓病患者以外の者，すなわち誰でも購入又は賃借することができますが，AED の購入費用又は賃借料について医療費控除を受けるためには，AED の購入費用又は賃借料の領収書に基づき，「医療費控除の明細書」に記載し，明細書を確定申告書に添付するとともに，AED の購入又は賃借が心臓病患者等に対する医師の指示・処方に基づくものであることを明らかにする書類（証明書，診断書その他これらに類する書類）を確定申告書に添付するか，確定申告書を提出する際に提示することが必要です。

(注)　①証明年月日，②証明書の名称及び③証明者の名称（医療機関等）を「医療費控除の明細書」の欄外余白などに記載することにより，確定申告書への添付等を省略しても差し支えありません。

　　　なお，この場合，添付等を省略した証明書は医療費領収書とともに確定申告期限等から 5 年間自宅等で保存する必要があります。

64　　　　　　　　　第　1　部

第7　松葉づえや車いす等の費用

67　松葉づえや車いすの購入費用

問　足を骨折したため入院して医師の治療を受けていましたが，松葉づえか車いすがあれば通院することができる程度に回復しましたので，退院して松葉づえか車いすで通院することにしました。この場合の松葉づえや車いすの購入費用は，医療費控除の対象になるのでしょうか。

答　器具の購入費用で医療費控除の対象となるものは，医師等による診療等を受けるため直接必要なものであることが必要です（基通73―3）。したがって，日常最低限の用をたすための松葉づえや車いすの購入費用であっても，医師等による診療等を受けるため直接必要なものでなければ，医療費控除の対象とはなりません。

　質問の場合の松葉づえや車いすは，医師による治療を受けるための通院に使用するものであり，足を骨折した人にとって医師等による診療等を受けるため直接必要なものに当たるので，その松葉づえや車いすの購入費用は，医療費控除の対象となります。

　(注)　医薬品の購入費用は，治療や療養に必要なものであれば，医療費控除の対象となりますが，松葉づえなどの器具の購入費用については，医師等による診療等を受けるため直接必要なものであることが必要です。

第1部

質疑応答編 65

68　医師による治療のため直接必要な眼鏡の購入費用

> **問**　眼鏡の購入費用で医療費控除の対象となるものには，どのような
> ものがあるのでしょうか。

答　眼鏡の購入費用は，一般的な近視や遠視の矯正のためのものは医療費
控除の対象とはなりませんが，医師の治療を受けるため直接必要なもので
あれば，医療費控除の対象となります（基通73―3）。この場合の医師の治
療を受けるため直接必要な眼鏡の購入費用としては，例えば，視機能が未
発達の子供の治療を行っている医師が，その子供の視力の発育を促すため
に眼鏡の使用を指示した場合において，その指示に基づいて購入する眼鏡
の購入費用や，白内障の患者が，術後の創口の保護と創口が治癒するまで
の視機能回復のために一定期間装用する眼鏡の購入費用のようなものがあ
ります。

　これらの例示から分かるように，眼鏡の購入費用で医療費控除の対象と
なるものは，医師による治療を必要とする症状を有することが必要であり，
かつ，医師による治療が現に行われていることが必要です。

　なお，医師による治療を必要とする症状を有するかどうかは，医学の専
門家ではない一般の人には判定が難しく，また，現に医師による治療が行
われているかどうかをどのような方法で証明（確認）するかといったよう
な問題もあることから，厚生労働省では，社団法人日本眼科医会に対して，
次によるように指導しています（資料3参照）。

(1)　医師による治療を必要とする症状は，別紙（130ページ参照）に掲げ
　　る症状に限られるものであること。

(2)　医師による治療を必要とする症状を有すること及び現に医師による
　　治療を行っていることを証明するため，所定の処方箋に医師が，①別

66　　　　　　　　　　　　　第　1　部

紙（130ページ参照）に掲げる疾病名と，②治療を必要とする症状を記
載すること。

⑶　確定申告に当たっては，眼鏡取扱店等が発行した領収書に基づき記
載した「医療費控除の明細書」を確定申告書に添付するほか，上記⑵
に掲げる事項が明確に掲載された処方箋の写しを確定申告書に添付す
るか，確定申告書の提出の際に提示すること。

　なお，この場合の眼鏡フレームについては，プラスティックやチタンな
ど眼鏡フレームの材料として一般的に使用されている材料を使用したもの
であれば，特別に高価な材料を使用したものや特別の装飾を施したものな
ど奢侈にわたるものを除き，その購入費用も，医療費控除の対象となります。

（注）　①証明年月日，②証明書の名称及び③証明者の名称（医療機関等）を「医
療費控除の明細書」の欄外余白などに記載することにより，確定申告書へ
の添付等を省略しても差し支えありません。

　　　なお，この場合，添付等を省略した証明書は医療費領収書とともに確定
申告期限等から5年間自宅等で保存する必要があります。

（参考）　最高裁判所平成3年4月2日判決（原審維持（横浜地裁平元.6.28,
東京高裁平2.6.28），控訴棄却）（抜粋）

○　このように検眼が医師の医療行為として規制されずに極めて多数の者が日
常的に多くの眼鏡店において検眼と眼鏡等の装用を行い，また，検眼それ自
体においても医師がその専門的知識，技能及び経験をもって行うべき技術性
と専門性を認め得ないという状況のもとで医療費控除制度が創設されている
こと，及び当初の立法において医療費控除の対象項目に眼鏡店における眼鏡
等の装用の記載がなく，医療費控除の対象が「医師又は歯科医師に対する診
療又は治療の対価」の支払や「処方箋による医薬品の購入」の費用等に限定
されていたことに鑑みると，それ自体として医療行為性が希薄で医師の医療
行為として確立されていなかった眼鏡等の装用及びその前提としての検眼は
法及び施行令の立法の趣旨において医療費として把握されず，医療費控除の

質疑応答編　　　　　　　　　　　　　　67

対象とされていなかったものと考えるのが自然であって，このことはその後の長年の徴収実務の実態において眼鏡等の購入費用等について医療費控除が行われていないことや法及び施行令の改正において眼鏡等の購入費用等について医療費控除の適用を窺わせるようなものがなく，基本通達においても後記のように眼鏡等を特に除外していると認められることからも間接的に窺われるところである。

69　レーシックに係る費用

> 問　レーシックに係る費用は医療費控除の対象になるのでしょうか。

答　レーシックは，近視や乱視などを矯正する手術のことをいいます。

　この矯正手術は，眼の機能それ自体を医学的な方法で正常な状態に回復させるものであり，それに係る費用は医師の診療又は治療の対価と認められますので，医療費控除の対象となります（所令207）。

70　オルソケラトロジーによる近視治療に係る費用

> 問　オルソケラトロジーによる近視治療に係る費用は，医療費控除の対象になるのでしょうか。
> 　なお，オルソケラトロジーによる近視治療では，矯正された角膜の状態を保持するために，リテーナーレンズと呼ばれる特殊なコンタクトレンズを定期的に装用する必要があり，上記費用にはこのレンズの購入費用も含まれています。

答　オルソケラトロジー（角膜矯正療法）による近視治療とは，近視などの角膜の屈折異常を，特殊なコンタクトレンズを主に就寝中に装用するこ

とにより，角膜の表面の角度を矯正し，屈折率を正常化させて視力を回復
させるものです。

このオルソケラトロジーによる近視治療は，単なる近視矯正のための眼
鏡やコンタクトレンズを装用するための検眼とは異なり，医師が近視（屈
折異常）の治療が可能となる症例に対象を絞った上で，医師の専門的知識，
技能及び経験をもって角膜の矯正を行う治療法であり，また，眼の機能そ
れ自体を医学的な方法で正常な状態に回復させることを目的としてなされ
ることとされています。

したがって，オルソケラトロジーによる近視治療に係る費用（リテーナ
ーレンズの購入費用を含みます。）は，角膜を矯正して視力を回復させる治
療の対価として支払われるものですので，医療費控除の対象となります（所
令207，基通73―3）。

71　マスクの購入費用

> 問　私は，新型コロナウイルス感染症を予防するために，マスクを購
> 入しましたが，この購入費用は，医療費控除の対象になるのでしょう
> か。

答　質問のマスクについては，病気の感染予防を目的とするものであり，
その購入費用は，治療又は療養に必要な医薬品の購入の対価に当たらず，
また，医師等による診療や治療のために支払った費用に当たらないので，
医療費控除の対象とはなりません（所法73，所令207）。

質疑応答編 69

72 かつらの購入費用

> **問** 脱毛症にかかり頭髪の脱毛が著しいため，かつらを購入しましたが，この場合のかつらの購入費用は，医療費控除の対象になるのでしょうか。

答 医薬品以外の物品の購入費用で医療費控除の対象となるものは，医師等による診療等を受けるため直接必要なものであることが必要です（所令207，基通73—3）。

かつらの購入費用は，医薬品の購入費用には当たらず，また，医師等による診療等を受けるため直接必要なものにも当たらないので，たとえ脱毛症にかかり頭髪の脱毛が著しいために購入したものであったとしても，医療費控除の対象とはなりません。

73 医師による治療のため直接必要な補聴器の購入費用

> **問** 補聴器の購入費用で医療費控除の対象となるものは，どのようなものがあるのでしょうか。

答 器具の購入費用で医療費控除の対象となるものは，医師等による診療等を受けるために直接必要なものであることが必要です（基通73—3）。したがって，日常最低限の用をたすための補聴器の購入費用であっても，医師等による診療等を受けるため直接必要なものでなければ，医療費控除の対象とはなりません。

補聴器の購入費用が診療等のために直接必要か否かについては，その診療等を行っている医師の判断に基づく必要がありますが，例えば，一般社

70　　　　　　　　　　　　　第　1　部

団法人耳鼻咽喉科学会が認定した補聴器相談医が,「補聴器適合に関する診療情報提供書（2018）」により, 補聴器が診療等のために直接必要である旨を証明している場合には, 当該補聴器の購入費用（一般的に支出される水準を著しく超えない部分の金額に限ります。）は, 医療費控除の対象となります（資料19参照）。

　この場合, 確定申告に当たっては, 補聴器取扱店等が発行した領収書に基づき記載した「医療費の明細書」を確定申告に添付するほか,「補聴器適合に関する診療情報提供書（2018）」を確定申告書に添付するか, 確定申告書の提出の際に提示することが必要となります。

㊟　①提供年月日, ②提供書の名称及び③提供者の名称（医療機関等）を「医療費控除の明細書」の欄外余白などに記載することにより, 確定申告書への添付等を省略しても差し支えありません。

　　なお, 添付等を省略した提供書は医療費領収書とともに確定申告期限等から5年間自宅等で保存する必要があります。

質疑応答編　　　　　　　　　　　　　　　71

第8　通院費や旅費等

74　お産のために実家へ帰る旅費

> **問**　実家で出産するために帰省し，実家の近くの病院で出産した場合，帰省のための旅費や病院に支払った出産費用は，医療費控除の対象になるのでしょうか。

答　旅費や交通費で医療費控除の対象となるのは，①病院，診療所，老人保健施設又は助産所へ収容されるための人的役務の提供の対価のうち，病状に応じて一般的に支出される水準を著しく超えない部分の金額と，②医師等による診療等を受けるための通院費のうち，その診療等を受けるため直接必要なもので，かつ，通常必要なものに限られています（所令207，基通73─3）。お産のために実家へ帰省する旅費については，上記のいずれにも当てはまらないため，医療費控除の対象とはなりません。

　なお，実家の近くの病院に支払った出産費用は，医療費控除の対象となります（所令207）。

75　通院のためのタクシーの利用料金

> **問**　骨折の治療のため通院していますが，近所に電車の駅やバス停がないため，タクシーを利用しています。この場合のタクシー代は，医療費控除の対象になるのでしょうか。

答　医師等による診療等を受けるための通院費は，医師等による診療等を

72 第　1　部

受けるため直接必要なもので，かつ，通常必要なものに限り，医療費控除の対象となります（基通73―3）。

　タクシーの利用料金については，一般的にはそのすべての金額が医療費控除の対象となるわけではありませんが，質問の場合のように，電車，バス等の利用ができない場合のタクシーの利用料金は，その全額が医療費控除の対象となります。

76　病院に収容されるためのタクシーの利用料金

> 問　突然の陣痛のため，タクシーを利用して入院した場合，そのタクシー代は，医療費控除の対象になるのでしょうか。

答　病院，診療所，老人保健施設又は助産所へ収容されるための人的役務の提供の対価のうち，病状に応じて一般的に支出される水準を著しく超えない部分の金額は，医療費控除の対象となります（所令207）。

　タクシーの利用料金については，一般的にはそのすべての金額が医療費控除の対象となるわけではありませんが，質問の場合のように，病状からみて急を要する場合や電車，バス等の利用ができない場合には，その全額が医療費控除の対象となります。

　（注）　タクシーの利用を余儀なくされる場合において，そのタクシーの利用料金の中に高速道路の利用料金が含まれているときは，その高速道路の利用料金も医療費控除の対象となります。

質疑応答編　　　　　　　　　　　　73

77　通所介護及び短期入所生活介護における交通費

> 問　通所介護や短期入所生活介護を受ける場合，特別養護老人ホーム
> や老人福祉センターへ通うことになりますが，その際の交通費は医療
> 費控除の対象になるのでしょうか。

答　要介護者等が通所介護及び短期入所生活介護を受けるため，特別養護
老人ホームや老人福祉センター等へ通う際の交通費については，通所介護
又は短期入所生活介護の居宅サービス費に係る自己負担額（介護保険給付
の対象となるものに係る自己負担に限ります。）が医療費控除の対象となる
場合で，かつ，通常必要なものに限り，医療費控除の対象となります（所
令207，所規40の3，基通73—3）。

78　通所リハビリテーション及び短期入所療養介護における交通費

> 問　通所リハビリテーションや短期入所療養介護を受ける場合，介護
> 老人保健施設や介護療養型医療施設等へ通うことになりますが，その
> 際の交通費は医療費控除の対象になるのでしょうか。

答　要介護者等が通所リハビリテーションや短期入所療養介護を受けるた
め，介護老人保健施設や介護療養型医療施設等へ通う際の交通費について
は，通所リハビリテーションや短期入所療養介護の居宅サービス費に係る
自己負担額（介護保険給付の対象外のものに係る自己負担額を含みます。）が
医療費控除の対象となることから，通常必要なものは医療費控除の対象と
なります（所令207，所規40の3，基通73—3）。

74 第 1 部

79 病院に収容されるためのヘリコプターの利用料

> **問** 山岳地で大けがをし，急を要するためヘリコプターで病院に収容
> した場合のヘリコプターの利用料は，医療費控除の対象になるのでし
> ょうか。

答 病院，診療所，老人保健施設又は助産所へ収容されるための人的役務
の提供の対価のうち，病状に応じて一般的に支出される水準を著しく超え
ない部分の金額は，医療費控除の対象となります（所令207）。

　質問の場合は，ヘリコプターで運ばなければならないような状況にあっ
たのであれば，その利用料の全額が医療費控除の対象となります。

80 自家用車で通院する場合のガソリン代等

> **問** 自己所有の自動車で通院する場合には，通院のための走行距離を
> 基に計算したガソリンの消費量から換算したガソリン代や，駐車場の
> 料金は，医療費控除の対象になるのでしょうか。

答 医療費控除の対象となる通院費は，医師等による診療等を受けるため
直接必要なもので，かつ，通常必要なものであることが必要とされており
（基通73―3），この場合の通院費は，電車賃やバス賃などのように人的役
務の提供の対価として支出されるものをいうものとして取り扱われていま
す。

　したがって，自家用車で通院する場合のガソリン代や駐車場の料金は，
医療費控除の対象とはなりません。

質疑応答編 75

81 通院のための乗用車を運転してもらった費用

> 問　近所の主婦に頼んで乗用車で通院しており，毎月まとめてその対価を支払っていますが，この場合の対価は，医療費控除の対象になるのでしょうか。

答　電車賃やバス賃などのような人的役務の提供の対価で通院のため通常必要なものは，医療費控除の対象となります（基通73―3）。したがって，質問の場合の通院のための労務の提供の対価は，医療費控除の対象となります。

　ただし，単なる謝礼にすぎない場合には，その全額が医療費控除の対象とはなりません。

82 通院のための付添人の交通費

> 問　子供の通院に母親が付き添う場合の母親の交通費は，医療費控除の対象になるのでしょうか。

答　患者の年齢や病状からみて，患者を一人で通院させることが危険な場合には，患者の通院費のほかに付添人の交通費（通院のため通常必要なものに限ります。）も医療費控除の対象となります（基通73―3）。

83 患者の世話のための家族の交通費

> **問** 入院している子供の世話をするために母親が通院している場合の母親の交通費は，医療費控除の対象になるのでしょうか。

答 医療費控除の対象となる通院費は，医師等による診療等を受けるため直接必要なもので，かつ，通常必要なものであることが必要であり（基通73―3），患者自身が通院するに際して必要なものに限られます。

したがって，質問の場合は，患者である子供自身は通院しておりませんので，母親の交通費は，医療費控除の対象とはなりません。

84 長期入院中の人の年末・年始の帰宅旅費

> **問** 長期入院中の人が，医師の許可を得て，年末・年始の数日間を自宅で過ごすために帰宅しました。この場合の，病院と自宅との間の往復旅費は，医療費控除の対象になるのでしょうか。

答 入退院や通院のための旅費交通費は医療費控除の対象となりますが，質問の場合の旅費は，医師等による診療等とは関係のない個人的な都合上必要なものにすぎないため，医療費控除の対象とはなりません（所令207，基通73―3）。

質疑応答編　　　　　　　　　　　　77

85　遠隔地の医師の治療を受けるための旅費

問　札幌に住んでいる人が東京の某大学病院でなければ治療ができない難病にかかり，主治医に指示されて東京の某大学病院で治療を受けることになりましたが，この場合の札幌・東京間の旅費は，医療費控除の対象になるのでしょうか。

答　病状からみて札幌の病院でも治療できる場合の札幌・東京間の旅費は，医師等による診療等を受けるため直接必要なもので，かつ，通常必要な費用には当たらないので，医療費控除の対象とはなりません（基通73—3）。

しかし，質問の場合は，東京の某大学病院でなければ治療ができないということですので，札幌・東京間の旅費は，原則として医療費控除の対象となります。

86　遠隔地の医師の治療を受けるための通院費

問　家族の歯の治療は，いつもかかりつけの歯科医院で治療を受けていましたが，引越しのためその歯科医院が遠くなりました。今後もその歯科医院で治療を受けたいと考えていますが，この場合の通院費は，医療費控除の対象になるのでしょうか。

答　医療費控除の対象となる通院費は，医師等による診療等を受けるため直接必要なもので，かつ，通常必要なものに限られることから（基通73—3），引越しのために遠くなったかかりつけの歯科医院に通院するための費用の全額が医療費控除の対象とはなりません。

しかし，治療の進行の程度からみて，引越先の近くの歯科医院で治療を

受けるより，かかりつけの歯科医院で治療を受ける方が合理的であると考えられる場合には，かかりつけの歯科医院の通院費の全額が医療費控除の対象となります。

87 遠隔地の医師の治療を受けるための宿泊費

> **問** 離島に住んでいる人が地元の病院では治療できないような難病にかかり，主治医に指示されて都内の病院で治療を受けることになりましたが，病院の都合でホテルに一泊することになりました。この場合の宿泊費は，医療費控除の対象になるのでしょうか。

答 入院又は入所の対価として支払う部屋代のうち，医師等の診療等を受けるため直接必要なもので，かつ，通常必要なものは，医療費控除の対象となりますが，ホテルや旅館の宿泊代は，医療費控除の対象とはなりません（基通73—3）。

88 海外で診療等を受けるための旅費や宿泊費

> **問** 海外の有名な医師の治療を受けるための治療費や渡航費，ホテル代は，医療費控除の対象になるのでしょうか。

答 医師に支払う治療費は，外国の医師に対するものであっても，原則として医療費控除の対象となりますが，渡航費については，その疾病が国内で治療を受けるのが一般的なものであり，海外で治療を受けることの合理的な必要性がない場合には，医療費控除の対象とはなりせん（基通73—3）。また，ホテル代等の宿泊費については，医療費控除の対象とはなりません（前問参照）。

質疑応答編　79

89　湯治の費用

> **問**　関節炎の治療のため，医師に勧められて湯治に行きましたが，この湯治のための旅館代や旅費は，医療費控除の対象になるのでしょうか。

答　いわゆる湯治のための旅館代や旅費は，医師による診療等の対価や，医師による診療等を受けるため直接必要な費用には当たらないので，医療費控除の対象とはなりません（所令207，基通73―3）。

　(注)　温泉利用型健康増進施設の利用料金については問52参照。

90　転地療養のための費用

> **問**　子供の療養のため，医師に勧められて海辺の別荘を借りて転地療養をすることとしましたが，この別荘の賃借料は，医療費控除の対象になるのでしょうか。

答　いわゆる転地療養のための費用は，医師による診療等の対価や，医師による診療等を受けるため直接必要な費用には当たらないので，医療費控除の対象とはなりません（所令207，基通73―3）。

91 ぜんそくを治すための転居費用

問 転居すればぜんそくが治ると医師に勧められて転居しましたが，この場合の転居費用は，医療費控除の対象になるのでしょうか。

答 ぜんそくを治すための転居費用は，医師による診療等の対価や，医師による診療等を受けるため直接必要な費用には当たらないので，医療費控除の対象とはなりません（所令207，基通73─3）。

質疑応答編　　　　　　　　　　　　　81

第9　支払った医療費

92　未払の医療費

> **問**　昨年中に歯の治療は終わりましたが，その治療代金の50万円は，昨年中に30万円を支払い，残りの20万円は今年になって支払いました。この場合，50万円の全額が昨年分の医療費控除の対象になるのでしょうか。

答　医療費控除の対象となる医療費の金額は，その年中に実際に支払った金額に限られており，その年中に治療が終わっている場合であっても，未払となっている医療費は，その年の医療費控除の対象とはなりません（所法73①）。

　したがって，質問の場合は，昨年分の医療費控除の対象となるのは30万円であり，残りの20万円は，本年分の医療費控除の対象となります。

93　借入金で支払った医療費

> **問**　借入金により医療費を支払った場合は，いつの年分の医療費控除の対象になるのでしょうか。

答　医療費控除の対象となる医療費の金額は，その年中に実際に支払った金額に限られており，未払となっている医療費は現実に支払われるまでは控除の対象とはなりません（所法73①）。

　借入金により医療費を支払った場合は，医療費が未払となっているので

82　　　　　　　　　　第　1　部

はなく，借入金を医療費の支払に充てた時に医療費を支払ったことになる
ため，その支払の時の年分の医療費控除の対象となります。

94　クレジットカードで支払う医療費

> 問　歯の治療代をクレジットカードを利用して支払う場合は，その引
> 落しの日（クレジットカード会社への返済の日）の年の医療費控除の対
> 象とすることになるのでしょうか。

答　信販会社のクレジットカードを利用した治療費の支払は，一般的には，
患者が支払うべき治療費をクレジットカード会社が歯科医に対して立替払
をし，患者はその立替金をクレジットカード会社に対して返済することと
なります。そうであれば，クレジットカード会社に対する返済は，クレジ
ットカード会社に対する債務の返済にすぎないので，医療費を支払ったこ
とにはなりません。しかし，歯科医に対するクレジットカード会社の立替
払は，信販会社が患者に代わって医療費を支払ったことになるので，信販
会社が立替払をした時（クレジットカードを利用して支払った時）に患者が
医療費を支払ったことになります。

したがって，クレジットカード会社が立替払をした金額は，その患者の
その立替払をした年の医療費控除の対象となります（所法73①）。

なお，クレジットを利用した場合には，患者の手もとに歯科医の領収書
がないことも考えられますが，この場合は，クレジットの契約書や信販会
社の領収書などにより治療費の支払先や治療費の額を証明することが必要
となります。

質疑応答編　　　　　　　　　　　83

95　入院時の保証金

> 問　昨年11月の入院の際に，保証金として30万円を病院に差し入れま
> したが，この保証金は，本年1月の退院の際に，入院費用40万円に充
> 当されたため返還されませんでした。この場合の保証金の30万円は，
> 昨年分の医療費控除の対象になるのでしょうか。

答　病院に差し入れる保証金は，一般的には医療費として支払われるもの
ではなく，いずれ返還されるべき性質のものですが，実務的には入院費用
に充当して精算されているものと考えられます。

　したがって，質問の場合の30万円は，原則として，入院費用に充当され
た時に医療費として支払われたことになるので，充当された本年分の医療
費控除の対象となります。

　しかし，差し入れた保証金が入院費用の内金として支払われたものであ
るならば，内金として差し入れた昨年分の医療費控除の対象となります。

96　海外旅行先で支払った医療費

> 問　海外旅行中に子供がけがをしたため，現地の医者にかかりました
> が，その際に医者に支払った治療代は，医療費控除の対象になるので
> しょうか。

答　外国の医師に対して支払った治療費も，医療費控除の対象となります
（所令207）。なお，治療費を外国通貨で支払った場合には，その支払をし
た日における外国為替の電信売相場と電信買相場の仲値（TTM）によっ
て円換算した金額を支払った医療費の金額として控除額の計算を行ってく

84　　　　　　　　　　　第　1　部

ださい。

97　非居住者期間中に支払った医療費

> 問　2年間の海外支店勤務を終えて帰国しましたが，その海外勤務期間中の治療費で未払となっていたものを帰国後に支払いました。この場合の治療費は，医療費控除の対象になるのでしょうか。

答　医療費控除は，居住者に限り適用することとされており（所法73①），非居住者については適用されません（所法165）。一般的には，1年以上の海外勤務の場合は，その海外勤務期間は，原則として非居住者と推定することとされていますので（所令15），その非居住者期間中に支払う医療費は，医療費控除の対象とはなりません。

　しかし，質問の場合の治療費は，帰国後の居住者期間中に支払われたものですから，医療費控除の対象となります。

98　特定健康診査と特定保健指導が年をまたがって行われた場合

> 問　その年12月に特定健康診査を受診したところ，その翌年2月になってその診査結果が一定の基準に該当することから特定保健指導（積極的支援）を受けるように利用券が交付され，特定保健指導を受けました。
> 　この場合，特定健康診査の自己負担額はどの年分の医療費控除の対象になるのでしょうか。

答　特定健康診査の自己負担額は，人間ドックの費用のように医療費に該

当するものではありません。しかし，その特定健康診査の結果が高血圧症，脂質異常症又は糖尿病と同等の状態と診断され，かつ，引き続き特定健康診査を行った医師の指示に基づき特定保健指導が行われた場合には，その特定健康診査の自己負担額も医療費に該当するものとして取り扱われます（所令207，所規40の3）。

ところで，所得税法第73条第1項に規定する「その年中に支払った当該医療費」とは，その年中に現実に支払った医療費をいうものとされますから（基通73—2），質問の場合，特定健康診査の自己負担額は，その年の12月に支払っているので，その年分の医療費控除の対象となりますが，特定保健指導の自己負担額は，その年の翌年2月に支払っているので，翌年分の医療費控除の対象となります。

なお，特定健康診査の自己負担額について医療費控除の適用を受ける場合には，その自己負担額の領収書と積極的支援に係る領収書の写しを確定申告書の提出の際に添付又は提示してください（所法120，所令262）。

(注)　厚生労働省では，医療費控除の対象となる金額を明らかにするために，その領収書に，①特定健康診査の実施機関名及び特定健康診査を実施した医師名，②特定健康診査の結果，所得税法施行規則第40条の3第1項第2号に規定する基準に該当し，特定保健指導を受けるべき者として判定した旨の内容，③特定保健指導の実施年度及び実施した旨の内容，④特定保健指導に係る費用のうち自己負担額及び⑤特定保健指導の実施機関及び特定保健指導の実施責任者名を記載するように各関係団体に対して周知しています（資料16参照）。

99 医療費の領収書がない場合

> **問** 領収書の保存のない医療費は，医療費控除の対象にはならないのでしょうか。

答 医療費控除を受ける場合には，原則として，「医療費控除の明細書」を確定申告書に添付するのに加えて，5年間，医療費の領収書を自宅等で保存することが必要とされています（所法120④⑤）。

税務署から医療費の領収書の提示を求められた場合に，その提示を求められた領収書の保存がなく提示ができないときは，当該領収書に係る医療費は，医療費控除の対象とはなりません。

100 健康保険組合等が発行する「医療費のお知らせ」

> **問** 健康保険組合からもらった「医療費のお知らせ」を添付することで，医療費控除は受けられますか。

答 これまで，健康保険組合等が発行する医療費通知書（「医療費のお知らせ」）を確定申告書に添付又は確定申告書の提出の際に提示しても，医療費控除を受けることはできませんでしたが，平成29年分の確定申告から，医療費通知書を確定申告書に添付することにより，医療費控除を受けることができることとされています。この場合，医療費の領収書の保存が不要となります。

ただし，確定申告で利用できる医療費通知書は，以下の①から⑥の事項が記載されたものが対象となります。記載がない医療費通知書は，確定申告で利用ができませんので，その場合は，領収書の金額を集計し，「医療

質疑応答編　　　　　　　　　　　　　　　　　　　　87

費控除の明細書」を作成してください。

① 被保険者（又はその被扶養者）の氏名

② 療養を受けた年月

③ 療養を受けた者の氏名

④ 療養を受けた病院，診療所，薬局その他の者の氏名

⑤ 被保険者又はその被扶養者が支払った医療費の額

⑥ 保険者の名称

101　診断書などの作成に係る文書料

　問　いわゆる診断書などの作成に係る文書料は，医療費控除の対象となるのでしょうか。

　答　医療費控除の対象となる医療費は，医師又は歯科医師による診療又は治療，治療又は療養に必要な医薬品の購入その他医療又はこれに関連する人的役務の提供の対価のうち通常必要であると認められるものとされています（所法73②）。そして，その対価については，その病状等に応じて一般的に支出される水準を著しく超えない部分の金額とされています（所令207）。

　また，医師等による診療等を受けるために直接必要な通院費や医師等の送迎費などの費用で，通常必要なものは，医療費に含まれるものとして取り扱われています（基通73―3）。

　そうすると，いわゆる診断書などの作成に係る文書料については，医師が診療又は治療した内容等を記載した文書の発行に係る手数料であり，その発行された文書は，通常，生命保険会社等へ給付金等を請求する際の提出書類等として使用されるなど，医師等の診療又は治療の対価に該当しないことが一般的であるため，医療費控除の対象にならないと考えられます。

88　　　　　　　　　　　第　1　部

第10　生計を一にする親族の医療費

102　共働きの夫婦の一方の配偶者が他の一方の配偶者の医療費 を負担した場合

> 問　共働きの夫婦の一方の配偶者が他の一方の配偶者の医療費を負担
> した場合には，その医療費は，誰の医療費控除の対象になるのでしょ
> うか。

答　医療費控除は，自己又は自己と生計を一にする配偶者その他の親族に
係る医療費を支払った場合に適用することとされており，この場合の配偶
者その他の親族の範囲については，所得金額の要件は付されていません（所
法73①）。

　このため，質問の場合のように，所得を有する親族のために支払った医
療費であっても，その親族が医療費を支払った人と生計を一にする人であ
るときは，その医療費を支払った人の医療費控除の対象となります。

103　青色事業専従者の医療費を事業主が負担した場合

> 問　青色事業専従者である長男が入院し，その医療費を事業主である
> 父親が支払った場合は，その医療費は，父親の医療費控除の対象にな
> るのでしょうか。
>
> 　なお，長男の1年間の専従者給与額は，2,800,000円です。

答　医療費控除は，自己又は自己と生計を一にする配偶者その他の親族に

質疑応答編 89

係る医療費を支払った場合に適用することとされており，この場合の配偶者その他の親族の範囲については，所得金額や事業専従者でないことの要件は付されていません（所法73①）。

したがって，たとえその親族が青色事業専従者であって事業主から専従者給与の支給を受けている人であったとしても，その親族の医療費は，その事業主の医療費控除の対象となります。

104 同居していない母親の医療費を子供が負担した場合

問 郷里で一人暮らしをしている母親の医療費を子供が支払った場合は，その子供が，その医療費について医療費控除を受けることができるのでしょうか。

答 医療費控除は，自己又は自己と生計を一にする親族の医療費を支払った場合に適用することとされています（所法73①）。そして，この場合の「生計を一にする」とは，必ずしも同一の家屋に起居していることをいうのではなく，次のような場合には，それぞれ次によることとされています（基通2—47）。

(1) 勤務，修学，療養等の都合上他の親族と日常の起居を共にしていない親族がいる場合であっても，次のいずれかに当てはまるときは，これらの親族は生計を一にするものとします。

　イ　当該他の親族と日常の起居を共にしていない親族が，勤務，修学等の余暇には当該他の親族のもとで起居を共にすることを常例としている場合

　ロ　これらの親族間において，常に生活費，学資金，療養費等の送金が行われている場合

(2) 親族が同一の家屋に起居している場合には，明らかに互いに独立した生活を営んでいると認められる場合を除き，これらの親族は生計を一にするものとします。

　したがって，質問の場合は，例えば，母親の年収が少額で，子供からの仕送りで生活しているというような場合であれば，その子供と母親とは「生計を一にしている」こととなり，子供が負担した医療費は，子供の医療費控除の対象となります。

105　父親の控除対象配偶者である母親の医療費を子供が負担した場合

> **問**　父親の控除対象配偶者である母親の医療費を子供が支払った場合は，その子供がその医療費について医療費控除を受けることができるのでしょうか。

答　医療費控除は，自己又は自己と生計を一にする親族の医療費を支払った場合に適用することとされており（所法73①），その親族が自己の控除対象配偶者や扶養親族であるかどうかは問わないこととされています。

　したがって，質問の場合は，母親と子供が生計を一にしているのであれば，子供が支払った母親の医療費は，子供の医療費控除の対象となります。

質疑応答編　　　　　　　　　　　　　　91

106　生計を一にするかどうかの判定時期

問　生計を一にする娘の虫歯の治療費を父親が支払いましたが，その年のうちにその娘が結婚し，父親と生計を一にしなくなりました。この場合，父親が支払った娘の虫歯の治療費は，父親の医療費控除の対象になるのでしょうか。

答　医療費控除は，自己又は自己と生計を一にする配偶者その他の親族に係る医療費を支払った場合に適用することとされていますが，この場合の「自己と生計を一にする配偶者その他の親族」に当てはまるかどうかの判定は，医療費を支出すべき事由が生じた時又は現実に医療費を支払った時の現況によることとされています（基通73─1）。

　質問の場合は，娘が虫歯の治療を受けた時又は父親がその治療費を支払った時の現況で，父親と娘が生計を一にしていたとすれば，父親が支払ったその治療費は，父親の医療費控除の対象となります。

107　上京した父親の医療費を妹の夫が負担した場合

問　父親は北海道の兄夫婦と暮らしており，妹の嫁ぎ先の東京には年に1～2回程度上京しています。妹は父親の生活費は負担していませんが，父親の上京中（1回当たり半月程度）は食事代等の負担をしています。その父親が上京中に持病が起こり，はり師の施術を受け，その施術代は妹の夫が負担しました。

　この場合のはり師の施術代は，妹の夫の医療費控除の対象になるのでしょうか。

92　　　　　　　　　　第　1　部

答　医療費を支出すべき事由が生じた時又は現実に医療費を支払った時の
現況において自己と生計を一にする親族の医療費を支払った場合には，医
療費控除の適用を受けることができます。

　質問の場合は，生計を一にしていない父親がたまたま上京中であったと
いうにすぎませんから，たとえ上京中に妹の家に滞在していたとしても，
父親は，妹の夫と生計を一にしていたとはいえません（所法73①，基通2
―47，73―1）。したがって，妹の夫が支払った施術代は，妹の夫の医療費
控除の対象とはなりません。

108　死亡した父親の医療費

> **問**　父親は入院加療中に死亡し，父親の死亡後に入院加療期間の医療
> 費を請求されました。この医療費は，相続人である長男が支払いまし
> たが，被相続人である父親の医療費控除の対象になるのでしょうか。
> それとも相続人である長男の医療費控除の対象になるのでしょうか。

答　その年の医療費控除の対象となる医療費の金額は，その年中に実際に
支払った金額に限られ，未払の医療費は現実に支払われるまで控除の対象
とはなりません（基通73―2）。

　このため，被相続人の死亡後に支払われた医療費は，たとえ相続財産で
支払われた場合であっても，被相続人が支払ったことにはならないので，
被相続人の準確定申告上，医療費控除の対象にすることはできません。

　ところで，自己と生計を一にする親族に係る医療費は，医療費を支出す
べき事由が生じた時又は現実に医療費を支払った時の現況において自己と
生計を一にする親族に係る医療費をいうこととされています（基通73―1）。

　したがって，質問の場合は，医療費を支出すべき事由が生じた時，すな

質疑応答編　　　　　　　　　　　　　　　　　93

わち，その医療費の請求の基となった治療等を被相続人である父親が受け
た時に，長男と父親とが生計を一にしていたのであれば，その医療費は，
相続人である長男の医療費控除の対象となります。

109　親族の範囲

> **問**　兄の子供の医療費を支払った場合は，医療費控除の対象になるの
> でしょうか。

答　医療費控除は，自己又は自己と生計を一にする配偶者その他の親族に
係る医療費を支払った場合に適用することとされています（所法73①）。
この場合の「親族」の範囲は，6親等内の血族及び3親等内の姻族であり，
これを図で示すと，次のページの図のとおりとなります。
　質問の場合は，兄の子供は自己の親族（3親等の血族）に当たりますか
ら，生計を一にしているなど他の医療費控除の要件を満たすときは，医療
費控除の対象となります。

親族表

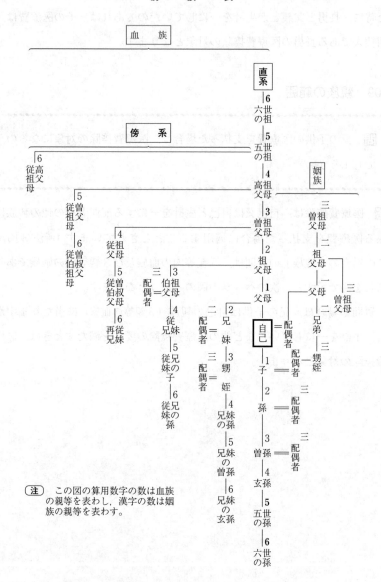

注 この図の算用数字の数は血族の親等を表わし，漢字の数は姻族の親等を表わす。

質疑応答編　　　　　　　　　　　　　　95

第11　医療費を補塡する保険金等

110　医療費を補塡する保険金等に当たるもの

問　医療費を補塡するための保険金などの収入がある場合は，その金額を医療費の金額から差し引くことになるのでしょうか。

答　医療費控除の計算に当たっては，支払った医療費の金額の中に保険金，損害賠償金その他これらに類するものにより補塡される部分の金額がある場合には，支払った医療費の金額からその補塡される部分の金額を差し引くこととされています（所法73①）。この場合の医療費を補塡する保険金等には，次のようなものがあります（基通73―8）。

(1)　社会保険又は共済に関する法律その他の法令の規定に基づき支給を受ける給付金のうち，健康保険法の規定により支給を受ける療養費，移送費，出産育児一時金，家族出産育児一時金，家族療養費，家族移送費，高額療養費又は高額介護合算療養費のように医療費の支出の事由を給付原因として支給を受けるもの

(2)　損害保険契約又は生命保険契約（これらに類する共済契約を含みます。）に基づき医療費の補塡を目的として支払を受ける傷害費用保険金，医療保険金又は入院費給付金等（これらに類する共済金を含みます。）

(3)　医療費の補塡を目的として支払を受ける損害賠償金

(4)　法令の規定に基づかない任意の互助組織から医療費の補塡を目的として支払を受ける給付金

96 第 1 部

111 医療費を補塡する保険金等に当たらないもの

> **問** 出産のために欠勤した場合に給付される出産手当金は，欠勤による給与等の減額を補塡するために給付されるものですから，医療費を補塡する保険金等に当たらないのではないでしょうか。

答 医療費控除額を計算する場合，医療費の補塡に充てられる保険金や損害賠償金等があるときは，その金額を支払った医療費の額から控除しますが，出産手当金は，この医療費を補塡する保険金等には当たりません。

　出産手当金を含め，例えば，次のものは，その金額を支払った医療費の額から控除する必要はありません（基通73—9）。

(1)　死亡したこと，重度障害の状態となったこと，療養のため労務に服することができなくなったことなどに基因して支払を受ける保険金，損害賠償金等

(2)　社会保険又は共済に関する法律の規定により支給を受ける給付金のうち，健康保険法の規定により支給を受ける傷病手当金又は出産手当金その他これらに類するもの

(3)　使用者その他の者から支払を受ける見舞金等（法令の規定に基づかない任意の互助組織から医療費の補塡を目的として支払を受ける給付金を除きます。）

質疑応答編　　　　　　　　　　　　　　97

112　支払った医療費を超える補塡金

> **問**　同一年中に入院費と歯の治療費を支払った場合において，入院費の金額を超える金額の生命保険契約に基づく入院給付金の支払を受けたときは，その超える部分の金額は，歯の治療費から差し引くのでしょうか。

答　支払った医療費を補塡する保険金等の金額がある場合には，支払った医療費の金額からその医療費を補塡する保険金等の金額を差し引くこととされていますが（所法73①），この場合の差引計算は，その補塡の対象とされる医療費ごとに行い，支払った医療費の金額を上回る部分の補塡金の額は，他の医療費の金額からは差し引きません。

　したがって，質問の場合は，支払った入院費の金額を超える部分の入院給付金の金額を歯の治療費の金額から差し引く必要はありません。

113　医療費の支払者と保険金等の受領者が異なる場合

> **問**　共働きの妻の出産費用を夫が支払いましたが，妻が勤務する会社の互助会から出産費の補塡として給付金を受け取りました。この場合の給付金は，夫の医療費から差し引かなければならないのでしょうか。

答　任意の互助組織から医療費の補塡を目的として支払を受ける給付金も，医療費控除額の計算上，支払った医療費から控除すべき医療費を補塡する保険金等に含まれます（基通73—8）。

　また，医療費を補塡する保険金等は，その保険金等の支払を受ける人が医療費を支払った人でない場合であっても，医療費の補塡を目的として支

98　　　　　　　　　第　1　部

払を受ける保険金等である限り，医療費を補塡する保険金等に当てはまり
ます。

　したがって，質問の場合は，妻が支払を受ける給付金は，夫が支払った
医療費の金額から控除することとなります。

114　医療費を補塡する保険金等の見込控除

問　12月に支払った入院費用を補塡するための保険金の額が，翌年3
月の確定申告の際に確定していない場合は，どうするのでしょうか。

答　医療費を補塡する保険金等の額が医療費を支払った年分の確定申告書
を提出する時までに確定していない場合には，受け取る保険金等の額を見
積もり，その見積額を支払った医療費から控除します。この場合，後日，
その保険金等の確定額が，見積額と異なることとなったときは，さかのぼ
ってその年分の医療費控除額を訂正します（基通73—10）。

　訂正の手続として，保険金等の確定額が見積額よりも多かった場合には，
その年分につき修正申告，反対に少なかった場合には，その年分につき更
正の請求を提出することになります。

115　医療費を補塡する保険金等の金額の按分計算

問　入院費用を12月と翌年1月に支払いましたが，この入院費用を補
塡する保険金を2月にまとめて受け取りました。この場合の保険金は，
いつの年分の医療費から差し引くのでしょうか。

答　医療費は，現実に支払った年分の医療費控除の対象となるので，質問

の入院費は，前年とその翌年のそれぞれの年分の医療費控除の対象となります。

この場合，その入院費用を補塡する保険金がいずれの年分の医療費をも補塡するものであるときは，原則として，その保険金の金額を支払った入院費用の額に応じて各年分に按分します。

116 医療費を補塡する保険金等を返還した場合

問　被扶養者としていた父親が被扶養者に当たらないことが判明し，2年前の医療費について，保険者から保険給付に要した費用の一部を請求されました。この場合の請求に基づいて支払う金額の扱いはどうなるのでしょうか。

答　偽りその他不正の行為によって保険給付を受けていた場合には，保険者等からその保険給付に要した費用の全部又は一部が徴収されることがあります。この場合は，結果的に医療費の補塡金が減額されたことになるので，原則として，2年前の医療費控除額について是正することが必要となります。

117 高額介護サービス費

問　介護保険から高額介護サービス費として払戻しを受けた金額がある場合，その金額を医療費の金額から差し引くことになるのでしょうか。

答　医療費控除の計算に当たっては，支払った医療費の金額の中に保険金，

100　　　　　　　　　　　　　　第　1　部

損害賠償金その他これらに類するものにより補塡される部分の金額がある場合には，支払った医療費の金額からその補塡される部分の金額を差し引くこととされています（所法73①）。

　介護保険においては，健康保険法の高額療養費の場合と同様に，要介護者等が居宅サービス費の自己負担額（介護保険給付の対象となるものに係る自己負担額に限ります。）又は施設サービス費に係る自己負担額（食費及び居住費を除く，介護費の1割又は2割負担部分に限ります。この問において同じです。）が，世帯合計で一定の上限額を超えた場合には，介護保険から高額介護サービス費として，その超えた部分に相当する金額が払い戻されることとなっています（介護保険法51，介護保険法施行令22の2の2）。

　したがって，居宅サービス費の自己負担額又は施設サービス費の自己負担額のうち，医療費控除の対象となる部分に相当する部分について，高額介護サービス費として支払を受けた場合には，その高額介護サービス費は医療費の金額から差し引くこととなります。

　㊟　指定介護老人福祉施設の施設サービス費に係る自己負担額のみに対する高額介護サービス費については，2分の1に相当する金額を医療費の金額から差し引くこととなります。

118　産科医療補償費

　　問　私は本年出産しましたが，出産に当たって産科医療補償制度に基づく産科医療補償費相当額を支払いました。この産科医療補償費相当額は医療費控除の対象となりますか。

　答　産科医療補償制度は，安心して産科医療を受けられる環境整備の一環として，分娩に係る医療事故により脳性麻痺となった子供及びその家族の

経済的負担を速やかに補償するとともに，事故原因に分析を行い，将来の同種事故の防止に資する情報を提供することなどにより，紛争の防止・早期解決及び産科医療の質の向上を図る仕組みです。

　この制度においては，産科医療補償費制度補償約款の規定に基づき，分娩に係る医療事故により脳性麻痺となった子供に対して一定の補償金が支払われることになっています。

　この産科医療補償制度を利用した分娩に係る医療費控除の金額については，産科医療補償費相当額を含む支払った医療費（分娩費）の金額から，出産育児一時金等（産科医療補償費相当額として加算された金額を含みます。）の金額を差し引いて計算することとなります。

　また，「出産育児一時金等の医療機関等への直接支払制度」を利用した場合には，医療機関に直接支払った金額を支払った医療費（保険金などで補填される金額はありません。）として計算することとなります。

(注)1　産科医療補償制度の下での分娩である場合には，その領収書等に本制度の対象である分娩を証する所定のスタンプが医療機関により押印されます。

　　2　産科医療補償制度補償約款の規定に基づき，分娩に係る医療事故により脳性麻痺となった児に対して支払われた補償金については，非課税となります（所法9①十八，所令30）。

第12　医療費控除に関する手続について

119　医療費控除の適用を受ける場合の手続（制度改正の概要）

> **問**　医療費控除を受ける場合の手続が変わったと聞いたのですが，具体的にどのように変わったのでしょうか。

答　平成29年度の税制改正に伴い，医療費控除の適用を受ける場合に必要な提出書類の簡略化が図られています。

　具体的には，医療費控除の適用を受ける場合，これまでの所得税の確定申告においては医療費の領収書を確定申告書に添付又は確定申告書を提出する際に提示することとされていましたが，平成29年分以後の所得税の確定申告において医療費控除の適用を受ける場合は，医療費の領収書に基づいて必要事項を記載した「医療費控除の明細書」を確定申告書に添付して提出することとされています。

　なお，この場合，医療費の領収書を確定申告期限等から5年間自宅等で保存する必要があります（注1）。

　また，医療保険者が発行するもので次の①から⑥までに掲げる6項目の記載がある「医療費通知」を確定申告書に添付する場合（注2）は，「医療費控除の明細書」の記載を簡略化することができ，医療費の領収書の保存も不要となります。

①　被保険者等の氏名

②　療養を受けた年月

③　療養を受けた者の氏名

④　療養を受けた病院，診療所，薬局等の名称

質疑応答編　　　　　　　　　　　　103

⑤　被保険者等が支払った医療費の額

⑥　保険者等の名称

㊟1　「医療費控除の明細書」の記載内容を確認するため，必要があるときは，確定申告期限等から5年間，税務署が医療費の領収書の提出又は提示を求めることがあります。

2　電子申告（e‑Tax）により確定申告を行う際に，医療保険者から交付された「医療費通知」データ（XML形式）で，その医療保険者の電子署名及びその電子署名に係る電子証明書が付されたものを所得税の確定申告書データに添付して送信する場合を含みます。以下同じです。

　なお，経過措置として，平成29年から令和元年までの各年分については，従来どおり医療費の領収書を確定申告書に添付又は確定申告書を提出する際に提示することもできることとされています。

120　確定申告書に添付すべき書類等の拡充

> 問　医療費控除を受ける際に添付すべき書類が拡充されたと聞いたのですが，具体的にどのように変わったのでしょうか。

答　令和4年1月1日以後に令和3年分以後の確定申告書を提出する場合は，「医療費通知」に代えて，次のいずれかの書類の添付ができます。

①　「医療費通知」に記載すべき事項を記録した電子証明書等に係る電磁的記録印刷書面（QRコード付控除証明書。②において同じです。）

②　「医療費通知情報（審査支払機関の医療費の額等を通知する書類をいいます。以下同じです。）」又は「医療費通知情報」に記載すべき事項を記録した電子証明書等に係る電磁的記録印刷書面（令和3年9月分以降支払い分から対応。）

　なお，「医療費通知」と同様に，電子申告（e‑Tax）により確定申告

104　　　　　　　　　　　　　第　1　部

を行う際に,「医療費通知情報」に係るデータ（XML形式）で, その審
査支払機関の電子署名及び電子署名に係る電子証明書が付されたものを
所得税の確定申告書データに添付して送信することにより, これらの書
類の提出に代えることができます。

　　⑬　「医療費通知の情報」に係るデータについては, マイナンバーカード方
　　　式による e-Tax を利用する際は,「マイナポータル連携」により取得し,
　　　確定申告書にその内容を自動入力することができます。「マイナポータル
　　　連携」の詳しい内容は, 国税庁ホームページを参照ください。

　また, 電子申告（e‐Tax）による確定申告を行う場合には,「医療費通
知」又は「医療費通知情報」に記載されている事項を入力して送信するこ
とにより, これらの書類の提出に代えることができることとされました。

　この場合には, これらの書類を確定申告期限等から5年間自宅等で保存
する必要があります。

　　⑬　入力内容を確認するため, 必要があるときは, 確定申告期限等から5年
　　　間, 税務署が医療費の領収書の提出又は提示を求めることがあります。

121　「医療費控除の明細書」の記載方法

> 問　「医療費控除の明細書」様式に,「「領収書1枚ごと」ではなく,
> 『医療を受けた方』『病院等』ごとにまとめて記入できます。」とあり
> ますが, 具体的に, どのようにまとめて記載すればよいのでしょうか。

答　「医療費控除の明細書」について,「医療を受けた方」や「病院等」ご
とにまとめて記載する場合は次の記載例のとおりです。

質疑応答編　　　　　　　　　　　　　　　105

┌─〈　「医療費控除の明細書」の記載　〉─────────

2 医療費（上記1以外）の明細　「領収書1枚」ごとではなく、「医療を受けた方」・「病院等」ごとにまとめて記入できます。

	(1)医療を受けた方の氏名	(2)病院・薬局などの支払先の名称	(3)医療費の区分	(4)支払った医療費の額	(5)(4)のうち生命保険や社会保険などで補てんされる金額
例①	国税 太郎	○○病院	☑診療・治療 □介護保険サービス □医薬品購入 □その他の医療費	150,600 円	0 円
例②	国税一郎・花子	○○薬局△△店	☑診療・治療 □介護保険サービス ☑医薬品購入 □その他の医療費	25,010	0
			□診療・治療 □介護保険サービス		

※　例②は，ある領収書に複数の人の医療費が記載されている場合（例え
　　ば，ある薬局で家族の医薬品を購入した場合など）の記載例です。

└────────────────────────────

122　証明書類の取扱い

┌─────────────────────────────
問　医療費の領収書を確定申告書に添付する必要がなくなったとのこ
とですが，「おむつ使用証明書」などの証明書類についても確定申告
書に添付又は提示する必要はなくなったのでしょうか。
└─────────────────────────────

答　ある特定の費用について医療費控除の適用を受ける場合は，該当する
書類（例えば，寝たきりの人のおむつ代について医療費控除の適用を受ける場
合には，「医師が発行した『おむつ使用証明書』」などがこれに当たります。具
体的には「医療費控除の明細書」裏面の「■添付又は提示が必要な書類」をご
覧ください。）を確定申告書に添付又は提示する必要があります。

　ただし，医療費控除の適用を受ける場合に必要な提出書類の簡略化を図
る税制改正の趣旨を踏まえ，これら確定申告書に添付等が必要な書類につ
いても，①証明年月日，②証明書の名称及び③証明者の名称（医療機関名
等）を「医療費控除の明細書」の欄外余白などに記載することにより，確
定申告書への添付等を省略しても差し支えありません。

　なお，この場合，添付等を省略した証明書などは，医療費の領収書とと
もに確定申告期限等から5年間自宅等で保存する必要があります。

123 「医療費通知」を添付する場合の留意点

> 問 私が加入している健康保険組合から送付された「医療費のお知らせ」を確定申告書に添付して医療費控除の適用を受けようと考えているのですが，この場合に注意しなければならないことはありますか。

答 医療費控除を受けるためには，必要事項を記載した「医療費控除の明細書」を確定申告書に添付するか，医療保険者が発行するもので問119に掲げる①から⑥までの6項目の記載がある「医療費通知」を確定申告書に添付する必要があります（問119参照）。

したがって，医療保険者が被保険者に交付する「医療費のお知らせ」などに問119に掲げる①から⑥までの6項目の記載がある場合には，これを確定申告書の添付書類として使用することができます。

124 「医療費通知」を申告書の添付書類として使用できない場合

> 問 医療保険者から送付された「医療費のお知らせ」に「この医療費のお知らせは医療費控除に使用できない」旨の記載がありました。この場合，負担した医療費について医療費控除の適用を受ける場合はどうしたらよいのですか。

答 医療費控除の適用を受ける場合において，医療保険者が発行するもので問119に掲げる①から⑥までの6項目の記載がある「医療費通知」を確定申告書に添付するときは，この通知に記載された項目について「医療費控除の明細書」の記載を簡略化することができ，医療費の領収書の保存も不要となります。

質疑応答編　　　　　　　　　　　　　　　107

　質問のように「この医療費のお知らせは医療費控除に使用できない」旨
の記載がある場合であっても同様です。

　また，交付を受けた「医療費のお知らせ」に6項目のうちいずれかの項
目の記載がないため，医療費控除を受ける際の添付書類として使用できな
い場合もありますが，このような場合は，実際に支払った医療費の領収書
に基づいて必要事項を記載した「医療費控除の明細書」を確定申告書に添
付することにより医療費控除の適用を受けることができます（この場合は，
医療費の領収書を確定申告期限等から5年間自宅等で保存する必要がありま
す。）。

125　「医療費通知」に記載のない医療費の支払がある場合

> **問**　医療保険者から「医療費通知」（医療費のお知らせ）の送付を受け
> ましたが，この「医療費通知」に記載されていない医療費（自由診療
> や，医療費通知への反映が間に合わない医療費など）の支払がある場合は，
> 「医療費控除の明細書」と「医療費通知」の両方を確定申告書に添付
> しなければいけないのでしょうか。

答　医療費控除の適用を受ける場合において，医療保険者が発行するもの
で問119に掲げる①から⑥までの6項目の記載がある「医療費通知」を確
定申告書に添付するときは，この通知に記載された項目について「医療費
控除の明細書」の記載を簡略化することができ，医療費の領収書の保存も
不要となります。

　したがって，「医療費通知」に記載されている医療費に限り「医療費控
除の明細書」への記載を要しないということになりますので，自由診療に
区分される診療や薬局での医薬品の購入など「医療費通知」に記載のない

医療費について医療費控除の適用を受ける場合は，これらの医療費に係る
領収書に基づき「医療費控除の明細書」へ必要事項を記載する必要があり
ます。その上でこの明細書と「医療費通知」を併せて確定申告書に添付し
て提出することで医療費控除の適用を受けることができます。

　なお，この場合の「医療費控除の明細書」の記載及び控除額の計算は，
次の手順によります。

　① 「医療費通知」の内容に基づいて「1　医療費通知に関する事項」
　　の各欄に金額を記載する。

　② 「医療費通知」に記載されていない医療費については領収書に基づ
　　いて「2　医療費（上記1以外）の明細」の各欄に必要事項を記載す
　　る。

　③ 「3　控除額の計算」により医療費控除の額の計算を行う。

126　医療機関の窓口で医療費の負担がない場合

> 問　私が住んでいる市では中学生以下である子供の医療費について助
> 成を受けることができ，市内の医療機関で診療や医薬品の処方を受け
> たとしても，窓口でこれらに対する費用の支払が全額免除されていま
> す。一方，医療保険者から送付された「医療費通知」には，この助成
> により実際には負担していない医療費の額が自己負担額の欄（「被保
> 険者等が支払った医療費の額」欄）に記載されていました。
>
> 　この場合であっても，「医療費通知」に記載のある自己負担額に基
> づいて医療費控除を受けることができるのでしょうか。

答　質問のように，一定の住民の方を対象として，医療機関での診療など
に係る医療費の負担について市区町村において独自の制度に基づいて助成

質疑応答編　　　　　　109

（自己負担額の減免）が行われている場合があります。

　また，「医療費通知」に記載される「被保険者等が支払った医療費の額」
は，医療保険者が作成時点で把握している情報に基づいて記載されている
ため，公費負担医療制度や市区町村による医療費助成，減額査定，未収金
などが「医療費通知」に反映されない（つまり，「被保険者等が支払った医
療費の額」から助成分が差し引かれずに記載されている）場合があります。

　ところで，医療費控除は，その年中に実際に支払った医療費を対象に控
除額を計算することとなりますので，質問のように窓口で自己負担額の減
免があるにもかかわらず，その金額が「医療費通知」に反映されていない
場合は，この減免分を除く実際に負担した医療費の額に基づいて医療費控
除の額を計算することになります。

　したがって，具体的には，「医療費控除の明細書」の「1　医療費通知
に関する事項」のうち「(2)　(1)のうちその年中に実際に支払った医療費の
額」欄へ実際に支払った医療費の合計額を記載し，「医療費通知」に減免
分がある旨を付記（記載例は次問参照）した上で，「医療費控除の明細書」
と「医療費通知」を確定申告書に添付してください。

　なお，上記のような窓口での医療費の減免のほか，事後的に給付を受け
る医療費を補塡する保険金など（注）がある場合においても，支払った医
療費の額からその医療費を補塡する保険金などの額を差し引いて医療費控
除の額を計算します。

　(注)　この保険金などは，①生命保険契約に基づいて支払われる医療保険金，
　　　②社会保険に関する法律やその他の法令の規定に基づき，医療費の支払を
　　　給付原因として支給される給付金（例えば，出産育児一時金，高額療養費），
　　　③法令の規定に基づかない任意の互助組織から医療費の補塡を目的として
　　　支払を受ける給付金などをいいます。

110　　　　　　　　　　第　1　部

127　補塡された金額の「医療費通知」への付記方法

> 問　負担した医療費のうち一部について自己負担分の減免を受けたも
> のがあります。しかし，医療保険者から交付を受けた「医療費通知」
> （医療費のお知らせ）上の医療費の額は，この減免分の額が差し引かれ
> る前の額のままでした。
>
> 　そのため，この減免分の額については，「医療費通知」に医療費を
> 補塡する金額として付記しようと思うのですが，具体的にどのように
> すべきですか。

答　「医療費通知」に記載される「被保険者等が支払った医療費の額」は，
医療保険者が作成時点で把握している情報に基づいて記載されているため，
公費負担医療制度や市区町村による医療費助成，減額査定，未収金などが
「医療費通知」に反映されていない場合があります（前問参照）。

　そのため，「医療費通知」に反映されていない医療費負担の助成など医
療費を補塡する金額がある場合は，その金額を「医療費控除の明細書」の
「1　医療費通知に関する事項」のうち「(3)　(2)のうち生命保険や社会保
険などで補塡される金額」に記載し，「医療費通知」に医療費を補塡する
金額がある旨を付記した上で，「医療費控除の明細書」と「医療費通知」
を確定申告書に添付します。

　なお，医療費を補塡する金額がある旨や窓口負担の減免分がある旨（前
問参照）を「医療費通知」に付記する場合は，例えば次のように記載しま
す。

質疑応答編   111

── 〈 記載例 〉 ──

① 医療費を補塡する金額がある場合（例：公費負担医療制度による給付）

② 医療機関の窓口において医療費負担の減免がある場合（例：市区町村による医療費の助成）

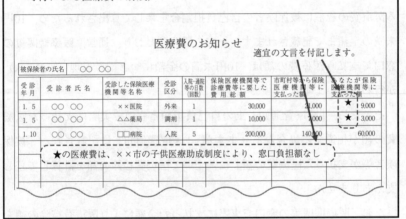

128 「医療費通知」に記載された負担額と実際の負担額とが異なる場合

> **問** 医療保険者から送付を受けた「医療費通知」のうち「被保険者等が支払った医療費の額」欄に記載された金額と病院の窓口で実際に支払った医療費の額（領収書に記載された金額）が一致していません。
>
> これは，医療機関の窓口で支払う自己負担額の計算上，10円未満の金額について端数処理が行われているためと思われますが，医療費控除の額を計算する際にはどちらの金額に基づくべきでしょうか。

答 社会保険診療に係る医療費について，「医療費通知」上の自己負担額（支払った医療費の額）は，診療報酬点数に単価（10円）を乗じて算出される医療費の総額に被保険者の自己負担割合を乗じて算出されるため，10円未満の金額まで記載されます。一方，質問のとおり，通常，医療機関等の窓口で支払う医療費の額は，10円未満の金額につき端数処理（四捨五入）が行われています。

そのため，「医療費通知」上の自己負担額と窓口で実際に支払った医療費の額が相違する場合がありますが，「医療費通知」に記載された「被保険者等が支払った医療費の額」に基づいて医療費控除の額を計算して差し支えありません。

なお，医療機関等の窓口で実際に支払った金額により医療費控除の額を計算しても差し支えありません。この場合は，①実際に支払った金額の合計額を「医療費控除の明細書」の「1　医療費通知に関する事項」の「(2)(1)のうちその年中に実際に支払った医療費の額」欄に記載するか，②実際に支払った金額を「医療費通知」の余白などに付記することになります。

129 記載されている医療費の額がいわゆる10割負担の額である場合

> **問** 医療保険者から交付を受けた「医療費のお知らせ」には，各医療費の額について，自己負担額（3割分の額）の記載はなく，医療費総額（10割分の額）のみが記載されています。医療費控除の適用を受ける場合にこのような「医療費のお知らせ」を使用してもよいのでしょうか。

答 問119に掲げる①から⑥までの項目のうち，⑤の「被保険者等が支払った医療費の額」は，医療費控除の適用を受ける方が実際に支払った医療費の額，いわば自己負担額を指しますので，医療費総額（10割分）に対する被保険者等の自己負担分（被保険者に応じて1〜3割分）の額が記載されていない「医療費のお知らせ」を確定申告書に添付して医療費控除を受けることはできません。

したがって，質問のような場合は，医療費の領収書に基づいて必要事項を記載した「医療費控除の明細書」を確定申告書に添付するか，自己負担額を補完記入した「医療費のお知らせ」を確定申告書に添付して医療費控除を受けることとなります。

なお，医療費の領収書に基づいて必要事項を記載した「医療費控除の明細書」を確定申告書に添付する場合や「医療費のお知らせ」に自己負担額を補完記入して確定申告書に添付する場合は，医療費の領収書を確定申告期限等から5年間自宅等で保存する必要があります。

130 「医療費通知」に記載されている医療費のうち「療養を受けた病院，診療所，薬局等の名称」欄が空欄である場合①

問 医療保険者から送付を受けた「医療費通知」の内容を確認したところ，いくつかの医療費について「療養を受けた病院，診療所，薬局等の名称」欄に医療機関などの名称の記載がありません（空欄）でした。このような医療費についても「医療費通知」を確定申告書に添付することにより医療費控除を受けることができますか

答 問119に掲げる①から⑥までの項目のうち，④の「療養を受けた病院，診療所，薬局等の名称」とは，医療機関等の名称であって，医療費の支払先が具体的に特定できるものを指しますので「療養を受けた病院，診療所，薬局等の名称」の記載のない（空欄である）医療費については，このままでは医療費控除の対象とすることはできません。

　したがって，このような医療費については，領収書に基づいて必要事項を記載した「医療費控除の明細書」を確定申告書に添付して医療費控除を受けることになります。併せて，「医療費控除の明細書」に記載した医療費の領収書を確定申告期限等から５年間ご自宅等で保存する必要があります。

　また，質問の場合，具体的な医療機関等の名称を「医療費通知」に補完記入することもできますが（記載例は次問参照），この補完記入をした医療費については「医療費控除の明細書」を作成したこととなり，上記と同様に領収書を確定申告期限等から５年間自宅等で保存する必要があります。

　㊟　医療機関等の名称を補完記入した医療費以外で，問119の①から⑥までに掲げる６項目の記載があるものについては，「医療費控除の明細書」への記載を簡略化することができ，領収書の保存も不要となります。

質疑応答編　115

131　「医療費通知」に記載されている医療費のうち「療養を受けた病院，診療所，薬局等の名称」欄が空欄である場合②

問　医療保険者から交付を受けた「医療費通知」の「療養を受けた病院，診療所，薬局等の名称」欄に医療機関の名称の記載がありませんでした。そこで，領収書に基づいて医療機関の名称を補完記入した「医療費通知」を確定申告書に添付して医療費控除を受けようと考えているのですが（前問参照），この場合，どのような点に注意すればよいでしょうか。

答　「医療費通知」の「療養を受けた病院，診療所，薬局等の名称」欄を補完記入する場合は，例えば，次の記載例のように「医療費控除の明細書」の所定の欄を記載して，医療費控除の額を計算することとなります。

　なお，「療養を受けた病院，診療所，薬局等の名称」欄に医療機関等の名称を補完記入した医療費については，その領収書を確定申告期限等から5年間自宅等で保存する必要があります。

116　第1部

〈記載例〉

※　「医療費通知」に「療養を受けた病院，診療所，薬局等の名称」を補完記入した医療費については，その領収書を確定申告期限等から5年間自宅等で保存する必要があります。

　なお，補完記入した医療費以外で，「医療費通知」に問119の①から⑥までに掲げる6項目の記載があるものについては，領収書の保存は不要です。

質疑応答編　　　　　　　　　　　　　　117

（参考）　e‐Tax や確定申告書等作成コーナーにより電子的に交付された「医療費通知」データを活用する場合の留意点

医療保険者から電子的に交付を受けた「医療費通知」データ（XML 形式）に「病院・薬局などの支払先の名称」が空欄又は具体的な医療機関等の名称が入力されていない医療費がある場合は，当該データから該当する医療費を除く必要がありますので，e‐Tax ソフトや確定申告書等作成コーナーを利用して確定申告書等を作成・提出する際には，それぞれ以下の点にご留意ください。

(1)　e‐Tax ソフトを利用する場合

①　該当する医療費を除いたものに基づいて「医療費控除の明細書」の「1　医療費通知に関する事項」の各欄に金額を入力する。

②　該当する医療費の領収書に基づいて「医療費控除の明細書」の「2　医療費の明細」に必要事項を入力する。

③　上記①及び②により作成した「医療費控除の明細書」に基づいて医療費控除額を計算し，当該控除額を確定申告書に入力するとともに，確定申告書に当該明細書を添付して送信する。

(2)　確定申告書等作成コーナーを利用する場合

①　確定申告書等作成コーナーの画面に「医療費通知」データを表示（「医療費通知」データを読み込んだ後，入力ボタンを押します。）し，該当する医療費について，「Aのうち令和4年中に実際に支払った医療費の額」欄に表示されている金額を修正して「0円」と入力する。

②　該当する医療費の領収書に基づいて別途「医療費通知以外の医療費の入力」画面で必要事項を入力する。

118 第 1 部

132 「医療費通知」上の被扶養者が生計を一にする親族に当たらない場合

> 問 事情により,「医療費通知」上の被扶養者が別の家族と生活して
> おり,その被扶養者の医療費については,この別の家族における生活
> 費から支払われています。
>
> 私は,この「医療費通知」を申告書に添付して医療費控除を受ける
> 予定ですが,別の家族が医療費控除を受けるにはどうすればよいでし
> ょうか。
>
> なお,被扶養者と別の家族は,親族の関係にあります。

答 医療費控除は,自分や自分と生計を一にする親族について支払った医
療費が一定額を超える場合に適用を受けることができますので,質問の被
扶養者の医療費については,別の家族の方のうち当該医療費を支払った方
の医療費控除の対象となります。

　ご質問のように,あなたが「医療費通知」を確定申告書に添付して医療
費控除を受ける場合は,この「医療費通知」上の被扶養者に係る医療費を
含めずに医療費控除の額を計算することになります。

　また,別の家族の方が医療費控除を受ける場合は,領収書に基づいて必
要事項を記載した「医療費控除の明細書」を確定申告書に添付する必要が
あります(この場合,医療費の領収書は確定申告期限等から5年間自宅等で保
存する必要があります。)。

質疑応答編　　　　　　　　　　　　　　　119

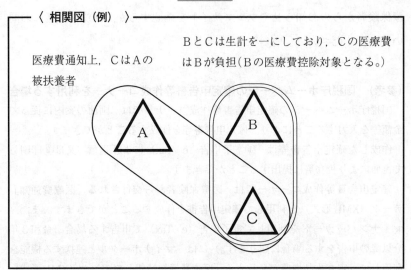

〈相関図（例）〉

医療費通知上，CはAの被扶養者

BとCは生計を一にしており，Cの医療費はBが負担（Bの医療費控除対象となる。）

133 「医療費通知」データ（XML形式）を活用した確定申告の概要

問 医療保険者から交付される「医療費通知」データ（XML形式）を用いて医療費控除の申告をすることができると聞いているのですが，どのような方法でできるのでしょうか。

答 医療保険者から提供された「医療費通知」データ（XML形式）は，確定申告書を電子申告（e-Tax）により提出する際に，添付書類データとして確定申告書データ等とともに送信することができます。

　ただし，e-Taxでの申告や確定申告書等作成コーナーで使用できる「医療費通知」データを被保険者に提供することは，各医療保険者の任意とされています。そのため，医療保険者からどのように「医療費通知」データの提供を受けるかは，申告をされる方が加入している健康保険組合等の医

療保険者からのお知らせやウェブサイトを確認するか，医療保険者にお問い合わせください。

（参考）　国税庁ホームページの確定申告書等作成コーナーを利用する場合

国税庁ホームページの確定申告書等作成コーナーでは，画面の案内に従って金額等を入力することにより，確定申告書等を作成することができます。

作成した確定申告書等は，①電子申告（e‐Tax）により送信，又は②印刷して書面により税務署に提出することができます。

確定申告書等作成コーナーでは，医療保険者から交付される「医療費通知」データ（XML形式）を利用して確定申告書を作成することができます。また，マイナンバーカードを利用して電子申告（e‐Tax）で申告する場合（令和3年分以降の申告をする場合に限ります。）には，マイナポータルと連携する機能を利用して，審査支払機関が発行する「医療費通知情報」のデータ（XML形式）を入手し，当該データを利用して確定申告書を作成することができます（令和3年分の「医療費通知情報」は，9月から12月の診療分のみが取得可能ですので，ご注意ください。令和4年分以降の「医療費通知情報」は，1年間の診療分が取得可能です。）。これらのデータ（XML形式）を利用して確定申告書を作成する場合には，当該データを添付書類データとして確定申告書データ等とともに電子申告（e‐Tax）により送信することができます。

ただし，作成した確定申告書を印刷して書面により税務署に提出する場合は，別途領収書を保存（確定申告期限等から5年間）するか，医療保険者から交付を受けた書面の「医療費通知」又は「医療費通知」データ（XML形式）を基に国税庁ホームページの「QRコード付証明書等作成システム」で作成・印刷した書面を確定申告書に添付して提出する必要があります。

また，確定申告書を電子申告（e‐Tax）により送信する場合において，医療保険者から「医療費通知」を書面で交付を受けているときは，①医療費の領収書，又は「医療費通知」に基づいて必要事項を入力した「医療費控除の明細書」データを確定申告書データとともに送信していただく（この場合，医療費の領収書，又は「医療費通地」は確定申告期限等から5年間ご自宅等で保存する必要があります。）か，②「医療費通知」（書面）を別途郵送等によりあなたの住所地等を所轄する税務署に提出する必要がありますのでご注意ください。

第1部

資 料 編

（著者注）

1 様式の元号表記について

　この資料編に掲載している様式（厚生労働省による通知等に含まれるもの）における令和元年5月1日以降に係る元号の表記部分については，「元号の表記の整理のための厚生労働省関係省令の一部を改正する省令（令和元年厚生労働省令第1号）」及び「元号の表記の整理のための厚生労働省関係告示の一部を改正する告示（令和元年厚生労働省告示第2号）」等によって，下記のとおり変更することとされていますのでご留意ください。

【例】：（変更前）「平成　年　月　日」→（変更後）「令和　年　月　日」
　　　　（変更前）「明・大・昭・平」→（変更後）「明・大・昭・平・令」など

2 領収書や証明書の税務署への提出等について

　平成29年度税制改正により，「医療費控除の明細書」（以下「明細書」といいます。）を提出することにより，領収書の提出又は提示が不要とされています。

　この資料編に掲載している領収書や証明書については，その説明においてこれらの書類を確定申告の際に添付等をする必要がある旨を案内しているものがありますが，前述のとおり，領収書については添付等をしていただく必要はありません。

　また，証明書についても，①証明年月日，②証明書の名称及び③証明者の名称（医療機関名等）を明細書の欄外余白などに記載することにより，その添付等を省略しても差し支えないこととされています。

　なお，添付等を省略した領収書や証明書は，医療費領収書とともに確定申告期限等から5年間自宅等で保存する必要がありますがありますのでご留意ください。

資　料　編　　　　　　　　　　　　　　123

資料1　　Ｂ型肝炎ワクチン接種費用に係る医療費控除関係　通達

直所3─23

昭和63年12月26日

国　税　局　長
　　　　　　　　　　殿
沖縄国税事務所長

　　　　　　　　　　　　　　　国　税　庁　長　官

　Ｂ型肝炎ワクチン接種費用の医療費控除の取扱いについて

　標題のことについて，厚生省から別紙2のとおり照会があり，当庁次長名をもって，別紙1のとおり回答したから了知されたい。

別紙1

直所3─22

昭和63年12月26日

　厚生省保健医療局長　殿

　　　　　　　　　　　　　　　国　税　庁　次　長

　Ｂ型肝炎ワクチン接種費用の医療費控除の取扱いについて
　　（昭和63年12月24日健医発第1458号照会に対する回答）

標題のことについては，貴見のとおりで差し支えありません。

別紙2

健医発第1458号

昭和63年12月24日

国 税 庁 長 官 殿

厚生省保健医療局長

B型肝炎ワクチン接種費用の医療費控除の取扱いについて

B型肝炎の患者に対しては医師による治療が必要であるが，B型肝炎の主な感染経路は血液による感染，性的接触，母子感染であるので，目前に迫った感染の危険を回避するため，患者の介護をする家族に対してB型肝炎ワクチンを接種することは，医師による患者の治療の一環として不可欠である。

このため，下記1の者を対象として行われたB型肝炎ワクチン接種費用で，確定申告書に下記2に掲げる書類の添付があるものは，B型肝炎の患者が医師の治療を受けるために直接必要な費用と認められ，医療費控除の対象となると解されるので，貴庁の見解を承りたく照会する。

なお，B型肝炎ワクチン接種費用が医療費控除の対象として認められる場合は，当該診断書は，63年分の所得税の確定申告に係るものから発行させることにする。

記

1 対象者

　B型肝炎の患者の介護に当たる親族（その患者と同居する者に限る。）

2 確定申告書に添付する書類

(1) B型肝炎にり患しており，医師による継続的治療を要する旨の記載のある医師の診断書

(2) (1)の診断書に記載された患者の親族に対するB型肝炎ワクチンの接種費用に係るものであることの分かる領収書

> 資料編における「厚生省」は，現在の「厚生労働省」である。これ以降の資料において，同じである。　編者（注）

資　料　編　　　　　　　　　　　　　　　　　　　　125

資料2　ストマ用装具に係る費用の医療費控除関係通達

直所 3 —12

平成元年 7 月13日

国　税　局　長
　　　　　　　　　　殿
沖縄国税事務所長

国　税　庁　長　官

ストマ用装具に係る費用の医療費控除の取扱いについて

　標題のことについて，厚生省から別紙2のとおり照会があり，当庁次長名を
もって，別紙1のとおり回答したから了知されたい。

別紙 1

直所 3 —11

平成元年 7 月13日

厚生省
　　大臣官房老人保健福祉部長
　　健　康　政　策　局　長
　　　　　　　　　　　　　殿
　　社　　会　　局　　長
　　保　　険　　局　　長

国　税　庁　次　長

　ストマ用装具に係る費用の医療費控除の取扱いについて
　（平成元年7月11日付老健第45号，健政発第374号，社更第130号
　　及び保文発第506号照会に対する回答）

　標題のことについては，貴見のとおりで差し支えありません。

126　　　　　　　　　　　第　1　部

別紙2

老 健 第 45 号
健政発第374号
社 更 第 130 号
保文発第506号
平成元年 7 月11日

国 税 庁 長 官 殿

厚　生　省

大臣官房老人保健福祉部長

健　康　政　策　局　長

社　　会　　局　　長

保　　険　　局　　長

ストマ用装具に係る費用の医療費控除の取扱いについて

　人工肛門のストマ（排泄孔）又は尿路変向（更）のストマをもつ者については，ストマ造設手術後，内臓器の一部が体外に露出した状態の残存しているものであり，適切なストマケアを受けずに放置された場合，ストマ部分の細胞の壊死，細菌感染，さらにはヘルニア等合併症を併発することが多く，入院中のみでなく，退院後も継続してストマケアに係る治療を受ける必要がある。

　このため，当該治療上，適切なストマ用装具を消耗品として使用することが必要不可欠であると医師が認め，証明書（別紙様式）を発行した者については，当該ストマ用装具に係る費用は，医師の治療を受けるため直接必要な費用と認められ，医療費控除の対象となると解されるが，貴庁の見解を承りたく照会する。

　なお，ストマ用装具に係る費用が医療費控除の対象として認められる場合は，当該証明書は昭和64年 1 月 1 日以降の購入に係るストマ用装具について発行するものとする。

資 料 編

（別紙様式）

		ス ト マ 用 装 具 使 用 証 明 書				
患　　者	住　　所					
	氏　　名			性　別	男・女	
	生年月日	明・大・昭・平・令　　年　　月　　日生				
ストマの種類		人工肛門のストマ　　　　尿路変向（更）のストマ				
必 要 期 間	令和　年　月から　6か月未満　6か月以上1年未満　1年以上					

　　上記の者は，人工肛門／尿路変向（更）のストマを有しており，ストマケアに係る治療上，ストマ用装具の使用が必要であることを証明する。

　　　令和　　年　　月　　日

　　　　　医療機関名　＿＿＿＿＿＿＿＿＿＿＿＿＿＿＿＿＿

　　　　　所 在 地　＿＿＿＿＿＿＿＿＿＿＿＿＿＿＿＿＿

　　　　　医 師 氏 名　＿＿＿＿＿＿＿＿＿＿＿＿＿＿＿＿＿

　（注）1　証明書は，当該患者のストマケアに係る治療を行っている医師が記載すること。
　　　2　「必要期間」が「1年以上」となる場合は，翌年分については改めて証明書を発行すること。
　　　3　既に経過した期間に係る証明については，証明書発行日の属する年の前年1月1日以降の期間に係るものに限り有効とする。

①　この証明書は，ストマ用装具代について医療費控除を受けるために必要です。
②　医療費控除を受けるためには，この証明書とストマ用装具代の領収書を確定申告書に添付するか，確定申告の際に提示することが必要です。

《著者注》

　　上記②については，「医療費控除の明細書」の欄外余白などに一定の事項を記載することにより，確定申告書への添付等を省略しても差し支えありません。

上記の様式については，「押印を求めている国税関係手続きに係る様式の一部改正について」（令和 2 年12月25日）により，押印を不要とする等の見直しが行われています。

　詳細については122ページ（著者注）2 をご覧ください。

　なお，ストマ用装具の購入費用に関するご質問については，問64（60ページ）に記載しておりますので，ご参照ください。

資 料 編　　　　　　　　　　　　　　　　129

資料3　医師による治療上必要な眼鏡の購入費用に係る医療費控除関係文書

　　　　　　　　　　　　　　　　　　　　　総　　　第23号
　　　　　　　　　　　　　　　　　　　　　平成元年9月20日

社団法人日本眼科医会会長　殿

　　　　　　　　　　　　　厚生省健康政策局総務課長

　　　　　　　治療用眼鏡に係る医療費控除について

　治療のために必要な眼鏡は，その購入費用について医療費控除の対象となることが認められておりますが，その取扱いについては下記のとおりですので，関係医師及び医療機関への周知徹底の程，よろしくお願い致します。

　　　　　　　　　　　　　記

1　治療のために必要な眼鏡

　　治療のために必要な眼鏡とは，疾病により治療を必要とする症状を有する者が，医師による治療の一環として装用する眼鏡をいいます。具体的には，別紙に掲げる疾病に対する治療用眼鏡が該当します。

2　具体的な取扱方法

　　確定申告に当たっては，眼鏡取扱店等が発行した領収書のほか，次に掲げる事項が明確に掲載された処方箋（眼鏡）の写しを確定申告書に添付して下さい。

　　①　別紙に掲げる疾病名

　　②　治療を要する症状であること

《著者注》

　上記2については，「医療費控除の明細書」の欄外余白などに一定の事項を記載することにより，確定申告書への添付等を省略しても差し支えありません。詳細については122ページ（著者注）2をご覧ください。

　なお，医師による治療上必要な眼鏡の購入費用に関するご質問については，問68（65ページ）に記載しておりますので，ご参照ください。

130   第 1 部

(別　紙)

疾　病　名		治療を必要とする症状	治　療　方　法
弱　　視		矯正視力0.3未満の視機能の未発達なもの。	20歳以下で未発達の視力を向上させるため，目の屈折にあった眼鏡を着用させる。
斜　　視		顕性斜視，潜伏斜視，斜位があり，両眼合わせて2プリズムディオプトリー以上のプリズムが必要。	眼位矯正又は術後の機能回復のため，眼鏡を着用させる。
白　内　障		水晶体が白濁して視力が低下し，放置すれば失明するため手術を必要とする。	術後の創口の保護と創口が治癒するまでの視機能回復のため，2か月程度眼鏡を着用させる。水晶体摘出後，水晶体の代わりにIOL（人口レンズ）を侵入する。
緑　内　障		原因不明又は外傷により眼圧（目のかたさ）が高くなる病気で，放置すると失明するので手術を必要とする。	術後，機能回復のため，1か月程度眼鏡を着用させる。
難治性疾患	調　節　異　常	調節力2ディオプトリー以下で調節痙攣，調節衰弱などによる自律神経失調症がある異常。	30歳以下の者に対して薬物療法（ビタミンB1を中心とした治療）のほかに，6か月程度治療のため，眼鏡を着用させる。
	不　等　像　性眼　精　疲　労	左右眼の眼底像の差による自律神経失調症がある異常。	薬物療法（精神神経用剤及びビタミンB1）と合わせて，光学的に眼底の不等像を消すため，眼鏡を着用させる。
	変　性　近　視	眼底に変性像があって−10ディオプトリー以上の近視である。	薬物療法（血管強化剤）と合わせて，網膜剥離，網膜出血等による失明防止のため，眼鏡を着用させる。
	網膜色素変性症	視野狭窄・夜盲症と眼底に色素斑がある病気で進行すると失明する。	薬物療法（血管拡張剤）を行うが，光刺激により症状が進行するので，その防止のため，眼鏡を着用させる。
	視　神　経　炎	視神経乳頭又は球後視神経に炎症があり，まぶしさを訴える病気で，進行すると失明する。	薬物療法（消炎剤，ビタミンB1）と合わせて，光刺激による症状の悪化を防止するため，2か月程度眼鏡を着用させる。
	網脈絡膜炎	眼底の網脈絡膜に炎症があって放置すれば失明する。	薬物療法（消炎剤）に合わせて，光刺激による症状の悪化を防止するため，1か月程度眼鏡を着用させる。
	角　膜　炎	角膜乾燥炎，水泡性角膜炎，ぴまん性表層角膜炎，角膜潰瘍などにより，放置すると角膜（黒目）が白く濁り，視力低下又は失明する。	薬物療法（抗生物質，副腎皮質ホルモン，ビタミンB2）に合わせて，角膜の表面を保護し，治癒を促進するため，1か月程度眼鏡を着用させる。
	角　膜　外　傷	角膜破裂，角膜切創，角膜火（薬）傷がある。	手術，薬物療法（抗生物質）と合わせて，角膜の創面を保護し治癒を促進するため，1か月程度眼鏡を着用させる。
	虹　彩　炎	虹彩（茶目）に極度の炎症があって放置すると失明する。	薬物療法（副腎皮質ホルモン）に合わせて，虹彩を安静にするためアトロピン等の散瞳剤を使用すると共に，眼保護のため，1か月程度眼鏡を着用させる。

（様式例）

処 方 箋 （眼 鏡）

氏名：＿＿＿＿＿＿＿＿年令：＿＿＿＿（男・女）

住所：＿＿＿＿＿＿＿＿＿＿＿＿＿＿＿＿＿＿＿

Ⅰ　種類（○で囲む）：ガラス，プラスチック，コンタクトレンズ（ソフト，ハード）
　　　　　　　　　　ＩＯＬ，遮光眼鏡（　　），その他（　　）

Ⅱ　度数及び用法
　1　眼鏡

	S	C	A	P	B		用法	
右						PB		遠・近
左								中間・常用

　2　ＩＯＬ

コンタクトレンズ	右		用法	
	左			

Ⅲ　使用期間（本処方箋の有効期間を○で囲む）（　3日　　10日　　30日）

Ⅳ　備考（眼鏡を必要とする理由）
　1　疾病名
　2　治療を必要とする症状

　　　　　　年　　月　　日

　　　　　　医師住所
　　　　　　医師氏名　　　　　　　　　　　　　　㊞

資料4　温泉利用型健康増進施設の利用料金の医療費控除関係の取扱いについて（情報）

平成28年6月24日
国税庁個人課税課
個人課税課情報第7号

○　温泉利用型健康増進施設の利用料金の医療費控除の取扱いについて（情報）

　標題のことについて，厚生労働省から照会があり，これに対して次のとおり回答したので，今後の執務の参考とされたい。

（照会要旨）

1　温泉利用型健康増進施設の認定要件の緩和（連携型施設の創設）

　従来の健康増進施設認定規程（昭和63年厚生省告示第273号。以下「規程」といいます。）においては，健康増進のための温泉利用及び有酸素運動を安全かつ適切に行うことができる設備を一の施設において備えていることが，温泉利用型健康増進施設の認定要件とされていました。今般，温泉利用を行う施設（以下「温泉利用施設」といいます。）と有酸素運動を安全かつ適切に行う施設（以下「運動健康増進施設」といいます。）が異なる場合であっても，これらの施設が一体となって運営するものについて，施設間の近接性の担保等一定の要件を満たすことで，複数の施設を一の施設とみなし，温泉利用型健康増進施設として認定できるよう認定基準の緩和が行われました。

2　温泉利用型健康増進施設の利用料金の医療費控除の取扱い

　旧規程の認定を受けた温泉利用型健康増進施設（以下「一体型施設」といいます。）については，慢性疾患の予防に資するとともに，医師の指導に基づき疾病の治療のための温泉療養を行う場としても十分機能しうると認められることから，医師が治療のために一体型施設を利用した温泉療養を行わせ，その旨を「温泉療養証明書」により証明した場合の同施設の利用料金については，医師等の診療等を受けるために直接必要な費用として医療費控除の対

資　料　編　　　　　133

象とされています（別添1）。

　今般の規程の改正により，新たに温泉利用型健康増進施設として位置付けられた施設（以下「連携型施設」といいます。）についても，慢性疾患の予防に資するとともに，医師の指導に基づき疾病の治療のための温泉療養を行う場としても十分機能しうると認められることから，医師が治療のために連携型施設を利用した温泉療養を行わせ，その旨を「温泉療養証明書（別添2）」により証明した場合の同施設の利用料金についても，医師等の診療等を受けるために直接必要な費用として医療費控除の対象になると考えますが貴庁の見解を承りたく照会いたします。

【別添1】温泉利用型健康増進施設の利用料金の医療費控除の取扱いについて
【別添2】温泉療養証明書

（回答）
○　連携型施設の利用料金の医療費控除の取扱い
(1)　温泉利用施設の利用料金の医療費控除の取扱い
　温泉利用施設については，慢性疾患の予防に資するとともに，医師の指導に基づき疾病の治療のための温泉療養を行う場としても十分機能しうると認められますので，医師が患者に治療のために温泉利用施設を利用した温泉療養を行わせ，その旨を「温泉療養証明書」により証明した場合の同施設の利用料金については，医師等の診療等を受けるために直接必要な費用として医療費控除の対象になると考えます。

(2)　運動健康増進施設の利用料金の医療費控除の取扱い
　運動健康増進施設については，温泉療養を行う場に該当しないことから，同施設の利用料金は，医療費控除の対象にならないと考えます。ただし，温泉利用施設と運動健康増進施設を同日に利用した場合には，運動健康増進施設における運動が効果的な温泉療養に繋がると考えられることから，この場合の同施設の利用料金は，温泉療養証明書が発行されれば，医療費控除の対象として差し支えないと考えます。

第 1 部

【別添 1】

直所 3 — 2

平成 2 年 3 月27日

国 税 局 長
沖縄国税事務所長　あて

国 税 庁 長 官

温泉利用型健康増進施設の利用料金の医療費控除の
取扱いについて

　標題のことについては，厚生省から別紙 2 のとおり照会があり，当庁次長名
をもって，別紙 1 のとおり回答したから了知されたい。

別紙 1

直所 3 — 1

平成 2 年 3 月27日

厚生省保健医療局長　あて

国 税 庁 次 長

温泉利用型健康増進施設の利用料金の医療費控除の
取扱いについて（平成 2 年 3 月23日付健医発第393号照
会に対する回答）

　標題のことについては，貴見のとおりで差し支えありません。

別紙2

資 料 編

健医発第393号

平成2年3月23日

国 税 庁 長 官 あ て

厚生省保健医療局長

温泉利用型健康増進施設の利用料金の医療費控除の
取扱いについて

昭和63年厚生省告示第273号「健康増進施設認定規程」（以下「規程」という。）
に基づき，健康増進を目的とした施設のうち，設備，人員及び運営面で所定の
基準を満たした施設につき厚生大臣が認定を行う制度が発足した。本制度が対
象とする施設のうち，規程第2条第2号に掲げる施設（温泉利用型健康増進施
設）として厚生大臣の認定を受けた施設（以下「認定施設」という。）につい
ては，慢性疾患の予防に資するとともに，医師の指導に基づき疾病の治療のた
めの温泉療養を行う場としても十分機能しうるものと認められる。

このため，医師が治療のために患者に認定施設を利用した温泉療養を行わせ
た場合で，下記に掲げる書類によりその旨の証明ができるものについては，当
該施設の利用料金も医師の治療を受けるために直接必要な費用と認められ，医
療費控除の対象となる費用に該当するものと解されるが，貴庁の見解を承りた
く照会する。

なお，医療費控除の対象として認められる場合は，平成2年4月1日以後，
下記の書類を発行するよう関係機関を指導する。

記

1　治療のために患者に認定施設を利用した温泉療養を行わせたあるいは行わ
　せている旨の記載のある医師の証明書（別紙）

2　治療のために支払われた規程第4条各号の設備の利用及び役務の提供の対
　価であることを明記した認定施設の領収書

136 第 1 部

【別添2】

(税務署提出用)

温 泉 療 養 証 明 書

所轄税務署長 殿	
患者名	(明大昭平 年 月 日生まれ、 歳、男・女)
住 所	
傷病名	

頭書患者が（療養期間）__年__月__日から__年__月__日までの__日間、弊施設において温泉療養を実施したことを証明する。

平成__年__月__日

施　設　名：_____ 施設所在地：_____
施設責任者氏名：_____ ㊞ 施設認定番号：_____
温泉利用指導者氏名：_____ ㊞ 温泉利用指導番号：_____

- -

連携型施設の場合は、以下を記載すること。

頭書患者が、弊施設において生活指導を実施したことを証明する。

平成__年__月__日

施　設　名：_____ 施設所在地：_____
施設責任者氏名：_____ ㊞ 施設認定番号：_____
健康運動指導士氏名：_____ ㊞ 健康運動指導士登録番号：_____

- -

頭書患者に、その傷病の治療のため、上記温泉利用型健康増進施設を利用した温泉療養を{行わせた／行わせている} ことを証明する。

平成__年__月__日

医療機関名：_____
所　在　地：_____
医　師　名：_____ ㊞

（証明者の方へ）
①本証明書は、療養期間が一週間以上にわたる温泉療養が行われた場合に限り、当該温泉療養の場を提供した認定施設及び頭書患者の傷病の治療のために温泉療養を行わせた（行わせている）医師が作成してください。
②本証明書は、療養期間中又は療養期間終了後1年以内に発行されたものに限り有効です。
③療養期間が年をまたがる場合には、その年末までに改めて証明書を発行してください。
④運動施設のみを利用した日の運動施設に係る利用料は、医療費控除の対象外です。
（患者の方へ）
①本証明書は、厚生労働大臣の認定を受けた温泉利用型健康増進施設（以下「認定施設」といいます。）の利用料金について医療費控除を受けるために必要です。
②医療費控除を受けるためには、本証明書及び認定施設の利用料金に係る領収書を確定申告書に添付するか、あるいは確定申告の際に提示することが必要です。
③認定施設の利用料金に係る領収証は、治療のために支払われた設備の利用及び役務の提供の対価である旨及び患者の氏名が明記されたものが必要です。
④運動施設のみを利用した日の運動施設に係る利用料は、医療費控除の対象外です。

資　料　編　　　　　　　137

《著者注》

　上記（患者の方へ）の②については，「医療費控除の明細書」の欄外余白な
どに一定の事項を記載することにより，確定申告書への添付等を省略しても差
し支えありません。詳細については122ページ（著者注）2をご覧ください。

　なお，温泉利用型健康増進施設の利用料金に関するご質問については，問52
（52ページ）に記載しておりますので，ご参照ください。

138 第 1 部

(参考)

○ 健康増進施設認定規程 (抄)

昭和63年11月29日 厚生省告示第273号
令和元年 6 月28日 厚生労働省告示第48号

(目的)

第1条 この規程は，健康増進施設の認定に関し必要な事項等を定めることにより，その普及を促進し，もつて国民の健康増進を図ることを目的とする。

(健康増進施設)

第2条 この規程において「健康増進施設」とは，次の各号に掲げる施設をいう。

一 健康増進のための有酸素運動（休養効果を高めることを目的とした活動を含む。以下「運動」という。）を安全かつ適切に行うことのできる施設であつて適切な生活指導を提供する場を有するもの（以下「運動健康増進施設」という。）

二 健康増進のための温泉利用（以下「温泉利用」という。）及び運動を安全かつ適切に行うことのできる施設であつて適切な生活指導を提供する場を有するもの（温泉利用を安全かつ適切に行うことのできる施設（以下「温泉利用施設」という。）と運動健康増進施設が近接していることその他の事情により一体となって運営されていると認められるもの（以下「連携型施設」という。）を含む。）

三 温泉利用プログラム（温泉の利用を中心とした健康増進のための計画をいう。以下同じ。）を有し，かつ，温泉利用プログラムの提供を安全かつ適切に行うことのできる施設であつて適切な生活指導を提供する場を有するもの

(認定)

第3条 厚生労働大臣は，健康増進施設の経営を行う者の申請に基づき，当該

資料編　139

健康増進施設（運動，温泉利用，温泉利用プログラムの提供及び生活指導に必要な部分に限る。）が次条に定める基準に適合する旨の認定を行うことができる。

2・3　省　略

（認定の基準）

第4条　認定の基準は，次の各号に掲げる場合に応じ，当該各号に定めるものとする。

一　申請施設が第2条第1号に掲げる施設である場合　次に掲げる基準

イ　運動を安全かつ適切に実践するための設備を備えていること。

ロ　体力測定及び運動プログラムの提供のための設備を備えていること。

ハ　生活指導を行うための設備を備えていること。

ニ　応急処置を行うための設備を備えていること。

ホ　医療機関と適切な提携関係を有していること。

ヘ　健康増進のための運動プログラムを適切に提供する能力を有する者を配置していること。

ト　体力測定，運動指導，生活指導及び応急手当を行う者を配置していること。

チ　継続的な利用者に対し健康状態の把握及び体力測定を適切に行い，これらの結果に基づく運動プログラムを提供すること。

リ　生活指導を適切に行うこと。

ヌ　申請施設の利用に係る負担が妥当なものであり，かつ，その利用を著しく制限するものでないこと。

ル　申請施設が適切に維持管理されていること。

二　申請施設が第2条第2号に掲げる施設（連携型施設を除く。）である場合　次に掲げる基準

イ　前号イからルまでに掲げる基準

ロ　温泉利用を実践するための設備を備えていること。

ハ　温泉利用に関する基礎的な知識及び技術を備えた者を配置していること。

ニ　温泉利用の指導を適切に行うこと。

三　申請施設が連携型施設である場合　次に掲げる基準

　イ　運動健康増進施設にあっては，第1号イからルまでに掲げる基準

　ロ　温泉利用施設にあっては，次に掲げる基準

　(1)　第1号ハからホまで及びリからルまでに掲げる基準

　(2)　第2号ロからニまでに掲げる基準

　(3)　身体測定を行うための設備を備えていること。

　(4)　身体測定，生活指導及び応急手当を行う者を配置していること。

　ハ　運動健康増進施設と温泉利用施設が近接していることその他の事情により一体となって運営されているとともに，これらの施設が連携して適切な健康指導を提供する場を有すること。

四　省　略

資 料 編 141

資料5 医療費控除の対象となる在宅療養の介護費用の証明関係文書

平成16年1月16日

国税庁個人課税課

個人課税課情報第1号

医療費控除の対象となる在宅療養の介護費用の
証明について（情報）

　身体障害者の在宅療養に係る介護（以下「ホームヘルプサービス」という。）については，平成15年4月から，従来の「身体障害者居宅生活支援事業等について」（厚生労働省通知）に基づく「措置制度」（市区町村がホームヘルプサービスの受け手を特定し，その内容を決定する制度）から，「支援費制度」（障害者自らがその内容を選択し，契約によりホームヘルプサービスを利用する制度）に移行された。

　この移行に伴い，厚生労働省は，「医療費控除の対象となる在宅療養の介護費用の証明について」（厚生労働省通知。以下「医療費控除通知」という。）について，支援費制度の内容に合わせた領収書様式（ひな型）の制定など，所要の改正を行い，別紙のとおり，各都道府県（指定都市）民生（衛生）所管部（局）長あて通知しているので了知されたい。

　なお，ホームヘルプサービスに係る一定の費用については，従来より，所得税法第73条《医療費控除》の法令解釈である所得税基本通達73−6に規定する「保健師等以外の者から受ける療養上の世話」に該当するものとして，医療費控除通知により，医療費控除の対象として取り扱っている。

142　　　第 1 部

老 福 第 145 号
平成 2 年 7 月27日

各〔都道府県〕〔民生〕主管部(局)長あて
　〔指定都市〕〔衛生〕

厚生省大臣官房老人保健福祉部
老 人 福 祉 課 長
厚生省健康政策局総務課長
厚 生 省 社 会 局 庶 務 課 長
厚 生 省 社 会 局 更 生 課 長
厚生省児童家庭局障害福祉課長

　医療費控除の対象となる在宅療養の介護費用の
証明について

改正　平 3 老振47・平 9 老振 7 ・平13医政総発 3 ・障障発 4 ・老振発 4 ・平16
　　　障障発0116001・老振発0116001・平17障障発0201001〔平成18障障発
　　　1225001最終改正〕

　保健師，看護師，准看護師その他療養上の世話を受けるために特に依頼した
者による療養上の世話の対価については，税法上，従来から医療費控除の対象
とされているところである。
　したがって，傷病により寝たきり等の状態にある者が，在宅療養を行うため，
医師の継続的な診療を受けており，かつ左記 1 の在宅介護サービスの供給主体
又は左記 2 の訪問入浴サービスの供給主体が，その医師と適切な連携をとって
左記 3 の在宅介護サービス又は左記 4 の訪問入浴サービスを提供した場合の，
その在宅介護サービス又は訪問入浴サービスを受けるために要する費用につい
ても，療養上の世話を受けるために特に依頼した者による療養上の世話の対価
と認められ，税法上，医療費控除の対象となるものであるが，今般，国税庁と
協議の上，当該費用に係る証明書の取扱いについて明らかにすることとした。
　ついては，傷病により寝たきり等の状態にある者の在宅療養を行うために，
左記 1 の在宅介護サービスの供給主体又は左記 2 の訪問入浴サービスの供給主

資　料　編　　　　　　　　　　　　　　　　143

体が，医師と適切な連携をとって左記３の在宅介護サービス又は左記４の訪問
入浴サービスを提供した場合には，左記１の在宅介護サービスの供給主体又は
左記２の訪問入浴サービスの供給主体が左記５の証明書を発行するよう貴管内
市（区）町村，在宅介護サービス事業者及び訪問入浴サービス事業者等への周
知徹底を図られたい。

　なお，保健師，助産師，看護師，准看護師が在宅療養のために療養上の世話
を行った場合についても左記５の証明書を発行するよう周知徹底を図られたい。

　また，「在宅介護費用証明書」は，別紙のコピーを使用して証明されたもの
又は同様の様式を使用して証明されたものであっても，各税務署窓口において
受け付けられることとされているので，その旨の指導も併せて行われたい。

　なお，左記５に掲げる証明書が発行されていない場合の費用又は左記１に掲
げる者以外の者の在宅介護サービスに係る費用若しくは左記２に掲げる者以外
の者の訪問入浴サービスに係る費用であっても，療養上の世話の費用に該当す
るものは，所得税基本通達73―６（保健師等以外の者から受ける療養上の世話）
により，医療費控除の対象となるので，念のため申し添える。

　また，障害者自立支援法に基づく障害福祉サービスの利用者負担額に係る医
療費控除の証明書の様式については，左記５に「障害福祉サービス利用者負担
額証明書」を定めたので，周知徹底を図られたい。

　介護保険制度下での居宅サービスの対価に係る医療費控除については，「介
護保険制度下での居宅サービスの対価に係る医療費控除の取扱いについて」（平
成15年12月24日老発第1224003号国税庁課税部長あて老健局長照会）及びそれ
に対する国税庁回答（平成15年12月26日課個２―33）によって読み替えられた
「介護保険制度下での居宅サービスの対価に係る医療費控除の取扱いについ
て」（平成12年６月１日老発第509号国税庁課税部長あて老人保険福祉局長照
会）（別添１）及びそれに対する国税庁回答（平成12年６月８日）課所４―10
（別添２）によるものとする〔著者㊟：別添省略　資料９参照〕。

記

1 在宅介護サービスの供給主体

(1) 障害者自立支援法の規定により居宅介護を行う指定障害福祉サービス事業者及び基準該当障害福祉サービス事業者

(2) 障害者自立支援法の規定により重度訪問介護を行なう指定障害福祉サービス事業者及び基準該当障害福祉サービス事業者

(3) 障害者自立支援法の規定により短期入所を行う指定障害福祉サービス事業者（ただし，市町村により遷延性意識障害者等の支給決定を受けた遷延性意識障害者（児）等又は重症心身障害者（児）に対し医療機関である指定短期入所事業所において短期入所を行う事業者に限る。）

(4) 障害者自立支援法の規定により重度障害者等包括支援を行なう指定障害福祉サービス事業者

(5) 介護福祉士の資格を有する者

2 訪問入浴サービスの供給主体

障害者自立支援法の規定により地域生活支援事業として，訪問入浴サービスを実施する市町村

3 在宅介護サービスの内容

(1) 食事の介護（買物及び調理を除く。）

(2) 排泄の介護

(3) 衣類着脱の介護

(4) 入浴の介護

(5) 身体清拭，洗髪

(6) 通院等の介護その他必要な身体の介護

(7) 障害福祉サービス

ア 居宅介護（身体介護，通院介助（身体介護を伴う場合）及び乗降介助に限る。）

イ 重度訪問介護（アと同様のものに限る。）

※ ただし，平成18年4月から9月までにあっては，居宅介護（日常生活支援（身体介護に係る部分に限る。））とする。

資料編　　　　　　　　　　　　　　　　　145

　ウ　短期入所（ただし，市町村により遷延性意識障害者等として支給決定
　　を受けたものに限る。）
　エ　重度障害者等包括支援（アからウまでと同様のものに限る。）

4　訪問入浴サービスの内容
　身体障害者の居宅を訪問し，浴槽を提供して行なわれる入浴の介護

5　証明書
　(1)　様式　別紙「在宅介護費用証明書」及び「障害福祉サービス利用者負担
　　額証明書」
　(2)　記載者　記1及び2の市町村，事業者等とする。

146   第　1　部

(別紙)

在 宅 介 護 費 用 証 明 書

　下記の内容により，医師との連携の下に在宅療養のため在宅介護サービス又は訪問入浴サービスを提供し，その費用を領収したことを証明する。

令和　　年　月　　日

　　事業者名
　　所在地（住所）
　　代表者名

記

患　　　　　者	氏　　　名		性　別	男・女
	住　　　所			
	生 年 月 日	明大昭平令　年　　月　　日	年　齢	歳
費用負担者	氏　　　名		続　柄	
	住　　　所			
傷　病　名		により寝たきり等の状態にある。		
主治医又は協力医療機関	医療機関名			
	所在地(住所)			
	医 師 氏 名			
介 護 内 容 （アからカ又は2の該当するものに○をつける。）	1　在宅介護サービス 　　ア　食事の介護 　　イ　排せつの介護 　　ウ　衣類着脱の介護 　　エ　入浴の介護 　　オ　身体の清拭，洗髪 　　カ　通院等の介助その他必要な身体の介護 　　　（　　　　　　　　　　　　　　　　） 2　訪問入浴サービス			
介 護 費 用	令和　年　月　日から令和　年　月　日までの間に領収した金額の合計額（上記1のアからカまでの介護及び2の訪問入浴サービスに係るものに限る。） 　　　　　　　　　　　　　　　　　　＿＿＿＿＿円			

資　料　編　　　　　　　　　　　　　　　147

(注)1　この証明書は，在宅療養の介護費用について，医療費控除を受ける際に，確定
　　　申告書に添付するか，確定申告の際に提示して下さい。
　　2　「事業者名」欄は，市（区）町村が提供する場合には，その自治体名を記入し
　　　て下さい。（保健師，助産師，看護師，准看護師（以下「看護師等」という。）の
　　　場合は記入不要）
　　3　なお，この証明書には，市（区）町村長の発行するホームヘルパー派遣決定通
　　　知書・訪問入浴サービス利用決定通知書，介護福祉士及び看護師等の資格証明証
　　　の写しを添付してください。
　　4　看護師等の行う療養上の世話の内容については，介護内容の欄のかっこ内に療
　　　養上の世話の内容を具体的に記載してください。
　　5　確定申告に際しては，この証明書のほかに，当該医師又は医療機関の診療等の
　　　対価に係る領収書を添付してください。

《著者注》

　上記(注)1については「医療費控除の明細書」の欄外余白などに一定の事項
を記載することにより，確定申告書への添付等を省略しても差し支えありませ
ん。詳細については122ページ（著者注）2をご覧ください。

　なお，在宅療養の費用に関するご質問については，問28（33ページ）に記載
しておりますので，ご参照ください。

　上記の様式については，「押印を求めている国税関係手続きに係る様式の一
部改正について」（令和2年12月25日）により，押印を不要とする等の見直し
が行われています。

第 1 部

障害福祉サービス利用者負担額証明書

下記の内容により，医師との連携の下に在宅療養のため障害福祉サービスを提供し，その費用を領収したことを証明する。

令和　年　月　日

事業者名
所在地（住所）
代表者名

記

利　用　者	氏　　　名		性　別	男・女
	住　　　所			
	生 年 月 日	明大昭平令　年　月　日	年　齢	歳
費用負担者	氏　　　名		続　柄	
	住　　　所			
主治医又は協力医療機関	医療機関名			
	所在地(住所)			
	医 師 氏 名			
サービス内容（該当するものに○をつける。）	障害福祉サービス 　ア　居宅介護（身体介護，通院介助（身体介護を伴う場合）及び乗降介助に限る。） 　イ　重度訪問介護（アと同様のものに限る。）又は居宅介護（日常生活支援（身体介護に係る部分に限る。）） 　ウ　短期入所（ただし，市町村により遷延性意識障害者等として支給決定を受けたものに限る。） 　エ　重度障害者等包括支援（アからウまでと同様のものに限る。）			
利用者負担額	令和　年　月　日から令和　年　月　日までの間に領収した金額の合計額（上記サービス内容に係るものに限る。） 　　　　　　　　　　　　　　　　　　　　　　　　　　円			

(注)1　この証明書は，障害福祉サービスの利用者負担額について，医療費控除を受ける際に，確定申告書に添付するか，確定申告の際に提示して下さい。
　　2　「事業者名」欄は，市（区）町村が提供する場合には，その自治体名を記入して下さい。
　　3　なお，この証明書には，市（区）町村の発行する居宅受給者証の写しを添付して下さい。
　　4　重度訪問介護については，領収した金額に2分の1を乗じて合計額を算出して下さい。
　　5　重度障害者等包括支援については，サービス提供実績記録票により，提供されたサービスのうち利用者負担が発生しているものにつき，ア及びウについては利用者負担相当額を，イについては利用者負担相当額に2分の1を乗じた額をそれぞれ算出し，これらを合算した額を各月ごとに算出し，合計額を算出して下さい。

（別添1）略
（別添2）略

資　料　編

《著者注》

　上記(注) 1 については，「医療費控除の明細書」の欄外余白などに一定の事項を記載することにより，確定申告書への添付等を省略しても差し支えありません。詳細については122ページ(著者注) 2 をご覧ください。

　上記の様式については，「押印を求めている国税関係手続きに係る様式の一部改正について」(令和 2 年12月25日) により，押印を不要とする等の見直しが行われています。

150 第 1 部

（参考）

事　務　連　絡
平成 18 年 12 月 25 日

各　都道府県障害保健福祉担当課　御中

厚生労働省社会・援護局障害保健福祉部
障害福祉課

「医療費控除の対象となる在宅療養の介護費用の証明について」
の一部改正について

　平素より障害者自立支援法の施行に御尽力いただき厚く御礼申し上げます。
　さて、障害者自立支援法の施行により、居宅介護等の障害福祉サービスの体系が再編
されたこと等に伴い、「医療費控除の対象となる在宅療養の介護費用の証明について」（平
成 2 年 7 月 27 日老福第 145 号通知）の一部改正が行われたところですが、医療費控除の
対象となる在宅介護サービスにかかる改正前後の関係及び重度障害者等包括支援等にか
かる医療費控除対象額の具体的な算出方法については別紙 1 及び 2 のとおりですので、
貴管内市（区）町村、在宅介護サービス事業者等への周知方よろしくお取り計らい願い
ます。

```
厚生労働省社会・援護局 障害保健福祉部
　障害福祉課 企画法令係・訪問サービス係
　　電　話：03-5253-1111（内線 3149,3038）
　　ＦＡＸ：03-3591-8914
```

別紙1

医療費控除の対象となる在宅介護サービスの内容について

○在宅介護サービスの内容

1　食事の介護（買物及び調理を除く。）

2　排泄の介護

3　衣類着脱の介護

4　入浴の介護

5　身体清拭、洗髪

6　通院等の介護その他必要な身体の介護

7　障害福祉サービス

(1) 居宅介護（身体介護、通院介助（身体介護を伴う場合）、乗降介助に限る。）

(2) 重度訪問介護（(1)と同様のものに限る。）

(3) 短期入所（市町村により遷延性意識障害者等として支給決定を受けたものに限る。）

(4) 重度障害者等包括支援（(1)から(3)までと同様のものに限る。）

従来どおり

従来どおり
※ サービス体系の再編により、従来の日常生活支援が重度訪問介護に見直されたことに伴うもの。

従来どおり
※ 通院介助（身体介護を伴う場合）については、従来は身体介護に含まれていたもの。

従来どおり

新規
※ 当該障害福祉サービスは、複数の障害福祉サービスを組み合わせて包括的に提供するものであることから、控除対象となる障害福祉サービスが重度障害者等包括支援として提供された場合についてのみ対象とするものであり、対象となるサービスの範囲を広げるものではないことに留意。

152　　　　　　　　　　第　1　部

別紙2

重度障害者等包括支援の控除対象額等の算出方法について

　通知「医療費控除の対象となる在宅療養の介護費用の証明について」の別紙「障害福祉サービス利用者負担額証明書」の具体的な算出方法については以下のとおりですので証明書作成事務の参考としてください。

１．重度障害者等包括支援に係る控除対象額

　①　居宅介護及び短期入所について、重度障害者等包括支援サービス提供実績記録票（以下「実績記録票」という。）の「単位数」欄にあるそれぞれの単位数を月ごとに合計する。

　②　①の単位数を実績記録票の重度障害者等包括支援全体の実績単位数で除して算出した割合（小数第2位以下四捨五入）に、重度障害者等包括支援の利用者負担額を乗じて控除対象額を算出する。

　③　重度訪問介護についても、①、②と同様の方法で控除対象額を算出する。

　④　③で得た額に1／2を乗じる。

　⑤　②で得た額と④で得た額を合算し、証明期間内における各月の合計を合算する。
　　　→　証明額を算出

２．重度障害者等包括支援以外に係る控除対象額

　①　利用者負担額が利用者負担上限月額を超える月については、当該利用者が利用したサービスごとに、利用単位数を全利用単位数で除して得た割合を算出する。

　②　①で得た割合を利用者負担上限月額に乗じる（重度訪問介護については、さらに1／2を乗じる。）。

※　上限額管理が行われ、医療費控除対象額が領収額を上回る場合は、控除対象サービスを提供した居宅介護事業者等が、上記②の額を算出し、領収額をかっこで記載するものとする。（その際、上限額管理結果票と上限額管理事業者等の領収書等を添付することとする。）

【記載例】

利用者負担額	5,000 円（ただし、上限額管理のため領収額は 2,000 円）

（領収額を確認するため、上限額管理事業者の領収書も添付してください。）

資 料 編　　　　　　　　　　　　　　　153

資料6　指定運動療法施設の利用料金に係る医療費控除関係通達

課所4―6

平成4年6月22日

国　税　局　長　　　殿
沖縄国税事務所長

国　税　庁　長　官

指定運動療法施設の利用料金に係る医療費控除の
取扱いについて

　標題のことについては，厚生省から別紙2のとおり照会があり，当庁課税部
長名をもって，別紙1のとおり回答したから了知されたい。

別紙1

課所4―5

平成4年6月22日

厚生省保健医療局長　殿

国税庁課長部長

指定運動療法施設の利用料金に係る医療費控除の
取扱いについて（平成4年6月18日付健医発第738
号照会に対する回答）

標題のことについては，貴見のとおりで差し支えありません。

154 第 1 部

別紙2

健医発第738号

平成4年6月18日

国税庁課税部長　殿

厚生省保健医療局長

指定運動療法施設の利用料金に係る医療費控除の
取扱いについて

　昭和63年厚生省告示第273号「健康増進施設認定規程」（以下「規程」という。）
に基づき厚生大臣が認定した健康増進施設のうち，別紙基準に基づき厚生省が
指定を行う施設（以下「指定運動療法施設」という。）については，医師の処
方に基づき疾病の治療のための運動療法を行う場としても十分機能しうるもの
と認められる。

　このため，医師が治療のために患者に指定運動療法施設を利用した運動療法
を行わせた場合で，下記に掲げる書類によりその旨の証明ができるものについ
ては，当該施設の利用料金も医師の治療を受けるために直接必要な費用と認め
られ，医療費控除の対象となる費用に該当するものと解されるが，貴庁の見解
を承りたく照会する。

　なお，医療費控除の対象として認められる場合は，運動療法を行うに適した
施設の指定に関する事項及び運動療法の内容に関する事項につき，関係機関へ
周知し，平成4年7月1日以後，下記の書類を発行するよう指導する。

記

1　疾病の治療のために患者に指定運動療法施設を利用した運動療法を行わせ
　たあるいは行わせている旨の記載のある医師の証明書（別紙様式）
2　疾病の治療のために医師が患者に発行した運動療法処方せんに基づく運動
　療法実施のための指定運動療法施設の利用の対価であることを明記した当該
　施設の領収証

《筆者注》

　上記「別紙基準」については（参考2），「別紙様式」については（参考3）
の（別紙様式）（165ページ）を参照してください。

資　料　編　　　　　　　　　　　　　　　　155

（参考１）

健医発第８４６号
平成元年７月11日
改正　健医発９０８号
平成４年７月28日
改正　健発第４１８号
平成13年３月30日
改正　健発第 0726006 号
平成18年７月26日
改正　健発０３３０第４号
令和４年３月30日

各　都道府県知事　殿

厚生省保健医療局長

運動健康増進施設認定基準について

　健康増進施設認定規程（昭和63年厚生省告示第273号。以下「規程」という。）については、昭和63年11月29日健医発第1367号により通知したところであるが、規程第２条第１号に掲げる施設に係る規程第４条に規定する標記の運用については下記のとおりとするので、了知のうえ、関係機関及び関係団体に対し周知方お願いする。
　なお、規程第３条に掲げる申請書の様式及び添付書類の詳細については別途通知する。

記

1　規程第４条第１号イに規定する設備とは、以下の設備のことをいうこと。
　（1）　有酸素運動及び筋力強化等の補強運動が安全に行える設備（次の①から③の全部又は一部。ただし、20平方メートル以上の施設面積を有していることとする。）
　　①　トレーニングジム（主として機器を用いて有酸素運動及び補強運動を行う設備）
　　②　運動フロア（主として機器を用いずに有酸素運動及び補強運動を行う設備）
　　③　プール（「遊泳用プールの衛生基準について」（昭和61年５月30日衛企第56号）に規定する遊泳用プール）
　（2）　有酸素運動及び補強運動に係る準備運動及び整理運動を行う設備（（1）に掲げる設備と兼用することができる。）
　（3）　更衣室、浴室その他の付帯設備

2　規程第4条第1号ロに規定する設備とは、以下の設備のことをいうこと。
　　①　体力測定のための設備として身長、体重、皮脂厚、全身持久力、筋力、筋持久力、柔軟性、敏捷性及び平衡性を測定するための場所及び機器
　　②　運動プログラムの提供のための設備として運動プログラムの作成、保管及び更新を行うための場所及び機器

3　規程第4条第1号ニに規定する設備とは、応急処置を行うための場所及び医薬品その他の器具、備品のことをいうこと。

4　規程第4条第1号ホに規定する適切な提携関係とは、施設を継続的に利用しようとする者が運動を安全に行えるように、医療機関との提携のもとで、健康状態の把握を行う体制にあること及び救急時等の必要な場合に医療機関から医学的処置又は助言が受けられる体制にあることをいうこと。
　　なお、提携関係を結ぶ場合は、当該医療機関は地域の医師会の推薦を受けたものであることが望ましいこと。

5　規程第4条第1号ヘに規定する者とは、財団法人健康・体力づくり事業財団が実施する健康運動指導士の審査・証明事業により登録された健康運動指導士(以下「健康運動指導士」という。)又はこれと同等以上の能力を有すると認められる者であること。

6　規程第4条第1号トに規定する配置とは次に規定することをいうこと。
　　①　体力測定を行う者を、利用者の求めに応じて又は必要に応じて随時に体力測定を行えるように配置していること。
　　②　運動指導を行う者を1(1)に掲げる設備ごとに(同種の設備が複数ある場合には各別に)、1(1)①及び②に掲げる施設にあっては常時1名以上、1(1)③に掲げる施設にあっては常時2名以上の適切な数配置していること。
　　　　なお、運動指導を行う者は、健康運動指導士又はこれと同等以上の能力を有すると認められる者を充てることが望ましいこと。
　　③　生活指導を行う者は、栄養士、保健師等の資格を有する者を充てることが望ましいこと。
　　④　応急手当についての責任者を常勤で配置されている者のうちから定めていること。

7　規程第4条第1号チについては、次の要件を満たしていることが必要であること。
　　①　施設を継続的に利用しようとする者に対して、医療機関との提携のもと、その者の健康状態が安全に運動を行えるものであるか否かについての健康診査を定期に又は利用者の求めに応じて随時に実施していること。
　　②　施設を継続的に利用しようとする者に対して、定期に又は利用者の求めに応じて随時に体力測定が行われていること。

資 料 編

③ 施設を継続的に利用しようとする者に対して、その者の健康状態及び体力の状況に応じた適切な運動プログラムが提供され、かつ、適切な頻度で運動効果の評価が行われていること。

8 規程第4条第1号リについては、定期に又は利用者の求めに応じて随時に個人別に又は集団に対して生活指導を行っていること。

9 規程第4条第1号ルについては、設備の定期的な点検が行われている等適切な維持管理が行われるとともに、賠償責任保険に加入する等事故が生じた場合に十分な賠償資力及び対応能力を有していることを要すること。

なお、規程第3条第3項第1号ワに規定する第三者とは、申請者との間に利害関係を有しない法人であって、次の要件を満たしているものであること。

① 国民の健康増進に積極的に寄与し、かつ、調査を実施する者としてふさわしいものであること。

② その役員の構成が調査の公正な実施に支障を及ぼすおそれがないものであること。

③ 調査以外の業務を行っている場合には、その業務を行うことにより調査が不公正に実施されるおそれがないものであること。

④ 調査を的確かつ円滑に実施するために必要な経理的基礎及び事務的能力を有するものであること。

158　　　　　　　　　　第　1　部

（参考2）

指定運動療法施設の利用料金に係る医療費控除の取扱いについて

（平成4年7月6日）

（健医発第816号）

（各都道府県知事あて厚生省保健医療局長通知）

改正　平成18年7月26日健発第0726006号

　この度，厚生大臣認定健康増進施設のうち，別紙基準に基づき厚生労働省が指定を行う施設（以下「指定運動療法施設」という。）において，医師の処方に基づき運動療法を実施した場合の当該施設の利用料金について，疾病の治療のために患者に指定運動療法施設を利用した運動療法を行わせたあるいは行わせている旨の記載のある医師の証明書等を確定申告書に添付すること等をもって，所得税法第73条に規定する医療費控除の対象とすることが，別添のとおり認められたので，通知する。

　ついては，運動療法を行うに適した施設の指定に関する事項及び運動療法の内容に関する事項について，関係機関に対する周知方よろしく願いたい。

別紙基準

第一　運動療法を行うに適した施設の指定に関する事項

　1　施設の指定

　　　厚生労働省は，「健康増進施設認定規定」（昭和63年厚生省告示第273号）に基づく健康増進施設の認定を受けている施設（以下「認定施設」という。）からの申請に基づき，疾病の治療のための運動療法を行うに適した施設（以下「指定運動療法施設」という。）の指定を行う。

　2　指定の基準

　　　施設の指定は，次の基準によるものとする。

　　一　認定施設に提携医療機関が付置されており，当該提携医療機関におい

資 料 編

て提携業務に従事する医師（以下「提携業務担当医」という。）を有すること。付置されていない場合にあっては，提携業務担当医が運動療法に関する知見を有すること。

二　運動療法の実施にかかる料金体系を有していること。

三　提携医療機関との間で運動療法の実施に関し，随時指導・助言を行う旨の契約関係を有すること。

3　指定運動療法施設の責務

一　医師から運動療法処方せんにより処方を受けた者（以下「受療者」という。）から，運動療法の実施を目的とした施設利用の申し出を受けた場合には，その処方の内容に基づく運動療法の実施のための利用機会の確保を図ること。

二　運動療法の実施に際しては，運動指導者（財団法人健康・体力づくり事業財団が実施する健康運動指導士及び健康運動実践指導者の審査・証明事業（以下「審査・証明事業」という。）により登録された健康運動指導士又はこれと同等以上の能力を有すると認められる者及び審査・証明事業により登録された健康運動実践指導者又はこれと同等以上の能力を有すると認められる者）に指導を行わせること。

三　運動療法の実施に際し，提携業務担当医に対して当該運動療法の実施につき事前に連絡し，その指導・助言を受けること。

四　運動療法実施期間中，少なくとも四週間ごとに，受療者に主治医又は提携業務担当医による症状改善等の観察を受けさせること。

五　医師の処方に基づき適正に運動療法を実施した受療者の求めに応じ，運動療法実施証明書を発行すること。

4　報告

指定運動療法施設は，年一回運動療法の実施状況を厚生労働省に報告しなければならない。

160   第　1　部

　5　指定の取り消し

　　次の各号に該当する場合には，指定運動療法施設の指定を取り消すこと
　とする。

　一　指定運動療法施設が，認定施設でなくなったとき。

　二　指定運動療法施設が，2の各号の基準に合致しなくなったとき。

　三　指定運動療法施設が，3の各号の責務を著しく怠ったと認められると
　　き。

第二　運動療法の内容に関する事項

　1　対象となる疾病の種類

　　高血圧，高脂血症，糖尿病，虚血性心疾患等で，その病態から運動療法
　を行うことが適当であると医師が判断した疾病とする。

　2　運動療法の期間，頻度

　　運動療法処方せんの内容に基づき，概ね週一回以上の頻度で，八週間以
　上の期間にわたって指定運動療法施設で行われた運動療法とする。

別　添〔省略〕

資　料　編　　　　　　　　　　　　　　　161

（参考3）

健医健発第４９号
平成４年７月６日
改正　健習発第 0726002 号
平成 18 年 7 月 26 日
改正　健健発０３３０第２号
令和４年３月 30 日

各都道府県衛生主管部（局）長

厚生省保健医療局健康増進栄養課長

　　　指定運動療法施設の利用料金に係る医療費控除の取扱いについて

　標記については、「指定運動療法施設の利用料金に係る医療費控除の取扱いについ
て」（平成４年７月６日付け健医発第 816 号厚生省保健医療局長通知）別紙基準（以
下「基準」という。）で示されたところであるが、運用に当たっては、下記事項によら
れたい。
　また、関係機関に対する周知方よろしくお取り計らい願いたい。

　　　　　　　　　　　　　　　　記

1　基準第一の１の申請は、別紙様式１による申請書に次に掲げる書類を添えて厚生
　労働省健康局長に提出することにより行うこと。
　一　健康増進施設認定書の写
　二　提携医療機関との運動療法の実施に係る契約書の写
　三　健康運動実践指導者又はこれと同等以上の能力を有すると認められる者（以下
　　「運動指導者」という。）であることを証明することができる書類（以下「運動指
　　導者証明書」という。）の写
　四　医療機関が付置されている場合にあっては、申請施設と提携医療機関の組織
　　的・地理的関係を示す書類。付置されていない場合にあっては、以下のいずれか
　　の書類
　　（1）　提携医療機関において提携業務に従事する医師（以下「提携業務担当医」と
　　　いう。）の健康スポーツ医認定証の写
　　（2）　提携業務担当医の健康スポーツ医学講習会修了証の写
　　（3）　提携業務担当医に対し都道府県医師会長が発行した運動療法の知見を有す
　　　る旨の証明書

2　基準第一の２の一の「医療機関が付置されている」とは、厚生労働大臣が認定す
　る健康増進施設が、提携医療機関と組織的かつ地理的関係において機能的に密接な

162   第　1　部

関係を保ち得る状態にある場合をいう。

3　基準第一の2の一の「運動療法に関する知見を有すること」とは、以下のいずれ
　かに該当することをいう。
　　(1)　提携業務担当医が日本医師会の「健康スポーツ医」の認定を受けているこ
　　　と。
　　(2)　提携業務担当医が日本医師会又は都道府県医師会等が実施した健康スポー
　　　ツ医学講習会を修了していること。
　　(3)　都道府県医師会長が提携業務担当医を前記各号と同等以上の知見を有する
　　　者と認めること。

4　基準第一の2の二の「運動療法の実施にかかる料金体系」とは、医師の処方に基
　づく運動療法を実施する際の1回当たりの利用料金を設定していることをいう。
　　なお、その金額は1万円以内であること。

5　基準第一の2の三にいう運動療法の実施に関する提携医療機関との契約には、少
　なくとも以下の事項を明記すること。
　　(1)　指定運動療法施設○○○（以下「甲」という。）は、医師の処方に基づく運
　　　動療法を実施する利用者（以下「受療者」という。）の受入れに当たり、事前に
　　　提携医療機関○○○（以下「乙」という。）にその内容等を通知し、乙はこれに
　　　対し医学的な指導・助言を行う。
　　(2)　甲は、運動療法実施中の受療者に異常が認められた場合、速やかに乙に連
　　　絡し、その指示に従う。

6　基準第一の3の一の「運動療法処方せん」は、別紙様式2によること。また「利
　用機会の確保を図ること」とは、通常の利用を当該施設の会員等に限定している施
　設等においても、運動療法の受療者については、特別な入会金等を徴収せずに随時
　運動療法の実施に必要な設備を利用させることをいう。

7　基準第一の3の五の「運動療法実施証明書」は別紙様式3によること。

8　基準第一の4で厚生労働省に報告すべき事項は、以下のとおりとする。
　　(1)　当該年（1月〜12月）において医師の処方に基づく運動療法を実施した人
　　　数（総人数及び会員、非会員別の内訳）
　　(2)　当該年（1月〜12月）において実施した医師の処方に基づく運動療法の対
　　　象疾病別人数
　　(3)　当該年（1月〜12月）における医師による経過観察の実施回数
　　なお、医療費控除に係る主な手続の流れは、別添資料1のとおりである。また、
　主治医が運動療法処方せんを作成した場合に、指定運動療法施設及び提携医療機関
　から主治医に提出する運動療法実施報告書の様式は、別添資料2のとおりである。
（別紙様式1）

資　料　編　　　　　　　　　　163

年　　月　　日

指定運動療法施設指定申請書

厚生労働省健康局長　　殿

　　　　　　　　申請者氏名（法人にあっては名称及び代表者名）

　　　　　　　　申請者住所（法人にあっては主たる事務所の所在地）

　下記の厚生労働大臣認定健康増進施設について、「指定運動療法施設の利用料金に
係る医療費控除の取扱いについて」（平成４年７月６日付け健医発第８１６号厚生省
保健医療局長通知）別紙基準（以下「基準」という。）第１の１に基づく指定を受けた
いので、申請いたします。

記

1　申請施設の名称
2　申請施設の所在地
3　基準第１の２の一要件（該当に○印）

（１）	提携医療機関との組織的・地理的関係	
（２）	提携業務担当医が健康スポーツ医	
（３）	提携業務担当医が健康スポーツ医学講習会修了	
（４）	提携業務担当医の知見を有する旨の証明	

4　提携業務担当医の氏名
5　運動指導者氏名
6　運動療法の実施にかかる料金体系

（注）添付書類
　一　健康増進施設認定書の写
　二　提携医療機関との運動療法の実施に係る契約書の写
　三　運動指導者証明書の写
　四　（3の(1)に該当する場合）
　　　申請施設と医療機関の組織的・地理的関係を示す書類
　　　（3の(2)に該当する場合）
　　　提携業務担当医の健康スポーツ医認定証の写
　　　（3の(3)に該当する場合）
　　　提携業務担当医の健康スポーツ医学講習会修了証の写
　　　（3の(4)に該当する場合）
　　　提携業務担当医に対し都道府県医師会長が発行した運動療法の知見を有する
　　　旨の証明書

（別紙様式２）

令和　年　月　日

患者名　　　　　　　　殿
　年　月　日生　　　　歳（男・女）

運動療法処方せん

　下記疾病の治療のため，令和＿＿＿年＿＿＿月第＿＿＿週から＿＿＿週間，下記の要領を厳守の上、厚生労働省の指定を受けた運動療法施設で運動療法を実施してください。

記

診　断　名　：　＿＿＿＿＿＿＿＿＿＿＿＿＿＿＿＿

運動療法実施頻度　：　＿＿＿＿＿＿＿＿＿＿＿＿＿＿

（運動内容）

運動種類	運動強度，時間（回数）等	留意事項

（生活上の留意点）　＿＿＿＿＿＿＿＿＿＿＿＿＿＿＿＿＿＿＿

＿＿＿＿＿＿＿＿＿＿＿＿＿＿＿＿＿＿＿＿＿＿＿＿＿＿＿＿＿

医療機関名　＿＿＿＿＿＿＿＿＿
所　在　地　＿＿＿＿＿＿＿＿＿
医　師　名　＿＿＿＿＿＿＿＿＿

資　料　編　　　　　　　　165

（別紙様式）

（税務署提出用）

運動療法実施証明書

所轄税務署長　殿

患者名	（　　年　　月　　日生　　歳）（男・女）
住　所	
疾病名	

頭書患者が次の期間（回数），当施設において運動療法を実施したことを証明する。

運動療法実施期間　　令和　　年　　月　　日から令和　　年　　月　　日まで
運動療法実施回数＿＿＿＿＿＿回
　　（月別明細）　　　＿＿＿月＿＿＿回
　　　　　　　　　　＿＿＿月＿＿＿回
　　　　　　　　　　＿＿＿月＿＿＿回
　　　　　　　　　　＿＿＿月＿＿＿回

　　令和　　年　　月　　日
　　施　設　名＿＿＿＿＿＿＿＿＿　　施設所在地＿＿＿＿＿＿＿＿＿
　　施設責任者名＿＿＿＿＿＿＿＿　　施設指定番号＿＿＿＿＿＿＿＿

頭書患者に疾病の治療のため，上記指定運動療法施設を利用した運動療法を
｛行わせた／行わせている｝ことを証明する。
　　令和　　年　　月　　日

　　　　　　　　　　　　　　　医療機関名＿＿＿＿＿＿＿＿＿
　　　　　　　　　　　　　　　所　在　地＿＿＿＿＿＿＿＿＿
　　　　　　　　　　　　　　　医　師　名＿＿＿＿＿＿＿＿＿

（証明者の方へ）
①本証明書は，医師の処方に基づき，概ね週１回以上の頻度で８週間以上にわたる運動療法が行われた場合に限り，当該運動療法を実施する場を提供した指定運動療法施設及び頭書患者の疾病の治療のために当該運動療法を行わせたあるいは行わせている医師が作成してください。
②本証明書は，運動療法実施期間中又は運動療法実施期間終了後１年以内に発行されたものに限り有効です。
③運動療法実施期間が年をまたがる場合には，その年末までに改めて証明書を発行してください。
（患者の方へ）
①本証明書は，指定運動療法施設の利用料金について医療費控除を受けるために必要です。
②医療費控除を受けるためには，本証明書及び指定運動療法施設の利用料金に係る領収証について，「医療費控除の明細書」に次のとおり記載の上，「医療費控除の明細書」を確定申告書に添付する必要があります。
　なお，本証明書及び同領収証は，確定申告期限等から５年間自宅等で保存する必要があります。
　⑴　証明書について
　　①証明年月日，②証明書の名称及び③証明者の名称（医療機関名等）を欄外余白などに記載します。
　⑵　領収証について
　　①医療費控除の対象となる金額，②医療を受けた方の氏名，③支払先の名称等，必要事項を記載します。
③指定運動療法施設の利用料金に係る領収証は，疾病の治療のために医師が患者に発行した運動療法処方せんに基づく運動療法実施のための指定運動療法施設の利用の対価である旨及び患者の氏名が明記されたものであることが必要です。

《著者注》

　上記（患者の方へ）の②については，「医療費控除の明細書」の欄外余白な

どに一定の事項を記載することにより，確定申告書への添付等を省略しても差し支えありません。詳細については122ページ(著者注) 2をご覧ください。

なお，指定運動療法施設の利用料金に関するご質問については，問54（54ページ）に記載しておりますので，ご参照ください。

<u>資 料 編</u>　　　　　　　　　　167

（別紙資料１－①）

指定運動療法施設における運動療法に係る
医療費控除手続のフロー（1）
（かかりつけの医師が運動療法処方せんを作成する場合）

⑧

税 務 署

⑧運動療法実施証明書及び施設の利
用料金の領収証により医療費控除

患 者
（運動療法を受ける者）
① ④' ⑦

②運動処方せん持参

⑥

かかりつけの医師
（主治医）

①運動療法処方せんの作成・交付
④'運動療法実施の経過観察
⑦運動療法実施証明書を確認し、署名

指定運動療法施設
（運動療法の実施）

③
④
⑤

提携医療機関

③運動療法の実施について提携医療機関
に事前連絡
⑤運動療法実施報告書及び運動療法実施証
明書を作成、提携医療機関へ送付

④主治医との連携のもとに運動療法の指導・
助言
運動療法実施の経過観察
⑥運動療法実施報告書を確認し、署名の上運
動療法実施証明書と併せて患者を通じ主治医
に送付

(別紙資料1－②)

指定運動療法施設における運動療法に係る医療費控除手続のフロー（２）
（提携医療機関が運動療法処方せんを作成する場合）

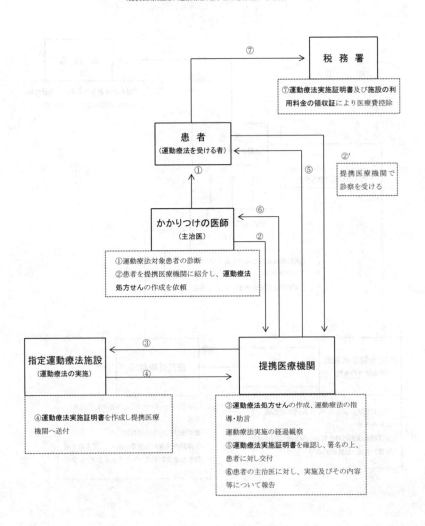

（別添資料2）

第1部

資料編　　　　　　　．169

（回報用）

運動療法実施報告書

（医療機関）

　　　　　　　　殿

患者名	（　　年　　月　　日生　　歳）（男・女）
住　所	
疾病名	

　頭書患者が次の期間（回数）、当施設において別紙のとおり運動療法を実施したことをご報告いたします。

運動療法実施期間　　令和　　年　　月　　日から令和　　年　　月　　日まで

運動療法実施回数　　＿＿＿＿＿＿＿回

　令和　　年　　月　　日

施　設　名　＿＿＿＿＿＿＿＿＿＿　施 設 所 在 地＿＿＿＿＿＿＿＿＿

施設責任者名　＿＿＿＿＿＿＿＿＿　施設指定番号＿＿＿＿＿＿＿＿

　頭書患者に疾病の治療のため、貴台の処方に従い上記指定運動療法施設を利用した運動療法を指導したのでご報告いたします。

　令和　　年　　月　　日

　　　　　　　　　　　　　　　　医療機関名＿＿＿＿＿＿＿＿＿＿＿＿

　　　　　　　　　　　　　　　　所 在 地＿＿＿＿＿＿＿＿＿＿＿＿

　　　　　　　　　　　　　　　　医 師 名＿＿＿＿＿＿＿＿＿＿＿＿

資料編

資料6

運動療法実施報告書別紙

患者名＿＿＿＿＿＿＿＿＿＿＿＿＿＿＿＿＿＿　（＿＿年＿＿月＿＿日生＿＿歳）（男・女）

疾病名＿＿＿＿＿＿＿＿＿＿＿＿＿＿＿＿＿

期間	運動の種類	運動時間	運動強度
月　日～　月　日			
月　日～　月　日			
月　日～　月　日			
月　日～　月　日			

（生活指導）＿＿＿＿＿＿＿＿＿＿＿＿＿＿＿＿＿＿＿

＿＿＿＿＿＿＿＿＿＿＿＿＿＿＿＿＿＿＿

＿＿＿＿＿＿＿＿＿＿＿＿＿＿＿＿＿＿＿

＿＿＿＿＿＿＿＿＿＿＿＿＿＿＿＿＿＿＿

（備　考）＿＿＿＿＿＿＿＿＿＿＿＿＿＿＿＿＿＿＿

＿＿＿＿＿＿＿＿＿＿＿＿＿＿＿＿＿＿＿

＿＿＿＿＿＿＿＿＿＿＿＿＿＿＿＿＿＿＿

＿＿＿＿＿＿＿＿＿＿＿＿＿＿＿＿＿＿＿

資 料 編　　　　　　　　　　　　　　　　　　　　171

資料7　介護保険制度下での指定介護老人福祉施設の施設サービスの対価に係る医療費控除関係通達等

課所4—9

平成12年6月8日

国　税　局　長
　　　　　　　　　　殿
沖縄国税事務所長

国　税　庁　長　官

　　　介護保険制度下での指定介護老人福祉施設の施設サ
　　　ービスの対価に係る医療費控除の取扱いについて

　標題のことについては，厚生省から別紙2のとおり照会があり，当庁課税部
長名をもって，別紙1のとおり回答したので了知されたい。

別紙1

課所4—8

平成12年6月8日

厚生省老人保健福祉局長　　殿

国税庁課税部長

　　　介護保険制度下での指定介護老人福祉施設の施設サ
　　　ービスの対価に係る医療費控除の取扱いについて
　　（平成12年6月1日付老発第508号照会に対する回答）

標題のことについては，貴見のとおりで差し支えありません。

別紙2

老発第508号
平成12年6月1日

国税庁課税部長　殿

厚生省　老人保健福祉局長

介護保険制度下での指定介護老人福祉施設の施設サ
ービスの対価に係る医療費控除の取扱いについて

　特別養護老人ホームにおける施設サービスについては，従来，負担能力に応
じた利用者負担の下にサービス提供が行われてきたが，平成12年4月1日から
の介護保険法（平成9年法律第123号。以下「法」という。）の施行により，指
定介護老人福祉施設（特別養護老人ホーム）における施設サービスについては，
受益の程度に応じた負担を基本とする考え方に基づき，原則として介護費の1
割及び食費の標準負担額といった負担を求めることとされたところである。

　また法第2条第2項において，介護保険サービスは，「医療との連携に十分
配慮して行わなければならない」とされていること等を踏まえ，指定介護老人
福祉施設では，それぞれの施設に配置された介護支援専門員等が，医師を始め
とする施設職員との連携の下，入所者個人ごとに，「施設サービス計画」を作
成し，これに基づいて介護等のサービスが提供されるようになった。

　こうしたことから，介護保険制度の施行に伴い，所得税法施行令の一部を改
正する政令（平成12年政令第144号）及び所得税法施行規則の一部を改正する
省令（平成12年大蔵省令第28号）により，介護保険制度の下で提供される指定
介護老人福祉施設での施設サービスに係る平成12年4月1日以後に支出する対
価のうち，指定介護老人福祉施設における所得税法施行令第207条各号に掲げ
るものの提供の状況に応じて一般的に支出される水準を著しく超えない部分の
金額については，医療費控除の対象となる医療費として明示されたところであ
る。

　ついては，指定介護老人福祉施設での施設サービスの対価に係る医療費控除
の取扱いについて，下記のとおりと考えるが，貴庁の見解を承りたく照会する。

資　料　編　　　　　　　　　　173

記

　法第48条第１項第１号に規定する指定介護老人福祉施設は，法第７条第21項
の規定により，「要介護者に対し，施設サービス計画に基づいて，入浴，排せつ，
食事等の介護その他の日常生活上の世話，機能訓練，健康管理及び療養上の世
話を行うことを目的とする施設」であって，都道府県知事が指定したものである。

　この指定介護老人福祉施設で提供されるサービスのうち療養上の世話等に相
当する部分については，所得税法施行令（昭和40年政令第96号）第207条及び
所得税法施行規則（昭和40年大蔵省令第11号）第40条の３の規定に照らし，医
療費控除の対象となる医療費に該当するものと考えられる。

　本来，医療費控除の対象となる療養上の世話等に相当する額は，入所者個人
ごとに算出することが望ましいが，指定介護老人福祉施設においては集団的な
処遇が行われており，介護報酬及び利用者負担は個人ごとのサービスの対価と
して支払われるものの，実際に個人を特定してその者についてどのように使途
されたかを確定させることは困難である。

　このため，指定介護老人福祉施設における運営の実態等を踏まえ，費用のう
ち，平均的な療養上の世話等に相当する部分の金額を対象費用の額とすること
が合理的であると考えられる。

　こうしたことを勘案すれば，具体的には，１の対象者について，２の対象費
用の額が医療費控除の対象となる金額と解される。

１　対象者
　　要介護度１～５の要介護認定を受け，指定介護老人福祉施設に入所する者
２　対象費用の額
　　介護費（法第48条第２項第１号に規定する「厚生大臣が定める基準により
　算定した費用の額」をいう。）に係る自己負担額及び食費に係る自己負担額
　（同項第２号に規定する「標準負担額」をいう。）として支払った額の２分の
　１に相当する金額
３　領収証
　　法第48条第８項及び介護保険法施行規則（平成11年厚生省令第36号）第82
　条に規定する領収証に，２の対象費用の額を記載する。（別紙様式参照）

（様式）　省略

174　　　　　　　　　　　第　1　部

(参考)

事　務　連　絡
平成18年12月1日

各　都道府県介護保険担当部（局）担当者　様

介護保険制度下での指定介護老人福祉施設の施設サービス等の対価に係る医療費控除の取扱いについて

　介護保険制度下での指定介護老人福祉施設の施設サービスの対価に係る医療費控除の取扱いについては，その基本的考え方に変更ありませんが，地域密着型介護老人福祉施設の創設に伴い，所得税法施行規則の一部を改正する省令（平成18年財務省令第64号）及び地方税法施行規則の一部を改正する省令（平成18年総務省令第131号）により，指定地域密着型介護老人福祉施設の地域密着型サービスに係る対価のうち一定の金額について新たに医療費控除の対象とされたところです。

　ついては，「介護保険制度下での指定介護老人福祉施設の施設サービスの対価に係る医療費控除の取扱いについて」（平成12年6月1日老発第508号）に基づく取扱いについて平成18年4月サービス分より別添のとおりとしますので，貴都道府県内（区）市町村（政令市，中核市も含む），関係団体，関係機関等にその周知徹底を図るとともに，その運用に遺憾なきよう，よろしくお願いいたします。

資　料　編　　　　　　　　　　　　　　　175

別添

　介護保険制度下での指定介護老人福祉施設の施設サービス等の対価に係る医療費控除の取扱いについては下記のとおりとする。

1　対象者
　　要介護1～5の要介護認定を受け，指定地域密着型介護老人福祉施設又は指定介護老人福祉施設に入所する者。

2　対象費用の額
　　介護費（介護保険法（平成9年法律第123号。以下「法」という。）第42条の2第2項第2号及び第48条第2項に規定する「厚生労働大臣が定める基準により算定した費用の額」をいう。）に係る自己負担額，食費に係る自己負担額（指定地域密着型サービスの事業の人員，設備及び運営に関する基準（平成18年厚生労働省令第34号）第136条第3項第1号及び第161条第3項第1号並びに指定介護老人福祉施設の人員，設備及び運営に関する基準（平成11年厚生省令第39号）第9条第3項第1号及び第41条第3項第1号に規定する「食事の提供に要する費用」をいう。）及び居住費に係る自己負担額（指定地域密着型サービスの事業の人員，設備及び運営に関する基準第136条第3項第2号及び第161条第3項第2号並びに指定介護老人福祉施設の人員，設備及び運営に関する基準第9条第3項第2号及び第41条第3項第2号に規定する「居住に要する費用」をいう。）として支払った額の2分の1に相当する金額。

3　領収証
　　法第42条の2第9項及び第48条第7項において準用する法第41条第8項並びに介護保険法施行規則（平成11年厚生省令第36号。以下「規則」という。）第65条の5において準用する規則第65条及び規則第82条に規定する領収証に，2の対象費用の額を記載する。（別紙様式参照）

176 第 1 部

別紙様式

（様式）

指定介護老人福祉施設等利用料等領収証

（平成　年　月　日）

利用者氏名				
費用負担者氏名			続柄	
施設事業者名 及び住所等	社会福祉法人 特別養護老人ホーム			印

	項　目	単　価	数量	金　額（利用料）
①	介護費			
②	食費			
③	居住費			
④	特別食負担			
⑤	特別居住負担			
⑥				
⑦				
⑧				
⑨				

領　収　額	円	領収年月日
うち医療費控除の対象となる金額 （①＋②＋③）×１／２	円	平成　　年　　月　　日

（注）1　「事業者名及び住所等」の欄には、市（区）町村が提供する場合には、その自治体名を記入してください。

2　①介護費の単価及び数量については適宜基本介護サービス費、各種加算の内訳を記載してください。

3　①、②及び③の合計額の１／２（二重下線の額）が医療費控除の対象となります。

4　医療費控除を受ける場合、この領収証を確定申告書に添付するか、確定申告の際に提示してください。

資　料　編　　　　　　　　177

《著者注》

　上記(注) 4 については，「医療費控除の明細書」に一定の事項を記載することにより，確定申告書へ添付等する必要はありません。詳細については122ページ(著者注) 2 をご覧ください。

　なお，指定介護老人福祉施設等から受ける施設サービスの費用に関するご質問については，問34（37ページ）に記載しておりますので，ご参照ください。

178 第 1 部

資料8 介護保険制度下での介護サービスの対価に係る 医療費控除の取扱いについて（情報）

平 成 30 年 10 月 31 日
国 税 庁 個 人 課 税 課
個人課税課情報第 7 号

介護保険制度下での介護サービスの対価に係る医療費控除の取扱いについて（情報）

　標題のことについては，今般の介護保険法改正により，今後増加が見込まれる慢性期の医療・介護ニーズへの対応のため，「日常的な医学管理が必要な重介護者の受入れ」や「看取り・ターミナル」等の機能と，「生活施設」としての機能を兼ね備えた，新たな介護保険施設（以下「介護医療院」という。）が創設された。

　介護医療院は，医療法に定める「病院」又は「診療所」ではないものの，医療法以外の規定（健康保険法等を除く。）では，原則として「病院」又は「診療所」に含まれることとされており（介護保険法第115条第 1 項），また，介護老人保健施設よりも高度な医療を提供する施設とされている（介護保険法第 8 条第29項）ことから，介護医療院の施設サービス費に係る自己負担額は，介護老人保健施設の施設サービス費に係る自己負担額と同様，医療費控除の対象となる。

　なお，厚生労働省が「『介護保険制度下での介護サービスの対価に係る医療費控除の取扱いに係る留意点について』の一部改正について」（平成30年 9 月28日付老振発0928第 2 号・老老発0928第 3 号厚生労働省老健局振興課長・老人保健課長連名通知）により別添のとおり通知しているので了知されたい。

・別添　「『介護保険制度下での介護サービスの対価に係る医療費控除の取扱いに係る留意点について』の一部改正について」（平成30年 9 月28日付老振発0928第 2 号・老老発0928第 3 号厚生労働省老健局振興課長・老人保健課長連名通知）

資 料 編

(参考)

老振第 73 号

平成 12 年 11 月 16 日

改正：平成 17 年老振発第 1219001 号

平成 18 年老振発第 1201001 号

平成 30 年老振発 0928 第 2 号・老老発 0928 第 3 号

各都道府県介護保険主管部（局）長　殿

厚生省老人保健福祉局振興課長

介護保険制度下での介護サービスの対価にかかる医療費控除の取扱いに係る留意点について

　介護保険制度下での介護サービスの対価に係る医療費控除の取扱いについては、国税庁への照会文書（平成 12 年 6 月 1 日老発第 508 号及び老発第 509 号）及び国税庁からの回答文書（平成 12 年 6 月 8 日課所 4 － 8 及び課所 4 － 10）（以下これらを「医療費控除通知」という。）により取扱いを示したところであるが、居宅サービス計画の作成等に当たっては、利用者が医療費控除を受けるための確定申告の際の便宜等を考慮して、下記のように取り扱うのが適当であると考える。

　また、併せて、介護老人保健施設及び介護医療院における医療費控除の取扱いについても、下記の点に留意いただくよう、貴都道府県内市（区）町村、関係事業者に対する周知方をお願いする。

　なお、「老人保健施設の利用料に係る医療費控除の適用について」（昭和 63 年 5 月 6 日健医老老第 35 号厚生省保健医療局老人保健部老人保健課長通知）は廃止することとする。

記

1　居宅介護支援事業者の居宅サービス計画の作成及び居宅介護サービス事業者等の領収証の交付に係る取扱いについて

（1）居宅介護支援事業者の居宅サービス計画の作成に当たっての留意点

　　訪問看護、訪問リハビリテーション、居宅療養管理指導、通所リハビリテーション又は短期入所療養介護（以下「訪問看護等の居宅サービス」という。）と併せて、訪問介護、訪問入浴介護、通所介護、短期入所生活介護、夜間対応型訪問介護、認知症対応型通所介護又は小規模多機能型居宅介護を利用する利用者に係る居宅サービス計画の作成に当たっては、主治の医師等の指示を確認した上で、居宅サービス計画に訪問看護等の居宅サービスを位置付ける必要があるが、居宅サービス計画には、介護保険による保険給付に係る適切な実績管理を行う必要性に鑑み、支給限度額の設定のない居宅療養管理指導や、老人保健法及び医療保険各法（以下「老人保健法等」という。）

により給付が行われる訪問看護については、必ずしも記載を要しないこととしているところである。

　一方、居宅介護サービス事業者等（訪問介護、訪問入浴介護、通所介護、短期入所生活介護、夜間対応型訪問介護、認知症対応型通所介護又は小規模多機能型居宅介護のサービスを提供する事業者をいう。以下同じ。）は、利用者に交付する領収証の「医療費控除の対象となる金額」の記載に当たっては、当該利用者の居宅サービス計画に、訪問看護等の居宅サービスが位置付けられていることを確認した上で、サービス提供票（兼居宅サービス計画）に基づき記載することとなるが、訪問看護等の居宅サービスのうち、居宅療養管理指導又は老人保健法等による訪問看護のみの利用者については、これらのサービスが必ずしもサービス提供票（兼居宅サービス計画）に記載されているとは限らないことから、これらのサービスの利用の有無を確認できない場合がある。

　このため、居宅介護サービス事業者等において、居宅療養管理指導又は老人保健法等による訪問看護の利用の有無の確認が行えるようにするため、居宅介護支援事業者は、次のいずれかの方法により、居宅介護サービス事業者等に連絡することとする。

ア．居宅介護支援事業者は、居宅療養管理指導又は老人保健法等による訪問看護を居宅サービス計画に位置付けた場合には、サービス提供票（兼サービス計画）の欄外等にこれらのサービスの利用の内容（利用予定日、事業者名等）を記載の上、当該サービス提供票（兼サービス計画）を居宅介護サービス事業者等に交付する。

イ．居宅介護支援事業者は、利用者に対して、指定居宅介護支援等の事業の人員及び運営に関する基準（平成11年厚生省令第38号）第13条第4号及び第10号に基づき、保険給付対象外サービスについても、居宅サービス計画に位置付けるとともに、サービス利用票又は週間サービス計画表等に保険給付対象分とは区分し保険給付対象外の費用を記載の上、利用者負担額等について説明を行い同意を得る必要がある。この同意を得た当該サービス利用票又は週間サービス計画表等により、居宅介護サービス事業者等に対し、利用者が居宅療養管理指導又は老人保健法等による訪問看護を受ける旨の通知をする。

　また、小規模多機能型居宅介護事業者が居宅サービス計画を作成する場合にあっても、医療費控除通知の要件と同様の考え方に基づき、医療費控除の対象となるところであり、この場合にあっても、上記ア又はイに準じて行うこととする。

　なお、自己作成による居宅サービス計画にあっても利用者が市町村にあらかじめ居宅サービス計画を届け出た場合においては、医療費控除通知の要件を満たす場合には医療費控除の対象となるところであり、この場合にあっても、上記ア又はイに準じて、利用者が居宅療養管理指導又は老人保健法等による訪問看護の利用について、必要事項を記載し、市（区）町村に届出を行った上で、居宅介護サービス事業者等に送付することとする。

（2）領収証の記載

　介護保険法（平成9年法律第123号）第41条第8項（第42条の2第9項において準用する場合を含む。）に定めるところにより、居宅介護サービス事業者等は利用者

資　料　編　　　　181

から利用料の支払いを受けた都度、領収証を交付する必要があることに留意する。

　　したがって、様式例では月でまとめたものを示しているが、居宅介護サービス事業者等は利用料の支払いを受けた都度、領収証を交付する必要があるものであり、この場合においても医療費控除の対象となること。

2　介護予防支援事業者の介護予防サービス計画の作成及び介護予防サービス事業者等の
　領収証の交付に係る取扱いについて
（1）介護予防支援事業者の介護予防サービス計画の作成に当たっての留意点
　　　介護予防訪問看護、介護予防訪問リハビリテーション、介護予防居宅療養管理指導、介護予防通所リハビリテーション又は介護予防短期入所療養介護（以下「介護予防訪問看護等の介護予防サービス」という。）と併せて、介護予防訪問介護、介護予防訪問入浴介護、介護予防通所介護、介護予防短期入所生活介護、介護予防認知症対応型通所介護又は介護予防小規模多機能型居宅介護を利用する利用者に係る介護予防サービス計画の作成に当たっては、主治の医師等の指示を確認した上で、介護予防サービス計画に介護予防訪問看護等の介護予防サービスを位置付ける必要があるが、介護予防サービス計画には、介護保険による保険給付に係る適切な実績管理を行う必要性に鑑み、支給限度額の設定のない介護予防居宅療養管理指導や、老人保健法等により給付が行われる訪問看護については、必ずしも記載を要しないこととしているところである。

　　　一方、介護予防サービス事業者等（介護予防訪問介護、介護予防訪問入浴介護、介護予防通所介護、介護予防短期入所生活介護、介護予防認知症対応型通所介護又は介護予防小規模多機能型居宅介護を提供する事業者をいう。以下同じ。）は、利用者に交付する領収証の「医療費控除の対象となる金額」の記載に当たっては、当該利用者の介護予防サービス計画に、介護予防訪問看護等の介護予防サービスが位置付けられていることを確認した上で、サービス提供票（兼介護予防サービス計画）に基づき記載することとなるが、介護予防訪問看護等の介護予防サービスのうち、介護予防居宅療養管理指導又は老人保健法等による訪問看護のみの利用者については、これらのサービスが必ずしもサービス提供票（兼介護予防サービス計画）に記載されているとは限らないことから、これらのサービスの利用の有無を確認できない場合がある。このため、介護予防サービス事業者等において、介護予防居宅療養管理指導又は老人保健法等による訪問看護の利用の有無の確認が行えるようにするため、介護予防支援事業者は、次のいずれかの方法により、介護予防サービス事業者等に連絡することとする。
　ア．介護予防支援事業者は、介護予防居宅療養管理指導又は老人保健法等による訪問看護を介護予防サービス計画に位置付けた場合には、サービス提供票（兼サービス計画）の欄外等にこれらのサービスの利用の内容（利用予定日、事業者名等）を記載の上、当該サービス提供票（兼サービス計画）を介護予防サービス事業者等に交付する。
　イ．介護予防支援事業者は、利用者に対して、指定介護予防支援等の事業の人員及び運営並びに指定介護予防支援等に係る介護予防のための効果的な支援の方法に関する基準（平成18年厚生労働省令第37号）第30条第4号及び第10号に基づき、保

険給付対象外サービスについても、介護予防サービス計画に位置付けるとともに、サービス利用票又は週間サービス計画表等に保険給付対象分とは区分し保険給付対象外の費用を記載の上、利用者負担額等について説明を行い同意を得る必要がある。この同意を得た当該サービス利用票又は週間サービス計画表等により、介護予防サービス事業者等に対し、利用者が介護予防居宅療養管理指導又は老人保健法等による訪問看護を受ける旨の通知をする。

また、介護予防小規模多機能型居宅介護事業者が指定介護予防サービスの利用に係る計画を作成する場合にあっても、医療費控除通知の要件と同様の考え方に基づき、医療費控除の対象となるところであり、この場合にあっても、上記ア又はイに準じて行うこととする。

なお、自己作成による指定介護予防サービスの利用に係る計画にあっても利用者が市町村にあらかじめ当該指定介護予防サービスの利用に係る計画を届け出て、市町村が当該指定介護予防サービスの利用に係る計画を認めた場合においては、医療費控除通知の要件と同様の考え方に基づき、医療費控除の対象となるところであり、この場合にあっても、上記ア又はイに準じて、利用者が介護予防居宅療養管理指導又は老人保健法等による訪問看護の利用について、必要事項を記載し、市（区）町村に届出を行った上で、介護予防サービス事業者等に送付することとする。

（2）領収証の記載

介護保険法第53条第7項及び第54条の2第9項において準用する同法第41条第8項に定めるところにより、介護予防サービス事業者等は利用者から利用料の支払いを受けた都度、領収証を交付する必要があることに留意する。

したがって、様式例では月でまとめたものを示しているが、介護予防サービス事業者等は利用料の支払いを受けた都度、領収証を交付する必要があるものであり、この場合においても医療費控除の対象となること。

3　介護老人保健施設における留意点

（1）医療費控除の対象範囲

介護老人保健施設において要した費用に係る医療費控除の対象範囲については、介護保険法施行前の老人保健施設における取扱いと同様であり、具体的には次の費用が対象となるものであること。

ア．施設介護サービスのうち、食事の提供及び居住以外のサービスの提供に係る自己負担額

イ．介護老人保健施設が行う訪問看護等の居宅サービス及び介護予防訪問看護等の介護予防サービス並びに医療費控除通知の要件を満たす居宅サービス及び介護予防サービスの提供に係る自己負担

ウ．食費に係る自己負担額（介護老人保健施設の人員、施設及び設備並びに運営に関する基準（平成11年厚生省令第40号）第11条第3項第1号及び第42条第3項第1号に掲げる食事の提供に要する費用）

エ．居住に係る自己負担額（介護老人保健施設の人員、施設及び設備並びに運営に関

資　料　編　　　　　　　　　　　　　　　　　　183

する基準第11条第3項第2号及び第42条第3項第2号に掲げる居住に要する費用）

（2）領収証の記載（別紙様式1参照）

　　ア．介護老人保健施設については、利用者に対して交付する領収証において、当該施
　　　　設が介護老人保健施設であるか否かの判別がつかない場合があるため、施設の名称
　　　　に加えて当該施設が「介護老人保健施設」である旨を明記すること。（例「介護老
　　　　人保健施設○○苑」））

　　イ．領収証の利用料の記載に当たっては、医療費控除対象額が明らかになるようにす
　　　　るため、(1)のア～エなどの区分ごとにその金額を記載すること。

　　　　なお、可能な限り利用者の利便に資するよう、医療費控除の合計対象額を記載す
　　　　るよう努めること。

4　介護医療院における留意点

（1）医療費控除の対象範囲

　　　　介護医療院において要した費用に係る医療費控除の対象範囲について、具体的には
　　　次の費用が対象となるものであること。

　　ア．施設介護サービスのうち、食事の提供及び居住以外のサービスの提供に係る自己
　　　　負担額

　　イ．介護医療院が行う訪問看護等の居宅サービス及び介護予防訪問看護等の介護予防
　　　　サービス並びに医療費控除通知の要件を満たす居宅サービス及び介護予防サービス
　　　　の提供に係る自己負担

　　ウ．食費に係る自己負担額（介護医療院の人員、施設及び設備並びに運営に関する基
　　　　準（平成30年厚生労働省令第5号）第14条第3項第1号及び第46条第3項第1号
　　　　に掲げる食事の提供に要する費用）

　　エ．居住に係る自己負担額（介護医療院の人員、施設及び設備並びに運営に関する基
　　　　準（平成30年厚生労働省令第5号）第14条第3項第2号及び第46条第3項第2号
　　　　に掲げる居住に要する費用）

（2）領収証の記載（別紙様式2参照）

　　ア．介護医療院については、利用者に対して交付する領収証において、当該施設が介
　　　　護医療院であるか否かの判別がつかない場合があるため、施設の名称に加えて当該
　　　　施設が「介護医療院」である旨を明記すること。（例「○○介護医療院」））

　　イ．領収証の利用料の記載に当たっては、医療費控除対象額が明らかになるようにす
　　　　るため、(1)のア～エなどの区分ごとにその金額を記載すること。

　　　　なお、可能な限り利用者の利便に資するよう、医療費控除の合計対象額を記載す
　　　　るよう努めること。

184　　　　　　　　　　　第　1　部

別紙様式1

（様式）

介護老人保健施設利用料等領収証

（平成　年　月　日）

利用者氏名					
費用負担者氏名			続柄		
施設事業所名 及び住所等	介護老人保健施設				印

	項　目	単　価	数量	金　額（利用料）	
①	介護費				円
②	食費				円
③	居住費				円
④	特別食負担				円
⑤	特別居住負担				円
⑥					
⑦					円
⑧					円
⑨					円

領　収　額	円	領収年月日
		平成　　年　　月　　日
うち医療費控除の対象となる金額	円	

（注）　1　「事業者名及び住所等」の欄には、市（区）町村が提供する場合には、その自治体名を
　　　　　記入してください。
　　　　2　①介護費の単価及び数量については適宜基本介護サービス費、各種加算の内訳を記載し
　　　　　てください。
　　　　3　医療費控除を受ける場合、この領収証を確定申告書に添付するか、確定申告の際に提示
　　　　　してください。

資　料　編　　　185

《著者注》

　上記(注) 3 については，「医療費控除の明細書」に一定の事項を記載することにより，確定申告書へ添付等する必要はありません。詳細については122ページ(著者注) 2 をご覧ください。

　なお，介護老人保健施設の施設サービス費に関するご質問については，問36(41ページ) に記載しておりますので，ご参照ください。

186　　　　　　　　　　第　1　部

別紙様式2

（様式）

介護医療院利用料等領収証

（平成　年　月　日）

利用者氏名			
費用負担者氏名		続柄	
施設事業所名及び住所等	介護医療院		印

	項　目	単　価	数量	金　額（利用料）
①	介護費			円
②	食費			円
③	居住費			円
④	特別食負担			円
⑤	特別居住負担			円
⑥				
⑦				円
⑧				円
⑨				円

領　収　額	円	領収年月日
		平成　　年　　月　　日
うち医療費控除の対象となる金額	円	

（注）　1　「事業者名及び住所等」の欄には、市（区）町村が提供する場合には、その自治体名を記入してください。

　　　　2　①介護費の単価及び数量については適宜基本介護サービス費、各種加算の内訳を記載してください。

　　　　3　医療費控除を受ける場合、この領収証を確定申告書に添付するか、確定申告の際に提示してください。

資料編　　　　　　　187

《著者注》

　上記(注) 3 については,「医療費控除の明細書」に一定の事項を記載することにより, 確定申告書へ添付等する必要はありません。詳細については122ページ(著者注) 2 をご覧ください。

　なお, 介護医療院の施設サービス費に関するご質問については, 問38（43ページ）に記載しておりますので, ご参照ください。

188　　　　　　　　　第　1　部

資料9　介護保険制度下での居宅サービスの対価に係る 医療費控除関係通達

課所4—11

平成12年6月8日

国　税　局　長
　　　　　　　　　殿
沖縄国税事務所長

国　税　庁　長　官

　　　　介護保険制度下での居宅サービスの対価に係る
　　　　医療費控除の取扱いについて

　標題のことについては，厚生省から別紙2のとおり照会があり，当庁課税部長名をもって，別紙1のとおり回答したので了知されたい。

別紙1

課所4—10

平成12年6月8日

　厚生省老人保健福祉局長　　殿

国　税　庁　課　税　部　長

　　介護保険制度下での居宅サービスの対価に係る医療費控除の取
　　扱いについて（平成12年6月1日付老発第509号照会に対する回答）

　標題のことについては，貴見のとおりで差し支えありません。

資　料　編　　　　　　　　　189

別紙2

老発第509号
平成12年6月1日

　　国税庁課税部長　殿

厚生省　老人保健福祉局長

　　　介護保険制度下での居宅サービスの対価に係る
　　　医療費控除の取扱いについて

　在宅介護サービス（在宅入浴サービスを含む。以下同じ。）の対価に係る医療費控除の取扱いについては，「医療費控除の対象となる在宅療養の介護費用の証明について」（平成2年7月27日老福第145号厚生省大臣官房老人保健福祉部老人福祉課長ほか通知）に基づき取り扱われてきたところであるが，平成12年4月1日からの介護保険法（平成9年法律第123号。以下「法」という。）の施行により，法第7条第5項に規定する居宅サービスについては，通常，指定居宅介護支援事業者が，保健医療サービスとの連携や必要に応じて利用者の主治の医師の意見を踏まえて，利用者個人ごとに，「居宅サービス計画」（法第7条第18項に規定する「居宅サービス計画」をいう。）を作成し，これに基づいて，各種の居宅サービスが提供されるようになった。

　また，法第2条第2項において，介護保険サービスは，「医療との連携に十分配慮して行わなければならない」とされ，居宅サービス計画の策定過程等を通じて医療や保健との連携が図られる。

　こうしたことから，介護保険制度の施行に伴い，同制度の下で提供される居宅サービスの対価に係る医療費控除の取扱いについて，下記のとおりと考えるが，貴庁の見解を承りたく照会する。

記

　在宅介護サービスについては，これまで，傷病により寝たきり等の状態にある者が，在宅療養を行うため，医師の継続的な診療を受けており，かつ，一定の在宅介護サービスの供給主体が，その医師と適切な連携をとって在宅介護サ

ービスを提供した場合の，その在宅介護サービスを受けるために要する費用については，「療養上の世話を受けるために特に依頼した者による療養上の世話の対価」として医療費控除の対象とされてきたところである。

これまでのこうした取扱いと介護保険制度における居宅サービスの提供方法を勘案すれば，介護保険制度の下で提供される居宅サービスのうち，「療養上の世話を受けるために特に依頼した者による療養上の世話の対価」として，1の対象者について，2の対象となる居宅サービスに係る3の対象費用の額が，「療養上の世話を受けるために特に依頼した者による療養上の世話の対価」として医療費控除の対象となる金額と解される。

また，当該居宅サービスが，法第43条又は第55条に規定する居宅介護（支援）サービス費等に係る支給限度額の範囲内で提供されるものであれば，当該者の病状に応じて一般的に支出される水準を著しく超えないものであると解される。

1 対象者

次の(1)及び(2)のいずれの要件も満たす者

(1) 法第7条第18項に規定する居宅サービス計画（介護保険法施行規則（平成11年厚生省令第36号。以下「規則」という。）第64条第1号ハ（第85条において準用される場合を含む。以下同じ。）に規定する「指定居宅サービスの利用に係る計画」（同号ハの市町村への届出が受理されているものに限る。）を含む。以下「居宅サービス計画」という。）に基づいて，居宅サービスを利用すること。

(2) (1)の居宅サービス計画に次に掲げる居宅サービスのいずれかが位置付けられること。

イ 法第7条第8項に規定する訪問看護

ロ 法第7条第9項に規定する訪問リハビリテーション

ハ 法第7条第10項に規定する居宅療養管理指導

ニ 法第7条第12項に規定する通所リハビリテーション

ホ 法第7条第14項に規定する短期入所療養介護

（注）イについては，老人保健法及び医療保険各法の訪問看護療養費の支給に係る訪問看護を含む。

2 対象となる居宅サービス

資　料　編　　　　　　　　　　　　191

　　1の(2)に掲げる居宅サービスと併せて利用する次に掲げる居宅サービス

(1)　法第7条第6項に規定する訪問介護

　　　ただし，指定居宅サービスに要する費用の額の算定に関する基準（平成
　　12年厚生省告示第19号）別表指定居宅サービス給付費単位表1訪問介護費
　　ロに掲げる生活援助が中心である場合を除く。

(2)　法第7条第7項に規定する訪問入浴介護

(3)　法第7条第11項に規定する通所介護

(4)　法第7条第13項に規定する短期入所生活介護

　㊟　1の(2)のイからホに掲げる居宅サービスに係る費用については，1の
　　　対象者の要件を満たすか否かに関係なく，利用者の自己負担額全額が医
　　　療費控除の対象となる。

3　対象費用の額

　　2に掲げる居宅サービスに要する費用（法第41条第4項第1号若しくは第
　2号又は法53条第2項第1号若しくは第2号に規定する「厚生労働大臣が定
　める基準により算定した費用の額」をいう。）に係る自己負担額

　㊟　自己負担額とは，次に掲げる場合の区分に応じそれぞれ次に掲げる額
　　　をいう。

　　　(1)　指定居宅サービスの場合

　　　　　指定居宅サービス等の事業の人員，設備及び運営に関する基準（平
　　　　成11年厚生省令第37号。以下「基準省令」という。）第2条第4号に
　　　　規定する居宅介護サービス費用基準額から法第41条第4項に規定する
　　　　居宅介護サービス費の額を控除した額又は基準省令第2条第7号に規
　　　　定する居宅支援サービス費用基準額から法第53条第2項に規定する居
　　　　宅支援サービス費の額を控除した額

　　　(2)　基準該当サービスの場合

　　　　　指定居宅サービスの場合に準じて算定した利用者の自己負担額

4　領収証

　　法第41条第8項（第53条第4項において準用する場合を含む。）及び規則
　第65条（第85条において準用する場合を含む。）に規定する領収証に，3の
　対象費用の額を記載する。（別紙様式例参照）

なお，既に発行した領収証がある場合や介護保険施行後，当面この様式例に依り難い場合においては，法第41条第１項に規定する指定居宅サービス事業者又は法第42条第１項第２号に規定する基準該当居宅サービスを提供する事業者は，領収証のほかに，利用者が医療費控除を受ける場合の，確定申告書に添付又は確定申告の際に提示する書類として，居宅サービス計画を作成した事業者名及び医療費控除の対象となる金額を記載した書面を交付する。

（様式） 省略

資　料　編　　　　193

（参考）

事　務　連　絡
平成28年10月03日

各都道府県介護保険担当部（局）担当者　様

厚生労働省老健局振興課

　介護保険制度下での居宅サービス等の対価に係る医療費控除等の取扱いについて

　介護保険制度下での居宅サービス等の対価に係る医療費控除の取扱いについては，その基本的考え方に変更はありませんが，地域における医療及び介護の総合的な確保を推進するための関係法律の整備等に関する法律（平成26年法律第83号）の施行により，新たなサービス類型が創設されたことに伴い，「介護保険制度下での居宅サービスの対価にかかる医療費控除の取扱いについて」(平成12年6月1日老発第509号）を，国税庁との協議の下，別添のとおり改正し，新しい総合事業に関しては平成27年4月サービス分より，地域密着型通所介護については平成28年4月サービス分よりそれぞれ適用することとします。
　なお，領収証については，様式の改正が行われるまでのものは，利用者からの要望があった場合に差し替えるなど，適正なお取り扱いをお願いいたします。
　貴都道府県内（区）市町村（政令市，中核市も含む)，関係団体，関係機関等にその周知徹底を図るとともに，その運用に遺憾なきよう，よろしくお願いいたします。

《筆者注》

　次ページ以降は上記改正を反映した改正後全文を掲載しています。

介護保険制度下での居宅サービス等の対価に係る医療費控除等の取扱いについて

介護保険制度下での居宅サービス等の対価に係る医療費控除の取扱いについては，下記のとおりとする。

1　対象者

次の(1)及び(2)のいずれの要件も満たす者

(1)　介護保険法（平成9年法律第123号。以下「法」という。）第8条第24項に規定する居宅サービス計画（介護保険法施行規則（平成11年厚生省令第36号。以下「規則」という。）第64条第1号ニに規定する指定居宅サービスの利用に係る計画（市町村への届出が受理されているものに限る。）及び第65条の4第1号ハに規定する指定地域密着型サービスの利用に係る計画（市町村への届出が受理されているものに限る。）を含む。以下，「居宅サービス計画」という。）又は法第8条の2第16項に規定する介護予防サービス計画（規則第83条の9第1号ニに規定する指定介護予防サービスの利用に係る計画（市町村への届出が受理されているものに限る。）及び第85条の2第1号ハに規定する指定地域密着型介護予防サービスの利用に係る計画（市町村への届出が受理されているものに限る。）を含む。以下，「介護予防サービス計画」という。）に基づき，居宅サービス，地域密着型サービス，介護予防サービス，地域密着型介護予防サービス又は第1号事業（以下「居宅サービス等」という。）を利用すること。

(2)　(1)の居宅サービス計画又は介護予防サービス計画に，次に掲げる居宅サービス，地域密着型サービス又は介護予防サービスのいずれかが位置付けられること。

（居宅サービス）

イ　法第8条第4項に規定する訪問看護

ロ　法第8条第5項に規定する訪問リハビリテーション

ハ　法第8条第6項に規定する居宅療養管理指導

ニ　法第8条第8項に規定する通所リハビリテーション

ホ　法第8条第10項に規定する短期入所療養介護

資　料　編　　　　　　　　　　　　　　195

（地域密着型サービス）

　　ヘ　法第8条第15項に規定する定期巡回・随時対応型訪問介護看護

　　　　ただし，指定地域密着型サービスに要する費用の額の算定に関する基

　　　準（平成18年厚生労働省告示第126号）別表指定地域密着型サービス介

　　　護給付費単位数表1定期巡回・随時対応型訪問介護看護費イ(1)及びロに

　　　掲げる場合を除く。

　　ト　法第8条第23項に規定する複合型サービス

　　　　ただし，上記イからへに掲げるサービスを含む組合せにより提供され

　　　るものに限る。

（介護予防サービス）

　チ　法第8条の2第3項に規定する介護予防訪問看護

　リ　法第8条の2第4項に規定する介護予防訪問リハビリテーション

　ヌ　法第8条の2第5項に規定する介護予防居宅療養管理指導

　ル　法第8条の2第6項に規定する介護予防通所リハビリテーション

　ヲ　法第8条の2第8項に規定する介護予防短期入所療養介護

　㊟　イ及びチについては，高齢者の医療の確保に関する法律及び医療保

　　　険各法の訪問看護療養費の支給に係る訪問看護を含む。

2　対象となる居宅サービス等

　1の(2)に掲げる居宅サービス，地域密着型サービス又は介護予防サービス

と併せて利用する次に掲げる居宅サービス等

（居宅サービス）

⑴　法第8条第2項に規定する訪問介護

　　ただし，指定居宅サービスに要する費用の額の算定に関する基準（平成

　12年厚生省告示第19号）別表指定居宅サービス介護給付費単位数表1訪問

　介護費ロに掲げる場合（以下「生活援助中心型に係る訪問介護」という。）

　を除く。

⑵　法第8条第3項に規定する訪問入浴介護

⑶　法第8条第7項に規定する通所介護

⑷　法第8条第9項に規定する短期入所生活介護

（地域密着型サービス）

(5) 法第8条第15項に規定する定期巡回・随時対応型訪問介護看護

　　ただし，指定地域密着型サービスに要する費用の額の算定に関する基準（平成18年厚生労働省告示第126号）別表指定地域密着型サービス介護給付費単位数表1定期巡回・随時対応型訪問介護看護費イ(2)に掲げる場合を除く。

(6) 法第8条第16項に規定する夜間対応型訪問介護

(7) 法第8条第17項に規定する地域密着型通所介護

(8) 法第8条第18項に規定する認知症対応型通所介護

(9) 法第8条第19項に規定する小規模多機能型居宅介護

(10) 法第8条第23項に規定する複合型サービス

　　ただし，1(2)イからへに掲げるサービスを含まない組合せにより提供されるもの（生活援助中心型に係る訪問介護を除く。）に限る。

(介護予防サービス)

(11) 地域における医療及び介護の総合的な確保を推進するための関係法律の整備等に関する法律（平成26年法律第83号。以下「推進法」という。）附則第11条又は第14条第2項の規定によりなおその効力を有するものとされた法第8条の2第2項に規定する介護予防訪問介護

(12) 法第8条の2第2項に規定する介護予防訪問入浴介護

(13) 推進法附則第11条又は第14条第2項の規定によりなおその効力を有するものとされた法第8条2第7項に規定する介護予防通所介護

(14) 法第8条の2第7項に規定する介護予防短期入所生活介護

(地域密着型介護予防サービス)

(15) 法第8条の2第13項に規定する介護予防認知症対応型通所介護

(16) 法第8条の2第14項に規定する介護予防小規模多機能型居宅介護

(第1号事業)

(17) 法第115条の45第1項第1号イに規定する第1号訪問事業

　　ただし，規則第140条の63の6第1号に該当する市町村が定める基準に従うものに限る。

(18) 法第115条の45第1項第1号ロに規定する第1号通所事業

　　ただし，規則第140条の63の6第1号に該当する市町村が定める基準に

資 料 編　　　197

従うものに限る。

(注)　1の(2)のイからヲに掲げる居宅サービス等に係る費用については，1
　　　の対象者の要件を満たすか否かに関係なく，利用者の自己負担額全額が
　　　医療費控除の対象となる。

3　対象費用の額

　　2に掲げる居宅サービス等に要する費用（法第41条第4項第1号若しくは
　第2号，42条の2第2項第1号，第2号若しくは第3号，第53条第2項第1
　号若しくは第2号，第54条の2第2項第1号若しくは第2号に規定する「厚
　生労働大臣が定める基準により算定した費用の額」又は規則第140条の63の
　2第1項第1号イに規定する「厚生労働大臣が定める基準の例により算定し
　た費用の額」をいう。）に係る自己負担額（次に掲げる場合の区分に応じ，
　それぞれ次に定める額）又は法第115条の45第5項若しくは第115条の47第8
　項に規定する利用料

(1)　指定居宅サービスの場合

　　　指定居宅サービス等の事業の人員，設備及び運営に関する基準（平成11
　年厚生省令第37号）第2条第4号に規定する居宅介護サービス費用基準額
　から法第41条第4項に規定する居宅介護サービス費の額を控除した額

(2)　指定介護予防サービスの場合

　　　指定介護予防サービス等の事業の人員，設備及び運営並びに指定介護予
　防サービス等に係る介護予防のための効果的な支援の方法に関する基準
　（平成18年厚生労働省令第35号）第2条第4号に規定する介護予防サービ
　ス費用基準額から法第53条第2項に規定する介護予防サービス費の額を控
　除した額

(3)　基準該当居宅サービス及び基準該当介護予防サービスの場合

　　　それぞれ指定居宅サービス及び指定介護予防サービスの場合に準じて算
　定した利用者の自己負担額

(4)　指定地域密着型サービスの場合

　　　指定地域密着型サービスの事業の人員，設備及び運営に関する基準（平
　成18年厚生労働省令第34号）第2条第4号に規定する地域密着型介護サー
　ビス費用基準額から法第42条の2第2項に規定する地域密着型介護サービ

198　　　　　　　　　　　　　　第　1　部

　　ス費の額を控除した額
　(5)　指定地域密着型介護予防サービスの場合
　　　　指定地域密着型介護予防サービスの事業の人員，設備及び運営並びに指
　　　定地域密着型介護予防サービスに係る介護予防のための効果的な支援の方
　　　法に関する基準（平成18年厚生労働省令第36号）第2条第4号に規定する
　　　地域密着型介護予防サービス費用基準額から法第54条の2第2項に規定す
　　　る地域密着型介護予防サービス費の額を控除した額
　(6)　第1号事業の場合
　　　　規則第140条の63の2第1項第1号イに規定する厚生労働大臣が定める
　　　基準の例により算定した費用の額（市町村が当該算定した費用の額の範囲
　　　内で別に定める場合にあっては，その額とする。）（当該額が現に当該事業
　　　のサービスに要した費用の額を超えるときは，当該事業のサービスに要し
　　　た費用の額とする。）から法第115条の45の3第1項に規定する第1号事業
　　　支給費の額を控除した額
4　領収証
　　法第41条第8項（第42条の2第9項，第53条第7項及び第54条の2第9項
　　において準用する場合を含む。）及び規則第65条（第65条の5，第85条及び
　　第85条の4において準用する場合を含む。）に規定する領収証に，3の対象
　　費用の額を記載する。（別紙様式参照）

資　料　編

別紙様式

（様式例）					
居宅サービス等利用料領収証					
（平成　年　月分）					
利用者氏名					
費用負担者氏名		続柄			
事業所名及び住所等	（住所：　　　　　　　　　　　　　　　　印　　）				
居宅サービス計画又は介護予防サービス計画を作成した居宅介護支援事業者等の名称					

No.	サービス内容/種類	単　価	回数日数	利用者負担額（保険・事業対象分）	
①					円
②					円
③					円
④					円
⑤					円

No.	その他費用（保険給付対象外のサービス）	単　価	回数日数	利用者負担額	
①					円
②					円
③					円

領　収　額	円	領収年月日
うち医療費控除の対象となる金額	円	平成　　年　　月　　日

（注）　1　本様式例によらない領収証であっても、「居宅サービス計画又は介護予防サービス計画を作成した事業者名」及び「医療費控除の対象となる金額」が記載されたものであれば差し支えありません。

　　　　　　なお、利用者自らが居宅サービス計画又は介護予防サービス計画を作成し、市町村に届出が受理されている場合においては、「居宅サービス計画又は介護予防サービス計画を作成した居宅支援事業者等の名称」欄に当該市町村名を記入してください。

　　　　2　サービス利用料が区分支給限度基準額又は種類支給限度基準額を超える部分の金額については、「その他費用（保険給付対象外のサービス）」欄に記載してください。

　　　　3　訪問介護事業者にあっては、「うち医療費控除の対象となる金額」欄には、利用者負担（保険対象分）のうち、生活援助中心型に係る訪問介護以外のサービスに係る利用者負担額（保険対象分）の合計額を記載してください。

　　　　4　第1号事業に係る事業者にあっては、「うち医療費控除の対象となる金額」欄には、利用者負担（事業対象分）のうち、旧介護予防訪問介護又は旧介護予防通所介護に相当するサービスに係る利用者負担額（事業対象分）の合計額を記載してください。

　　　　5　この領収証を発行する居宅サービス等事業者が、訪問看護、訪問リハビリテーション、居宅療養管理指導、通所リハビリテーション、短期入所療養介護、定期巡回型訪問介護・看護、複合型サービス、介護予防訪問看護、介護予防訪問リハビリテーション、介護予防居宅療養管理指導、介護予防通所リハビリテーション又は介護予防短期入所療養介護を提供している場合には、これらのサービスに係る利用料についてもあわせて記入してください。

　　　　6　医療費控除を受ける場合、この領収証を確定申告書に添付するか、確定申告の際に提示してください。

第　1　部

《著者注》

　上記(注) 6 については，「医療費控除の明細書」に一定の事項を記載することにより，確定申告書へ添付等する必要はありません。詳細については122ページ(著者注) 2 をご覧ください。

　なお，居宅サービス等の費用に関するご質問については，問35（38ページ）等に記載しておりますので，ご参照ください。

【居宅サービス等の対価についての医療費の取扱い】

1 サービスの対価が医療費控除の対象となる居宅サービス等	2 1の①～③の居宅サービスと併せて利用する場合のみ医療費控除の対象となる居宅サービス等	3 医療費控除の対象とならない居宅サービス等
① 居宅サービス ・訪問看護 ・訪問リハビリテーション ・居宅療養管理指導 ・通所リハビリテーション ・短期入所療養介護 ② 地域密着型サービス ・定期巡回・随時対応型訪問介護看護 ・複合型サービス(上記のサービスを含む組合せにより提供されるもの(生活援助中心型の訪問介護の部分を除く。)に限る。) ③ 介護予防サービス ・介護予防訪問看護 ・介護予防訪問リハビリテーション ・介護予防居宅療養管理指導 ・介護予防通所リハビリテーション ・介護予防短期入所療養介護	⑥ 居宅サービス ・訪問介護 ・訪問入浴介護 ・通所介護 ・短期入所生活介護 ⑦ 地域密着型サービス ・夜間対応型訪問介護 ・地域密着型通所介護 ・認知症対応型通所介護 ・小規模多機能型居宅介護 ・複合型サービス(生活援助中心型の訪問介護の部分を除く。) ⑧ 介護予防サービス ・介護予防訪問介護 ・介護予防訪問入浴介護 ・介護予防通所介護 ・介護予防短期入所生活介護 ⑨ 地域密着型サービス ・介護予防認知症対応型通所介護 ・介護予防小規模多機能型居宅介護 ⑩ 地域支援事業のサービス ・地域支援事業の訪問型サービス(生活援助中心のサービスを除く。) ・地域支援事業の通所型サービス(生活援助中心のサービスを除きます。)	・訪問介護(生活援助中心型) ・認知症対応型共同生活介護【認知症高齢者グループホーム】 ・介護予防認知症対応型共同生活介護 ・特定施設入居者生活介護【有料老人ホーム等】 ・地域密着型特定施設入居者生活介護 ・介護予防特定施設入居者生活介護 ・福祉用具貸与 ・介護予防福祉用具貸与 ・複合型サービス(生活援助中心型の訪問介護の部分) ・地域支援事業の訪問型サービス(生活援助中心のサービスに限ります。) ・地域支援事業の通所型サービス(生活援助中心のサービスに限ります。) ・地域支援事業の生活支援サービス

【施設サービスの対価についての医療費の取扱い】

4 医療費控除の対象となるサービスを行う施設名	5 サービスの対価のうち医療費控除の対象となるもの	6 サービスの対価のうち医療費控除の対象とならないもの
指定介護老人福祉施設 指定地域密着型介護老人福祉施設	施設サービスの対価(介護費、食費及び居住費)として支払った額の2分の1に相当する金額	日常生活費
指定介護老人保健施設 指定介護療養型医療施設【療養病床群等】	施設サービスの対価(介護費、食費及び居住費)として支払った額	日常生活費 特別なサービス費用

202　　　　　　　　　第　1　部

> ## 資料10　指定訪問看護及び指定老人訪問看護の利用料に係る医療費控除関係文書

保　険　発　第120号

老　　　健第109号

平成12年6月8日

地方社会保険事務局長

都道府県民生主管部（局）

各　　　国民健康保険主管課（部）長　殿

都道府県老人医療主管部（局）

老人訪問看護主管課（部）長

厚 生 省 保 険 局 医 療 課 長

厚生省老人保健福祉局老人保健課長

指定訪問看護及び指定老人訪問看護の利用料に係る医療費控除の
適用について

　指定訪問看護及び指定老人訪問看護（以下「指定訪問看護等」という。）の
利用料に係る領収証の記載方法については，健康保険法施行規則（大正15年内
務省令第36号）第47条ノ7及び老人保健法施行規則（昭和58年厚生省令第2号）
第23条の9並びに「指定訪問看護及び指定老人訪問看護の事業の人員及び運営
に関する基準について」（平成12年3月31日保発第70号・老発第397号）により
その取扱いが定められているところである。

　これに関して，指定訪問看護等の利用料に係る医療費控除の適用については，
下記により取り扱うこととされているので，貴管下の指定訪問看護事業者等の
関係者に対し，周知徹底を図られたい。なお，これに伴い，従前の「指定老人
訪問看護及び指定訪問看護の利用料に係る医療費控除の適用について」（平成
6年9月30日老健第281号・保険発第130号）は廃止する。

資　料　編　　　　　　　　　　　　203

記

1　医療費控除の対象範囲

　　指定訪問看護及び指定老人訪問看護の事業の人員及び運営に関する基準
　（平成12年厚生省令第80号）第13条に規定する利用料のうち次に掲げる項目
　に該当する費用については，所得税法（昭和40年法律第33号）第73条の規定
　に基づく医療費控除の対象となること。

　　この場合，利用料の領収証には，医療費控除の対象となる金額が明らかに
　なるようにするため，これらの項目ごとの名称及びその金額をそれぞれ区分
　して記載すること。

　(1)　基本利用料

　(2)　その他の利用料

　　ア　利用者の選定に係る指定訪問看護に要する平均的な時間（1時間30
　　　　分）を超える時間における指定訪問看護（訪問看護療養に係る指定訪問
　　　　看護の費用の額の算定方法（平成20年厚生労働省告示第67号）の区分01
　　　　の注10に規定する長時間訪問看護加算又は区分01－2の注7に規定する
　　　　長時間精神科訪問看護加算を算定する日を除く。）の提供に要する費用

　　イ　利用者の選定に係る指定訪問看護ステーションが定める営業日以外の
　　　　日又は営業時間以外の時間における指定訪問看護（訪問看護療養費に係
　　　　る指定訪問看護の費用の額の算定方法の区分01の注13及び区分01－2の
　　　　注9に規定する夜間・早朝訪問看護加算又は深夜訪問看護加算を算定す
　　　　る日を除く。）の提供に要する費用

　　ウ　指定訪問看護の提供に係る交通費

2　おむつに係る費用の医療費控除

　　おむつを使用している指定訪問看護等の利用者であって，「おむつに係る
　費用の医療費控除の取扱いについて（平成13年7月4日医総発第14号医政局
　総務課長ほか3課長連名通知）」に基づく「おむつ使用証明書」の交付を受
　けたもの又はその家族については，当該おむつに係る費用が医療費控除の対
　象となること。

　　この場合，利用料の領収証には，おむつに係る費用であることのわかる名
　称及びその金額を他と区別して記載することが必要であること。なお，確定

申告の際には，この領収証に「おむつ使用証明書」を添付して，所轄の税務署に提出することが必要であるので，この点について，利用者及びその家族に対し，周知徹底を図ること。

《筆者注》

平成13年7月4日保医発第195号，平成30年3月5日保医発第5号による一部改正を反映しています。

資　料　編　　　　　　　　　　　　　　　　205

資料11　おむつに係る費用の医療費控除関係通達

資料11―1

直所 3 ―12

昭和62年12月24日

国　税　局　長
　　　　　　　　　殿
沖縄国税事務所長

国　税　庁　長　官

おむつに係る費用の医療費控除の取扱いについて

　標題のことについて，厚生省健康政策局長，保健医療局長，社会局長及び保険局長から別紙2のとおり照会があり，当庁次長名をもって別紙1のとおり回答したから了知されたい。

別紙1

直所 3 ―11

昭和62年12月24日

厚生省
　健康政策局長
　保健医療局長
　　　　　　　　　殿
　社　会　局　長
　保　険　局　長

国　税　庁　次　長

　おむつに係る費用の医療費控除の取扱いについて（昭和62年12月18日付健政発第659号，健医発第1376号，社老第128号及び保文発第851号照会に対する回答）

　標題のことについては，貴見のとおりで差し支えありません。

206   第　１　部

別紙2

健政発第659号

健医発第1376号

社　老第128号

保文発第851号

昭和62年12月18日

国 税 庁 長 官　　殿

厚生省　健康政策局長

保健医療局長

社 会 局 長

保 険 局 長

おむつに係る費用の医療費控除の取扱いについて

　いわゆる寝たきり老人は，疾病に対する抵抗力が弱く，病状が長期化，重篤化し，更に合併症を起こすがい然性が極めて高いため，一般の患者に比べ疾病の治療が非常に困難である。また，寝たきり老人でなくても，傷病により寝たきりとなった者についてもこれと同様であり，このような者の疾病の治療を行う上においては，おむつの使用が欠かせない現状にある。

　このため，これらの者の治療を継続的に行っている医師が，その治療上おむつを使用することが必要であることを認め，下記１の者を対象として下記２の証明書を発行した場合のそのおむつに係る費用（紙おむつの購入費用及び貸おむつの賃貸料）は，医師の治療を受けるため直接必要な費用と認められ，医療費控除の対象となると解されるが，貴庁の見解を承りたく照会する。

　なお，おむつに係る費用が医療費控除の対象として認められる場合は，当該証明書は昭和63年１月１日以後発行させることとする。

記

1　対象者

　医師の診療時において下記の条件のいずれも満たす者

資　料　編　　　　207

① 傷病によりおおむね6か月以上にわたり寝たきり状態にあると認められる者

② 当該傷病について医師による治療を継続して行う必要があり，おむつの使用が必要と認められる者

2　証明書

(1) 様式………別紙「おむつ使用証明書」

(2) 記載者……寝たきり状態の原因となった傷病について継続して治療を行っている医療機関の医師

　　イ　入院（所）中及び退院（所）時……入院（所）した医療機関の医師が記載する。

　　ロ　在宅で治療中……………………継続して治療を行っている医療機関の医師が記載する。

（別紙）　省略

208　　　　　　　　　　　第　1　部

資料11—2

課個 2 —15

平成13年 7 月 3 日

国　税　局　長
　　　　　　　　　殿
沖縄国税事務所長

国　税　庁　長　官

おむつに係る費用の医療費控除の取扱い（「おむつ使用証明書」の
様式の変更等）について（法令解釈通達）

　標題のことについて，厚生労働省医政局長，社会・援護局障害保健福祉部長，
老健局長及び保険局長から別紙 2 のとおり照会があり，これに対して当庁課税
部長名をもって別紙 1 のとおり回答したから了知されたい。

別紙 1

課個 2 —14

平成13年 7 月 3 日

厚　生　労　働　省
医　　政　　局　　長
社会・援護局障害保健福祉部長
　　　　　　　　　　　殿
老　健　局　長
保　険　局　長

国税庁課税部長

おむつに係る費用の医療費控除の取扱いについて
（平成13年 6 月29日付医政発第297号，障発第276号，
老発第252号及び保発第151号照会に対する回答）

　標題のことについては，貴見のとおりで差し支えありません。

資　料　編　　　　　　　　　　209

別紙2

医　政　　発第297号
障　　　　発第276号
老　　　　発第252号
保　　　　発第151号
平成13年6月29日

国税庁課税部長　殿

厚 生 労 働 省 医 政 局 長
厚生労働省社会・援護局障害保健福祉部長
厚 生 労 働 省 老 健 局 長
厚 生 労 働 省 保 険 局 長

おむつに係る費用の医療費控除の取扱いについて

　標記については，「おむつに係る費用の医療費控除の取扱いについて」（昭和62年12月18日健政発第659号・健医発1376号・社老第128号・保文発第851号国税庁長官あて厚生省健康政策局長・保健医療局長・社会局長・保険局長連名照会）及び「おむつに係る費用の医療費控除の取扱いについて」（昭和62年12月24日直所3―11厚生省健康政策局長・保健医療局長・社会局長・保険局長あて国税庁次長回答）により取り扱われているところである。

　これによると，医療費控除の対象となるおむつ代は，上記照会の別紙「おむつ使用証明書」（別添1）の発行日以降のものに限られることから，現行の取扱いにおいては治療開始日以降で証明書発行日以前のものについては対象外とされている。

　しかしながら，証明書発行日以前のものであっても，医師の治療を受けるため直接必要な費用と認められれば，証明書発行日以降と同様に医療費控除の対象としてもよいものと解されるが，貴庁の見解を承りたく照会する。

　なお，平成13年1月1日以降，おむつに係る費用の医療費控除の取扱いについて，同証明書を別添2のとおり変更（変更部分は二重下線部）すること及び平成13年分の医療費控除に限って従前の証明書によることを認め，これについて従前どおりの証明又は改正後の証明書と同様の取扱いが可能となるよう「必要期間」欄に現に必要となった期間の始期及び終期の年月日を明示した上での証明いずれの方法も認めることについて，貴庁の見解を併せてお伺いする。

別添 1

<table>
<tr><td colspan="3" align="center">お む つ 使 用 証 明 書</td></tr>
<tr><td rowspan="3">患 者</td><td>住 所</td><td></td></tr>
<tr><td>氏 名</td><td></td></tr>
<tr><td>生年月日</td><td></td></tr>
<tr><td>傷 病 名</td><td></td><td>によりおおむね6か月以上にわたり寝たきり状態にある又はあると認められる。</td></tr>
<tr><td>治 療 状 況</td><td align="center">入院(所)中</td><td align="center">在宅で治療中</td></tr>
<tr><td>必 要 期 間</td><td>発行日から　　　　6か月未満</td><td>6か月以上1年未満　　　　1年以上</td></tr>
</table>

　上記の者は，頭書の傷病により，現に治療を継続中であり，このためおむつの使用が必要であることを証明する。

　　　　昭和　　　年　　　月　　　日

　　　　　医療機関名＿＿＿＿＿＿＿＿＿＿＿＿＿＿＿＿＿＿＿

　　　　　住　　　所＿＿＿＿＿＿＿＿＿＿＿＿＿＿＿＿＿＿＿

　　　　　医 師 氏 名＿＿＿＿＿＿＿＿＿＿＿＿＿＿＿＿㊞

(注)1　証明書は，当該患者に対して頭書の傷病により，継続して治療を行っている医師が記載すること。

(注)2　「必要期間」が年をまたがる場合は，その年末までに，また，「必要期間」経過後において更に治療のためおむつが必要と認められることとなった場合は，その期間経過前に，改めて証明書を発行すること。

① この証明書は，おむつ代（紙おむつの購入料及び貸おむつの賃借料をいう。以下同じ。）について医療費控除を受けるために必要です。

② 医療費控除を受けるためには，この証明書とおむつ代の領収書を確定申告書に添付するか，確定申告の際に提示することが必要です。

③ おむつ代の領収書は，患者の氏名及び成人用のおむつ代であることが明記されたものであることが必要です。

資　料　編　　　　　　　　　　　　　　211

別添　2

<table>
<tr><td colspan="3" align="center">お　む　つ　使　用　証　明　書</td></tr>
<tr><td rowspan="3">患　　者</td><td>住　　所</td><td></td></tr>
<tr><td>氏　　名</td><td>　　　　　　　　　　　　　　　殿　性別　男・女</td></tr>
<tr><td>生年月日</td><td>　　　　　　　　年　　月　　日生</td></tr>
<tr><td>傷　病　名</td><td colspan="2">　　　　　　　　　　　　　　　によりおおむね6か月以上
にわたり寝たきり状態にあ
る又はあると認められる。</td></tr>
<tr><td>治　療　状　況</td><td colspan="2">　　　　入院(所)中　　　　　　　在宅で治療中</td></tr>
<tr><td rowspan="3">必　要　期　間</td><td colspan="2">始　期
（イ）　　年　　月　　日から　又は　（ロ）　　年1月1日から</td></tr>
<tr><td colspan="2">終　期
（イ）　　年　　月　　日まで　又は　（ロ）同年末まで</td></tr>
<tr><td colspan="2">（※　（イ）又は（ロ）のいずれかを○で囲んでください。）</td></tr>
</table>

　上記の者は，頭書の傷病により，必要期間中の治療に際し，おむつの使用が必要であることを証明する。

　　　年　　　月　　　日

　　　医療機関名　＿＿＿＿＿＿＿＿＿＿＿＿＿＿＿＿

　　　所　在　地　＿＿＿＿＿＿＿＿＿＿＿＿＿＿＿＿

　　　医師氏名　＿＿＿＿＿＿＿＿＿＿＿＿＿＿＿＿

㈲1　証明書は，当該患者に対して頭書の傷病により，継続して治療を行っている医師が記載すること。

㈲2　「必要期間」とは，当該年において患者が上記の状態にあることが認められる期間とし，当該年の1月1日以前からおむつが必要であり，かつ，1年以上にわたってその必要性が認められる場合には，同欄の始期と終期のいずれにおいても（ロ）を○で囲むこと。なお，必要期間経過後において更に治療のためおむつが必要と認められることとなった場合は，改めて証明書を発行すること。

①　この証明書は，おむつ代（紙おむつの購入料及び貸おむつの賃借料をいう。以下同じ。）について医療費控除を受けるために必要です。

②　医療費控除を受けるためには，この証明書とおむつ代の領収書を確定申告書に添付するか，確定申告の際に提示することが必要です。

③　おむつ代の領収書は，患者の氏名及び成人用のおむつ代であることが明記されたものであることが必要です。

《著者注》

　上記③については，「医療費控除の明細書」の欄外余白などに一定の事項を記載することにより，確定申告書への添付等を省略しても差し支えありません。詳細については122ページ(著者注) 2をご覧ください。

　なお，おむつ代及びおむつ使用証明書に関するご質問については，問62（58ページ）及び問63（59ページ）に記載しておりますので，ご参照ください。

　上記の様式については，「押印を求めている国税関係手続きに係る様式の一部改正について」(令和2年12月25日）により，押印を不要とする等の見直しが行われています。

資　料　編　　　　　　　　　　　　　　213

資料11― 3

課個 2 ―11

平成14年 6 月25日

国　税　局　長
　　　　　　　　　殿
沖縄国税事務所長

国　税　庁　長　官

おむつに係る費用の医療費控除の取扱い（「おむつ使用証明書」に
代えた簡易な証明手続等）について（法令解釈通達）

　標題のことについて，厚生労働省医政局長，社会・援護局障害保健福祉部長，
老健局長及び保険局長から別紙 2 のとおり照会があり，これに対して当庁課税
部長名をもって別紙 1 のとおり回答したから了知されたい。

別紙 1

課個 2 ―13

平成14年 6 月25日

厚　生　労　働　省
　　医　　政　　局　　長
　社会・援護局障害保健福祉部長
　　　　　　　　　　　　　　殿
　　老　　健　　局　　長
　　保　　険　　局　　長

国税庁課税部長

　おむつに係る費用の医療費控除の取扱いについて（平成14
年 6 月18日付医政発第0618007号，障発第0618001号，老発
第0618001号及び保発第0618001号照会に対する回答）

　標題のことについては，貴見のとおりで差し支えありません。

214　　　　　　　　　　第　１　部

別紙２

医政発第0618007号
障　発第0618001号
老　発第0618001号
保　発第0618001号
平成14年６月18日

国税庁課税部長　殿

厚 生 労 働 省 医 政 局 長
厚生労働省社会・援護局障害保健福祉部長
厚 生 労 働 省 老 健 局 長
厚 生 労 働 省 保 険 局 長

おむつに係る費用の医療費控除の取扱いについて

　標記については，「おむつに係る費用の医療費控除の取扱いについて」（昭和62年12月18日付け健政発第659号・健医発第1376号・社老第128号・保文発第851号国税庁長官宛て厚生省健康政策局長・保健医療局長・社会局長・保険局長連名照会），及び同（昭和62年12月24日付け直所３—11国税庁次長回答）により取り扱われているところである。

　これによると，おむつ代が医療費控除の対象として認められるためには，毎年の確定申告の際に，寝たきり状態にあること，及び治療上おむつの使用が必要であることについて，医師が発行したおむつ使用証明書が必要とされている。

　一方，介護保険法（平成９年法律第123号）に基づく要介護認定の申請をした者については，当該申請を受理した市町村（広域連合，一部事務組合を含む。以下同じ。）が，その者の主治の医師に対して，その者の疾病，負傷の状況等について意見（主治医意見書）を求めることとされている。

　その際，前年におむつ代について医療費控除を受けた者であって，その翌年，この主治医意見書の記載により，寝たきり状態にあること，及び尿失禁の発生可能性があることが確認できるものについては，当該年においても，寝たきり状態，及び治療上おむつの使用が必要な状態が，継続していることが認められると考えられる。

資　料　編　　　　　215

ついては，下記一の者のおむつに係る費用については，医師が発行したおむ
つ使用証明書がなくとも，下記二の手続により，医療費控除の対象として認め
られると解されるが，貴庁の見解を承りたく照会する。

記

一　対象者
　おむつ代について医療費控除を受けるのが２年目以降である者
二　手続
　1．以下の書類を確定申告書に添付するか，確定申告の際に提示すること。
　　　ア　市町村が主治医意見書の内容を確認した書類，又は主治医意見書の
　　　　写し
　　　イ　おむつ代の領収書
　2．1のアについては，おむつを使用した当該年に作成された主治医意見書
　　であり，「障害老人の日常生活自立度（寝たきり度）」の記載が「Ｂ１，Ｂ
　　２，Ｃ１，又はＣ２」（寝たきり），かつ，「尿失禁の発生可能性」の記載
　　が「あり」の場合に，おむつ使用証明書の代わりとして認められること。
　3．1のアの「市町村が主治医意見書の内容について確認した書類」につい
　　ては，市町村が，本人の申出に基づき，主治医意見書の以下の事項を記載
　　した書類であること。
　　　①　主治医意見書の作成日
　　　②　障害老人の日常生活自立度（寝たきり度）
　　　③　尿失禁の発生可能性
　　　（別紙１……様式例）
　4．1のアの「主治医意見書の写し」については，要介護認定のために作成
　　された主治医意見書の写しであることが分かるものであること（原本の写
　　しであることや写しの発行者，発行日が明記されていること等）。
　　　（別紙２……「主治医意見書」の様式）
　5．本手続による証明が認められるのは，平成14年に使用したおむつ代分（平
　　成15年に確定申告する分）からであること。

第　１　部

《著者注》

　上記二の１については、「医療費控除の明細書」の欄外余白などに一定の事項を記載することにより、確定申告書への添付等を省略しても差し支えありません。詳細については122ページ（著者注）２をご覧ください。

　なお、おむつ代及びおむつ使用証明書に関するご質問については、問62（58ページ）及び問63（59ページ）に記載しておりますので、ご参照ください。

資 料 編　　　　　　　　　　　　　　　　217

別紙 1

平成　　年　　月　　日

○○市（町村）長　様

　確定申告に使用するので，主治医意見書のうち，平成　　年に使用したおむ
つ代の医療費控除の証明（2年目以降）に必要な書類について，確認願います。

住所
氏名
被保険者番号

平成　　年　　月　　日

住所
氏名　　　　　　　　　　様
○○市（町村）長

　貴方からの申出に基づき，平成　　　年に使用したおむつ代の医療費控除の証
明に必要な事項について，貴方の主治医意見書を確認したところ，以下のとお
りです。

1．主治医意見書の作成日
　　平成　　年　　月　　日

2．障害老人の日常生活自立度（寝たきり度）　（該当するものに○）
　　B1　B2　C1　C2

3．尿失禁の発生可能性
　　あり

第 1 部

別紙2

主治医意見書

記入日 平成 　年 　月 　日

①おむつを使用した当該年に作成されたものであること。

申請者	（ふりがな）		男・女	〒 　－
	明・大・昭 　年 　月 　日生（ 　歳）			連絡先 　（ 　）

上記の申請者に関する意見は以下の通りです。
本意見書が介護サービス計画作成に利用されることに 　□同意する。 　□同意しない。

医師氏名 _____
医療機関名 _____ 　　電話 　（ 　）
医療機関所在地 _____ 　　FAX 　（ 　）

（1）最終診察日	平成 　年 　月 　日
（2）意見書作成回数	□初回 　□2回目以上
（3）他科受診の有無	□有 　□無 （有の場合）→□内科 □精神科 □外科 □整形外科 □脳神経外科 □皮膚科 □泌尿器科 □婦人科 □眼科 □耳鼻咽喉科 □リハビリテーション科 □歯科 □その他（ 　　　　　）

1．傷病に関する意見

（1）診断名 （特定疾病または障害の直接の原因となっている傷病名については1．に記入）及び発症年月日

　1. _____ 　発症年月日 （昭和・平成 　年 　月 　日頃 ）
　2. _____ 　発症年月日 （昭和・平成 　年 　月 　日頃 ）
　3. _____ 　発症年月日 （昭和・平成 　年 　月 　日頃 ）

（2）症状としての安定性 　　　　　　　　□安定 □不安定 □不明

（3）介護の必要の程度に関する予後の見通し 　　□改善 □不変 □悪化

（4）障害の直接の原因となっている傷病の経過及び投薬内容を含む治療内容
　（最近6ヶ月以内に変化のあったもの 及び 特定疾病についてはその診断の根拠等について記入）

2．特別な医療 （過去14日間以内に受けた医療のすべてにチェック）

処置内容	□点滴の管理 　□中心静脈栄養 　□透析 　□ストーマの処置 □酸素療法
	□レスピレーター 　□気管切開の処置 　□疼痛の看護 □経管栄養
特別な対応	□モニター測定（血圧、心拍、酸素飽和度等） 　□褥瘡の処置
失禁への対応	□カテーテル（コンドームカテーテル、留置カテーテル 等）

3．心身の状態に関する意見

（1）日常生活の自立度等について
　・障害老人の日常生活自立度 （寝たきり度）□正常 □J1 □J2 □A1 □A2 □B1 □B2 □C1 □C2
　・痴呆性老人の日常生活自立度 　　□正常 □Ⅰ □Ⅱa □Ⅱb □Ⅲa □Ⅲb □Ⅳ □M

②「B1～C2」（寝たきり）であること。

（2）理解および記憶		
・短期記憶	□問題なし 　□問題あり	
・日常の意思決定を行うための認知能力	□自立 　□いくらか困難 □ 　　が必要	□判断できない
・自分の意思の伝達能力	□伝えられ 　　　　　に限られる	□伝えられない
・食事	□自立ない	□全面介助

（3）問題行動の有無 （該当する項目全てチェック）
　□有 　□無
　（有の場合）→□幻視・幻聴 □妄想 □昼夜逆転 □暴言 □暴行 □介護への抵抗 □徘徊
　　　　　　　□火の不始末 □不潔行為 □異食行動 □性的問題行動 □その他（ 　　　　　）

資料編　　　　　　　　　　　　　　　　　219

（4）精神・神経症状の有無
　　□有　（症状名　　　　　　　　　　　　　　　　　） □無
　　（有の場合）　→　専門医受診の有無 □有 （　　　　　　　　　） □無

（5）身体の状態
　　利き腕　（□右 □左） 体重＝ □□□ kg 身長＝ □□□ cm　凡例
　　□四肢欠損　　　（部位：　　　程度：□軽 □中 □重）
　　□麻痺　　　　　（部位：　　　程度：□軽 □中 □重）
　　□筋力の低下　　（部位：　　　程度：□軽 □中 □重）
　　□褥瘡　　　　　（部位：　　　程度：□軽 □中 □重）
　　□その他皮膚疾患（部位：　　　程度：□軽 □中 □重）
　　□関節の拘縮　・肩関節　□右 □左 ・股関節　□右 □左
　　　　　　　　　・肘関節　□右 □左 ・膝関節　□右 □左
　　□失調・不随意運動・上肢　□右 □左 ・体　幹　□右 □左
　　　　　　　　　　・下肢　□右 □左

４．介護に関する意見

（1）現在、発生の可能性が高い病態とその対処方針
　　□尿失禁　　　　□転倒・骨折　　□徘徊　　　□褥瘡　　□嚥下性肺炎　　□腸閉塞　　□易感染性
　　□心肺機能の低下　□痛み　　　　□脱水　　　□その他（　　　　　　　　　　　　　　　）
　　　→　対処方針（　　　　　　　　　　　　　　　　　　　　　　　　　　　　　　　　　　）

③「尿失禁の発生可能性」が「あり」であること。

（2）医学的管理の必要性（該当するものすべてに○印を引いて下さい）
　　□訪問診療　　　　　　　　　　　　　　　　　　　　　□訪問栄養食事指導
　　□訪問看護　　　　　□訪問歯科診療　　　　　　　　　□その他（　　　　　　　　　）
　　□訪問リハビリテーション　□訪問歯科衛生指導
　　□通所リハビリテーション　□訪問薬剤管理指導

（3）介護サービス（入浴サービス、訪問介護等）における医学的観点からの留意事項
　　・血圧について　　　□特になし　　□あり（　　　　　　　　　　　　　）
　　・嚥下について　　　□特になし　　□あり（　　　　　　　　　　　　　）
　　・摂食について　　　□特になし　　□あり（　　　　　　　　　　　　　）
　　・移動について　　　□特になし　　□あり（　　　　　　　　　　　　　）
　　・その他　　　　　　　　　　　　　□あり（　　　　　　　　　　　　　）

（4）感染症の有無（有の場合は具体的に記入して下さい）
　　□有（　　　　　　　　　　　　　　）　　□無　　□不明

５．その他特記すべき事項
　　要介護認定に必要な医学的なご意見等をご記載して下さい。なお、専門医等に別途意見を求めた場合はその内容、結果も記載して下さい。（情報提供書や身体障害者申請診断書の写し等を添付して頂いても結構です。）

220　　　　　　　　第　1　部

（参考）

医 政 総 発 0 9 1 4 第 1 号
障 企 発 0 9 1 4 第 1 号
老 総 発 0 9 1 4 第 1 号
平 成 3 0 年 9 月 1 4 日

各　｛都道府県／指定都市｝｛衛生／民生｝　主管（部）局長　殿

厚 生 労 働 省 医 政 局 総 務 課 長
厚生労働省社会・援護局障害保健福祉部企画課長
厚 生 労 働 省 老 健 局 総 務 課 長
（　　　公　　印　　省　　略　　　）

　　「おむつに係る費用の医療費控除の取扱いについて」の一部改正について

　　「おむつに係る費用の医療費控除の取扱いについて」（平成18年12月26日付

け医政総発第1226001号・障企発第1226001号・老総発第1226001号）につい

て、別紙のとおり改正し、平成31年の確定申告を行う際より適用することとし

ましたので、管下市町村、関係団体等への御周知の程よろしくお願いいたしま

す。

　　なお、本通知の内容については、国税庁の了解済みですので申し添えます。

《筆者注》

　　次ページ以降，上記の平成30年9月14日付一部改正等を反映した改正後全文

を掲載しています。

資　料　編　　　　　　　　　　　　　　　　　　　　221

おむつに係る費用の医療費控除の取扱いについて

記

一　概要

　　おむつ代について医療費控除を受けるのが2年目以降である者については、医師が発
行したおむつ使用証明書がなくとも、
　　①　市町村が介護保険法（平成9年法律第123号）に基づく要介護認定に係る主治医意
　　　見書の内容を確認した書類、
又は、
　　②　主治医意見書の写し
により、寝たきり状態にあること、及び尿失禁の発生可能性があることが確認できれば、
おむつ代が医療費控除の対象として認められることとなったこと。

二　留意点

1. 上記一の①又は②については、おむつを使用した当該年、その前年又はその前々年（現
　に受けている要介護認定の有効期間が13ヶ月以上であり、おむつを使用した当該年に主
　治医意見書が発行されていない場合に限る。）に作成された主治医意見書であり、「障害高
　齢者の日常生活自立度（寝たきり度）」の記載が「B1、B2、C1、又はC2」（寝たき
　り）、かつ、「尿失禁の発生可能性」の記載が「あり」の場合に、おむつ使用証明書の代わ
　りとして認められること。

2. 上記一の①の「市町村が主治医意見書の内容を確認した書類」については、2年目以降
　であり、おむつ代の医療費控除の証明に利用できるものである場合に、発行すること。
　　また、この手続を行うかどうかは、各市町村の任意の判断であること。なお、主治医意
　見書の記載の転記について、事前に地元医師会等の包括的な了解を得ておくことにより、
　市町村及び主治医の事務負担の軽減を図ることが考えられるので、市町村においては参
　考にされたいこと。

3. 上記一の②の「主治医意見書の写し」について、おむつ代の医療費控除の証明に利用で
　きないものである場合には、利用者にその旨を説明し、おむつ代の医療費控除の証明のた
　めの主治医意見書の写しの発行は行わないこと。

4. おむつを使用した当該年の前年又は前々年に作成された主治医意見書の場合は、上記一
　の①の「市町村が主治医意見書の内容を確認した書類」又は上記一の②の「主治医意見書
　の写し」の裏面に要介護認定の有効期間（始期及び終期）を記載すること。

(別紙1)

平成　年　月　日

〇〇市（町村）長　様

　確定申告に使用するので、主治医意見書のうち、平成　年に使用したおむつ代の医療費控除証明（2年目以降）に必要な事項について、確認願います。

　　　　　　　　　　　　　住所
　　　　　　　　　　　　　氏名
　　　　　　　　　　　　　被保険者番号

平成　年　月　日

　住所
　氏名　　　　　　　　　　様
　　　　　　　　　　　　　　　　　〇〇市（町村）長

　貴方からの申出に基づき、平成　年に使用したおむつ代の医療費控除の証明に必要な事項について、貴方の主治医意見書を確認したところ、以下のとおりです。
　1．主治医意見書の作成日
　　　　平成　年　月　日
　2．要介護認定の有効期間
　　　　平成　年　月　日～平成　年　月　日
　3．障害高齢者の日常生活自立度（寝たきり度）（該当するものに〇）
　　　　B1　B2　C1　C2
　4．尿失禁の発生の可能性
　　　　あり

資料編　　　　　　　　　　　　　　　　　　　223

> ## 資料12　非血縁者間骨髄移植のあっせんに係る公益財団法人日本骨髄バンクに支払われる患者負担金の医療費控除の取扱いについて（法令解釈通達）

課個2―28

平成15年12月26日

国　税　局　長
　　　　　　　　　殿
沖縄国税事務所長

国　税　庁　長　官

非血縁者間骨髄移植のあっせんに係る財団法人骨髄移植推進
財団に支払われる患者負担金の医療費控除の取扱いについて
（法令解釈通達）

　標題のことについて，厚生労働省健康局長から別紙2のとおり照会があり，
これに対して当庁課税部長名をもって別紙1のとおり回答したから了知された
い。

別紙1

課個2―27

平成15年12月26日

厚　生　労　働　省
　健　康　局　長　殿

国　税　庁　課　税　部　長

非血縁者間骨髄移植のあっせんに係る財団法人骨髄移植推進
財団に支払われる患者負担金の医療費控除の取扱いについて
（平成15年12月19日付健発第1219007号照会に対する回答）

　標題のことについては，貴見のとおりで差し支えありません。

別紙2

健発第1219007号
平成15年12月19日

国税庁課税部長　殿

厚生労働省健康局長

非血縁者間骨髄移植のあっせんに係る財団法人骨髄移植推進
財団に支払われる患者負担金の医療費控除の取扱いについて

　白血病，再生不良性貧血，先天性免疫不全症等の血液難病の患者にとって，骨髄移植医療は有効な治療法となっているが，患者と白血球の型が適合する骨髄提供者から骨髄液の提供を受けるために，非血縁者間骨髄移植のあっせんに係る機関としての財団法人骨髄移植推進財団（以下「財団」という。）の関与は必要不可欠なものである。

　財団に支払われる患者負担金(以下「患者負担金」という。)については，「非血縁者間骨髄移植の実施に関する指針」（平成15年12月19日健発第1219005号厚生労働省健康局長通知（別紙1））により，①非血縁者間骨髄移植を実施するためには，財団が行うあっせん業務が必要不可欠であること，②財団への患者登録は，医師が患者の治療に必要不可欠であると認めた上で，医師を通じて行われるものであること，また，③患者負担金の決定と変更に当たっては，厚生労働省に届け出ることとし，厚生労働省は，患者負担金について確認した上で，問題がある場合に財団に対し必要な指導を行うこととしたところであり，厚生労働省が関与することにより，患者負担金の位置付けを明確にしたところである。

　また，医師が患者の治療上，財団へ登録しあっせんを受けることが必要と判断し，患者登録を行った患者が財団に対して支払った患者負担金については，別紙2に掲げる書類によりその旨の証明ができるよう措置することとしている。

　したがって，患者負担金については，血液難病治療の現状を踏まえつつ，上記に掲げる環境整備を図ることにより，医師による診療又は治療の対価，医療又はこれに関連する人的役務の提供の対価のうち通常必要と認められるものとして医療費控除の対象となるものと解されるが，貴庁の見解を承りたく照会する。

資　料　編

なお，別紙２の書類の作成・交付は，平成15年分の所得税の確定申告から措置することが可能であることから，上記の取扱いは，平成15年分の所得税の確定申告から適用できると考えている。

（別紙１）
（別紙２）　省略

226　　　　　　　　　　　第　1　部

> **資料13　非血縁者間末梢血幹細胞移植のあっせんに係る**
> **公益財団法人日本骨髄バンクに支払われる患者負**
> **担金の医療費控除の取扱いについて（照会）**

健臓発0214第 1 号

平成23年 2 月14日

国税庁課税部審理室長

飯島　信幸　殿

厚生労働省健康局疾病対策課

臓器移植対策室長　辺見　聡

非血縁者間末梢血幹細胞移植のあっせんに係る

財団法人骨髄移植推進財団に支払われる患者負

担金の医療費控除の取扱いについて（照会）

1　照会の趣旨

　非血縁者間骨髄移植のあっせんに係る財団法人骨髄移植推進財団(以下「財団」という。）に支払われる患者負担金については，「非血縁者間骨髄移植のあっせんに係る財団法人骨髄移植推進財団に支払われる患者負担金の医療費控除の取扱いについて（法令解釈通達）」(平成15年12月26日付課個 2 − 28)において，所得税法第73条第 2 項及び同法施行令第207条に規定する医師による診療又は治療，医療又はこれに関連する人的役務の提供の対価のうち通常必要であると認められるものに該当し，医療費控除の対象となることが明らかにされています。

　今般，厚生科学審議会疾病対策部会造血幹細胞移植委員会において，骨髄バンク事業の一環として非血縁者間における末梢血幹細胞移植の導入が了承されたことに伴い，「非血縁者間骨髄移植の実施に関する指針」(平成15年12月19日健発第1219005号，以下「指針」という。）の一部が改正され（平成22年 9 月 7 日健発0907第 9 号（別添 1)），平成22年10月から非血縁者間末梢血幹細胞移植のあっせんが開始されたところです。

資 料 編　　227

これにより，末梢血幹細胞移植に関しても，非血縁者間骨髄移植のあっせ
んに係る財団への患者負担金と同様の枠組みによりそのあっせんに係る患者
負担金が財団に支払われることになりましたが，当該患者負担金についても
非血縁者間骨髄移植のあっせんに係る患者負担金と同様に医療費控除の対象
になると解してよいか伺います。

2　照会に係る事実関係

(1)　骨髄移植の実施について

イ　白血病等の治療のために実施する移植医療として，平成3年より非血
縁者間での骨髄移植（注）を実施してきたところです。

　　㊟　骨髄移植とは，提供者（ドナー）から採取した骨髄液に含まれる造血幹
　　細胞を白血病等の患者（レシピエント）に移植するものです。

ロ　骨髄移植を実施するためには，採取術や移植術のほかに，ドナーとレ
シピエントのあっせんを行う必要があるため，財団によるあっせんに伴
う患者負担金（現在，平均的なケース（ドナー候補者4人の確認検査を
実施し，移植を行う場合）で18万9,000円）をお願いしています。

ハ　このあっせんに伴う患者負担金については，上記1のとおり，医療費
控除の対象とされています。

(2)　末梢血幹細胞移植の開始について

イ　近年，骨髄移植と同様の効果が得られる造血幹細胞の移植方法として，
新たに末梢血幹細胞移植を行うことが可能となり，現在，既に血縁者間
の移植が行われています（注）。

　　㊟　末梢血幹細胞移植とは，ドナーの血液（末梢血）中に存在する造血幹細
　　胞を薬剤投与により大幅に増加させた上で採取し，取り出した造血幹細胞
　　をレシピエントに移植するものです。出産時のさい帯血を除き，ドナーの
　　体内から造血幹細胞を採取する方法は，現在の医療技術では骨髄採取と末
　　梢血幹細胞採取の2種類のみです。

ロ　末梢血幹細胞の採取は，通常の献血と同じ方法で行うため，骨髄液の
採取に必要なドナーへの全身麻酔が不要となるなど，ドナーへの身体的
負担が比較的軽いというメリットを有しています。

ハ　そのため，非血縁者間における導入可能性の検討を目的として，治療

成績やドナーの安全性に関する追跡調査を平成12年度から平成21年度までの10年間にわたって厚生労働科学研究により実施したところ，末梢血幹細胞移植は骨髄移植と同等の治療成績や安全性を有しているとの結果が得られました。

ニ　この結果を踏まえ，厚生労働省としては，非血縁者間での造血幹細胞移植に末梢血幹細胞移植を加えることとし，平成22年10月から実施したところです。

ホ　なお，末梢血幹細胞移植のあっせんに係る患者負担金の額は，骨髄移植の場合と同額となっています。また，末梢血幹細胞移植の導入後は，骨髄移植と末梢血幹細胞移植のいずれか一方を選択する結果，骨髄移植が末梢血幹細胞移植に一部移行することになりますので，医療費控除の総額に直接の影響を及ぼすものではないと考えられます。

3　照会者の求める見解となることの理由

(1)　骨髄移植と末梢血幹細胞移植は，移植に必要な造血幹細胞を得る手段が異なるだけで，ドナー候補者及び移植を行う基本的な手順（注）は同じです。

（注）　ドナー・レシピエントの登録⇒あっせん⇒ドナーの造血幹細胞採取⇒レシピエントへ移植

(2)　つまり，末梢血幹細胞移植の導入後においては，主にドナー側が造血幹細胞の採取方法として骨髄と末梢血のいずれかを選択することになりますが，あっせんを実施し，レシピエントに造血幹細胞が移植されることに何ら変わりはないことから，骨髄バンク事業の一環として，財団において末梢血幹細胞移植のあっせんを行うこととしています。

(3)　この非血縁者間における末梢血幹細胞移植のあっせんに係る患者負担金については，次のとおり，医療費控除の対象とされている骨髄移植のあっせんに係る患者負担金と同様の性質を有するものであることから，当該患者負担金と同様に，医療費控除の対象になるものと解されます。

①　非血縁者間の移植を実施するためには財団が行うあっせん業務が必要不可欠であること

資　料　編　　　　　229

② 財団への患者登録は，医師が患者の治療に必要不可欠であると認めた上で，医師を通じて行われるものであること

③ 患者負担金の額の決定と変更に当たっては，厚生労働省に届け出ることとし，厚生労働省は患者負担額等について確認した上で，問題があると認められる場合には財団に対し必要な指導を行うこととしていること

(4) なお，財団が発行している現行の「非血縁者間骨髄移植患者登録証明書兼患者負担金領収書」についても，別添2のとおり「非血縁者間骨髄移植又は末梢血幹細胞移植患者登録証明書兼患者負担金領収書」とし，医療費控除の適用に関し疑義が生じないよう措置する予定です。

230　　　　　　　　　　　　第　1　部

（別添1）

健発 0907 第 9 号
平成 22 年 9 月 7 日

各 ｛ 都 道 府 県 知 事
　　 保健所設置市市長 ｝ 殿
　　 特 別 区 区 長

厚生労働省健康局長

「非血縁者間骨髄移植の実施に関する指針」の一部改正について

　骨髄バンク事業の推進につきましては、平素より御理解御協力を賜り、厚く御礼申し上げます。

　さて、非血縁者間の骨髄移植については、「非血縁者間骨髄移植の実施に関する指針について」（平成 15 年 12 月 19 日付け健発第 1219005 号。以下「局長通知」という。）により実施されているところです。

　今般、平成 22 年 8 月 5 日に開催された厚生科学審議会疾病対策部会造血幹細胞移植委員会において、骨髄バンク事業の一環として非血縁者間における末梢血幹細胞移植の導入が了承されたことを踏まえ、局長通知の別紙を別添新旧対照表のとおり改正することといたしますので、これを十分参照の上、引き続き本事業の実施に御協力いただくとともに、貴管内市町村、関係機関、関係団体等に対する周知について御配意下さいますようお願い致します。

　なお、改正後全文を参考として添付したので、御活用下さい。

《著者注》
　次ページ以降は上記改正を反映した改正後全文を掲載しています。

資　料　編　　　　　　　　　　　　　　　　231

非血縁者間骨髄移植等の実施に関する指針

第1　目的

○　白血病、再生不良性貧血、先天性免疫不全症等の血液難病の患者にとって、骨髄
移植又は末梢血幹細胞移植（以下「骨髄移植等」という。）は有効な治療法となっ
ているが、移植を受けるためには、患者と白血球の型（HLA型）が適合する提供
者（以下「ドナー」という。）から骨髄又は末梢血幹細胞（以下「骨髄等」という。）
の提供を受けることが前提となる。しかし、HLA型が適合する確率は、兄弟姉妹
間においては4分の1、それ以外では数百分の1から数万分の1といわれており、
血縁間でドナーが見つからない患者が移植を受けるためには、患者とHLA型の
適合する非血縁者のドナーを探しだし骨髄等の提供を受ける必要がある。

○　非血縁者間における骨髄移植等を必要とする患者（以下「移植希望患者」という。）
が移植を受けることができるようにするためには、骨髄等の提供・移植について理
解した上で善意の骨髄等の提供を行うことを希望し、データバンクに登録する提供
希望登録者（以下「ドナー登録者」という。）を広く募集するとともに、患者に適
合するドナーから安全かつ適切に骨髄等が採取され移植希望患者へ提供されるよ
うにするため、ドナー登録者、移植希望患者、移植実施施設及び骨髄等の採取施設
の間の連絡調整等の業務を行う機関が不可欠となる。

○　このため、国民の理解と協力を得ながら非血縁者間における骨髄移植等が推進さ
れるよう、厚生労働省、財団法人骨髄移植推進財団（以下「財団」という。）、日本
赤十字社、地方公共団体の関係機関が各々役割を分担しながら連携して、骨髄等の
提供・移植に係る普及啓発、ドナー登録者の募集、ドナー登録者としての登録（以
下「ドナー登録」という。）の受付、ドナー登録者のHLA型等のデータの管理、
移植希望患者登録受付並びに連絡調整業務等からなる骨髄バンク事業を実施する
ものとする。

○　本指針は、この骨髄バンク事業の基本的な考え方や手続の流れ等について確認し、
関係者の役割について明確化することにより、非血縁者間における骨髄移植等を成
立させるために必要な骨髄バンク事業の一層の推進に資することを目的とするも
のである。

第 1 部

第2 非血縁者間における骨髄移植等の実施体制を整備するに当たっての基本的考え方

　1　非血縁者間における骨髄移植等のための骨髄等の提供は、骨髄等の提供・移植についての十分な説明を受け、理解した者から、善意かつ任意により行われるものでなければならず、また骨髄等の提供に耐えうる健康状態にある者から安全に行われなければならない。

　2　骨髄等の移植を必要とする患者が移植を受ける機会は、公平に与えられるように配慮されなければならない。

　　また、骨髄等の提供が善意によるものであることにかんがみ、骨髄等の提供・移植に係る普及啓発、ドナー登録者の募集、ドナー登録の受付、ドナー登録者のHLA型等のデータの管理、移植希望患者登録受付、財団に登録した移植希望患者（以下「登録患者」という。）に適合するドナー登録者の検索並びに関係者の間の連絡調整業務等、骨髄等の提供・移植の実現に向けた一連の業務（以下「あっせん業務」という。）は、適切に行われなければならない。

　　このため、あっせん業務については、全国一元的に、営利を目的としない機関において、一定の手順に従って実施することとし、具体的には、国、地方公共団体及び日本赤十字社の協力の下、財団において全国一元的に行うものとする。

　3　非血縁者間における骨髄移植等を成立させるためには、善意かつ任意で骨髄等の提供を行うドナーの存在が前提となるものであることから、財団、国、地方公共団体は、関係団体等の協力を得て、国民、医療関係者等に対し、骨髄等の提供・移植に関する普及啓発に努めるものとする。

第3 非血縁者間における骨髄移植等を成立させるためのあっせんの具体的な手続
1　普及啓発
（1）普及啓発

　　財団、国、地方公共団体においては、日本赤十字社等関係団体の協力を得て、①財団の作成した骨髄等の提供・移植に関するパンフレット、リーフレット及びポスター等について、保健所、日本赤十字社の血液センター等の固定ドナー登録窓口や、集団登録会の会場において広く一般に配布するとともに、②インターネットホームページや新聞、ラジオ、テレビ等のマスメディアの活用を含め、あらゆる機会をとらえて登録窓口の案内を始めとする骨髄移植等に関する普及啓発活動を行うものとする。

資　料　編　　　　233

（2）国による普及啓発

　　国においては、上記第3の1（1）の普及啓発のためのパンフレットの作成等
について補助を行うとともに、関係者への協力依頼等、必要に応じ骨髄移植等の
普及のための方策を講ずるよう、努めるものとする。

2　ドナー登録者の確保・データ管理

（1）ドナー登録の受付業務

　　ドナー登録は、都道府県・保健所を設置する市・特別区（以下「都道府県等」と
いう。）の保健所及び日本赤十字社の血液センター・献血ルーム等に開設する固定
窓口及び集団登録会等において受け付けるものとする。

（2）ドナー登録者に関するデータの管理・適合ドナー登録者の検索

　　日本赤十字社は、各登録窓口から搬送されたドナー登録希望者の血液検体により
HLA検査を行い、ドナー登録者のHLA型等の情報をデータバンクに登録し、厳
密に管理するとともに、財団からの依頼を受け、財団に登録された患者とHLA型
が適合するドナー登録者の検索を行い、その結果について財団に連絡するものとす
る。

3　財団における患者登録及びコーディネート業務等

（1）財団における患者登録及びコーディネート業務の標準的な手順について

ア　患者登録

　　医師は、患者の治療上、財団に登録して骨髄移植等のあっせんを受けることが
必要であると判断した場合には、財団に対し、患者の同意書を付して当該患者の
登録申請を行う。

　　財団は、医師からの登録申請を受け、必要に応じ当該患者の移植適応について
審査した上で患者登録を行い、その結果を当該医師（以下「登録責任医師」とい
う。）に対して通知する。

イ　日本赤十字社に対するHLA型適合ドナー検索依頼

　　財団は、登録を受理した後、登録患者に適合するドナー登録者の検索を日本赤
十字社に対して依頼する。

ウ　コーディネート

　　財団は、登録患者に適合するドナー登録者（以下「ドナー候補者」という。）に
つき日本赤十字社から連絡を受けた後、登録責任医師に対してドナー候補者の検
索結果を通知する。

登録責任医師は、検索されたドナー候補者について、登録患者又はその家族と協議の上、骨髄等の提供に向けた調整を行うことを依頼するか判断し、財団に連絡する。

ドナー候補者について骨髄等の提供に向けた調整を行うことの依頼があった場合、財団は、当該ドナー候補者に対する骨髄等の提供・移植に関する説明、ＨＬＡ型の適合等の確認検査を実施し、その結果を登録責任医師に通知する。

登録責任医師は、財団からの検査結果等の連絡を受け、複数のドナー候補者がいる場合には最終的にドナー候補者１名を選定する。

財団は、最終的に選定されたドナー候補者について、最終的な提供意思の確認を行い、提供意思が確認された場合には、採取施設における骨髄等の採取及び移植実施施設までの骨髄等の搬送に向けた関係者間の調整を行う。

また、財団は、骨髄等の採取実施後、ドナーに対し電話調査等を行い、健康上の問題がなく日常生活に復帰していることを確認する。

（２）ドナー傷害保険

財団は、ドナーに身体障害等が生じる可能性が否定できないことにかんがみ、ドナーについての有害事象発生時に迅速な補償を行うため、傷害保険に加入するものとする。

（３）国際協力について

医師は、海外の骨髄バンクから骨髄等の提供を受ける場合についても、財団を窓口として患者登録を行うこととする。

また、海外の骨髄バンクから、国内のドナー登録者とのコーディネートを依頼されることがあるが、その場合においても、上記第３の３（１）の手順に従い、業務を行うこととする。

（４）骨髄等の移植に関する統計調査等の実施

財団は、その業務に係る調査を実施し、その結果について広報誌やホームページ等を用いて公表するよう努めるものとする。

（５）記録の保存

財団は、上記第３の３（１）から（３）の業務の実施に関して、ドナーの提供意思確認に係る記録や連絡調整の記録等の書類を、適宜保存しなければならない。

資　料　編　　　　235

（6）患者負担について

① 患者負担金の徴収について

　　財団は、骨髄等の移植を成立させるために必要不可欠な業務を行うために直接必要な経費について、登録患者への費用負担を求めることができるものとする。

② 患者負担金の額の決定と変更について

　　財団は、患者から患者負担金を徴収するに当たっては、その額を厚生労働省健康局長に届け出なければならない。また、患者負担金の額を変更する際にも、事前に厚生労働省健康局長に届け出なければならない。

　　厚生労働省においては、対象とされている経費の内容及び患者負担額について確認した上で、問題がある場合には、財団に対し必要な指導を行うものとする。

4　関係者間の連携の確保

　各都道府県等においては、関係者間の連携のもと、地域の実情に応じた事業が行われるよう、都道府県等、財団、日本赤十字社、骨髄等の移植医療の専門家、関係医療機関の医師及びボランティア等の関係者からなる連絡協議会を設置するなど、関係者間の情報や意見の交換ができる場を設けることが望ましい。

5　個人情報の保護

　ドナー登録者の確保及びデータの管理業務並びにあっせん業務に関わる者は、正当な理由がなく、事業を実施する上で知り得た人の秘密を漏らしてはならない。

　また、移植医療関係者は、ドナー登録者、ドナー及び登録患者等の個人情報の保護に努めなければならない。特に、移植医療の特殊性にかんがみ、移植前又は移植後のいずれの段階においても、移植希望患者と当該移植希望患者に係るドナー候補者又はドナーに関する情報が相互に伝わることのないよう、細心の注意を払うものとする。

第4　骨髄移植等の安全性確保に係る基準

　ドナーの安全確保及び移植される骨髄等の安全性・有効性の確保を図る観点から、財団は、厚生労働省が別途定めるところに従い、ドナー適格性判定等に関する基準により業務を行うこととする。

236　　　　　　　　　　　　　第　1　部

（別添2）

非血縁者間骨髄移植又は末梢血幹細胞移植患者登録証明書兼患者負担金領収書		
登録患者名	住所	
	氏名	
傷　病　名		
医療機関名	（病院）	
	（氏名）	
	（住所）	

　　上記の者は、頭書の傷病の治療のため、医師を通じて公益財団法人日本骨髄バンクに患者登録をした者であることを証明します。

　　また、公益財団法人日本骨髄バンクが行う骨髄移植又は末梢血幹細胞移植を成立させるための業務に係る経費につき、当財団に登録されている患者に係る患者負担金として、下記を領収いたしました。

（金額）　　　　　　　　　円

　　　年　　月　　日
　　公益財団法人日本骨髄バンク
　　〒101-0054　東京都千代田区神田錦町3丁目19番地　廣瀬第2ビル

印

① この登録証明書兼領収書は、非血縁者間骨髄移植又は末梢血幹細胞移植患者負担金について医療費控除を受けるために必要です。

② 医療費控除を受けるためには、この登録証明書兼領収書を確定申告書に添付するか、確定申告の際に提示することが必要です。

資　料　編　　　　　　　　237

《著者注》

　上記②については，「医療費控除の明細書」に一定の事項を記載することにより，確定申告書へ添付等する必要はありません。詳細については122ページ（著者注）2をご覧ください。

　なお，公益社団法人日本骨髄バンクに支払う骨髄移植のあっせんに係る患者負担金等に関するご質問については，問17（25ページ）等に記載しておりますので，ご参照ください。

資料14 臓器移植のあっせんに係る公益社団法人日本臓器移植ネットワークに支払われる患者負担金の医療費控除の取扱いについて（法令解釈通達）

課個2―31

平成15年12月26日

国 税 局 長　殿
沖縄国税事務所長

国 税 庁 長 官

　　臓器移植のあっせんに係る社団法人日本臓器移植ネットワー
　　クに支払われる患者負担金の医療費控除の取扱いについて
　　（法令解釈通達）

　標題のことについて，厚生労働省健康局長から別紙2のとおり照会があり，これに対して当庁課税部長名をもって別紙1のとおり回答したから了知されたい。

別紙1

課個2―30

平成15年12月26日

厚 生 労 働 省
健 康 局 長 殿

国 税 庁 課 税 部 長

　　臓器移植のあっせんに係る社団法人日本臓器移植ネットワー
　　クに支払われる患者負担金の医療費控除の取扱いについて
　　（平成15年12月19日付健発第1219007号照会に対する回答）

　標題のことについては，貴見のとおりで差し支えありません。

<u>資 料 編</u>　　　　　　　　　　　　　　　　　　　239

別紙2

健発第1219007号
平成15年12月19日

国税庁課税部長　殿

厚生労働省健康局長

臓器移植のあっせんに係る社団法人日本臓器移植ネットワークに支払われる患者負担金の医療費控除の取扱いについて

　臓器の機能に重い障害がある者に対し臓器の機能の回復又は付与を目的として行われる臓器の移植術は有効な治療法となっている。臓器のあっせんについては，社団法人日本臓器移植ネットワーク（以下「ネットワーク」という。）が一元的に行うこととされており，移植術を受けるにはネットワークの関与が必要不可欠なものである。

　臓器移植のあっせんに係るネットワークに支払われる患者負担金（以下「患者負担金」という。）については，臓器の移植に関する法律第11条の規定に基づき，一元的にあっせんを行うネットワークが，あっせんについて通常必要な費用を徴収することが認められている。また，患者負担金を徴収する場合にはその額を記載した申請書を厚生労働大臣に提出し，当該費用を変更しようとするときは厚生労働大臣に届け出ることとしている。

　さらに，「臓器のあっせん業の許可等について」（平成9年10月13日健医発第1353号厚生省保健医療局長通知（別紙1））の改正により，①医師が治療上必要と認めた患者についてネットワークに登録を行うこと，②患者負担金の内容を明らかにすること，③患者負担金の額について厚生労働省が是正の必要性が認められる場合に必要な指導を行うこととしたところであり，患者負担金の位置付けをより明確にしたところである。

　また，医師が患者の治療上，ネットワークへ登録しあっせんを受けることが必要と判断し，患者登録を行った患者がネットワークに対して支払った患者負担金については，別紙2に掲げる書類によりその旨の証明ができるよう措置することとしている。

　したがって，患者負担金については，臓器の機能に重い障害がある者の治療

の現状を踏まえつつ，上記に掲げる環境整備を図ることにより，医師による診療又は治療の対価，医療又はこれに関連する人的役務の提供の対価のうち通常必要であると認められるものとして医療費控除の対象となるものと解されるが，貴庁の見解を承りたく照会する。

なお，別紙2の書類の作成・交付は，平成15年分の所得税の確定申告から措置することが可能であることから，上記の取扱いは，平成15年分の所得税の確定申告から適用できると考えている。

（別紙1）

健 医 発 第 1353 号

平成9年10月13日

（H12. 3. 24一部改正）

（H13. 10. 26一部改正）

（H15. 12. 19一部改正）

各都道府県知事　殿

厚生省保健医療局長

臓器のあっせん業の許可等について

臓器の移植に関する法律（平成9年法律第104号。以下「法」という。）及び同法施行規則（平成9年厚生省令第78号。以下「施行規則」という。）の施行については，10月8日付け厚生発健医第296号厚生事務次官通知「臓器の移植に関する法律の施行について（依命通知）」及び健医発第1328号当職通知「臓器の移植に関する法律施行規則等の施行について」により通知したところであるが，法第12条に規定する業として移植術に使用されるための臓器を提供すること又はその提供を受けることのあっせん（以下「臓器のあっせん業」という。）の許可に関する事項等については，下記のとおり取り扱うこととしているので，御了知されるとともに，貴管下の医療機関等関係者に対する周知方につきよろしく御配意願いたい。

なお，厚生省昭和55年3月18日付け医発第275号厚生省医務局長通知「眼球提供あっせん業及び腎臓提供あっせん業の許可について」は，本通知の施行に伴い廃止する。

資　料　編　　　　　　　　　　　　　241

記

第1　臓器のあっせん業の範囲等について

　1　臓器のあっせん業を行う場合には，法第12条第1項の規定により，厚生
　　大臣の許可を受けなければならないものであるが，この臓器のあっせん業
　　とは，移植術の実施のために必要な臓器が，臓器提供施設から移植実施施
　　設に平穏かつ迅速にもたらされるように，臓器提供施設と移植実施施設の
　　間にあって，必要な媒介的活動を反復継続して行うことをいうものである
　　こと。

　2　臓器のあっせんの具体的内容としては，①臓器の提供者の募集及び登録，
　　②移植を希望する者の募集及び登録，③臓器の提供者，臓器提供施設，移
　　植実施施設等との間の連絡調整活動などがあり，これらの全部又は一部を
　　業として行う場合が臓器のあっせん業に該当すること。

　　　ただし，医療機関が当該医療機関の患者の治療のために臓器を摘出し，
　　又は使用することは，当該医療機関の診療業務の一部であって，臓器のあ
　　っせん業には該当しないこと。

第2　許可の手続について

　1　臓器のあっせん業の許可は，臓器の別ごとに行われるものであること。
　　したがって，ある臓器のあっせん業の許可を受けた者が，別の臓器のあっ
　　せんを行おうとするときは，新たな許可が必要であること。

　2　臓器のあっせん業の許可申請書は，厚生大臣に提出するものであること。

　3　施行規則第12条に規定されているとおり，臓器のあっせん業の許可を受
　　けた者が臓器のあっせんを行う事務所の所在地又は臓器のあっせん手数料
　　を変更したときは，速やかに，臓器のあっせんを行う具体的手段又は申請の
　　翌事業年度までの事業計画及び収支予算を変更しようとするときは，変更
　　しようとする日の15日前までに，厚生大臣に届け出なければならないこと。

　4　臓器あっせん機関は，交通，通信，移植術に使用されるための臓器の摘
　　出，保存若しくは移送又は移植術等に要する費用であって，移植術に使用
　　されるための臓器のあっせんをすることに関して通常必要であると認めら
　　れるものにつき，移植実施施設又は登録患者への費用負担を求めることが

242

第　1　部

できるものとすること。

　　厚生労働省においては，対象とされている経費の内容及びあっせん手数
料等の額について確認した上で，是正の必要性が認められる場合には必要
な指導を行うものとすること。

　5　移植を希望する者の臓器のあっせん機関への登録については，医療機関
が医学的な観点から臓器移植の適応があると判断した患者についてのみ行
うものとすること。

第3　眼球に係る臓器のあっせん業の許可について

　　今後において，眼球に係る臓器のあっせん業についての許可の申請があっ
た場合には，法に基づく許可が行われることとなるが，この許可に当たって
の審査基準については，当分の間，別添のとおり取り扱うこととしていること。

第4　角膜及び腎臓の移植に関する法律第8条の規定による眼球又は腎臓の提
供のあっせん業の許可について

　　法の施行の際現に法附則第3条の規定による廃止前の角膜及び腎臓の移植
に関する法律第8条の規定により業として行う眼球又は腎臓の提供にあっせ
んの許可を受けている者は，法第12条第1項の規定により当該臓器について
業として行う臓器のあっせんの許可を受けた者とみなされること。

第5　臓器売買等の禁止等

　1　法第11条において，臓器を経済取引の対象とすることは，人々の感情に
著しく反すること，移植機会の公平性を損なうこと，さらに善意・任意の
臓器提供という臓器移植の基本的な考え方にも支障を来すことから，生体
臓器も含め，臓器売買，臓器の有償あっせんを，その約束，要求，申込み
も含めて禁止することとされていること。

　　特に，臓器のあっせん業との関係では，法第11条第3項において，何人
も，移植術に使用されるための臓器を提供すること若しくはその提供を受
けることのあっせんをすることの対価としての財産上の利益の供与を受け，
又はその要求若しくは約束をしてはならないこととされていること。

　　法第11条の臓器売買等の禁止の規定に違反した者は，5年以下の懲役若
しくは500万円以下の罰金に処し，又はこれを併科する旨の規定が定めら
れていること。（法第20条第1項）

資　料　編　　　243

　また，これらの罪は，刑法（明治40年法律第45号）第3条の例に従うこととされており，日本国外においてこれらの罪を犯した日本国民についても処罰できることとされていること。（法第20条第2項）

2　法第12条第1項の許可を受けないで，業として行う臓器のあっせんをした者は，1年以下の懲役若しくは100万円以下の罰金に処し，又はこれを併科する旨の規定が定められていること。（法第22条）

別添

眼球に係る臓器のあっせん業の許可についての審査基準

1　開設主体
　次に掲げる者のうちいずれかの者とする。
(1)　眼球（角膜等）の摘出，保存及び移植を行う病院又は診療所を開設する者であって当該病院又は診療所の事業として眼球の提供のあっせんを行うもの。
(2)　眼球の提供のあっせんを行うことを事業内容とする営利を目的としない法人であって，当該法人の役員に眼球（角膜等）の移植を行う医師又は(1)に掲げる病院若しくは診療所を開設する者を含むもの。
(3)　別に定める病院又は診療所の一に対して眼球の提供のあっせんを行うために設立された法人であって，営利を目的としないもの。

2　財政及び会計
(1)　基本財産からの果実，会費，寄附金等の確実な収入により業務の永続が可能であること。
(2)　眼球の提供のあっせんに関する会計は，他の会計と明確に区分し，他の会計への繰り出しを行わないこと。

3　業務
(1)　名目の如何を問わず，眼球について対価を支払わないこと。
(2)　あっせん料金は，原則として無料とすること。ただし，通信，摘出，保存及び移送に要する実費又はそれ以下を徴収することは差し支えないこと。
(3)　あっせん業務の遂行に必要な人員及び設備を有すること。

244

第 1 部

腎臓移植希望登録手続き 完了のお知らせ

〒000-0000
(登録者住所)

(登録者氏名) 様

臓器移植希望登録証をお送りします。
ご自身で保管をしてください。

ミシン目に沿って切り離してください

<臓器移植希望登録内容>
ID番号 :
氏 名 :
登録臓器 : 腎臓
移植希望登録病院 :

登録日 : 平成28年01月01日

この登録証は移植希望登録を取り下げた場合は無効となります。

〒108-0022 東京都港区海岸3-26-1 パーク芝浦12階
公益社団法人 日本臓器移植ネットワーク

登録を完了された方へ

腎臓移植希望登録が完了しましたので、「臓器移植希望登録証」を発行いたします。
この登録証は、当ネットワークに臓器移植希望登録されていることを証明するもので、身分証明書や、正式医療などの証明にはなりません。
また、新規臓器移植希望登録料をご負担いただいた方には「臓器移植患者登録証明書 兼 患者負担金領収書」を右に発行しております。
システム上、登録時の1枚のみ発行可能となっており再発行はできません。万が一紛失されても、移植時に問題になることはございません。
ご不明な点がございましたら、移植希望者情報管理グループまでお問い合わせください。03-5446-8807(平日9時〜17時半)
なお、お受け取りのご連絡は不要です。

※ 複数臓器の同時登録は1枚ずつ別のカードになり同時の表記はありません。

※ 一度お振込になった新規登録料はご返金できません。免除の申請は事前申請となっております。

ミシン目に沿って折り曲げ、ゆっくりと剥がしてください

臓器移植患者登録証明書 兼 患者負担金領収書

<登録患者>
氏 名 :
住 所 :

傷病名 :

<医療機関名>
病院名 :
氏 名 :
住 所 :

上記の者は、頭部の傷病の治療のため、医師を通じて公益社団法人日本臓器移植ネットワークに患者登録をしたものであることを証明します。
また、公益社団法人日本臓器移植ネットワークを行う、臓器移植を成立させるための業務に係る経費につき、当社団に登録されている患者に係る患者負担金として、下記を領収いたしました。

金額 30,000円

平成28年01月01日

〒108-0022
東京都港区海岸3-26-1 パーク芝浦12階
公益社団法人 日本臓器移植ネット

※この登録証明書兼領収書は、臓器移植患者負担金について医療費控除を受けるために必要です。
※医療費控除を受けるためには、この登録証明書兼領収書を確定申告書に添付するか、確定申告の際に提示することが必要です。

郵便はがき

料金後納
郵便

〒000-0000
(登録者住所)

(登録者氏名) 様

親展

登録更新完了のご案内

公益社団法人 日本臓器移植ネットワーク
〒108-0022 東京都港区海岸3-26-1 パーク芝浦12階
TEL:03-5446-8807
(TEL受付:平日9:00〜17:30)

JOT

更新完了通知

(登録者氏名) 様

あなたの、平成28年度腎臓移植希望の手続きが完了しましたのでお知らせします。

登録番号(ID)	
登 録 日	平成25年01月01日
	移植希望病院

公益社団法人 日本臓器移植ネットワーク
〒108-0022 東京都港区海岸3-26-1 パーク芝浦12階
TEL:03-5446-8807
(TEL受付:平日9:00〜17:30)

※毎年3月末に更新、(更新料5,000円)を行っていただきます。
登録日から1年を超えた1月末が更新の時期となります。
更新の時期になりましたら、こちらからご案内します。
更新の時期になりましたら、移植希望者一人当たり10万円のコーディネート経費をご負担いただきます。

臓器移植患者登録証明書 兼 患者負担金領収書

<登録患者>
氏 名 :
住 所 :

傷病名 :

<医療機関名>
病院名 :
氏 名 :
住 所 :

上記の者は、頭部の傷病の治療のため、医師を通じて公益社団法人日本臓器移植ネットワークに患者登録をしたものであることを証明します。
また、公益社団法人日本臓器移植ネットワークを行う、臓器移植を成立させるための業務に係る経費につき、当社団に登録されている患者に係る患者負担金として、下記を領収いたしました。

金額 5,000円

平成28年04月01日

〒108-0022
東京都港区海岸3-26-1 パーク芝浦12階
公益社団法人 日本臓器移植ネット

※この登録証明書兼領収書は、臓器移植患者負担金について医療費控除を受けるために必要です。
※医療費控除を受けるためには、この登録証明書兼領収書を確定申告書に添付するか、確定申告の際に提示することが必要です。

資　料　編

（別紙２）

臓器移植患者登録証明書兼患者負担金領収書		
登 録 患 者 名	住　所	〒〇〇〇-〇〇〇〇 〇県〇市〇〇町・・・
	氏　名	〇〇　〇〇　様
傷　病　名		〇〇病
医 療 機 関 名		（病院）〇〇病院 （氏名）〇〇医師 （住所）〒〇〇〇-〇〇〇〇 　　　　〇県〇市〇〇町・・・

　上記の者は、頭書の傷病の治療のため、医師を通じて公益社団法人日本臓器移植ネットワークに患者登録をした者であることを証明します。

　また、公益社団法人日本臓器移植ネットワークが行う、臓器移植を成立させるための業務に係る経費につき、当社団に登録されている患者に係る患者負担金として、下記を領収いたしました

（金額）１００，０００円

平成〇〇年〇月〇日

公益社団法人 日本臓器移植ネットワーク
　理 事 長　　　〇〇　〇〇
〒108-0022　東京都港区海岸3-26-1　パーク芝浦12階

印

①　この登録証明書兼領収書は、臓器移植患者負担金について医療費控除を受けるために
　　必要です。
②　医療費控除を受けるためには、この登録証明書兼領収書を確定申告書に添付するか、
　　確定申告の際に提示することが必要です。

《著者注》

　上記②については，「医療費控除の明細書」に一定の事項を記載することにより，確定申告書へ添付等する必要はありません。詳細については122ページ（著者注）2をご覧ください。

　なお，公益社団法人日本臓器移植ネットワークに支払う臓器移植のあっせんに係る患者負担金に関するご質問については，問19（26ページ）に記載しておりますので，ご参照ください。

資料編　　　　　　　　　　　　　　　　　　　　　247

資料15　入院時生活医療費に係る生活療養標準負担額に対する医療費の取扱いについて

事　務　連　絡
平成１８年１２月２６日

地方社会保険事務局長　殿

厚生労働省保険局保険課
厚生労働省保険局医療課

入院時生活療養費に係る生活療養標準負担額に対する医療費控除
の取扱いについて

　健康保険制度の円滑な実施について、平素より格段の御協力、御尽力を賜り
厚く御礼申し上げます。
　本年６月２１日に公布された「健康保険法等の一部を改正する法律」（平成
１８年法律第８３号）においては、介護保険適用の療養病床に入所している者
との食費及び居住費に係る負担の均衡を図るため、入院時生活療養費が保険給
付として新たに創設されました。この入院時生活療養費に係る生活療養標準負
担額については、入院時食事療養費と同様に入院療養を受けるために必要なも
のであり、診療等を受けるため直接必要な費用であることから、法令及び所得
税基本通達７３－３に定める医療費控除の対象として取り扱うこととされたと
ころであります。
　なお、医療費控除額の具体的な算定対象は、「「医療費の内容の分かる領収
書の交付について」等の一部改正について」（平成１８年９月２９日保発第
0929004 号）において示された別紙様式１及び２の「保険（食事・生活）」欄
における負担額となります。
　貴職におかれましては上記の取扱いについて御了知いただき、医療機関に対
し、周知方よろしくお願いいたします。

248 第 1 部

(参考1)

保発第0929004号
平成18年9月29日

都 道 府 県 知 事
　　　　　　　　　　　殿
地方社会保険事務局長

厚 生 労 働 省 保 険 局 長

「医療費の内容の分かる領収証の交付について」等の一部改正について

　今般、健康保険法等の一部を改正する法律（平成18年法律第83号）及び障害者自立支援法（平成17年法律第123号）の施行に伴い、「健康保険法施行規則等の一部を改正する省令」（平成18年厚生労働省令第157号）、「障害者自立支援法の一部の施行に伴う厚生労働省関係省令の整備等に関する省令」（平成18年厚生労働省令第169号）等が公布され、平成18年10月1日より施行又は適用されることなどから、「医療費の内容の分かる領収証の交付について」（平成18年3月6日保発第0306005号）、「訪問看護療養費に係る指定訪問看護の費用の額の算定に関する基準の施行について」（平成18年3月6日保発第0306006号）、「指定訪問看護等の事業を行う事業所に係る健康保険法第44条ノ4第1項の規定に基づく指定等の取扱いについて」（平成12年3月31日保発第72号・老発第400号）、「保険者番号等の設定について」（昭和51年8月7日保発第45号・庁保発第34号）及び「保険医療機関等及び保険医等の指導及び監査について」（平成7年12月22日保発第117号）の一部を別紙1から別紙5のとおり改正し、同日より適用することとしたので、その取扱いに遺漏のないよう関係者に対し周知徹底を図られたい。なお、「特定承認保険医療機関の取扱いについて」（平成17年8月31日保発第0831001号）は、平成18年9月30日限り廃止する。

資　料　編　　　　　　　　249

（別紙1）

「医療費の内容の分かる領収証の交付について」の一部改正について

（別紙様式1）から（別紙様式4）までを別添のように改める。

第 1 部

(別紙様式1)

(医科診療報酬の例)

領 収 証

患者番号		氏 名		様

受診科	入・外	領収書No.	発行日 平成 年 月 日

請求期間 (入院の場合) 平成 年 月 日～平成 年 月 日	区 分
負担割合	本・家	区 分

費用区分

初・再診料	入院料等	医学管理等	在宅医療	検 査	画像診断	投 薬
点	点	点	点	点	点	点
注 射	リハビリテーション	精神科専門療法	処 置	手 術	麻 酔	放射線治療
点	点	点	点	点	点	点

保 険	食事療養	円	保 険	保 険 (食事・生活)	保険外負担
	生活療養	円	合 計	円	円	円
			負担額	円	円	円
			領収額合計	円	円	円

保険外併用療養費	(内訳)
保険外負担	その他 (内訳)

領収印

東京都○○○区○○ ○-○-○ ○ ○ ○ ○
○○○病院

資料編　　　　　　　　　　251

（別紙様式2）

（歯科診療報酬の例）

領収証

患者番号		
	氏名　　　　　　　様	

受診科	入・外	領収書No.	発行日　平成　年　月　日	請求期間（入院の場合）平成　年　月　日～平成　年　月　日	負担割合　本・家	区分

	初・再診料	入院料等	医学管理等	在宅医療	検　査	画像診断	投　薬
	点	点	点	点	点	点	点
保険	注　射	リハビリテーション	処　置	手　術	麻　酔	放射線治療	歯冠修復及び欠損補綴
	点	点	点	点	点	点	点
	歯科矯正		食事療養	生活療養			
	点		点	円			

保険外 負担	保険外併用療養費	その他
	（内訳）	（内訳）

	保険	保険（食事・生活）	保険外負担
合計	円	円	円
負担額	円	円	円
領収額合計			円

東京都○○区○○
　　○○○病院

（領収印）

(別紙様式３)

(調剤報酬の例)

領 収 証

患者番号	

氏　名	様

領収証No.	

発　行　日	平成　　年　　月　　日

費　用　区　分	負担割合	本・家

保　険	調剤技術料	薬学管理料	薬剤料	特定保険医療材料料
	点	点	点	点

保険外負担	保険外併用療養費	その他
	（内訳）	（内訳）

	保　険	保険外負担
合　計	円	円
負担額	円	
領収額合計	円	

東京都○○○区○○　○-○-○
○○○薬局

領収印

資料編

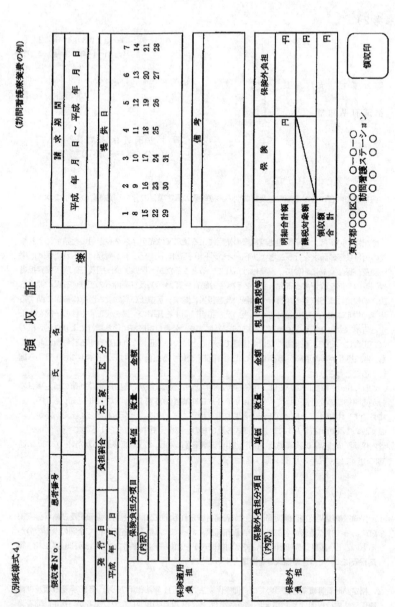

254   第　1　部

（参考2）

保　発　0304　第　2　号
令 和 4 年 3 月 4 日

地方厚生（支）局長　⎫
　　　　　　　　　　 ⎬　殿
都 道 府 県 知 事　　⎭

厚生労働省保険局長
（ 公 印 省 略 ）

医療費の内容の分かる領収証及び個別の診療報酬の算定項目の分かる明細書の交付について

　標記については、電子情報処理組織の使用による請求又は光ディスク等を用いた請求により療養の給付費等の請求を行うこと（以下「レセプト電子請求」という。）が義務付けられた保険医療機関及び保険薬局において、義務付けられているところだが、保険医療機関及び保険医療養担当規則等の一部を改正する省令（令和2年厚生労働省令第24号）及び高齢者の医療の確保に関する法律の規定による療養の給付等の取扱い及び担当に関する基準及び高齢者の医療の確保に関する法律の規定による療養の給付等の取扱い及び担当に関する基準の一部を改正する件の一部を改正する告示（令和2年厚生労働省告示第55号）により、公費負担医療に係る給付により自己負担のない患者について、明細書の交付が困難であることについて正当な理由を有する診療所においても、当該患者からの求めがある場合には、明細書を交付する義務が設けられ、本年4月1日から施行することとされた。

　これに併せ、標記については、「医療費の内容の分かる領収証及び個別の診療報酬の算定項目の分かる明細書の交付について」（令和2年3月5日保発0305第2号。以下「旧通知」という。）において、本年4月1日より下記のとおり取り扱うこととすることを示したところであるが、今般、改めて周知するとともに、別紙様式5及び6の一部を変更することとするので、御了知の上、管内保険医療機関、保険薬局及び指定訪問看護事業者に対し、周知徹底を図られたい。なお、旧通知については、同年3月31日限り廃止する。

記

1　保険医療機関及び保険薬局に交付が義務付けられる領収証は、医科診療報酬及び歯科診療報酬にあっては点数表の各部単位で、調剤報酬にあっては点数表の各節単位で金額の内訳の分かるものとし、医科診療報酬については別紙様式1を、歯科診療報酬については別紙様式2を、調剤報酬については別紙様式3を標準とすること。

2　指定訪問看護事業者については、健康保険法（大正11年法律第70号）第88条第9項及び健康保険法施行規則（大正15年内務省令第36号）第72条の規定により、患者から指定訪問看護に要した費用の支払を受ける際、個別の費用ごとに区分して記載した領収証を交付しなければ

資　料　編　　　255

ならないこととされているが、指定訪問看護事業者にあっても、保険医療機関及び保険薬局と
同様に、正当な理由がない限り無償で交付しなければならないものであるとともに、交付が義
務付けられている領収証は、指定訪問看護の費用額算定表における訪問看護基本療養費、訪問
看護管理療養費、訪問看護情報提供療養費及び訪問看護ターミナルケア療養費の別に金額の内
訳の分かるものとし、別紙様式4を標準とするものであること。

3　レセプト電子請求が義務付けられた保険医療機関（正当な理由を有する診療所を除く。）及び
保険薬局については、領収証を交付するに当たっては、明細書を無償で交付しなければならな
いこと。その際、病名告知や患者のプライバシーにも配慮するため、明細書を発行する旨を院内
掲示等により明示するとともに、会計窓口に「明細書には薬剤の名称や行った検査の名称が記
載されます。ご家族の方が代理で会計を行う場合のその代理の方への交付も含めて、明細書の
交付を希望しない場合は事前に申し出て下さい。」と掲示すること等を通じて、その意向を的確
に確認できるようにすること。院内掲示は別紙様式7を参考とすること。

4　3の「正当な理由」に該当する診療所については、患者から明細書の発行を求められた場合に
は明細書を交付しなければならないものであり、「正当な理由」に該当する旨及び希望する患者
には明細書を発行する旨（明細書発行の手続き、費用徴収の有無、費用徴収を行う場合の金額、
当該金額が 1,000 円を超える場合には料金設定の根拠及びレセプトコンピュータ若しくは自動
入金機の改修時期を含む。）を院内掲示等で明示するとともに、別紙届出様式により、地方厚生
（支）局長に届出を行うこと。院内掲示等の例は別紙様式8を参考とすること。なお、「正当な
理由」に該当する診療所とは、以下に該当する場合であること。
　（1）明細書発行機能が付与されていないレセプトコンピュータを使用している場合
　（2）自動入金機を使用しており、自動入金機で明細書発行を行おうとした場合には、自動入
　　　金機の改修が必要な場合

5　レセプト電子請求が義務付けられた保険医療機関及び保険薬局は、公費負担医療の対象であ
る患者等、一部負担金等の支払いがない患者（当該患者の療養に要する費用の負担の全額が公
費により行われるものを除く。）についても、明細書を無償で発行しなければならないこと。た
だし、明細書を常に交付することが困難であることについて正当な理由がある診療所について
は患者から求められたときに交付することで足りるものとする。なお、院内掲示等については、
3と同様に取り扱うこと。

6　5の「正当な理由」に該当する診療所については、「正当な理由」に該当する旨並びに明細書
を発行する場合には費用徴収の有無、費用徴収を行う場合の金額、当該金額が 1,000 円を超え
る場合には料金設定の根拠及びレセプトコンピュータ又は自動入金機の改修時期を院内掲示等
で明示するとともに、別紙届出様式により、地方厚生（支）局長に届出を行うこと。ただし、4
により届出を行っている診療所については、別途届出を行うことは要しないこと。院内掲示等
の例は別紙様式8を参考とすること。なお、「正当な理由」に該当する診療所とは、以下に該当
する場合であること。
　（1）　一部負担金等の支払いがない患者に対応した明細書発行機能が付与されていないレセ
　　　プトコンピュータを使用している場合

（2）　自動入金機を使用しており、自動入金機で明細書発行を行おうとした場合には、自動入金機の改修が必要な場合

7　明細書については、療養の給付に係る一部負担金等の費用の算定の基礎となった項目（5の場合にあっては、療養に要する費用の請求に係る計算の基礎となった項目）ごとに明細が記載されているものとし、具体的には、個別の診療報酬点数又は調剤報酬点数の算定項目（投薬等に係る薬剤又は保険医療材料の名称を含む。以下同じ。）が分かるものであること。なお、明細書の様式は別紙様式5を標準とするものであるが、このほか、診療報酬明細書又は調剤報酬明細書の様式を活用し、明細書としての発行年月日等の必要な情報を付した上で発行した場合にも、明細書が発行されたものとして取り扱うものとすること。

　さらに、明細書の発行が義務付けられた保険医療機関及び保険薬局において、無償で発行する領収証に個別の診療報酬点数の算定項目が分かる明細が記載されている場合には、明細書が発行されたものとして取り扱うこととし、当該保険医療機関及び保険薬局において患者から明細書発行の求めがあった場合にも、別に明細書を発行する必要はないこと。

8　レセプト電子請求が義務付けられていない保険医療機関及び保険薬局については、医療の透明化や患者への情報提供を積極的に推進していく必要がある一方で、明細書を即時に発行する基盤が整っていないと考えられることから、当該保険医療機関及び保険薬局の明細書発行に関する状況（明細書発行の有無、明細書発行の手続き、費用徴収の有無、費用徴収を行う場合の金額を含む。）を院内又は薬局内に掲示すること。院内掲示等の例は別紙様式9を参考とすること。

9　患者から診断群分類点数に関し明細書の発行を求められた場合は、入院中に使用された医薬品、行われた検査について、その名称を付記することを原則とし、その明細書の様式は別紙様式6を参考とするものであること。

10　指定訪問看護事業者においても、患者から求められたときは、明細書の発行に努めること。

11　明細書の発行の際の費用について、仮に費用を徴収する場合にあっても、実費相当とするなど、社会的に妥当適切な範囲とすることが適当であり、実質的に明細書の入手の妨げとなるような高額の料金を設定してはならないものであること。特に、現在の状況等を踏まえれば、例えば、1,000円を超えるような額は、実費相当としてふさわしくないものであること。

12　明細書の記載内容が毎回同一であるとの理由により、明細書の発行を希望しない患者に対しても、診療内容が変更された場合等、明細書の記載内容が変更される場合には、その旨を患者に情報提供するよう努めること。

13　「正当な理由」に該当する診療所において着実に明細書の無償発行体制を整備するため、当該診療所は、4及び6の届出の記載事項について、毎年7月1日現在の状況の報告を行うこと。

資　料　編　　　　　　　　　　　　　　257

（別紙届出様式）

明細書発行について「正当な理由」に該当する旨の届出書（新規・報告）

　　年　月　日

保険医療機関の所在地
及び名称

　　　　　殿　　　　　　　開　設　者　名　　　　　　　　印

1. 以下の「正当な理由」に該当（いずれかの番号に〇）

1	明細書発行機能が付与されていないレセプトコンピュータを使用しているため。（自己負担がある患者に係る場合を含む。）。
2	自動入金機を使用しており、自動入金機での明細書発行を行うには、自動入金機の改修が必要であるため（自己負担がある患者に係る場合を含む。）。
3	明細書発行機能が付与されていないレセプトコンピュータを使用しているため（自己負担のない患者に係る場合に限る。）。
4	自動入金機を使用しており、自動入金機での明細書発行を行うには、自動入金機の改修が必要であるため（自己負担のない患者に係る場合に限る。）。

2. レセプトコンピュータ又は自動入金機の改修時期について

改修予定年月を(1)に記載し、（　）内のいずれかに〇を記載すること。未定の場合は(2)に記載すること。

(1)　　　年　月　（レセプトコンピュータ・自動入金機）

(2)　　　年第　　四半期目途

3. 明細書発行についての状況

1	希望する患者への明細書発行の手続き　（〇を記載）
	(1) 発行場所　　　① 会計窓口　② 別の窓口　③ その他（　　　　　　　　　）
	(2) 発行のタイミング　① 即時発行　② その他（　　　　　　　　　　）
2	費用徴収の有無　　　　　　　　　　　　　有・無
3	費用徴収を行っている場合その金額　　　　　　　　円
4	当該金額が1,000円を超える場合料金設定の根拠　（※実費相当であることが分かるよう、具体的な根拠を明記すること。）

4. 「正当な理由」に該当しなくなったため、届出を取り下げます。

注1）　本届出書は、レセプト電子請求が義務付けられているが、上記1の「正当な理由」に該当するため、明細書を全患者（自己負担のない患者を含む。）に無料で発行していない診療所が提出するものであること。

注2）　正当な理由の1には、明細書発行機能が付与されているが、明細書発行に対応したソフトの購入が必要なレセプトコンピュータを使用している診療所であって、当該ソフトを購入していない場合を含むものである。

注3）　自己負担のない患者に明細書を無料で発行しないことについて届出を行う場合は、3の1の記載は要しないものであること。

注4）　本届出書を提出した後、領収証の交付等に当たって明細書を無料で交付することとした診療所は、取下げの届出を行うこと。

(別紙様式1)

(医科診療報酬の例)

領 収 証

患者番号		
受診科　入・外	氏名	様
領収書No.		
発行日　年　月　日		

請求期間（入院の場合）　年　月　日　～　年　月　日
負担割合　本・家
区分

費用区分						
初・再診料　点	入院料等　点	医学管理等　点	在宅医療　点	検査　点	画像診断　点	投薬　点
注射　点	リハビリテーション　点	精神科専門療法　点	処置　点	手術　点	麻酔　点	放射線治療　点
病理診断　点	診断群分類（DPC）　点	食事療養　円	生活療養　円			

保険

評価療養・選定療養	その他
（内訳）	（内訳）

保険外負担

	保険	保険（食事・生活）	保険外負担
合計	円	円	円
負担額	円	円	円
領収額合計			円

東京都○○区○○　○-○-○　○○　○○
○○○○病院

領収印

※厚生労働省が定める診療報酬や薬価等には、医療機関等が仕入れ時に負担する消費税が反映されています。

資料編　　　259

（別紙様式2）

（歯科診療報酬の例）

領　収　証

患者番号		氏　名			様

受診科	入・外	領収書No.	発行日 年 月 日	請求期間（入院の場合） 年 月 日 ～ 年 月 日

	負担割合 本・家	区分

費用区分				
保険	初・再診料	入院料等	医学管理等	在宅医療	検査	画像診断	投薬
	点	点	点	点	点	点	点
	注射	リハビリテーション	処置	手術	麻酔	放射線治療
	点	点	点	点	点	点
	歯冠修復及び欠損補綴				
	点				
	歯科矯正	病理診断	食事療養	生活療養
	点	点	円	円

保険外負担	評価療養・選定療養 （内訳）	その他 （内訳）

	保険	保険（食事・生活）	保険外負担
合計	円	円	円
負担額	円	円	円
領収額合計	円	円	円

領収印

東京都○○○区○○　○-○-○
○○○○病院

※厚生労働省が定める診療報酬や薬価等には、医療機関等が仕入れ時に負担する消費税が反映されています。

（別紙様式3）　　　　　　　　　　　　　　　　　　　　　　　　　（調剤報酬の例）

領　収　証

患者番号	

領収証No.	

氏　名		様

発行日	年　月　日

費用区分	負担割合	本・家

保険	調剤技術料	薬学管理料	薬剤料	特定保険医療材料料	その他
	点	点	点	点	

保険外負担	評価療養・選定療養	その他
	（内訳）	（内訳）

	保険	保険外負担
合計	円	円
負担額	円	円
領収額合計		円

領収印

東京都○○○区○○　○-○-○　○○　○○
○○○薬局

※厚生労働省が定める診療報酬や薬価等には、医療機関等が仕入れ時に負担する消費税が反映されています。

（別紙様式４）

資料編　261

（訪問看護療養費の例）

領収証

領収書Ｎｏ．		患者番号	

氏名	様

発行日	年　月　日
負担割合	本・家	区分

請求期間　年　月　日～年　月　日

提供日

1	2	3	4	5	6	7
8	9	10	11	12	13	14
15	16	17	18	19	20	21
22	23	24	25	26	27	28
29	30	31				

備考

保険負担分項目	単価	数量	金額

（内訳）保険適用負担

保険外負担分項目	単価	数量	金額	税 消費税等

（内訳）保険外負担

	保険	保険外負担
明細合計額	円	円
課税対象額		円
領収額 合計		円

※厚生労働省が定める診療報酬や薬価等には、医療機関等が仕入れ時に負担する消費税が反映されています。

東京都○○区○○　○-○-○
○○訪問看護ステーション

領収印

262　　　　　　　　第　1　部

（別紙様式5）

診療明細書

患者番号	入院／入院外	保険 氏名		受診日	
受診科					

部	項　目　名	点　数	回　数

※厚生労働省が定める診療報酬や薬価等には、医療機関等が仕入れ時に負担する消費税が反映されています。

東京都○○区○○　○-○-○
○○○病院　　　○○　○○

資 料 編　　　263

診療明細書（記載例）

患者番号	入院	保険 氏名	○○ ○○	様	受診日	YYYY/MM/DD〜
受診科						YYYY/MM/DD

部	項　目　名	点　数	回　数
医学管理	＊薬剤管理指導料2（1の患者以外の患者）	○○○	○
注射	＊点滴注射 　A注0．1％　0．1％100mL1瓶 　生理食塩液500mL　1瓶	○○○	○
	＊点滴注射料	○○	○
	＊無菌製剤処理料2	○○	○
処置	＊救命のための気管内挿管	○○○	○
	＊カウンターショック（その他）	○○○○	○
	＊人工呼吸（5時間超）　360分	○○○	○
	＊非開胸的心マッサージ　60分	○○○	○
検査	＊微生物学的検査判断料	○○○	○
	＊検体検査管理加算（2）	○○○	○
	＊HCV核酸定量	○○○	○
リハビリ	＊心大血管疾患リハビリテーション料（1） 　早期リハビリテーション加算 　初期加算	○○○	○○
入院料	＊急性期一般入院料7	○○○○	○
	＊医師事務作業補助体制加算1（50対1）	○○○	○
	＊救命救急入院料1（3日以内）	○○○	○
	＊救命救急入院料1（4日以上7日以内）	○○○○	○

※厚生労働省が定める診療報酬や薬価等には、医療機関等が仕入れ時に負担する消費税が反映されています。

東京都○○区○○　○-○-○
○○○病院　　　○○　○○

診療明細書（記載例）

		入院外	保険				
患者番号			氏名	○○ ○○ 様	受診日	YYYY/MM/DD～	
受診科						YYYY/MM/DD	

部	項 目 名	点 数	回 数
基本料	＊外来診療料	○○	○
在宅	＊在宅自己注射指導管理料（月28回以上）	○○○	○
	＊血糖自己測定器加算（月120回以上）（1型糖尿病の患者に限る）	○○○○	○
処方	＊処方箋料（その他）	○○	○
検査	＊生化学的検査（1）判断料	○○○	○
	＊血液学的検査判断料	○○○	○
	＊B－V	○○	○
	＊検体検査管理加算（1）	○○	○
	＊血中微生物	○○	○
	＊生化学的検査（1）（10項目以上）	○○○	○
	ALP		
	LAP		
	γ－GTP		
	CK		
	ChE		
	Amy		
	TP		
	Alb		
	BIL／総		
	BIL／直		
画像診断	＊胸部 単純撮影（デジタル撮影）画像記録用フィルム（半切） 1枚	○○○	○

※厚生労働省が定める診療報酬や薬価等には、医療機関等が仕入れ時に負担する消費税が反映されています。

東京都○○区○○　○－○－○
○○○病院　　　○○　○○

資 料 編 　　　　　　　　　　　　265

診療明細書（記載例）

患者番号	歯科　　　　保険　　氏名　○○ ○○　　様	受診日	YYYY/MM/DD

部	項　目　名	点　数	回　数
基本料	歯科初診料	○○○	1
医学管理	歯科疾患管理料	○○○	1
	薬剤情報提供料	○○	1
検査	歯周基本検査20歯〜	○○○	1
画像診断	歯科パノラマ断層撮影（デジタル）	○○○	1
	電子画像管理加算	○○	1
投薬	処方料	○○	1
	調剤料（内）	○	1
	○○錠　××mg　1日3回分×3日分	○○	1
処置	機械的歯面清掃処置	○○	1
手術	抜歯（臼歯）	○○○	1
歯冠修復	充形	○○○	1
・欠損補綴	充填（単）	○○	1
	充填用材料Ⅰ（複合レジン系・単）	○○	1

※厚生労働省が定める診療報酬や薬価等には、医療機関等が仕入れ時に負担する消費税が反映されています。

東京都○○区○○　○−○−○
○○○病院　　○○　○○

調剤明細書（記載例）

患者番号	調剤		保険 氏名	○○ ○○	様	調剤日	YYYY/MM/DD

区分	項　目　名	点　数	備考
調剤技術料	調剤基本料	○○	
	後発医薬品調剤体制加算1	○○	
	調剤料		
	内服薬（28日分）	○○	
	内服薬（14日分）	○○	
	屯服薬	○○	
薬学管理料	薬剤服用歴管理指導料	○○	
	特定薬剤管理指導加算1	○○	
薬剤料	A錠　1日2錠×28日分	○○	後発医薬品
	B錠　1日1錠×14日分	○○	
	C錠　1回1錠×5回分	○○	

※厚生労働省が定める診療報酬や薬価等には、医療機関等が仕入れ時に負担する消費税が反映されています。

東京都○○区○○　○-○-○
○○○薬局　　　○○　○○

資　料　編

（別紙様式6）

診療明細書

	入院		保険			
患者番号			氏名		受診日	
受診科						

区分	項目名	点数	回数

※厚生労働省が定める診療報酬や薬価等には、医療機関等が仕入れ時に負担する消費税が反映されています。

東京都○○区○○　○-○-○
○○○病院　　○○　○○

診療明細書(記載例)

	入院	保険		
患者番号		氏名 ○○ ○○ 様	受診日	YYYY/MM/DD〜 YYYY/MM/DD
受診科				

区分	項目名	点数	回数
診断群分類 (DPC)	*DPC 　5日間包括算定	○○○○○	○
医薬品	*フロモックス錠100mg 　ラックビー微粒N *点滴注射 　ラクテックG注500mL 　フルマリン静注用1g 　生食100mL *点滴注射 　フルマリン静注用1g 　生食100mL		
検査	*末梢血液一般検査 *CRP *血液採取(静脈) *血液学的検査判断料 *免疫学的検査判断料		

使用された医薬品、行われた検査の名称を記載する

※厚生労働省が定める診療報酬や薬価等には、医療機関等が仕入れ時に負担する消費税が反映されています。

東京都○○区○○ ○-○-○
　　○○○病院　　○○ ○○

資料編

（別紙様式7）

院内掲示例

〇年〇月

▲▲病院

「個別の診療報酬の算定項目の分かる明細書」の発行について

当院では、医療の透明化や患者への情報提供を積極的に推進していく観点から、〇年〇月〇日より、領収証の発行の際に、個別の診療報酬の算定項目の分かる明細書を無料で発行することと致しました。

また、公費負担医療の受給者で医療費の自己負担のない方についても、●年●月●日より、明細書を無料で発行することと致しました。

なお、明細書には、使用した薬剤の名称や行われた検査の名称が記載されるものですので、その点、御理解いただき、ご家族の方が代理で会計を行う場合のその代理の方への発行も含めて、明細書の発行を希望されない方は、会計窓口にてその旨お申し出下さい。

（別紙様式8）

院内掲示例（正当な理由に該当する場合）

〇年〇月

▲　▲　診療所

「個別の診療報酬の算定項目の分かる明細書」の発行について

　当院では、医療の透明化や患者への情報提供を積極的に推進していく観点から、希望される方には、個別の診療報酬の算定項目の分かる明細書を発行しております。
　明細書には、使用した薬剤の名称や行われた検査の名称が記載されるものですので、その点、御理解頂いた上で、発行を希望される方は〇番窓口までお申し出下さい。発行手数料は1枚〇円になります。

　なお、全ての患者さんへの明細書の発行、公費負担医療の受給者で医療費の自己負担のない患者さんへの明細書の発行については、自動入金機の改修が必要なため、現時点では行っておりませんので、その旨ご了承ください。

資　料　編　　　　　　　　271

（別紙様式9－1）

院内掲示例（電子請求を行っていないが明細書を発行している場合）

〇年〇月
▲　▲　病　院

「個別の診療報酬の算定項目の分かる明細書」の発行について

　当院では、医療の透明化や患者への情報提供を積極的に推進していく観点から、希望される方には、個別の診療報酬の算定項目の分かる明細書を発行しております。

　明細書には、使用した薬剤の名称や行われた検査の名称が記載されるものですので、その点、御理解頂いた上で、発行を希望される方は〇番窓口までお申し出下さい。発行手数料は1枚〇円になります。

（別紙様式9－2）

院内掲示例（明細書を発行していない場合）

〇年〇月

▲　▲　診療所

「個別の診療報酬の算定項目の分かる明細書」の発行について

　　当院では、個別の診療報酬の算定項目の分かる明細書を発行するシステムを備え
ていないため、明細書の発行はしておりません。

　　その点御理解いただき、診療にかかる費用については、初・再診料、投薬、注射
などの区分ごとに費用を記載した領収証を発行いたしますのでご確認下さい。

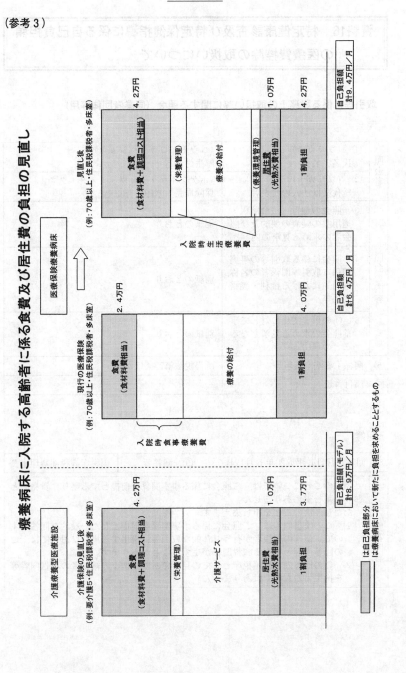

274 第 １ 部

資料16　特定健康診査及び特定保健指導に係る自己負担額の医療費控除の取扱いについて

取引等に係る税務上の取扱い等に関する照会（同業者団体等用）

照会

照会者	①　（フリガナ） 　　氏名・名称	（コウセイロウドウショウ） 厚生労働省
	②　（フリガナ） 　　総代又は法人の代表者	（ホケンキョクチョウ　ミズタ　クニオ） 保険局長　水田　邦雄
照会の内容	③　照会の趣旨（法令解釈・ 　　適用上の疑義の要約及び照 　　会者の求める見解の内容）	別紙のとおり
	④　照会に係る取引等の事実 　　関係（取引等関係者の名称, 　　取引等における権利・義務 　　関係等）	別紙のとおり
	⑤　④の事実関係に対して事 　　前照会の求める見解となる 　　ことの理由	別紙のとおり
⑥　関係する法令条項等		所得税法第73条ほか
⑦　添付書類		

回答

⑧　回答年月日	平成20年５月12日	⑨　回答者	国税庁課税部審理室長

⑩ 回答内容	標題のことについては，ご照会に係る事実関係を前提とする限り，貴見のとおりで差し支えありません。 　ただし，次のことを申し添えます。 (1)　この文書回答は，ご照会に係る事実関係を前提とした一般的な回答ですので，個々の納税者が行う具体的な取引等に適用する場合においては，この回答内容と異なる課税関係が生ずることがあります。 (2)　この回答内容は国税庁としての見解であり，個々の納税者の申告内容等を拘束するものではありません。

資　料　編　　　　275

健発 0730 第 2 号
保発 0730 第 14 号
平成 30 年 7 月 30 日

（別記）　殿

厚生労働省健康局長
厚生労働省保険局長
（公　印　省　略）

特定健康診査及び特定保健指導に係る自己負担額の
医療費控除の取扱いの一部変更について

　平成 20 年度の税制改正により、高齢者の医療の確保に関する法律（昭和 57 年法律第
80 号）の規定に基づく特定保健指導のうち一定の積極的支援に係る費用の自己負担分が、
医療費控除の対象範囲に含まれることとされています。
　この具体的な取扱いについては、別紙 1 の平成 20 年 5 月 19 日付け健発 0519004 号・保
発 0519001 号厚生労働省健康局長・保険局長連名通知「特定健康診査及び特定保健指導に
係る自己負担額の医療費控除の取扱いについて」（以下「平成 20 年通知」という。）によ
り整理していますが、今般、平成 30 年度からの第三期特定健康診査等実施計画期間におけ
る運用の見直し等を踏まえ、下記のとおり取扱いを一部変更しますので、管内の市町村
及び貴下会員等への周知とともに、実施に遺漏のないようお願いします。
　なお、本通知の内容については国税庁と協議済みであることを申し添えます。

記

1．医療費控除を受けられる者の具体的な要件について
　　平成 20 年通知の別添 1 の記 1 において、医療費控除を受けられる者は、「特定保健
　指導を受けた者のうち、日本高血圧学会（血圧測定）、日本動脈硬化学会（血中脂質
　検査）又は日本糖尿病学会（血糖検査）の診断基準を満たす者」とされており、この
　具体的な要件を平成 20 年通知の別添 3 で示している。
　　これに関して、第三期からの特定健診の運用の見直しにより、平成 30 年度から、定
　期健康診断等において、中性脂肪が 400mg/dl 以上や食後採血のため、LDL コレステロ
　ールの代わりに Non-HDL コレステロールを用いて評価した場合であっても、血中脂質
　検査を実施したとみなすこととする取扱いとしたことに伴い、平成 20 年通知の別添

3の表を以下のとおりとする（下線部を追加及び変更する）。（※）

（※）当該変更を踏まえ、平成20年通知の別添3の表を、別紙2の表に差し替える。

血圧	ア：収縮期血圧	140mmHg 以上	日本高血圧学会
	イ：拡張期血圧	90mmHg 以上	
脂質	ウ：中性脂肪	150mg/dl 以上	日本動脈硬化学会
	エ：LDL コレステロール	140mg/dl 以上	
	オ：Non-HDL コレステロール	170mg/dl 以上	
	カ：HDL コレステロール	40mg/dl 未満	
血糖	キ：空腹時血糖	126mg/dl 以上	日本糖尿病学会
	ク：HbA1c	6.5%以上	

2．医療費控除の申告方法について

平成20年通知の別添1の記3の（1）において、医療費控除の申告に当たっては、確定申告書に、特定保健指導を行った実施機関により発行された領収書及び当該特定保健指導に係る特定健康診査の自己負担分の領収書を添付することとされている。

これについて、平成29年度の税制改正において、所得税法（昭和40年法律第33号）が改正され、平成29年分以後の所得税の確定申告において医療費控除の適用を受ける場合は、医療費の領収書に代えて、医療費の領収書に基づいて必要事項を記載した「医療費控除の明細書」を確定申告書に添付して提出することとされた。これに伴い、特定健康診査及び特定保健指導に係る自己負担額の医療費控除についても、特定保健指導を行った実施機関により発行された領収書及び当該特定保健指導に係る特定健康診査の自己負担分の領収書の確定申告書への添付に代えて、「医療費控除の明細書」の添付が必要な取扱いとされた。（※）

なお、これまで提出することとされていた領収書については、平成29年分以後の確定申告からは提出が不要な取扱いとなったが、確定申告期限等から5年間は税務署長から当該領収書の提示又は提出が求められる可能性があるため、医療費控除の適用を受ける者は、平成20年通知の別添1の記3における必要な事項が記載された領収書を保存しておく必要があるとされていることに留意されたい。

（※）平成31年分までの確定申告については、従来どおり領収書の添付によることもできるとされている。

（※）当該申告方法の変更を踏まえ、平成20年通知の別添4を、別紙3に差し替える。

以上

（別記）

団体名
保険者及びその中央団体
国民健康保険中央会
全国国民健康保険組合協会
健康保険組合連合会
全国健康保険協会
共済組合連盟
日本私立学校振興・共済事業団
地方公務員共済組合協議会
都道府県
都道府県国民健康保険主管課
健診・保健指導実施機関等
日本医師会
日本歯科医師会
全国労働衛生団体連合会
全日本病院協会
日本人間ドック学会
予防医学事業中央会
結核予防会
日本病院会
日本総合健診医学会
日本看護協会
日本栄養士会
その他関係団体
社会保険診療報酬支払基金

278　　　　　　　　　　　　　第　1　部

　　　　　　　　　　　　　　　　　　　健発第０５１９００４号
　　　　　　　　　　　　　　　　　　　保発第０５１９００１号
　　　　　　　　　　　　　　　　　　　平成２０年５月１９日

（　別　記　）　殿

　　　　　　　　　　　　　　　厚生労働省健康局長

　　　　　　　　　　　　　　　厚生労働省保険局長

　　　特定健康診査及び特定保健指導に係る自己負担額の医療費控除の取扱い
　　　について

　　高齢者の医療の確保に関する法律（昭和５７年法律第８０号）の規定に基づき、平成２
０年４月から、保険者は４０歳以上の加入者に対し、糖尿病等の生活習慣病に着目した健
康診査（以下「特定健康診査」という。）及び保健指導（以下「特定保健指導」という。）
を実施することが義務付けられたところです。
　　平成２０年度の税制改正において、「医療費控除の対象範囲に、高齢者の医療の確保に関
する法律に基づく特定保健指導のうち一定の積極的支援に係る費用の自己負担分を加え
る」こととされ、当該措置について、関連省令（所得税法施行規則の一部を改正する省令
（平成２０年財務省令第２４号））が公布されたことから、その取扱いについて、別添１の
とおり国税庁宛に照会を行ったところ、別添２のとおり当該照会に対する回答がありまし
た。
　　貴団体におかれては、その取扱いについて、御了知の上、特定健康診査及び特定保健指
導の実施機関である貴団体の関係機関等へ周知を頂くとともに、特定保健指導等の利用者
が医療費控除の適用を受けるために必要な領収書の発行等関係の実施機関における必要な
取扱いに特段のご配慮をお願いいたします。
　　なお、その取扱いに当たっては、下記に御留意願います。

　　　　　　　　　　　　　　　　　記

１．実施機関における取扱いとしては、別添１の３の（１）に掲げる領収書の作成が最も

資料編　　　　　　　　　　　　　　　　　　　279

　重要なところであり、特に、特定保健指導の領収書については、別添1の別紙を踏まえ、
　別添1の3の（2）に示す事項の全てを満たしたものとなるよう、御注意願います。
2．医療費控除を受けられる者については別添1の1のとおりですが、その具体的な診断
　基準については、別添3のとおりとなります。

〔添付資料〕
別添1　特定健康診査及び特定保健指導に係る自己負担額の医療費控除の取扱いについて
　　　　（照会）
別添2　特定健康診査及び特定保健指導に係る自己負担額の医療費控除の取扱いについて
　　　　（平成20年5月1日付健発第0501001号・保発第0501001号照会に対する回答）
別添3　医療費控除を受けられる者の具体的な要件について
別添4　取扱いのイメージ
別添5　所得税法施行規則

（別記）

有限責任中間法人日本人間ドック学会長

社団法人日本病院会長

財団法人結核予防会長

社団法人全国労働衛生団体連合会長

財団法人予防医学事業中央会長

社団法人日本医師会長

有限責任中間法人日本総合健診医学会長

社団法人日本看護協会長

社団法人日本栄養士会長

第 1 部

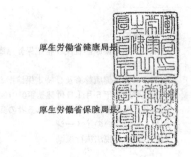

健発第 0501001 号
保発第 0501001 号
平成 20 年 5 月 1 日

国税庁審理室長　殿

厚生労働省健康局長

厚生労働省保険局長

特定健康診査及び特定保健指導に係る自己負担額の医療費控除の取扱いについて（照会）

　高齢者の医療の確保に関する法律（以下「高齢者医療確保法」といいます。）の規定に基づき、特定健康診査及び特定保健指導の実施に関する基準（平成 19 年厚生労働省令第 157 号。以下「実施基準」といいます。）が定められたところです。
　この特定保健指導の対象者については、生活習慣病の発症あるいは重症化の危険性の程度に応じた支援を行うこととしています（実施基準第 4 条）。また、当該対象者のうちその危険性の重なる者に対する指導である積極的支援は、対象者の重篤度並びに指導内容及び指導管理が診療の現場において為されていること等から、治療に相当する部分があります。
　今般、特定健康診査を行った医師の指示に基づき行われる特定保健指導（実施基準第 8 条第 1 項に規定する積極的支援により行われるものに限ります。以下同じ。）を受ける者のうち、当該特定健康診査の結果が高血圧症、脂質異常症又は糖尿病と同等の状態であると認められる基準に該当する者の状況に応じて一般的に支出される水準の医師による診療又は治療の対価は、医療費控除の対象とされました（所法 73、所令 207、所規 40 の 3 ①二）。
　そこで、特定保健指導を受ける者の医療費控除については、下記のとおり取り扱って差し支えないか照会します。

記

1　医療費控除を受けられる者
　特定保健指導を受けた者のうち、日本高血圧学会（血圧測定）、日本動脈硬化学会（血

資料編

中脂質検査）又は日本糖尿病学会（血糖検査）の診断基準を満たす者とする。

（注）上記の診断基準を満たす者の状態は、生活習慣病であることが濃厚であるとして、
　　　医師の指示により、具体的な生活習慣の改善指導が必要な状態であることから、所
　　　得税法施行規則第40条の3第1項第2号に規定する状態に該当すると認められる。

2　医療費控除の対象となる自己負担額

上記1の対象者が特定保健指導を受けた場合の当該指導料（自己負担額）は、医療費
控除の対象となる医療費に該当する。

また、特定健康診査のための費用（自己負担額）は医療費に該当しないが、その特定
健康診査の結果が所得税法施行規則第40条の3第1項第2号に掲げる状態と診断され、
かつ、引き続き特定健康診査を行った医師の指示に基づき特定保健指導が行われた場合
には、当該特定健康診査のための費用（自己負担額）は医療費控除の対象となる医療費
に該当する。

なお、特定保健指導に基づく運動そのものの実践の対価や食生活の改善指導を踏まえ
た食品の購入費用は、医師の診療等を受けるために直接必要な費用や治療又は療養に必
要な医薬品の購入の対価に該当しないことから、医療費控除の対象とならない。

3　申告方法

(1)　確定申告書に添付する書類

特定保健指導を行った実施機関により発行された領収書（別紙参照）及び当該特定
保健指導に係る特定健康診査の自己負担分の領収書を確定申告書に添付する。

領収書は、特定保健指導（及び特定健康診査の受診）に係る費用（自己負担額）に
ついて発行するものとする。

（注）特定健康診査と特定保健指導の実施年が異なる場合は、それぞれ支払った日の
　　　属する年分の医療費控除の対象となる。

(2)　特定保健指導の領収書に記載されているべき必要な事項

控除の対象となるためには、上記(1)の領収書のうち、特定保健指導に係る費用（自
己負担額）の領収書において次の事項が記載されていることが必要である。

① 　特定健康診査の実施機関名及び特定健康診査を実施した医師名

② 　特定健康診査の結果、上記1に掲げる対象者として判断した旨の内容

③ 　特定保健指導の実施年度及び実施した旨の内容

④ 　特定保健指導に係る費用のうち自己負担額

⑤ 　特定保健指導の実施機関及び特定保健指導の実施責任者名

別紙

領収書

_____ 様

　上記の者は、平成 20 年度の特定健康診査において、その実施機関▲▲所属の医師●●により、検査値が学会の診断基準を超えており、積極的支援を受けるべき者と判断されたことから、当機関において、平成 20 年度の特定保健指導（積極的支援）の指導を行い、以下の自己負担額を徴収した。

平成 20 年☆月☆日

★★保健指導機関

〇山〇太郎　㊞

(1)特定保健指導（積極的支援）に係る費用

	項目	数量等	金額
1	指導料	一式	￥6,300-

※上記費用についてのみ、医療費控除の対象となりますので、対象者は、この領収書を税務署への申告書類に添付してください。

(2)その他に係る費用

	項目	数量等	金額
2	運動施設使用料	5 時間	￥1,500-
3			
4			

※これらの費用は医療費控除の対象外です。

合計(1)+(2)	-	￥7,800-

資　料　編

課審 4 － 96
課個 2 － 12
平成 20 年 5 月 12 日

厚生労働省保険局長
　　水田　邦雄　殿

国税庁課税部審理室長
　　岡　南　啓　司

特定健康診査及び特定保健指導に係る自己負担額の医療費控除
の取扱いについて（平成 20 年 5 月 1 日付健発第 0501001 号・
保発第 0501001 号照会に対する回答）

　標題のことについては、御照会に係る事実関係を前提とする限り、貴見のとおりで
差し支えありません。
　ただし、次のことを申し添えます。
（1）この文書回答は、御照会に係る事実関係を前提とした一般的な回答ですので、
　　個々の納税者が行う具体的な取引等に適用する場合においては、この回答内容と
　　異なる課税関係が生ずることがあります。
（2）この回答内容は国税庁としての見解であり、個々の納税者の申告内容等を拘束
　　するものではありません。

第 1 部

別添3

医療費控除を受けられる者の具体的な要件について

　医療費控除を受けられる者については、特定保健指導を受けたもののうち、日本高血圧学会又は日本動脈硬化学会又は日本糖尿病学会の診断基準を満たす者とされているところであるが、具体的には、特定健康診査の結果が、日本糖尿病学会又は日本高血圧学会又は日本動脈硬化学会の診断基準（下表ア～キ）のいずれかを満たし、特定保健指導の積極的支援を受けた者とする。

血圧	ア：収縮期血圧	140mmHg 以上	日本高血圧学会
	イ：拡張期血圧	90mmHg 以上	
脂質	ウ：中性脂肪	150mg/dl 以上	日本動脈硬化学会
	エ：LDL コレステロール	140mg/dl 以上	
	オ：HDL コレステロール	40mg/dl 未満	
血糖	カ：空腹時血糖	126mg/dl 以上	日本糖尿病学会
	キ：HbA1c	6.5%以上	

資料編

285

取扱いのイメージ（参考）

〈変更後〉
別添4

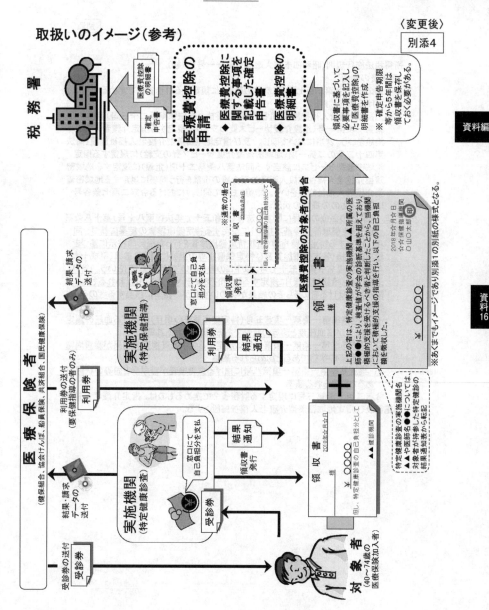

第　1　部

別添5

所得税法施行規則（昭和四十年大蔵省令第十一号）（抄）
（医療費の範囲）
第四十条の三　令第二百七条（医療費の範囲）に規定する財務省令で定める状況は、次に掲げる状況とする。
　一　指定介護老人福祉施設（介護保険法（平成九年法律第百二十三号）第四十八条第一項第一号（施設介護サービス費の支給）に規定する指定介護老人福祉施設をいう。次項において同じ。）及び指定地域密着型介護老人福祉施設（同法第四十二条の二第一項（地域密着型介護サービス費の支給）に規定する指定地域密着型サービスに該当する同法第八条第二十項（定義）に規定する地域密着型介護老人福祉施設入所者生活介護の事業を行う同項に規定する地域密着型介護老人福祉施設をいう。次項において同じ。）における令第二百七条各号に掲げるものの提供の状況。
　二　高齢者の医療の確保に関する法律（昭和五十七年法律第八十号）第十八条第一項（特定健康診査等基本指針）に規定する特定健康診査の結果に基づき同項に規定する特定保健指導（当該特定健康診査を行った医師の指示に基づき積極的支援（特定健康診査及び特定保健指導の実施に関する基準（平成十九年厚生労働省令第百五十七号。以下この号において「実施基準」という。）第八条第一項（積極的支援）に規定する積極的支援をいう。）により行われるものに限る。）を受ける者のうちその結果が次のいずれかの基準に該当する者のその状態
　　イ　実施基準第一条第一項第五号（特定健康診査の項目）に掲げる血圧の測定の結果が高血圧症と同等の状態であると認められる基準
　　ロ　実施基準第一条第一項第七号に規定する血中脂質検査の結果が脂質異常症と同等の状態であると認められる基準
　　ハ　実施基準第一条第一項第八号に掲げる血糖検査が糖尿病と同等の状態であると認められる基準
　2　令第二百七条第三号に規定する財務省令で定めるものは、指定介護老人福祉施設及び指定地域密着型介護老人福祉施設とする。

資 料 編

〈変更後〉

別添3

医療費控除を受けられる者の具体的な要件について

　医療費控除を受けられる者については、特定保健指導を受けた者のうち、日本高血圧学会又は日本動脈硬化学会又は日本糖尿病学会の診断基準を満たす者とされているところであるが、具体的には、特定健康診査の結果が、日本糖尿病学会又は日本高血圧学会又は日本動脈硬化学会の診断基準（下表ア～ク）のいずれかを満たし、特定保健指導の積極的支援を受けた者とする。

血圧	ア：収縮期血圧	140mmHg 以上	日本高血圧学会
	イ：拡張期血圧	90mmHg 以上	
脂質	ウ：中性脂肪	150mg/dl 以上	日本動脈硬化学会
	エ：LDL コレステロール	140mg/dl 以上	
	オ：Non-HDL コレステロール	170mg/dl 以上	
	カ：HDL コレステロール	40mg/dl 未満	
血糖	キ：空腹時血糖	126mg/dl 以上	日本糖尿病学会
	ク：HbA1c	6.5%以上	

288　　　　　　　　　第　1　部

資料17　介護福祉士等による喀痰吸引等の対価に係る医療費控除の概要等について（情報）

平成 25 年 2 月 27 日
国 税 庁　個 人 課 税 課
個人課税課情報　第 2 号

　所得税法施行令の一部を改正する政令（平成24年政令第100号）において所得税法施行令第207条《医療費の範囲》の改正が行われ，介護福祉士等による喀痰吸引等に係る費用の自己負担分が医療費控除の対象とされました。この改正の概要等について，別冊のとおり取りまとめましたので，執務の参考としてください。

　資料1　厚生労働省事務連絡（介護保険制度関係）
　資料2　厚生労働省事務連絡（障害者自立支援法等関係）

　※　この情報は，平成24年12月31日現在の法令等に基づいて作成しています。
　　　この情報において使用した次の省略用語は，それぞれ次に掲げる法令等を示します。

旧所法	租税特別措置法等の一部を改正する法律（平成24年法律第16号）による改正前の所得税法
所令	所得税法施行令
旧所令	所得税法施行令の一部を改正する政令（平成24年政令第100号）による改正前の所得税法施行令
改正所令	所得税法施行令の一部を改正する政令（平成24年政令第100号）

資　料　編　　　289

別冊

解説編

1　平成 24 年度税制改正前の医療費控除制度の概要

(1) 居住者が、各年において、自己又は自己と生計を一にする配偶者その他の親族の医療費を支払った場合には、次の算式により計算した金額(200 万円が限度です。)を、医療費控除として、その年分の総所得金額等から控除することができます(旧所法 73①)。

$$医療費控除の金額 = \left[\begin{array}{c} その年中に支払っ \\ た医療費の総額 \end{array} - \begin{array}{c} 医療費を補塡する \\ 保険金等の金額 \end{array} \right] - \begin{array}{c} 総所得金額等の金額の 5 ％相当額 \\ (最高 10 万円) \end{array}$$

(2) 医療費控除の対象となる医療費の範囲は、次に掲げるものの対価のうち、その病状その他一定の状況に応じて一般的に支出される水準を著しく超えない部分の金額とされています（旧所令 207）。

①　医師又は歯科医師による診察又は治療

②　治療又は療養に必要な医薬品の購入

③　病院、診療所、指定介護老人福祉施設、指定地域密着型介護老人福祉施設又は助産所へ収容されるための人的役務の提供

④　あん摩マッサージ指圧師、はり師、きゅう師、柔道整復師等による施術

⑤　保健師、看護師又は准看護師による療養上の世話

⑥　助産師による分べんの介助

(3) 介護保険制度の下における居宅サービス、介護予防サービス、地域密着型サービス及び地域密着型介護予防サービス(以下「居宅サービス等」といいます。)の対価に係る医療費控除については、次のとおり取り扱われています。

①　介護保険法に規定する居宅サービス計画又は介護予防サービス計画に基づき利用する、イからヌまでに掲げる医療系サービスが医療費控除の対象とされています。

医療系サービス	
イ　訪問看護	ヘ　介護予防訪問看護
ロ　訪問リハビリテーション	ト　介護予防訪問リハビリテーション
ハ　居宅療養管理指導	チ　介護予防居宅療養管理指導
ニ　通所リハビリテーション	リ　介護予防通所リハビリテーション
ホ　短期入所療養介護	ヌ　介護予防短期入所療養介護

(注)　上記イからヌまでのほか、平成 24 年 4 月 1 日以後に行われる「定期巡回・随時対応型訪問介護看護(一体型事業所で訪問看護を利用する場合に限ります。)」及び「複合型サービス(医療系サービスを含む組合せにより提供されるものに限り、生活援助中心型の訪問介護の部分を除きます。)」が含まれます。

②　介護保険法に規定する居宅サービス計画又は介護予防サービス計画に基づき、上記①の表のイからヌまでに掲げる医療系サービスと併せて利用する、次のイからワまでに掲げる福祉系サービスが医療費控除の対象とされています。

福祉系サービス	
イ　訪問介護(生活援助中心型を除きます。)	チ　介護予防訪問介護
ロ　訪問入浴介護	リ　介護予防訪問入浴介護
ハ　通所介護	ヌ　介護予防通所介護
ニ　短期入所生活介護	ル　介護予防短期入所生活介護
ホ　夜間対応型訪問介護	ヲ　介護予防認知症対応型通所介護

ヘ　認知症対応型通所介護	ワ　介護予防小規模多機能型居宅介護
ト　小規模多機能型居宅介護	

(注)　上記イからワまでのほか、平成24年4月1日以後に行われる「定期巡回・随時対応型訪問介護看護(一体型事業所で訪問看護を利用しない場合及び連携型事業所に限ります。)」及び「複合型サービス(医療系サービスを含まない組合せにより提供されるもの(生活援助中心型の訪問介護の部分を除きます。)に限ります。)」が含まれます。

(4) 障害者自立支援法の下における障害福祉サービス及び児童福祉法の下における障害児支援(障害児通所支援及び障害児入所支援をいいます。以下同じです。)の対価に係る医療費控除については、次のとおり取り扱われています。

① 障害者自立支援法に基づき利用する障害福祉サービスのうち、次に掲げるものが医療費控除の対象とされています。

サービスの種類	医療費控除の対象
療養介護 【医療系サービス】	自己負担額の全額
居宅介護(注1) 【福祉系サービス】	・身体介護(居宅における身体介護が中心である場合) ・通院等介助(身体介護を伴う通院介助が中心である場合) ・乗降介助(通院等のための乗車又は降車の介助が中心である場合)
重度訪問介護 【福祉系サービス】	自己負担額の2分の1(注1、2)
重度障害者等包括支援(注3) 【福祉系サービス】	提供されたサービスに係る自己負担額のうち、居宅介護及び短期入所の部分は全額、重度訪問介護の部分は2分の1が対象(注1、2)
短期入所 【福祉系サービス】	市町村により遷延性意識障害者加算等として決定された部分に限ります。

(注1)　医師との適切な連携をとって提供されたサービスに限ります。
(注2)　重度訪問介護及び重度障害者等包括支援については、身体介護に係る部分に限ります。
(注3)　重度障害者等包括支援は、身体介護を中心に居宅介護その他在宅系の障害福祉サービスを提供するものです。

② 児童福祉法に基づき利用する障害児支援のうち、次に掲げるものが医療費控除の対象とされています。

障害児通所支援	障害児入所支援
医療型児童発達支援 【医療系サービス】 ・肢体不自由児通園施設	医療型障害児入所施設での支援 【医療系サービス】 ・肢体不自由児施設 ・知的障害児施設(第一種自閉症児施設) ・重症心身障害児施設

2　平成24年度税制改正における医療費控除の改正

(1) 介護福祉士等による喀痰吸引等の実施

従前、喀痰の吸引や経管栄養(以下「喀痰吸引等」といいます。)は、医行為に該当し、医師法等により、原則として、医師・看護師・准看護師のみが実施することができることとされていました。

平成23年6月に成立した介護サービスの基盤強化のための介護保険法等の一部を改正する法律(平成23年法律第72号)において、社会福祉士及び介護福祉士法の改正が行われ、介護福祉士及び一定の研修を受けた介護職員等が、医師の指示の下で行うなどの要件の下で、喀痰吸引等を行うことができることとされ、平成24年4月1日から施行されました。

第1部

資 料 編　　　291

　なお、平成24年4月1日から平成27年3月31日までの間は、介護福祉士が喀痰吸引等を行う場合にも、介護職員と同様に一定の研修を受ける必要があることとされました。したがって、この間に喀痰吸引等を行うには、介護福祉士を含め全ての者が、認定特定行為業務従事者(一定の研修を受けた介護福祉士及び介護職員等をいいます。以下同じです。)である必要があります。

(2) 医療費控除の対象となる医療費の範囲への介護福祉士等による喀痰吸引等に係る費用の自己負担分の追加

　上記(1)の改正に伴い、平成24年度税制改正において、医療費控除の対象となる医療費の範囲に、介護福祉士による喀痰吸引等及び認定特定行為業務従事者による特定行為(喀痰吸引等のうち、認定特定行為業務従事者が修了した喀痰吸引等研修の課程に応じて定める一定の行為をいいます。)(以下「介護福祉士等による喀痰吸引等」と総称します。)に係る費用の自己負担分が加えられました(所令207七)。

　この改正は、平成24年4月1日以後に支払う医療費について適用されます(改正所令附則3①)。

3　介護保険制度の下での介護福祉士等による喀痰吸引等の対価に係る医療費控除の取扱い

(1) 新たに医療費控除の対象となる介護福祉士等による喀痰吸引等

　平成24年度税制改正により、新たに医療費控除の対象となる介護福祉士等による喀痰吸引等は、従前、医療費控除の対象となっていなかった次に掲げる居宅サービス等を利用し、かつ、これらの居宅サービス等において実施されるものです。

① 上記1(3)②の福祉系サービスで、上記1(3)①の医療系サービスと併せて利用しないもの
② 生活援助中心型の訪問介護
③ 特定施設入居者生活介護
④ 介護予防特定施設入居者生活介護
⑤ 認知症対応型共同生活介護
⑥ 地域密着型特定施設入居者生活介護
⑦ 介護予防認知症対応型共同生活介護

(2) 医療費控除の対象となる金額

　上記(1)に掲げる居宅サービス等については、そのサービスの一部分として介護福祉士等による喀痰吸引等が行われることから、その居宅サービス等に要する費用に係る自己負担額の10分の1が医療費控除の対象となる金額とされています。

　なお、介護保険法では、居宅サービス等を行う事業者が利用者に対して利用料の領収証を発行することとされていますが、厚生労働省では、医療費控除の対象となる金額を明らかにするため、その領収証に(1)の居宅サービス等に要する費用に係る自己負担額の10分の1の金額を区分して記載するよう各事業者に対して事務連絡を行っています(資料1参照)。

4　障害者自立支援法等の下での介護福祉士等による喀痰吸引等の対価に係る医療費控除の取扱い

(1) 新たに医療費控除の対象となる介護福祉士等による喀痰吸引等

　平成24年度税制改正により、新たに医療費控除の対象となる介護福祉士等による喀痰吸引等は、従前、医療費控除の対象となっていなかった障害者自立支援法及び児童福祉法(以下「障害者自立支援法等」といいます。)に基づく次に掲げる障害福祉サービス及び障害児支援(以下「障害福祉

サービス等」といいます。）を利用し、かつ、これらの障害福祉サービス等において実施されるものです。

障害福祉サービス		障害児支援
①同行援護	⑥施設入所支援	⑪児童発達支援（上記１（4）②の表の医療型を除きます。）
②行動援護	⑦自立訓練	⑫放課後等デイサービス
③生活介護	⑧就労移行支援	⑬障害児入所施設での支援（上記１（4）②の表の医療型を除きます。）
④短期入所(注)	⑨就労継続支援	
⑤共同生活介護	⑩共同生活援助	

(注)　市町村により遷延性意識障害者加算等として決定された部分を除きます。

(2) 医療費控除の対象となる金額

　　上記(1)に掲げる障害福祉サービス等については、そのサービスの一部分として介護福祉士等による喀痰吸引等が行われることから、その障害福祉サービス等に要する費用に係る自己負担額の 10 分の１が医療費控除の対象となる金額とされています。

　　なお、障害者自立支援法等では、障害福祉サービス等を行う事業者が利用者に対して利用料の領収証を発行することとされていますが、厚生労働省では、医療費控除の対象となる金額を明らかにするため、その領収証に(1)の障害福祉サービス等に要する費用に係る自己負担額の 10 分の１の金額を区分して記載するよう各事業者に対して事務連絡を行っています(資料２参照)。

※　利用料の領収証の内容などの詳細については、厚生労働省（下記連絡先）又はお近くの区市町村の窓口におたずねください。
　《介護保険制度関係》
　　厚生労働省老健局総務課企画法令係
　　０３－５２５３－１１１１　（内線）３９０９
　《障害者自立支援法等関係》
　　厚生労働省社会・援護局障害保健福祉部企画法令係、福祉サービス係、訪問サービス係
　　０３－５２５３－１１１１　（内線）３１４８、３０９１、３０９２

資　料　編　　　　293

〈資料17－1〉　厚生労働省事務連絡（介護保険制度関係）

事　務　連　絡
平成 25 年 1 月 25 日

各都道府県介護保険担当部（局）担当者 様

介護保険制度下での居宅サービス等の対価に係る医療費控除等の
取扱いについて

　介護保険制度下での居宅サービス等の対価に係る医療費控除の取扱いについては、その基本的考え方に変更はありませんが、介護サービスの基盤強化のための介護保険法等の一部を改正する法律（平成 23 年法律第 72 号）の施行により、新たなサービス類型が創設されたことに伴い、「介護保険制度下での居宅サービスの対価にかかる医療費控除の取扱いについて」（平成 12 年 6 月 1 日老発第 509 号）を、国税庁との協議の下、別添 1 のとおり改正し、平成 24 年 4 月サービス分より適用することとします。

　また、介護サービスの基盤強化のための介護保険法等の一部を改正する法律（平成 23 年法律第 72 号）による改正後の社会福祉士及び介護福祉士法の規定により、介護福祉士及び認定特定行為業務従事者（以下「介護福祉士等」という。）が、診療の補助として喀痰吸引及び経管栄養（同法附則第 3 条第 1 項に規定する特定行為を含む。以下「喀痰吸引等」という。）の実施が認められたことに伴い、介護保険制度下での介護福祉士等による喀痰吸引等の対価に係る医療費控除の取扱いについて、国税庁との協議の下、別添 2 のとおり取り扱うこととし、平成 24 年 4 月サービス分より適用することとします。

　なお、領収証については、平成 24 年 4 月分から様式の改正が行われるまでのものは差し替えるなど、適正にお取り扱いいただく必要があります。

　貴都道府県内（区）市町村（政令市、中核市も含む）、関係団体、関係機関等にその周知徹底を図るとともに、その運用に遺憾なきよう、よろしくお願いいたします。

　（参考）
　　・介護保険制度下における居宅サービス等の類型及び医療費控除の取扱い

```
厚生労働省老健局総務課企画法令係
（電話番号）
　03（5253）1111（代）
　　　　　　　内線 3909
　03（3591）0954（直通）
```

（別添 1 ）省略

294 第 1 部

(別添2)

　介護保険制度下での介護福祉士等による喀痰吸引等の対価に係る医療費控除の取扱いについては、下記のとおりとする。

1　対象者
　　次の(1)及び(2)のいずれの要件も満たす者とする。
(1)　介護保険法（平成9年法律第123号。以下「法」という。）第8条第23項に規定する居宅サービス計画（介護保険法施行規則（平成11年厚生省令第36号。以下「規則」という。）第64条第1号ニに規定する指定居宅サービスの利用に係る計画（市町村への届出が受理されているものに限る。）及び第65条の4第1号ハに規定する指定地域密着型サービスの利用に係る計画（市町村への届出が受理されているものに限る。）を含む。以下、「居宅サービス計画」という。）又は法第8条の2第18項に規定する介護予防サービス計画（規則83条の9第1号ニに規定する指定介護予防サービスの利用に係る計画（市町村への届出が受理されているものに限る。）及び第85条の2第1号ハに規定する指定地域密着型介護予防サービスの利用に係る計画（市町村への届出が受理されているものに限る。）を含む。以下、「介護予防サービス計画」という。）に基づき、居宅サービス、地域密着型サービス、介護予防サービス又は地域密着型介護予防サービス（以下「居宅サービス等」という。）を利用すること。
(2)　居宅サービス等の利用中において、介護福祉士等による喀痰吸引等が行われること。

2　対象となる居宅サービス等
　　次の(1)から(20)に掲げる居宅サービス等とする。ただし、「介護保険制度下での居宅サービス等の対価に係る医療費控除等の取扱いについて」（平成25年1月25日事務連絡）別添1の2に該当する場合を除く。
（居宅サービス）
(1)　法第8条第2項に規定する訪問介護
(2)　法第8条第3項に規定する訪問入浴介護
(3)　法第8条第7項に規定する通所介護
(4)　法第8条第9項に規定する短期入所生活介護
(5)　法第8条第11項に規定する特定施設入居者生活介護
（地域密着型サービス）
(6)　法第8条第15項に規定する定期巡回・随時対応型訪問介護看護
　　ただし、指定地域密着型サービスに要する費用の額の算定に関する基準（平成18年厚生労働省告示第126号）別表指定地域密着型サービス介護給付費単位数表

資 料 編　　　　　　　295

　1 定期巡回・随時対応型訪問介護看護費イ(2)に掲げる場合を除く。

(7)　法第 8 条第 16 項に規定する夜間対応型訪問介護

(8)　法第 8 条第 17 項に規定する認知症対応型通所介護

(9)　法第 8 条第 18 項に規定する小規模多機能型居宅介護

(10)　法第 8 条第 19 項に規定する認知症対応型共同生活介護

(11)　法第 8 条第 20 項に規定する地域密着型特定施設入居者生活介護

(12)　法第 8 条第 22 項に規定する複合型サービス

　　　ただし、法第 8 条第 4 項に規定する訪問看護、法第 8 条第 5 項に規定する訪問
リハビリテーション、法第 8 条第 6 項に規定する居宅療養管理指導、法第 8 条第
8 項に規定する通所リハビリテーション、法第 8 条第 10 項に規定する短期入所療
養介護及び法第 8 条第 15 項に規定する定期巡回・随時対応型訪問介護看護（ただ
し、指定地域密着型サービスに要する費用の額の算定に関する基準（平成 18 年厚
生労働省告示第 126 号）別表指定地域密着型サービス介護給付費単位数表 1 定期巡
回・随時対応型訪問介護看護費イ(1)及びびロに掲げる場合を除く。）に掲げるサー
ビスを含まない組合せにより提供されるものに限る。

（介護予防サービス）

(13)　法第 8 条の 2 第 2 項に規定する介護予防訪問介護

(14)　法第 8 条の 2 第 3 項に規定する介護予防訪問入浴介護

(15)　法第 8 条の 2 第 7 項に規定する介護予防通所介護

(16)　法第 8 条の 2 第 9 項に規定する介護予防短期入所生活介護

(17)　法第 8 条の 2 第 11 項に規定する介護予防特定施設入居者生活介護

（地域密着型介護予防サービス）

(18)　法第 8 条の 2 第 15 項に規定する介護予防認知症対応型通所介護

(19)　法第 8 条の 2 第 16 項に規定する介護予防小規模多機能型居宅介護

(20)　法第 8 条の 2 第 17 項に規定する介護予防認知症対応型共同生活介護

3　対象費用の額

　　2 に掲げる居宅サービス等に要する費用（法第 41 条第 4 項第 1 号若しくは第 2 号、
第 42 条の 2 第 2 項第 1 号、第 2 号若しくは第 3 号、第 53 条第 2 項第 1 号若しく
は第 2 号又は第 54 条の 2 第 2 項第 1 号若しくは第 2 号に規定する「厚生労働大臣
が定める基準により算定した費用の額」をいう。）に係る自己負担額（次に掲げる場
合の区分に応じ、それぞれ次に定める額）の 10 分の 1 とする。

(1)　指定居宅サービスの場合

　　　指定居宅サービス等の事業の人員、設備及び運営に関する基準（平成 11 年厚生
省令第 37 号）第 2 条第 4 項に規定する居宅介護サービス費用基準額から法第 41
条第 4 項に規定する居宅介護サービス費の額を控除した額

第 1 部

(2) 指定介護予防サービスの場合

指定介護予防サービス等の事業の人員、設備及び運営並びに指定介護予防サービス等に係る介護予防のための効果的な支援の方法に関する基準（平成18年厚生労働省令第35号）第2条第4号に規定する介護予防サービス費用基準額から法第53条第2項に規定する介護予防サービス費の額を控除した額

(3) 基準該当居宅サービス及び基準該当介護予防サービスの場合

それぞれ指定居宅サービス及び指定介護予防サービスの場合に準じて算定した利用者の自己負担額

(4) 指定地域密着型サービスの場合

指定地域密着型サービスの事業の人員、設備及び運営に関する基準（平成18年厚生労働省令第34号）第2条第4号に規定する地域密着型介護サービス費用基準額から法第42条の2第2項に規定する地域密着型介護サービス費の額を控除した額

(5) 指定地域密着型介護予防サービスの場合

指定地域密着型介護予防サービスの事業の人員、設備及び運営並びに指定地域密着型介護予防サービスに係る介護予防のための効果的な支援の方法に関する基準（平成18年厚生労働省令第36号）第2条第4号に規定する地域密着型介護予防サービス費用基準額から法第54条の2第2項に規定する地域密着型介護予防サービス費の額を控除した額

4 領収証

法第41条第8項(第42条の2第9項、第53条第7項及び第54条の2第9項において準用する場合を含む。)及び規則第65条（第65条の5、第85条及び第85条の4において準用する場合を含む。）に規定する領収証に、3の対象費用の額を記載する。（別紙様式参照）

資　料　編

別紙様式

（様式例）

居宅サービス等利用料領収証（喀痰吸引等用）

（平成　　年　　月分）

利用者氏名					
費用負担者氏名				続柄	
事業所名及び住所等	（住所：　　　　　　　　　　　　　印　　　）				
居宅サービス計画又は介護予防サービス計画を作成した居宅介護支援事業者等の名称					

No.	サービス内容／種類	喀痰吸引等の有無	単価	回数日数	利用者負担額（保険対象分）
①					円
②					円
③					円
④					円
⑤					円

No.	その他費用（保険給付対象外のサービス）	単価	回数日数	利用者負担額
①				円
②				円
③				円

領　収　額	円	領収年月日
うち医療費控除の対象となる金額（※当該サービスの利用者負担額（保険対象分）×1／10）	円	平成　　年　　月　　日

（注）1　①医療系のサービスと併せて利用しない訪問介護（生活援助中心型を除く。）、訪問入浴介護、通所介護、短期入所生活介護、定期巡回・随時対応型訪問介護看護（一体型事業所で訪問看護を利用しない場合及び連携型事業所に限る。）、夜間対応型訪問介護、認知症対応型通所介護、小規模多機能型居宅介護、複合型サービス（医療系のサービスを含まない組合せにより提供されるものに限る。）、介護予防訪問介護、介護予防訪問入浴介護、介護予防通所介護、介護予防短期入所生活介護、介護予防認知症対応型通所介護若しくは介護予防小規模多機能型居宅介護又は②訪問介護（生活援助中心型に限る。）、特定施設入居者生活介護、介護予防特定施設入居者生活介護、認知症対応型共同生活介護、地域密着型特定施設入居者生活介護若しくは介護予防認知症対応型共同生活介護において、喀痰吸引等が行われた場合は、当該サービスの利用者負担額（保険対象分）の10分の1が医療費控除の対象となります。

　　　　これらに該当する場合には、本様式例のとおり、「医療費控除の対象となる金額」欄に居宅サービス等に要する費用に係る自己負担額（保険対象分）の10分の1を記載してください。

　　2　本様式例によらない領収証であっても、「居宅サービス計画又は介護予防サービス計画を作成した事業者名」及び「医療費控除の対象となる金額」が記載されたものであれば差し支えありません。

　　　　なお、利用者自らが居宅サービス計画又は介護予防サービス計画を作成し、市町村に届出が受理されている場合においては、「居宅サービス計画又は介護予防サービス計画を作成した居宅支援事業者等の名称」欄に当該市町村名を記入してください。

　　3　サービス利用料が区分支給限度基準額又は種類支給限度基準額を超える部分の金額については、「その他費用（保険給付対象外のサービス）」欄に記載してください。

　　4　従来の居宅サービス等利用料領収証と併用する必要がある場合は、二重記載とならないようご注意ください。

　　5　上記1に該当する場合の金額とあわせて、喀痰吸引等が行われなかった場合の金額も併記する場合は、様式例のとおり「喀痰吸引等の有無」欄にその区別を記載するなど、医療費控除の対象となる金額の算定に誤りがないようご注意ください。

　　6　医療費控除を受ける場合、この領収証を確定申告書に添付するか、確定申告の際に提示してください。

《著者注》

　上記（注）6については，「医療費控除の明細書」に一定の事項を記載することにより，確定申告書へ添付等する必要はありません。詳細については122ページ（著者注）2をご覧ください。

　なお，居宅サービス等の費用に関するご質問については，問35（38ページ）等に記載しておりますので，ご参照ください。

資料編

介護保険制度下における居宅サービス等の類型及び医療費控除の取扱い

介護保険制度下における類型		対象者	居宅サービス等に要する費用の額（医療費控除の対象となる自己負担額）				分類
			医療系サービスと併せて利用するとき		単独で利用するとき又は医療系サービスと併せて利用しないとき		
			介護福祉士等による喀痰吸引等の対価	介護福祉士等による喀痰吸引等の対価以外	介護福祉士等による喀痰吸引等の対価	介護福祉士等による喀痰吸引等の対価以外	
居宅サービス	訪問看護	要介護者	対象				医療系サービス
	訪問リハビリテーション						
	居宅療養管理指導						
	通所リハビリテーション						
	短期入所療養介護						
	訪問介護（生活援助中心型を除く）		対象		対象（自己負担額の10%）	対象外	福祉系サービス
	訪問入浴介護						
	通所介護						
	短期入所生活介護						
	訪問介護（生活援助中心型）		対象（自己負担額の10%）	対象外			
	特定施設入居者生活介護						
	福祉用具貸与						
	特定福祉用具販売						
介護予防サービス	介護予防訪問看護	要支援者	対象				医療系サービス
	介護予防訪問リハビリテーション						
	介護予防居宅療養管理指導						
	介護予防通所リハビリテーション						
	介護予防短期入所療養介護						
	介護予防訪問介護		対象		対象（自己負担額の10%）	対象外	福祉系サービス
	介護予防訪問入浴介護						
	介護予防通所介護						
	介護予防短期入所生活介護						
	介護予防特定施設入居者生活介護		対象（自己負担額の10%）	対象外			
	介護予防福祉用具貸与						
	特定介護予防福祉用具販売						
地域密着型サービス	定期巡回・随時対応型訪問介護看護（一体型事業所で訪問看護を利用する場合）	要介護者	対象				医療系サービス
	複合型サービス（医療系サービスを含む組合せにより提供されるもの（生活援助中心型の訪問介護の部分を除く））						
	定期巡回・随時対応型訪問介護看護（一体型事業所で訪問看護を利用しない場合及び連携型事業所の場合）		対象		対象（自己負担額の10%）	対象外	福祉系サービス
	夜間対応型訪問介護						
	認知症対応型通所介護						
	小規模多機能型居宅介護						
	複合型サービス（医療系サービスを含まない組合せにより提供されるもの（生活援助中心型の訪問介護の部分を除く））						
	複合型サービス（生活援助中心型の訪問介護の部分）		対象（自己負担額の10%）	対象外			
	認知症対応型共同生活介護						
	地域密着型特定施設入居者生活介護						
	地域密着型介護老人福祉施設入所者生活介護（地域密着型老人福祉施設）		対象（自己負担額の2分の1）				施設サービス
地域密着型介護予防サービス	介護予防認知症対応型通所介護	要支援者	対象		対象（自己負担額の10%）	対象外	福祉系サービス
	介護予防小規模多機能型居宅介護						
	介護予防認知症対応型共同生活介護		対象（自己負担額の10%）	対象外			
施設サービス	介護老人福祉施設（特別養護老人ホーム）	要介護者	対象（自己負担額の2分の1）				施設サービス
	介護老人保健施設		対象				
	介護療養型医療施設						

300　　　　　　　　　　　　　第　１　部

事　務　連　絡

平成 25 年 1 月 25 日

各都道府県介護保険担当部（局）担当者 様

　　　　介護保険制度下での訪問介護等の対価に係る医療費控除の取扱いについて

　　標記の取扱いについては、「介護保険制度下での居宅サービス等の対価に係る医療費
控除の取扱いについて」（平成 25 年 1 月 25 日付事務連絡）でお示ししているところで
すが、今般、国税庁との協議の上、別添Ｑ＆Ａのとおり取扱いを整理しましたので、ご
参照ください。
　　貴都道府県内（区）市町村（政令市、中核市も含む）、関係団体、関係機関等にその
周知徹底を図るとともに、その運用に遺憾なきよう、よろしくお願いいたします。

厚生労働省老健局総務課企画法令係
（電話番号）
　　０３（５２５３）１１１１（代）
　　　　　　　　　内線　３９０９
　　０３（３５９１）０９５４（直通）

資　料　編　　301

（別　添）

（問）　介護職員処遇改善加算が創設されたが、訪問介護において身体介護と生活援助
を組み合わせて算定する場合の医療費控除は、どのように取り扱うか。

（答）　訪問介護に係る自己負担額の医療費控除の取扱いについては、居宅サービス計
画に訪問看護等の医療系サービスが位置付けられ、医療系サービスと併せて訪問
介護を利用した場合に、訪問介護に係る自己負担額が医療費控除の対象となると
されているところです。ただし、指定居宅サービスに要する費用の額の算定に関
する基準（平成12年厚生省告示第19号）別表指定居宅サービス介護給付費単位
数表1訪問介護費ロに掲げる場合（以下「生活援助中心型に係る訪問介護」とい
う。）を除くこととされています。
　そのため、介護職員処遇改善加算についても、生活援助中心型に係る訪問介護
費を除き算定した介護処遇改善加算に係る自己負担額が、医療費控除の対象にな
ります。

〈資料17－2〉　厚生労働省事務連絡（障害者自立支援法等関係）

事　務　連　絡
平成 25 年 2 月 25 日

都道府県
各　指定都市　障害保健福祉担当部（局）担当者 様
　　中　核　市

障害者自立支援法等の下での介護福祉士等による喀痰吸引等の対価に係る
医療費控除の取扱いについて

　　介護サービスの基盤強化のための介護保険法等の一部を改正する法律（平成 23 年法律第 72 号）による改正後の社会福祉士及び介護福祉士法の規定により、介護福祉士及び認定特定行為業務従事者（以下「介護福祉士等」という。）が、診療の補助として喀痰吸引及び経管栄養（同法附則第 3 条第 1 項に規定する特定行為を含む。以下「喀痰吸引等」という。）の実施が認められたことに伴い、障害者自立支援法等の下での介護福祉士等による喀痰吸引等の対価に係る医療費控除の取扱いについて、国税庁との協議の下、別添のとおり取り扱うこととし、平成 24 年 4 月サービス分より適用することとします。

　　なお、領収証の様式（「在宅介護費用証明書」及び「障害福祉サービス利用者負担額証明書」）については、今般の取扱いを踏まえ「障害福祉サービス等利用料領収証」に改正しましたので、平成 24 年 4 月分から様式の改正が行われるまでのものは差し替えるなど、適正にお取り扱いいただく必要があります。

　　貴都道府県内市町村、関係団体、関係機関等にその周知徹底を図るとともに、その運用に遺漏なきよう、よろしくお願いいたします。

（参考）
　・　障害者自立支援法・児童福祉法制度下における障害福祉サービス等の類型及び
　　医療費控除の取扱い

厚生労働省社会・援護局障害保健福祉部
障害福祉課企画法令係
（電話番号）
０３（５２５３）１１１１（代）
内線３０４６・３１４８

資　料　編

（別添）

　障害者自立支援法等の下での介護福祉士等による喀痰吸引等の対価に係る医療費控除の取扱いについては、下記のとおりとする。

1　対象者

　障害福祉サービス等の利用中において、介護福祉士等による喀痰吸引等が行われること。

2　対象となる障害福祉サービス等

　次の（1）から（12）に掲げる障害福祉サービス等とする。

（障害福祉サービス）

- （1）障害者自立支援法（平成17年法律第123号。以下「法」という。）第5条第4項に規定する同行援護
- （2）法第5条第5項に規定する行動援護
- （3）法第5条第7項に規定する生活介護
- （4）法第5条第8項に規定する短期入所（市町村により遷延性意識障害者加算等として決定された部分を除く。）
- （5）法第5条第10項に規定する共同生活介護
- （6）法第5条第11項に規定する施設入所支援
- （7）法第5条第13項に規定する自立訓練
- （8）法第5条第14項に規定する就労移行支援
- （9）法第5条第15項に規定する就労継続支援
- （10）法第5条第16項に規定する共同生活援助

（障害児支援）

- （11）児童福祉法（昭和22年法律第164号）第6条の2第1項に規定する児童発達支援（医療型を除く。）及び放課後等デイサービス
- （12）児童福祉法第42条第1号に規定する福祉型障害児入所施設

3　対象費用の額

　2に掲げる障害福祉サービス等に要する費用（法第29条第3項若しくは第30条第3項又は児童福祉法第21条の5の3第2項、第21条の5の4第2項若しくは第24条の2第2項）に係る自己負担額（次に掲げる場合の区分に応じ、それぞれ次に定める額）の10分の1とする。

- （1）指定障害福祉サービス等の場合

  　支給決定障害者等の家計の負担能力その他の事情をしん酌して障害者自立支援法施行令で定める額（当該政令で定める額が障害福祉サービス費用基準額の100分の10に相当する額を超える場合は100分の10相当額）

（2）基準該当障害福祉サービスの場合

指定障害福祉サービスの場合に準じて算定した自己負担額

（3）指定通所支援又は指定入所支援の場合

通所給付決定保護者又は入所給付決定保護者の家計の負担能力その他の事情をしん酌して児童福祉法施行令で定める額（当該政令で定める額が障害児通所給付費基準額又は障害児入所給付費基準額の 100 分の 10 に相当する額を超える場合は 100 分の 10 相当額）

（4）基準該当通所支援の場合

指定通所支援の場合に準じて算定した自己負担額

4　領収証

指定障害福祉サービス事業者等が交付する領収証に、3 の対象費用の額を記載する（別紙様式参照）。

資　料　編

別紙様式

障害福祉サービス等利用料領収証

　下記の内容により、医師との連携の下に障害福祉サービス等を提供し、その費用を領収したことを証明する。

平成　　　年　　　月　　　日

事業者名
所在地（住所）
代表者名　　　　　　　　　　　　　　　　印

記

利用者	氏　名		性　別	男　　女	
	住　所				
	生年月日	明 大 昭 平　　年　　月　　日	年　齢		
費用負担者	氏　名		続　柄		
	住　所				
主治医又は協力医療機関	医療機関名				
	所在地（住所）				
	医師氏名				

サービス内容	1　障害福祉サービス等（療養介護を除く。）
（1のアからオ、又は2のアからウの該当するものに〇をつける。2のアについては、該当する内容にも〇をつける。）	ア　居宅介護（身体介護、通院等介助（身体介護を伴う場合）及び乗降介助に限る。） イ　重度訪問介護（アと同様の内容に限る。） ウ　短期入所（ただし、市町村により遷延性意識障害者等として支給決定を受けたものに限る。） エ　重度障害者等包括支援（アからウまでと同様の内容に限る。） オ　上記以外の障害福祉サービス等（介護福祉士等により喀痰吸引等が実施された場合に限る。） **2　自立支援給付対象外のサービス** ア　在宅介護サービス　※該当するものに〇をつける。 　　食事の介護・排せつの介護・衣類着脱の介護・入浴の介護・身体清拭、洗髪・ 　　通院等の介助・その他必要な身体の介護（　　　　　　　　　　　　　　　　　） イ　訪問入浴サービス ウ　上記以外の自立支援給付対象外のサービス（介護福祉士等により喀痰吸引等が実施された場合に限る。）
費用額	領収対象期間　　平成　　　年　　　月　　　日　～　平成　　　年　　　月　　　日
	領　　収　　額　　　　　　　　　　　　　　　　　　　　　　　　　　　　円
	うち医療費控除の対象となる金額　　　　　　　　　　　　　　　　　　　　円

（記載上の注意）

1　この領収書は、医療費控除を受ける際に、確定申告書に添付するか、確定申告の際に提示して下さい。また、この領収書のほかに、医師又は医療機関の診療等の対価に係る領収書も添付して下さい。

2　「事業者名」欄は、市（区）町村が提示する場合には、その自治体名を記載して下さい（保健師、助産師、看護師、準看護師（以下「看護師等」という。）の場合は記入不要）。

3　障害福祉サービス等を利用している方は、この領収書に、市（区）町村の発行する受給者証の写しを添付して下さい。また、自立支援給付対象外のサービスを利用している方は、この領収書に、市（区）町村長の発行するホームヘルパー派遣決定通知書・訪問入浴サービス利用決定通知書、介護福祉士及び看護師等の資格証明証の写しを添付して下さい。

4　1のイ重度訪問介護については、利用者負担額に2分の1を乗じて医療費控除の対象となる金額を算出して下さい。

5　1のエ重度障害者等包括支援については、サービス提供実績記録により、提供されたサービスのうち利用者負担が発生しているものにつき、1のア及びウについては利用者負担相当額を、1のイについては利用者負担相当額に2分の1を乗じた額を、1のオについては、介護福祉士等により喀痰吸引等が実施された場合に限り、利用者負担相当額に10分の1を乗じた額をそれぞれ算出し、各月ごとにこれらを合算し、医療費控除の対象となる金額を算出して下さい。

6　1のオ上記以外の障害福祉サービス等とは、同行援護、行動援護、生活介護、短期入所（市町村により遷延性意識障害者加算等として決定された部分を除く。）、共同生活介護、施設入所支援、自立訓練、就労移行支援、就労継続支援、共同生活援助、児童発達支援（医療型を除く。）、放課後等デイサービス、障害児入所支援（医療型を除く。）を指します。

7　2のア在宅介護サービスについては、該当する内容に〇をつけて下さい（複数可）。

8　2のウ上記以外の自立支援給付対象外のサービスで、介護福祉士等により喀痰吸引等が実施された場合については、サービス費用額に10分の1を乗じた額を算出し、医療費控除の対象となる金額を算出して下さい。

《著者注》

　上記の1については，「医療費控除の明細書」に一定の事項を記載することにより，確定申告書へ添付等する必要はありません。詳細については122ページ（著者注）2をご覧ください。

資　料　編

障害者自立支援法・児童福祉法制度下における障害福祉サービス等の類型及び医療費控除の取扱い

障害者自立支援法制度下における類型		対象者	障害福祉サービスに要する費用の額（医療費控除の対象となる自己負担額）		分類
			介護福祉士等による喀痰吸引等の対価	介護福祉士等による喀痰吸引等の対価以外	
訪問系サービス	居宅介護 ・身体介護（居宅における身体介護が中心である場合） ・通院等介助（身体介護を伴う通院介助が中心である場合） ・乗降介助（通院等のための乗車又は降車の介助が中心である場合）	支給決定を受けた障害者又は障害児の保護者	対象（注1）		福祉系サービス
	重度訪問介護		対象（自己負担額の50%）（注1、2）		
	重度障害者等包括支援（注3）		対象（自己負担額のうち、居宅介護及び短期入所の部分は全額、重度訪問介護の部分は50%）（注1、2）		
	同行援護		対象（自己負担額の10%）	対象外	
	行動援護				
日中活動系サービス	短期入所	支給決定を受けた障害者又は障害児の保護者	対象（自己負担額の10%）	対象（市町村により遷延性意識障害者加算等として決定された部分に限る。）	福祉系サービス
	療養介護		対象		医療系サービス
	生活介護		対象（自己負担額の10%）	対象外	福祉系サービス
居住系サービス	共同生活介護	支給決定を受けた障害者又は障害児の保護者	対象（自己負担額の10%）	対象外	福祉系サービス
	施設入所支援				
	共同生活援助				
訓練系・就労系サービス	自立訓練	支給決定を受けた障害者又は障害児の保護者	対象（自己負担額の10%）	対象外	福祉系サービス
	就労移行支援				
	就労継続支援				

（注1）医師との適切な連携をとって提供されたサービスに限る。
（注2）重度訪問介護及び重度障害者等包括支援については、身体介護に係る部分に限る。
（注3）重度障害者等包括支援は、身体介護を中心に居宅介護その他在宅系の障害福祉サービスを提供するもの。

児童福祉法制度下における制度		対象者	障害児支援に要する費用の額（医療費控除の対象となる自己負担額）		分類
			介護福祉士等による喀痰吸引等の対価	介護福祉士等による喀痰吸引等の対価以外	
通所支援	医療型児童発達支援	通所給付決定保護者	対象		医療系サービス
	児童発達支援・放課後等デイサービス		対象（自己負担額の10%）	対象外	福祉系サービス
	保育所等訪問支援			対象外	
入所支援	障害児入所支援（医療型障害児入所施設での支援）	入所給付決定保護者	対象		医療系サービス
	障害児入所支援（福祉型障害児入所施設での支援）		対象（自己負担額の10%）	対象外	福祉系サービス

308 第 1 部

事 務 連 絡
平成 25 年 2 月 25 日

都道府県
各 指定都市 障害保健福祉担当部（局）担当者 様
中 核 市

厚生労働省社会・援護局
障害保健福祉部障害福祉課

障害者自立支援法等の下での介護福祉士等による喀痰吸引等の対価に係る
医療費控除の取扱いについて（Q&A の送付）

標記の取扱いについては、「障害者自立支援法等の下での介護福祉士等による
喀痰吸引等の対価に係る医療費控除の取扱いについて」（平成 25 年 2 月 25 日付
事務連絡）でお示ししているところですが、今般、国税庁との協議の上、別添 Q
&A のとおり取扱いを整理しましたので、ご参照ください。
　貴都道府県内市町村、関係団体、関係機関等にその周知徹底を図るとともに、
その運用に遺漏なきよう、よろしくお願いいたします。

厚生労働省社会・援護局障害保健福祉部
障害福祉課企画法令係・福祉サービス係・訪問サービス係
（電話番号）
03（5253）1111（代）
内線 3148・3091・3092

資　料　編　　　　　　　　　　　　　　　　　309

（別添）

（問１）
　福祉・介護職員処遇改善加算及び福祉・介護職員処遇改善特別加算が創設されたが、居宅介護において身体介護と家事援助を組み合わせて算定する場合の医療費控除は、どのように取り扱うのか。

（答）
　　居宅介護に係る自己負担額の医療費控除の取扱いについては、医師との適切な連携をとって提供された場合に、身体介護、通院等介助（身体介護を伴う場合）及び乗降介助に係る自己負担額が医療費控除の対象となるとされており、家事援助及び通院等介助（身体介護を伴わない場合）を除くこととされています。

　　そのため、福祉・介護職員処遇改善加算及び福祉・介護職員処遇改善特別加算についても、家事援助及び通院等介助（身体介護を伴わない場合）を除き算定した当該加算に係る自己負担額が、医療費控除の対象になります。

（問２）
　喀痰吸引等支援体制加算が創設されたが、当該加算に係る自己負担額は、医療費控除の対象となるか。

（答）
　　喀痰吸引等支援体制加算は、喀痰吸引等が必要な者に対して、登録特定行為事業者（※１）の認定特定行為業務従事者（※２）が喀痰吸引等を行った場合に算定されます。

　　平成24年度税制改正において所得税法施行令第207条が改正され、介護福祉士等による喀痰吸引等の対価で平成24年4月1日以後に支払うものについて、医療費控除の対象とされたことに伴い、喀痰吸引等支援体制加算に係る自己負担額を医療費控除の対象として扱います。

※１　喀痰吸引等の業務を行おうとする事業所で、都道府県知事の登録を受けているもの。
　　　なお、介護サービスの基盤強化のための介護保険法等の一部を改正する法律（平成23年法律第72号）による改正後の社会福祉士及び介護福祉士法により、保健師助産師看護師法第31条第1項及び第32条の規定にかかわらず、介護福祉士及び認定特定行為業務従事者による喀痰吸引等の実施が認められたところ。
※２　介護職員等であって、喀痰吸引等の業務の登録認定を受けた従事者

第 　 1 　 部

（問３）
　医療連携体制加算（Ⅳ）（※１）が創設されたが、当該加算に係る自己負担額は、医療費控除の対象となるか。

（答）
　　医療連携体制加算は、看護職員を配置することとしていない日中活動サービス等（※２）において、認定特定行為業務従事者が、看護職員の指導の下、喀痰吸引等を行った場合に算定されます。
　　平成 24 年度税制改正において所得税法施行令第 207 条が改正され、介護福祉士等による喀痰吸引等の対価で平成 24 年 4 月 1 日以後に支払うものについて、医療費控除の対象とされたことに伴い、医療連携体制加算に係る自己負担額を医療費控除の対象として扱います。

※１　医療連携体制加算（Ⅳ）１００単位（利用者１人１日当たり）
　　　介護職員等が喀痰吸引等を実施した場合の支援体制を評価して算定。
※２　短期入所（医療型短期入所を除く。）、共同生活介護、自立訓練（生活訓練）、就労移行支援、就労継続支援Ａ型、就労継続支援Ｂ型、共同生活援助及び宿泊型自立訓練

資料編

資料18 法令等に基づき行われる健康の保持増進及び疾病の予防への取組を定める告示

　租税特別措置法施行令（昭和32年政令第43号）第26条の27の２第１項の規定に基づき，租税特別措置法施行令第26条の27の２第１項の規定に基づき厚生労働大臣が定める健康の保持増進及び疾病の予防への取組を次のように定め，平成29年１月１日から適用する。

平成28年３月31日　厚生労働省告示第181号
令和２年４月１日　厚生労働省告示第170号

　租税特別措置法施行令（昭和32年政令第43号）第26条の27の２第１項の規定により厚生労働大臣が定める健康の保持増進及び疾病の予防への取組は，次に掲げるものとする。

一　租税特別措置法（昭和32年法律第26号）第41条の17第１項に規定する医療保険各法等の規定に基づき健康の保持増進のために必要な事業として行われる健康診査又は健康増進法（平成14年法律第103号）第19条の２の規定に基づき健康増進事業として行われる健康診査
　（注）「健康保険各法等」とは，高齢者の医療の確保に関する法律第７条第１項に規定する医療保険各法及び高齢者の医療の確保に関する法律をいい，同項に規定する医療保険各法は，健康保険法，船員保険法，国民健康保険法，国家公務員共済組合法，地方公務員共済組合法及び私立学校教職員共済法です。
二　予防接種法（昭和23年法律第68号）第５条第１項の規定に基づき行われる予防接種（以下この号において「定期接種」という。）又はインフルエンザに関する特定感染症予防指針（平成11年厚生省告示第247号）第２の２の規定により推進することとされる同法第２条第３項第１号に掲げる疾病に係る予防接種（定期接種を除く。）

三　労働安全衛生法（昭和47年法律第57号）第66条第1項の規定に基づき行われる健康診断（同条第5項ただし書の規定により，労働者が事業者の指定した医師が行う健康診断を受けることを希望しない場合において，他の医師が行う同条第1項の規定による健康診断に相当する健康診断を受け，その結果を証明する書面を事業者に提出したときにおける当該健康診断を含む。），人事院規則10—4（職員の保健及び安全保持）第19条第1項の規定に基づき行われる健康診断若しくは同規則第20条第1項の規定に基づき行われる健康診断（同条第2項第1号に掲げるものに限る。）（同規則第22条第1項の規定により，その検査をもって同規則第19条又は第20条の健康診断における検査に代えることができることとされた医師の検査及び同規則第22条第2項の規定により，その検査をもって同規則第20条の健康診断に代えることができることとされた同規則21条の2第1項に規定する総合健診を含む。）又は裁判所職員健康安全管理規程（昭和52年最高裁判所規程第2号）第9条の規定に基づき行われる健康診断若しくは同規定第10条の規定に基づき行われる健康診断（人事院規則10—4第20条第2項第1号に掲げるものに限る。）（同規程第12条の規定により，その検査をもって同規程第9条又は第10条の健康診断における検査に代えることができることとされた医師の検査を含む。）

四　高齢者の医療の確保に関する法律（昭和57年法律第80号）第20条の規定に基づき行われる特定健康診査（同条ただし書の規定により，加入者が特定健康診査に相当する健康診査を受け，その結果を証明する書面の提出を受けたときにおける当該健康診査及び同法第26条第2項の規定による特定健康診査に関する記録の送付を受けたときにおける当該特定健康診査を含む。）又は同法第24条の規定に基づき行われる特定保健指導

五　健康増進法第19条の2の規定に基づき健康増進事業として行われるがん検診

資 料 編　　　　　　　　　　　　　　313

資料19　補聴器の購入費用に係る医療費控除の取扱いについて（情報）

個人課税課情報	第3号	平成30年4月16日	国　税　庁 個人課税課

補聴器の購入費用に係る医療費控除の取扱いについて（情報）

　標題のことについて、厚生労働省から照会があり、これに対して次のとおり回答したので、今後の執務の参考とされたい。

（照会要旨）
　医師等による診療や治療を受けるために直接必要な補聴器の購入費用については、医療費控除の対象となる医療費に該当するとされているところですが、今般、一般社団法人耳鼻咽喉科学会が定めた「補聴器適合に関する診療情報提供書（2018）」（別添参照。注）において、医師等による診療や治療と購入する補聴器の関係を記載する項目が設けられました。
　この項目により、購入する補聴器が医師等による診療や治療を受けるために直接必要である旨が記載（証明）されている場合の当該補聴器の購入費用については、一般的に支出される水準を著しく超えない部分の金額であれば、医療費控除の対象となると考えますが、貴庁の見解を承りたく照会いたします。
（注）　同学会が認定した補聴器相談医が患者の耳科に関する医学情報や聴覚に関する情報等を記載し、補聴器の新規適合や更新等のために患者に交付するものです。

【別添】補聴器適合に関する診療情報提供書（2018）について

（回答）
　医師による診療や治療などのために直接必要な補聴器の購入のための費用で、一般的に支出される水準を著しく超えない部分の金額は、医療費控除の対象となります。
　補聴器が診療等のために直接必要か否かについては、診療等を行っている医師の判断に基づく必要があると考えられますので、一般社団法人耳鼻咽喉科学会が認定した補聴器相談医が、「補聴器適合に関する診療情報提供書（2018）」により、補聴器が診療等のために直接必要である旨を証明している場合には、当該補聴器の購入費用（一般的に支出される水準を著しく超えない部分の金額に限ります。）は、医療費控除の対象になります。

314 第 1 部

補聴器適合に関する診療情報提供書(2018)

平成　　年　　月　　日

認定補聴器専門店＿＿＿＿＿＿＿＿＿＿＿様

認定補聴器技能者＿＿＿＿＿＿＿＿＿＿＿様

医 療 機 関
補聴器相談医
住所　　電話

　下記の患者さんは補聴器の□ 新規適合、□ 更新、□ 使用機種の再適合、□ 装用耳変更、□ 両耳装用への変更、□ 修理が必要と考えられます。つきましては、機種選択・調整等を適切に行い、結果を「補聴器適合に関する報告書」に記入して当院に報告してくださるようお願いします。また、補聴効果を確認するため、ご本人が再度来院されるようにお勧めください。

ふりがな
氏 名＿＿＿＿＿＿＿＿＿＿＿＿様　年齢＿＿＿＿歳　男 女　職種＿＿＿＿＿＿＿＿＿＿

　必要な項目に記載してください。再調整・修理の場合は2．7．のみで可です。

1．耳科に関する医学情報

診 断 名　□ 感音難聴　（□ 右耳 □ 左耳）　　　　□ 混合性難聴　（□ 右耳 □ 左耳）
　　　　　□ 伝音難聴　（□ 右耳 □ 左耳）　　　　□ 術 後 耳　（□ 右耳 □ 左耳）

鼓 膜 所 見（□異常なし　　□異常あり）

　鼓膜穿孔（□ 右耳 □ 左耳 □ なし）　　　年1回以上の耳漏（□ 右耳 □ 左耳 □ なし）
　鼓膜の位置が浅い（□ 右耳 □ 左耳 □ なし）　鼓膜が 薄く弱い　（□ 右耳 □ 左耳 □ なし）

外耳道所見（□異常なし　　□異常あり）

　後壁の欠損（□ 右耳 □ 左耳 □ なし）　　著しく狭い（□ 右耳 □ 左耳 □ なし）
　過度に曲がる（□ 右耳 □ 左耳 □ なし）　湿疹・疼痛（□ 右耳 □ 左耳 □ なし）

特記事項（その他の所見および耳型採取、機種選択で注意すべき事項があれば記入）

2．純音聴力に関する情報

純音聴力に関する特記事項（機種選択、調整、装用耳などで考慮すべきことがあれば記入）

資　料　編

以下の事項については、可能な範囲で記載してください。

3．ことばの聞き取りに関する情報

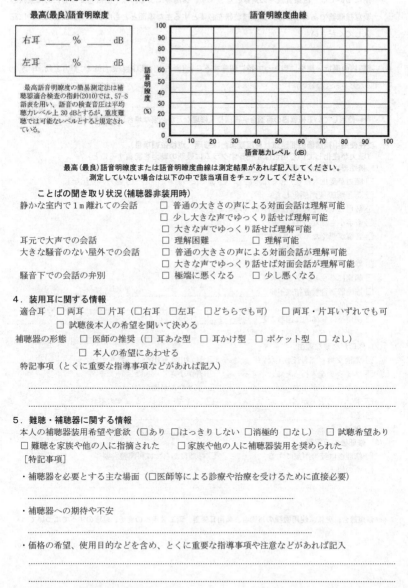

最高(最良)語音明瞭度または語音明瞭度曲線は測定結果があれば記入してください。
測定していない場合は以下の中で該当項目をチェックしてください。

ことばの聞き取り状況(補聴器非装用時)
静かな室内で1m離れての会話　　□ 普通の大きさの声による対面会話は理解可能
　　　　　　　　　　　　　　　　□ 少し大きな声でゆっくり話せば理解可能
　　　　　　　　　　　　　　　　□ 大きな声でゆっくり話せば理解可能
耳元で大声での会話　　　　　　　□ 理解困難　　　　□ 理解可能
大きな騒音のない屋外での会話　　□ 普通の大きさの声による対面会話は理解可能
　　　　　　　　　　　　　　　　□ 大きな声でゆっくり話せば対面会話が理解可能
騒音下での会話の弁別　　　　　　□ 極端に悪くなる　　□ 少し悪くなる

4．装用耳に関する情報
適合耳　□ 両耳　□ 片耳（□右耳　□左耳　□どちらでも可）　□ 両耳・片耳いずれでも可
　　　　□ 試聴後本人の希望を聞いて決める
補聴器の形態　　□ 医師の推奨　（□ 耳あな型　□ 耳かけ型　□ ポケット型　□ なし）
　　　　　　　　□ 本人の希望にあわせる
特記事項（とくに重要な指導事項などがあれば記入）

....

....

5．難聴・補聴器に関する情報
本人の補聴器装用希望や意欲（□あり　□はっきりしない　□消極的　□なし）　　□ 試聴希望あり
□ 難聴を家族や他の人に指摘された　　□ 家族や他の人に補聴器装用を奨められた
［特記事項］

・補聴器を必要とする主な場面（□医師等による診療や治療を受けるために直接必要）

....

・補聴器への期待や不安

....

・価格の希望、使用目的などを含め、とくに重要な指導事項や注意などがあれば記入

....

....

※ 医師等による診療や治療を受けるために直接必要な補聴器である場合、当該補聴器の購入費用については、医療費控除の対象となります。医師等による診療や治療を受けるために直接必要な補聴器である場合は、当該補聴器を必要とする主な場面とともに、使用目的を具体的に記入してください。

6. 補聴器の選択・調整に当たって特に留意すること(過去3ヵ月以内の聴力低下、聴力変動、耳鳴、めまいなどがあれば対応法について記入)

....

使用している補聴器の再適合・再調整・修理などが必要な場合に記載する事項

7. 現在使用中補聴器の問題点 (再調整または修理・点検依頼項目)
　　(聴力が変化している場合はオージオグラムに最新の聴力を記載すること)
　(1) 補聴器再調整が必要な理由
　　□ 聴力が変化した(□ 悪くなった　□ よくなった)　　　　□ 聴力の変化なし
　　□ 語音明瞭度が悪化した
　　□ 装用していても会話が聞き取りにくくなった
　　□ 音が小さくなった
　　□ 音質が悪くなった(具体的に : _____)
　　□ 雑音がうるさくなった
　　□ 響くようになった
　　□ 頻繁にハウリングする
　　□ 補聴器適合検査結果不良
　　□ その他 : _____
　　□ 使用時に具体的に困ること _____
　　□ 補聴器の不具合を感じる主要な場面 _____
　(2) 修理が必要な理由
　　□ 電池交換しても音が出ない　　　　□ 音が出たり出なかったりする
　　□ スイッチを入れると雑音がする　　□ 音が小さくなった
　　□ ハウリングが止まらない　　　　　□ ボリウムが働かない
　　□ 挿入すると耳が痛い　　　　　　　□ イヤモールド、シェルの不具合
　　□ その他 : _____
　　□ 破損した : _____
　(3) 修理後の再調整
　　□ 修理後は元の調整にする　　　　　□ 修理後あらたに再調整必要
　　□ その他 : _____
　　..

新規適合、更新、使用機種の再適合、装用耳変更、両耳装用への変更、修理のすべてについて

資　料　編　317

8．その他の情報（機種選択、補聴器の機能、調整の方針、および、選択・調整において必要な要望
　があれば記入）

第 1 部

資料20 介護保険制度の下で提供される施設・居宅サービス等の対価についての医療費控除の取扱い

介護保険制度の下で提供される施設・居宅サービス等の対価についての医療費控除の取扱い

【施設サービスの対価】

① 医療費控除の対象となるサービスを行う施設名	② サービスの対価のうち医療費控除の対象となるもの	③ サービスの対価のうち医療費控除の対象とならないもの
指定介護老人福祉施設	施設サービスの対価（介護費、食費及び居住費）として支払った額の2分の1に相当する金額	○ 日常生活費 ○ 特別なサービス費用
指定地域密着型介護老人福祉施設		
介護老人保健施設	施設サービスの対価（介護費、食費及び居住費）として支払った額	
指定介護療養型医療施設		
介護医療院		

【居宅サービス等の対価】

① サービスの対価が医療費控除の対象となる居宅サービス等	② ①の居宅サービスと併せて利用する場合のみ医療費控除の対象となる居宅サービス等	③ 医療費控除の対象とならない居宅サービス等
○ 訪問看護 ○ 介護予防訪問看護 ○ 訪問リハビリテーション ○ 介護予防訪問リハビリテーション ○ 居宅療養管理指導 ○ 介護予防居宅療養管理指導 ○ 通所リハビリテーション ○ 介護予防通所リハビリテーション ○ 短期入所療養介護 ○ 介護予防短期入所療養介護 ○ 定期巡回・随時対応型訪問介護看護（一体型事業所で訪問看護を利用する場合に限ります。） ○ 複合型サービス（上記の居宅サービスを含む組合せにより提供されるもの（生活援助中心型の訪問介護の部分を除きます。）に限ります。）	○ 訪問介護（生活援助（調理、洗濯、掃除等の家事の援助）中心型を除きます。） ○ 夜間対応型訪問介護 ○ 介護予防訪問介護 ○ 訪問入浴介護 ○ 介護予防訪問入浴介護 ○ 通所介護 ○ 地域密着型通所介護 ○ 認知症対応型通所介護 ○ 小規模多機能型居宅介護 ○ 介護予防通所介護 ○ 介護予防認知症対応型通所介護 ○ 介護予防小規模多機能型居宅介護 ○ 短期入所生活介護 ○ 介護予防短期入所生活介護 ○ 定期巡回・随時対応型訪問介護看護（一体型事業所で訪問看護を利用しない場合及び連携型事業所に限ります。） ○ 複合型サービス（①の居宅サービスを含まない組合せにより提供されるもの（生活援助中心型の訪問介護の部分を除きます。）に限ります。） ○ 地域支援事業の訪問型サービス（生活援助中心のサービスを除きます。） ○ 地域支援事業の通所型サービス（生活援助中心のサービスを除きます。）	○ 訪問介護（生活援助中心型） ○ 認知症対応型共同生活介護 ○ 介護予防認知症対応型共同生活介護 ○ 特定施設入居者生活介護 ○ 地域密着型特定施設入居者生活介護 ○ 介護予防地域密着型特定施設入居者生活介護 ○ 複合型サービス（生活援助中心型の訪問介護の部分） ○ 地域支援事業の訪問型サービス（生活援助中心のサービスに限ります。） ○ 地域支援事業の通所型サービス（生活援助中心のサービスに限ります。） ○ 地域支援事業の生活支援サービス

※ ②の居宅サービス（①の居宅サービスと併せて利用しない場合に限ります。）又は③の居宅サービスにおいて行われる介護福祉士等による喀痰吸引等の対価（居宅サービスの対価として支払った額の10分の1に相当する金額）は、医療費控除の対象となります。

(注) 国税庁ホームページ「医療費控除を受けられる方へ」から抜粋

資料編

（参考） 給与所得について年末調整を受けた方が，医療費控除を受ける場合の申告書の書き方

【設例】

令和4年分の給与所得の源泉徴収票

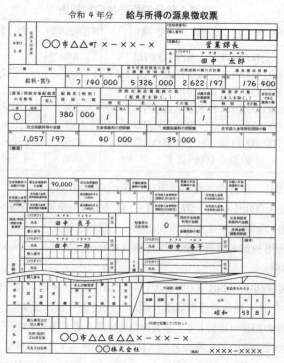

医療費の内訳

医療を受けた人（続柄）	病院・薬局などの名称	支払った医療費の額	保険金などで補塡される金額
田中　太郎（本人）	鈴木病院	170,000円	52,000円
田中　一郎（子）	吉田病院	350,000円	125,000円

320   第　1　部

申告書の記載方法等

① 「医療費控除の明細書」（セルフメディケーション税制を選択する場合は「セルフメディケーション税制の明細書」）を作成します。

② 「源泉徴収票」や「医療費控除の明細書」から所要の事項を申告書に転記します。

③ 申告書㉗欄は，次の税額表で求めます。

令和4年分の所得税の税額表

申　告　書　㉑　欄　の　金　額	所得税の税率	控　除　額
1,000円以上 1,949,000円以下	5%	0円
1,950,000円以上 3,299,000円以下	10%	97,500円
3,300,000円以上 6,949,000円以下	20%	427,500円
6,950,000円以上 8,999,000円以下	23%	636,000円
9,000,000円以上17,999,000円以下	33%	1,536,000円
18,000,000円以上39,999,000円以下	40%	2,796,000円
40,000,000円以上	45%	4,796,000円

（計算例）　申告書㉖欄の金額が2,459,000円の場合

　　2,459,000円×0.1－97,500円＝148,400円…申告書㉒欄へ

④ 申告書の㊵欄は，次の計算式によって求めます。

　　基準所得税額＋復興特別所得税額（基準所得税額×2.1%）

　　（計算例）

　　　148,000円＋（148,000円×2.1%）＝151,516円…申告書㊱欄へ

⑤ 「還付される税金の受取場所」欄は，次により書きます。

　　銀行等の口座（申告者本人名義の口座に限ります。）への振込みを希望する場合は，その銀行等の名称，預金種類（該当する預金種類（総合口座の場合には，「普通」）に○印を付けてください。）及び口座番号を書きます。

　　また，ゆうちょ銀行の口座（申告者本人名義の口座に限ります。）への振込みを希望する場合は，貯金総合通帳の記号番号を書きます。

　　なお，公金受取口座について，記載した口座の登録に同意される方や，既に口座を登録済でその口座への振込を希望される方は，該当欄に○印を付けてください。

㊟ 確定申告にはマイナンバーの記載及び本人確認書類の提示又はその写し

資　料　編　　　321

を添付する必要があります。必要事項の記載漏れや提出等をお忘れないようにご注意ください。

322　　　　　　　　　　第　1　部

【医療費の明細書】の記載例

4 年分　医療費控除の明細書【内訳書】

※この控除を受ける方は、セルフメディケーション税制は受けられません。

住所　○○市△△町×-××-×　　氏名　田中　太郎

1 医療費通知に記載された事項

医療費通知(※)を添付する場合、右記の(1)～(3)を記入します。
※医療保険者等が発行する医療費の額等を通知する書類で、次の6項目が記載されたものをいいます。
（例：健康保険組合等が発行する「医療費のお知らせ」）
①被保険者等の氏名、②療養を受けた年月、③療養を受けた者、④療養を受けた病院・診療所・薬局等の名称、⑤被保険者等が支払った医療費の額、⑥保険者等の名称

(1)医療費通知に記載された医療費の額（自己負担額）(注)	(2)(1)のうちその年中に実際に支払った医療費の額	(3)(1)のうち生命保険や社会保険（高額療養費など）などで補てんされる金額
㋐　　　　　円	㋑　　　　　円	円

(注) 医療費通知には前年支払分の医療費が記載されている場合がありますのでご注意ください。

2 医療費（上記1以外）の明細

「領収書1枚」ごとではなく、「医療を受けた方」・「病院等」ごとにまとめて記入できます。

(1)医療を受けた方の氏名	(2)病院・薬局などの支払先の名称	(3)医療費の区分	(4)支払った医療費の額	(5)(4)のうち生命保険や社会保険（高額療養費など）などで補てんされる金額
田中　太郎	鈴木病院	☑診療・治療　□介護保険サービス □医薬品購入　□その他の医療費	170,000 円	52,000 円
田中　一郎	吉田病院	☑診療・治療　□介護保険サービス □医薬品購入　□その他の医療費	350,000	125,000
		□診療・治療　□介護保険サービス □医薬品購入　□その他の医療費		
		□診療・治療　□介護保険サービス □医薬品購入　□その他の医療費		
		□診療・治療　□介護保険サービス □医薬品購入　□その他の医療費		
		□診療・治療　□介護保険サービス □医薬品購入　□その他の医療費		
		□診療・治療　□介護保険サービス □医薬品購入　□その他の医療費		
		□診療・治療　□介護保険サービス □医薬品購入　□その他の医療費		
		□診療・治療　□介護保険サービス □医薬品購入　□その他の医療費		
		□診療・治療　□介護保険サービス □医薬品購入　□その他の医療費		
2 の 合 計			㋒ 520,000	㋓ 177,000
医 療 費 の 合 計		A (㋐+㋒) 520,000 円	B (㋑+㋓) 177,000 円	

この明細書は、申告書と一緒に提出してください。

3 控除額の計算

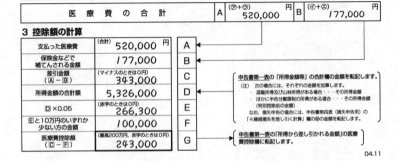

04.11

資 料 編

重要なお知らせ

平成29年分の確定申告から、「医療費控除の明細書」の添付が必要となり、医療費の領収書の添付又は提示は必要ありません。ただし、明細書の記入内容の確認のため、確定申告期限等から5年間、税務署から領収書（医療費通知に係るものを除きます。）の提示又は提出を求める場合がありますので、領収書はご自宅等で保管してください。

■ 医療費控除の明細書の記載要領

この明細書は、所得税法第73条（医療費控除）の適用を受ける場合に使用します。**この控除を受ける方は、セルフメディケーション税制による医療費控除の特例を受けることができませんので、ご留意ください。**

❶ 医療費通知に記載された事項

医療費通知を添付する場合、(1)〜(3)を記入します。
- ※1 医療費通知とは、医療保険者等が発行する医療費の額等を通知する書類で、次の事項が記載されたものをいいます。
  - ①被保険者等の氏名 ②療養を受けた年月 ③療養を受けた病院、診療所、薬局等の名称
  - ⑤被保険者等が支払った医療費の額 ⑥保険者等の名称
- ※2 自己又は生計を一にする配偶者その他の親族のために支払った医療費に関する医療費通知に限ります。
- ※3 医療費通知に保険者番号及び被保険者等記号・番号の記載がある場合、その番号部分を復元できない程度に塗り潰してください。

(1)「医療費通知に記載された医療費の額（自己負担額）」欄
自己が負担した医療費の合計額を記入します。通知が複数ある場合は、全て合計し記入します。
- ※ 医療費通知には前年支払分の医療費が記載されている場合がありますのでご注意ください。

(2)「(1)のうちその年中に実際に支払った医療費の額」欄
(1)の医療費のうち、その年中に実際に支払った医療費の合計額を記入します。
- ※ 医療費通知に記載された医療費の額は、実際に支払った金額と異なる場合がありますので、領収書をご確認ください。

(3)「(2)のうち生命保険や社会保険（高額療養費など）などで補てんされる金額」欄
生命保険契約、損害保険契約又は健康保険法の規定等に基づき受け取った保険金や給付金（入院給付金、出産育児一時金、高額療養費など）がある場合に、その金額を記入します。
- ※ 保険金などで補てんされる金額は、その給付の目的となった医療費の金額を限度として差し引きますので、引ききれない金額が生じた場合であっても、他の医療費からは差し引きません。
- 保険金などで補てんされる金額が確定申告書を提出する時までに確定していない場合には、その保険金などの見込額を記載します。後日、保険金などを受け取った際に、その額が見込額と異なるときは、申告内容を訂正してください。

記入例

(1) 医療費通知に記載された医療費の額（自己負担額）	(2)(1)のうちその年中に実際に支払った医療費の額	(3)(2)のうち生命保険や社会保険（高額療養費など）などで補てんされる金額
① 176,584 円	② 153,300 円	③ 円

医療費通知に記載された自己負担額の合計額を記入します。

(1)で記入した医療費のうち、その年中に実際に支払った額を領収書等で確認し、記入します。

(2)の医療費について、保険金などを受け取った場合は、その金額を記入します。

❷ 医療費（上記❶以外）の明細

その年中に自己又は生計を一にする配偶者その他の親族のために支払った医療費について、領収書から必要事項を記入します。なお、「領収書1枚」ごとではなく、「医療を受けた方」「病院等」ごとにまとめて記入できます。
（「❶医療費通知に記載された事項」に記入したものについては、記入しないでください。）

(1)「医療を受けた方の氏名」欄
医療を受けた方の氏名を記入します。

(2)「病院・薬局などの支払先の名称」欄
診療を受けた病院や医薬品を購入した薬局などの支払先の名称を記入します。

(3)「医療費の区分」欄
医療費の内容として該当するものを全てチェックします。

(4)「支払った医療費の額」欄
医療費控除の対象となる金額を記入します。

(5)「(4)のうち生命保険や社会保険（高額療養費など）などで補てんされる金額」欄
上記❶(3)と同様です。

例）国税太郎さんが○△病院に通院した場合
2月18日 診療：6,500円 通院費（JR、○○バス）往復780円
5月28日 診療：5,500円 通院費（JR、○○バス）往復780円
○○病院費：12,000円　通院費：1,560円
- ※ 「その他の医療費」欄は、例えば、通院費、医薬品購入費用（いずれも通常必要なものに限ります。）などがある場合にチェックします。
- ※ 通院費などの医療費が複数ある場合は、記入例のようにまとめて記入しても差し支えありません。
- ※ 控除の対象となる医療費の範囲など、詳しくはパンフレット「医療費控除を受けられる方へ」や国税庁ホームページをご覧ください。

記入例

(1) 医療を受けた方の氏名	(2) 病院・薬局などの支払先の名称	(3) 医療費の区分	(4) 支払った医療費の額	(5)(4)のうち生命保険や社会保険（高額療養費など）などで補てんされる金額
国税　太郎	○○△病院	☑診療・治療 □介護保険サービス □医薬品購入 □その他の医療費	12,000 円	円
〃	JR、○○バス	□診療・治療 □介護保険サービス □医薬品購入 ☑その他の医療費	1,560	

■ 添付又は提示が必要な書類

- この「医療費控除の明細書」（添付）
- 医療費通知（原本※）「❶ 医療費通知に記載された事項」に記入したものに限ります。（添付）
  - ※ 令和4年1月1日以後に令和3年分以後の確定申告書を提出する場合は、原本に代えて電子証明書に係る電磁的記録印刷書面（電子証明書に記録された情報の内容と、その内容が記録された二次元コードが付された出力画面をいいます。）を添付することができます。詳しくは、国税庁ホームページをご覧ください。
- 次の費用について医療費控除を受ける場合は、それぞれ該当する書類を取得する必要があります。
  これらの書類に記載された①証明年月日、②証明書の名称及び③証明者の名称（医療機関名等）を明細書の適宜の欄又は欄外余白などに記載することで、添付又は提示を省略しても差し支えありません。この場合、添付を省略した証明書などは、確定申告期限等から5年間ご自宅等で保存する必要があります。

○ 寝たきりの人のおむつ代 ※ おむつについて医療費控除を受けることが2年目以降で介護保険法の要介護認定を受けている一定の人は、市町村長が発行するおむつ使用の確認書等を「おむつ使用証明書」に代えることができます。	▶ 医師が発行した「おむつ使用証明書」
○ 温泉利用型健康増進施設の利用料金	▶ 温泉療養証明書
○ 指定運動療法施設の利用料金	▶ 運動療法実施証明書
○ ストマ用装具の購入費用	▶ ストマ用装具使用証明書
○ B型肝炎患者の介護に当たる同居の親族が受ける同ワクチンの接種費用	▶ 医師の診断書（その患者がB型肝炎にかかっており、医師による継続的治療を要する旨の記載のあるもの）
○ 白内障等の治療に必要な眼鏡の購入費用	▶ 処方箋（医師が、白内障等の疾病名と治療を必要とする症状を記載したもの）
○ 市町村又は認定居宅サービス事業者による在宅療養の介護費用	▶ 在宅介護費用証明書

医療費控除に関する詳しいことは、パンフレット「医療費控除を受けられる方へ」や国税庁ホームページをご覧ください。

324

第　1　部

【申告書第一表】の記載例

平成28年分以降の確定申告書には，マイナンバーを記載する必要があります。

○○税務署長　令和 5 年 2 月 17日　令和 04 年分の 所得税及び復興特別所得税 の確定 申告書

FA2202

第一表（令和四年分以降用）

| 納税地 | 〒 ×××－×××× | 個人番号（マイナンバー） 1 2 3 4 5 6 7 8 9 0 1 2 | 生年月日 3 5 3 . 0 8 . 0 1 |
| 現在の住所又は居所事業所等 | ○○市△△町×－××－× | フリガナ タナカ　タロウ 氏名 田中　太郎 | |

令和 5年 1月1日の住所　同上　職業　屋号・雅号　世帯主の氏名 田中　太郎　世帯主との続柄 本人

電話番号 ×××－×××－××××

（単位は円）

収入金額等	事業	営業等	㋐		税金の計算	課税される所得金額（⑫－㉙）又は第三表	㉚	2 4 6 0 0 0 0
		農業	㋑			上の㉚に対する税額又は第三表の㊿	㉛	1 4 8 5 0 0
	不動産		㋒			配当控除	㉜	
	配当		㋓				㉝	
	給与 区分		㋔	7 1 4 0 0 0 0		住宅借入金等特別控除区分	㉞	0 0
	雑	公的年金等	㋕			政党等寄附金等特別控除	㊱～㊳	
		業務 区分	㋖			住宅耐震改修特別控除等区分	㊴～㊶	
		その他	㋗			差引所得税額（㉛－㉜－㉝－㉞－㊱－㊲－㊳－㊴）	㊶	1 4 8 5 0 0
	総合譲渡	短期	㋘			災害減免額	㊷	
		長期	㋙			再差引所得税額（基準所得税額）（㊶－㊷）	㊸	1 4 8 5 0 0
	一時		㋚			復興特別所得税額（㊸×2.1％）	㊹	3 1 1 8
所得金額等	事業	営業等	①			所得税及び復興特別所得税の額（㊸＋㊹）	㊺	1 5 1 6 1 8
		農業	②			外国税額控除等区分	㊻～㊼	
	不動産		③			源泉徴収税額	㊽	1 7 6 4 0 0
	利子		④			申告納税額	㊾	
	配当		⑤			予定納税額（第1期分・第2期分）	㊿	
	給与 区分		⑥	5 3 2 6 0 0 0		第3期分の税額（㊾－㊿）納める税金	51	0 0
	雑	公的年金等	⑦			還付される税金	52	△
		業務	⑧		修正申告	修正前の第3期分の税額（還付の場合は頭に△を記載）	53	2 4 7 8 2
		その他	⑨			第3期分の税額の増加額	54	0 0
		⑦から⑨までの計	⑩		その他	公的年金等以外の合計所得金額	55	
	総合譲渡・一時⑦＋｛（⑩＋⑪）×½｝		⑪			配偶者の合計所得金額	56	
	合計（①から⑥までの計＋⑩＋⑪）		⑫	5 3 2 6 0 0 0		専従者給与（控除）額の合計額	57	
所得から差し引かれる金額	社会保険料控除		⑬			青色申告特別控除額	58	
	小規模企業共済等掛金控除		⑭			雑所得・一時所得等の源泉徴収税額の合計額	59	
	生命保険料控除		⑮			未納付の源泉徴収税額	60	
	地震保険料控除		⑯			本年分で差し引く繰越損失額	61	
	寡婦、ひとり親控除区分		⑰～⑱	0 0 0 0		平均課税対象金額	62	
	勤労学生、障害者控除		⑲～⑳	0 0 0 0		変動・臨時所得金額区分	63	
	配偶者（特別）控除区分		㉑～㉒	0 0 0 0	延納の届出	申告期限までに納付する金額	64	0 0
	扶養控除 区分		㉓	0 0 0 0		延納届出額	65	0 0 0
	基礎控除		㉔	0 0 0 0				
	⑬から㉔までの計		㉕	2 6 2 2 1 9 7	還付される税金の受取場所			
	雑損控除		㉖			郵便局名等		
	医療費控除 区分		㉗	2 4 3 0 0 0		預金種類 普通 当座 納税準備 貯蓄		
	寄附金控除		㉘			口座番号記号番号 ×××××××		
	合計（㉕＋㉖＋㉗＋㉘）		㉙	2 8 6 5 1 9 7		公金受取口座登録の同意 公金受取口座の利用		

㊹・㊺・㊾・51又は52の記入をお忘れなく。

整理欄　管理　名簿

整理欄　区分異動A B C D E F G H I J K L 補完

資料編 325

【申告書第二表】の記載例

令和 **04** 年分の 所得税及びの 復興特別所得税 申告書

整理番号 □□□□□□□□ 　FA2302 ■

住所 ○○市△△町×－×××－×
屋号
フリガナ　タナカ　タロウ
氏名　田中　太郎

第二表 〈令和四年分以降用〉 ○第二表は、第一表と一緒に提出してください。○国民年金保険料や生命保険料の支払証明書など申告書に添付しなければならない書類は添付書類台紙などに貼ってください。

○ 所得の内訳（所得税及び復興特別所得税の源泉徴収税額）

所得の種類	種目	給与などの支払者の「名称」及び「法人番号又は所在地」等	収入金額	源泉徴収税額
給与	給料	○○株式会社 1234567890123	円 7,140,000	円 176,400
		㊽ 源泉徴収税額の合計額		176,400

○ 総合課税の譲渡所得、一時所得に関する事項（⑪）

所得の種類	収入金額	必要経費等	差引金額
	円	円	円

特例適用
条文等

○ 保険料等の種類

	保険料等の種類	支払保険料等の計	うち年末調整等以外
⑬⑭ 社会保険料控除 小規模企業共済等掛金控除		円	円
⑮ 生命保険料控除	新生命保険料	円	円
	旧生命保険料		
	新個人年金保険料		
	旧個人年金保険料		
	介護医療保険料		
⑯ 地震保険料控除	地震保険料	円	円
	旧長期損害保険料		

本人に関する事項（⑰～⑳）

寡婦	ひとり親	勤労学生	障害者	特別障害者
□死別 □生死不明 □離婚 □未帰還		□年調以外かつ □専修学校等		

○ 雑損控除に関する事項（㉖）

損害の原因	損害年月日	損害を受けた資産の種類など

損害金額	保険金などで補塡される金額	差引損失額のうち災害関連支出の金額
円	円	円

○ 寄附金控除に関する事項（㉘）

寄附先の名称等		寄附金	

○ 配偶者や親族に関する事項（⑳～㉓）

氏名	個人番号	続柄	生年月日	障害者	国外居住	住民税	その他
		配偶者	明・大 昭・平・令　．．	障 特障	国外 年調	同一 別居	調整 専従
田中春子	2 3 4 5 6 7 8 9 0 1 2 3	子	明・大 昭・㊢・令 20・10・3	障 特障	国外 年調	(16) 別居	調整 専従
			明・大 昭・平・令　．．	障 特障	国外 年調	(16) 別居	調整 専従
			明・大 昭・平・令　．．	障 特障	国外 年調	(16) 別居	調整 専従
			明・大 昭・平・令　．．	障 特障	国外 年調	(16) 別居	調整 専従

○ 事業専従者に関する事項（㊼）

事業専従者の氏名	個人番号	続柄	生年月日	従事月数・程度・仕事の内容	専従者給与（控除）額
			明・大 昭・平　．．		
			明・大 昭・平　．．		

○ 住民税・事業税に関する事項

住民税	非上場株式の少額配当等	非居住者の特例	配当割額控除額	株式等譲渡所得割額控除額	特定配当等・特定株式等譲渡所得の全部の申告不要	給与、公的年金等以外の所得に係る住民税の徴収方法		都道府県、市区町村への寄附（特例控除対象）	共同募金、日赤その他の寄附	都道府県条例指定寄附	市区町村条例指定寄附
						特別徴収	自分で納付				

退職所得のある配偶者・親族の氏名	個人番号	続柄	生年月日	退職所得を除く所得金額	障害者	その他	寡婦・ひとり親
			明・大 昭・平　．．		障 特障	調整 専従	寡婦 ひとり親

事業税	非課税所得など	番号	所得金額	損益通算の特例適用前の不動産所得	事業用資産の譲渡損失など	前年中の開（廃）業	開始・廃止 月日
	不動産所得から差し引いた青色申告特別控除額					他都道府県の事務所等	

上記の配偶者・親族・事業専従者のうち別居の者の氏名・住所	氏名	住所	所得税で控除対象配偶者などとした専従者	氏名	給与	一連番号

整理欄	申告区分	申告年月日	法	所得種類	申告区分		税理士署名・電話番号	
	特例適用文						（　－　－　）	

326　　　　　　　　　　　　　第　１　部

【セルフメディケーション税制の明細書】

年分　セルフメディケーション税制の明細書

※この控除を受ける方は、通常の医療費控除は受けられません。

住　所　　　　　　　　　　　　　　　　　　氏　名

1 申告する方の健康の保持増進及び疾病の予防への取組

(1) 取 組 内 容	□ 健康診査　　　□ 予防接種　　　□ 定期健康診断 □ 特定健康診査　□ がん検診　　　□（　　　　　　　）
(2) 発 行 者 名 <small>(保険者、勤務先、市区町村、 医療機関名など)</small>	

※取組に要した費用（人間ドックなど）は、控除対象となりません。

2 特定一般用医薬品等購入費の明細　　「薬局などの支払先の名称」ごとにまとめて記入することができます。

(1) 薬局などの支払先の名称	(2) 医薬品の名称	(3) 支払った金額	(4) (3)のうち生命保険 や社会保険などで 補てんされる金額
		円	円
合　　　　　　　計		A	B

3 控除額の計算

支払った金額	（合計）　　　　　　　　円	A	
保険金などで 補てんされる金額		B	
差引金額 （A － B）	（マイナスのときは0円）	C	
医療費控除額 （C － 12,000円）	（最高8万8千円、赤字のときは0円）	D	

申告書第一表の「所得から差し引かれる金額」の医療費控除欄に転記し、「区分」の□に「1」と記入します。

この明細書は、申告書と一緒に提出してください。

資料編　327

重要なお知らせ

令和3年分の確定申告から「健康の保持増進及び疾病の予防として一定の取組を行ったことを明らかにする書類」の添付又は提示は必要なくなり、「セルフメディケーション税制の明細書」の添付のみが必要となりました。
ただし、明細書の記入内容の確認のため、確定申告期限等から5年間、税務署から当該書類の提示又は提出を求める場合がありますので、当該書類はご自宅等で保管してください。

■セルフメディケーション税制の明細書の記載要領

この明細書は、租税特別措置法第41条の17(セルフメディケーション税制による医療費控除の特例)の適用を受ける場合に使用します。
この控除を受ける方は、通常の医療費控除を受けることができませんので、ご留意ください。
健康の保持増進及び疾病の予防として一定の取組を行う方が、自己又は自己と生計を一にする配偶者その他の親族に係る特定一般用医薬品等購入費(※)を支払った場合は、通常の医療費控除との選択により、セルフメディケーション税制による医療費控除の特例の適用を受けることができます。

※ 特定一般用医薬品等購入費とは、医師によって処方される医薬品(医療用医薬品)から薬局などで購入できるOTC医薬品に転用された医薬品(スイッチOTC医薬品)の購入費をいいます。

❶ 申告する方の健康の保持増進及び疾病の予防への取組

(1) 「取組内容」欄
　取組を行ったことを明らかにする書類(※)を確認し、該当する取組内容をいずれか一つチェックします。
　※下記の「5年間保管が必要な書類」をご確認ください。
(2) 「発行者名」欄
　取組を行ったことを明らかにする書類の発行者の名称を記入します。

❷ 特定一般用医薬品等購入費の明細

(1) 「薬局などの支払先の名称」欄
　医薬品を購入した薬局などの支払先の名称を記入します。
　領収書が複数ある場合は、購入先ごとにまとめて記入することができます。
(2) 「医薬品の名称」欄
　購入した医薬品の名称を記入します。
　複数の医薬品を購入した場合は、名称を並べて記入します。
(3) 「支払った金額」欄
　医薬品の購入金額を記入します。
　複数の医薬品を購入した場合は、購入金額の合計を記入します。
(4) 「(3)のうち生命保険や社会保険などで補てんされる金額」欄
　生命保険契約、損害保険契約又は健康保険法の規定等に基づき受け取った保険金や給付金がある場合に、その金額を記入します。

領収書の表示例

領収書に控除の対象であることが記載されています。

同一の薬局で複数の医薬品を購入した場合は、医薬品名を並べて記入するとともに購入金額の合計を記入します。

記入例	(1)薬局などの支払先の名称	(2)医薬品の名称	(3)支払った金額	(4)(3)のうち生命保険や社会保険などで補てんされる金額
	国税薬局	ゼイムEX、カクテイ胃腸薬MN	2,164 円	円
	□□ドラッグストア	○○○○、○○○、○○○○	} 13,753	
	〃	○○○、○○○○、○○○○		

医薬品の名称が枠内に記入しきれない場合は、このように記入します。

■5年間保管が必要な書類

● 適用を受ける年分において一定の取組を行ったことを明らかにする書類
　①氏名　②取組を行った年　③事業を行った保険者、事業者若しくは市区町村の名称又は取組に係る診察を行った医療機関の名称若しくは医師の氏名の記載があるものに限ります。例えば次の書類です。

◎ インフルエンザの予防接種又は定期予防接種(高齢者の肺炎球菌感染症等)の領収書又は予防接種済証
◎ 市区町村のがん検診の領収書又は結果通知表
◎ 職場で受けた定期健康診断の結果通知表(「定期健康診断」という名称又は「勤務先(会社等)名称」が記載されている必要があります。)
◎ 特定健康診査の領収書又は結果通知表
　(「特定健康診査」という名称又は「保険者名(ご加入の健保組合等の名称)」が記載されている必要があります。)
◎ 人間ドックやがん検診をはじめとする各種健診(検診)の領収書又は結果通知表
　(「勤務先(会社等)名称」又は「保険者名(ご加入の健保組合等の名称)」が記載されている必要があります。)

※ 上記の書類に必要な事項が記載されていない場合は、勤務先や保険者などに一定の取組を行ったことの証明を依頼し、証明書の交付を受ける必要があります。詳しくは厚生労働省のホームページをご確認ください。

● 特定一般用医薬品等の領収書

第2部

（特定増改築等）住宅借入金等特別控除関係

解 説 編

解説編（第1　令和4年入居者の住宅借入金等特別控除）　　333

第1　令和4年入居者の住宅借入金等特別控除

【令和4年入居者の住宅借入金等特別控除のポイント】

住宅の取得等の種類／住宅の種類	特別特例取得	新築住宅の取得 買取再販住宅の取得	既存住宅の取得	居住用家屋の増改築等
認定住宅	借入限度額： 5,000万円 控除期間： 13年間 控除率： 1.0%	借入限度額： 5,000万円 控除期間： 13年間 控除率： 0.7%		借入限度額： 2,000万円 控除期間： 10年間 控除率： 0.7%
特定省エネ基準適合住宅		借入限度額： 4,500万円 控除期間： 13年間 控除率： 0.7%	借入限度額： 3,000万円 控除期間： 10年間 控除率： 0.7%	
一般省エネ基準適合住宅	借入限度額： 4,000万円 控除期間： 13年間 控除率： 1.0%	借入限度額： 4,000万円 控除期間： 13年間 控除率： 0.7%		
一般住宅 （上記以外の住宅）		借入限度額： 3,000万円 控除期間： 13年間 控除率： 0.7%	借入限度額： 2,000万円 控除期間： 10年間 控除率： 0.7%	

1 制度の概要

住宅借入金等特別控除とは，個人が住宅の取得等をして，住宅の取得等をした日から6か月以内に当該取得等をした住宅に入居した場合において，その者が住宅借入金等の金額を有するときは，住宅の種類及び住宅の取得等の種類に応じて計算した住宅借入金等特別控除額を，控除期間内の各年分の所得税の額から控除するものです（措法41①）。

（参考）　個人住民税の住宅借入金等特別税額控除

　　　その年分の所得税の額から所得税の住宅借入金等特別控除額の全額を控除できなかった方は，その控除できなかった部分の額について，その翌年分の個人住民税の額から控除する個人住民税の住宅借入金等特別税額控除の適用を受けることができます（地方税法附則5の4の2）。

　　(注)　個人住民税の住宅借入金等特別控除は，所得税の住宅借入金等特別控除の適用を受ければ，特段の手続を行うことなく適用を受けることができます。

2 住宅借入金等特別控除の対象となる住宅の取得等

住宅借入金等特別控除の対象となる住宅の取得等とは，新築住宅の取得，買取再販住宅の取得，既存住宅の取得，居住用家屋の増改築等をいいます（措法41①）。

(1) 新築住宅の取得

新築住宅の取得とは，居住用家屋の新築又は居住用家屋で建築後使用されたことのないものの取得をいい，次の者のうち生計を一にするもの

解説編（第1　令和4年入居者の住宅借入金等特別控除）　　335

からの取得及び贈与による取得は除かれます（措令26②）。

・　その者の親族

・　その者と婚姻の届出をしていないが事実上婚姻関係と同様の事情に
　ある者

・　その者から受ける金銭その他の資産によって生計を維持している者

・　上記の者と生計を一にするこれらの者の親族

　㊟1　住宅借入金等特別控除の対象とされる居住用家屋とは，個人が居住
　　　の用に供する家屋で，床面積が50㎡以上であるもの（マンション等の
　　　場合は，その者の区分所有する部分の床面積が50㎡以上であるもの）
　　　とされており，次の要件に該当するものに限ります（措令26①）。

　　　・　その家屋の床面積の2分の1以上に相当する部分が専ら居住の用
　　　　に供されるもの

　　　・　その者がその居住の用に供する家屋を2以上有する場合には，こ
　　　　れらの家屋のうち，その者が主としてその居住の用に供すると認め
　　　　られるもの

　　2　上記（注1）の「区分所有する部分の床面積」とは，登記簿上表示
　　　される壁その他の区画の内側線で囲まれた部分の水平投影面積をいい
　　　ます（措通41―11）。

　　　　また，その家屋が店舗併用住宅であるなど自己の居住の用以外の用
　　　にも供される部分がある家屋の場合やその家屋が共有である場合には，
　　　その家屋の全体の床面積によって判定することとされています（措通
　　　41―12）。

　　3　特例居住用家屋（床面積が40㎡以上50㎡未満の家屋のうち，令和5
　　　年12月31日以前に建築基準法の確認を受けている居住用家屋をいいま
　　　す。）も住宅借入金等特別控除の対象とされています（措法41⑱，措令
　　　26㉚）。

(2) 買取再販住宅の取得

買取再販住宅とは，次に掲げる要件を満たす住宅をいいます（措法41①）。

① 上記(1)(注)1の居住用家屋に該当する家屋であること

② 建築後使用されたことのある家屋であること

③ 耐震基準に適合する家屋であること

④ 新築された日から10年を経過した家屋であること

⑤ 宅地建物取引業者が特定増改築等を行った家屋であること

⑥ 特定増改築等を行った宅地建物取引業者から取得した家屋であること

(注)1 上記③の耐震基準に適合する家屋とは，次のいずれかに該当する家屋をいいます（措令26③）。

・ 昭和57年1月1日以後に建築された家屋

・ 建築基準法施行令の規定又は地震に対する安全性に係る基準に適合する家屋

2 「地震に対する安全性に係る基準」とは，国土交通大臣が財務大臣と協議して定める地震に対する安全性に係る基準をいいます（資料1～3）。

3 要耐震改修住宅(耐震基準に適合していない居住用家屋をいいます。)を取得した場合であっても，その家屋の取得の日までに耐震改修を行うことについての申請をし，かつ，その家屋の居住の日までに耐震改修を行い，耐震基準に適合することとなった場合には，住宅借入金等特別控除の対象となります（措法41㉝，資料4・5）。

4 特定増改築等とは，宅地建物取引業者が家屋（取得前2年以内にその宅地建物取引業者が取得をしたものに限ります。）について行った次の工事で次の要件を満たすものとされています（措法41⑳，措令26㉝㉞，措規18の21⑱，資料6）。

解説編（第1　令和4年入居者の住宅借入金等特別控除）　　337

(1)　対象工事

　　対象工事は，次に掲げる工事でその工事に該当するものであることにつき増改築等工事証明書により証明がされたものとされています。

①　増築，改築，建築基準法に規定する大規模の修繕又は大規模の模様替

②　一棟の家屋でその構造上区分された数個の部分を独立して住居その他の用途に供することができるもののうちその者が区分所有する部分について行う次に掲げるいずれかの修繕又は模様替

　a　その区分所有する部分の床（建築基準法に規定する主要構造部である床及び最下階の床をいいます。）の過半又は主要構造部である階段の過半について行う修繕又は模様替

　b　その区分所有する部分の間仕切壁（主要構造部である間仕切壁及び建築物の構造上重要でない間仕切壁をいいます。）の室内に面する部分の過半について行う修繕又は模様替（その間仕切壁の一部について位置の変更を伴うものに限ります。）

　c　その区分所有する部分の主要構造部である壁の室内に面する部分の過半について行う修繕又は模様替（その修繕又は模様替に係る壁の過半について遮音又は熱の損失の防止のための性能を向上させるものに限ります。）

③　家屋（上記②の家屋にあっては，その者が区分所有する部分に限ります。）のうち居室，調理室，浴室，便所その他の室で国土交通大臣が財務大臣と協議して定めるものの一室の床又は壁の全部について行う修繕又は模様替

④　家屋について行う建築基準法施行令の規定又は国土交通大臣が財務大臣と協議して定める地震に対する安全性に係る基準に適合させるための修繕又は模様替

⑤　家屋について行う国土交通大臣が財務大臣と協議して定める高齢者等が自立した日常生活を営むのに必要な構造及び設備の基準に適合させるための修繕又は模様替

⑥　家屋について行う国土交通大臣が財務大臣と協議して定めるエ
ネルギーの使用の合理化に資する修繕又は模様替

⑦　家屋について行う給水管，排水管又は雨水の浸入を防止する部
分に係る修繕又は模様替（その家屋の瑕疵を担保すべき責任の履
行に関し国土交通大臣が財務大臣と協議して定める保証保険契約
が締結されているものに限ります。）

(2)　対象工事の要件

対象工事の要件は，次に掲げる要件とされています。

①　特定増改築等に係る工事に要した費用の総額がその家屋の個人
に対する譲渡の対価の額の20%に相当する金額（その金額が300万
円を超える場合には，300万円）以上であること。

②　次に掲げる要件のいずれかを満たすこと。

a　上記(1)①から⑥までに掲げる工事に要した費用の額の合計額
が100万円を超えること。

b　上記(1)④から⑦までのいずれかに掲げる工事に要した費用の
額がそれぞれ50万円を超えること。

5　「増改築等工事証明書」とは，増改築等に係る住宅借入金等特別控除
を適用する際に，確定申告書に添付すべきこれらの特例の対象となる
増改築等に該当する工事である旨等を証明する書類で建築士等が発行
するものをいいます（資料16・17）。

(3)　既存住宅の取得

既存住宅とは，中古住宅のうち，買取再販住宅に該当しないものをい
い，具体的には，上記(2)①～③の要件を満たすものをいいます（措法41
①）。

㊟　法令上は，買取再販住宅と買取再販住宅に該当しない中古住宅を既存住
宅と定義していますが，本書では，買取再販住宅に該当しない中古住宅を
既存住宅と表記しています。

解説編（第1　令和4年入居者の住宅借入金等特別控除）　　339

(4) 特別特例取得

　特別特例取得とは，特別特定取得（消費税額が10%の税率の場合の住宅の取得等）に該当する取得のうち，その契約が次の期間に締結されているものをいいます（新型コロナ税特法6の2②）。

- ・　請負契約の場合…令和2年10月1日から令和3年9月30日
- ・　売買契約の場合…令和2年12月1日から令和3年11月30日

　控除額の計算は，次のとおりです。

①　1年目から10年目までの各年

- ・　**住宅借入金等の年末残高の合計額×1%＝住宅借入金等特別控除額（100円未満の端数切捨て）**

  （注）1　住宅借入金等の年末残高が家屋の取得対価の額を超える場合には，家屋の取得対価の額が上限となります。

  　　2　住宅借入金等の年末残高について，認定住宅の場合は5,000万円が，認定住宅以外の場合には4,000万円が限度となります。

②　11年目から13年目までの各年

　次のいずれか低い方の金額（100円未満の端数切捨て）

- イ　**上記①で計算した金額**
- ロ　**家屋の取得対価の額等（税抜）×2%÷3**

3　一般住宅を取得した場合の住宅借入金等特別控除

(1) 一般住宅とは

　一般住宅とは，認定住宅及び省エネ基準適合住宅に該当しない住宅をいいます（措法41①）。

(2) 控除額の計算

控除額は，次の算式で計算します（措法41②④）。

【算式】

$$\frac{住宅借入金等}{の年末残高} \times 控除率(0.7\%) = \frac{住宅借入金等}{特別控除額} \begin{bmatrix} 100円未満 \\ 切捨て \end{bmatrix}$$

(注)1　住宅借入金等の年末残高が家屋の取得対価の額を超える場合には，家屋の取得対価の額が上限となります（措令26⑥）。

　　2　住宅借入金等の年末残高について，一般住宅が，新築住宅又は買取再販住宅に該当する場合には3,000万円が，既存住宅に該当する場合には2,000万円が限度となります（措法41③三，五）。

(3) 控除期間

控除期間は，13年間（既存住宅の場合は10年間）です（措法41①）。

(注)1　その年の12月31日（その者が死亡した年は死亡の日）まで居住している年が対象となります（措法41①）。

　　2　合計所得金額が2,000万円（特例居住用家屋の場合は1,000万円）を超える年は，本控除の適用を受けることはできません（措法41①⑱）。

　　3　合計所得金額とは，総所得金額，特別控除前の分離課税の長（短）期譲渡所得の金額，一般株式等に係る譲渡所得等の金額，上場株式等に係る譲渡所得等の金額，申告分離課税の上場株式等の配当等に係る配当所得等の金額，先物取引に係る雑所得等の金額，山林所得金額及び退職所得金額の合計額をいいます。ただし，純損失や雑損失の繰越控除，居住用財産の買換え等の場合の譲渡損失の繰越控除，特定居住用財産の譲渡損失の繰越控除，上場株式等に係る譲渡損失の繰越控除，特定中小会社が発行した株式に係る譲渡損失の繰越控除又は先物取引の差金等決済に係る損失の繰越控除の適用を受けている場合には，その適用前の金額となります（所法2①三十）。

　　4　特例居住用家屋とは，居住用家屋のうち，次に該当するものをいいます（措法41⑱）。

解説編（第1　令和4年入居者の住宅借入金等特別控除）　　341

① 一棟の家屋で床面積が40㎡以上50㎡未満であるもの

② 一棟の家屋で，その構造上区分された数個の部分を独立して住居その他の用途に供することができるものにつきその各部分を区分所有する場合には，その者の区分所有する部分の床面積が40㎡以上50㎡未満であるもの

(4) 手続

住宅借入金等特別控除の適用を受けるためには，税務署に，確定申告書，（特定増改築等）住宅借入金等特別控除額に関する計算明細書及び次の添付書類を提出する必要があります（措法41㉞，措規18の21⑧）。

① 新築住宅の取得に該当する場合

イ 住宅取得資金に係る借入金の年末残高証明書【原本】

ロ 住宅の登記事項証明書【原本・写し】

　㊟ 住宅借入金等特別控除額に関する計算明細書に家屋の不動産番号を記載すれば，登記事項証明書の添付を省略することができます。

ハ 住宅の工事請負契約書又は売買契約書【写し】

ニ 住宅の敷地について住宅借入金等特別控除の適用を受ける方…次の書類

　・ 敷地に係る住宅取得資金に係る借入金の年末残高証明書【原本】

　・ 土地の売買契約書【写し】

　・ 土地の登記事項証明書【原本・写し】

　㊟ 住宅借入金等特別控除額に関する計算明細書に土地の不動産番号を記載すれば，登記事項証明書の添付を省略することができます。

ホ 住宅の取得に関し，補助金等の交付を受けた方…補助金の決定通知書など補助金等の額を証する書類【原本】

ヘ　住宅取得等資金に係る贈与税の特例の適用を受けた方…贈与税の

申告書など贈与を受けた住宅取得等資金の額が分かる書類【写し】

② 買取再販住宅の取得に該当する場合

イ　上記①の新築住宅の取得の場合の添付書類

ロ　買取再販住宅が昭和57年１月１日前に建築されたものである場合

…次のいずれかの書類

・　建築士等の耐震基準適合証明書【原本】

・　登録住宅性能評価機関の建設住宅性能評価書【写し】

・　既存住宅売買瑕疵担保責任保険の保険付保証明書【原本】

ハ　買取再販住宅が要耐震改修住宅に該当する場合…次に掲げる書類

・　耐震改修に係る工事請負契約書【写し】

・　次のいずれかの書類

a　建築物の耐震改修計画の認定申請書【写し】及び耐震基準適

合証明書【原本】

b　耐震基準適合証明申請書【写し】及び耐震基準適合証明書

【原本】

c　建設住宅性能評価申請書【写し】及び建設住宅性能評価書

【写し】

d　既存住宅売買瑕疵担保責任保険の申込書【写し】及び既存住

宅売買瑕疵担保責任保険の保険付保証明書【原本】

ニ　建築士等の増改築等工事証明書

㊟　給水管，排水管又は雨水の侵入を防止する部分に係る修繕又は模様

替えの工事（既存住宅売買瑕疵担保責任保険契約が締結されているも

のに限ります。）の場合は，増改築等工事証明書に加え，既存住宅売買

瑕疵担保責任保険の保険付保証明書【原本】が必要となります。

③ 既存住宅の取得に該当する場合

解説編（第1 令和4年入居者の住宅借入金等特別控除） 343

　イ　上記①の新築住宅の取得の場合の添付書類

　ロ　上記②の買取再販住宅の取得の場合のロ又はハの書類

4　認定住宅を取得した場合の住宅借入金等特別控除

(1)　認定住宅とは

　認定住宅とは，次に掲げる住宅をいいます（措法41⑩一，二）。

・　長期優良住宅の普及の促進に関する法律に規定する認定長期優良住宅

・　都市の低炭素化の促進に関する法律に規定する低炭素建築物に該当する家屋又は低炭素建築物とみなされる特定建築物に該当する家屋

(2)　控除額の計算

　控除額は，次の算式で計算します（措法41⑫）。

【算式】

$$\text{住宅借入金等の年末残高} \times \text{控除率}(0.7\%) = \text{住宅借入金等特別控除額} \begin{bmatrix} 100\text{円未満} \\ \text{切捨て} \end{bmatrix}$$

　（注）1　住宅借入金等の年末残高が家屋の取得対価の額を超える場合には，家屋の取得対価の額が上限となります（措令26㉕）。

　　　　2　住宅借入金等の年末残高について，認定住宅が，新築住宅又は買取再販住宅に該当する場合には5,000万円が，既存住宅に該当する場合には3,000万円が限度となります（措法41⑪一，五）。

(3)　控除期間

　控除期間は，13年間（既存住宅の場合は10年間）です。

　（注）1　その年の12月31日（その者が死亡した年は死亡の日）まで居住している年が対象となります（措法41①⑩）。

344　　　　　　　　　　　　　　　第 2 部

　2　合計所得金額が2,000万円（特例居住用家屋の場合は1,000万円）を超
　　える年は，本控除を適用することはできません（措法41①⑩⑲）。
　3　合計所得金額については，上記3(3)の（注3）をご参照ください。
　4　認定住宅の取得について認定住宅等新築等特別税額控除の適用を受け
　　る場合には，その認定住宅に係る住宅借入金等特別控除の適用を受ける
　　ことはできません（措法41㉔）。

(4)　**手続**

　住宅借入金等特別控除の適用を受けるためには，税務署に，確定申告
書，（特定増改築等）住宅借入金等特別控除額に関する計算明細書及び次
の添付書類を提出する必要があります（措法41㉞，措規18の21⑧）。

①　新築住宅の取得に該当する場合

　イ　住宅取得資金に係る借入金の年末残高証明書【原本】

　ロ　住宅の登記事項証明書【原本・写し】

　　㊟　住宅借入金等特別控除額に関する計算明細書に家屋の不動産番号を
　　　記載すれば，登記事項証明書の添付を省略することができます。

　ハ　認定住宅であることを証する次の書類（資料7・8）

　　・　認定長期優良住宅の場合…次の書類

　　　a　都道府県・市区町村等の長期優良住宅建築等計画等に係る認
　　　　定通知書【写し】

　　　b　市区町村の住宅用家屋証明書【原本・写し】又は建築士等の
　　　　認定長期優良住宅建築証明書【原本】

　　　㊟　上記aの認定通知書の区分が「既存」である場合は，上記aに加え，
　　　　地位の承継に係る承認通知書【写し】が必要となり，上記bは不要と
　　　　なります。

　　・　低炭素建築物に該当する家屋の場合…次の書類

　　　a　都道府県・市区町村等の低炭素建築物新築等計画に係る認定

解説編（第1　令和4年入居者の住宅借入金等特別控除）　　345

通知書【写し】

　　b　市区町村の住宅用家屋証明書【原本・写し】又は建築士等の
　　　認定低炭素住宅建築証明書【原本】

　・　低炭素建築物とみなされる特定建築物に該当する家屋の場合…
　市区町村の住宅用家屋証明書（特定建築物用）【原本】

ニ　住宅の工事請負契約書又は売買契約書【写し】

ホ　住宅の敷地について住宅借入金等特別控除の適用を受ける方…次
　　の書類

　・　敷地に係る住宅取得資金に係る借入金の年末残高証明書【原
　本】

　・　土地の売買契約書【写し】

　・　土地の登記事項証明書【原本・写し】

　　㊟　住宅借入金等特別控除額に関する計算明細書に土地の不動産番号
　　　を記載すれば，登記事項証明書の添付を省略することができます。

ヘ　住宅の取得に関し，補助金等の交付を受けた方…補助金の決定通
　　知書など補助金等の額を証する書類【原本】

ト　住宅取得等資金に係る贈与税の特例の適用を受けた方…贈与税の
　　申告書など贈与を受けた住宅取得等資金の額が分かる書類【写し】

②　買取再販住宅の取得に該当する場合

イ　上記①の新築住宅の取得の場合の添付書類

ロ　買取再販住宅が昭和57年1月1日前に建築されたものである場合
　　…次のいずれかの書類

　・　建築士等の耐震基準適合証明書【原本】

　・　登録住宅性能評価機関の建設住宅性能評価書【写し】

　・　既存住宅売買瑕疵担保責任保険の保険付保証明書【原本】

ハ　買取再販住宅が要耐震改修住宅に該当する場合…次に掲げる書類

・　耐震改修に係る工事請負契約書【写し】

　　　・　次のいずれかの書類

　　　　　a　建築物の耐震改修計画の認定申請書【写し】及び耐震基準適
　　　　　　　合証明書【原本】

　　　　　b　耐震基準適合証明申請書【写し】及び耐震基準適合証明書
　　　　　　　【原本】

　　　　　c　建設住宅性能評価申請書【写し】及び建設住宅性能評価書
　　　　　　　【写し】

　　　　　d　既存住宅売買瑕疵担保責任保険の申込書【写し】及び既存住
　　　　　　　宅売買瑕疵担保責任保険の保険付保証明書【原本】

　　ニ　建築士等の増改築等工事証明書

　　　㊟　給水管，排水管又は雨水の侵入を防止する部分に係る修繕又は模様
　　　　　替えの工事（既存住宅売買瑕疵担保責任保険契約が締結されているも
　　　　　のに限ります。）の場合は，増改築等工事証明書に加え，既存住宅売買
　　　　　瑕疵担保責任保険の保険付保証明書【原本】が必要となります。

　③　既存住宅の取得に該当する場合

　　イ　上記①の新築住宅の取得の場合の添付書類

　　ロ　上記②の買取再販住宅の取得の場合のロ又はハの書類

(5) 認定住宅に係る住宅借入金等特別控除を選択した場合の効果

　　認定住宅に係る住宅借入金等特別控除を適用した場合には，その後に
おいて，更正の請求をし，若しくは修正申告書を提出する場合又はその
確定申告書を提出した年分以外の控除期間についてこの控除を適用する
場合においても，認定住宅に係る住宅借入金等特別控除を適用します。
なお，認定住宅に係る住宅借入金等特別控除の特例を選択しなかった場
合も同様です（措通41―33）。

解説編（第1　令和4年入居者の住宅借入金等特別控除）　　347

第2部

解説編

5　省エネ基準適合住宅を取得した場合の住宅借入金等特別控除

(1)　特定省エネ基準適合住宅とは

特定省エネ基準適合住宅（特定エネルギー消費性能向上住宅）とは，エネルギーの使用の合理化に著しく資する家屋として国土交通大臣が財務大臣と協議して定める基準に適合するものをいい，具体的には，ZEH水準省エネ住宅をいいます（措法41⑩三，措令26㉓，資料9～11）。

(注)　ZEH水準省エネ住宅とは，大幅な省エネと再生可能エネルギーの導入により，年間の一次エネルギーの消費量の収支をゼロとすることを目指した住宅をいいます（ZEHは，ゼロエネルギーハウスの頭文字をとったものです。)。

(2)　一般省エネ基準適合住宅とは

一般省エネ基準適合住宅（エネルギー消費性能向上住宅）とは，エネルギーの使用の合理化に資する住宅の用に供する家屋として国土交通大臣が財務大臣と協議して定める基準に適合するものをいいます（措法41⑩四，措令26㉔，資料9～11）。

(3)　控除額の計算

控除額は，次の算式で計算します（措法41⑩）。

【算式】

住宅借入金等の年末残高　×控除率(0.7%)＝住宅借入金等特別控除額　[100円未満切捨て]

(注)1　住宅借入金等の年末残高が家屋の取得対価の額を超える場合には，家屋の取得対価の額が上限となります（措令26㉕）。

2　住宅借入金等の年末残高について，特定省エネ基準適合住宅が，新築住宅又は買取再販住宅に該当する場合には4,500万円が，既存住宅に

該当する場合には3,000万円が限度となり，一般省エネ基準適合住宅が，新築住宅又は買取再販住宅に該当する場合には4,000万円が，既存住宅に該当する場合には3,000万円が限度となります（措法41⑪二，三，五）。

⑷ 控除期間

控除期間は，13年間（既存住宅の場合は10年間）です（措法41①⑩）。

(注)1　その年の12月31日（その者が死亡した年は死亡の日）まで居住している年が対象となります（措法41①⑩）。

2　合計所得金額が2,000万円（特例居住用家屋の場合は1,000万円）を超える年は，本控除を適用することはできません（措法41①⑩⑲）。

3　合計所得金額については，上記3⑶の（注3）をご参照ください。

⑸ 手続

住宅借入金等特別控除の適用を受けるためには，税務署に，確定申告書，（特定増改築等）住宅借入金等特別控除額に関する計算明細書及び次の添付書類を提出する必要があります（措法41㉞，措規18の21⑧）。

① 新築住宅の取得に該当する場合

イ　住宅取得資金に係る借入金の年末残高証明書【原本】

ロ　住宅の登記事項証明書【原本・写し】

(注)　住宅借入金等特別控除額に関する計算明細書に家屋の不動産番号を記載すれば，登記事項証明書の添付を省略することができます。

ハ　特定省エネ基準適合住宅又は一般省エネ基準適合住宅であることを証する次のいずれかの書類

・　建築士等の住宅省エネルギー性能証明書【原本】

・　登録住宅性能評価機関の建設住宅性能評価書【写し】

ニ　住宅の工事請負契約書又は売買契約書【写し】

ホ　住宅の敷地について住宅借入金等特別控除の適用を受ける方…次

解説編（第1　令和4年入居者の住宅借入金等特別控除）　349

の書類

- ・　敷地に係る住宅取得資金に係る借入金の年末残高証明書【原本】
- ・　土地の売買契約書【写し】
- ・　土地の登記事項証明書【原本・写し】
  - (注)　住宅借入金等特別控除額に関する計算明細書に土地の不動産番号を記載すれば，登記事項証明書の添付を省略することができます。

ヘ　住宅の取得に関し，補助金等の交付を受けた方…補助金の決定通知書など補助金等の額を証する書類【原本】

ト　住宅取得等資金に係る贈与税の特例の適用を受けた方…贈与税の申告書など贈与を受けた住宅取得等資金の額が分かる書類【写し】

② 買取再販住宅の取得に該当する場合

イ　上記①の新築住宅の取得の場合の添付書類

ロ　買取再販住宅が昭和57年1月1日前に建築されたものである場合…次のいずれかの書類

- ・　建築士等の耐震基準適合証明書【原本】
- ・　登録住宅性能評価機関の建設住宅性能評価書【写し】
- ・　既存住宅売買瑕疵担保責任保険の保険付保証明書【原本】

ハ　買取再販住宅が要耐震改修住宅に該当する場合…次に掲げる書類

- ・　耐震改修に係る工事請負契約書【写し】
- ・　次のいずれかの書類
  - a　建築物の耐震改修計画の認定申請書【写し】及び耐震基準適合証明書【原本】
  - b　耐震基準適合証明申請書【写し】及び耐震基準適合証明書【原本】
  - c　建設住宅性能評価申請書【写し】及び建設住宅性能評価書

【写し】

　　　　d　既存住宅売買瑕疵担保責任保険の申込書【写し】及び既存住
　　　　　　宅売買瑕疵担保責任保険の保険付保証明書【原本】

　　ニ　建築士等の増改築等工事証明書【原本】

　　　㊟　給水管，排水管又は雨水の侵入を防止する部分に係る修繕又は模様
　　　　替えの工事（既存住宅売買瑕疵担保責任保険契約が締結されているも
　　　　のに限ります。）の場合は，増改築等工事証明書に加え，既存住宅売買
　　　　瑕疵担保責任保険の保険付保証明書【原本】が必要となります。

　③　既存住宅の取得に該当する場合

　　イ　上記①の新築住宅の取得の場合の添付書類

　　ロ　上記②の買取再販住宅の取得の場合のロ又はハの書類

⑸　省エネ基準適合住宅に係る住宅借入金等特別控除を選択した場合の効
　果

　　省エネ基準適合住宅に係る住宅借入金等特別控除を適用した場合には，
　その後において，更正の請求をし，若しくは修正申告書を提出する場合
　又はその確定申告書を提出した年分以外の控除期間についてこの控除を
　適用する場合においても，省エネ基準適合住宅に係る住宅借入金等特別
　控除を適用します。なお，省エネ基準適合住宅に係る住宅借入金等特別
　控除の特例を選択しなかった場合も同様です（措通41—33）。

解説編（第1　令和4年入居者の住宅借入金等特別控除）　　351

第2部

6　住宅の増改築等をした場合の住宅借入金等特別控除

解説編

(1)　増改築等の範囲

　　住宅借入金等特別控除の対象となる増改築等とは，自己の所有する居住用家屋について行う次に該当する工事（これらの工事と併せて行うその工事を施した家屋と一体となって効用を果たす電気設備，給排水設備，衛生設備，ガス設備等の取替えや取付けに係る工事を含みます。）をいいます（措法41①⑳，措令26④㉝㉟，措規18の21⑲，資料13〜17）。

①　増築，改築，建築基準法に規定する大規模の修繕・大規模の模様替えの工事

②　マンションなどの区分所有建物のうち，区分所有する部分の床，階段又は壁の過半について行う一定の修繕・模様替えの工事

③　家屋（マンションなどの区分所有建物にあっては，区分所有する部分に限ります。）のうち居室，調理室，浴室，便所，洗面所，納戸，玄関又は廊下の一室の床又は壁の全部について行う修繕・模様替えの工事

④　家屋について行う地震に対する一定の安全基準に適合させるための修繕・模様替えの工事

⑤　家屋について行う高齢者等が自立した日常生活を営むのに必要な構造及び設備の基準に適合させるための修繕・模様替えの工事

⑥　家屋について行うエネルギーの使用の合理化に著しく資する修繕・模様替え又はエネルギーの使用の合理化に相当程度資する修繕・模様替えの工事

(2)　適用対象となる要件

　　住宅借入金等特別控除の対象となる増改築等については，次の要件を満たす必要があります。

① その工事が上記(1)の工事であることについて増改築等工事証明書により証明されていること

② その工事に要した費用の額（その増改築等の費用に関し補助金等の交付を受ける場合はその額を控除した額）が100万円を超えること

③ その工事に係る部分のうちに自己の居住の用以外の用に供する部分がある場合には，自己の居住の用に供する部分に係る工事に要した費用の額がその工事に要した費用の総額の2分の1以上であること

④ その工事をした後の家屋の床面積が50㎡以上であること

　㊟　床面積については，マンションなどの区分所有建物の場合には，区分所有する部分の床面積により判定します。なお，「区分所有する部分の床面積」とは，登記簿上表示される壁その他の区画の内側線で囲まれた部分の水平投影面積をいいます（措通41―11）。

　　　また，その家屋が店舗併用住宅であるなど自己の居住の用以外の用にも供される部分がある家屋の場合やその家屋が共有である場合には，その家屋の全体の床面積によって判定します（措通41―12）。

⑤ その工事をした後の家屋の床面積の2分の1以上が専ら自己の居住の用に供されるものであること。

⑥ その工事をした後の家屋が，主としてその居住の用に供すると認められるものであること。

(3) 控除額の計算

控除額は，次の算式で計算します（措法41②④）。

【算式】

$$\text{住宅借入金等}\atop\text{の年末残高} \times \text{控除率}(0.7\%) = {\text{住宅借入金等}\atop\text{特別控除額}} \left[{100\text{円未満}\atop\text{切捨て}}\right]$$

　㊟1　住宅借入金等の年末残高が増改築等の費用の額を超える場合には，増改築等の費用の額が上限となります（措令26⑥）。

解説編（第1　令和4年入居者の住宅借入金等特別控除）　353

2　住宅借入金等の年末残高は2,000万円が限度となります（措法41②③）。

(4)　控除期間

控除期間は，10年間です（措法41①）。

(注)1　その年の12月31日（その者が死亡した年は死亡の日）まで居住してい
る年が対象となります（措法41①）。

2　合計所得金額が2,000万円を超える年は，本控除を適用することはでき
ません（措法41③五）。

3　合計所得金額については，上記**3(3)**の（注3）をご参照ください。

(5)　手続

住宅借入金等特別控除の適用を受けるためには，税務署に，確定申告
書，（特定増改築等）住宅借入金等特別控除額に関する計算明細書及び次
の添付書類を提出する必要があります（措法41㉞，措規18の21⑧）。

①　住宅取得資金に係る借入金の年末残高証明書【原本】

②　住宅の登記事項証明書【原本・写し】

(注)　住宅借入金等特別控除額に関する計算明細書に家屋の不動産番号を記
載すれば，登記事項証明書の添付を省略することができます。

③　住宅の工事請負契約書【写し】

④　住宅の敷地について住宅借入金等特別控除の適用を受ける方…次の
書類

・　敷地に係る住宅取得資金に係る借入金の年末残高証明書【原本】

・　土地の売買契約【写し】

・　土地の登記事項証明書【原本・写し】

(注)　住宅借入金等特別控除額に関する計算明細書に土地の不動産番号を
記載すれば，登記事項証明書の添付を省略することができます。

⑤　増改築等に関し，補助金等の交付を受けた方…補助金の決定通知書など補助金等の額を証する書類【原本】

⑥　住宅取得等資金に係る贈与税の特例の適用を受けた方…贈与税の申告書など贈与を受けた住宅取得等資金の額が分かる書類【写し】

⑦　建築士等の増改築等工事証明書

㊟　給水管，排水管又は雨水の侵入を防止する部分に係る修繕又は模様替えの工事（既存住宅売買瑕疵担保責任保険契約が締結されているものに限ります。）の場合は，増改築等工事証明書に加え，既存住宅売買瑕疵担保責任保険の保険付保証明書【原本】が必要となります。

7　住宅借入金等特別控除の対象となる借入金又は債務

住宅借入金等特別控除の対象となる借入金又は債務とは，次に掲げる借入金又は債務（利息に対応するものを除きます。）で，償還期間が10年以上の割賦償還の方法により返済することとされている借入金又は賦払期間が10年以上の割賦払の方法により支払うこととされている債務をいいます（措法41①）。

(1)　住宅の取得等に要する資金に充てるために金融機関，独立行政法人住宅金融支援機構，地方公共団体その他当該資金の貸付けを行う者から借り入れた借入金及び債務で，契約において償還期間が10年以上の割賦償還の方法により返済することとされているもの

(2)　建設業法に規定する建設業者に対する住宅の取得等の工事の請負代金に係る債務又は宅地建物取引業法に規定する宅地建物取引業者，独立行政法人都市再生機構，地方住宅供給公社その他居住用家屋の分譲を行う者に対する住宅の取得等の対価に係る債務で，契約において賦払期間が10年以上の割賦払の方法により支払うこととされているもの

解説編（第1　令和4年入居者の住宅借入金等特別控除）　　355

(3)　独立行政法人都市再生機構，地方住宅供給公社その他の法人を当事者
とする既存住宅の取得に係る債務の承継に関する契約に基づく当該法人
に対する当該債務で，当該承継後の当該債務の賦払期間が10年以上の割
賦払の方法により支払うこととされているもの

(4)　住宅の取得等に要する資金に充てるために給与等又は退職手当等の支
払を受ける個人に係る使用者から借り入れた借入金又は使用者に対する
住宅の取得等の対価に係る債務で，契約において償還期間又は賦払期間
が10年以上の割賦償還又は割賦払の方法により返済し，又は支払うこと
とされているもの

8　住宅借入金等特別控除の重複適用

令和3年以前に住宅を取得して，令和4年に増改築等をした場合など令
和4年の住宅借入金等特別控除の適用に当たって，二以上の住宅の取得等
に係る住宅借入金等について控除を受けることを住宅借入金等特別控除の
重複適用といいます。

重複適用を受ける場合の住宅借入金等特別控除額は，異なる住宅の取得
等ごとに計算した住宅借入金等特別控除額の合計額になります。ただし，
異なる住宅の取得等に係る控除限度額のうち最も高い控除限度額が限度と
なります（措法41の2）。

なお，令和4年に住宅を取得して，令和4年に増改築等をした場合で控
除限度額が同じ額である場合には，一の住宅の取得等として計算すること
となります。

9 住宅借入金等特別控除の適用が受けられない場合

　次に掲げるいずれかの特例を前々年，前年，居住年，2年目，3年目，4年目に適用を受ける場合には，住宅借入金等特別控除を適用することができません（措法41㉒㉓）。

・　居住用財産を譲渡した場合の長期譲渡所得の課税の特例（措法31の3①）

・　居住用財産の譲渡所得の特別控除（措法35①）（被相続人の居住用財産の譲渡所得の特別控除（措法35③）を適用する場合を除きます。）

・　特定の居住用財産の買換えの場合の長期譲渡所得の課税の特例（措法36の2）

・　特定の居住用財産を交換した場合の長期譲渡所得の課税の特例（措法36の5）

・　既成市街地等内にある土地等の中高層耐火建築物等の建設のための買換え及び交換の場合の譲渡所得の課税の特例（措法37の5）

　(注)　上記の特例を受ける年に，住宅借入金等特別控除の適用を受けているときは，修正申告書や期限後申告書を提出し，その住宅借入金等特別控除の額に相当する税額を納付しなければならないこととされています（措法41の3①）。

　　　また，居住年又は翌年に認定住宅等の新築等をした場合の所得税額の特別控除（措法41の19の4①②）の適用を受ける場合にも，住宅借入金等特別控除を適用することができません（措法41㉔）。

解説編（第2　令和3年以前の入居者の住宅借入金等特別控除）　357

第2　令和3年以前の入居者の住宅借入金等特別控除

1　平成26年から令和3年までの入居者

(1)　一般住宅に係る住宅借入金等特別控除の場合

①　1年目から10年目までの各年

・　$\dfrac{\text{住宅借入金等の}}{\text{年末残高の合計額}} \times 1\% = \dfrac{\text{住宅借入金等}}{\text{特別控除額}}$ 〔$\begin{array}{l}\text{100円未満の}\\\text{端数切捨て}\end{array}$〕

(注)1　住宅借入金等の年末残高の合計額については，一般住宅の取得が特定取得に該当する場合には4,000万円，特定取得に該当しない場合には2,000万円が限度となります。

　2　「特定取得」とは，家屋の取得対価の額等に含まれる消費税額等が，8％又は10％の税率により課されるべき消費税額等である場合における住宅の取得等をいいます。

②　11年目から13年目までの各年

次のいずれか低い方の金額（100円未満の端数切捨て）

イ　上記①で計算した金額

ロ　家屋の取得対価の額等（税抜：上限4,000万円）× 2％÷3

(注)1　11年目から13年目の住宅借入金等特別控除は，次の場合に限って適用することができることとされています。

・　住宅の取得等が特別特定取得に該当し，令和元年10月1日から令和2年12月31日までの間に居住した場合

・　住宅の取得等が特例取得に該当し，新型コロナウイルス感染症及びそのまん延防止のための措置の影響により，令和2年12月31日までの間に居住することができず，令和3年1月1日から令和3年12月31日までの間に居住した場合

・　住宅の取得等が特別特例取得又は特例特別特例取得に該当し，

358 第 2 部

令和3年1月1日から令和3年12月31日までの間に居住した場合

2 「特別特定取得」とは，家屋の取得対価の額等に含まれる消費税額等が，10％の税率により課されるべき消費税額等である場合における住宅の取得等をいいます。

3 「特例取得」とは，住宅の取得等が特別特定取得に該当する場合で，当該住宅の取得等に係る契約が次の日までに締結されているものをいいます。

・ 新築（注文住宅）の場合　令和2年9月30日

・ 分譲住宅，中古住宅の取得，増改築等の場合　令和2年11月30日

4 「特別特例取得」とは，住宅の取得等が特別特定取得に該当する場合で，当該住宅の取得等に係る契約が次の期間内に締結されているものをいいます。

イ　新築（注文住宅）の場合　令和2年10月1日から令和3年9月30日までの期間

ロ　分譲住宅，中古住宅の取得，増改築等の場合　令和2年12月1日から令和3年11月30日までの期間

5 「特例特別特例取得」とは，特別特例取得のうち，床面積が40㎡以上50㎡未満の住宅の取得等をした場合をいいます。

(2) 認定住宅に係る住宅借入金等特別控除

① 1年目から10年目までの各年

・ $\dfrac{住宅借入金等の}{年末残高の合計額} \times 1\% = \dfrac{住宅借入金等}{特別控除額}$ $\begin{bmatrix}100円未満の\\端数切捨て\end{bmatrix}$

(注)1　住宅借入金等の年末残高の合計額について，認定住宅の取得が特定取得に該当する場合には5,000万円，特定取得に該当しない場合には3,000万円が限度となります。

2　特定取得については，上記(1)の一般住宅の(注)をご参照ください。

解説編（第2　令和3年以前の入居者の住宅借入金等特別控除）　　359

② **11年目から13年目までの各年**

次のいずれか低い方の金額（100円未満の端数切捨て）

イ　上記①で計算した金額

ロ　家屋の取得対価の額等（税抜：上限5,000万円）×2％÷3

(注)1　11年目から13年目の住宅借入金等特別控除は，次の場合に限り適
用することとされています。

・　住宅の取得等が特別特定取得に該当し，令和元年10月1日から
令和2年12月31日までの間に居住した場合

・　住宅の取得等が特例取得に該当し，新型コロナウイルス感染症
及びそのまん延防止のための措置の影響により，令和2年12月31
日までの間に居住することができず，令和3年1月1日から令和
3年12月31日までの間に居住した場合

・　住宅の取得等が特別特例取得又は特例特別特例取得に該当し，
令和3年1月1日から令和3年12月31日までの間に居住した場合

2　「特別特定取得」，「特例取得」，「特別特例取得」，「特例特別特例取
得」については，上記(1)の一般住宅の(注)をご参照ください。

(3) **特定増改築等に係る住宅借入金等特別控除（平成30年以降入居者）**

① **高齢者等居住改修工事等の場合**

・　$\left[\begin{array}{l}\text{特定増改築}\\\text{等住宅借入}\\\text{金等の年末}\\\text{残高の合計}\\\text{額(A)}\end{array}\times 2\% + \left\{\begin{array}{l}\text{増改築等住}\\\text{宅借入金等}\\\text{の年末残高}\\\text{の合計額}\end{array} - A\right\} \times 1\%\right] = \begin{array}{l}\text{特定増改}\\\text{築等住宅}\\\text{借入金等}\\\text{特別控除}\\\text{額}\end{array}\left\{\begin{array}{l}100円\\未満の\\端数切\\捨て\end{array}\right.$

(注)1　「特定増改築等住宅借入金等の年末残高の合計額(A)」は，増改築等
住宅借入金等の年末残高の合計額のうち，高齢者等居住改修工事等
に要した費用の額，特定断熱改修工事等に要した費用の額，特定多
世帯同居改修工事等に要した費用の額及び特定耐久性向上改修工事
等に要した費用の額の合計額に相当する部分の金額をいいます。

2　特定増改築等住宅借入金等の年末残高の合計額については，その

特定増改築等が特定取得に該当する場合には250万円，特定取得に該当しない場合には，200万円が限度となります。

3　増改築等住宅借入金等の年末残高の合計額については，1,000万円が限度となります。

4　「特定取得」については，上記(1)の一般住宅の(注)をご参照ください。

② **断熱改修工事等の場合**

・$\left(\begin{array}{l}\text{特定断熱改}\\\text{修住宅借入}\\\text{金等の年末}\\\text{残高の合計}\\\text{額(B)}\end{array}\times2\%+\left[\begin{array}{l}\text{断熱改修住}\\\text{宅借入金等}\\\text{の年末残高}\\\text{の合計額}\end{array}-B\right]\times1\%\right)=\left[\begin{array}{l}\text{特定増改}\\\text{築等住宅}\\\text{借入金等}\\\text{特別控除}\\\text{額}\end{array}\right]\left[\begin{array}{l}100円\\未満の\\端数切\\捨て\end{array}\right]$

(注)1　「特定断熱改修住宅借入金等の年末残高の合計額(B)」は，断熱改修住宅借入金等の年末残高の合計額のうちその特定断熱改修工事等に要した費用の額，特定多世帯同居改修工事等に要した費用の額及び特定耐久性向上改修工事等に要した費用の額の合計額に相当する部分の金額をいいます。

2　特定断熱改修住宅借入金等の年末残高の合計額については，その特定断熱改修が特定取得に該当する場合には250万円，特定取得に該当しない場合には，200万円が限度となります。

3　増改築等住宅借入金等の年末残高の合計額については，1,000万円が限度となります。

4　「特定取得」については，上記(1)の一般住宅の(注)をご参照ください。

③ **多世帯同居改修工事等の場合**

・$\left(\begin{array}{l}\text{特定多世帯}\\\text{同居改修住}\\\text{宅借入金等}\\\text{の年末残高}\\\text{の合計額(C)}\end{array}\times2\%+\left[\begin{array}{l}\text{多世帯同居}\\\text{改修住宅借}\\\text{入金等の年}\\\text{末残高の合}\\\text{計額}\end{array}-C\right]\times1\%\right)=\left[\begin{array}{l}\text{特定増改}\\\text{築等住宅}\\\text{借入金等}\\\text{特別控除}\\\text{額}\end{array}\right]\left[\begin{array}{l}100円\\未満の\\端数切\\捨て\end{array}\right]$

(注)1　「特定多世帯同居住宅借入金等の年末残高の合計額(C)」は，多世帯同居改修住宅借入金等の年末残高の合計額のうちその特定多世帯同居改修工事等に要した費用の額の合計額に相当する部分の金額をいいます。

解説編（第2 令和3年以前の入居者の住宅借入金等特別控除） 361

2 特定多世帯同居住宅借入金等の年末残高の合計額(C)については，250万円が限度となります。

3 増改築等住宅借入金等の年末残高の合計額については，1,000万円が限度となります。

2 平成25年入居者（10年目）

- $$\frac{\text{住宅借入金等の}}{\text{年末残高の合計額}} \times 1\% = \frac{\text{住宅借入金等}}{\text{特別控除額}} \begin{bmatrix} 100円未満の \\ 端数切捨て \end{bmatrix}$$

(注) 住宅借入金等の年末残高の合計額については，一般の住宅借入金等特別控除の場合は2,000万円が，認定住宅に係る住宅借入金等特別控除の場合は3,000万円が限度となります。

3 平成20年入居者（15年間の特例を選択した者の15年目）

- $$\frac{\text{住宅借入金等の年末残高の}}{\text{合計額（最高2,000万円）}} \times 0.4\% = \frac{\text{住宅借入金等}}{\text{特別控除額}} \begin{bmatrix} 100円未満の \\ 端数切捨て \end{bmatrix}$$

4 2年目以後の手続

(1) 給与所得者が年末調整によってこの控除を受ける場合

確定申告をしてこの控除の適用を受けた給与所得者は，その確定申告をした年の翌年以後の各年分の所得税について，年末調整によってこの控除を受けることができます（措法41の2の2）。

年末調整によってこの控除を受けようとする方は，必要事項を記載した「給与所得者の（特定増改築等）住宅借入金等特別控除申告書」，「年

末調整のための（特定増改築等）住宅借入金等特別控除証明書」及び金
融機関等から交付を受けた「住宅取得資金に係る借入金の年末残高等証
明書」（2か所以上から交付を受けている場合には，その全ての証明書）を
給与支払者に提出します。

㊟　確定申告書とともに提出した「（特定増改築等）住宅借入金等特別控除額
　の計算明細書」の「控除証明書の交付を要しない場合」欄に何も記入しな
　かった方については，税務署から「給与所得者の（特定増改築等）住宅借
　入金等特別控除申告書兼年末調整のための（特定増改築等）住宅借入金等
　特別控除証明書」が送付されます。

(2)　確定申告書を提出してこの控除を受ける場合

確定申告書，「（特定増改築等）住宅借入金等特別控除額の計算明細書」
及び金融機関等から交付を受けた「住宅取得資金に係る借入金の年末残
高等証明書」を税務署に提出します。

㊟　既に年末調整によってこの控除を受けた給与所得者がその年分の確定申
　告書を提出する場合には，給与支払者に提出した「住宅取得資金に係る借
　入金の年末残高等証明書」は確定申告書と一緒に税務署に提出する必要は
　ありません。

解説編（第3 再び居住の用に供した場合の(特定増改築等)住宅借入金等特別控除の手続） 363

第3 再び居住の用に供した場合の(特定増改築等)住宅借入金等特別控除の手続

Ⅰ 再び居住の用に供した場合の再適用

1 再び居住の用に供した場合の再適用が受けられる方

次の(1)から(5)のいずれにも該当する方は，居住用家屋の新築，購入若しくは増改築等（以下「住宅の取得等」といいます。）又は居住用家屋の高齢者等居住改修工事等，（特定）断熱改修工事等若しくは特定多世帯同居改修工事等を含む増改築等（以下「住宅の増改築等」といいます。）をして（特定増改築等）住宅借入金等特別控除の適用を受けていた家屋を居住の用に供しなくなったことにより（特定増改築等）住宅借入金等特別控除が受けられなくなった後，その家屋を再び居住の用に供した場合には，その住宅の取得等又は住宅の増改築等に係る（特定増改築等）住宅借入金等特別控除の適用年のうち，再び居住の用に供した年以後の各適用年について，（特定増改築等）住宅借入金等特別控除の再適用を受けることができます。

ただし，再び居住の用に供した日の属する年にその家屋を賃貸の用に供していた場合には，その年の翌年以後の各適用年について再適用を受けることとなります（措法41㉖）。

(1) 家屋を居住の用に供しなくなった日の属する年の前年分以前において，（特定増改築等）住宅借入金等特別控除の適用を受けていたこと。

(2) 居住の用に供しなくなったことが，①給与等の支払をする者（勤務先）からの転任の命令に伴う転居，又は②その他①に準ずるやむを得ない事由によること。

(3) 家屋を当初居住の用に供した日等の区分に応じて，再び居住の用に供

した日がそれぞれ次の期間内であること。

① 居住の用に供した日が平成25年1月1日から令和3年12月31日まで
である場合（③に当てはまる場合を除きます。）……その居住の用に供
した日の属する年以後10年間

② 平成20年12月31日までに居住の用に供し，住宅借入金等特別控除の
控除額の特例の適用を受けている場合……その居住の用に供した日の
属する年以後15年間

③ 平成30年1月1日から令和3年12月31日までに居住の用に供し，特
定増改築等住宅借入金等特別控除の適用を受けている場合……その居
住の用に供した日の属する年以後5年間

(4) 再び居住の用に供した日以後の各年においてその年の12月31日（その
方が死亡した日の属する年又は家屋が災害により居住の用に供すること がで
きなくなった日の属する年にあっては，これらの日）まで引き続き居住の
用に供していること。

(5) 家屋を居住の用に供しなくなる日までに，居住の用に供しないことと
なる事情の詳細その他一定の事項を記載した「転任の命令等により居住
しないこととなる旨の届出書」を，家屋の所在地の所轄税務署に提出し
ていること。

2 再び居住の用に供した場合の再適用が受けられない年分

次の(1)から(3)のいずれかに該当する年分については，再び居住の用に供
した場合の再適用は受けられません。

(1) 自己の合計所得金額が3,000万円（特例特別取得の場合は1,000万円）を
超える年分

(注) 「合計所得金額」は，340ページ参照。

解説編（第3　再び居住の用に供した場合の(特定増改築等)住宅借入金等特別控除の手続）　365

(2)　再び居住の用に供した場合の再適用を受けていた家屋を居住の用に供しなくなった年以後の各年分（再びこの再適用を受ける年分を除きます。）

　　㊟　死亡した日の属する年分については，その新築や購入した家屋又は増改築等をした部分を再び居住の用に供した日以後その日まで引き続き居住の用に供していた場合には，その日の住宅借入金等の残高を基にこの再適用を受けることができます。

(3)　認定住宅に係る住宅借入金等特別控除の特例を選択した家屋について，長期優良住宅の普及の促進に関する法律第14条又は都市の低炭素化の促進に関する法律第58条の規定により計画の認定の取消しを受けた場合には，その取消しを受けた日の属する年以後の各年分

3　再び居住の用に供した場合の再適用を受けるための手続と必要な書類

(1)　家屋を居住の用に供しなくなる日までに必要な手続

　　家屋を居住の用に供しなくなる日までに「転任の命令等により居住しないこととなる旨の届出書」の所定の欄に次のイからトの事項を記載して，家屋の所在地の所轄税務署に提出する必要があります。

　　また，税務署から「年末調整のための（特定増改築等）住宅借入金等特別控除証明書」及び「給与所得者の（特定増改築等）住宅借入金等特別控除申告書」の交付を受けている場合には，それらの未使用分をこの届出書と一緒に提出する必要があります（措法41㉗，措規18の21㉒㉓）。

　　イ　届出書を提出する者の氏名及び住所（国内に住所がない場合には，居所）

　　ロ　給与等の支払者の名称及び所在地

　　ハ　居住の用に供しないこととなった事情の詳細

366 第 2 部

　ニ　居住の用に供しなくなる年月日

　ホ　居住の用に供しなくなる日以後に居住する場所並びに給与等の支払
　　者の名称及び所在地

　ヘ　家屋を当初居住の用に供した年月日

　ト　その他参考事項（居住の用に供しない期間の家屋の用途（予定），再び
　　居住の用に供する日（予定日）など）

(2)　再適用を受ける最初の年分

　「（特定増改築等）住宅借入金等特別控除額の計算明細書」の所定の欄に
必要事項を記載して，（特定増改築等）住宅借入金等特別控除額を計算し，
申告書第一表の「税金の計算」欄の「（特定増改築等）住宅借入金等特別控
除」にその控除額を，申告書第二表の「特例適用条文等」欄に「居住開始
年月日」等（再び居住の用に供した日（再居住開始年月日）ではありません。）
を転記するとともに，その計算明細書及び金融機関等から交付を受けた
「住宅取得資金に係る借入金の年末残高等証明書」（電磁的記録印刷書面を
含みます。2か所以上から交付を受けている場合には，その全ての証明書）を
確定申告書と一緒に税務署に提出する必要があります（措法41㉗，措規18
の21㉔）。

　なお，連帯債務に係る住宅借入金等を有する方は，「（付表）連帯債務が
ある場合の住宅借入金等の年末残高の計算明細書」を併せて提出する必要
があります。

(3)　再適用を受ける2年目以後の年分

①　確定申告書を提出してこの再適用を受ける場合

　「（特定増改築等）住宅借入金等特別控除額の計算明細書」の所定の
欄に必要事項を記載して，（特定増改築等）住宅借入金等特別控除額を

解説編〔第3 再び居住の用に供した場合の(特定増改築等)住宅借入金等特別控除の手続〕 367

計算し，申告書第一表の「税金の計算」欄の「(特定増改築等)住宅借入金等特別控除」にその控除額を，申告書第二表の「特例適用条文等」欄に「居住開始年月日」等（再び居住の用に供した日（再居住開始年月日）ではありません。）を転記するとともに，その計算明細書及び金融機関等から交付を受けた「住宅取得資金に係る借入金の年末残高等証明書」（電磁的記録印刷書面を含みます。2か所以上から交付を受けている場合には，その全ての証明書）を確定申告書と一緒に税務署に提出する必要があります。

(注) 既に年末調整によってこの再適用を受けた給与所得者がその年分の確定申告書を提出する場合には，金融機関等から交付を受け，次の②により年末調整を受けるときまでに給与の支払者に提出した「住宅取得資金に係る借入金の年末残高等証明書」は確定申告書と一緒に税務署に提出する必要はありません。ただし，年末調整によりこの控除を受けた住宅借入金等以外の住宅借入金等についてもこの控除を受けるためその年分の確定申告書を提出する場合には，金融機関等から交付を受けた「住宅取得資金に係る借入金の年末残高等証明書」は年末調整を受けるときまでに給与の支払者に提出したものも含めて確定申告書と一緒に税務署に提出する必要があります。

② **給与所得者が年末調整によってこの再適用を受ける場合**

確定申告をしてこの再適用を受けた給与所得者は，その確定申告をした年の翌年以後の各年分の所得税について，年末調整によってこの再適用を受けることができます。

年末調整によってこの再適用を受けようとする方は，必要事項を記載した再居住者用の「給与所得者の(特定増改築等)住宅借入金等特別控除申告書」，「年末調整のための(特定増改築等)住宅借入金等特別控除証明書」及び金融機関等から交付を受けた「住宅取得資金に係る借入金の年末残高等証明書」（電磁的記録印刷書面を含みます。2か

所以上から交付を受けている場合には，その全ての証明書）を年末調整を受けるときまでに給与の支払者に提出する必要があります。

㊟ i 年末調整によってこの再適用を受けようとする各年の12月31日まで居住する見込みであるとしてこの再適用を受けた場合でも，同日まで居住していない場合には，この再適用を受けることはできません。

ii 確定申告書を提出してこの再適用を受けた給与所得者で「（特定増改築等）住宅借入金等特別控除額の計算明細書」の「10 控除証明書の要否」欄の「要しない」の文字を〇で囲んだ方には，確定申告によって再び居住の用に供した場合の再適用を受けた年の翌年以後の年分の再居住者用の「給与所得者の（特定増改築等）住宅借入金等特別控除申告書兼年末調整のための（特定増改築等）住宅借入金等特別控除証明書」が税務署から送付されませんので，ご注意ください。

iii 年末調整によってこの再適用を受けた給与所得者が確定申告する場合は，申告書第一表の「税金の計算」欄の「（特定増改築等）住宅借入金等特別控除」にその控除額と「区分2」欄に「1」を，申告書第二表の「特例適用条文等」欄に「居住開始年月日」等（再び居住の用に供した日（再居住開始年月日）ではありません。）を記載します。

なお，再び居住の用に供した場合の再適用を受ける方が，①震災特例法の適用期間の特例を受ける場合，②重複適用（二以上の住宅の取得等又は住宅の増改築等に係る住宅借入金等について控除を受けることをいいます。以下同じです。）を受ける場合，③被災者生活再建支援法の適用者の方で重複適用の特例を受ける場合，④震災特例法の重複適用の特例を受ける場合については，手続や必要な書類が異なりますので，ご注意ください。

Ⅱ 再び居住の用に供した場合の適用

1 再び居住の用に供した場合の適用が受けられる方

住宅の取得等又は住宅の増改築等をして，自己の居住の用に供した方が，

解説編（第3　再び居住の用に供した場合の(特定増改築等)住宅借入金等特別控除の手続）　369

当初居住年の12月31日までの間に，勤務先からの転任の命令に伴う転居その他これに準ずるやむを得ない事由によりその家屋を居住の用に供しなくなった後その事由が解消し，再びその家屋を居住の用に供した場合には，その住宅の取得等又は住宅の増改築等に係る（特定増改築等）住宅借入金等特別控除の適用年のうち，再び居住の用に供した年以後の各適用年について，次の(1)から(4)のいずれにも該当するときは，（特定増改築等）住宅借入金等特別控除の適用を受けることができます（措法41㉙）。

　ただし，再び居住の用に供した日の属する年にその家屋を賃貸の用に供していた場合には，その年の翌年以後の各適用年についてこの適用を受けることとなります。

(1)　住宅の取得等又は住宅の増改築等の日から6か月以内にその方の居住の用に供したこと。

(2)　その住宅の取得等又は住宅の増改築等のための住宅借入金等を有すること。

(3)　再び居住の用に供した日以後の各年においてその年の12月31日（その方が死亡した日の属する年にあっては，その日）まで引き続き居住の用に供していること。

(4)　その他（特定増改築等）住宅借入金等特別控除の適用要件を満たしていること。

2　再び居住の用に供した場合の適用が受けられない年分

　次の(1)から(3)のいずれかに該当する年分については，再び居住の用に供した場合の適用は受けられません。

(1)　自己の合計所得金額が3,000万円分を超える年分

　㊟　「合計所得金額」は，340ページ参照。

370 第 2 部

(2) 再び居住の用に供した場合の適用を受けていた家屋を居住の用に供しなくなった年以後の各年分（再び居住の用に供した場合の再適用を受ける年分を除きます。）

(注) 死亡した日の属する年分については，その新築や購入した家屋又は増改築等をした部分を再び居住の用に供した日以後その日まで引き続き居住の用に供していた場合には，その日の住宅借入金等の残高を基にこの控除の適用を受けることができます。

(3) 認定住宅の新築等に係る住宅借入金等特別控除の特例を選択した家屋について，長期優良住宅の普及の促進に関する法律第14条又は都市の低炭素化の促進に関する法律第58条の規定により計画の認定の取消しを受けた場合には，その取消しを受けた日の属する年以後の各年分

3　再び居住の用に供した場合の適用を受けるための手続と必要な書類

(1) 家屋を居住の用に供しなくなる日までに必要な手続

手続は必要ありません。

(2) 適用を受ける最初の年分

「（特定増改築等）住宅借入金等特別控除額の計算明細書」の所定の欄に必要事項を記載して，（特定増改築等）住宅借入金等特別控除額を計算し，申告書第一表の「税金の計算」欄の「（特定増改築等）住宅借入金等特別控除」にその控除額を，申告書第二表の「特例適用条文等」欄に「居住開始年月日」等（再び居住の用に供した日（再居住開始年月日）ではありません。）を転記するとともに，その計算明細書のほか，次の書類を確定申告書と一緒に税務署に提出する必要があります（措法41㉚，措規

解説編（第3　再び居住の用に供した場合の(特定増改築等)住宅借入金等特別控除の手続）　371

18の21㉕）。

① 　家屋の登記事項証明書（原本）㊟や請負契約書の写しなど，（特定増
改築等）住宅借入金等特別控除を受けるための添付書類（341，352ペー
ジ参照）

㊟　不動産番号の記載又は登記事項証明書（写し）に代えることができます。

② 　転任の命令その他これに準ずるやむを得ない事由によりその家屋を
居住の用に供さなくなったことを明らかにする書類

　なお，連帯債務に係る住宅借入金等を有する方は，「(付表) 連帯債務
がある場合の住宅借入金等の年末残高の計算明細書」を併せて提出する
必要があります。

(3)　適用を受ける2年目以後の年分

①　確定申告書を提出してこの適用を受ける場合

　「(特定増改築等) 住宅借入金等特別控除額の計算明細書」の所定の
欄に必要事項を記載して，（特定増改築等）住宅借入金等特別控除額を
計算し，申告書第一表の「税金の計算」欄の「(特定増改築等) 住宅借
入金等特別控除」にその控除額を，申告書第二表の「特例適用条文
等」欄に「居住開始年月日」等（再び居住の用に供した日（再居住開始
年月日）ではありません。）を転記するとともに，その計算明細書及び
金融機関等から交付を受けた「住宅取得資金に係る借入金の年末残高
等証明書」（電磁的記録印刷書面を含みます。2か所以上から交付を受け
ている場合には，その全ての証明書）を確定申告書と一緒に税務署に提
出する必要があります。

㊟　既に年末調整によってこの適用を受けた給与所得者がその年分の確定
申告書を提出する場合には，金融機関等から交付を受け，次の②により
年末調整を受けるときまでに給与の支払者に提出した「住宅取得資金に

係る借入金の年末残高等証明書」は確定申告書と一緒に税務署に提出する必要はありません。ただし，年末調整によりこの控除を受けた住宅借入金等以外の住宅借入金等についてもこの控除を受けるためその年分の確定申告書を提出する場合には，金融機関等から交付を受けた「住宅取得資金に係る借入金の年末残高等証明書」は年末調整を受けるときまでに給与の支払者に提出したものも含めて確定申告書と一緒に提出する必要があります。

② **給与所得者が年末調整によってこの適用を受ける場合**

確定申告をしてこの適用を受けた給与所得者は，その確定申告をした年の翌年以後の各年分の所得税について，年末調整によってこの適用を受けることができます。

年末調整によってこの適用を受けようとする方は，必要事項を記載した「給与所得者の（特定増改築等）住宅借入金等特別控除申告書」，「年末調整のための（特定増改築等）住宅借入金等特別控除証明書」及び金融機関等から交付を受けた「住宅取得資金に係る借入金の年末残高等証明書」（電磁的記録印刷書面を含みます。2か所以上から交付を受けている場合には，その全ての証明書）を年末調整を受けるときまでに給与の支払者に提出する必要があります。

㊟ i 年末調整によってこの適用を受けようとする各年の12月31日まで居住する見込みであるとしてこの適用を受けた場合でも，同日まで居住していない場合には，この適用を受けることはできません。

ii 確定申告書を提出してこの適用を受けた給与所得者で「（特定増改築等）住宅借入金等特別控除額の計算明細書」の「10 控除証明書の要否」欄の「要しない」の文字を○で囲んだ方には，確定申告によって再び居住の用に供した場合の適用を受けた年の翌年以後の年分の「給与所得者の（特定増改築等）住宅借入金等特別控除申告書兼年末調整のための（特定増改築等）住宅借入金等特別控除証明書」が税務署から送付されませんので，ご注意ください。

解説編（第3　再び居住の用に供した場合の(特定増改築等)住宅借入金等特別控除の手続）　373

iii　年末調整によってこの控除の適用を受けた給与所得者が確定申告する場合は，申告書第一表の「税金の計算」欄の「(特定増改築等）住宅借入金等特別控除」にその控除額を，申告書第二表の「特例適用条文等」欄に「居住開始年月日」等（再び居住の用に供した日ではありませんのでご注意ください。）を記載し，「居住開始年月日」等の最末尾に「(年調)」と記載します。

　なお，再び居住の用に供した場合の適用を受ける方が，①震災特例法の適用期間の特例を受ける場合，②重複適用を受ける場合，③被災者生活再建支援法の適用者の方で重複適用の特例を受ける場合，④震災特例法の重複適用の特例を受ける場合については，手続や必要な書類が異なりますのでご注意ください。

第4 災害により家屋を居住の用に供することが できなくなった場合

1 適用期間の特例

　災害によって被害を受けたことにより居住の用に供することができなくなった住宅用家屋（以下「従前家屋」といいます。）については，居住の用に供することができなくなった年以後の残りの適用年においても，引き続き，住宅借入金等特別控除の適用を受けることができます（措法41㉜）。

　この特例の適用を受けるための手続等は，2年目以後の年分において住宅借入金等特別控除を受ける場合と同様です。

（注）　ただし，次に掲げる年以後においては，適用を受けることはできません。

　①　従前家屋若しくはその敷地の用に供されていた土地等又はその土地等に新たに建築した建物等を事業の用若しくは賃貸の用，親族等に対する無償による貸付けの用に供した場合における事業の用等に供した日の属する年（再建支援法適用者（※）が土地等に新築等をした家屋について，住宅借入金等特別控除等の適用を受ける場合を除きます。）

　②　従前家屋又はその敷地の用に供されていた土地等を譲渡し，その譲渡について居住用財産の買換え等の場合の譲渡損失の損益通算及び繰越控除又は特定居住用財産の譲渡損失の損益通算及び繰越控除の適用を受ける場合における譲渡の日の属する年

　③　災害により従前家屋を居住の用に供することができなくなった者が取得等をした家屋について住宅借入金等特別控除等の適用を受けた年（再建支援法適用者（※）である場合を除きます。）

　※　「再建支援法適用者」とは，災害に際し被災者生活再建支援法が適用された市区町村の区域内に所在する従前家屋をその災害により居住の用に供することができなくなった方をいいます。

2 重複適用の特例

　再建支援法適用者については，その従前家屋に係る住宅借入金等特別控除と新たに住宅用家屋を再取得した場合の住宅借入金等特別控除を重複して適用することができます（措法41㉜，措規18の21⑧）。

　この特例の適用を受けるためには，新たな住宅用家屋について住宅借入金等特別控除を受ける最初の年分の場合の手続に必要な書類に加えて，従前家屋について次の①及び②の書類を添付する必要があります。

① 　市町村長又は特別区の区長の従前家屋の被害の状況等を証する書類（り災証明書）（写し可）

② 　従前家屋の登記事項証明書その他の書類で，従前家屋が災害により居住の用に供することができなくなったことを明らかにする書類（滅失した場合は，閉鎖登記記録に係る登記事項証明書（原本）など）

　㊟　不動産番号の記載又は登記事項証明書（写し）に代えることができます。

第5　東日本大震災に係る（特定増改築等）住宅借入金等特別控除における措置

　「東日本大震災の被災者等に係る国税関係法律の臨時特例に関する法律」（以下「震災特例法」といいます。）により、東日本大震災に係る（特定増改築等）住宅借入金等特別控除に関し、次の措置がされています。

　特例措置の概要は次のとおりです。

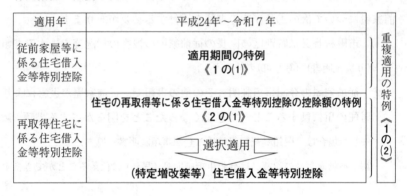

1　住宅借入金等を有する場合の所得税額の特別控除等の適用期間等に係る特例（震災特例法第13条）

(1)　適用期間の特例

　東日本大震災により被害を受けたことにより、住宅借入金等特別控除の適用を受けていた家屋（以下「従前家屋等」といいます。）を居住の用に供することができなくなった場合において、その居住の用に供することができなくなった日の属する年の翌年以後の残りの適用年において、その人がその家屋に係る住宅借入金等の金額を有するときは、その適用年において、引き続き住宅借入金等特別控除の適用を受けることができます（以下「適用期間の特例」といいます。）（震災特例法13①②）。

解説編（第5　東日本大震災に係る（特定増改築等）住宅借入金等特別控除における措置）　377

　なお，この場合の住宅借入金等特別税額控除額は，その有する住宅借入金等の各適用年の12月31日（この特例の適用を受けている方が死亡した場合には，その死亡の日となります。）における住宅借入金等の残高に基づいて計算することとされています。

(2)　重複適用の特例

イ　重複適用の特例の概要

　東日本大震災によって被害を受けたことにより従前家屋等を居住の用に供することができなくなった方のうち，住宅の取得等又は住宅用家屋の高齢者等居住改修工事等，（特定）断熱改修工事等，特定多世帯同居改修工事等若しくは特定耐久性向上改修工事等を含む増改築等（以下「住宅の増改築等」といいます。）をし，居住の用に供した家屋（以下「再取得住宅」といいます。）に係る住宅借入金等（以下「新規住宅借入金等」といいます。）を有することとなる方については，その従前家屋等に係る「住宅借入金等特別控除（前記(1)の「適用期間の特例」を含みます。）」と再取得住宅に係る「（特定増改築等）住宅借入金等特別控除」を，それぞれの適用年が重複する場合には，その適用年において重複して適用できます（以下「重複適用の特例」といいます。）。

　なお，この場合の控除額は，再取得住宅に係る（特定増改築等）住宅借入金等特別控除額と従前家屋等に係る住宅借入金等特別控除額の合計額になります（震災特例法13③④）。

(注)i　従前家屋等に係る「住宅借入金等特別控除」とは，東日本大震災により従前家屋等が滅失等して居住の用に供することができなくなった方が，その従前家屋等について，その滅失等をした年において適用を受ける「住宅借入金等特別控除」と，その滅失等をした年の翌年以後の年において前記(1)の適用期間の特例により適用を受ける「住宅借入

金等特別控除」をいいます。

ⅱ　再取得住宅に係る「（特定増改築等）住宅借入金等特別控除」とは，東日本大震災により従前家屋等が滅失等して居住の用に供することができなくなった方の有する再取得住宅について，その再取得住宅に係る新規住宅借入金等を有する等一定の要件の下で適用を受ける後記2の「住宅の再取得等に係る住宅借入金等特別控除の控除額の特例」又は「（特定増改築等）住宅借入金等特別控除」をいいます。

ロ　重複適用の特例を受ける場合の手続等

重複適用の特例を受ける場合には，次に掲げる書類その他の書類で東日本大震災によって被害を受けたことにより，従前家屋等を居住の用に供することができなくなった事実を明らかにする書類（以下「証明書類」といいます。）を確定申告書に添付しなければなりません（震災特例法13③④，震災特例令15，震災特例規則5）。

①　市町村長又は特別区の区長の従前家屋等に係る東日本大震災による被害の状況等を証する書類（り災証明書）（その写しを含みます。）

②　従前家屋等の登記事項証明書（原本）（消滅した家屋については閉鎖登記記録に係る登記事項証明書（原本））

　　㈿　不動産番号の記載又は登記事項証明書（写し）に代えることができます。

③　被災者の住民票の写し（その被害を受けた時及びその後におけるその人の住所を明らかにするものに限ります。）

㈿ⅰ　上記①から③の書類の添付がない確定申告書の提出があった場合において，その添付がなかったことについてやむを得ない事情があると認められるときは，それらの書類の提出があった場合に限り重複適用の特例を受けることができます。

ⅱ　証明書類について，重複適用の特例を受ける1年目の年分の確定

解説編（第5　東日本大震災に係る（特定増改築等）住宅借入金等特別控除における措置）　379

申告書に添付した場合には，２年目以後は添付を要しないこととされています。

2　住宅借入金等を有する場合の所得税額の特別控除の控除額に係る特例（震災特例法第13条の２）

(1)　概要

東日本大震災によって自己の所有する家屋（以下「従前住宅」といいます。）が被害を受けたことにより自己の居住の用に供することができなくなった方が，一定の要件を満たす住宅の取得等(注)をして，かつ，自己の居住の用に供し（住宅の取得等の日から６か月以内に自己の居住の用に供した場合に限ります。），引き続き居住の用に供している場合（以下「東日本大震災の被災者の住宅の再取得等の場合」といいます。）において，その方がその住宅の再取得等のための住宅借入金等（以下「再建住宅借入金等」といいます。）を有するときには，その方の選択により，通常の住宅借入金等特別控除の適用に代えて，その居住の用に供した日の属する年（以下「居住年」といいます。）以後の控除期間（以下「再建特例適用年」といいます。）において，再建住宅借入金等の年末残高と居住年に応じた控除率との組み合わせにより以下のイ又はロで計算した金額を，その人の再建特例適用年の所得税の額から控除（以下「住宅の再取得等に係る住宅借入金等特別控除の控除額の特例」といいます。）することができます（震災特例法13の２①）。

(注)1　「一定の要件を満たす住宅の取得等」とは，次のとおりです。

　　イ　住宅の新築や購入の場合（以下この新築や購入した住宅を「再建住宅」といいます。）

　　東日本大震災によって自己の所有する家屋が被害を受けたことにより

自己の居住の用に供することができなくなった日以後最初に居住の用
に供する場合が対象です。

ロ　家屋の増改築等の場合　次に掲げる増改築等が対象です。

(イ)　従前住宅（東日本大震災により通常の修繕によっては原状回復が
困難な損壊を受けたことにより自己の居住の用に供することができ
なくなったものに限ります。）に対して行う増改築等

(ロ)　従前住宅以外の住宅（再建住宅等）に対して行う増改築等

※　「通常の修繕によっては原状回復が困難な損壊」とは，今後取壊し
若しくは除去せざるを得ないと認められる又は相当の修繕を行わな
ければ今後居住の用に供することができないと認められる損壊をい
います。（震災特例通13の2—1）。

2　「特別特定取得」とは，住宅の取得等に係る対価の額又は費用の額に含
まれる消費税額等（消費税額及び地方消費税額の合計額をいいます。）
が，10％の税率により課されるべき消費税額等である場合における住宅
の取得等をいいます。

3　「特例取得」とは，住宅の取得等が特別特定取得に該当する場合で，当
該住宅の取得等に係る契約が次の日までに締結されているものをいいま
す。

イ　新築（注文住宅）の場合　令和2年9月30日

ロ　分譲住宅，中古住宅の取得，増改築等の場合　令和2年11月30日

4　「特別特例取得」とは，住宅の取得等が特別特定取得に該当する場合で，
当該住宅の取得等に係る契約が次の期間内に締結されているものをいい
ます。

イ　新築（注文住宅）の場合　令和2年10月1日から令和3年9月30日
まで

ロ　分譲住宅，中古住宅の取得，増改築等の場合　令和2年12月1日か
ら令和3年11月30日まで

5　「特例特別特例取得」とは，特別特例取得に該当する場合で，床面積が
40平方メートル以上50平方メートル未満の住宅の取得等をいいます。

解説編（第5　東日本大震災に係る（特定増改築等）住宅借入金等特別控除における措置）　381

イ　令和4年1月1日から令和5年12月31日までの間に居住の用に供した場合で，住宅の再取得等が居住用家屋の新築等，買取再販住宅の取得，認定住宅等の新築等又は買取再販認定住宅等の取得に該当する場合（住宅の取得等が特別特例取得又は特例特別特例取得に該当する場合のその控除を適用するときを除きます。）

（居住の用に供した年（1年目）から13年目までの各年）

$$\left(\begin{array}{c}再建住宅借入金等の\\年末残高の合計額\\（最高5,000万円）\end{array}\right) \times 0.9\% = \begin{array}{c}住宅借入金等\\特別控除額\\（最高45万円）\end{array}\quad\left[\begin{array}{c}100円未満の\\端数切捨て\end{array}\right]$$

※　居住の用に供した日の属する年等に係る控除限度額となります（以下の算式において同じです。）。

ロ　令和6年1月1日から令和7年12月31日までの間に居住の用に供した場合で，住宅の再取得等が居住用家屋の新築等，買取再販住宅の取得，認定住宅等の新築等又は買取再販認定住宅等の取得に該当する場合

（居住の用に供した年（1年目）から13年目までの各年）

$$\left(\begin{array}{c}再建住宅借入金等の\\年末残高の合計額\\（最高4,500万円）\end{array}\right) \times 0.9\% = \begin{array}{c}住宅借入金等\\特別控除額\\（最高40万5千円（※））\end{array}\quad\left[\begin{array}{c}100円未満の\\端数切捨て\end{array}\right]$$

ハ　令和4年1月1日から令和7年12月31日までの間に居住の用に供した場合（上記イ若しくはロに該当する場合又は住宅の取得等が特別特例取得若しくは特例特別特例取得に該当し，その控除を適用する場合を除きます。）

（居住の用に供した年（1年目）から10年目までの各年）

$$\left(\begin{array}{c}再建住宅借入金等の\\年末残高の合計額\\（最高3,000万円）\end{array}\right) \times 0.9\% = \begin{array}{c}住宅借入金等\\特別控除額\\（最高27万円）\end{array}\quad\left[\begin{array}{c}100円未満の\\端数切捨て\end{array}\right]$$

ニ　平成26年4月1日から令和3年12月31日までの間に居住の用に供した場合

（居住の用に供した年（1年目）から10年目までの各年）

$$\begin{pmatrix}再建住宅借入金等の\\年末残高の合計額\\（最高5,000万円）\end{pmatrix}×1.2\%=\begin{matrix}住宅借入金等\\特別控除額\\（最高60万円※）\end{matrix}\begin{bmatrix}100円未満の\\端数切捨て\end{bmatrix}$$

（11年目から13年目までの各年）

令和元年10月1日から令和2年12月31日までの間に居住の用に供した場合で，住宅の取得等が特別特定取得に該当するとき

令和3年1月1日から令和3年12月31日までの間に居住の用に供した場合で，住宅の取得等が特例取得に該当し，新型コロナウイルス感染症及びそのまん延防止のための措置の影響により，令和2年12月31日までの間に居住することができなかったとき

令和3年1月1日から令和4年12月31日までの間に居住の用に供した場合で，住宅の取得等が特別特例取得又は特例特別特例取得（1(1)参照）に該当するとき

・　次のいずれか低い方の金額（最高33.33万円※）$\begin{bmatrix}100円未満の\\端数切捨て\end{bmatrix}$

・　$\begin{pmatrix}再建住宅借入金等の年末残高の合計額\\（最高5,000万円）\end{pmatrix}×1.2\%$

・　$\begin{pmatrix}家屋の取得対価の額又は増改築等の費用の額（税抜）\\（最高5,000万円）\end{pmatrix}×2\%÷3$

※　居住の用に供した日の属する年等に係る控除限度額となります（以下ロ及びハの算式において同じです。）。

ホ　平成25年1月1日から平成26年3月31日までの間に居住の用に供した場合

（居住の用に供した年（1年目）から10年目までの各年）

$$\begin{pmatrix}再建住宅借入金等の\\年末残高の合計額\\（最高3,000万円）\end{pmatrix}×1.2\%=\begin{matrix}住宅借入金等\\特別控除額\\（最高36万円）\end{matrix}$$

解説編（第5　東日本大震災に係る（特定増改築等）住宅借入金等特別控除における措置）　383

第2部

解説編

ヘ　**平成24年1月1日から平成24年12月31日までの間に居住の用に供した場合**

（居住の用に供した年（1年目）から10年目までの各年）

$$\left(\begin{array}{c}\text{再建住宅借入金等の}\\\text{年末残高の合計額}\\\text{（最高4,000万円）}\end{array}\right) \times 1.2\% = \begin{array}{c}\text{住宅借入金等}\\\text{特別控除額}\\\text{（最高48万円）}\end{array}$$

(注)　次に該当する場合には，上記控除額以外の一定の調整が適用されます。

①　再建特例適用年において，2以上の居住年に係る住宅の再取得等に係る再建住宅借入金等の金額を有する場合

②　再建特例適用年において，再建住宅借入金等の金額及びその再建住宅借入金等の金額に係る住宅の再取得等以外の住宅の新築取得等(※)に係る住宅借入金等の金額がある場合

※　「住宅の新築取得等」とは，租税特別措置法第41条第1項に規定する住宅の取得等又は同条第10項に規定する認定住宅の新築等をいいます。

(2)　**住宅の再取得等に係る住宅借入金等特別控除の控除額の特例に係る手続等**

住宅の再取得等に係る住宅借入金等特別控除の控除額の特例の適用を受ける場合には，一般の住宅借入金等特別控除の適用を受けるために必要とされる所定の書類に加え，従前住宅が東日本大震災により被害を受けたことにより居住の用に供することができなくなったこと及び住宅の再取得等が居住用家屋の新築又は新築住宅若しくは既存住宅の取得である場合には，従前住宅が居住の用に供することができなくなった日以後最初に居住の用に供されたものであることを明らかにする書類(以下「証明書類」といいます。)を確定申告書に添付する必要があります（震災特例法13の2，震災特例令15の2，震災特例規則5の2）。

①　市町村長又は特別区の区長の従前住宅に係る東日本大震災による被

害の状況等を証する書類（り災証明書）（その写しを含みます。）

② 従前住宅の登記事項証明書（原本）（滅失した住宅については閉鎖登記記録に係る登記事項証明書（原本））

（注） 不動産番号の記載又は登記事項証明書（写し）に代えることができます。

③ 被災者の住民票の写し（その被害を受けた時及びその後におけるその人の住所を明らかにするものに限ります。）

（注）i 上記①から③の書類の添付がない確定申告書の提出があった場合において，その添付がなかったことについてやむを得ない事情があると認められるときは，これらの書類の提出があった場合に限りこの特例の適用を受けることができます。

ii 証明書類について，この特例の適用を受ける１年目の年分の確定申告書に添付した場合には，２年目以後は添付を要しないこととされています。

令和4年入居者の
住宅借入金等特別控除
についての質疑応答編

質疑応答編（令和４年入居者の住宅借入金等特別控除）　387

第１　制度の概要

１　令和４年入居者の住宅借入金等特別控除の概要

> **問**　令和４年入居者の住宅借入金等特別控除の概要を教えてください。

答　住宅借入金等特別控除は，個人が住宅の取得等をして，住宅の取得等をした日から６か月以内に当該取得等をした住宅に入居した場合において，その者が住宅借入金等の金額を有するときは，住宅の種類及び住宅の取得等の種類に応じて計算した住宅借入金等特別控除額を，控除期間内の各年分の所得税の額から控除するものです（措法41①）。

令和４年度の税制改正の解説では，令和４年から令和７年までに入居した者の住宅借入金等特別控除の趣旨について，次のとおり記載されています。

「本格的な人口減少・少子高齢化社会が到来する中，2050年カーボンニュートラルの実現に向けた対策が急務となっています。こういった社会環境の変化等に対応した豊かな住生活を実現するためには，住宅の省エネ性能の向上及び長期優良住宅の取得の促進とともに，既存の住宅ストックの有効活用及び優良化を図ることが重要となります。今回の税制改正においては，こうした考え方や現下の経済状況も踏まえつつ，所要の見直しを行っています。

具体的には，消費税率引上げに伴う反動減対策としての借入限度額の上乗せ措置は終了しつつ，カーボンニュートラルを実現する等の観点から，環境性能等が高い良質な住宅について借入限度額の上乗せを行うなどの措置を講ずることとしています。

また，控除率については，上述の会計検査院の指摘に対応する観点から，制度の簡素性も踏まえ，0.7％に見直すこととしています。一方，控除期間については，わが国の経済状況が感染症の影響によって依然として厳しい状況にあることを踏まえた当面の措置として，新築住宅等について13年とする措置を講ずることとしています。この結果，従来の制度では満額控除しきれていなかった中間層以下の納税者にとっては，控除期間が延長されることにより，総控除額が増えるといった支援の充実につながるものと考えています。」

上記の趣旨を踏まえ，令和4年入居者の住宅借入金等特別控除の借入限度額，控除期間及び控除率は，次のとおりとなります。

【令和4年入居者の住宅借入金等特別控除のポイント】

住宅の取得等の種類／住宅の種類	新築住宅の取得買取再販住宅の取得	既存住宅の取得	居住用家屋の増改築等
認定住宅	借入限度額：5,000万円 控除期間：13年間 控　除　率：0.7％	借入限度額：3,000万円 控除期間：10年間 控　除　率：0.7％	借入限度額：2,000万円 控除期間：10年間 控　除　率：0.7％
特定省エネ基準適合住宅	借入限度額：4,500万円 控除期間：13年間 控　除　率：0.7％		
一般省エネ基準適合住宅	借入限度額：4,000万円 控除期間：13年間 控　除　率：0.7％		
一般住宅（上記以外の住宅）	借入限度額：3,000万円 控除期間：13年間 控　除　率：0.7％	借入限度額：2,000万円 控除期間：10年間 控　除　率：0.7％	

質疑応答編（令和4年入居者の住宅借入金等特別控除） 389

2 新築住宅の取得

> **問** 住宅借入金等特別控除の対象となる新築住宅の取得について教えてください。

答 新築住宅の取得とは，居住用家屋の新築又は建築後使用されたことのない居住用家屋の取得をいいます。

上記の居住用家屋とは，個人が居住の用に供する家屋で，次の要件を満たすことが必要とされています（措法41①，措令26①）。

・ 床面積が50㎡以上であること（マンション等の場合は，その者の区分所有する部分の床面積が50㎡以上であるもの）

・ その家屋の床面積の2分の1以上が居住用であること

・ 居住用家屋が2つ以上ある場合には，主として居住していると認められるものであること

　(注)1　床面積50㎡については，その家屋が店舗併用住宅である場合など居住用以外の部分がある場合やその家屋が共有である場合であっても，その家屋の全体の床面積によって判定することとされています（措通41—12）。

　　　2　「区分所有する部分の床面積」は，登記簿上で表示される壁その他の区画の内側線で囲まれた部分の水平投影面積をいいます（措通41—11）。

　　　3　特例居住用家屋（床面積が40㎡以上50㎡未満の家屋のうち，令和5年12月31日以前に建築基準法の確認を受けている家屋をいいます。）も住宅借入金等特別控除の対象とされています（措法41⑱，措令26㉚）。

なお，生計を一にする次の者からの取得や贈与による取得は，新築住宅の取得となりませんのでご注意ください（措令26②）。

・ その者の親族

・ その者と婚姻の届出をしていないが事実上婚姻関係と同様の事情にある者

390 第 2 部

・ その者から受ける金銭その他の資産によって生計を維持している者

・ 上記の者と生計を一にするこれらの者の親族

3 買取再販住宅の取得

問 住宅借入金等特別控除の対象となる買取再販住宅の取得について教えてください。

答 買取再販住宅とは，次に掲げる要件を満たす住宅とされています（措法41①）。

① 建築後使用されたことのある居住用家屋であること

居住用家屋の要件については，「2 新築住宅の取得（注3を除く。）」をご参照ください。

② 耐震基準に適合する家屋であること

耐震基準に適合する家屋とは，次のいずれかに該当する家屋とされています（措令26③）。

・ 昭和57年1月1日以後に建築された家屋

・ 建築基準法施行令の規定又は国土交通大臣が財務大臣と協議して定める地震に対する安全性に係る基準に適合する家屋

③ 新築された日から10年を経過した家屋であること

④ 宅地建物取引業者が特定増改築等を行った家屋であること

⑤ 特定増改築等を行った宅地建物取引業者から取得した家屋であること

特定増改築等とは，宅地建物取引業者が家屋（取得前2年以内にその宅地建物取引業者が取得をしたものに限ります。）について行った次の工事で、次の要件を満たすものとされています。

（対象工事）

質疑応答編（令和４年入居者の住宅借入金等特別控除）　　391

対象工事とは，次に掲げる工事でその工事に該当するものであることに
つき増改築等工事証明書により証明がされたものとされています。

① 　増築，改築，建築基準法に規定する大規模の修繕又は大規模の模様替

② 　一棟の家屋でその構造上区分された数個の部分を独立して住居その他
の用途に供することができるもののうちその者が区分所有する部分につ
いて行う次に掲げるいずれかの修繕又は模様替

　a 　その区分所有する部分の床（建築基準法に規定する主要構造部である
　　床及び最下階の床をいいます。）の過半又は主要構造部である階段の過
　　半について行う修繕又は模様替

　b 　その区分所有する部分の間仕切壁（主要構造部である間仕切壁及び建
　　築物の構造上重要でない間仕切壁をいいます。）の室内に面する部分の過
　　半について行う修繕又は模様替（その間仕切壁の一部について位置の変
　　更を伴うものに限ります。）

　c 　その区分所有する部分の主要構造部である壁の室内に面する部分の
　　過半について行う修繕又は模様替（その修繕又は模様替に係る壁の過半
　　について遮音又は熱の損失の防止のための性能を向上させるものに限りま
　　す。）

③ 　家屋（上記②の家屋にあっては，その者が区分所有する部分に限ります。）
のうち居室，調理室，浴室，便所その他の室で国土交通大臣が財務大臣
と協議して定めるものの一室の床又は壁の全部について行う修繕又は模
様替

④ 　家屋について行う建築基準法施行令の規定又は国土交通大臣が財務大
臣と協議して定める地震に対する安全性に係る基準に適合させるための
修繕又は模様替

⑤ 　家屋について行う国土交通大臣が財務大臣と協議して定める高齢者等
が自立した日常生活を営むのに必要な構造及び設備の基準に適合させる

ための修繕又は模様替

⑥　家屋について行う国土交通大臣が財務大臣と協議して定めるエネルギーの使用の合理化に資する修繕又は模様替

⑦　家屋について行う給水管，排水管又は雨水の浸入を防止する部分に係る修繕又は模様替（その家屋の瑕疵を担保すべき責任の履行に関し国土交通大臣が財務大臣と協議して定める保証保険契約が締結されているものに限ります。）

（対象工事の要件）

対象工事の要件は，次に掲げる要件とされています。

①　特定増改築等に係る工事に要した費用の総額がその家屋の個人に対する譲渡の対価の額の20％に相当する金額（その金額が300万円を超える場合には，300万円）以上であること

②　次に掲げる要件のいずれかを満たすこと

a　上記①から⑥までに掲げる対象工事に要した費用の額の合計額が100万円を超えること

b　上記④から⑦までのいずれかに掲げる対象工事に要した費用の額がそれぞれ50万円を超えること

なお，確定申告では，買取再販住宅の取得に該当することを証明する「増改築等工事証明書」の提出が必要となります。ご購入された住宅が買取再販住宅に該当するかどうかについては，購入先の宅地建物取引業者にお問い合わせください。

質疑応答編（令和4年入居者の住宅借入金等特別控除）　　393

4　既存住宅の取得

> **問**　住宅借入金等特別控除の対象となる既存住宅の取得について教え
> てください。

答　既存住宅とは，次に掲げる要件を満たす住宅とされています（措法41
①）。

①　建築後使用されたことのある居住用家屋であること

　　居住用家屋の要件については，「2　新築住宅の取得（注3を除く。）」
をご参照ください。

②　耐震基準に適合する家屋であること

　　耐震基準に適合する家屋とは，次のいずれかに該当する家屋とされて
います（措令26③）。

・　昭和57年1月1日以後に建築された家屋

・　建築基準法施行令の規定又は国土交通大臣が財務大臣と協議して定
める地震に対する安全性に係る基準に適合する家屋

5　認定住宅とは

> **問**　住宅借入金等特別控除の対象となる認定住宅について教えてくだ
> さい。

答　認定住宅とは，次に掲げる住宅とされています（措法41⑩一，二）。

・　長期優良住宅の普及の促進に関する法律に規定する認定長期優良住宅

・　都市の低炭素化の促進に関する法律に規定する低炭素建築物に該当す
る家屋又は低炭素建築物とみなされる特定建築物に該当する家屋

394　　　　　　　　　　　第　2　部

　なお，確定申告では，認定住宅に該当することを証明する次の書類が必要となります。

・　認定長期優良住宅の場合…次の書類

　a　都道府県・市区町村等の長期優良住宅建築等計画等に係る認定通知書【写し】

　b　市区町村の住宅用家屋証明書【原本・写し】又は建築士等の認定長期優良住宅建築証明書【原本】

　　㊟　上記aの認定通知書の区分が「既存」である場合は，上記aに加え，地位の承継に係る承認通知書【写し】が必要となり，上記bは不要となります。

・　低炭素建築物に該当する家屋の場合…次の書類

　a　都道府県・市区町村等の低炭素建築物新築等計画に係る認定通知書【写し】

　b　市区町村の住宅用家屋証明書【原本・写し】又は建築士等の認定低炭素住宅建築証明書【原本】

・　低炭素建築物とみなされる特定建築物に該当する家屋の場合…市区町村の住宅用家屋証明書（特定建築物用）【原本】

　ご購入された住宅が認定住宅に該当するかどうかについては，購入先にお問い合わせください。

6　特定省エネ基準適合住宅とは

> 問　住宅借入金等特別控除の対象となる特定省エネ基準適合住宅について教えてください。

答　特定省エネ基準適合住宅（特定エネルギー消費性能向上住宅）とは，エ

質疑応答編（令和４年入居者の住宅借入金等特別控除）　　395

ネルギーの使用の合理化に著しく資する家屋として国土交通大臣が財務大
臣と協議して定める基準に適合するものをいい，具体的には，ZEH水準
省エネ住宅をいいます（措法41⑩三，措令26㉓，令和４年国土交通省告示第
456号（資料９））。

(注)　ZEH水準省エネ住宅とは，大幅な省エネと再生可能エネルギーの導入によ
　　り，年間の一次エネルギーの消費量の収支をゼロとすることを目指した住
　　宅をいいます（ZEHは，ゼロエネルギーハウスの頭文字をとったものです。）。

　なお，確定申告では，特定省エネ基準適合住宅に該当することを証明す
る次のいずれかの書類の提出が必要となります。

・　建築士等の住宅省エネルギー性能証明書【原本】

・　登録住宅性能評価機関の建設住宅性能評価書【写し】

　ご購入された住宅が特定省エネ基準適合住宅に該当するかどうかについ
ては，購入先にお問い合わせください。

7　一般省エネ基準適合住宅とは

> 問　住宅借入金等特別控除の対象となる一般省エネ基準適合住宅につ
> いて教えてください。

答　一般省エネ基準適合住宅（エネルギー消費性能向上住宅）とは，エネル
ギーの使用の合理化に資する住宅の用に供する家屋として国土交通大臣が
財務大臣と協議して定める基準に適合するものをいいます（措法41⑩四，
措令26㉔，令和４年国土交通省告示第456号（資料９））。

　なお，確定申告では，一般省エネ基準適合住宅に該当することを証明す
る次のいずれかの書類の提出が必要となります。

・　建築士等の住宅省エネルギー性能証明書【原本】

396

・　登録住宅性能評価機関の建設住宅性能評価書【写し】

　ご購入された住宅が一般省エネ基準適合住宅に該当するかどうかについては，購入先にお問い合わせください。

質疑応答編（令和４年入居者の住宅借入金等特別控除）　　397

第２　居住要件の判定

8　転勤のために居住できなくなった場合

> 問　住宅を新築したのですが転勤になり，この住宅に住むことなく家族を残して単身赴任することにしました。単身赴任の期間は２年間で，その後は家族とともにこの住宅に住むことになります。
>
> 転勤先は国内ですがこのような場合には，住宅借入金等特別控除は受けられないのでしょうか。

答　住宅借入金等特別控除を受けるための要件として，住宅の取得等をした者が，住宅の取得等の日から６か月以内に入居し，かつ，この控除を受ける年の12月31日（その者が死亡した日の属する年にあっては，この日）まで引き続き居住していることが必要とされています（措法41①）。

したがって，新築，取得又は増改築等をした家屋に，その家屋の所有者以外の者——例えば，親族——だけが住む場合には，この要件に当たらないことになります。

なお，その家屋の所有者が，転勤，転地療養その他のやむを得ない事情により，配偶者，扶養親族その他その者と生計を一にする親族と日常の起居を共にしていない場合において，その新築の日若しくは取得の日又は増改築等の日から６か月以内にその家屋にこれらの親族が入居し，その後も引き続き居住しており，そのやむを得ない事情が解消した後はその者が共にその家屋に居住することとなると認められるときには，その家屋の所有者が入居し，引き続いて居住しているものとして取り扱うこととされています（措通41—1の2，41—2）。

398　　　　　　　　　　第 2 部

　したがって，質問の場合には，新築した住宅にその新築の日から6か月以内に家族が入居し，その後も引き続き居住しているのであれば，その家屋の所有者が入居し，その後もその家屋の所有者が引き続いて居住しているものとして取り扱われます。

9　郷里に住宅を新築した場合

> 問　家族で社宅に入居していますが，3年後に郷里に帰るため，前もって郷里に住宅を新築し，私と大学生の息子とが従来どおり社宅で生活し，妻と中学生の娘が郷里に新築した住宅に住むことにしました。
> 　このような場合には，住宅借入金等特別控除は受けられないのでしょうか。

答　住宅借入金等特別控除を受けるための要件として，住宅の取得等をした者が，住宅の取得等の日から6か月以内に入居し，かつ，この控除を受ける年の12月31日（その者が死亡した日の属する年にあっては，この日）まで引き続き居住していることが必要とされています（措法41①）。

　したがって，新築，取得又は増改築等をした家屋に，その家屋の所有者以外の者――例えば，親族――だけが住む場合には，この要件に当たらないことになります。

　なお，その家屋の所有者が，転勤，転地療養その他のやむを得ない事情により，配偶者，扶養親族その他その者と生計を一にする親族と日常の起居を共にしていない場合において，その新築の日若しくは取得の日又は増改築等の日から6か月以内にその家屋にこれらの親族が入居し，その後も引き続き居住しており，そのやむを得ない事情が解消した後はその者が共にその家屋に居住することとなると認められるときには，その家屋の所有

質疑応答編（令和4年入居者の住宅借入金等特別控除）　　399

者が入居し，引き続いて居住しているものとして取り扱うこととされています（措通41—1の2，41—2）。

　したがって，質問の場合には，3年後には郷里に新築した住宅に家族とともに住むことになるのでしょうから，郷里に新築した住宅にその新築の日から6か月以内に家族が入居し，その後も引き続き居住しているのであれば，その家屋の所有者が入居し，その後もその家屋の所有者が引き続いて居住しているものとして取り扱われます。

㊟　郷里に新築した住宅に両親や兄弟を住まわせ，社宅に妻子とともに住んでいるような場合には，その家屋の所有者がその住宅に入居し，その後もその家屋の所有者が引き続いて居住しているとする取扱いは適用されません。

10　非居住者期間中に家屋を購入した場合(1)

> 問　私は，米国勤務のために米国に居住しています。
>
> 　米国居住中の令和4年4月に，日本に帰国後居住するための住宅を購入した場合は，住宅借入金等特別控除は受けることができるのでしょうか。

答　住宅借入金等特別控除を受けるための要件として，住宅の取得等をした個人が，住宅の取得等の日から6か月以内に入居し，かつ，住宅借入金等特別控除を受ける年の12月31日（その者が死亡した日の属する年にあっては，この日）まで引き続き居住していることが必要とされています（措法41①）。

　以上のように法令は，「個人」が家屋の取得等をし，居住の用に供した場合について住宅借入金等特別控除が受けられることとされており，「個人」には，居住者に限らず，非居住者を含むことから，非居住者である期

間中に取得した場合についても，他の法令の要件を満たすときには，住宅借入金等特別控除を受けることができます。

したがって，質問の場合には，米国に居住している期間は「非居住者」に該当すると考えられますが，購入した住宅にその購入をした日から6か月以内に入居するなど他の法令の要件を満たす場合には，住宅借入金等特別控除を受けることができます。

(注)1　居住者とは，国内に住所を有し，又は，現在まで引き続いて1年以上居所を有する個人をいいます（所法2①三）。また，住所とは，各人の生活の本拠をいい，「生活の本拠」に該当するかどうかは，客観的事実によって判定することになります（基通2―1）。

　　2　非居住者とは，居住者以外の個人をいいます（所法2①五）。なお，国外において，継続して1年以上居住することを通常要する職業を有する場合には，その者は，国内に住所を有しない者として，非居住者と推定されます（所法3②，所令15①一）。

11　非居住者期間中に家屋を購入した場合(2)

問　私は，米国勤務のために米国に居住しています。

米国居住中の令和4年4月に日本に帰国後居住するための住宅を購入し，同年5月から妻と息子が購入した住宅に居住しています。

このような場合は，住宅借入金等特別控除は受けられないのでしょうか。

答　住宅借入金等特別控除を受けるための要件として，住宅の取得等をした者が，住宅の取得等の日から6か月以内に入居し，かつ，この控除を受ける年の12月31日（その者が死亡した日の属する年にあっては，この日）まで引き続き居住していることが必要とされています（措法41①）。

質疑応答編（令和4年入居者の住宅借入金等特別控除）　　401

　住宅借入金等特別控除の対象となる者には，居住者だけでなく，非居住者も含むこととされています（前問参照）。しかしながら，新築，取得又は増改築等をした家屋に，その家屋の所有者以外の者（例えば，親族）だけが住む場合には，この要件に当たらないことになります。

　なお，その家屋の所有者が，転勤，転地療養その他のやむを得ない事情により，配偶者，扶養親族，その他その者と生計を一にする親族と日常の起居を共にしていない場合において，その新築の日若しくは取得の日又は増改築等の日から6か月以内にその家屋にこれらの親族が入居し，その後も引き続き居住しており，そのやむを得ない事情が解消した後はその者が共にその家屋に居住することとなると認められるときには，その家屋の所有者が入居し，引き続いて入居しているものとして取り扱うこととされています（措通41―1の2，41―2，なお，問9参照）。

　したがって，質問の場合には，その購入した日から6か月以内に家族が入居し，その後も引き続き入居しているのであれば，その家屋の所有者が入居し，その後もその家屋の所有者が引き続いて居住しているものとして取り扱われることから，他の法令の要件を満たす場合には，住宅借入金等特別控除を受けられます。

12 海外に転勤後再び居住の用に供した場合

> **問** 私は，令和4年4月に住宅を購入し，同年6月に入居して住宅借入金等特別控除の適用を受けましたが，令和5年3月に米国に転勤になり家族を残して単身赴任することになりました。単身赴任の期間は2年間で，その後は家族とともにこの住宅に住むことになります。
>
> 令和5年分以後の各年分については，住宅借入金等特別控除を受けることができるでしょうか。

答 住宅借入金等特別控除を受けるための要件として，住宅の取得等をした者が，住宅の取得等の日から6か月以内に入居し，かつ，この控除を受ける年の12月31日（その者が死亡した日の属する年にあっては，この日）まで引き続き居住していることが必要とされています（措法41①）。

なお，その家屋の所有者が，転勤，転地療養その他のやむを得ない事情により，配偶者，扶養親族，その他その者と生計を一にする親族と日常の起居を共にしていない場合において，その新築の日若しくは取得の日又は増改築等の日から6か月以内にその家屋にこれらの親族が入居し，その後も引き続き居住しており，そのやむを得ない事情が解消した後はその者が共にその家屋に居住することとなると認められるときには，その家屋の所有者が入居し，引き続いて入居しているものとして取り扱うこととされています（措通41―1の2，41―2，なお，問8，前問参照）。

したがって，質問の場合には，住宅を購入した日から6か月以内に家族が入居し，その後も引き続き入居しているのであれば，その家屋の所有者が入居し，その後もその家屋の所有者が引き続いて居住しているものとして取り扱われることから，他の法令の要件を満たす場合には，米国に単身赴任している非居住者期間中を含め，住宅借入金等特別控除を受けられま

質疑応答編（令和４年入居者の住宅借入金等特別控除）　　403

す（問８，前問参照）。

　なお，海外勤務期間は，国内に住所又は居所のある人を納税管理人に定めて納税地の所轄税務署長に届出をし（国税通則法117），翌年に納税管理人を通じて確定申告をすることで住宅借入金等特別控除を受けることとなります。

13　死亡した場合

> 問　住宅借入金等特別控除を受けていた人が死亡した場合には，この控除を受ける年の12月31日まで住んでいなかったこととなるため，その年分の住宅借入金等特別控除は受けられないのでしょうか。

答　住宅借入金等特別控除を受けるための要件として，住宅の取得等をした者が，住宅の取得等の日から６か月以内に入居し，かつ，この控除を受ける年の12月31日まで引き続き居住していることが必要とされています（措法41①）が，引き続いて居住していた者が年の中途で死亡した場合には，死亡した日まで引き続いて居住の用に供していれば，その年分については住宅借入金等特別控除が受けられることになっています（措法41①）。

　したがって，住宅借入金等特別控除を受けていた方が死亡した場合，死亡した年分については，住宅借入金等特別控除を受けることができます。

(注)　居住していた者が年の中途で死亡した場合の住宅借入金等特別控除額の計算の基となる住宅借入金等の金額は，死亡した日現在のものとなります（措法41①）。

404　　　　　　　　　第　2　部

第3　所得金額要件の判定

14　合計所得金額の判定

> **問**　合計所得金額が2,000万円（特例居住用家屋の場合は1,000万円）を
> 超えると住宅借入金等特別控除は受けられないとのことですが，当該
> 金額を超える年があれば，それ以後の年は受けられないのでしょうか。
> また，合計所得金額はどのように判定するのでしょうか。

答　令和4年の住宅借入金等特別控除は，合計所得金額が2,000万円（特
例居住用家屋の場合は1,000万円）を超える年分については受けることがで
きないこととされています（措法41①）。

　したがって，住宅借入金等特別控除の適用が受けられる期間のうち，合
計所得金額が2,000万円（特例居住用家屋の場合は1,000万円）を超える年分
については，住宅借入金等特別控除を受けることはできませんが，2,000
万円（特例居住用家屋の場合は1,000万円）以下となる年分については，受
けることができます。

　また，ここでいう「合計所得金額」とは，総所得金額，特別控除前の分
離課税の長（短）期譲渡所得の金額，上場株式等に係る譲渡所得等の金額，
一般株式等の譲渡所得等の金額，申告分離課税を選択した上場株式等の配
当等に係る配当所得等の金額，先物取引に係る雑所得等の金額，山林所得
金額及び退職所得金額の合計額です。ただし，純損失や雑損失の繰越控除，
居住用財産の買換え等の場合の譲渡損失の繰越控除，特定居住用財産の譲
渡損失の繰越控除，上場株式等に係る譲渡損失の繰越控除，特定中小会社
が発行した株式に係る譲渡損失の繰越控除又は先物取引の差金等決済に係

質疑応答編（令和4年入居者の住宅借入金等特別控除）　　405

る損失の繰越控除の適用がある場合には，その適用前の金額をいいます。

　したがって，非課税とされている所得，確定申告しないことを選択した配当所得等，源泉分離課税の利子所得，確定申告しないことを選択した源泉徴収選択口座内の株式等に係る譲渡所得等のような所得は，合計所得金額には含まれません。

※　特例居住用家屋とは，床面積が40㎡以上50㎡未満の居住用家屋をいいます。

第4 取得等の要件の判定

15 所有権移転登記が留保されている場合の家屋の「取得の日」

> 問 割賦払の方法による契約で家屋を購入しましたが，特約で賦払金
> が完済されるまでは所有権移転登記が行われないことになっている場
> 合は，住宅借入金等特別控除は受けられないのでしょうか。

答 住宅借入金等特別控除を受けるための要件として，家屋の取得をした
者がその家屋にその取得の日から6か月以内に入居することが必要とされ
ており（措法41①），その取得の日を明らかにする書類の一つとして登記
事項証明書を確定申告書に添付すべきこととされていますが，この場合の
「取得の日」とは，原則として「引渡しの日」をいうものと解されます。

　ところで，所有権移転登記の留保が長期賦払債務を担保するためにのみ
行われているに過ぎない場合は，所有権移転登記がされていなくても，家
屋の引渡しを受けた時においてその家屋を取得したことになると考えられ
ます。

　したがって，所有権移転登記が行われていなくても，その家屋の引渡し
を受けたことがその他の書類により明らかであれば，住宅借入金等特別控
除の対象となります。

質疑応答編（令和４年入居者の住宅借入金等特別控除）　　407

16　生計を一にする親族から住宅を購入した場合

> **問**　私の扶養親族となっている父から，父が現在住んでいる住宅を購入し，私たち夫婦が住もうと考えています。
>
> 　父から購入した住宅でも住宅借入金等特別控除の対象になるのでしょうか。

答　住宅借入金等特別控除の対象となる中古家屋の取得の要件として，その中古家屋を取得する時においてその取得をする者と生計を一にしており，その取得後においても引き続き生計を一にする次に掲げる者からの中古家屋の取得は，この控除の対象にならないこととされています（措法41①，措令26②）。

①　その中古家屋を取得する者の親族

②　その中古家屋を取得する者と婚姻の届出をしていないが事実上婚姻関係と同様の事情にある者

③　①と②に掲げる者以外の者でその中古家屋を取得する者から受ける金銭その他の資産によって生計を維持している者

④　①から③までに掲げる者と生計を一にするこれらの者の親族

　質問の場合のように，扶養親族となっている父から中古家屋を購入するということは，生計を一にしている親族から中古家屋を取得することになりますから，父から購入した後も引き続き父と生計が一であるのであれば，その中古家屋の取得は住宅借入金等特別控除の対象にはなりません。

17 財産分与により住宅を取得した場合

問 私は離婚をし，財産分与により前夫所有の住宅（住宅ローン付，築後4年5か月）を取得しました。

家屋に係る債務	700万円	
私と甲銀行との 金銭消費貸借	借入金	700万円
	償還期間	15年

この場合，私は住宅借入金等特別控除は受けられないのでしょうか。

答 住宅借入金等特別控除の対象となる中古家屋の取得の要件として，贈与によるもの及びその中古家屋を取得する時においてその取得をする者と生計を一にしており，その取得後においても引き続き生計を一にする親族等からの中古家屋の取得は，この控除の対象にならないこととされています（措法41①，措令26②，前問参照）。

質問の場合には，あなたは前夫から財産分与により取得したものであり，贈与による取得ではありません（したがって，前夫は譲渡所得の申告が必要となります。）。また，既に離婚していますから生計を一にする親族等からの中古家屋の取得にも該当しません。

したがって，その他の要件を満たしていれば，あなたは住宅借入金等特別控除を受けることができます。

質疑応答編（令和4年入居者の住宅借入金等特別控除）　　409

18　財産分与による共有持分の追加取得

問　離婚した前夫と，平成30年に共有（各2分の1）でマンションを取得するとともに，それぞれ連帯債務者としてその取得に係る住宅借入金を借り入れ，同年分の確定申告で住宅借入金等特別控除の適用を受けました。その後，令和4年4月に前夫と離婚した際，財産分与により，前夫の共有持分を追加取得するとともに，新たに金融機関から借入れを行い，当初の連帯債務による借入金を全額返済しました。

　　この財産分与で追加取得した共有持分についても住宅借入金等特別控除の適用を受けることはできるのでしょうか。

答　追加取得したマンションの持分についても，当初持分に併せて住宅借入金等特別控除の適用を受けることができます。

　居住用家屋について，財産分与によりその共有持分を追加取得した場合には，住宅借入金等特別控除の適用に当たり，新たに家屋を取得したものとして，当初から保有していた共有持分と追加取得した共有持分のいずれについても，住宅借入金等特別控除の適用を受けることができます。

　したがって，共有持分の追加取得に係る一定の住宅借入金等の金額を有するなど，その他の要件を満たしている場合には，追加取得した居住用家屋の共有持分についても住宅借入金等特別控除の適用を受けることができます。

　なお，住宅借入金等特別控除額の計算は，住宅借入金等特別控除額の重複適用（「第2部　解説編　第1」の「8　住宅借入金等特別控除の重複適用」参照）に準じて計算することとなります。

　（注）　居住用家屋の共有持分の追加取得であっても，追加取得時において自己と生計を一にし，その取得後も引き続き自己と生計を一にしている親族等からの取得は，住宅借入金等特別控除の対象とはなりません。

410　　第　2　部

19　中古家屋を購入後，地震に対する安全上必要な構造方法に関する技術基準又はこれに準ずるものに適合する建物であると証明された場合

> 問　令和４年に購入した中古住宅（昭和56年に建築）について，購入後，耐震基準適合証明書による証明のための家屋の調査を実施した結果，適合することが証明されました。この家屋について，住宅借入金等特別控除を受けることはできますか。

答　住宅借入金等特別控除の対象となる既存住宅とは，次に掲げる要件を満たす家屋とされています。

① 床面積が50平方メートル以上の家屋であること

② 床面積の２分の１以上が専ら自己の居住の用に供される家屋であること

③ 建築後使用されたことのある家屋であること

④ 耐震基準に適合する家屋であること

　上記④の耐震基準に適合する家屋とは，次のいずれかに該当する家屋をいいます（措令26③）。

・　昭和57年１月１日以後に建築された家屋

・　建築基準法施行令の規定又は国土交通大臣が財務大臣と協議して定める地震に対する安全性に係る基準に適合する家屋で耐震基準適合証明書によって証明されたもの

　　㈲　耐震基準に適合する家屋であることの証明については，中古住宅の取得の日前２年以内に，その証明についての調査が終了していることが必要です。

　ご質問の中古住宅については，昭和57年１月１日前に建築されたもので

質疑応答編（令和4年入居者の住宅借入金等特別控除）　　411

あること，購入後に耐震基準に適合する家屋であることの証明についての
調査を行っていることから，住宅借入金等特別控除の対象となる既存住宅
には該当しません。

20　居住の用に供する前に行ったリフォーム

> **問**　私は，前問の中古住宅を令和4年7月に購入し，入居する前に一
> 定のリフォームを行い同年10月に居住の用に供しました。この場合，
> 住宅借入金等特別控除の適用を受けることができますか。

答　中古住宅の購入に係る部分については，前問のとおり住宅借入金等特
別控除の対象になりません。

　次に，個人が自己の所有している家屋で自己の居住の用に供するものに
一定の増改築等をして，その増改築等をした部分を居住の用に供した場合
（その増改築等の日から6か月以内にその者の居住の用に供した場合に限りま
す。）には，その増改築等について住宅借入金等特別控除の適用を受ける
ことができます。

　したがって，そのリフォームが住宅借入金等特別控除の対象となる増改
築等に該当すれば，その住宅を居住の用に供する前に行ったものであって
も住宅借入金等特別控除の適用を受けることができます。

21 「家屋の取得等をした後6か月以内に入居する」の意義

> **問** 住宅借入金等特別控除を受けるためには，家屋を新築した日，取得した日又は家屋の増改築等をした日から一定の期間内に入居しなければならないとのことですが，具体的にはいつまでに入居すればよいのでしょうか。

答 住宅借入金等特別控除を受けるための要件として，家屋の取得の日，新築の日又は家屋の増改築等の日から6か月以内に入居することが必要とされています（措法41①）。

　この場合の新築の日，取得の日又は増改築等の日とは，これらの日から「6月以内に……居住の用に供した場合に限る。」（措法41①）と規定されていることからすれば，いずれの日も居住の用に供することができることとなった日と解するのが相当であると考えられます。

　したがって，家屋の取得の日とはその家屋の引渡しを受けた日となり，家屋の新築の日や増改築等の日とは，①大工を雇って新築や増改築等の工事を行った場合にはその工事が完了した日となり，また，②請負契約によりこれらの工事を行った場合には請負人からその家屋の引渡しを受けた日として差し支えないこととされています（措通41—5）。

22 住宅借入金等特別控除の対象となる増改築等

> **問** 住宅借入金等特別控除の対象となる増改築等とは，どのようなものでしょうか。

答 住宅借入金等特別控除の対象となる増改築等とは，自己の居住の用に

質疑応答編（令和4年入居者の住宅借入金等特別控除） 413

供する自己の所有している家屋（居住の用に供する家屋を二以上有する場合
には，主としてその居住の用に供すると認められる一の家屋に限ります。）につ
いて行う，

① 増築，改築，建築基準法に規定する大規模の修繕・大規模の模様替え
の工事

② マンションなどの区分所有建物のうちその者が区分所有する部分の床，
階段又は壁の過半について行う一定の修繕・模様替えの工事

③ 家屋（マンションなどの区分所有建物にあっては，その人が区分所有する
部分に限ります。）のうち居室，調理室，浴室，便所，洗面所，納戸，玄
関又は廊下の一室の床又は壁の全部について行う修繕・模様替えの工事

④ 家屋について行う地震に対する一定の安全基準に適合させるための修
繕・模様替えの工事

⑤ 家屋について行う高齢者等が自立した日常生活を営むのに必要な構造
及び設備の基準に適合させるための修繕・模様替えの工事

⑥ 家屋について行うエネルギーの使用の合理化に著しく資する修繕・模
様替え又はエネルギーの使用の合理化に相当程度資する修繕・模様替え
の工事（これらの工事と併せて行うその家屋と一体となって効用を果たす設
備の取替え又は取付けに係る工事を含みます。）

のいずれかの工事で，次の要件を満たすものとされています（措法41①⑳）。

イ その工事に要した費用の額（その増改築等の費用に関し補助金等の交付
を受ける場合はその額を控除した額）が100万円を超えること。

　㊟ 「補助金等」とは，国又は地方公共団体から交付される補助金又は給付金
その他これらに準ずるものをいいます。

ロ その工事に係る部分のうちに自己の居住の用以外の用に供する部分が
ある場合には，自己の居住の用に供する部分に係る工事に要した費用の
額がその工事に要した費用の総額の2分の1以上であること。

ハ　その工事をした後の家屋の床面積が50平方メートル以上であること。

ニ　その工事をした後の家屋の床面積の2分の1以上が専ら自己の居住の用に供されるものであること。

ホ　その工事をした後の家屋が，その者が主としてその居住の用に供すると認められるものであること。

　なお，これらの工事について住宅借入金等特別控除を受ける場合には，①の工事にあっては①の工事に係る建築確認済証の写し，検査済証の写し又は増改築等工事証明書，②，③，④，⑤又は⑥の工事にあってはそれらの工事に係る増改築等工事証明書を確定申告書と一緒に提出しなければならないこととされています（措法41⑳）。

　㊟　増改築等工事証明書の様式等については，資料16参照。

23　住宅借入金等特別控除の対象となる大規模の修繕及び模様替え

> 問　住宅借入金等特別控除の対象となる大規模の修繕及び大規模の模様替えとは，どのようなものでしょうか。

答　住宅借入金等特別控除の対象となる大規模の修繕とは，建築物の主要構造部の一種以上について行う過半の修繕（建築基準法2十四）をいい，大規模の模様替えとは，建築物の主要構造部の一種以上について行う過半の模様替え（建築基準法2十五）をいうこととされています（措法41⑱）。

　具体的には，家屋の壁（建築物の構造上重要でない間仕切壁を除きます。），柱（間柱を除きます。），床（最下階の床を除きます。），はり，屋根又は階段（屋外階段を除きます。）のいずれか一以上について行う過半の修繕又は模様替え（例えば，トタンぶきの屋根全体の2分の1を超える部分について瓦ぶ

質疑応答編（令和 4 年入居者の住宅借入金等特別控除）　　　415

きにする模様替え）をいいます。

　なお，これらの修繕や模様替えについて住宅借入金等特別控除を受ける
場合には，これらの工事に係る建築確認済証の写し，検査済証の写し又は
増改築等工事証明書を確定申告書と一緒に提出しなければならないことと
されています（措法41⑱）。

㊟　増改築等工事証明書の様式等については，資料16参照。

24　住宅借入金等特別控除の対象となるマンションのリフォーム

> 問　住宅借入金等特別控除の対象となる増改築等には，マンションの
> リフォームなどの一定の修繕・模様替えも該当するとのことですが，
> どのような工事をいうのでしょうか。

答　マンションなどの区分所有建物のうち，その人が区分所有する部分の
床，階段又は壁の過半について行う「一定の修繕・模様替え」の工事も住
宅借入金等特別控除の対象となる増改築等に該当しますが，その「一定の
修繕・模様替え」とは，次に掲げるいずれかの修繕又は模様替えとされて
います（措法41⑳）。

①　区分所有する部分の床の過半又は階段（屋外階段を除きます。）の過半
　について行う修繕又は模様替え

②　区分所有する部分の間仕切壁の室内に面する部分の過半について行う
　修繕又は模様替え（その間仕切壁の一部について位置の変更を伴うものに限
　ります。）

③　区分所有する部分の壁（建築物の構造上重要でない間仕切壁を除きま
　す。）の室内に面する部分の過半について行う修繕又は模様替え（その修
　繕又は模様替えに係る壁の過半について遮音又は熱の損失の防止のための性

能を向上させるものに限ります。)

なお，具体的には，①の「床の過半の修繕又は模様替え」とは，フローリング床の貼替えや畳床からフローリング床への貼替えで全床面積の半分以上の工事などです。

また，②の「間仕切壁の一部について位置の変更」とは，間仕切壁の一部についてその位置を変えたり，取り外したり，新たに設ける工事をいいます。

更に，③の「遮音のための性能を向上させるもの」とは，遮音性能を有する石膏ボード，グラスウール，遮音シートなど特定の材料を新たに使用し，かつ，そのための適切な施工がなされているものをいい，「熱の損失の防止のための性能を向上させるもの」とは，一定の算式により算定した熱伝達抵抗のその工事後の値が工事前の値に比して高くなるものをいいます。

したがって，例えば，単なる壁紙の張り替えや壁の塗装だけのような内装工事の場合には，適用対象となる「修繕又は模様替え」には当たりません。

25　住宅借入金等特別控除の対象となる修繕・模様替えの工事

> 問　住宅借入金等特別控除の対象となる増改築等のうち，家屋の居室，調理室，浴室などの一室の床又は壁の全部について行う修繕・模様替えの工事とはどのようなものでしょうか。

答　家屋(マンションなどの区分所有建物にあっては，その人が区分所有する部分に限ります。)のうち，居室，調理室，浴室，便所，洗面所，納戸，玄関又は廊下の一室の床の全部又は壁の全部について行う，修繕や模様替えの

質疑応答編（令和 4 年入居者の住宅借入金等特別控除）　　　417

工事（その工事と併せて行うその家屋と一体となって効用を果たす設備の取替え又は取付けに係る工事を含みます。）も住宅借入金等特別控除の対象となる増改築等に該当します（措法41⑳）。

　具体的には，「一室」とは，原則として，壁又は建具等により囲まれた区画をいうものとされていますが，次のような空間がある場合には，その空間は，異なる室として取り扱うこととされています。

① 　設計図書等から判断される目的及び床の仕上げの材料が異なる空間

② 　設計図書等から判断される目的及び壁の仕上げの材料が異なる空間

　ただし，押入れや出窓，床の間等については，建具等を介して接する室に含まれることとされています。

　また，一室の床又は壁の「全部」とは，原則として，一室の床の全床面積又は壁の室内に面する部分の壁面の全水平投影の長さをいうものとされていますが，押入れや出窓，床の間等についてのみ修繕又は模様替えが行われない場合には，その一室の床又は壁の全部について修繕又は模様替えが行われるものとしてみなされることとされています。

26　住宅借入金等特別控除の対象となる家屋について行う高齢者等が自立した日常生活を営むのに必要な構造及び設備の基準に適合させるための修繕・模様替え

> 問　住宅借入金等特別控除の対象となる増改築等のうち，家屋について行う高齢者等が自立した日常生活を営むのに必要な構造及び設備の基準に適合させるための修繕・模様替えの工事とはどのようなものでしょうか。

答　家屋について行う高齢者等が自立した日常生活を営むのに必要な構造

及び設備の基準に適合させるための修繕・模様替え（その工事と併せて行うその家屋と一体となって効用を果たす設備の取替え又は取付けに係る工事を含みます。）も住宅借入金等特別控除の対象となる増改築等に該当します（措法41⑳）。

具体的には，次に掲げるいずれかの工事とされています（平成19年国土交通省告示第407号（資料14），資料17参照）。

① 介助用の車いすで容易に移動するために通路又は出入口の幅を拡張する工事

② 階段の設置（既存の階段の撤去を伴うものに限ります。）又は改良によりその勾配を緩和する工事

③ 浴室を改良する工事であって，次のいずれかに該当するもの

　イ 入浴又はその介助を容易に行うために浴室の床面積を増加させる工事

　ロ 浴槽をまたぎ高さの低いものに取り替える工事

　ハ 固定式の移乗台，踏み台その他の高齢者等の浴槽の出入りを容易にする設備を設置する工事

　ニ 高齢者等の身体の洗浄を容易にする水栓器具を設置し又は同器具に取り替える工事

④ 便所を改良する工事であって，次のいずれかに該当するもの

　イ 排泄又はその介助を容易に行うために便所の床面積を増加させる工事

　ロ 便器を座便式のものに取り替える工事

　ハ 座便式の便器の座高を高くする工事

⑤ 便所，浴室，脱衣室その他の居室及び玄関並びにこれらを結ぶ経路に手すりを取り付ける工事

⑥ 便所，浴室，脱衣室その他の居室及び玄関並びにこれらを結ぶ経路の

質疑応答編（令和４年入居者の住宅借入金等特別控除）　　419

床の段差を解消する工事（勝手口その他屋外に面する開口の出入口及び上がりかまち並びに浴室の出入口にあっては，段差を小さくする工事を含みます。）

⑦　出入口の戸を改良する工事であって，次のいずれかに該当するもの

　イ　開戸を引戸，折戸等に取り替える工事

　ロ　開戸のドアノブをレバーハンドル等に取り替える工事

　ハ　戸に戸車その他の戸の開閉を容易にする器具を設置する工事

⑧　便所，浴室，脱衣室その他の居室及び玄関並びにこれらを結ぶ経路の床の材料を滑りにくいものに取り替える工事

　また，これらの工事について住宅借入金等特別控除を受ける場合には，増改築等工事証明書を確定申告書と一緒に提出する必要があります（措法41⑳）。

27　住宅借入金等特別控除の対象となる家屋について行うエネルギーの使用の合理化に資する修繕・模様替え

> **問**　住宅借入金等特別控除の対象となる増改築のうち，家屋について行うエネルギーの使用の合理化に著しく資する修繕・模様替え又はエネルギーの使用の合理化に相当程度資する修繕・模様替えの工事とはどのようなものでしょうか。

答　家屋について行うエネルギーの使用の合理化に著しく資する修繕・模様替えの工事とは，次の(1)又は(2)のいずれかの工事をいいます。

(1)　①居室の全ての窓の改修工事，又は①の工事と併せて行う②天井等，③壁若しくは④床等の断熱工事で次のイ及びロの要件を満たす工事

(2)　①居室の窓の改修工事，又は①の工事と併せて行う②天井等，③壁

420 第 2 部

若しくは④床等の断熱工事で次のイ及びハの要件を満たす工事

イ 改修した各部位の省エネ性能がいずれも平成28年基準以上となること。

ロ 改修後の住宅全体の断熱等性能等級が平成28年基準以上となること。

ハ 改修後の住宅全体の断熱等性能等級が現状から一段階以上上がること及び改修後の住宅全体の省エネ性能について(イ)断熱等性能等級が等級4，又は(ロ)一時エネルギー消費量等級が等級4以上かつ断熱等性能等級が等級3となること。

　また，家屋について行うエネルギーの使用の合理化に相当程度資する修繕・模様替えの工事とは，上記(1)の工事のうちロの要件を「改修後の住宅全体の断熱等性能等級が改修前から一段階相当以上上がると認められる工事内容であること。」とする場合の工事をいいます。

　これらの工事について住宅借入金等特別控除を受ける場合には，増改築等工事証明書を確定申告書と一緒に提出する必要があります（措法41⑳）。

28 住宅借入金等特別控除の対象となる設備の取替え及び取付けの工事

> **問** 住宅借入金等特別控除の対象となる設備の取替え又は取付けの工事とは，どのようなものでしょうか。

答 住宅借入金等特別控除の対象となる増改築等には，自己の居住の用に供する自己の所有している家屋について行う①増築，改築，建築基準法に規定する大規模の修繕・大規模の模様替えの工事，②マンションなどの区分所有建物のうちその人が区分所有する部分の床，階段又は壁の過半につ

質疑応答編（令和4年入居者の住宅借入金等特別控除）　　421

いて行う一定の修繕・模様替えの工事，③家屋（マンションなどの区分所有
建物にあっては，その人が区分所有する部分に限ります。）のうち居室，調理
室，浴室，便所，洗面所，納戸，玄関及び廊下の一室の床又は壁の全部に
ついて行う修繕・模様替えの工事，④家屋について行う地震に対する一定
の安全基準に適合させるための修繕・模様替えの工事，⑤家屋について
行う高齢者等が自立した日常生活を営むのに必要な構造及び設備の基準に
適合させるための修繕・模様替えの工事又は⑥家屋について行うエネルギ
ーの使用の合理化に著しく資する修繕・模様替え又はエネルギーの使用の
合理化に相当程度資する修繕・模様替えの工事と併せて行うその家屋と一
体となって効用を果たす設備の取替え又は取付けに係る工事も含むことと
されています（措法41⑳）。

　具体的には，①，②，③，④，⑤又は⑥の工事と併せて行うその工事を
施した家屋と一体となって効用を果たす電気設備，給排水設備，衛生設備，
ガス設備等の設備の取替えや取付けの工事が増改築等に含まれることにな
ります。

29　増改築等の金額の判定

> 問　住宅借入金等特別控除の対象となる増改築等の工事は，その工事
> 代金が100万円を超えることが必要とのことですが，その家屋が共有
> となっている場合や店舗併用住宅である場合など，100万円を超える
> かどうかをどのように判定するのでしょうか。

答　増改築等について住宅借入金等特別控除を受けるための要件として，
①増築，改築，建築基準法に規定する大規模の修繕・大規模の模様替え，
②マンションなどの区分所有建物のうちその人が区分所有する部分の床，

422 第 2 部

階段又は壁の過半について行う一定の修繕・模様替え，③家屋（マンションなどの区分所有建物にあっては，その人が区分所有する部分に限ります。）のうち居室，調理室，浴室，便所，洗面所，納戸，玄関及び廊下の一室の床又は壁の全部について行う修繕・模様替えの工事，④家屋について行う地震に対する一定の安全基準に適合させるための修繕・模様替えの工事，⑤家屋について行う高齢者等が自立した日常生活を営むのに必要な構造及び設備の基準に適合させるための修繕・模様替えの工事又は⑥家屋について行うエネルギーの使用の合理化に著しく資する修繕・模様替え又はエネルギーの使用の合理化に相当程度資する修繕・模様替えの工事に要した費用の額（その増改築等の費用に関し補助金等の交付を受ける場合はその額を控除した額）が100万円を超えることが必要とされています（措法41⑳）。

この場合，これらの工事に要した費用の額が100万円を超えるかどうかは，一の工事に要した費用の額ごとに判定することになり，1年間の合計額によって判定することはできません。

また，その家屋が共有となっている場合や店舗併用住宅である場合であっても，自己の持分以外の部分に係る工事に要した費用の額や店舗部分に係る工事に要した費用の額を区分することなく，その家屋について施した一の工事に要した費用の総額によって判定することになります。

30　他の者が所有する家屋について増改築をした場合

問　父の所有する家屋に，銀行からの借入金によって，私が増改築をしました。住宅借入金等特別控除の対象となるのでしょうか。

答　住宅借入金等特別控除の対象となる家屋の増改築等とは，自己の居住の用に供する自己の所有している家屋（居住の用に供する家屋を二以上所有

質疑応答編（令和4年入居者の住宅借入金等特別控除） 423

している場合には，主としてその居住の用に供すると認められる一の家屋に限られます。）について行う増築，改築，一定の大規模の修繕・模様替え等の工事とされています（措法41①⑳，問22参照）。

したがって，質問の場合には，あなたが行った増改築は父親の所有する家屋について行ったものであり，自己の所有する家屋について行ったものではありませんから，住宅借入金等特別控除の対象とはなりません。

第5 床面積要件の判定

31 床面積の判定

> **問** 住宅借入金等特別控除の対象となる家屋の床面積は，50平方メートル（特例居住用家屋の場合は40平方メートル）以上であることが必要とのことですが，どのように判定するのでしょうか。

答 住宅借入金等特別控除の対象となる家屋の床面積は，①1棟の家屋については，その家屋の床面積が，②1棟の家屋で，その構造上区分された数個の部分を独立して住居その他の用途に供することができるものにつき，その各部分を区分所有する場合は，その区分所有する部分の床面積が，50平方メートル（特例居住用家屋の場合は40平方メートル）以上であることが必要とされています（措法41①，措令26①）。

床面積がこの要件に該当するかどうかは，上の①の家屋については，各階ごとに壁その他の区画の中心線で囲まれた部分の水平投影面積（登記簿上表示される床面積）によって判定することとされています（措通41—10）。また，上の②の区分所有する部分の床面積については，階段や廊下などの共用部分を除いた専有部分について，壁その他の区画の内側線で囲まれた部分の水平投影面積（登記簿上表示される床面積）によって判定することとされています（措通41—11）。

質疑応答編（令和4年入居者の住宅借入金等特別控除） 425

32　店舗併用住宅や共有住宅の床面積の判定

> **問**　店舗併用住宅や共有住宅の床面積が50平方メートル（特例居住用家屋の場合は40平方メートル）以上であるかどうかは，どのように判定するのでしょうか。

答　住宅借入金等特別控除の対象となる家屋の床面積の要件については前問で説明したとおりですが，床面積がその要件に該当するかどうかは，その家屋（又は区分所有する部分）が店舗や事務所との併用となっている場合，又は数人の共有となっている場合であっても，その店舗や事務所の部分又は他の者の共有持分の部分も含めたその家屋（又は区分所有する部分）全体の床面積によって判定することになります（措通41—12）。

　なお，分譲マンションのように家屋の一区画を区分所有している場合で，①その家屋に店舗や事務所の部分があり，その店舗や事務所の一区画と住宅の一区画とを区分所有しているような場合，また，②別々に二区画の住宅を区分所有しているような場合には，それぞれの区画の全部の合計床面積によって判定するのではなく，それぞれを独立した一つの家屋とみて，①の場合には，住宅の区画部分の床面積だけで判定し，②の場合には，自己の居住する区画部分の床面積だけで判定することになります。

　しかし，店舗や事務所の部分と住宅の部分とが合わせて一区画となっており，それぞれの部分が独立して区分所有の対象とならないような構造のものについては，その区画全体の床面積によって判定することとなり，また，続きとなっている区画の住宅を取得し，合わせて自己の居住の用に供しているような場合には，それぞれの区画の各合計床面積によって判定することになります。

第6 借入金又は債務の範囲

33 敷地の先行購入に係る住宅借入金等の範囲

> 問　住宅借入金等特別控除の対象となる敷地の先行購入に係る住宅借入金等の範囲はどのようなものですか。

答　家屋の新築の日前に購入したその家屋の敷地の購入に要する資金に充てるために借り入れた借入金又は購入の対価に係る債務で，適用対象となる住宅借入金等は，次に掲げる表のとおりです。

　なお，借入金の償還期間が10年以上であることなど，その他一定の要件を満たす必要があります。

表　［敷地の購入時期等のモデル］

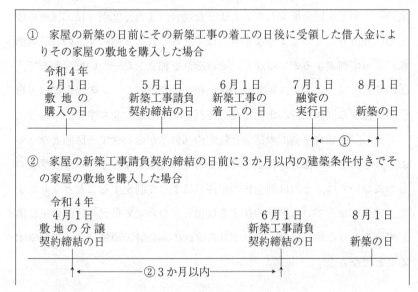

質疑応答編（令和4年入居者の住宅借入金等特別控除） 427

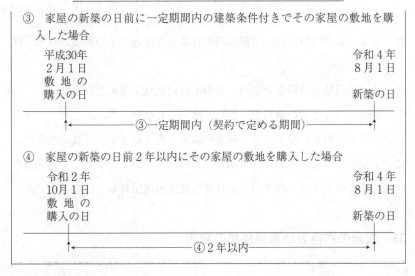

34 底地の購入

> **問** 定期借地権付建物を購入しましたが，契約によれば，5年後に定期借地権が設定されている土地（底地）を買い取ることを選択できることとされています。5年後にその底地を買い取った場合に，その底地の購入に係る借入金は，住宅借入金等特別控除の適用対象となるのでしょうか。

答 住宅借入金等特別控除の適用対象となる住宅借入金等には，次に掲げる場合における敷地の購入に係る一定の借入金又は債務が含まれています（措法41①）。

① 家屋の新築の日前にその新築工事の着工の日後に受領した借入金によりその家屋の敷地を購入した場合

② 家屋の新築の日前に3か月以内の建築条件付きでその家屋の敷地を購

428　　　　　　　　　　　第　2　部

入した場合

③　家屋の新築の日前に一定期間内の建築条件付きでその家屋の敷地を購
　　入した場合

④　家屋の新築の日前2年以内にその家屋の敷地を購入した場合

⑤　家屋とその家屋の敷地を一括して購入した場合

　ところで，敷地の購入には，底地の購入も含まれますが，質問の場合に
は，上記の①から⑤のいずれの場合にも該当しないことから，その底地の
購入に係る借入金は，住宅借入金等特別控除の適用対象とはなりません。

35　底地の取得及び取得価額の範囲

> 問　次のとおり，土地等の購入及び家屋の新築等をした場合に，令和
> 4年中に居住の用に供した新築家屋に係る住宅借入金等特別控除の適
> 用について，底地の購入費用と旧家屋の取壊費用は対象になりますか。
>
> 　平成19年8月　借地権の取得及び旧家屋の新築
>
> 　令和3年12月　底地（1,500万円）の購入
>
> 　　　　　　　　底地の購入に係る借入金の令和3年の年末残高
>
> 　　　　　　　　　　　　　　　　　　　　　　　　　　　1,000万円
>
> 　令和4年5月　旧家屋の取壊し（300万円）の支出
>
> 　　　　　　　　取壊し費用に係る借入金の令和4年の年末残高
>
> 　　　　　　　　　　　　　　　　　　　　　　　　　　　　300万円
>
> 　令和4年10月　家屋（3,500万円）の新築・入居
>
> 　　　　　　　　新築家屋に係る借入金の令和4年の年末残高
>
> 　　　　　　　　　　　　　　　　　　　　　　　　　　　3,000万円

答　住宅借入金等特別控除の適用対象となる住宅借入金等の範囲には，家

質疑応答編（令和4年入居者の住宅借入金等特別控除）　　429

屋の新築又は購入とともにするその家屋の敷地の購入に要する資金に充て
るための借入金又は購入の対価に係る債務で一定のもの含まれます（措法
41①）。

(1)　底地の購入費用

　　借地権者その他の土地の上に存する権利を有する人がその権利の設定
　されている土地（以下「底地」といいます。）を取得した場合には，その
　土地の取得の日は，その底地に相当する部分とその他の部分とを各別に
　判定することとされていることから，旧底地価額に相当する部分につい
　ては，その底地を取得した日に取得があったものとして取り扱うことと
　されています（措通41―7）。

　　ところで，住宅借入金等には，家屋の新築の日前2年以内にその家屋
　の敷地を購入した場合における敷地の購入に係る一定の借入金も含まれ
　ているところであり，底地の購入に係る借入金もこの借入金に該当する
　と考えられ，債権担保のための新築家屋に対する抵当権が設定されてい
　ること，借入金の償還期間が10年以上であることなど一定の要件を満た
　しているとすれば，住宅借入金等特別控除の適用対象となります（問33・
　34参照）。

(2)　旧家屋の取壊費用

　　土地等（土地又は土地の上に存する権利をいいます。以下同じです。）と
　一括して建物等を取得し，その取得した直後に建物等を取り壊すような
　場合など，当初からその建物等を取り壊して土地を利用する目的である
　ことが明らかであると認められるときは，その建物等の取得価額及び取
　壊し費用は，すべてその敷地の取得対価の額に含まれることとされてい
　ます（措通41―25）。質問の場合，底地は令和3年12月に取得されたもの
　ですが，旧家屋は平成19年から引き続き居住の用に供していたものであ
　り，土地等と一括して取得したものではないことから，その取壊し費用

430　　　　　　　　　第　2　部

を敷地の取得対価の額に含めることはできません。

　したがって，旧家屋の取壊し費用に係る借入金については，住宅借入
金等特別控除の適用対象とはなりません。

36　基準利率に達しない使用者からの借入金等

> 問　勤務先からの借入金（無利息）で新築した家屋を居住の用に供し
> ていますが，令和4年の年末にその利率が年0.2％に変更された場合
> には，住宅借入金等特別控除の対象となりますか。

答　家屋の新築又は購入とともにするその家屋の敷地の購入に要する資金
に充てるために給与所得者がその使用者から借り入れた借入金は，原則と
して，住宅借入金等特別控除の適用対象となります。

　しかし，使用人である地位に基づいて貸付けを受けた借入金につき支払
うべき利息がない場合又はその利息の利率が基準利率（年0.2％）未満で
ある場合には，その借入金は住宅借入金等特別控除の適用対象とはなりま
せん（措法41㉑）。

　使用者から低利で借り入れた住宅借入金等又は使用者からいわゆる利子
補給金の支払を受けている住宅借入金等がこの控除の適用対象となるかど
うかは，次の(1)又は(2)に掲げる住宅借入金等につきそれぞれに掲げる金額
が，支払うべき利息の額の算定方法に従い，その算定の基礎とされた当該
住宅借入金等の額及び利息の計算期間を基として基準利率（年0.2％）に
より計算した利息の額の年額に相当する金額未満であるかどうかにより判
定することとされています（措通41―21）。

(1)　使用者から借り入れた住宅借入金等

　　住宅借入金等に係るその年において支払うべき利息の額の合計額に相

質疑応答編（令和4年入居者の住宅借入金等特別控除）　　431

当する金額

(2)　使用者からいわゆる利子補給金の支払を受けている住宅借入金等

　　　住宅借入金等に係るその年において支払うべき利息の額の合計額から
　その年において支払を受けた利子補給金の額（当該支払うべき利息の額に
　対応するものをいいます。）の合計額を控除した残額

　　　(注)　借入金等の借換えをした場合には，措通41─16（借入金等の借換えを
　　　　した場合）の適用があることに留意してください。ただし，年の中途に
　　　　おいて，同一の使用者との間で上記(1)に掲げる住宅借入金等の借換えが
　　　　行われている場合は，当初の借入金等も「基準利率により計算した利息
　　　　の額の年額」及び「その年において支払うべき利息の額の合計額」の計
　　　　算に含まれます。

　　したがって，質問の場合には，上記(1)に掲げる金額が，支払うべき利息
の額の算定方法に従い，その算定の基礎とされた借入金の額及び利息の計
算期間を基として基準利率（年0.2％）により計算した利息の額の年額に
相当する金額に満たない場合には，住宅借入金等特別控除の適用対象とは
なりません。

　　なお，基準利率により計算した利息の額の年額に相当する金額未満であ
るかどうかの判定は，各年ごとの12月31日において行うことから，翌年以
後もその借入金の利率が年0.2％で，かつ，基準利率が年0.2％であれば，
翌年以後の各年分については住宅借入金等特別控除の適用対象となります。

　　(注)　平成28年12月31日以前に家屋等を居住の用に供した場合における基準利
　　　　率は，年1％となります（租税特別措置法施行規則等の一部を改正する省
　　　　令（平成29年財務省令第24号）附則6）。

37 共済会等からの社内融資

> **問** 社内の共済会や互助会などからの社内融資は，住宅借入金等特別控除の対象にならないのでしょうか。

答 住宅借入金等特別控除の対象となる借入金の中には，給与所得者（会社役員等は除かれます。）が使用者から借り入れたものも含まれます（措法41①四）から，給与所得者が使用者から借り入れた借入金，つまり，いわゆる社内融資は，一般的には住宅借入金等特別控除の対象となります。

　ところで，社内融資といわれるものの中には，使用者から融資を受けるもののほか，従業員の親ぼくや福利厚生に関する事業を主として行っている共済会とか互助会などの従業員団体（以下「共済会等」といいます。）から融資を受けるものもありますが，この共済会等からの借入金は，使用者からの借入金に該当しないため，住宅借入金等特別控除の対象にはなりません。

　しかし，共済会等といっても，その実態は，使用者の事業の一部と認められるものもあれば，使用者の事業の一部を委託されているにすぎないものなど，使用者から完全に独立したものとはいえないものもあります。このような実態にある共済会等からの借入金についても，形式的に判断して住宅借入金等特別控除の対象とならないとすることは適当ではないと考えられます。

　そのため，このような実態にある共済会等からの借入金は，使用者からの借入金に該当するものとして取り扱うこととされています（措通41—15）。

(注)1　この取扱いによる場合には，確定申告書に添付する「住宅取得資金に係る借入金の年末残高等証明書」には，その借入金が使用者からのものであることが分かる証明書を添付することになります。つまり，実質の債権者

質疑応答編（令和４年入居者の住宅借入金等特別控除）　　433

である使用者の名において発行された証明書か，又は，使用者と共済会等
の連名により発行された証明書を添付することになります。

2　共済会や互助会などの名称の団体であっても，法人格を有するものについては上記の取扱いは適用されませんが，法人格を有するもので一定のものから借り入れた借入金については，別途，住宅借入金等特別控除の対象とすることとされています（問40参照）。

38　共済会等からの社内融資が使用者からの借入金とされる場合

> 問　前問において，共済会等の行う事業が使用者の事業の一部と認められる場合には，使用者からの借入金として住宅借入金等特別控除の対象となるとのことですが，共済会等の行う事業が使用者の事業の一部と認められるかどうかは，どのように判断するのでしょうか。

答　従業員の親睦や福利厚生に関する事業を主として行っている共済会とか互助会などの従業員団体（以下「共済会等」といいます。）からの借入金であっても，その共済会等の行う事業が使用者の事業の一部と認められる場合には，その借入金は，使用者からの借入金に該当するものとして住宅借入金等特別控除の対象として取り扱うこととされています（措通41—15）。

　この場合，その共済会等の行う事業が，使用者の事業の一部と認められるためには，次の要件を満たしていることが必要とされています（基通2—8）。

①　その共済会等が，使用者の役員又は使用人をもって組織されていること。

②　その共済会等は，使用者の役員又は使用人の親睦や福利厚生に関する

434 第 2 部

事業を主として行っていること。

③ その共済会等の事業経費の相当部分を使用者が負担していること。

④ 次に掲げる事実のいずれか一の事実があること。

イ 使用者の役員又は使用人で一定の資格を有する者が，その資格において当然にその共済会等の役員に選出されることとなっていること。

ロ その共済会等の事業計画又は事業の運営に関する重要案件の決定についてその使用者の許諾を要するなど，その使用人がその業務の運営に参画していること。

ハ その共済会等の事業に必要な施設の全部又は大部分をその使用者が提供していること。

39 使用者から低額譲渡を受けた場合

> 問 銀行からの借入金で，使用者から時価の2分の1未満の価額で住宅を購入しました。
>
> この借入金は，住宅借入金等特別控除の対象になるのでしょうか。

答 住宅の購入に係る銀行からの借入金は，原則として，住宅借入金等特別控除の対象になります（措法41①一）が，給与所得者等が，使用者から使用人である地位に基づいて住宅をその譲受けの時における価額の2分の1に相当する金額に満たない価額で譲り受けるための借入金は，住宅借入金等特別控除の対象にはならないこととされています（措法41㉑）。

したがって，質問の場合の借入金は，住宅借入金等特別控除の対象にはなりません。

なお，使用者から一般よりも有利な価格で住宅を譲り受ける場合，その有利に譲り受けた利益について課税の対象となる場合があります。

質疑応答編（令和 4 年入居者の住宅借入金等特別控除）　　435

40　共済組合からの借入金又は債務

問　共済組合からの借入金又は債務についても，住宅借入金等特別控除の対象となるそうですが，どのような共済組合からの借入金や債務が控除の対象となるのでしょうか。

答　次の共済組合からの借入金又は債務は住宅借入金等特別控除の対象とされています（措法41①）。

① 国家公務員共済組合

　イ　各省別共済組合

　ロ　衆議院・参議院共済組合

　ハ　裁判所・会計検査院共済組合

　ニ　内閣共済組合

　ホ　防衛省共済組合

　ヘ　刑務共済組合

　ト　厚生労働省第二共済組合

　チ　社会保険職員共済組合

　リ　林野庁共済組合

② 国家公務員共済組合連合会

③ 地方公務員共済組合

　イ　地方職員共済組合

　ロ　公立学校共済組合

　ハ　警察共済組合

　ニ　東京都職員共済組合

　ホ　各指定都市職員共済組合

　ヘ　各市町村職員共済組合

④　日本私立学校振興・共済事業団

㊟　平成30年3月31日以前については，農林漁業団体職員共済組合についても
　　対象となります。

　ただし，これらの共済組合からの借入金であっても，住宅の取得等のための借入金又は債務（以下「住宅借入金等」といいます。）でなければ控除の対象となりませんし，また，その償還期間が10年以上の割賦償還の方法又は賦払期間が10年以上の賦払の方法により返済又は支払をすることとされているものでなければ控除の対象とはなりません。

　例えば，共済組合によっては，2年後に退職が予定されている組合員に対して，特別に別枠の貸付けを行うことができるとしているところがあり，その貸付けについては，その2年の間は元本の返済を必要とせず，利息のみを支払うこととしているというようなものもあるようですが，このような方式の借入金は，割賦償還の方法によるもの（問51参照）とは認められないため，住宅借入金等特別控除の対象とはなりませんからご注意ください。

　なお，住宅借入金等特別控除を受けるためには，共済組合からの住宅借入金等についても，共済組合から交付を受けた「住宅取得資金に係る借入金の年末残高等証明書」が必要です。共済組合の場合には，貸付事務を実際に行っている本部又は支部において証明書の発行を行うこととしていますので，自己の所属する本部又は支部から証明書の発行を受けてください。

質疑応答編（令和4年入居者の住宅借入金等特別控除）　　437

41　使用者に代わって住宅の取得等に要する資金の貸付けを行っていると認められる一定の法人からの借入金の範囲

> **問**　使用者に代わって住宅の取得等に要する資金の貸付けを行っていると認められる一定の法人からの借入金も住宅借入金等特別控除の対象になるそうですが，この場合の一定の法人には，具体的にどのような法人が当てはまるのでしょうか。

答　使用者に代わって住宅の取得等に要する資金の貸付けを行っていると認められる一般社団法人又は一般財団法人で一定のものから，給与所得者が住宅の取得等に要する資金を充てるために借り入れた借入金は，住宅借入金等特別控除の対象とすることとされています（措法41①四）。

42　利息や事務手数料等の取扱い

> **問**　借入金を割賦償還する場合には，利息や事務手数料も支払うことになります。
>
> 　これらの金額は予め分かっていますから，年末残高に含めて住宅借入金等特別控除の対象とすることができるのでしょうか。

答　住宅借入金等特別控除の対象となる住宅借入金等の金額は，家屋の新築若しくは購入（一定の敷地の購入を含みます。）又は増改築等に係るものに限られています（措法41①）。

　したがって，利息（遅延利息を含みます。）や割賦事務手数料に相当する金額のようなものは住宅借入金等特別控除の対象にはなりません（措通41—20）。

43 機構住宅の割賦金総額に含まれる利息等に相当する金額の取扱い

問 独立行政法人都市再生機構からいわゆる割賦譲渡の方法により住宅を購入する場合，機構の分譲住宅譲渡契約書上の「譲渡代金の額」には，割賦譲渡に伴う金利相当額が含まれています。

具体的には，例えば，即金で購入するとすれば3,000万円ぐらいが相場の住宅であっても，契約書の上では「割賦譲渡代金の額」として5,000万円と表示されています。

このような場合，住宅借入金等特別控除額の計算上，住宅借入金等の年末残高の額や家屋の取得対価の額は，どのように計算するのでしょうか。

答 住宅借入金等特別控除額の計算は，住宅取得資金に係る住宅借入金等の金額の年末残高の額を基として計算することとされており，この場合の年末残高の額は，借入金又は債務の金額の元金部分に対応する金額をいい，利息相当額や事務手数料等の金額は含まれません（前問参照）。

ところで，独立行政法人都市再生機構（以下「機構」といいます。）が割賦支払の方法により住宅等を譲渡する場合には，分譲住宅の「割賦譲渡代金の額」は，元金相当額のほか，貸金利子や分譲事務費，貸倒損失の引当てを含めて計算されています。

このため，機構が発行する「住宅取得資金に係る借入金の年末残高等証明書」の上では，「住宅借入金等の金額」欄の「当初金額」及び「年末残高」は，元金相当額を基として表示することとしており，また，「居住用家屋の取得対価等に相当する額又は増改築等に要した費用の額」欄には，住宅借入金等特別控除の対象となる家屋及びその敷地の取得の対価の額の

質疑応答編（令和 4 年入居者の住宅借入金等特別控除）　　　439

合計額に相当する金額を表示することとしています。

　したがって，機構から購入した家屋について住宅借入金等特別控除を受ける場合には，機構が発行する「住宅取得資金に係る借入金の年末残高等証明書」の記載内容に従って計算すればよいことになります。

　ただし，住宅借入金等の年末残高の合計額（機構以外のものも含めた合計額）が家屋及びその敷地の取得対価の額の合計額を超える場合には，その家屋及びその敷地の取得対価の額の合計額に相当する部分だけが控除の対象になります。

㊟　機構から住宅を数人で共同して購入する場合には，機構に対して，共同で譲り受ける者が連帯して債務を負うこととされています。

　この場合は，証明書の「住宅借入金等の金額」欄には，連帯債務となっているその債務の全額が記載されていますし，また，「居住用家屋の取得対価等に相当する額又は増改築等に要した費用の額」欄には，家屋及びその敷地の全体の対価の額が記載されています。

　このため，各債務者が実際に住宅借入金等特別控除額を計算する際に，各債務者ごとの負担すべき債務の金額と，共有持分割合に応じた家屋及びその敷地の取得対価の額を計算することが必要となります（なお，問58〜63，87参照）。

44 資金交付日(融資実行日)が金銭消費貸借契約締結日の翌年になる場合の取扱い

> **問** 独立行政法人住宅金融支援機構からの借入金は,年内に入居し年内に金銭消費貸借契約を締結しても,独立行政法人住宅金融支援機構の事務の都合上,資金交付日が入居の翌年になる場合があります。
>
> この場合は,契約を締結した年の12月31日現在では借入金残高がないため,入居した初年分については住宅借入金等特別控除が受けられないのではないかと思いますが,いかがでしょうか。

答 独立行政法人住宅金融支援機構の貸付けは,12月上旬以後に契約されたものについての資金交付は翌年の1月上旬に行われるため,金銭消費貸借契約は要物契約であるという前提に立った場合は,契約を締結した年について住宅借入金等特別控除を認めることには問題があると考えることもできますが,この点については,次のような理由により,契約を締結した年についても住宅借入金等特別控除を認めることとして取り扱うこととされています。

1 消費貸借について民法第587条は,「消費貸借は,当事者の一方が種類,品質及び数量の同じ物をもって返還をすることを約して相手方から金銭その他の物を受け取ることによって,その効力を生ずる。」と規定しており,消費貸借契約の成立については要物性を必要とすることとされている。

  しかし,これをめぐっては,利息付消費貸借について諾成契約たる消費貸借を認めるべきであるとする見解もあり議論のあるところであり,住宅借入金等特別控除の適用に当たっては,必ずしも貸付資金の交付を絶対的要件としなければならないというのではないこと。

質疑応答編（令和４年入居者の住宅借入金等特別控除）　　441

2　独立行政法人住宅金融支援機構の金銭消費貸借契約の第１条によれば
「……住宅の取得資金として次の条件により金銭を借り入れ，これを受
領しました」となっており，当事者間においては既に資金の交付を受け
たものとしていることから，住宅借入金等特別控除の適用に当たっては，
仮に現実の資金交付が未済であったとしても，契約を締結した年の12月
31日現在において借入金残高があるものとみても差し支えないものと考
えられること。

3　住宅取得資金に係る借入金の年末残高等証明書の「住宅借入金等の金
額」欄の「当初金額」欄には，住宅借入金等のその借入等をした金額及
びその住宅借入金等に係る契約を締結した年月日を記載することとされ
ており（措規別表第８備考３(2)），融資の実行日の記載は求めていない。

　　このことは，措法第41条の対象となる借入金については，むしろ，諾
成契約としての金銭消費貸借を前提としているものと考えられること。

4　年内に入居（住宅借入金等特別控除は入居した年以後10年間受けることが
できることになっている。）したが，たまたま契約を締結した日と資金の
交付の日が年をまたがったため９年分しか控除が受けられないというこ
とについては，納税者の理解が得難いこと。

(注)1　独立行政法人勤労者退職金共済機構，独立行政法人福祉医療機構の貸
　　　付けについても，独立行政法人住宅金融支援機構の貸付けと同様に取り
　　　扱われます。
　　2　年内に居住の用に供したが金銭消費貸借契約が翌年になってしまった
　　　という場合は，居住の用に供した年については，借入金の年末残高がな
　　　いため，住宅借入金等特別控除を受けることはできません。

442 第 2 部

第7 借入金の借換え等

45 借入金等を借り換えた場合

問 次のとおり，敷地の購入に係る借入れ，家屋の新築に係る借入れ
及び敷地の購入に係る借入金の借換えを行った場合の，住宅借入金等
特別控除の適用はどのようになりますか。

令和2年10月1日 敷地の購入（敷地の購入の対価4,000万円）

敷地の購入に係る借入金（A市中銀行）

3,000万円

令和4年8月1日 家屋の新築（家屋の新築費用2,500万円）

敷地の購入に係る借入金の借換え及び

家屋の新築に係る借入金（B市中銀行）

5,000万円

（敷地の購入に係る借入金の返済（A市中銀行））

答 借入金等を借り換えた場合には，新たな借入金が当初の借入金等を消
滅させるためのものであることが明らかであり，かつ，その新たな借入金
を家屋の新築若しくは購入（一定の敷地の購入を含みます。）又は増改築等
のための資金に充てるものとしたならば措法第41条第1項第1号又は第4
号に規定する要件を満たしているときに限り，その新たな借入金を住宅借
入金等特別控除の適用対象として取り扱うこととされています（措通41—
16）。

したがって，質問の場合には，B市中銀行からの借入金によりA市中銀
行の借入金の残高の返済を行っており，かつ，B市中銀行からの借入金が

質疑応答編（令和４年入居者の住宅借入金等特別控除）　　443

家屋の新築又は購入（一定の敷地の購入を含みます。）のための資金に充て
るものであることから，その借入金が措法第41条第１項第１号に規定する
要件を満たしていれば，その借入金は住宅借入金等特別控除の適用対象と
なります。

46　繰上返済又は返済遅延した場合

> **問**　翌年割賦償還することとなっている借入金を繰り上げて本年償還
> した場合や本年割賦償還することとなっている借入金を翌年償還した
> 場合には，住宅借入金等特別控除額の計算の基となる年末残高は，当
> 初予定されていた契約書に記されている残高によるのでしょうか，又
> は，実際の残高によるのでしょうか。

答　住宅借入金等特別控除額の計算の基となるその年12月31日における住
宅借入金等の金額の合計額とは，その年12月31日における実際の住宅借入
金等の金額の残高をいいます（措通41—22）。

　したがって，例えば，本年中に返済をすべき借入金を何らかの都合で返
済できなかった場合や翌年以後に返済をすることとなっている借入金を本
年に繰り上げて返済した場合であっても，その年12月31日における実際の
借入金又は債務の金額の残高を基として住宅借入金等特別控除額の計算を
行うことになります。

　なお，住宅借入金等特別控除の対象となる住宅借入金等は，償還期間が
10年以上の割賦償還の方法により返済することとなっているもの又は賦払
期間が10年以上の割賦払の方法により支払うこととされているものに限ら
れています（措法41①）。したがって，例えば，借入金に係る契約におい
て10年以上の割賦償還の方法により返済することとされている借入金を，

444   第　2　部

その年に繰り上げて返済した場合であっても，「償還期間が10年以上の割
賦償還の方法により返済することとなっているもの」である限り，その年
12月31日における実際の借入金の残高が住宅借入金等特別控除額の計算の
基となる金額となります（措通41─19）。

47　親族からの借入金を銀行からの借入金で返済した場合

> 問　父から借り入れた借入金で家屋及びその敷地を取得しましたが，
> この借入金を甲銀行から借り入れた借入金で返済した場合，甲銀行か
> ら借り入れた借入金は住宅借入金等特別控除の対象になるのでしょう
> か。

答　新たな借入金（甲銀行からの借入金）が当初の借入金（父からの借入金）
を消滅させるためのものであることが明らかであり，かつ，その新たな借
入金（甲銀行からの借入金）を家屋の新築若しくは購入（一定の敷地の購入
を含みます。）又は増改築等のための資金に充てるものとしたならば措法第
41条第1項第1号に規定する要件を満たしている場合には，その新たな借
入金（甲銀行からの借入金）は住宅借入金等特別控除の対象になります（措
通41─16。なお，問45参照）。

48　債権譲渡があった場合

> 問　住宅融資の債権が債権譲渡された場合，譲渡後の借入金は，住宅
> 借入金等特別控除の対象になるでしょうか。

答　住宅借入金等特別控除の対象となる住宅借入金等は，住宅の取得等に

質疑応答編（令和4年入居者の住宅借入金等特別控除）　　　445

要する資金に充てるために措法第41条第1項に列挙されている金融機関等
（以下「適格な借入先」といいます。）から借り入れた借入金等で，契約にお
いて償還期間等が10年以上の割賦償還等の方法により返済することとされ
ているものであることが要件とされています（措法41①）。

　また，債権譲渡は債権の同一性を変えることなく譲渡契約により債権が
移転する，すなわち債権者が変更になることから，債権譲渡の態様によっ
ては，債権譲渡の前後の債権者はともに「適格な借入先」である場合もあ
れば，債権譲渡前の借入先は措法第41条第1項に列挙されている金融機関
等に該当しない借入先（以下「非適格な借入先」といいます。）で債権譲渡
後の借入先は「適格な借入先」である場合などもあるものと思われます。

　したがって，債権譲渡があった場合には，債権譲渡の前後の債権者が「適
格な借入先」であるかどうかによって，債権譲渡後の借入金等の適用関係
が変わることになります。

(1)　「適格な借入先」から「適格な借入先」へ債権譲渡された場合

　　債権譲渡は債権の同一性を変えることなく譲渡契約により債権が移転
するものですが，債務者にとっては，住宅の取得等に要する資金に充て
るために借り入れた借入金であることに変わりがないこと，上記の規定
は必ずしも当初の借入先からの借入金でなければならないとしているも
のではないと解することができることから，債権譲渡前の借入金等が上
記の要件（償還期間及び償還方法等）を満たしており住宅借入金等特別控
除の対象となる場合には，債権譲渡後においても引き続き住宅借入金等
特別控除の対象となります。

(2)　「非適格な借入先」から「適格な借入先」へ債権譲渡された場合

　　債権譲渡後の借入金等は，上記の規定に形式的に該当するとしても債
権譲渡前の当初の借入金は住宅借入金等特別控除の対象とならない「非
適格な借入先」からのものであることから，住宅借入金等特別控除の対

446　　　　　　　　　　第　2　部

象とはならないものですが，借入金等を借り換えた場合には一定の要件
の下で住宅借入金等特別控除の対象として取り扱っていること（措通41
—16。なお，問45・47参照。）から，借換えの場合の取扱いに準じて取り
扱うこととするのが制度の趣旨から適当と考えられます。

　したがって，債権譲渡前の当初の借入金等が住宅の取得等のためのも
のであり，かつ，債権譲渡後の借入金等が上記の要件（償還期間及び償
還方法等）を満たしている場合には，住宅借入金等特別控除の対象とし
て取り扱って差し支えないこととされています。

　㊟　この取扱いは，借換えの場合の取扱いに準じて取り扱うこととされたも
　　のですから，債権譲渡後の借入金等の償還期間等が10年に満たないこととと
　　なる場合には，控除の対象とはなりません。

(3)　「適格な借入先」から「非適格な借入先」へ債権譲渡された場合

　　債権譲渡後の借入金等は，「適格な借入先」からの借入金等に該当し
ないことから，住宅借入金等特別控除の対象とはなりません。

49　債務を承継した場合

> 問　甲から住宅を購入したのですが，その際，甲が有している独立行
> 政法人都市再生機構に対するその住宅に係る賦払債務を引き継ぐこと
> になりました。
>
> 　この引き継いだ債務は，住宅借入金等特別控除の対象になるのでし
> ょうか。

答　①独立行政法人都市再生機構，地方住宅供給公社又は日本勤労者住宅
協会を当事者とする中古家屋の購入又はその家屋と一括して購入したその
家屋の敷地の対価に係る債務の承継に関する契約に基づく債務及び②厚生

質疑応答編（令和4年入居者の住宅借入金等特別控除）　　447

年金保険又は国民年金の被保険者等に住宅を分譲する一定の法人等を当事者とする中古家屋の購入又はその家屋と一括して購入したその家屋の敷地に係る債務の承継に関する契約に基づく債務（独立行政法人福祉医療機構からの分譲貸付けの資金に係る部分に限ります。）で、承継後のその債務の賦払期間が10年以上の割賦払の方法により支払うこととされているものは、住宅借入金等特別控除の対象とされています（措法41①三）。

　したがって、質問の場合には、承継した債務が独立行政法人都市再生機構に対するものとのことですから、承継後のその債務の賦払期間が10年以上の割賦払の方法により支払うこととされているものであれば、住宅借入金等特別控除の対象になります。

50　住宅借入金等の借換えを行った場合の住宅借入金等の年末残高

> 問　金融機関等からの住宅借入金等で住宅を取得し、住宅借入金等特別控除を受けていましたが、より低利の住宅借入金等に借換えを行うこととしました。借換えを行ったところ、借換手数料、登記料が借換え後の住宅借入金等に含まれていたことから、借換えによる新たな住宅借入金等の当初金額が当初の住宅借入金等の借換え直前の残高を上回ることとなりました。
>
> 　この新たな住宅借入金等は、住宅借入金等特別控除の他の適用要件を満たすものですが、借換手数料、登記料を含めた住宅借入金等の全額が控除の対象となるのでしょうか。

答　住宅借入金等特別控除の対象となる住宅借入金等の金額は、「住宅の取得等に要する資金に充てるために借り入れた借入金（利息に相当するも

のは除く。）」とされており（措法41①），「割賦払の方法により支払うこと
とされている債務に係る利息（遅延利息を含む。）や割賦事務手数料に相当
する金額のようなものは，家屋の取得対価の額には含まれない。」とされ
ています（措通41—24）。

　また，住宅借入金等の借換えをした場合の取扱いについては，「新築等
又は増改築等に係る借入金又は債務（以下「当初の借入金等」という。）の
金額を有している場合において，当該当初の借入金等を消滅させるために
新たな借入金を有することとなるときは，当該新たな借入金が当初の借入
金等を消滅させるためのものであることが明らかであり，かつ，当該新た
な借入金を新築等又は増改築等のための資金に充てるものとしたならば措
置法第41条第1項第1号又は第4号に規定する要件を満たしているときに
限り，当該新たな借入金は同項第1号又は第4号に掲げる借入金に該当す
る」とされています（措通41—16，問45参照）。

　このように，新たな住宅借入金等のうち，当初の住宅借入金等を引き継
いだ借換え後の住宅借入金については，当初の借入金等を消滅させるため
のものであることが明らかであり，かつ，新築等又は増改築等のための資
金に充てるものであることから，住宅借入金等特別控除の対象となる住宅
借入金等に該当します。

　一方，新たな住宅借入金等のうち，借換えに伴い生じた手数料，登記料
等については，上記のとおり，新築等又は増改築等のための資金，言い換
えれば住宅の取得等に要する資金には当たりません。

　したがって，住宅借入金等特別控除の対象となる住宅借入金等の年末残
高の計算にあっては，借換手数料，登記料に相当する部分の金額を除く必
要があり，具体的には次により計算した金額が控除の対象となる住宅借入
金等の年末残高となります。

質疑応答編（令和 4 年入居者の住宅借入金等特別控除）

$$\text{本年の住宅借入金等}\text{の年末残高} \times \frac{\text{借換え直前の当初住宅借入金等残高}}{\text{借換えによる新たな住宅借入金等の当初金額}}$$

第8 割賦償還の方法等

51 割賦償還の方法又は割賦払の方法の意義

> **問** 「割賦償還の方法」や「割賦払の方法」とは，どのような方法のことをいうのでしょうか。

答 住宅借入金等特別控除の対象となる借入金又は債務の要件として，割賦償還の方法により返済することとされている借入金又は割賦払の方法により支払うこととされている債務であることが必要とされています（措法41①）。

したがって，「割賦償還の方法」又は「割賦払の方法」とは，どのような方法であるかが問題となりますが，この点については，返済又は支払（以下「返済等」といいます。）をすべき借入金又は債務の金額の返済等の期日が月，年等で1年以下の期間を単位としておおむね規則的に到来し，かつ，それぞれの返済等の期日において返済等をすべき金額が当初において具体的に確定している場合におけるその返済等の方法をいうこととされています（措通41—17）。

質疑応答編（令和4年入居者の住宅借入金等特別控除） 451

52 返済等をすべき金額の明示がない場合

問 毎月返済すべき最低額は決まっているのですが，それ以上返済することもできる契約となっている借入金は，住宅借入金等特別控除の対象になるのでしょうか。

答 住宅借入金等特別控除の対象となる住宅借入金等の要件として，割賦償還の方法により返済することとされている借入金又は割賦払の方法により支払うこととされている債務であることが必要とされており（措法41①），ここでいう「割賦償還の方法」又は「割賦払の方法」とは，返済又は支払（以下「返済等」といいます。）をすべき住宅借入金等の金額の返済等の期日が月，年等で1年以下の期間を単位としておおむね規則的に到来し，かつ，それぞれの返済等の期日において返済等をすべき金額が当初において具体的に確定している場合におけるその返済等の方法をいうこととされています（措通41—17）。

　ところで，いわゆる住宅ローン契約の中には，例えば，「毎月〇〇円を支払い，賞与等のある月には任意の金額を支払う。」とか，「毎月〇〇円以上を支払う。」といったように，それぞれの返済等をすべき金額があらかじめ明示されていない部分があるものや返済等をすべき最低金額のみが明示されているものがありますが，これは「割賦償還の方法」又は「割賦払の方法」の一変形にすぎないと考えられます。

　そこで，このような契約に係る借入金又は債務であっても，あらかじめ明示されている部分の金額の返済等の方法が上記の措通41—17における方法によっているときには，「割賦償還の方法」又は「割賦払の方法」により返済等が行われていることとして取り扱うこととされています（措通41—18）。

第9 償還期間等

53 償還期間又は賦払期間の意義

> **問** 契約によれば，償還期間が10年，割賦償還金の支払が毎月25日と
> なっているため，最初の支払日から最後の支払日までの期間は9年と
> 11か月となり，10年に満たないことになります。
> 　このような場合の借入金は，住宅借入金等特別控除の対象にならな
> いのでしょうか。

答 住宅借入金等特別控除の対象となる住宅借入金等の要件として，契約
において，償還期間が10年以上の割賦償還の方法により返済することとさ
れている借入金又は賦払期間が10年以上の割賦払の方法により支払うこと
とされている債務であることが必要とされています（措法41①）。

　この「償還期間」や「賦払期間」とは，借入金等（利息を除きます。）の
債務を負っている期間をいうのではなく，実際に返済等をする期間……つ
まり，契約により定められている最初に返済等をする時から，住宅借入金
等特別控除を受ける各年の12月末日において契約により定められている返
済等が終了する時までの期間……をいいます。また，この期間の計算につ
いては，「住宅取得資金に係る借入金の年末残高等証明書」の「償還期間
又は賦払期間」欄には，「○○年○○月から○○年○○月までの○○年○
○月間」と記載することとされているように，月を単位とし計算すること
とされています。

　したがって，質問の場合には，日を単位として計算しますと9年と11か
月となりますが，月を単位として計算しますと10年になりますから，その

質疑応答編（令和 4 年入居者の住宅借入金等特別控除）　　453

借入金は，住宅借入金等特別控除の対象になります。

(注)　質問の場合に，例えば，6 月と12月の年 2 回払いとなっているときには，償還期間が 9 年と 7 か月となる（10年未満となる）ため，その借入金は，住宅借入金等特別控除の対象にはなりません。

54　据置期間がある場合の償還期間等(1)

> 問　借り入れた日から返済が終了する日までの期間は10年なのですが，その借入金を返済するのは，借り入れた日の 1 年後から毎月となっています。
>
> 　この借入金は住宅借入金等特別控除の対象になるのでしょうか。

答　住宅借入金等特別控除の対象となる住宅借入金等の要件として，契約において，償還期間が10年以上の割賦償還の方法により返済することとされている借入金又は賦払期間が10年以上の割賦払の方法により支払うこととされている債務であることが必要とされています（措法41①）。

この「償還期間」や「賦払期間」とは，借入金等（利息を除きます。）の債務を負っている期間をいうのではなく，実際に返済等をする期間……つまり，契約により定められている最初に返済等をする時から，住宅借入金等特別控除を受ける各年の12月末日（その者が死亡した日の属する年にあっては，この日）において契約により定められている返済等が終了する時までの期間……をいいます。また，この期間の計算については，「住宅取得資金に係る借入金の年末残高等証明書」の「償還期間又は賦払期間」欄には，「〇〇年〇〇月から〇〇年〇〇月までの〇〇年〇〇月間」と記載することとされているように，月を単位として計算することとされています。

したがって，質問の場合には，借り入れた日から返済が終了する日まで

454　　　　　　　　　　第　2　部

の期間は10年とのことですが，償還期間は９年となりますから，その借入
金は，住宅借入金等特別控除の対象にはなりません。

55　据置期間がある場合の償還期間等(2)

> **問**　令和４年に住宅を取得し住宅借入金等特別控除の適用を受けてい
> ますが，ある事情から契約を変更し住宅借入金の元本の返済を２年間
> 据え置いてもらい，この間は，利息のみ支払うこととしています。こ
> の借入金は住宅借入金等特別控除の対象となるでしょうか。

答　住宅借入金等特別控除の対象となる住宅借入金等の要件として，契約
において，償還期間が10年以上の割賦償還の方法により返済することとさ
れている借入金又は賦払期間が10年以上の割賦払の方法により支払う債務
であることが必要とされています（措法41①）。

　この「償還期間」や「賦払期間」とは，借入金等（利息を除きます。以
下同じ。）の債務を負っている期間をいうのではなく，実際に借入金等の
返済等をする期間をいいます。

　また，「償還期間が10年以上」や「賦払期間が10年以上」とは，最初に
返済等をする時からの連続した期間のみをいうのではなく，実際に借入金
等の返済等をする期間が10年以上であればこの要件は該当するものと考え
られます。

　したがって，据置期間により償還期間が一時的に中断した場合であって
も，契約において，据置期間の前後の償還期間の合計の期間が要件に該当
している場合には，引き続き住宅借入金等特別控除の適用を受けることが
できます。

　なお，契約により借入金等の償還期間が据え置きにより中断する場合に

質疑応答編（令和4年入居者の住宅借入金等特別控除）　　455

は，「住宅取得資金に係る借入金の年末残高等証明書」の「摘要」欄に，

その据置期間を「償還期間には，据置期間○年○月間を含む。」などと記

載することとされています。

56　使用者からの借入金を有する者が退職した場合

> 問　使用者から借り入れた住宅借入金について，昨年，住宅借入金等
> 特別控除を受けましたが，本年3月に退職することになり，その借入
> 金を退職金で清算しました。
>
> 　そのため，最初に返済した日から清算する日までの期間が5年間に
> なりました。
>
> 　本年は住宅借入金等特別控除は受けられないと思いますが，昨年受
> けた住宅借入金等特別控除は誤っていたことになるのでしょうか。

答　住宅借入金等特別控除の対象となる住宅借入金等の要件として，契約
において，償還期間が10年以上の割賦償還の方法により返済することとさ
れている借入金又は賦払期間が10年以上の割賦払の方法により支払うこと
とされている債務であることが必要とされています（措法41①）。

　この「償還期間」や「賦払期間」とは，実際に返済等をする期間をいい
ますが，その期間が10年以上であるかどうかは，契約により定められてい
る最初に返済等をする月から，住宅借入金等特別控除を受けようとする年
の12月末日（その者が死亡した日の属する年にあっては，この日）において
契約により定められている返済等が終了する月までの期間によって判定し
ます（問54参照）。

　したがって，質問の場合には，昨年，住宅借入金等特別控除を受けたと
のことですから，その住宅借入金等特別控除を受けた昨年の12月末日にお

456　　　　　　　　　　第 2 部

いて判定したところでは，償還期間が10年以上となっていたと思われるの
で，昨年受けた住宅借入金等特別控除は適正なものといえます。

　なお，住宅借入金等特別控除は，その年の12月末日（その者が死亡した
日の属する年にあっては，この日）において有する住宅借入金等の金額があ
る場合に受けることができることとされており，質問の場合には，本年の
12月末日には借入金はありませんから，住宅借入金等特別控除を受けるこ
とはできません。

57　繰上返済等をした場合

> 問　来年以後に支払うこととなっていた数年分の割賦償還金を繰り上
> げて本年支払いました。その結果，償還期間が短くなったのですが，
> これまでと同様に住宅借入金等特別控除を受けることができるでしょ
> うか。

　答　住宅借入金等特別控除の対象となる住宅借入金等の要件として，契約
において，償還期間が10年以上の割賦償還の方法により返済することとさ
れている借入金又は賦払期間が10年以上の割賦払の方法により支払うこと
とされている債務であることが必要とされています（措法41①）。

　したがって，例えば，借入金に係る契約において10年以上の割賦償還の
方法により返済することとされている借入金を，その年に繰り上げて返済
した場合であっても，「償還期間が10年以上の割賦償還の方法により返済
することとなっているもの」である限り，その年の12月31日における実際
の借入金の残高を基として住宅借入金等特別控除の適用を受けることがで
きます。

　しかし，繰り上げて返済したことによって，「償還期間が10年以上の割

賦償還の方法により返済することとなっているもの」に該当しなくなった場合には，その該当しなくなった年以後については住宅借入金等特別控除を受けることはできません（措通41—19）。

質問の場合には，繰り上げて支払ったことにより償還期間が短くなったとのことですが，当初の契約により定められていた最初に償還した月から，その短くなった償還期間の最終の償還月までの期間が10年以上であれば，本年以後も住宅借入金等特別控除を受けることができますが，10年未満となる場合には，本年以後の住宅借入金等特別控除は受けられません。

458　　　　　　　　　　　第　2　部

第10　連帯債務の借入金等

58　共有の家屋を連帯債務により取得した場合の借入金の額の計算(1)

> 問　共稼ぎの夫婦がマイホームを購入して夫婦の共有とする場合に，その購入資金に充てる借入金が夫婦の連帯債務であるというときは，その借入金は，どのような方法で2人に配分することになるのでしょうか。
>
> 　頭金をだれが負担するかによっても違ってくるのではないかと思いますが，いかがでしょうか。

答　連帯債務の場合は，債権者に対する関係では，各債務者がそれぞれその債務の全額について返済する義務を負うこととされていますが，債務者相互間では，それぞれ一定の割合で義務を負担し合えばよいこととされています。そして，各債務者ごとのその負担すべき部分（負担部分）は，特約によって定められますが，それがない場合には，原則として，各債務者の受けた利益によって定められるものと解されています。

　ところで，家屋を共有で取得する場合において，その家屋の取得に要する資金に係る借入金が，その家屋の共有者による連帯債務となっているときは，その借入金の負担部分をどのように定めるかということが問題となりますが，この場合も，当事者間の内部的契約により定められている場合には，その定められたところによることになります。

　しかし，住宅借入金等特別控除の適用については，共有とされる家屋（一定の敷地を含みます。）が所定の要件に当てはまる場合は，その共有者のい

質疑応答編（令和４年入居者の住宅借入金等特別控除）　　459

ずれの者の借入金についても，それぞれ控除の対象とされることからして，その借入金が連帯債務である場合には，原則として，その債務によって受けた利益の割合，すなわち家屋（一定の敷地を含みます。）の共有持分の割合に応じてそれぞれの共有者が負担すべきものとして取り扱うのが相当と考えられます。

　したがって，例えば，その借入金によって購入した家屋の共有持分が２分の１という場合には，その借入金の額の２分の１に相当する金額をその者の住宅借入金等特別控除の対象とすることになります。

㊟　ただし，連帯債務の負担割合をその債務によって受けた利益の割合，すなわち家屋の共有持分の割合に一致させるという考え方をとる場合には，当事者間の内部的契約による実際の負担割合と家屋の持分割合とが異なるときがありますが，その異なることとなる部分に相当する借入金の額については，住宅借入金等特別控除の対象にはならないことになります（次問参照）。

　また，頭金がある場合で，頭金の負担割合が家屋の共有持分の割合と異なる割合となっているときは，その連帯債務によって受けた利益の割合が違ってきます。すなわち，頭金の額と連帯債務となっている借入金の額の合計について，それぞれの共有者の負担すべき割合を家屋の共有持分の割合に一致させることにより，その連帯債務によって受けた利益の割合が決まることになります。

　したがって，頭金の負担割合が家屋の共有持分の割合と異なる割合となっている場合には，頭金の額及び負担割合に応じて住宅借入金等特別控除の対象となる借入金の額も異ってくることになります。

㊟１　連帯債務がある場合の各共有者の住宅借入金等の年末残高は，「（付表）連帯債務がある場合の住宅借入金等の年末残高の計算書」を使用して計算することになっています。

　２　「連帯保証」は，上述の「連帯債務」には含まれません。

59 共有の家屋を連帯債務により取得した場合の借入金の額の計算(2)

> **問** 共稼ぎの夫婦が，次のように連帯債務である借入金で，マイホームを購入した場合，それぞれの住宅借入金等特別控除の対象となる借入金はどのように計算するのでしょうか。
>
> 家屋及びその敷地の購入代金　　　3,500万円
>
> 　（夫婦2分の1ずつの共有）
>
> 頭　金　　　　　　500万円
>
> 借入金　　　　　3,000万円
>
> 　（夫婦の連帯債務）

答 連帯債務の場合は，その負担について当事者間の内部的契約がどのように定められているかにより，それぞれの住宅借入金等特別控除の対象となる借入金の額が変わってきます（前問参照）。

　例えば，その借入金を夫と妻とで6対4の割合で負担するという約束をしたとします。

　この例の場合は，夫が負担すべき借入金の額は3,000万円の60％に相当する1,800万円となりますが，夫が自分の家屋の持分を取得するための借入金として負担すべき額は，そのうちの1,500万円（3,000万円×50％）だけですから，夫の住宅借入金等特別控除の対象となる借入金は1,500万円となります。

　そして，その差額の300万円に相当する借入金は何のための借入金であるかといいますと，妻の家屋の持分の取得のために夫が妻に代わって負担する夫の借入金であるということになります。

　一方，妻の方は，300万円相当額は夫が代わりに負担することになって

質疑応答編（令和4年入居者の住宅借入金等特別控除）　　461

いるため，自分の家屋の持分を取得するために実質的に負担することになる借入金は1,200万円だけとなります（つまり，妻は，自己の借入金1,200万円と夫からの受贈金300万円との合計額1,500万円を自己の家屋の持分の取得資金に充てたことになります。）。このため，妻の住宅借入金等特別控除の対象となる借入金は1,200万円となります。

　以上の例では，3,500万円の家屋について，3,000万円の借入をしたというわけですが，差額の500万円は頭金として家屋の持分割合に応じて夫婦それぞれが負担するのであれば，夫婦それぞれの住宅借入金等特別控除の対象となる借入金の額は，以上のように夫1,500万円，妻1,200万円ということに変わりはありません。

　しかし，例えば，その500万円を夫が1人で負担したということになりますと，夫が自分の家屋の持分を取得するために借入金として負担すべき額は1,250万円（3,500万円×50%−500万円）だけとなりますから，夫の住宅借入金等特別控除の対象となる借入金は1,250万円となります。そして，夫が実際に負担する借入金の額1,800万円との差額の550万円（1,800万円−1,250万円）に相当する金額は，妻の家屋の持分の取得のために夫が妻に代わって負担する夫の借入金であるということになります。

　一方，妻の方は，家屋の2分の1の持分を取得するためには，1,750万円の資金が必要となるので，6対4の割合とする特約がないとすれば1,750万円に相当する金額までの借入金を住宅借入金等特別控除の対象とすることができることとなりますが，当該特約により実質的な借入金の負担は1,200万円だけとなるので，妻の住宅借入金等特別控除の対象となる借入金は1,200万円となります。

　㊟　「連帯保証」は，上述の「連帯債務」には含まれません。

60 連帯債務により家屋を取得した場合の各年の年末残高の額の計算

> 問　共有の家屋を連帯債務により取得した場合で，その家屋の共有持分割合や頭金の負担割合によって，それぞれの共有者の住宅借入金等特別控除の対象となる借入金の額が決まっているときにおいて，その後の返済額の負担割合が当初の予定と異なることとなった場合は，各年の住宅借入金等特別控除の対象となる借入金の年末残高の額はどのように異なってくるのでしょうか。

答　共有の家屋を連帯債務により取得した場合は，その連帯債務に係る借入金又は債務の金額は，その家屋の共有持分割合や頭金の負担割合に基づいてそれぞれの家屋の共有者に配分されることになるわけですが（前問参照），住宅借入金等特別控除を受ける各年の年末残高の額についても，その配分された割合に応じて有するものとして住宅借入金等特別控除額の計算をすることになります。

　したがって，例えば，3,000万円の連帯債務の金額について，共有者2人の住宅借入金等特別控除の対象となる借入金の額がそれぞれ1,500万円と配分された場合において，住宅借入金等特別控除を受けようとする年の年末残高の額が2,500万円であったとしますと，その住宅借入金等特別控除の対象となる年末残高の額は，共有者2人のいずれも1,250万円（2,500万円×50%）となります。

㊟　上記の例では，その年の年末までに500万円が返済されているわけですが，その500万円の返済は，必ずしも2人の共有者がそれぞれ半分ずつ返済したとは限りませんが，住宅借入金等特別控除の適用に当たっては，それぞれ半分ずつ返済してきたものとして計算することになります。

質疑応答編（令和４年入居者の住宅借入金等特別控除）　　463

第２部

61　連帯債務により家屋を取得し単独所有とした場合の借入金の額の計算

質疑
応答編

> **問**　住宅を取得して夫の単独所有としましたが，その際の借入金の借入条件の都合で夫婦の連帯債務としました。
>
> 　この場合，この借入金の総額を夫の住宅借入金等特別控除の対象としてよいでしょうか。

答　住宅を取得するための借入金が夫婦の連帯債務となっている場合であっても，その取得した住宅が夫の単独所有となっているときは，原則として，その借入金の総額が夫の住宅借入金等特別控除の対象となります。

62　敷地の持分と家屋の持分が異なる場合

> **問**　頭金や返済負担割合を考慮して，次のとおり，土地の購入及び家屋の新築をした場合に，住宅借入金等特別控除の適用はどのようになりますか。
>
> 土地の購入価額　　　　　　　　　　　　2,000万円（夫の単独所有）
>
> 土地の購入に係る借入金の年末残高
>
> 　　　　　　　　　　　　　　　　　　　1,000万円（夫の単独債務）
>
> 家屋の新築代金　　　　　　　　　　　　2,000万円（夫，妻の持分　各½）
>
> 家屋の新築に係る借入金の年末残高
>
> 　　　　　　　　　　　　　　　　　2,000万円（夫，妻の負担割合　各½）

答　借入金の償還期間が10年以上であるなど一定の要件を満たしていることを前提とすれば，夫，妻それぞれの住宅借入金等特別控除の適用は次の

464　　　　　　　　　第　2　部

とおりです。

(1)　家屋の新築に係る借入金について

　　　夫，妻ともに控除の適用を受けることができ，住宅借入金の金額は，各々1,000万円となります。

(2)　土地の購入に係る借入金について

　　　敷地のうちに居住の用以外の用に供する部分がないとすれば，夫は1,000万円の住宅借入金等の金額につき，控除の適用を受けることができます。

　　したがって，夫は2,000万円（1,000万円＋1,000万円），妻は1,000万円の住宅借入金等の金額につき，住宅借入金等特別控除の適用を受けることができます。

63　家屋の持分を有しない場合

> 問　次のとおり，土地の購入及び家屋の新築をした場合に，住宅借入金等特別控除の適用はどのようになりますか。
>
> 土地の購入価額　　　　　　　　　4,000万円（父の単独所有）
>
> 土地の購入に係る借入金の年末残高　3,000万円（父の単独債務）
>
> 家屋の新築代金　　　　　　　　　2,000万円（子の単独所有）
>
> 家屋の新築に係る借入金の年末残高　2,000万円（子の単独債務）

答　住宅借入金等特別控除の適用対象となる住宅借入金等の範囲には，家屋の新築又は購入とともにするその家屋の敷地の購入に要する資金に充てるための借入金又は購入の対価に係る債務で一定のものが含まれます（措法41①）。

　質問の場合，家屋が子の単独所有であることから，父の土地の購入につ

いては，家屋の新築又は購入とともにする敷地の購入には当たらないこととなり，住宅借入金等特別控除の適用対象とはなりません。

なお，子の家屋の新築に係る借入金については，借入金の償還期間が10年以上であるなど一定の要件を満たしていることを前提とすれば，住宅借入金等特別控除の適用対象となります。

第11 借入金等が家屋の取得対価の額等を超える場合等の年末残高

64 借入金等が家屋の取得対価の額等を超える場合等

> 問　①借入金が家屋及びその敷地の購入価額を超える場合，②家屋及びその敷地が店舗と併用となっている場合，③借入金が借入限度額を超える場合には，住宅借入金等特別控除額の計算の基となる金額はどのように計算するのでしょうか。

答　住宅借入金等特別控除額は，家屋の新築若しくは購入（一定の敷地の購入を含みます。）又は増改築等（以下「家屋等の取得等」といいます。）に係るその年12月31日における住宅借入金等の金額の合計額を基として計算することとされていますが，質問の場合に該当するようなときには，次に掲げる金額が住宅借入金等特別控除額の計算の基となる金額となります。

　この場合，①住宅の取得等に係る契約を締結して，その住宅の取得等に関し補助金等の交付を受ける場合や②「住宅取得等資金の贈与税の非課税」又は「住宅取得資金の贈与を受けた場合の相続時精算課税選択の特例」（以下，これらを「住宅取得等資金の贈与の特例」といいます。）を受けた場合には，その家屋の新築工事の請負代金若しくはその家屋の購入の対価の額，その家屋の敷地の購入の対価の額又は増改築等に要した費用の額から，交付を受ける補助金等の額又は住宅取得等資金の贈与の特例の適用を受けた部分の金額を控除します。

1　その年12月31日における住宅借入金等の年末残高の合計額が家屋等の取得等の対価の額を超える場合……その家屋等の取得等の対価の額に相当する金額（措通41—23）。

質疑応答編（令和4年入居者の住宅借入金等特別控除）　　467

第2部

質疑
応答編

2　その家屋及びその敷地が店舗併用住宅であるなど居住の用以外の用に
　供する部分がある場合……次の①又は②に掲げる区分に応じそれぞれに
　掲げる金額

　①　家屋と敷地を一括購入したときや家屋の新築の日前にその新築工事
　　の着工の日後に受領した借入金によりその家屋の敷地を購入したとき
　　……家屋の新築や購入に係る住宅借入金等の年末残高の合計額にその
　　家屋の総床面積に占める居住用部分の床面積の割合を乗じて計算した
　　金額とその家屋の敷地の購入に係る住宅借入金等の年末残高の合計額
　　にその敷地の総面積に占める居住用部分の敷地の面積の割合を乗じて
　　計算した金額との合計額に相当する金額

　②　敷地の先行購入のとき……その家屋の敷地の購入に係る住宅借入金
　　等の年末残高の合計額にその敷地の総面積に占める居住用部分の敷地
　　の面積の割合を乗じて計算した金額とその家屋の新築や購入に係る住
　　宅借入金等の年末残高の合計額にその家屋の総床面積に占める居住用
　　部分の床面積の割合を乗じて計算した金額との合計額に相当する金額
　　（措令26⑦）。

3　増改築等をした部分に店舗部分があるなど居住の用以外の用に供する
　部分がある場合……その年12月31日における住宅借入金等の合計額に，
　その増改築等に要した費用の総額のうちに居住の用に供する部分の増改
　築等に要した費用の額の占める割合を乗じて計算した金額（措令26⑦）。

4　その年12月31日における住宅借入金等の合計額が借入限度額を超える
　場合……借入限度額

第12　家屋等の取得等の対価の額

65　共有住宅の取得対価の額

> **問**　共有で住宅を購入した場合，借入金の額が家屋及びその敷地の購入価額を超えるかどうかをどのように判定するのでしょうか。

答　住宅借入金等特別控除額は，家屋等の取得等に係るその年12月31日における住宅借入金等の金額の合計額を基として計算することとされていますが，その住宅借入金等の合計額が家屋等の取得等の対価の額を超える場合には，その家屋等の取得等の対価の額を基として計算することとされています（措令26⑥㉕，措通41─23。なお，前問参照）。

例えば，その家屋が共有となっているときは，その家屋全体の取得等の対価の額(注)にその者の共有持分割合を乗じて計算した金額が，その者の家屋の取得等の対価の額となります。

(注)　平成23年6月30日以後に住宅の取得等に係る契約を締結し，その住宅の取得等に関し補助金等の交付を受ける場合はその補助金等の額を差し引いた額となります。

質疑応答編（令和4年入居者の住宅借入金等特別控除）　　469

66　共有住宅に一方の共有者のみが増改築を行った場合の増改築等の費用の額

> **問**　2人の共有住宅に一方の共有者のみが自己の借入金により増改築を行った場合には，増改築等の費用の額はどのようになるのでしょうか。

答　2人の共有住宅に一方の共有者のみが自己の借入金により増改築を行った場合には，その増改築を行った後持分の変更登記を行っているかどうかにより，増改築等の費用の額は変わってきます。持分の変更登記を行っていない場合には，自己の持分を超える費用負担は他の共有者のために行ったものと考えられますから，増改築等の費用の額は，負担した増改築費用に自己の共有持分を乗じて計算した金額となります。

　また，増改築をした場合に，増改築費用を負担した者にその増改築部分に相当する持分を法的に帰属させるため持分の変更登記を行う場合があり，共有者は最終的には変更後の持分により増改築部分を含めた家屋全体を所有することになると考えられます。

　この場合であっても，変更登記前の持分により増改築等の費用の額を計算すべきであるとの考え方もあるものと思われますが，持分の変更登記をした後，増改築をしたとすれば同様の結果となり，増改築等の費用の額はその変更登記後の持分により計算することとなりますので，増改築後に変更登記をした場合においても，変更登記後の持分により増改築等の費用の額を計算することとしても不合理とは考えられません。

　したがって，増改築後，増改築費用を負担した者に対してその費用負担に相当する持分を法的に帰属させるため，持分の変更登記（登記原因は「代物弁済」や「真正な登記名義人の回復」）が行われている場合には，増改築

470　　　　　　　　　第　2　部

等の費用の額は，負担した増改築費用に変更登記後の持分を乗じて計算した額として差し支えないと考えられます。

(注)　自己が所有していない家屋について増改築を行い，その後共有により持分を取得しても，現に自己が所有している家屋について行うものではありませんから住宅借入金等特別控除の対象とはなりません（問30参照）。

67　家屋等の取得等の対価の額と割賦事務手数料等

> 問　割賦で家屋やその敷地を譲り受けた場合には，その譲受代金の中に，利息相当額や割賦事務手数料等が含まれていますが，このような金額も家屋等の取得等の対価の額に含まれるのでしょうか。

答　住宅借入金等特別控除額は，家屋等の取得等に係るその年12月31日における住宅借入金等の金額の合計額を基として計算することとされていますが，その住宅借入金等の合計額が家屋等の取得等の対価の額を超える場合には，その家屋等の取得等の対価の額(注)が限度となります（措令26⑥㉕，措通41—23。なお，問64参照）。

　この家屋等の取得等の対価の額は，例えば，割賦で家屋を譲り受けた場合には，その譲受代金の中に，割賦期間中の利息や割賦金の回収のための費用，貸倒損失の引当てなどに相当する金額が含まれているのが一般的ですが，このような金額を除いて計算することになっています（措通41—24の(注)）。

　　(注)　平成23年6月30日以後に住宅の取得等に係る契約を締結し，その住宅の取得等に関し補助金等の交付を受ける場合はその補助金等の額を差し引いた額となります。

質疑応答編（令和4年入居者の住宅借入金等特別控除）　　471

68　家屋等の取得等の対価の額と電気設備等の取得対価の額

> **問**　電気設備等の家屋の附属設備の購入価額や取付工事の費用は，家屋等の取得等の対価の額に含まれるのでしょうか。

答　住宅借入金等特別控除額は，家屋等の取得等に係るその年12月31日における住宅借入金等の金額の合計額を基として計算することとされていますが，その住宅借入金等の合計額が家屋等の取得等の対価の額を超える場合には，その家屋等の取得等の対価の額(注)が限度となります（措令26⑥㉕，措通41—23。なお，問64参照）。

　この家屋等の取得等の対価の額は，例えば，家屋を新築又は購入する場合に，その家屋と一体として取得したその家屋の電気設備，給排水設備，衛生設備及びガス設備等の附属設備の取得対価の額も含めて計算することになっています（措通41—24）。

　また，増築，改築，大規模の修繕及び大規模の模様替えの工事と併せて行うその家屋と一体となって効用を果たす設備の取替え又は取付けに係る工事に要した費用の額（その設備の取得対価の額を含みます。）についても家屋等の取得等の対価の額に含めることとされています（措法41⑳）。

　(注)　平成23年6月30日以後に住宅の取得等に係る契約を締結し，その住宅の取得等に関し補助金等の交付を受ける場合はその補助金等の額を差し引いた額となります。

69 設計料を建築の請負業者以外の建築士に支払った場合

> **問** 設計のみ別の業者（建築士）に依頼し，その設計料は家屋本体に
> 係る建築工事の請負代金相当額とともに，金融機関から借り入れて建
> 築士に支払ったのですが，その設計料に係る借入金については，住宅
> 借入金等特別控除の対象となる住宅借入金等に含めることはできるで
> しょうか。

答 建築の請負業者以外の建築士に設計料を支払った場合でも，建築した
家屋の当該設計料に係る借入金は，住宅借入金等特別控除の対象となる住
宅借入金等に含めて差し支えありません。

　建物の「設計」は建築士法で，「建築工事」は建設業法で規定されてお
り，建設業法上，「設計」は「工事」に該当しないと解されていることか
ら，家屋の建築業者以外の建築士に支払う設計料は「新築の工事の請負代
金の額」に含まれないこととなりますが，当該設計料は，次より「新築の
工事の請負代金の額」に含まれるものと取り扱うのが相当であると考えら
れます。

① 事後的に必要となる登記費用等とは異なり，設計料は，家屋を新築す
　るために直接必要なものであり，建物本体価格を構成するものであるこ
　と。

② 建築士法及び建設業法は，その業者の資質の向上等を目的とするもの
　であることから，その業務の範囲を明確に区分しなければなりませんが，
　家屋を取得する者にあっては，設計から施行（工事）までが家屋の建築
　であって，「設計」と「工事」を厳格に区分する必要がないと考えられ
　ること。

　なお，「家屋の取得対価の額」に含まれる設計料は，建築した家屋に係

質疑応答編（令和４年入居者の住宅借入金等特別控除）　　　473

るものに限られます。

70　家屋等の取得等の対価の額と共用部分の取得対価の額

問　マンションの一室を購入しましたが，共用部分の購入価額は，家屋等の取得等の対価の額に含まれるのでしょうか。

答　住宅借入金等特別控除額は，家屋等の取得等に係るその年12月31日における住宅借入金等の金額の合計額を基として計算することとされていますが，その借入金等の合計額が家屋等の取得等の対価の額を超える場合には，その家屋等の取得等の対価の額(注)が限度となります（措令26⑥㉕，措通41―23。なお，問64参照）。

この家屋等の取得等の対価の額の計算に当たっては，例えば，１棟の家屋で，その構造上区分された数個の部分を独立して住居その他の用途に供することができるものについてその各部分を区分所有する場合には，階段や廊下などのように区分所有者の全員又は一部の者が共有する部分がありますが，このような共有部分（共用部分）のうちその者の持分に係る部分の取得の対価の額も含めて計算することになっています（措通41―24）。

(注)　平成23年６月30日以後に住宅の取得等に係る契約を締結し，その住宅の取得等に関し補助金等の交付を受ける場合はその補助金等の額を差し引いた額となります。

71　家屋等の取得等の対価の額と門等の取得対価の額

> 問　門や塀等の取得対価の額は，家屋等の取得等の対価の額に含まれるのでしょうか。

答　住宅借入金等特別控除額は，家屋等の取得等に係るその年12月31日における住宅借入金等の金額の合計額を基として計算することとされていますが，その住宅借入金等の合計額が家屋等の取得等の対価の額を超える場合には，その家屋等の取得等の対価の額(注)が限度となります（措令26⑥㉕，措通41―23。なお，問64参照）。

　この家屋等の取得等の対価の額には，門，塀等の構築物，電気器具，家具セット等の器具，備品又は車庫等の建物（以下「構築物等」といいます。）の取得の対価の額は含まれないのが原則です。しかし，家屋と併せて同一の者から取得する構築物等については実務的にその区分計算が困難であることや，それを厳密に区分することは取引の実情にそわないこととなる場合も想定されます。

　そこで，このようなことを考慮して，家屋と併せて同一の者から取得する構築物等で，その取得の対価の額がきん少と認められる場合には，その構築物等の取得の対価の額を家屋等の取得等の対価の額に含めて差し支えないこととされています（措通41―26）。

　なお，この場合の「きん少と認められるとき」とは，家屋そのものの取得の対価の額の多寡にもよるので一概にはいえませんが，通常，門，塀等の取得の対価の額が，家屋そのものの取得の対価の額と門，塀等の取得の対価の額との合計額の10％に満たないといったような場合には，これに該当すると考えられます。

　(注)　平成23年6月30日以後に住宅の取得等に係る契約を締結し，その住宅の

質疑応答編（令和４年入居者の住宅借入金等特別控除）　　　475

取得等に関し補助金等の交付を受ける場合はその補助金等の額を差し引い
た額となります。

72　居住用家屋の敷地の判定

問　居住用家屋の敷地の用に供されている土地等とは，どのような
のですか。

答　取得した土地等が租税特別措置法第41条第１項各号に規定する居住用
家屋の「敷地の用に供される土地等又は敷地の用に供されている土地等」
に該当するかどうかは，社会通念に従い，当該土地等が同項に規定する当
該居住用家屋と一体として利用されている土地等であるかどうかにより判
定することとされています（措通41─13）。

なお，判定に当たっては，次頁の表を参考にしてください。

また，建築基準法上，「敷地」とは，居住用家屋又は居住用家屋と用途
上不可分の関係にある建築物のある一団の土地又は土地の上に存する権利
をいうものと解されていることから，居住用家屋のある一団の土地又は土
地の上に存する権利であっても，次のような部分は「敷地」には含まれま
せん。

(1)　別棟のアパートや事務所の敷地の用に供している部分

(2)　アスファルト敷きやフェンス囲みなどをして，専ら貸駐車場の用に供
　　している部分

（注）　「敷地の取得対価の額の範囲」及び「居住の用に供する部分の敷地の面積」
　　については，問73・74を参照してください。

区　　分	判定	判　定　の　理　由
私道・ゴミ置き場	○ (×)	敷地と併せて同一の者から取得等した場合など
駐車スペース	○ (×)	居住用家屋と同一敷地である場合など

[○…敷地に該当する。×…敷地に該当しない。（　）…一定の要件を満たす場合又は満たさない場合には○又は×]

73　敷地の取得対価の額の範囲

> 問　植木，芝生，花壇，庭園等の取得対価の額は，敷地の取得対価の額に含まれますか。

答　住宅借入金等特別控除の適用対象となる住宅借入金等の範囲には，家屋の新築又は購入とともにするその家屋の敷地の購入に要する資金に充てるための借入金又は購入の対価に係る債務で一定のものが含まれます（措法41①）。

ところで，「敷地の取得対価の額」には，(1)埋立て，土盛り，地ならし，切土，防壁工事その他の土地の造成又は改良のために要した費用の額及び(2)土地等と一括して建物等を取得した場合における当該建物等の取壊し費用の額（発生資材がある場合には，その発生資材の価額を控除した残額。ただし，土地等の取得後おおむね1年以内に当該建物等の取壊しに着手するなど，その取得が当初からその建物等を取り壊して家屋を新築することが明らかであると認められる場合に限ります。）も含むこととされています（措通41—25）。

また，敷地の取得対価の額には，植木や芝生，花壇，庭園等の取得の対価の額は含まれないのが原則ですが，家屋や敷地と併せて同一の者から取

質疑応答編（令和4年入居者の住宅借入金等特別控除）　　477

得するものについては実務的にその区分計算が困難であることや，それを厳密に区分することは取引の実状にそわないこととなる場合も想定されることから，家屋や敷地と併せて同一の者から取得する植木や芝生，花壇，庭園等で，その取得の対価の額がきん少と認められるときは，その取得の対価の額を敷地の取得の対価の額に含めて差し支えないこととされています（措通41―26）。

　なお，これらの判定に当たっては，下表を参考にしてください。

区　　分	判定	判　定　の　理　由
居住用家屋の新築に伴って行った土地の造成又は改良のために要した費用	○（×）	敷地の取得に伴うもの（措通41―25）敷地の取得に伴わないもの（措法41①）
土地等の取得に伴う不動産仲介手数料	×	取得対価の額とならない（取得のために要した費用）
登録免許税等登記に要する費用	×	取得対価の額とならない（取得のために要した費用）
不動産取得税，特別土地保有税等不動産の取得に伴う租税公課等	×	取得対価の額とならない（取得のために要した費用）
植木，芝生，花壇，庭園等の取得の対価の額	×（○）	下記以外家屋等と併せて同一の者から取得し，対価の額がきん少と認められるもの（措通41―26）

〔○…取得対価の額に算入する，×…取得対価の額に算入しない。（　）…一定の要件を満たす場合又は満たさない場合には○又は×〕

㊟1　住宅借入金等特別控除は，家屋又は土地等の取得対価の額を対象として計算し，減価償却資産の償却費の計算及び譲渡所得の金額の計算は，取得価額（取得対価の額＋資産の取得のために要した費用）によることから，同一の費用であっても取扱いが異なるものがあります（措法41，所令126，所法33）。

㊟2　平成23年6月30日以後に住宅の取得等に係る契約を締結し，その住宅の取得等に関し補助金等の交付を受ける場合はその補助金等の額を差し引い

た額となります。

74 居住の用に供する部分の敷地の面積

> 問 「居住の用に供する部分の敷地の面積」はどのように求めるのですか。

答 自己の居住の用に供している家屋のうちに居住の用以外の用に供されている部分がある場合には，その居住の用に供する部分及び当該家屋の敷地の用に供される土地等のうちその居住の用に供する部分は，次に定める部分とされています（措通41—27）。

(1) 当該家屋のうちその居住の用に供する部分は，次の算式により計算した面積に相当する部分

$$\left(\begin{array}{c}\text{当該家屋のう}\\\text{ちその居住の}\\\text{用に専ら供す}\\\text{る部分の床面}\\\text{積(A)}\end{array} + \begin{array}{c}\text{当該家屋のうちそ}\\\text{の居住の用と居住}\\\text{の用以外の用とに}\\\text{併用する部分の床}\\\text{面積(B)}\end{array}\right) \times \frac{\text{(A)}}{\text{(A)＋居住の用以外の用に}\atop\text{供する部分の床面積}}$$

(2) 当該土地等のうちその居住の用に供する部分は，次の算式により計算した面積に相当する部分

$$\left(\begin{array}{c}\text{当該土地等}\\\text{のうちその}\\\text{居住の用に}\\\text{専ら供する}\\\text{部分の面積}\end{array} + \begin{array}{c}\text{当該土地等のう}\\\text{ちその居住の用}\\\text{と居住の用以外}\\\text{の用とに併用す}\\\text{る部分の面積}\end{array}\right) \times \frac{\text{当該家屋の床面積のうち(1)}\atop\text{の算式により計算した面積}}{\text{当該家屋の床面積}}$$

上記(1)の算式は，従来どおり家屋の総床面積に家屋の居住用割合を乗じて算出した面積と同じです。

また，居住の用に供する部分の床面積若しくは土地等の面積又は増改築等に要した費用の額がそのまま家屋全体の床面積若しくは土地等の面積又は増改築等に要した費用の全額のおおむね90％以上である場合には，その

質疑応答編（令和4年入居者の住宅借入金等特別控除）　　479

家屋若しくは敷地の全部又はその増改築等に要した費用の全額が居住の用に供している部分に該当するものとして取り扱うことができることとされています（措通41—29）。

　なお，敷地の用に供されている土地等のうち居住の用に供する部分の面積については，課税上弊害のない限り，その土地等の総面積に家屋の居住用割合を乗じて算出することとしても差し支えありません。

（算　式）　土地等の総面積　×　家屋の居住用割合

【計算例】

	家屋（店舗併用住宅）	土地等（左の家屋の敷地）
○総面積	200㎡	360㎡
専ら居住用部分	120㎡	240㎡
居住用と非居住用の併用部分	20㎡	40㎡
その他の部分	60㎡	80㎡

1　居住用家屋の居住の用に供している部分

$$120㎡ + 20㎡ × \frac{120㎡}{120㎡ + 60㎡} = 133.34㎡$$

2　敷地の用に供されている土地等の居住の用に供している部分

$$240㎡ + 40㎡ × \frac{133.34㎡}{200㎡} = 266.67㎡$$

480   第　2　部

75　定期借地権付建物を購入する場合

> 問　新築の定期借地権付建売住宅（保証金2,000万円，設定期間50年の
> 一般定期借地権で，保証金は借地契約終了時に無利息で返還）の購入資金
> に充てるために借り入れた借入金には，定期借地権の保証金の支払に
> 充てることとなる部分が含まれることになりますが，このような部分
> についても住宅借入金等特別控除の対象となりますか。

答　住宅借入金等特別控除の適用対象となる住宅借入金等には，家屋の新
築又は購入とともにする家屋の敷地の購入に要する資金に充てるための借
入金又は購入の対価に係る債務で一定のものが含まれることとされていま
す（措法41①）。

　通常，定期借地権を設定する場合には，地主に対して権利金を支払う場
合，保証金等（保証金，敷金などその名称のいかんを問わず借地契約の終了の
時に返還を要するものとされる金銭等をいいます。以下同じです。）を支払う
場合，前払賃料を一括して支払う場合があり，それぞれの場合について，
その支払に充てるために借り入れた借入金又はその支払対価に係る債務を
有するときの，住宅借入金等特別控除の適用は次のとおりとなります。

㊟　次の(1)及び(2)のいずれの借入金又は債務についても，償還期間又は賦払期
　間が10年以上であるなど一定の要件を満たしている必要があります。

(1)　権利金等を支払う場合

　　権利金は，定期借地権の取得の対価として地主に支払うものですから，
　その支払に充てるために借り入れた借入金又はその支払対価に係る債務
　は，適用の対象となります。

(2)　保証金等を支払う場合

　　保証金等は，地主に対する単なる預託金で定期借地権の取得の対価と

質疑応答編（令和4年入居者の住宅借入金等特別控除）　　　481

はいえませんが，その経済的効果から，定期借地権の設定時における保証金等の額とその保証金等の設定時における返還請求権の価額との差額については，定期借地権の取得の対価に該当するものとして，その差額に係る借入金又は債務は，適用対象とすることができます。

　そこで，定期借地権等の設定に際し，借地権者から借地権設定者に対し，保証金等の預託があった場合において，借地権設定者につきその保証金等に対して一定の基準年利率未満の利率による利率の支払があるとき又は支払うべき利息がないときには，次の算式により計算した金額が定期借地権の取得の対価に当たるものとされます（措通41—28）。

（算　式）

$$
\begin{pmatrix} 保証金等の \\ 額に相当す \\ る金額 \end{pmatrix} - \begin{pmatrix} 保証金等の \\ 額に相当す \\ る金額 \end{pmatrix} \times \begin{pmatrix} 定期借地権等 \\ の設定期間年 \\ 数に応じる基 \\ 準年利率の複 \\ 利現価率 \end{pmatrix}
$$

$$
- \begin{pmatrix} 保証金等の \\ 額に相当す \\ る金額 \end{pmatrix} \times 約定利率 \times \begin{pmatrix} 定期借地権等 \\ の設定期間年 \\ 数に応じる基 \\ 準年利率の複 \\ 利年金現価率 \end{pmatrix}
$$

　したがって，設問の場合は上記(2)に該当し，定期借地権の設定時における保証金の額とその保証金の設定時における返還請求権の価額との差額に相当する借入金は住宅借入金等特別控除の対象となります。

(3)　前払賃料を一括して支払う場合

　定期借地権の設定時において，借地権者が借地権設定者に対して，借地に係る契約期間の賃料の一部又は全部を一括前払の一時金として支払う場合があります。

　この前払賃料として支払われる一時金は，賃料として支払うものであることから，「土地の上の存する権利の取得のための対価」には該当し

482 第 2 部

ませんので，その支払に充てるための借入金又は債務は，住宅借入金等
特別控除の対象になりません。

76 補助金等

> **問** 住宅の取得等に関し補助金等の交付を受ける場合は，その補助金
> 等の額を住宅の取得等の対価の額又は費用の額から差し引くこととさ
> れます。
>
> 　この住宅の取得対価の額等から差し引く補助金等とはどのようなも
> のですか。

答 住宅借入金等特別控除の計算上，住宅借入金等の金額が，家屋の新築，
購入又は増改築等（その住宅の取得等とともにする家屋の敷地の用に供される
土地等の取得を含みます。以下「住宅の取得等」といいます。）に係る対価の額
又は費用の額を超える場合には，住宅借入金等特別控除額の計算上，住宅
借入金等の金額は，その対価の額又は費用の額を限度とします（措令26⑥㉕）。

　ただし，平成23年6月30日以後に住宅の取得等に係る契約を締結し，そ
の住宅の取得等に関し補助金等の交付を受ける場合には，その住宅の取得
等の対価の額又は費用の額からその補助金等の額を差し引いた金額が限度
となります。

　この場合の補助金等とは，国又は地方公共団体から交付される補助金又
は給付金その他これらに準ずるものをいい，具体的には次によります（措
通41—26の2）。

(1) 国又は地方公共団体から直接交付される補助金等のほか，国又は地
　方公共団体から補助金等の交付事務の委託を受けた法人を通じて交付
　されるものも含まれます。

質疑応答編（令和４年入居者の住宅借入金等特別控除）　　483

(2)　補助金等は，補助金又は給付金等の名称にかかわらず，住宅の取得
　等と相当の因果関係のあるものをいいます。この場合，住宅借入金等
　又は認定住宅借入金等の利子の支払に充てるために交付されるいわゆ
　る利子補給金はこの補助金等に該当しません。

(注)1　補助金等には，金銭で交付されるもののほか，金銭以外の物又は権
　　利その他経済的な利益をもって交付されるものも含まれます。

　2　補助金等は，所得税法第42条又は第43条に規定する国庫補助金等に
　　該当するか否か又は同条の規定を適用するか否かを問いません。

　3　家屋や土地等の取得対価の額に含まれることとされる建物附属設備
　　等の取得等（措通41―24，41―25，41―26）に関して交付されるもの
　　も補助金等に該当します。

77　補助金等の見込控除

> **問**　年末に家屋の省エネ改修工事を行い，○○市に補助金等の申請を
> 行いました。確定申告書を提出するまでに交付決定通知書が送付され
> ていません。この場合に，増改築等の費用の額から交付予定の補助金
> 等の額を差し引く必要はありますか。

答　平成23年６月30日以後に住宅の取得等に係る契約を締結し，その住宅
の取得等に関し補助金等の交付を受ける場合には，その補助金等の額をそ
の住宅の取得等の対価の額又は費用の額から差し引きます（措令26⑥㉕）。

　なお，確定申告をする時までに交付決定通知書が届いていないなど，そ
の交付を受ける補助金等の額が住宅借入金等特別控除を適用する確定申告
書を提出する時までに確定していない場合には，その交付を受ける補助金
等の見込額により増改築等の費用の額から控除して住宅借入金等特別控除
額を計算します。この場合において，後日，その交付を受ける額の確定額

484　　　　　　　　　　第 2 部

とその見込額とが異なることとなったときは，申告額を訂正（修正申告又は更正の請求）することになります（措通41—26の 3 ）。

78　経済的利益の付与

> 問　居住の用に供している家屋について増改築等を行ったところ，グリーン住宅ポイントが付与され，このポイントを生活用動産に交換しました。
>
> 　この場合の増改築等の費用の計算はどのようになりますか。

答　平成23年 6 月30日以後に住宅の所得等に係る契約を締結し，その住宅の取得等に関し補助金等の交付を受ける場合には，その住宅の取得等の対価の額又は費用の額からその補助金等の額を控除することとされています（措令26⑥㉕）。

1　住宅の取得等の対価の額又は費用の額から差し引く補助金等とは，国又は地方公共団体から交付される補助金又は給付金その他これらに準ずるものをいいます。

　住宅の取得等の対価の額又は費用の額から差し引く補助金等には国又は地方公共団体から直接交付される補助金等のほか，国又は地方公共団体から補助金等の交付事務の委託を受けた法人を通じて交付されるものも含みます。

　また，住宅の取得等に関し交付される補助金等であることから，金銭で交付されるもののほか，金銭以外の物又は権利その他経済的な利益をもって交付されるものも含まれます（措通41—26の 2 ）。

2　グリーン住宅ポイントは，国から交付事務の委託を受けたグリーン住宅ポイント事務局が行っていること，また，金銭の交付ではありません

質疑応答編（令和4年入居者の住宅借入金等特別控除）　　485

が商品等に交換されるポイントの付与であり，「金銭以外の物又は権利
その他経済的な利益」に当たることから，グリーン住宅ポイントについ
ても，1ポイントを1円に換算した金額を家屋等の取得対価の額等から
控除する必要があります。

79　家屋等の取得対価の額等から控除する方法

> 問　戸建住宅を購入し，S町からいわゆる定住奨励金の助成を受けま
> したが，家屋に対する補助金か宅地に対する補助金かを明らかに区分
> することはできません。
> 　この場合，住宅借入金等特別控除額の計算はどうなりますか。

答　平成23年6月30日以後に住宅の取得等（その住宅の敷地の用に供される
土地等を含みます。）に係る契約を締結し，その住宅の取得等に関し補助金
等の交付を受ける場合には，その対価の額又は費用の額からその補助金等
の額を控除することとされています（措令26⑥㉕）。

　交付を受ける補助金等の額が，家屋と土地等のいずれの取得等に関し交
付を受けるか明らかに区分できない場合には，家屋の取得対価の額と土地
等の取得対価の額によりその補助金等の額を按分し，それぞれの取得対価
の額からその額を差し引きます。

(注)　マンションのように，家屋及びその敷地の居住の用に供する部分の割合が同
　　じで，かつ，新築等及び敷地の取得の両方に係る住宅借入金等又は認定住宅借
　　入金等を有する場合には，マンションの取得対価の額の合計額から，交付を受
　　けるその補助金等の額の合計額を控除します（措通41—26の4）。

第13　店舗併用住宅等の場合の年末残高

80　店舗併用住宅等の年末の借入金等の合計額

> **問**　家屋が店舗併用住宅であるなど居住の用以外の用に供する部分が
> ある場合には，住宅借入金等特別控除額の計算の基となる年末の借入
> 金等の合計額はどのように計算することになるのでしょうか。

答　住宅借入金等特別控除額は，家屋等の取得等に係るその年12月31日に
おける住宅借入金等の金額の合計額を基として計算することとされていま
すが，その家屋等が店舗併用住宅であるなど居住の用以外の用に供する部
分がある場合には，その年12月31日における住宅借入金等の合計額に，そ
の家屋の総床面積のうちに居住の用に供する部分の床面積の占める割合を
乗じて計算した金額を基として住宅借入金等特別控除額の計算をすること
になります（措令26⑦。なお，問64参照）。

　また，増改築等をした部分に店舗部分があるなど居住の用以外の用に供
する部分がある場合には，その年12月31日における住宅借入金等の合計額
に，その増改築等に要した費用の総額のうちに居住の用に供する部分の増
改築等に要した費用の額の占める割合を乗じて計算した金額を基として住
宅借入金等特別控除額の計算をすることになります（措令26⑦。なお，問
64参照）。

　しかし，居住の用以外の用（店舗，事務所等）に供される部分といって
も，これを明確に区分することは非常に困難な場合があり，また，店舗部
分が比較的小さいものについてまで，この区分を厳格に行うことは実務上
適当でないことから，居住の用に供する部分の床面積又は増改築等に要し

質疑応答編（令和4年入居者の住宅借入金等特別控除）　　487

た費用の額がその家屋全体の床面積又は増改築等に要した費用の全額のおおむね90％以上となっているときには，区分することなくその家屋全体又はその増改築等に要した費用の全額を居住の用に供する家屋又は増改築等に要した費用の額として取り扱うこととされています（措通41―29）。

81　店舗併用住宅を新築した場合

> 問　次のとおり，土地の購入及び家屋の新築をした場合に，住宅借入金等特別控除の対象となる住宅借入金等の金額はどのように計算されるのですか。
>
> 　　土地の面積　300㎡（うち120㎡をブロック塀で仕切り，貸駐車場として使用）
>
> 　　土地の購入価額　　　　　　　　6,000万円
>
> 　　土地の購入に係る借入金の年末残高　3,000万円
>
> 　　家屋の総床面積　180㎡（1階店舗90㎡，2階住居90㎡）。
>
> 　　家屋の新築代金　　　　　　　　3,000万円
>
> 　　家屋の新築に係る借入金の年末残高　2,000万円
>
> ㊟　土地の譲渡人と家屋の新築工事の請負業者は別であり，土地の購入に係る借入金と家屋の新築に係る借入金は別々に借り入れたものです。

答　借入金の償還期間が10年以上であるなど一定の要件を満たしていることを前提とすれば，住宅借入金等の金額は次のとおり計算されます（措通41―23，41―27）。

(1)　家屋の新築に係る借入金について

$$\begin{bmatrix}家屋の新\\築\ 代\ 金\end{bmatrix}\quad\begin{bmatrix}家屋の新築に係る\\借入金の年末残高\end{bmatrix}$$

　　3,000万円　　＞　　2,000万円

$$\begin{pmatrix}\text{家屋の新築に係る}\\\text{借入金の年末残高}\end{pmatrix} \begin{pmatrix}\text{家屋の居}\\\text{住用割合}\end{pmatrix} \begin{pmatrix}\text{家屋の新築に係る借入金の年末}\\\text{残高のうち居住用部分の金額}\end{pmatrix}$$

$$2,000万円 \quad \times \quad 50\% \quad = \quad 1,000万円$$

　したがって，質問の場合，家屋の新築に係る住宅借入金等の金額は1,000万円となります。

(2)　土地の購入に係る借入金について

$$\begin{pmatrix}\text{土地の購}\\\text{入 価 額}\end{pmatrix} \begin{pmatrix}\text{土地の購入に係る}\\\text{借入金の年末残高}\end{pmatrix}$$

$$6,000万円 \quad > \quad 3,000万円$$

$$\begin{pmatrix}\text{土地の購入に係る}\\\text{借入金の年末残高}\end{pmatrix} \begin{pmatrix}\text{左のうち}\\\text{敷 地 分}\end{pmatrix} \begin{pmatrix}\text{敷地のうち居住の}\\\text{用に供する部分}\end{pmatrix} \begin{pmatrix}\text{土地の購入に係る借入金の年末}\\\text{残高のうち居住用部分の金額}\end{pmatrix}$$

$$3,000万円 \quad \times \frac{300㎡-120㎡}{300㎡} \times \quad 50\% \quad = \quad 900万円$$

　したがって，質問の場合，敷地の購入に係る住宅借入金等の金額は900万円となります。

(3)　控除の対象となる住宅借入金等の金額

$$1,000万円 + 900万円 = 1,900万円$$

質疑応答編（令和4年入居者の住宅借入金等特別控除）　489

第14　（特定増改築等）住宅借入金等特別控除額の計算明細書

82　（特定増改築等）住宅借入金等特別控除額の計算明細書

> 問　住宅借入金等特別控除の適用を受ける場合の確定申告書に添付する書類等のうち，「住宅借入金等特別控除額の計算に関する明細書」とは，どのような書類ですか。

答　住宅借入金等特別控除は「……確定申告書に……当該金額の計算に関する明細書……の添付がある場合に限り，適用する」ことと規定されており，ここにいう「当該金額の計算に関する明細書」は，「（特定増改築等）住宅借入金等特別控除額の計算明細書」をいいます。

(注)1　連帯債務に係る住宅借入金等がある場合は，「（付表）連帯債務がある場合の住宅借入金等の年末残高の計算明細書」に必要事項を書いて併せて提出します。

2　確定申告書や確定申告に必要な各種様式は，国税庁ホームページからダウンロードできます。また，税務署でも受け取ることができます。

83 （特定増改築等）住宅借入金等特別控除額の計算明細書が必要な場合

> **問** 住宅借入金等特別控除の適用を受ける場合には，「（特定増改築等）住宅借入金等特別控除額の計算明細書」を確定申告書と一緒に提出しなければならないとのことですが，どのような場合に提出することになるのでしょうか。

答 住宅借入金等特別控除を受ける最初の年分においては，「（特定増改築等）住宅借入金等特別控除額の計算明細書」の所定の欄に必要事項を記載して，住宅借入金等特別控除額を計算し，申告書第一表の「税金の計算」欄の（特定増改築等）住宅借入金等特別控除にその控除額を，申告書第二表の「特例適用条文等」欄に「居住開始年月日」等を記載するとともに，その明細書及び金融機関等から交付を受けた「住宅取得資金に係る借入金の年末残高等証明書」（以下「年末残高等証明書」といいます。）を申告書と一緒に税務署に提出する必要があります。

また，この控除を受ける２年目以後の年分においても，確定申告書を提出してこの控除を受ける場合には，「（特定増改築等）住宅借入金等特別控除額の計算明細書」の所定の欄に必要事項を書いて住宅借入金等特別控除額を計算し，申告書第一表の「税金の計算」欄の（特定増改築等）住宅借入金等特別控除にその控除額を，申告書第二表の「特例適用条文等」欄に「居住開始年月日」等を転記するとともに，その計算明細書及び年末残高等証明書と併せて提出する必要があります。

(注) 給与所得者が２年目以後の年分につき年末調整でこの控除を受ける場合の手続については「令和３年以前の入居者の住宅借入金等特別控除の質疑応答編」問29参照。

質疑応答編（令和４年入居者の住宅借入金等特別控除）　　491

第15　住宅取得資金に係る借入金の年末残高等証明書

84　年末残高等証明書の様式

> **問**　金融機関等から交付を受ける「住宅取得資金に係る借入金の年末残高等証明書」の様式は特に決められたものがあるのでしょうか。

答　確定申告により住宅借入金等特別控除を受けるときは所轄税務署に，また，年末調整により住宅借入金等特別控除を受けるときは給与の支払者に，それぞれ「住宅取得資金に係る借入金の年末残高等証明書」を提出することが必要です。この証明書の様式は法令により定められています（措令26の２①，措規18の22，措規別表第８一）。

　しかし，金融機関等においては，証明書の作成事務をコンピューターにより一括集中処理するなどの必要上，法令に定められた様式を参考に調製して発行することとしているようです。このため，金融機関等が発行する証明書は，Ａ４判以下，ハガキのサイズまでいろいろですが，様式の内容は，原則として同じようになっています。

85　年末残高等証明書の交付

> **問**　「住宅取得資金に係る借入金の年末残高等証明書」は，いつ，だれから交付を受けることになるのでしょうか。

答　「住宅取得資金に係る借入金の年末残高等証明書」は，確定申告をする時又は年末調整を受ける時までに，家屋の新築若しくは購入（一定の敷

地の購入を含みます。）の対価又は増改築等の費用に係る住宅借入金等の債権者（住宅ローンの融資を受けた金融機関など）に交付の申請をすることが必要です。

しかし，債権者によっては，年末調整の際に住宅借入金等特別控除を受ける納税者の便宜を考慮して，住宅借入金等の年末残高の予定額に基づいて，あらかじめ証明書を作成し，毎年11月下旬か12月上旬頃までには納税者に送付することとしているようですから（問91参照），その送付があった場合には，送付された証明書を使用してください。

なお，証明書の「住宅借入金等の金額の年末残高」欄の金額が「予定額〇〇〇円」と記載されている場合において，借入金の返済が遅延したこと，繰上返済をしたことなどにより，その年12月31日現在の実際の残高が証明書に記載された予定額と異なることとなるときは，原則として，その年12月31日を経過した段階で，実際の残高に基づいて作成された証明書の再交付を受けてください（既に年末調整を受けている場合は，年末調整の再計算を受ける必要があります。）。

86 独立行政法人勤労者退職金共済機構等からの転貸貸付資金に係る借入金等の年末残高等証明書

> 問 事業主団体又は福利厚生会社からの借入金又は債務で，独立行政法人勤労者退職金共済機構又は独立行政法人福祉医療機構からの転貸貸付けや分譲貸付けに係る借入金又は債務については，「住宅取得資金に係る借入金の年末残高等証明書」は誰が発行することになっているのでしょうか。

答 住宅借入金等特別控除は，次に掲げる借入金又は債務についても適用

質疑応答編（令和４年入居者の住宅借入金等特別控除）　　493

されることになっています。

① 　事業主団体又は福利厚生会社からの家屋の新築や購入又は増改築等に要する資金及び家屋と一括して購入したその家屋の敷地の購入に要する資金に充てるための借入金（その家屋の新築工事の着工の日後に受領したものを含む。）で，独立行政法人勤労者退職金共済機構からの転貸貸付けの資金に係るもの

② 　厚生年金保険の被保険者に対して住宅資金の貸付けを行う一定の法人等からの家屋の新築や購入又は増改築等に要する資金及び家屋と一括して購入したその家屋の敷地の購入に要する資金に充てるための借入金（その家屋の新築工事の着工の日後に受領したものを含む。）で，独立行政法人福祉医療機構からの転貸貸付けの資金に係るもの

③ 　事業主団体又は福利厚生会社から購入した新築家屋の購入の対価又は新築家屋を一括して購入したその家屋の敷地の購入に係る債務で，独立行政法人勤労者退職金共済機構からの分譲貸付けの資金に係る部分

④ 　厚生年金保険又は国民年金の被保険者等に住宅を分譲する一定の法人等から購入した新築家屋の購入の対価又は新築家屋を一括して購入したその家屋の敷地の購入に係る債務で，独立行政法人福祉医療機構からの分譲貸付けの資金に係る部分

⑤ 　厚生年金保険又は国民年金の被保険者等に住宅を分譲する一定の法人等を当事者とする中古家屋の購入又はその家屋と一括して購入したその家屋の敷地の購入に係る債務の承継に関する契約に基づく債務で，独立行政法人福祉医療機構からの分譲貸付けの資金に係る部分

　　上記①から⑤に掲げる借入金又は債務については，「住宅取得資金に係る借入金の年末残高等証明書」は，法令上，独立行政法人勤労者退職金共済機構又は独立行政法人福祉医療機構が発行すべきこととされていますが（措令26の２①，措規18の22①），実務においては，証明書作成事務の都合上，

独立行政法人勤労者退職金共済機構又は独立行政法人福祉医療機構と，事業主団体や福利厚生会社などとの連名により発行されています。

87　連帯債務の場合の年末残高等証明書

問　借入金又は債務が連帯債務となっている場合は，「住宅取得資金に係る借入金の年末残高等証明書」の記載内容は，単独債務の場合と比べて異なることがあるのでしょうか。

答　住宅取得資金に係る借入金又は債務が連帯債務となっている場合には，債権者が発行する「住宅取得資金に係る借入金の年末残高等証明書」の記載内容は，原則として，次の点において単独債務の場合と異なっています。

①　証明書は各債務者ごとに発行されますが，住宅借入金等の金額は，連帯債務となっているその債務の金額の全額が記載されていますし，また，家屋の取得対価等の額は，共有となっているかいないかにかかわらず，家屋の全体の取得対価等の額が記載されています。

②　証明書の「摘要」欄には，その債務が連帯債務である旨，及びその相手方の氏名が記載されています。

　このように，単独債務の場合と異なっている理由は，連帯債務である場合には，債務者相互間の債務の金額の負担割合や家屋の共有持分割合を，債権者において正確に把握することができないことによるものです。

㊟　このため，各債務者が実際に住宅借入金等特別控除額を計算する際は，各債務者ごとの負担すべき債務の金額と，共有持分割合に応じた家屋の取得対価等の額を計算することが必要となります（なお，問58〜63参照）。

質疑応答編（令和4年入居者の住宅借入金等特別控除） 495

第2部

88 家屋等の取得対価等の額が記載されている年末残高等証明書

問 建設業者から交付を受けた「住宅取得資金に係る借入金の年末残高等証明書」には，新築工事の請負代金の額が記載されています。

この場合でも請負契約書などの新築工事の請負代金の額を証する書類を確定申告書と一緒に提出しなければならないのでしょうか。

質疑
応答編

答 住宅借入金等特別控除を受けるためには，各種の書類を確定申告書と一緒に提出することが必要とされています（措規18の21⑧）が，その中に「住宅取得資金に係る借入金の年末残高等証明書」及び「家屋等の取得の対価の額又は増改築等に要した費用の額を明らかにする書類」があります（措規18の21⑧）。

ところで「住宅取得資金に係る借入金の年末残高等証明書」は，住宅借入金等に係る債権者から交付を受けることとなっています（措令26の2①）が，その債権者が，家屋及びその敷地を譲渡した者，家屋の請負工事をした者又は増改築等の工事をした者である場合には，その「住宅取得資金に係る借入金の年末残高等証明書」に家屋の新築若しくは購入（一定の敷地の購入を含みます。以下「家屋等の取得」といいます。）の対価の額又は増改築等に要した費用の額を記載することとされています（措規18の22②二）。

この場合，家屋等の取得の対価の額又は増改築等に要した費用の額が記載されている「住宅取得資金に係る借入金の年末残高等証明書」を確定申告書と一緒に提出する場合には，それによって家屋等の取得の対価の額又は増改築等に要した費用の額が明らかになるため，改めて「家屋等の取得の対価の額又は増改築等に要した費用の額を明らかにする書類」を確定申告書と一緒に提出することは要しないこととされています（措通41―30）。

ただし，交付を受ける補助金等があった場合には，残高等証明書に記載

される家屋等の取得対価の額又は増改築等に要した費用の額はその補助金等の額を差し引いた額ではないことから，平成23年6月30日以後に住宅の取得等に係る契約を締結し，その住宅の取得等に関し補助金等の交付を受ける場合には，住宅借入金等特別控除額の計算において，その補助金等の額を差し引くとともに，その補助金等の額を証する書類を添付する必要があります（措規18の21⑧）。

89 共済会等の社内融資の場合の年末残高等証明書

問 社内の共済会や互助会などからの社内融資で住宅借入金等特別控除の対象とされるものについては，共済会等が「住宅取得資金に係る借入金の年末残高等証明書」を発行すればよいのでしょうか。

答 従業員の親睦や福利厚生に関する事業を主として行っている共済会や互助会などの従業員団体（以下「共済会等」といいます。）からの借入金であっても，その共済会等の行う事業が使用者の事業の一部と認められる場合には，その借入金は，使用者からの借入金に該当するものとして住宅借入金等特別控除の対象として取り扱うこととされています（措通41—15。なお，問37・38参照）。

この取扱いによって住宅借入金等特別控除を受ける場合の確定申告書と一緒に提出する「住宅取得資金に係る借入金の年末残高等証明書」は，その借入金が使用者からのものであることが分かる証明書と一緒に提出することになります。つまり，実質の債権者である使用者の名において発行された証明書又は使用者と共済会等の連名により発行された証明書と一緒に提出することになります。

なお，使用者と共済会等との連名により証明書を発行する場合には，そ

質疑応答編（令和4年入居者の住宅借入金等特別控除）　　497

の証明書の「住宅借入金等に係る債権者等」欄は，具体的には，次のような方法で記名することになります。

　（例）　所在地　　○○○○○○○
　　　　　名　称　　○○○　株式会社
　　　　　　　　　　○○○　株式会社共済会

90　年末残高等証明書の発行時期

> 問　その年12月31日現在の実際の残高により「住宅取得資金に係る借入金の年末残高等証明書」を記載し発行することとすると，2年目以後の住宅借入金等特別控除は，事実上年末調整により受けることができなくなるのではないかと思いますが，いかがでしょうか。

答　住宅借入金等特別控除は，控除を受ける最初の年は給与所得者であっても確定申告をしなければ適用を受けられませんが，給与所得者で年末調整を受ける人は，2年目以後は年末調整によって控除を受けることができるとされています。

　年末調整によって住宅借入金等特別控除を受ける場合には，年末調整を受ける時までに，「給与所得者の（特定増改築等）住宅借入金等特別控除申告書」及び「年末調整のための（特定増改築等）住宅借入金等特別控除証明書」（いずれも税務署から送付されます。）とともに，金融機関等から交付を受けた「住宅取得資金に係る借入金の年末残高等証明書」を給与の支払者に提出しなければならないこととされています（措法41の2の2①②）。

　しかし，これらの書類のうち年末残高等証明書は，原則として，その年12月31日における実際の残高の金額により作成し交付されるものであるため，事実上，この証明書の交付が年末調整に間に合わない場合も考えられ

ます。そこで，実務上の取扱いとして，年末残高の予定額によって証明書を作成し，予定額である旨を付記して交付することが認められることになっています（措通41—22，41—31）。

91　年末残高等証明書の「予定額」

> 問　「住宅取得資金に係る借入金の年末残高等証明書」の中には，「予定額○○○円」と記載されたものがありますが，この「予定額」はどのように計算されているのでしょうか。

答　「住宅取得資金に係る借入金の年末残高等証明書」は，年末残高の予定額により発行することが認められているわけですが（前問参照），この場合の年末残高の予定額は，原則として，証明書を発行する日現在における残高から，証明書発行後その年の末日までの間に実際に返済等をすることが予定される額を差し引いて計算した額をいいます。

しかし，実務上は，次によることとしても差し支えないこととされています。

① 約定どおりの返済等が行われている場合は，返済予定表等に基づくその年の年末残高の予定額により証明する。

② 延滞がある場合は，約定どおりの返済等が行われている場合と同様，返済予定表等に基づくその年の年末残高の予定額により証明する。

③ 証明書を発行する時までに一部繰上返済が行われた場合は，それを反映した残高，すなわち，新規に作成された返済予定表等に基づくその年の年末残高の予定額により証明する。

質疑応答編（令和4年入居者の住宅借入金等特別控除）　　499

92　借換えや債権譲渡の場合の年末残高等証明書の交付

> **問**　住宅借入金等の借換えや債権譲渡があった場合は，その年以後の年の「住宅取得資金に係る借入金の年末残高等証明書」は，だれから交付を受けることになるのでしょうか。

答　住宅借入金等の借換えや債権譲渡があった場合において，借換え後の新たな借入金や債権譲渡後の借入金が住宅借入金等特別控除の対象となるとき（問48・50参照）は，その借換えや債権譲渡があった年以後の年の「住宅取得資金に係る借入金の年末残高等証明書」は，その借換えや債権譲渡後の借入金に係る債権者から交付を受けることになります。

93　死亡した場合の年末残高等証明書の交付

> **問**　住宅の新築，購入又は増改築等をした人が死亡した場合は，「住宅取得資金に係る借入金の年末残高等証明書」は，いつ現在の残高に基づいて，いつ交付を受けることになるのでしょうか。

答　住宅借入金等特別控除額の計算の基礎となる年末残高の金額は，住宅の新築，購入又は増改築等をした人が死亡したときは，その死亡の日現在の住宅借入金等の残高の金額をいうこととされています（問13参照）。

したがって，「住宅取得資金に係る借入金の年末残高等証明書」は，住宅の新築，購入又は増改築等をした人が死亡した場合は，その死亡の日現在の住宅借入金等の残高の金額に基づいて発行を受けることとなります。

また，その死亡した人のその年分の準確定申告書を提出する時又は死亡退職に伴う年末調整を受ける時までに証明書の交付を受けることになりま

す。

94 年末残高等証明書が年末調整に間に合わない場合

問 年末調整で住宅借入金等特別控除を受けようとする場合に，年末調整の時までに「住宅取得資金に係る借入金の年末残高等証明書」の交付が受けられないときには，どのようにしたらいいのでしょうか。

答「住宅取得資金に係る借入金の年末残高等証明書」は，年末調整に間に合うように，年末残高の予定額に基づいて作成して交付されることになっています（問90参照）が，何らかの事情によって年末調整に間に合わず，年末調整によって住宅借入金等特別控除が受けられないといったことも考えられます。

このような場合は，確定申告によって住宅借入金等特別控除を受けることができますが，翌年1月31日までに「住宅取得資金に係る借入金の年末残高等証明書」の交付が受けられたときは，その証明書を給与の支払者に提出して年末調整の再計算を受けることもできます（措通41の2の2―1）。

質疑応答編（令和４年入居者の住宅借入金等特別控除）　　501

第16　居住用財産の譲渡所得の特別控除の特例等の適用を受ける場合の修正申告

95　居住用財産の譲渡所得の特別控除の特例等の適用を受ける場合の修正申告

> 問　住宅借入金等特別控除の適用を受けた人が，その後，その対象と
> した家屋の前に居住の用に供していた家屋及び土地等を譲渡し，居住
> 用財産の譲渡所得の特別控除の特例等の適用を受ける場合には，過去
> に遡及して住宅借入金等特別控除の適用ができなくなるのでしょうか。
> 　その場合の手続はどうするのでしょうか。

答　新築や購入した家屋又は増改築等をした部分を居住の用に供した年の
翌年以後３年間にその家屋又は増改築等をした家屋（これらの家屋の敷地
等を含みます。）以外の一定の資産を譲渡した場合において，その資産の譲
渡につき次のイからホに掲げるいずれかの特例の適用を受けるときは，そ
の居住の用に供した年以後の各年分については住宅借入金等特別控除の適
用は受けられないことになっています。

　イ　居住用財産を譲渡した場合の長期譲渡所得の課税の特例

　ロ　居住用財産の譲渡所得の特別控除（被相続人の居住用財産の譲渡所得
　　の特別控除を除きます。）

　ハ　特定の居住用財産の買換えの場合の長期譲渡所得の課税の特例

　ニ　特定の居住用財産の交換をした場合の長期譲渡所得の課税の特例

　ホ　既成市街地等内にある土地等の中高層耐火建築物等の建設のための
　　買換え及び交換の場合の譲渡所得の課税の特例

また，一定の資産を譲渡したことにより上に掲げるいずれかの特例の適

用を受ける場合において，その資産を譲渡した年の前3年分の所得税につ
いて住宅借入金等特別控除を受けているときは，その譲渡した日の属する
年分の確定申告期限までに，その前3年分の所得税について修正申告書又
は期限後申告書を提出し，その住宅借入金等特別控除の額に相当する税額
を納付しなければなりません（措法41の3①）。

質疑応答編（令和４年入居者の住宅借入金等特別控除）　　　503

第17　住宅取得等資金の贈与の特例の適用を受けた場合

96　住宅取得等資金の贈与税の非課税又は住宅取得資金の贈与を受けた場合の相続時精算課税選択の特例の適用を受けた場合の住宅借入金等特別控除の対象となる住宅借入金等の範囲

問　住宅の取得に当たり，住宅取得資金の贈与を受けましたが，この場合住宅借入金等特別控除の対象となる住宅借入金等の金額はどのようになるのでしょうか。

家屋の取得対価の額　　　　　　　　　　　　　　　　　2,000万円

取得資金の状況

　単独名義での銀行からの住宅借入金　　　　　　　　　2,000万円

　住宅取得資金の贈与を受けた金額　　　　　　　　　　500万円

答　住宅借入金等特別控除の対象となる住宅借入金等は，「住宅の取得等に要する資金」に充てられていることが必要です（措法41①）。また，住宅取得等資金の贈与税の非課税又は住宅取得資金の贈与を受けた場合の相続時精算課税選択の特例（措法70の２，措法70の３）の適用を受けた場合には住宅の取得等の対価の額又は費用の額からこれらの特例の適用を受けた部分の金額を控除することとされています（措令26⑥㉕）。

　したがって，質問の場合には，家屋の取得対価の額2,000万円から住宅取得資金の贈与部分の500万円を控除することとなりますので，銀行からの住宅借入金2,000万円全額を住宅借入金等特別控除の対象となる住宅借入金等（住宅の取得に要する資金に充てるための借入金）とすることはできず，1,500万円（2,000万円－500万円）が住宅借入金等に当たることとなります。

第18 居住用財産の買換え等の場合の譲渡損失の損益通算及び繰越控除の特例の適用を受ける場合

97 居住用財産の買換え等の場合の譲渡損失の損益通算及び繰越控除の特例の適用を受ける場合

問 令和3年中において居住用財産の譲渡損失の金額が生じ、令和4年中において家屋を購入し居住の用に供した場合、令和4年分の確定申告において譲渡資産について生じた譲渡損失について「居住用財産の買換え等の場合の譲渡損失の損益通算及び繰越控除の特例」の適用を受けるとともに、その買換資産である家屋の購入に係る住宅借入金等について住宅借入金等特別控除の適用を受けることができますか。

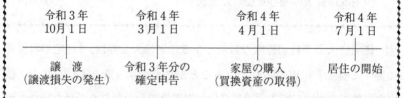

答 居住用財産の譲渡損失の金額が生じた場合には、譲渡資産について生じた譲渡損失については居住用財産の買換え等の場合の譲渡損失の損益通算及び繰越控除の特例（措法41の5）の適用を受けることができるとともに、その適用に係る買換資産に係る住宅借入金等については住宅借入金等特別控除の適用も受けることができることとされています。

質疑応答編（令和4年入居者の住宅借入金等特別控除）　　505

第19　認定住宅の新築等に係る住宅借入金等特別控除の特例

98　認定住宅の新築等に係る住宅借入金等特別控除の特例の概要

> 問　認定住宅の新築等に係る住宅借入金等特別控除の特例はどのようなものですか。

答　居住者が，認定長期優良住宅（長期優良住宅の普及の促進に関する法律に規定する認定長期優良住宅に該当する家屋で一定のもの）又は認定低炭素住宅（都市の低炭素化の促進に関する法律に規定する低炭素建築物に該当する家屋で一定のもの又は同法の規定により低炭素建築物とみなされる特定建築物に該当する家屋で一定のもの）（これらをあわせて「認定住宅」といいます。）の新築又は建築後使用されたことのない認定住宅の取得（以下「認定住宅の新築等」といいます。）をして，令和4年中に，その家屋をその者の居住の用に供した場合（認定住宅の新築又は取得の日から6か月以内にその者の居住の用に供した場合に限ります。）において，その者がその認定住宅の新築等のための住宅借入金等を有するときは，一般の住宅借入金等特別控除との選択により，居住の用に供した年以後13年間の各年（居住日以後その年の12月31日（その者が死亡した日の属する年にあっては，この日）まで引き続きその居住の用に供している年に限ります。）にわたり，認定住宅の新築等に係る住宅借入金等特別控除の特例により計算した控除額をその者のその年分の所得税の額から控除することができます（措法41⑩）（「第2部　解説編第1」参照）。

99 住宅用家屋証明書と認定長期優良住宅建築証明書

> 問 私は，長期優良住宅の計画認定を受けた店舗併用住宅を新築しました。認定住宅の新築等に係る住宅借入金等特別控除の特例を適用するに当たり，住宅用家屋証明書（又はその写し）と認定長期優良住宅建築証明書のいずれを添付すればよいでしょうか。

答 住宅用家屋証明書は，所有権の保存登記等に係る登録免許税の軽減の対象となる専らその個人の住宅の用に供される家屋であることについて，その家屋の所在地の市町村長又は特別区の区長が証明する書類です。

しかし，次のような場合には，住宅用家屋証明書が発行されません。

(1) 店舗併用住宅の場合

実際には，その家屋の床面積の90％を超える部分が住宅である場合には，専ら住宅の用に供するものとして住宅用家屋証明書が発行されます。

一方，認定住宅に係る住宅借入金等特別控除の特例の適用要件は，自己の居住の用に供する部分がその家屋の床面積の2分の1以上であることとされています（措令26⑳）ので，例えば，この要件を満たしている店舗併用住宅のうち，住宅の用に供される部分がその家屋の床面積の90％に満たない場合には，住宅用家屋証明書が発行されないこととなります。

(2) 耐火建築物又は準耐火建築物以外の区分所有建物の場合

また，登録免許税の軽減される住宅用家屋の範囲は，一棟の家屋で，その構造上区分された数個の部分を独立して住居その他の用に供することができるものにつきその各部分を区分所有する場合，耐火建築物又は準耐火建築物で区分所有する部分の床面積が50平方メートル（特例居住用家屋の場合は40平方メートル以上）以上であることとされています。

これに対し，認定住宅に係る住宅借入金等特別控除の特例の適用要件は，

質疑応答編（令和4年入居者の住宅借入金等特別控除）　　507

一棟の家屋で，その構造上区分された数個の部分を独立して住居その他の用途に供することができるものにつき，その各部分を区分所有する場合には，区分所有する部分の床面積が50平方メートル（特例認定住宅の場合は40平方メートル）以上とされています（措令26①二，㉚二）ので，例えば，一棟の家屋でその構造上区分された数個の部分を独立して居住の用に供することができるものにつき，床面積が50平方メートル（特例認定住宅の場合は40平方メートル）以上の部分を区分所有した場合には，認定住宅に係る住宅借入金等特別控除の特例の対象になるにもかかわらず，その家屋が耐火建築物又は準耐火建築物以外である場合には，住宅用家屋証明書が発行されないこととなります。

　以上のような場合には，建築士，指定確認検査機関又は登録住宅性能評価機関が発行する「認定長期優良住宅建築証明書」を添付することにより控除が受けられます（平成21年国土交通省告示833号，第3部資料編資料13）。

100　認定計画の取消し

> 問　私は令和3年12月に認定住宅を新築し，認定住宅に係る住宅借入金等特別控除の特例を受けていました。
>
> 　その後，令和4年8月に認定計画の取消処分を受けることになった場合，令和4年分の確定申告で認定住宅に係る住宅借入金等特別控除の特例を適用することはできますか。

答　居住者が，認定長期優良住宅（長期優良住宅の普及の促進に関する法律に規定する認定長期優良住宅に該当する家屋で一定のもの）又は認定低炭素住宅（都市の低炭素化の促進に関する法律に規定する低炭素建築物に該当する家屋で一定のもの又は同法の規定により低炭素建築物とみなされる特定建築物に

該当する家屋で一定のもの）（これらを併せて「認定住宅」といいます。）の新築又は建築後使用されたことのない認定住宅の取得（以下「認定住宅の新築等」といいます。）をして令和4年中に自己の居住の用に供した場合（認定住宅の新築等の日から6か月以内に自己の居住の用に供した場合に限ります。）において，その者がその認定住宅の新築等のための住宅借入金等を有するときは，一般の住宅借入金等特別控除との選択により，認定住宅の新築等に係る住宅借入金等特別控除の特例を適用することができます（措法41⑩）。

　この控除期間内に，長期優良住宅の普及の促進に関する法律第14条又は都市の低炭素化の促進に関する法律第58条に規定されている計画の認定の取消しがあった場合には，その取消しのあった年分以後において，認定住宅の新築等に係る住宅借入金等特別控除の特例を適用することはできません。

　また，この特例は，租税特別措置法第41条第1項の住宅借入金等特別控除との選択とされていることから，認定の取消しがあった場合には，残りの控除期間について同項の住宅借入金等特別控除の適用を受けることはできません。

質疑応答編（令和 4 年入居者の住宅借入金等特別控除）　　509

第20　認定住宅の新築等に係る住宅借入金等特別控除の特例又は住宅借入金等特別控除の控除額の特例を受けた場合

101　選択替えに係る更正の請求の可否

> **問**　新築住宅を購入して令和 4 年中に自己の居住の用に供し，令和 4
> 年分の確定申告において，一般の住宅借入金等特別控除の適用を受け
> ました。
> 　その後，認定住宅の新築等に係る住宅借入金等特別控除の特例を適
> 用した場合の方が令和 4 年分の税額が少なくなることが判明しました。
> 　令和 4 年分について更正の請求により認定住宅の新築等に係る住宅
> 借入金等特別控除の特例に選択を変更することはできますか。

答　一般の住宅借入金等特別控除に代えて認定住宅の新築等に係る住宅借
入金等特別控除の特例の適用を受ける選択は，専らこの控除の適用を受け
る最初の確定申告時における納税者の選択に委ねられており，いずれを選
択した場合であっても他方を選択しなかったことは，国税通則法第23条第
1 項第 1 号《更正の請求》に規定する「課税標準等若しくは税額等の計算
が国税に関する<u>法律の規定に従っていなかったこと</u>又は<u>当該計算に誤りが
あったこと</u>」に当たらないことから，更正の請求を行うことはできません
（措通41―33）。

510　　　　　　　　　第　2　部

第21　新築をした家屋にその後住宅借
入金により増改築等をした場合

102　重複適用の場合の控除額の計算

> 問　令和3年に新築をした家屋について住宅借入金等特別控除を適用
> しています。
>
> 　令和4年に住宅借入金を利用してその家屋に増改築を行いました。
> この増改築は住宅借入金等特別控除の要件を満たしていますが，令和
> 4年分の住宅借入金等特別控除の計算はどうなりますか。
> ①　居住開始年月日　令和3年8月15日
> 　家屋の取得対価の額　20,000,000円（総床面積100.00㎡うち居住用
> 100.00㎡）
> 　土地等の取得対価の額　25,000,000円（総床面積120.00㎡うち居住用
> 120.00㎡）
> 　住宅借入金等の内訳　住宅及び土地等
> 　年末残高（当初借入金額）　19,200,000円（30,000,000円）
> ②　居住開始年月日　令和4年5月20日
> 　増改築等の費用の額／うち居住用5,000,000円／5,000,000円
> 　住宅借入金等に関する事項
> 　年末残高（当初借入金額）4,900,000円（5,000,000円）
> ※共有者なし

答　本問の場合の控除額は，令和4年12月31日における住宅借入金等の金
額につき異なる住宅の取得等ごとに区分をし，その区分をした住宅の取得
等に係る住宅借入金等ごとに計算した控除額（当該金額に，100円未満の端

質疑応答編（令和４年入居者の住宅借入金等特別控除）　　511

数があるときは，これを切り捨てる。）の合計額となります（措法41の２）。

　ただし，異なる住宅の取得等ごとに定められた最も高い控除限度額が限度となります。令和３年において新築等をした家屋又は増改築等をした部分を居住の用に供し，かつ，令和４年において増改築等をした部分等を居住の用に供した場合の控除限度額は40万円（住宅の取得等が特定取得の場合）となります。

【具体的な計算】

①　令和３年新築分

　20,000,000円（×100.0／100.0）＋25,000,000円（×120.0／120.0）

　　　＝45,000,000円≧19,200,000円

　　　→　控除額19,200,000円×１％＝192,000円

②　令和４年増改築分

　5,000,000円≧4,900,000円

　　　→　控除額4,900,000円×１％＝49,000円

　令和４年分の住宅借入金等特別控除額

　192,000円＋49,000円＝241,000円≦（控除限度額）400,000円

　したがって令和４年分における住宅借入金等特別控除額は241,000円となります。

令和3年以前の
入居者の住宅借入金等
特別控除の質疑応答編

質疑応答編（令和 3 年以前の入居者の住宅借入金等特別控除）　　515　　第 2 部

第 1　住宅借入金等特別控除の概要

1　平成26年 4 月～平成30年入居者の住宅借入金等特別控除の概要

> 問　平成26年 4 月～平成30年の入居者の住宅借入金等特別控除の概要
> を教えてください。

答　住宅借入金等特別控除は，個人が住宅の取得等をして，住宅の取得等
をした日から 6 か月以内に当該取得等をした住宅に入居した場合において，
その者が住宅借入金等の金額を有するときは，住宅の種類及び住宅の取得
等の種類に応じて計算した住宅借入金等特別控除額を，控除期間内の各年
分の所得税の額から控除するものです（措法41①）。

　平成26年 4 月～平成30年入居者の住宅借入金等特別控除については，消
費税率 8 ％への引上げに伴う反動減対策として，住宅の取得等が特定取得
に該当する場合には，借入限度額を上乗せする措置が講じられています。

　平成26年 4 月～平成30年入居者の住宅借入金等特別控除の借入限度額，
控除期間及び控除率は，次のとおりとなります。

【平成26年4月～平成30年入居者の住宅借入金等特別控除のポイント】

住宅の種類 ＼ 住宅の取得等の種類	特定取得	左記以外
認定住宅	借入限度額：5,000万円 控除期間：10年間 控除率：1.0%	借入限度額：3,000万円 控除期間：10年間 控除率：1.0%
一般住宅	借入限度額：4,000万円 控除期間：10年間 控除率：1.0%	借入限度額：2,000万円 控除期間：10年間 控除率：1.0%

(注) 「特定取得」とは，家屋の取得対価の額等に含まれる消費税額等が8％の税率により課されるべき消費税額等である場合における住宅の取得等をいいます。

2 令和元・2年入居者の住宅借入金等特別控除の概要

> **問** 令和元・2年の入居者の住宅借入金等特別控除の概要を教えてください。

答 住宅借入金等特別控除は，個人が住宅の取得等をして，住宅の取得等をした日から6か月以内に当該取得等をした住宅に入居した場合において，その者が住宅借入金等の金額を有するときは，住宅の種類及び住宅の取得等の種類に応じて計算した住宅借入金等特別控除額を，控除期間内の各年分の所得税の額から控除するものです（措法41①）。

令和元・2年入居者の住宅借入金等特別控除については，消費税率10％への引上げに伴う反動減対策として，住宅の取得等が特別特定取得に該当する場合には，控除期間を13年間とする措置が講じられています。

令和元・2年入居者の住宅借入金等特別控除の借入限度額，控除期間及

質疑応答編（令和3年以前の入居者の住宅借入金等特別控除）　517

び控除率は，次のとおりとなります。

【令和元・2年入居者の住宅借入金等特別控除のポイント】

住宅の取得等の種類／住宅の種類	特別特定取得	特定取得	左記以外
認定住宅	借入限度額：5,000万円 控除期間：13年間 控除率：1.0%	借入限度額：5,000万円 控除期間：10年間 控除率：1.0%	借入限度額：3,000万円 控除期間：10年間 控除率：1.0%
一般住宅	借入限度額：4,000万円 控除期間：13年間 控除率：1.0%	借入限度額：4,000万円 控除期間：10年間 控除率：1.0%	借入限度額：2,000万円 控除期間：10年間 控除率：1.0%

(注)1　「特定取得」とは，家屋の取得対価の額等に含まれる消費税額等が8％の税率により課されるべき消費税額等である場合における住宅の取得等をいいます。

　　2　「特別特定取得」とは，家屋の取得対価の額等に含まれる消費税額等が10％の税率により課されるべき消費税額等である場合における住宅の取得等をいいます。

　　3　特別特定取得の11年目〜13年目の控除額は，「家屋の取得対価の額等（税抜：上限4,000万円）×2％÷3」が限度とされています。

3　令和3年入居者の住宅借入金等特別控除の概要

> 問　令和3年の入居者の住宅借入金等特別控除の概要を教えてください。

答　住宅借入金等特別控除は，個人が住宅の取得等をして，住宅の取得等

をした日から６か月以内に当該取得等をした住宅に入居した場合において，その者が住宅借入金等の金額を有するときは，住宅の種類及び住宅の取得等の種類に応じて計算した住宅借入金等特別控除額を，控除期間内の各年分の所得税の額から控除するものです（措法41①）。

令和３年入居者の住宅借入金等特別控除については，消費税率10％への引上げに伴う反動減対策として設けられた控除期間を13年間とする措置については，新型コロナウイルス感染症の影響により令和２年入居できなかった者（住宅の取得等が特例取得に該当する者）について適用することとし，新たに経済対策として，住宅の取得等が特別特例取得に該当する場合に控除期間を13年間とする措置が講じられています。

令和３年入居者の住宅借入金等特別控除の借入限度額，控除期間及び控除率は，次のとおりとなります。

【令和３年入居者の住宅借入金等特別控除のポイント】

住宅の取得等の種類／住宅の種類	特例取得 特別特例取得	特定取得 特別特定取得	左記以外
認定住宅	借入限度額： 5,000万円 控除期間：13年間 控除率：1.0％	借入限度額： 5,000万円 控除期間：10年間 控除率：1.0％	借入限度額： 3,000万円 控除期間：10年間 控除率：1.0％
一般住宅	借入限度額： 4,000万円 控除期間：13年間 控除率：1.0％	借入限度額： 4,000万円 控除期間：10年間 控除率：1.0％	借入限度額： 2,000万円 控除期間：10年間 控除率：1.0％

㈾１　「特定取得」とは，家屋の取得対価の額等に含まれる消費税額等が８％の税率により課されるべき消費税額等である場合における住宅の取得等をいいます。

２　「特別特定取得」とは，家屋の取得対価の額等に含まれる消費税額等が10

質疑応答編（令和3年以前の入居者の住宅借入金等特別控除）　　519

％の税率により課されるべき消費税額等である場合における住宅の取得等をいいます。

3　「特例取得」とは，特別特定取得のうち，特別特定取得に係る契約が，次の区分に応じそれぞれ次の日までに締結されているものをいいます。

・　新築の場合…令和2年9月30日

・　新築住宅や中古住宅の購入・増改築の場合…令和2年11月30日

4　「特別特例取得」とは，特別特定取得のうち，特別特定取得に係る契約が，次の区分に応じそれぞれ次の期間内に締結されているものをいいます。

・　新築の場合…令和2年10月1日から令和3年9月30日までの期間

・　新築住宅や中古住宅の購入・増改築の場合…令和2年12月1日から令和3年11月30日までの期間

　なお，特別特例取得をした家屋については，床面積が40㎡以上50㎡未満の場合であっても，合計所得金額が1,000万円以下の年分については，住宅借入金等特別控除の適用を受けることができます（特例特別特例取得）。

5　特例取得・特別特例取得の11年目〜13年目の控除額は，「家屋の取得対価の額等（税抜：上限4,000万円（認定住宅は5,000万円））×2％÷3」が限度とされています。

4　「特定取得」，「特別特定取得」の意義

> 問　住宅借入金等特別控除における「特定取得」，「特別特定取得」の意義について教えてください。

答　「特定取得」とは，住宅の取得等に係る対価の額又は費用の額に含まれる消費税額等が，8％又は10％により課されるべき消費税額等である場合におけるその住宅の取得等をいいます（措法41⑤）。

　「特別特定取得」とは，住宅の取得等に係る対価の額又は費用の額に含まれる消費税額等が，10％により課されるべき消費税額等である場合にお

けるその住宅の取得等をいいます（措法41⑭）。

　いわゆる「消費税の免税事業者」からの住宅の取得等であっても，その取引自体は消費税の課税取引に該当することから，その住宅の取得等が上記の要件を満たす場合には，「特定取得」や「特別特定取得」に該当することとなります。

　なお，「特定取得」や「特別特定取得」に該当する場合には，確定申告書に，工事の請負契約書の写しや売買契約書の写し等で，特定取得に該当する事実を明らかにする書類の添付が必要とされています（措規18の21⑧一～四）。「特定取得」や「特別特定取得」に該当するかは，これらの添付書類により，工事の請負契約の契約日や住宅の取得等の日などを基に判断することになります。

　一方，住宅の取得等に係る対価の額又は費用の額に含まれる消費税額等が，旧消費税率により課されるべき消費税額等である場合や個人間の売買契約により住宅の取得等に係る対価の額又は費用の額に含まれる消費税額等がない場合は，「特定取得」や「特別特定取得」には該当しません。

質疑応答編（令和3年以前の入居者の住宅借入金等特別控除）　　521

5　異なる年中に住宅の取得等に係る対価の額又は費用の額に含まれる消費税額等が新消費税率により課されるべき消費税額等である住宅の取得等と，それ以外の住宅の取得等の両方がある場合の住宅借入金等特別控除額の調整措置

> 問　次の場合の令和3年分の住宅借入金等特別控除額の計算の方法はどのようになりますか。
>
> ①　平成27年3月15日　一般の住宅の取得（居住）　取得対価の額3,000万円（旧消費税率が適用）
>
> ②　令和3年9月15日　①の住宅の増改築（居住）　増改築に要した費用の額5,000万円（新消費税率が適用）
>
> ③　令和3年12月31日　①の住宅の取得に係る住宅借入金等の年末残高1,500万円
>
> ②の住宅の増改築に係る住宅借入金等の年末残高3,500万円

答　(1)　平成27年3月15日取得分に係る住宅借入金等特別控除額の計算

平成27年3月15日取得分については，その取得対価の額に含まれる消費税額等が旧消費税率により課されるべき消費税額等であることから，住宅借入金等の年末残高の限度額は2,000万円となります（措法41③五）。

すなわち，住宅の取得に係る住宅借入金等の年末残高1,500万円の全額が控除対象となります。

したがって，平成27年3月15日取得分に係る住宅借入金等特別控除額は，1,500万円×0.01＝15万円となります。

(2)　令和3年9月15日増改築分に係る住宅借入金等特別控除額の計算

令和3年9月15日増改築分については，増改築に要した費用の額に含ま

522　　　　　　　　　　第 2 部

れる消費税額等が新消費税率により課されるべき消費税額等であることか
ら，住宅借入金等の年末残高の限度額は4,000万円となります（措法41③
二）。

　すなわち，住宅の増改築に係る住宅借入金等の年末残高3,500万円の全
額が控除対象となります。

　したがって，令和 3 年 9 月15日増改築分に係る住宅借入金等特別控除額
は，3,500万円×0.01＝35万円となります。

　二以上の住宅の取得等に係る住宅借入金等を有する場合には，それぞれ
の住宅の取得等について住宅借入金等特別控除額の計算をし，その合計額
（その合計額がそれぞれの住宅借入金等に対する控除限度額のうち最も多い金額
を超える場合にはその最も多い控除限度額）がその者のその年分の住宅借入
金等特別控除額とされていることから，合計額である15万円＋35万円＝50
万円がそれぞれの住宅借入金等に対する控除限度額のうち最も多い金額で
ある40万円を超えるため，限度額である40万円が住宅借入金等特別控除額
となります（措法41の 2 ）。

6　「特別特定取得」に該当する住宅の取得等の住宅ローン控除（制度改正の概要）

> 問　令和 2 年10月に住宅を新築したのですが，消費税率10％が適用される住宅の場合の住宅ローン控除について教えてください。

答　消費税率10％が適用される住宅の取得等（特別特定取得については問 4
参照）について，令和元年10月 1 日から令和 2 年12月31日までの間に居住
の用に供した場合，住宅ローン税額控除の控除期間を現行の10年間から13

質疑応答編（令和３年以前の入居者の住宅借入金等特別控除）　523

年間へと３年延長することとされました。その際，消費税率２％引上げの負担に着目し，延長する３年間で消費税率引上げ分にあたる「建物購入価格の２％」の範囲で減税を行うこととされました。

　具体的には，次の掲げる金額のうちいずれか少ない金額が控除額となります。

(1)　住宅ローン等の年末残高の合計額（注１，４）× １％

(2)　$\left(\begin{array}{c}\text{特別特定取得に該当する住宅の}\\\text{取得等の対価の額又は費用の額（注２）}\end{array} - \begin{array}{c}\text{消費税額等相当額}\\\text{（注３）}\end{array}\right)$（注４）
　　　× ２％ ÷ ３

　　注１　住宅の取得等の対価の額又は費用の額が住宅ローン等の年末残高の合計額よりも少ないときは，その取得等の対価の額又は費用の額となります。

　　　２　住宅の取得等に関し，補助金等の交付を受ける場合又は住宅取得等資金の贈与を受けた場合の贈与税の非課税の特例の適用を受ける場合であっても，上記(2)の住宅の取得等の対価の額又は費用の額の計算に当たっては，その補助金等の額又はその適用を受けた住宅取得等資金の額を控除しません。

　　　３　消費税額等相当額とは，住宅の取得等に係る対価の額又は費用の額に含まれる消費税額及び地方消費税額の合計額に相当する額をいいます。

　　　４　建物購入価格，住宅ローン年末残高の控除対象限度額は一般住宅の場合4,000万円，認定住宅の場合5,000万円，再建住宅の場合5,000万円です。

　なお，適用年の１年目から10年目までの各年の住宅ローン控除については，従前と同様の金額を控除できます。

　また，適用年の11年目から13年目までの各年を住宅ローン控除における適用年とすることとされていますので，住宅ローン控除の再居住の特例なども控除期間を13年間として適用されるほか，原則として，改正前の住宅

ローン控除と同様の要件等が適用されます。

※　特例取得，特別特例取得及び特例特別特例取得に該当する場合においても，
上記(1)(2)同様の計算方法となります。

7　同一年における住宅の取得等について，特定取得と特別特定取得の両方がある場合の住宅借入金等特別控除額

> 問　次の場合の令和元年分の住宅借入金等特別控除額の計算の方法はどのようになりますか。
>
> ①　令和元年 9 月15日　一般の住宅の取得　対価の額　3,000万円
> 　　　　　　　　　　　　（「特定取得」に該当）
>
> ②　令和 3 年10月15日　①の住宅について追加工事　工事費用の額
> 　　　　　　　　　　　　330万円（うち，消費税額等の額　30万円）（「特
> 　　　　　　　　　　　　別特定取得」に該当）
>
> ③　令和 3 年10月30日　①の住宅に居住開始
>
> ④　令和 3 年12月31日　①の住宅に係る住宅借入金等の年末残高
> 　　　　　　　　　　　　3,000万円
> 　　　　　　　　　　　　②の追加工事に係る住宅借入金等の年末残高
> 　　　　　　　　　　　　300万円

答　住宅の取得等の対価の額又は費用の額に含まれる消費税額等が，8 ％
又は10％により課されるべき消費税額等である場合（特定取得又は特別特
定取得（問 4 参照）に該当する場合）には，住宅借入金等の年末残高の限度
額は4,000万円とされています。

　また，質問の場合のように，同一年中に特定取得に該当する住宅の取得
と，特別特定取得に該当する住宅の追加工事がある場合で，それらに係る

質疑応答編（令和３年以前の入居者の住宅借入金等特別控除）　　525

住宅借入金等の契約が一のものである場合の住宅借入金等特別控除額の計算については，特定取得に該当する住宅の取得と，特別特定取得に該当する住宅の追加工事を区分せず，一の住宅の取得として住宅ローン控除を適用します。

　すなわち，住宅借入金等の年末残高の合計額3,300万円が住宅の取得対価の額に充てられるものとして控除額を計算します。

　したがって，住宅借入金等の年末残高3,300万円に１％を乗じた33万円が控除額となります。

　また，入居11年目から13年目における住宅借入金等特別控除の適用の対象となるのは特別特定取得に該当する部分に限られますので，11年目から13年目の各年における②の追加工事に係る住宅借入金等の年末残高に１％を乗じた額と②の追加工事に係る工事費用330万円から消費税額等相当額30万円を差し引いた額に２％を乗じ，３で除した２万円とのいずれか少ない金額が控除額となります。

　なお，二以上の住宅の取得のうちに，特定取得（特別特定取得も含む）に該当するものと特定取得に該当するもの以外のものとがある場合で同一年に居住の用に供したときは，それぞれの住宅の取得等について住宅借入金等特別控除額の計算をし，その合計額（その合計額がそれぞれの住宅借入金等に対する控除限度額のうち最も多い金額を超える場合にはその最も多い控除限度額）がその者のその年分の住宅借入金等特別控除額とされます。

8 「特別特例取得」,「特例特別特例取得」の意義

> **問** 住宅借入金等特別控除における「特別特例取得」,「特例特別特例取得」の意義について教えてください。

答 「特別特例取得」とは,その住宅の取得等が特別特定取得(問4参照)に該当する場合で,当該住宅の取得等に係る契約が次の期間内に締結されているものをいいます(新型コロナ税特法6の2②)。

(1) 新築(注文住宅)の場合　令和2年10月1日から令和3年9月30日までの期間

(2) 分譲住宅,中古住宅の取得,増改築等の場合　令和2年12月1日から令和3年11月30日までの期間

「特例特別特例取得」とは,特別特例取得に該当する場合で,床面積が40平方メートル以上50平方メートル未満の住宅の取得等をいいます(新型コロナ税特法6の2⑩)。

上記の「特別特例取得」又は「特例特別特例取得」に該当し,令和3年1月1日から令和4年12月31日までの間に居住の用に供した場合には,住宅ローン税額控除の控除期間の3年間延長の特例(問6参照)を適用することができます(新型コロナ税特法6の2①④～⑦)。

なお,「特例特別特例取得」の場合は,13年間の控除期間のうち,その年分の所得税に係る合計所得金額が1,000万円を超える年については,住宅借入金等特別控除を適用することができません(新型コロナ税特法6の2④)。

また,「特別特例取得」又は「特例特別特例取得」に該当する場合には,確定申告書に,工事の請負契約書の写しや売買契約書の写し等で,「特別特例取得」又は「特例特別特例取得」に係る契約の締結をした年月日を明らかにする書類の添付が必要とされています(新型コロナ税特規⑨⑫)。

質疑応答編（令和３年以前の入居者の住宅借入金等特別控除）　527

（参考）

　「特例取得」とは，特別特定取得（問４参照）のうち，特別特定取得に
係る契約が次の住宅の取得等又は認定住宅の新築等の区分に応じそれぞれ
次に定める日までに締結されているものをいいます（新型コロナ税特法６
⑤）。

(1)　新築（注文住宅の場合）　令和２年９月30日

(2)　分譲住宅，中古住宅の取得，増改築等の場合　令和２年11月30日

第2 特定増改築等住宅借入金等特別控除

9 適用対象となる者の判定

> 問 高齢者等居住改修工事等に係る特定増改築等住宅借入金等特別控除が受けられる人である要介護認定を受けている人等の判定の時期はいつですか。

答 高齢者等居住改修工事等に係る特定増改築等住宅借入金等特別控除が受けられる人は，次の①から⑤のいずれかに該当する個人であることが要件とされています（措法41の3の2①）。

① 年齢が50歳以上である人

② 介護保険法に規定する要介護認定を受けている人

③ 介護保険法に規定する要支援認定を受けている人

④ 所得税法に規定する障害者に該当する人

⑤ 高齢者等（上記②から④のいずれかに該当する人又は年齢が65歳以上である人をいいます。以下同じです。）である親族と同居を常況としている人

(1) ①の年齢が50歳以上であるかどうか又は⑤の年齢が65歳以上であるかどうかの判定は，住宅の増改築等をした部分を居住の用に供した年（居住年）の12月31日（①又は⑤の高齢者等の年の中途において死亡した場合には，その死亡の時。以下同じです。）の年齢によります。また，⑤の高齢者等である親族と同居を常況としているかどうかの判定は，居住年の12月31日の現況によります（措法41の3の2⑫）。

(2) ②の要介護認定若しくは③の要支援認定を受けている人又は④の障害者に該当する人であるかどうかの判定，⑤のその同居を常況として

質疑応答編（令和3年以前の入居者の住宅借入金等特別控除）　529

いる親族が②から④のいずれかに該当する人であるかどうかの判定については，居住年の12月31日の現況によります。

　また，要介護認定又は要支援認定を受けている人であるかどうかについては，居住年の12月31日の現況において現に認定を受けていない場合であっても，これらの認定について申請中であり，その後において，例えば確定申告を行うときまでに認定を受けている人については，要介護認定又は要支援認定を受けている人とみなして取り扱って差し支えないこととされています（措通41の3の2―1）。

㊟　障害者に該当する人であるかどうかについては，基通2―38（障害者として取り扱うことができる者）及び同2―39（常に就床を要し複雑な介護を要する者）により取り扱うことになります。

10　翌年以後に適用対象者の要件を満たさなくなった場合

> 問　高齢者等居住改修工事等を含む住宅の増改築等をして令和3年中に自己の居住の用に供し，令和3年分の確定申告において，高齢者等居住改修工事等に係る特定増改築等住宅借入金等特別控除の適用を受けましたが，翌年以後において，「高齢者等居住改修工事等に係る特定増改築等住宅借入金等特別控除が受けられる人」（前問参照）の要件を満たさなくなった場合，翌年以後もこの控除の適用を受けることができますか。

答　居住の用に供したとき（原則的には，居住年の12月31日）において，高齢者等居住改修工事等に係る特定増改築等住宅借入金等特別控除の適用を受けるための要件を満たしていれば差し支えないものと考えられます。

　したがって，居住の用に供した年の翌年以後の適用年において，例えば，

530   第　2　部

高齢者等が死亡するなどし，「高齢者等居住改修工事等に係る特定増改築
等住宅借入金等特別控除が受けられる人」の要件を満たさなくなった場合
であっても，引き続き高齢者等居住改修工事等に係る特定増改築等住宅借
入金等特別控除の適用を受けることができます。

11　高齢者等居住改修工事等の範囲

問　高齢者等居住改修工事等とは，具体的にどのような工事ですか。

答　高齢者等居住改修工事等とは，家屋について行う高齢者等が自立した
日常生活を営むのに必要な構造及び設備の基準に適合させるための改修工
事をいい，具体的には次の①から⑧のいずれかに該当する増築，改築，修
繕又は模様替えの工事（以下「本体工事」といいます。これらの工事が行わ
れる構造又は設備と一体となって効用を果たす設備の取替え又は取付けに係る
工事（以下「一体工事」といいます。）を含みます。）で一定の証明がされた
ものをいいます（措法41の3の2②，措令26の4④，資料14参照）。

① 　介助用の車いすで容易に移動するために通路又は出入口の幅を拡張す
　　る工事

② 　階段の設置（既存の階段の撤去を伴うものに限ります。）又は改良により
　　その勾配を緩和する工事

③ 　浴室を改良する工事であって，次のいずれかに該当するもの

　イ　入浴又はその介助を容易に行うために浴室の床面積を増加させる工
　　　事

　ロ　浴槽をまたぎ高さの低いものに取り替える工事

　ハ　固定式の移乗台，踏み台その他の高齢者等の浴槽の出入りを容易に
　　　する設備を設置する工事

ニ 高齢者等の体の洗浄を容易にする水栓器具を設置し又は同器具に取り替える工事

④ 便所を改良する工事であって，次のいずれかに該当するもの

イ 排泄又はその介助を容易に行うために便所の床面積を増加させる工事

ロ 便器を座便式のものに取り替える工事

ハ 座便式の便器の座高を高くする工事

⑤ 便所，浴室，脱衣室その他の居室及び玄関並びにこれらを結ぶ経路に手すりを取り付ける工事

⑥ 便所，浴室，脱衣室その他の居室及び玄関並びにこれらを結ぶ経路の床の段差を解消する工事（勝手口その他屋外に面する開口の出入口及び上がりかまち並びに浴室の出入口にあっては，段差を小さくする工事を含みます。）

⑦ 出入口の戸を改良する工事であって，次のいずれかに該当するもの

イ 開戸を引戸，折戸等に取り替える工事

ロ 開戸にドアノブをレバーハンドル等に取り替える工事

ハ 戸に戸車その他の戸の開閉を容易にする器具を設置する工事

⑧ 便所，浴室，脱衣室その他の居室及び玄関並びにこれらを結ぶ経路の床の材料を滑りにくいものに取り替える工事

なお，「一定の証明」とは，住宅の品質確保の促進等に関する法律に規定する登録住宅性能評価機関，建築基準法に規定する指定確認検査機関，建築士法に基づく建築士事務所に所属する建築士又は特定住宅瑕疵担保責任の履行の確保等に関する法律の規定による指定を受けた同法に規定する住宅瑕疵担保責任保険法人が発行する増改築等工事証明書による証明をいいます（資料16，17参照）。

12 一体となって効用を果たす工事

> 問 高齢者等居住改修工事等について,「これらの工事が行われる構造又は設備と一体となって効用を果たす設備の取替え又は取付けに係る工事」とは,具体的にどのような工事ですか。

答 高齢者等居住改修工事等とは,家屋について行う高齢者等が自立した日常生活を営むのに必要な構造及び設備の基準に適合させるための増築,改築,修繕又は模様替えで具体的には前問の①から⑧のいずれかに該当する本体工事(これらの工事が行われる構造又は設備と一体となって効用を果たす設備の取替え又は取付けに係る工事(一体工事)を含みます。)で一定の証明がされたものをいいます(措法41の3の2②,措令26の4④,資料14参照)。

この「これらの工事が行われる構造又は設備と一体となって効用を果たす設備の取替え又は取付けに係る工事」(一体工事)とは,例えば,浴槽をまたぎ高さの低いものに取り替える工事に伴って行う給排水設備の移設など,本体工事とバリアフリー化の効用を果たす設備の取替え又は取付けに係る一体工事で,本体工事と同時に行われるものをいいます。

なお,エレベーターの設備その他の単独で行われることも通常想定される工事で,本体工事と併せて行うことが必ずしも必要でないものは一体工事には含まれません(措通41の3の2─3,資料17参照)。

質疑応答編（令和3年以前の入居者の住宅借入金等特別控除）　533

第2部

○　**高齢者等居住改修工事等に係る特定増改築等住宅借入金等特別控除の適用対象となる工事の例**

質疑
応答編

特　定　増　改　築　等	
平成19年国土交通省告示第407号で定める一定のバリアフリー改修工事（本体工事）	左の本体工事と一体となって効用を果たす設備の取替え又は取付けに係る改修工事（一体工事）の例 【平成29年国土交通省通知（資料17参照）】
①　介助用の車いすで容易に移動するために通路又は出入口の幅を拡張する工事	・　通路等の幅を拡張する工事と併せて行う幅木の設置，柱の面取り ・　通路等の幅を拡張する工事に伴って取替えが必要となった壁の断熱材入り壁への取替え工事
②　階段の設置（既存の階段の撤去を伴うものに限る）又は改良によりその勾配を緩和する工事	・　階段の勾配を緩和する工事に伴って行う電気スイッチ，コンセントの移設工事
③　浴室に改良する工事であって，次のいずれかに該当するもの 　イ　入浴又はその介助を容易に行うために浴室の床面積を増加させる工事 　ロ　浴槽をまたぎ高さの低いものに取り替える工事 　ハ　固定式の移乗台，踏み台その他の高齢者等の浴槽の出入りを容易にする設備を設置する工事 　ニ　高齢者等の身体の洗浄を容易にする水栓器具を設置し又は同器具に取り替える工事	・　浴室の床面積を増加させる工事に伴って行う給排水設備の移設工事 ・　浴室の床面積を増加させるための浴室の位置の移動 ・　浴室の床面積を増加させる工事に伴って行う仮浴室の設置工事 ・　浴室の床面積を増加させる工事と併せて行う脱衣室の床面積を増加させる工事 ・　浴室をまたぎ高さの低いものに取り替える工事に伴って行う給排水設備の移設工事 ・　固定式の移乗台等を設備する工事に伴って行う蛇口の移設工事 　※　工事を伴わないバスリフト等の福祉用具やすのこ等の設備の設置は含まない ・　高齢者等の身体の洗浄を容易にする蛇口の移設に伴って行う壁面タイルの取替え工事

④ 便所を改良する工事であって，次のいずれかに該当するもの イ 排泄又はその介助を容易に行うために便所の床面積を増加させる工事 ロ 便器を座便式のものに取り替える工事 ハ 便座式の便器の座高を高くする工事	・ 便所の床面積を増加させるための便所の位置移動 ・ 便所の床面積を増加させる工事に伴って行う給排水設備の移設工事や仮便所の設備工事 ・ 便器を取り替える工事に伴って行う床材の変更工事 ・ 座高を高くする工事と併せて行うトイレットペーパーホルダーの移設工事 ※ 取外し可能な腰掛け便座への取替えは含まない
⑤ 便所，浴室，脱衣室その他の居室及び玄関並びにこれらを結ぶ経路に手すりを取り付ける工事	・ 手すりを取り付ける工事に伴って行う壁の下地補強や電気スイッチ，コンセントの移設工事 ※ 取付けに当たって工事を伴わない手すりの取付けは含まない
⑥ 便所，浴室，脱衣室その他の居室及び玄関並びにこれらを結ぶ経路の床の段差を解消する工事（勝手口その他屋外に面する開口の出入口及び上がりかまち並びに浴室の出入口にあっては，段差を小さくする工事を含む）	・ 廊下のかさ上げ工事に伴って行う下地の補修や根太の補強工事 ※ 取付けに当たって工事を伴わない段差解消板，スロープ等の設備は含まない
⑦ 出入口の戸を改良する工事であって，次のいずれかに該当するもの イ 開戸を引戸，折戸，アコーディオンカーテン等に取り替える工事 ロ 開戸のドアノブをレバーハンドル等に取り替える工事 ハ 戸に戸車その他の戸の開閉を容易にする器具を設置する工事	・ 引戸，折戸等にレール，戸車，開閉のための動力装置等を設置する工事や開戸を吊戸方式に変更する工事
⑧ 便所，浴室，脱衣室その他の居室及び玄関並びにこれらを結ぶ経路の床の材料を滑りにくいものに取り替える工事	・ 床の材料の取替えに伴って行う下地の補修や根太の補強工事 ※ 滑り止め溶剤の塗布やテープシールの貼付けによる表面処理のみを行うものは含まない

質疑応答編（令和3年以前の入居者の住宅借入金等特別控除）　535

13　高齢者等居住改修工事等の金額の判定(1)

> **問**　高齢者等居住改修控除を含む住宅の増改築等に係る工事の費用に関し補助金等の交付を受ける場合，高齢者等居住改修工事等に係る工事に要した費用の額が50万円を超えるかどうかはどのように判定するのでしょうか。

答　高齢者等居住改修工事等に係る特定増改築等住宅借入金等特別控除の適用対象となる住宅の増改築等とは，個人が自己の所有する家屋につき行う一定の増改築等で，高齢者等居住改修工事等に係る工事に要した費用の額が50万円（平成26年3月31日以前に居住の用に供した場合には30万円です。以下同じです。）を超えることその他一定の要件を満たすものをいいます（措法41の3の2②，措令26の4⑤）。

　質問の高齢者等居住改修控除を含む住宅の増改築等に係る工事の費用に関し補助金等の交付を受ける場合における金額要件の判定は，その高齢者等居住改修工事等に係る工事に要した費用の額からその交付を受けた補助金等の額を控除した金額が50万円を超えるかどうかにより行うこととなります（措法41の3の2②）。

14　高齢者等居住改修工事等の金額の判定(2)

> **問**　住宅の増改築等を行った家屋が共有となっている場合や店舗併用住宅である場合などにおける高齢者等居住改修工事等に係る工事に要した費用の額が50万円を超えるかどうかはどのように判定するのでしょうか。

答 高齢者等居住改修工事等に係る特定増改築等住宅借入金等特別控除の適用対象となる住宅の増改築等とは，居住者が自己の所有する家屋につき行う一定の増改築等で，高齢者等居住改修工事等に要した費用の額（補助金等の交付を受ける場合にはその額を控除した額）が50万円（平成26年3月31日以前に居住の用に供した場合には30万円です。以下同じです。）を超えることその他一定の要件を満たすものをいいます（措法41の3の2②，措令26の4⑤）。

この場合，高齢者等居住改修工事等に要した費用の額が50万円を超えるかどうかは，一の工事に要した費用の額ごとに判定することになります（1年間の合計額によって判定することはできません。）。

なお，その家屋が共有となっている場合であっても，自己の持分に係る工事に要した費用等の額を区分することなく，その家屋について施した一の工事に要した費用の総額によって判定することになります。

また，高齢者等居住改修工事等とは，家屋について行う高齢者等が自立した日常生活を営むのに必要な構造及び設備の基準に適合されるための増築，改築，修繕又は模様替えの一定の工事であることから，その家屋が店舗併用住宅である場合には，店舗部分に係る工事に要した費用の額は含めずに判定することとなります。

質疑応答編（令和３年以前の入居者の住宅借入金等特別控除）　　537

15　高齢者等居住改修工事等の金額の判定(3)

> **問**　令和３年中において次の住宅の増改築等に係る工事を行いました。この場合，高齢者等居住改修工事等に係る工事に要した費用の額が50万円を超えるかどうかはどのように判定するのでしょうか。
>
> 5月10日　　　　　　　工事請負契約
> 6月20日～7月5日　浴室の改良工事を除く増改築等の工事
> 　　　　　　　　　　（高齢者等居住改修工事等に係る工事の費用の額
> 　　　　　　　　　　　　　　　　　　　　　　　　　　　　20万円）
> 9月30日～10月30日　浴室の改良工事
> 　　　　　　　　　　（高齢者等居住改修工事等に係る工事の費用の
> 　　　　　　　　　　額　　　　　　　　　　　　　　　　110万円
> 　　　　　　　　　　補助金等の交付額　　　　　　　　　70万円）
> ※　上記の浴室の改良工事については，当初契約において先の工事（6月20日～7月5日）と同時に行う予定でしたが，6月1日以後の工事に補助金等の補助制度が適用されることがわかったため，その補助制度の対象となる工事を制度適用期間に行ったものです。

答　高齢者等居住改修工事等に係る特定増改築等住宅借入金等特別控除の適用対象となる住宅の増改築等とは，個人が自己の所有する家屋につき行う一定の増改築等で，高齢者等居住改修工事等に要した費用の額（補助金等の交付を受ける場合にはその額を控除した額）が50万円（平成26年3月31日以前に居住の用に供した場合には30万円です。以下同じです。）を超えることその他一定の要件を満たすものをいいます（措法41の3の2②，措令26の4⑤）。

　この場合，高齢者等居住改修工事等に要した費用の額が50万円を超える

かどうかは，一の工事に要した費用の額ごとに判定することになります（1年間の合計額によって判定することはできません。）。

　なお，国又は地方公共団体からの補助金等の交付の時期の都合等から，工事が複数回に分けて行われた場合であっても，当初から計画されていたもの（工事中における計画変更によるものを含みます。）は，一の工事に該当すると考えられます。

　したがって，ご質問の場合は，6月の高齢者等居住改修工事等に係る改修工事20万円と9月の高齢者等居住改修工事等に係る改修工事110万円の合計額130万円から交付を受ける補助金等70万円を差し引いた60万円を高齢者等居住改修工事等に係る工事に要した額として判定します。

16　高齢者等居住改修工事等を含む住宅の増改築等の費用に関し交付を受ける補助金等

> 問　高齢者等居住改修工事等を含む住宅の増改築等に係る工事の費用に関し交付を受ける補助金等とはどのようなものですか。

　答　この場合の「補助金等」とは，高齢者等居住改修工事等を含む住宅の増改築等の費用に関し，国又は地方公共団体から交付を受ける補助金又は給付金その他これらに準ずるものをいいます（「令和4年入居者の住宅借入金等特別控除についての質疑応答編」問76参照）。

　市町村は，居宅要介護被保険者又は居宅要支援被保険者が，手すりの取付けその他の厚生労働大臣が定める種類の住宅の改修を行った場合には，その被保険者の申請に基づき，市町村が必要と認める場合に限り，居宅介護住宅改修費又は介護予防住宅改修費を支給するものとされています（介護保険法45，57）。

質疑応答編（令和3年以前の入居者の住宅借入金等特別控除）　　539

平成23年6月30日以後に住宅の増改築等に係る契約を締結し，高齢者等居住改修工事等を含む住宅の増改築等の費用に関し交付を受ける補助金等には居宅介護住宅改修費及び介護予防住宅改修費も含まれ，それらの額を証明する書類により確認することとなりますが，平成23年6月30日以後に発行される増改築等工事証明書にその額を記載することとされています（資料16参照）。

なお，国又は地方公共団体から高齢者等居住改修工事等を含む住宅の増改築等の費用に関し補助金等の交付を受ける場合には，その高齢者等居住改修工事等に要した費用の額から補助金等の額を控除した金額が50万円（平成26年3月31日以前に居住の用に供した場合には30万円です。）を超えるかどうかにより，高齢者等居住改修工事等に係る特定増改築等住宅借入金等特別控除の対象となるかどうかを判定することとなります（措法41の3の2②，措令26の4⑤）。

17　高齢者等居住改修工事等を含む住宅の増改築等の費用に関し補助金等の交付を受ける場合における控除額の計算

問　高齢者等居住改修工事等を含む住宅の増改築等の費用に充てるために，地方公共団体から補助金等の交付を受けましたが，高齢者等居住改修工事等に係る特定増改築等住宅借入等特別控除の適用を受けるに当たって，控除額の計算はどのように行いますか。

答　この場合の控除額は，適用対象となる高齢者等居住改修工事等を含む増改築等に係る住宅借入金等の金額（以下「増改築等住宅借入金等の金額」といいます。）並びにその増改築等住宅借入金等の金額のうち高齢者等居住改修工事等に要した費用の額，特定断熱改修工事等に要した費用の額，特

540 第 2 部

定多世帯同居改修工事等に要した費用の額及び特定耐久性向上改修工事等に要した費用の額の合計額から補助金等の額を控除した金額に相当する部分の金額（以下「特定増改築等住宅借入金等の金額」といいます。）を基に次のとおり計算した金額の合計額（100円未満の端数があるときは，これを切り捨てます。）とされています（措法41の3の2①）。

(1) その年12月31日における特定増改築等住宅借入金等の金額の合計額（特定増改築等限度額を超える場合には，特定増改築等限度額）の2％に相当する金額

(2) その年12月31日における増改築等住宅借入金等の金額の合計額（1,000万円を超える場合には，1,000万円）から特定増改築等住宅借入金等の金額の合計額を控除した残額の1％に相当する金額

なお，高齢者等居住改修工事等を含む住宅の増改築等の費用に関し補助金等の交付を受ける場合において，当該交付を受ける額がその住宅の増改築等をした家屋を居住の用に供する年に係る確定申告書を提出する時までに確定していないときには，当該交付を受ける額の見込額に基づいて控除額を計算します。この場合において，後日，当該交付を受ける確定額と当該見込額が異なることとなったときは，遡及して控除額を訂正することになります（措通41の3の2－5）。

(注)1 増改築等住宅借入金等の金額が住宅の増改築等の費用の額から補助金等の額を控除した金額を超える場合には，上記(2)の増改築等住宅借入金等の金額は，当該控除した金額に達するまでの金額として控除額の計算を行います（措令26の4②，措通41の3の2－2）。

2 特定断熱改修工事等については問21を，特定多世帯同居改修工事等については，問24を参照してください。

3 特定増改築等限度額とは，次の場合の区分に応じ，それぞれ次の金額とされています（措法41の3の2④）。

① 居住年が平成26年から令和3年までの各年である場合（その居住に

質疑応答編（令和３年以前の入居者の住宅借入金等特別控除）　　541

係る住宅の増改築等が特定取得に該当するものである場合に限ります。）　250万円

　② 　上記①の場合以外の場合　200万円

　4 　高齢者等居住改修工事等を含む住宅の増改築等の費用の額や高齢者等
　　居住改修工事等に要した費用の額，特定断熱改修工事等に要した費用の
　　額，特定多世帯同居改修工事等に要した費用の額，特定耐久性向上改修
　　工事等に要した費用の額，これらの工事に係る費用に関し交付を受けた
　　補助金等の額などは，増改築等工事証明書に記載されています。

18　敷地の先行取得に係る住宅借入金等の範囲

問　住宅の増改築等とともにその住宅の増改築等に係る家屋の敷地を
購入した場合のその家屋の敷地の購入に係る住宅借入金等については，
特定増改築等住宅借入金等特別控除の対象となりますか。

答　住宅の増改築等の日前にその住宅の増改築等に係る家屋の敷地の購入
に要する資金に充てるために借り入れた借入金又は購入の対価に係る債務
で，特定増改築等住宅借入金等特別控除の適用対象となる増改築等住宅借
入金等は次に掲げるとおりです。

【表１　敷地の購入時期】

(1) 　住宅の増改築等の日前にその住宅の増改築等の工事の着工の日後
　　に受領した借入金によりその家屋の敷地を購入した場合（措令26の
　　4 ⑪一，二，⑫三，⑮一）

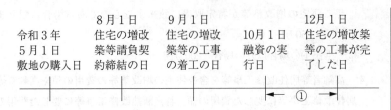

(2) 住宅の増改築等の日前に3か月以内の建築条件付きでその家屋の敷地を購入した場合（措令26の4⑪四，⑮三，⑰三）

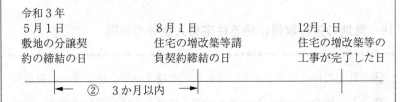

(3) 住宅の増改築等の日前に一定期間内の建築条件付きでその家屋の敷地を購入した場合（措令26の4⑪三，⑬，⑭，⑮二，⑰二）

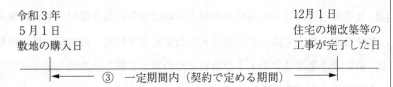

(4) 住宅の増改築等の日前2年以内にその家屋の敷地の購入をした場合（措令26の4⑪五，⑮四，⑯，⑰四）

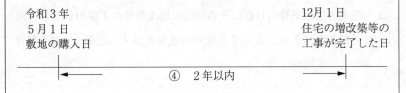

質疑応答編（令和3年以前の入居者の住宅借入金等特別控除）　543

【表2　敷地の購入に係る住宅借入金等の概要】

区分	敷地の売主の範囲	種類	借入先又は債務の債権者	備考
(1)	制限なし	借入金	独立行政法人住宅金融支援機構，沖縄振興開発金融公庫，国家公務員共済組合，給与所得者の使用者など	特定転貸融資に限るものがある
(2)	宅地建物取引業者	借入金（(1)を除く）	金融機関，地方公共団体，貸金業者，国家公務員共済組合，地方公務員共済組合，国家公務員共済組合連合会，日本私立学校振興・共済事業団，公共福利厚生法人，給与所得者の使用者(注)	(2)，(3)それぞれの一定の分譲契約による購入
(3)	地方公共団体，独立行政法人都市再生機構，地方住宅供給公社，土地開発公社	借入金（(1)を除く）		
	独立行政法人都市再生機構，地方住宅供給公社，土地開発公社	債務	敷地の売主	
(4)	制限なし	借入金（(1)(2)(3)を除く）	(2)及び(3)の借入先の範囲と同じ	債権担保のためのその家屋に対する抵当権設定等の要件がある
	給与所得者の使用者	債務	敷地の売主	

(注)　平成30年3月31日以前については，農林漁業団体職員共済組合についても対象となります。

19　死亡時に一括償還をする方法により支払う借入金

> **問**　高齢者等居住改修工事等に係る特定増改築等住宅借入金等特別控除の適用対象となる増改築等住宅借入金等に，「独立行政法人住宅金融支援機構から借り入れた借入金で，契約において当該個人であって当該借入金に係る債務を有する者（……）の死亡時に一括償還をする方法により支払うこととされているもの」がありますが，具体的にはどのようなものですか。

答　高齢者等居住改修工事等に係る特定増改築等住宅借入金等特別控除の適用対象となる増改築等住宅借入金等は，租税特別措置法第41条の3の2第3項各号に定めるものとされ，同項第4号において「独立行政法人住宅金融支援機構から借り入れた借入金で，契約において当該個人であって当該借入金に係る債務を有する者（……）の死亡時に一括償還する方法により支払うこととされているもの」が規定されます。

　この住宅借入金等の具体的な内容については，次のとおりです。

○　**リフォーム融資（高齢者向け返済特例制度）**（独立行政法人住宅金融支援機構ホームページを参考に作成）

対　象　者	以下のすべてに該当する者 ○　借入申込時に60歳以上である ○　自分が居住する住宅をリフォームする ○　総返済負担率が年収400万円未満：30％以下，年収400万円以上：35％以下である ※　申込本人の収入だけでは総返済負担率の基準を満たさない場合は，同居予定者（満60歳以上）の収入を合算できる場合があります。 ○　日本国籍の者又は永住の許可などを受けている外国人

質疑応答編（令和3年以前の入居者の住宅借入金等特別控除）　　545

対象となる住宅	次のいずれかの方が所有又は共有している住宅 申込本人 申込本人の配偶者（内縁関係にある方及び婚約者を含む） 申込本人の親族（配偶者を除く）
対象となる工事	(1)　次のいずれかについてバリアフリー工事の基準に適合する工事 　　○　床の段差解消 　　○　廊下幅及び居室の出入口の拡幅 　　○　浴室及び階段の手すり設置 　　※　他のリフォーム工事を併せて行う場合も対象となる (2)　耐震改修工事 (3)　ヒートショック対策工事
融資限度額	リフォーム工事費で次のいずれか低い額 　　○　1,500万円 　　○　(一般)財団法人高齢者住宅財団が定める保証限度額
融資金利	借入申込時の金利が適用され，全期間において固定
返済期間	申込本人（連帯責任者を含む）の死亡時まで
返済方法	毎月の支払は利息のみ
抵当権	土地と建物に独立行政法人住宅金融支援機構のための第1順位の抵当権を設定する

(注)　上記の借入金については，措法第41条第1項に規定する「割賦償還の方法により返済することとされているもの」及び「割賦払の方法により支払うこととされているもの」には当たらないため，住宅借入金等特別控除の対象となる住宅借入金等とはなりません。

20　断熱改修工事等の範囲

問　断熱改修工事等とは，具体的にどのような工事ですか。

答　断熱改修工事等とは，家屋について行うエネルギーの使用の合理化に相当程度資する増築，改築，修繕，模様替えの改修工事（その改修工事が

行われる構造又は設備と一体となって効用を果たす設備の取替え又は取付けに係る改修工事を含みます。）でその改修工事に該当することについて一定の証明がされたものをいいます。

　具体的には，①全ての居室の全ての窓の改修工事，又は①の工事と併せて行う②天井等，③壁若しくは④床等の断熱工事で，次のイ及びロの要件を満たし，これらの要件を満たす工事であることについて一定の証明がされたものをいいます（措法41の3の2⑥，措令26の4⑲，資料15，17参照）。

　イ　改修した各部位の省エネ性能がいずれも平成28年基準以上となること。

　ロ　改修後の住宅全体の断熱等性能等級が改修前から一段階以上上がると認められる工事内容であること。

　㊟　平成21年4月1日から平成27年12月31日までの間に居住の用に供した場合は，ロの要件を満たさないものも対象となります。

　なお，「一定の証明」とは，住宅の品質確保の促進等に関する法律に規定する登録住宅性能評価機関，建築基準法に規定する指定確認検査機関，建築士法に基づく建築士事務所に所属する建築士又は特定住宅瑕疵担保責任の履行の確保等に関する法律の規定による指定を受けた同法に規定する住宅瑕疵担保責任保険法人が発行する増改築等工事証明書による証明をいいます（資料16参照）。

21　特定断熱改修工事等の範囲

> 問　特定断熱改修工事等とは，具体的にどのような工事ですか。

答　特定断熱改修工事等とは，家屋について行うエネルギーの使用の合理化に著しく資する増築，改築，修繕，模様替えの改修工事（その改修工事

質疑応答編（令和３年以前の入居者の住宅借入金等特別控除）　　547

が行われる構造又は設備と一体となって効用を果たす設備の取替え又は取付け
に係る改修工事を含みます。）でその改修工事に該当することについて一定
の証明がされたものをいいます。

　具体的には，次の(1)又は(2)のいずれかの工事をいいます（措法41の３の
２②二，措令26の４⑦，資料15，17参照）。

(1)　①全ての居室の全ての窓の改修工事，又は①の工事と併せて行う②
　　天井等，③壁若しくは④床等の断熱工事で次のイ及びロの要件を満た
　　す工事

(2)　①居室の窓の改修工事，又は①の工事と併せて行う②天井等，③壁
　　若しくは④床等の断熱工事で次のイ及びハの要件を満たす工事

　　イ　改修した各部位の省エネ性能がいずれも平成28年基準以上となる
　　　こと。

　　ロ　改修後の住宅全体の断熱等性能等級が平成28年基準以上となるこ
　　　と。

　　ハ　改修後の住宅全体の断熱等性能等級が現状から一段階以上上がる
　　　こと及び改修後の住宅全体の省エネ性能について(イ)断熱等性能等級
　　　が等級４，又は(ロ)一時エネルギー消費量等級が等級４以上かつ断熱
　　　等性能等級が等級３となること。

　なお，「一定の証明」とは，住宅の品質確保の促進等に関する法律に規
定する登録住宅性能評価機関，建築基準法に規定する指定確認検査機関，
建築士法に基づく建築士事務所に所属する建築士又は特定住宅瑕疵担保責
任の履行の確保等に関する法律の規定による指定を受けた同法に規定する
住宅瑕疵担保責任保険法人が発行する増改築等工事証明書による証明をい
います（資料16参照）。

548　　　　　　　　　　第　2　部

22　（特定）断熱改修工事等の金額の判定

> **問**　断熱改修工事等を含む住宅の増改築等に係る工事に費用に関し補
> 助金を受ける場合，特定断熱改修工事等又は断熱改修工事等に係る工
> 事に要した費用の額が50万円を超えるかどうかはどのように判定する
> のでしょうか。

答　断熱改修工事等に係る特定増改築等住宅借入金等特別控除の適用対象
となる住宅の増改築等とは，個人が自己の所有する家屋につき行う一定の
増改築等で，特定断熱改修工事等又は断熱改修工事等に係る工事に要した
費用の額が50万円（平成26年3月31日以前に居住の用に供した場合には30万円
です。以下同じです。）を超えることその他一定の要件を満たすものをいい
ます（措法41の3の2⑥，措令26の4⑳）。

　質問の断熱改修工事等を含む住宅の増改築等に係る工事の費用に関し補
助金等の交付を受ける場合における金額要件の判定は，その特定断熱改修
工事等又は断熱改修工事等に係る工事に要した費用の額からその交付を受
けた補助金等の額を控除した金額が50万円を超えるかどうかにより行うこ
ととなります（措法41の3の2⑥）。

質疑応答編（令和3年以前の入居者の住宅借入金等特別控除）　　549

23　断熱改修工事等を含む住宅の増改築等の費用に関し補助金等の交付を受ける場合における控除額の計算

> **問**　断熱改修工事等を含む住宅の増改築等の費用に充てるために，地方公共団体から補助金等の交付を受けましたが，断熱改修工事等に係る特定増改築等住宅借入等特別控除の適用を受けるに当たって，控除額の計算はどのように行いますか。

答　この場合の控除額は，適用対象となる断熱改修工事等を含む増改築等に係る住宅借入金等の金額（以下「断熱改修住宅借入金等の金額」といいます。）並びにその断熱改修住宅借入金等の金額のうち特定断熱改修工事等に要した費用の額，特定多世帯同居改修工事等に要した費用の額及び特定耐久性向上改修工事等に要した費用の額の合計額から補助金等の額を控除した金額に相当する部分の金額（以下「特定断熱改修住宅借入金等の金額」といいます。）を基に次のとおり計算した金額の合計額（100円未満の端数があるときは，これを切り捨てます。）とされています（措法41の3の2⑤⑦）。

　(1)　その年12月31日における特定断熱改修住宅借入金等の金額の合計額（特定増改築等限度額を超える場合には，特定増改築等限度額）の2％に相当する金額

　(2)　その年12月31日における断熱改修住宅借入金等の金額の合計額（1,000万円を超える場合には，1,000万円）から特定断熱改修住宅借入金等の金額の合計額を控除した残額の1％に相当する金額

　なお，断熱改修工事等を含む住宅の増改築等の費用に関し補助金等の交付を受ける場合において，当該交付を受ける額がその住宅の増改築等をした家屋を居住の用に供する年に係る確定申告書を提出する時までに確定していないときには，当該交付を受ける額の見込額に基づいて控除額を計算

550 第 2 部

します。この場合において，後日，当該交付を受ける確定額と当該見込額
が異なることとなったときは，遡及して控除額を訂正することになります
（措通41の3の2－5）。

(注)1　断熱改修住宅借入金等の金額が住宅の増改築等の費用の額から補助金
等の額を控除した金額を超える場合には，上記(2)の断熱改修住宅借入金
等の金額は，当該控除した金額に達するまでの金額として控除額の計算
を行います（措令26の4②，措通41の3の2－2）。

2　特定断熱改修工事等については問21を，特定多世帯同居改修工事等に
ついては，次問を参照してください。

3　特定増改築等限度額とは，次の場合の区分に応じ，それぞれ次の金額
とされています（措法41の3の2④⑤）。

①　居住年が平成26年から令和3年までの各年である場合（その居住に
係る住宅の増改築等が特定取得に該当するものである場合に限りま
す。）　250万円

②　上記①の場合以外の場合　200万円

4　断熱改修工事等を含む住宅の増改築等の費用の額や（特定）断熱改修
工事等に要した費用の額，特定多世帯同居改修工事等に要した費用の額，
特定耐久性向上改修工事等に要した費用の額，これらの工事に係る費用
に関し交付を受けた補助金等の額などは，増改築等工事証明書に記載さ
れています。

24　特定多世帯同居改修工事等の範囲

問　特定多世帯同居改修工事等とは具体的にどのような工事ですか。

答　特定多世帯同居改修工事等とは，家屋について行う他の世帯との同居
をするのに必要な設備の数を増加させるための改修工事とされ，具体的に
は，次のいずれかに該当する工事（その工事が行われる設備と一体となって

質疑応答編（令和３年以前の入居者の住宅借入金等特別控除）　　551

効用を果たす設備の取替え又は取付けに係る改修工事を含み，その改修工事を
した家屋（以下「多世帯同居改修家屋」といいます。）のうちその者の居住の用
に供する部分に調理室，浴室便所又は玄関のうちいずれか二以上の室がそれぞ
れ複数あることとなる場合に限ります。）であって，一定の証明がされたも
のをいいます（措法41の３の２②三，措令26の４⑧，措規18の23の２①）。

(1)　調理室を増設する工事

　　㊟　多世帯同居改修家屋のうちその者の居住の用に供する部分に，ミニキ
　　　ッチン（台所流し，こんろ台その他調理のために必要な器具又は設備が
　　　一体として組み込まれた既製の小型ユニットをいいます。）を設置する調
　　　理室以外の調理室がある場合に限られます。

(2)　浴室を増設する工事

　　㊟　多世帯同居改修家屋のうちその者の居住の用に供する部分に，浴槽を
　　　設置する浴室がある場合に限られます。

(3)　便所を増設する工事

(4)　玄関を増設する工事

　なお，「一定の証明」とは，住宅の品質確保の促進等に関する法律に規
定する登録住宅性能評価機関，建築基準法に規定する指定確認検査機関，
建築士法に基づく建築士事務所に所属する建築士又は特定住宅瑕疵担保責
任の履行の確保等に関する法律の規定による指定を受けた同法に規定する
住宅瑕疵担保責任法人が発行する増改築工事証明書による証明をいいます
（資料16参照）。

25 特定多世帯同居改修工事等の金額の判定

> **問** 特定多世帯同居改修工事等を含む住宅の増改築等に係る工事に費用に関し補助金を受ける場合，特定多世帯同居改修工事等に係る工事に要した費用の額が50万円を超えるかどうかはどのように判定するのでしょうか。

答 特定多世帯同居改修工事等に係る特定増改築等住宅借入金等特別控除の適用対象となる住宅の増改築等とは，個人が自己の所有する家屋につき行う一定の増改築等で，特定多世帯同居改修工事等に係る工事に要した費用の額が50万円を超えることその他一定の要件を満たすものをいいます（措法41の3の2⑨，措令26の4㉑）。

　質問の特定多世帯同居改修工事等を含む住宅の増改築等に係る工事の費用に関し補助金等の交付を受ける場合における金額判定の要件は，その特定多世帯同居改修工事等に係る工事に要した費用の額からその交付を受けた補助金等の額を控除した金額が50万円を超えるかどうかにより行うこととなります（措法41の3の2⑨）。

26 特定多世帯同居改修工事等を含む住宅の増改築等の費用に関し交付を受ける場合における控除額の計算

> **問** 特定多世帯同居改修工事等を含む住宅の増改築等の費用に充てるために，地方公共団体から補助金等の交付を受けましたが，特定多世帯同居改修工事等に係る特定増改築等住宅借入等特別控除の適用を受けるに当たって，控除額の計算はどのように行いますか。

質疑応答編（令和３年以前の入居者の住宅借入金等特別控除）　553

答　この場合の控除額は，適用対象となる特定多世帯同居改修工事等を含む増改築等に係る住宅借入金等の金額（以下「多世帯同居住宅借入金等」といいます。）及びその多世帯同居住宅借入金等の金額のうち特定多世帯同居改修工事等に要した費用の額の合計額から補助金等の額を控除した金額に相当する部分の金額（以下「特定多世帯同居住宅借入金等の金額」といいます。）を基に次のとおり計算した金額の合計額（100円未満の端数があるときは，これを切り捨てます。）とされています（措法41の３の２⑧）。

(1)　その年12月31日における特定多世帯同居住宅借入金等の金額の合計額（250万円を超える場合には，250万円）の２％に相当する金額

(2)　その年12月31日における多世帯同居住宅借入金等の金額の合計額（1,000万円を超える場合には，1,000万円）から特定多世帯同居住宅借入金等の金額の合計額を控除した残額の１％に相当する金額

　なお，特定多世帯同居住宅借入金等を含む住宅の増改築等の費用に関し補助金等の交付を受ける場合において，当該交付を受ける額がその住宅の増改築等をした家屋を居住の用に供する年に係る確定申告書を提出する時までに確定していないときには，当該交付を受ける額の見込額に基づいて控除額を計算します。この場合において，後日，当該交付を受ける確定額と当該見込額が異なることとなったときは，遡及して控除額を訂正することになります（措通41の３の２－５）。

(注)1　多世帯同居住宅借入金等の金額が住宅の増改築等の費用の額から補助金等の額を控除した金額を超える場合には，上記(2)の多世帯同居住宅借入金等の金額は，当該控除した金額に達するまでの金額として控除額の計算を行います（措令26の４②，措通41の３の２－２）。

　　2　特定多世帯同居住宅借入金等を含む住宅の増改築等の費用の額や特定多世帯同居改修工事等に要した費用の額，これらの工事に係る費用に関し交付を受けた補助金等の額などは，増改築等工事証明書に記載されています。

27 特定耐久性改修工事等の範囲

> **問** 特定耐久性改修工事等とは，具体的にどのような工事ですか。

答 特定耐久改修工事とは，特定断熱改修工事等（問21参照）に併せて家屋について行う構造の腐食，腐朽及び摩損を防止し，又は維持保全を容易にするための増築，改築，修繕又は模様替えの改修工事（その改修工事が行われる構造又は設備と一体となって効用を果たす設備の取替え又は取り付けに係る改修工事を含みます。）でその改修工事に該当することについて一定の証明がされたものをいいます（措法41の3の2②四，措令26の4⑨，措規18の23の2①，資料17）。

　具体的には，①小屋裏，②外壁，③浴室・脱衣室，④土台・軸組等，⑤床下，⑥基礎若しくは⑦地盤に関する劣化対策工事又は⑧給配水管若しくは給湯管に関する維持管理若しくは更新を容易にするための工事で次のイからハの要件を満たす工事をいいます。

　イ　増築，改築，大規模修繕若しくは大規模の模様替え又は一室の床若しくは床の全部について行う修繕若しくは模様替え等であること。

　ロ　認定を受けた長期優良住宅建築等計画に基づくものであること。

　ハ　改修部位の劣化対策並びに維持管理及び更新の容易性が，いずれも増改築による長期優良住宅の認定基準に新たに適合することとなること。

　なお，「一定の証明」とは，住宅の品質確保の促進等に関する法律に規定する登録住宅性能評価期間，建築基準法に規定する指定確認検査機関，建築士法に基づく建築士事務所に所属する建築士又は特定住宅瑕疵担保責任の履行の確保等に関する法律の規定による指定を受けた同法に規定する住宅瑕疵担保責任保険法人が発行する増改築等工事証明書による証明をいいます（資料16参照）。

質疑応答編（令和3年以前の入居者の住宅借入金等特別控除）　　555

28　住宅借入金等特別控除に関する規定の準用

> **問**　特定増改築等住宅借入金等特別控除の適用を受ける場合であって
> も，住宅借入金等特別控除の再適用などの住宅借入金等特別控除に関
> する規定を受けることはできますか。

答　特定増改築等住宅借入金等特別控除は，特定増改築等住宅借入金等特
別控除の適用を受けるための要件に当てはまるときに，選択により，住宅
借入金等特別控除額を特定増改築等住宅借入金等特別控除額として住宅借
入金等特別控除の適用を受けるものです（措法41の3の2①）。

　そのため，特定増改築等住宅借入金等特別控除の適用を受けるための要
件など，特定増改築等住宅借入金特別控除に関する規定のほかは，住宅借
入金等特別控除の規定の適用を受けることとなります。

　したがって，特定増改築等住宅借入金等特別控除の適用を受ける場合で
あっても，その再適用の規定（「再び居住の用に供した場合の（特定増改築等）
住宅借入金等特別控除についての質疑応答編」参照）を受けることができます。

　なお，特定増改築等住宅借入金等特別控除の適用を受ける場合に再適用
を受けることができる期間は，その居住の用に供した年以後の5年間とな
ります。

第3　年末調整によって控除を受ける場合の手続

29　年末調整によって控除を受ける場合の手続

> **問**　年末調整によって住宅借入金等特別控除を受ける場合には，どのような手続をすればよいのでしょうか。

答　年末調整によって住宅借入金等特別控除を受ける場合には，「給与所得者の（特定増改築等）住宅借入金等特別控除申告書」に必要事項を記載し，その申告書と「年末調整のための（特定増改築等）住宅借入金等特別控除証明書」，金融機関等から交付を受けた「住宅取得資金に係る借入金の年末残高等証明書」（2か所以上から交付を受けている場合は，その全ての証明書）を年末調整を受ける時までに給与の支払者に提出することになっています（措法41の2の2①②，措規18の23①②）。

　しかし，年末調整によって住宅借入金等特別控除を受けた年の翌年以後の年分について，同一の給与の支払者の下で年末調整によってこの控除を受ける場合には，「給与所得者の（特定増改築等）住宅借入金等特別控除申告書」に，「既に年末調整のための住宅借入金等特別控除証明書を添付して年末調整によりこの控除を受けている旨」を記載することにより「年末調整のための（特定増改築等）住宅借入金等特別控除証明書」の添付を省略することができることになっています（措規18の23③）。

（注）　確定申告書を提出して住宅借入金等特別控除を受けた給与所得者の方には，確定申告によって住宅借入金等特別控除を受けた年の翌年以後の年分の「給与所得者の（特定増改築等）住宅借入金等特別控除申告書兼年末調整のための（特定増改築等）住宅借入金等特別控除証明書」が税務署から送付されます。

再び居住の用に供した場合の（特定増改築等）住宅借入金等特別控除についての質疑応答編

1 再び居住の用に供した場合の適用関係

> **問** 再び居住の用に供した場合の住宅借入金等特別控除の「再適用」と「適用」はどのような違いがあるのでしょうか。

答 (1) 再び居住の用に供した場合の再適用

住宅借入金等特別控除を適用していた者が，勤務先からの転任の命令に伴う転居その他これに準ずるやむを得ない事由により，控除の適用を受けていた家屋をその者の居住の用に供しなくなったことにより住宅借入金等特別控除の適用ができなくなった後，その事由が解消し，その家屋を再びその者の居住の用に供した場合には，その住宅の取得等に係る住宅借入金等特別控除の適用年のうち，再び居住の用に供した日の属する年以後の各年(注)について，住宅借入金等特別控除の再適用ができます（以下「再び居住の用に供した場合の再適用」といいます。）（措法41㉖）。

(2) 再び居住の用に供した場合の適用

住宅の取得等をして，自己の居住の用に供した者が，当初居住年の12月31日までの間に，特定事由により，その家屋をその者の居住の用に供しなくなった後，特定事由が解消し，再びその家屋を居住の用に供した場合には，通常の住宅借入金等特別控除の適用を受けるための書類及び特定事由が生ずる前において居住の用に供していたことを証する書類の提出等の一定の要件の下で，その住宅の取得等及び認定住宅の新築等に係る住宅借入金等特別控除の適用年のうち，再び居住の用に供した日の属する年以後の各年(注)について，住宅借入金等特別控除の適用ができます（以下「再び居住の用に供した場合の適用」といいます。）（措法41㉙）。

(注)1 その再び居住の用に供した日の属する年にその家屋を賃貸の用に供していた場合にはその再び居住の用に供した日の属する年の翌年となります。

2 住宅の取得等の日から6か月以内にその者の居住の用に供した場合で、その住宅の取得等のための住宅借入金等を有する者に限ります。

以上のとおり、両者とも、転居の事由が勤務先からの転任の命令その他これに準ずるやむを得ない事由により、その家屋を居住の用に供しなくなったことがその要件となります。

なお、その手続も異なります（転居をする際の手続は問9、10参照。再び居住の用に供したときの手続は問11、12参照）。

2 住宅借入金等特別控除の適用を受けずに転居した場合

問 令和4年7月に住宅を購入し直ちに居住の用に供しましたが、同年11月に勤務先から転勤命令があり、転居することになりました。

転勤期間は2年間を予定されていますが、2年後に家屋に再居住した場合には、「再び居住の用に供した場合の再適用」を受けることはできますか。

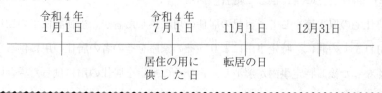

答 「再び居住の用に供した場合の再適用」は、「住宅借入金等特別控除の適用を受けていた居住者」に限り認められることとされています（措法41㉖）。

質問の場合には、住宅の取得等をして居住の用に供した日の属する年中に、勤務先からの転勤命令に伴う転居により居住の用に供しなくなることから、その年の12月31日まで引き続き居住の用に供しておらず、住宅の取得等をした本年において住宅借入金等特別控除の適用を受けることができ

質疑応答編（再び居住の用に供した場合の（特定増改築等）住宅借入金等特別控除）561

ないことになります（措法41①）。

　しかし，住宅の取得等をして居住の用に供した者が，居住の用に供した日の属する年の12月31日までの間に勤務先からの転任の命令に伴う転居その他これに準ずるやむを得ない事由（以下「特定事由」といいます。）により，住宅借入金等特別控除を受けることなくその家屋を居住の用に供しなくなった後，特定事由が解消し，再び居住の用に供した場合には，「再び居住の用に供した場合の適用」を受けることができます（措法41㉙）。

　この適用を受けるためには，再び居住の用に供した年分の確定申告書と一緒に，特定事由が生ずる前において居住の用に供していたことを証する書類の提出等の一定の手続が必要です（「第2部　解説編　第3」の「再び居住の用に供した場合の（特定増改築等）住宅借入金等特別控除の手続」Ⅱ3参照）。

3　所得制限により住宅借入金等特別控除の適用がなかった期間がある場合

> 問　令和2年に住宅を購入後直ちに居住し住宅借入金等特別控除の適用を受けましたが，令和3年は所得金額が3,000万円を超えたため，住宅借入金等特別控除の適用はありませんでした。
>
> 　本年（令和4年），勤務先から転勤命令があり転居することになりましたが，将来，家屋に再居住した場合には，「再び居住の用に供した場合の再適用」を受けることはできますか。

答　「再び居住の用に供した場合の再適用」は，「住宅借入金等特別控除の適用を受けていた居住者」に限り認められることとされていますが，家屋を居住の用に供しなくなる日の属する年の前年まで，継続して住宅借入金

等特別控除の適用を受けていることは要件とはされていません（措法41㉖）。

　質問の場合には，令和２年分に住宅借入金等特別控除の適用を受けていますので，令和３年分は所得制限から控除の適用を受けられなかったとしても，他の要件を満たしていれば，「再び居住の用に供した場合の再適用」は認められることになります。

　なお，本問のケースと異なり，令和２年も所得金額が3,000万円を超え，転居した年の前年までに一度も住宅借入金等特別控除の適用を受けた年分がない場合には，「住宅借入金等特別控除の適用を受けていた居住者」には該当しませんので，「再び居住の用に供した場合の再適用」を受けることはできません。

4　転任の命令に伴う転居その他これに準ずるやむを得ない事由

> 問　勤務先から子会社への出向命令があり転居することになりましたが，「再び居住の用に供した場合の再適用」又は「再び居住の用に供した場合の適用」の要件である「給与等の支払をする者からの転任の命令に伴う転居その他これに準ずるやむを得ない事由」に該当しますか。

答　「再び居住の用に供した場合の再適用」又は「再び居住の用に供した場合の適用」が認められるためには，住宅借入金等特別控除の適用を受けていた又は住宅の取得等をした家屋を居住の用に供しなくなったことが，「給与等の支払をする者からの転任の命令に伴う転居」又は「その他これに準ずるやむを得ない事由」に基因するものであることが，要件の一つとされています（措法41㉖㉙）。

ここでいう「その他これに準ずるやむを得ない事由」とは,「給与等の支払をする者からの転任の命令に伴う転居」が一つの事由として示されているように,自己の都合によるものではなく,従わざるを得ないやむを得ない事由に限られることになります。

質問の出向命令に伴う転居は,自己の都合によるものではなく,勤務先からの命令によるものであることから,「給与等の支払をする者からの転任の命令に伴う転居その他これに順ずるやむを得ない事由」に該当するものと考えられます。

5　居住の用に供しなくなった場合の意義

問　私は住宅を取得して住宅借入金等特別控除の適用を受けていました。令和3年10月に勤務先から転勤命令がありましたが,子供の学校の都合から,当面は,家屋の所有者である夫のみが転居(単身赴任)し,家族は引き続き家屋に居住してきました。

令和4年4月,子供が学校を卒業したことから,妻も夫の転居先に転居し,家屋には誰も居住しないことになりましたが,将来,家屋に再居住した場合には,「再び居住の用に供した場合の再適用」を受けることができますか。

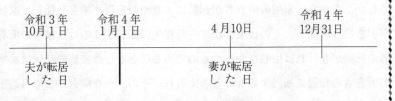

答　「再び居住の用に供した場合の再適用」が認められるためには,勤務先からの転任の命令に伴う転居等に基因して家屋を居住の用に供しなくな

564 第 2 部

ったことにより，住宅借入金等特別控除の適用を受けることができなくなったことが，要因の一つとされています（措法41㉖）。

ところで，住宅借入金等特別控除の適用を受けるためには，家屋の所有者が，現に，控除を受ける年の12月31日まで引き続き居住の用に供していることが必要ですが，その家屋の所有者が転勤，転地療養その他のやむを得ない事情により，配偶者，扶養親族その他その者と生計を一にする親族と日常の起居を共にしていない場合であっても，その家屋にこれらの親族が引き続き居住しており，そのやむを得ない事情が解消した後はその者が共にその家屋に居住することとなると認められるときは，その家屋の所有者がその家屋を引き続き居住の用に供しているものとして取り扱うこととされています（措通41—2）。

質問の場合も，令和3年分については，家屋の所有者である夫は，転勤命令に伴う転居により家屋を引き続き居住の用に供してはいませんが，令和3年12月31日まで家族が引き続き居住していたことから，上記の取扱い（措通41—2）により住宅借入金等特別控除の適用を受けることができます。

夫が転勤命令により転居した後も住宅借入金等特別控除の適用を受けていたこと，夫の転居から妻の転居まである程度の期間が経過していることから，将来，家屋に再居住したとしても，「再び居住の用に供した場合の再適用」は認められないのではないかとも考えられます。

しかしながら，家屋の所有者が転勤によりやむを得ず単身赴任して家族が引き続き居住し，その後家族が単身赴任先に転居するのは，家屋の所有者の転勤がなければ生じなかったものであることから，家族の転居は家屋の所有者の転勤に基因するものと考えられ，そのような場合にまで再適用が認められないとすることは適当ではないといえます。

そこで，家屋の所有者が，勤務先からの転任の命令に伴う転居その他これに準ずるやむを得ない事由に基因して家屋に居住しなくなった後も引き

質疑応答編（再び居住の用に供した場合の（特定増改築等）住宅借入金等特別控除）565

続き配偶者，扶養親族その他その者と生計を一にする親族がその家屋に居住している場合において，その後その親族が家屋の所有者の転居先へ転居したときには，「再び居住の用に供した場合の再適用」に関しては，その親族が転居した日を家屋の所有者が居住の用に供しなくなった日と取り扱うこととされています（措通41―3）。

　したがって，質問の場合，将来，家屋に再居住した場合には，他の要件を満たせば，「再び居住の用に供した場合の再適用」が認められます。

　なお，この場合，親族が転居する日までに，家屋の所在地を所轄する税務署に「転任の命令等により居住しないこととなる旨の届出書」を提出しなければなりません（措法41㉗）。

(注)　措通41―2は「転勤，転地療養その他のやむを得ない事情」で転居した場合の取扱いですが，措通41―3は，再び居住の用に供した場合の再適用に関して，「給与等の支払をする者からの転任の命令に伴う転居その他これに準ずるやむを得ない事由」により転居した場合に限っての取扱いですから，転地療養などの事情により転居した場合にはその再適用は認められません。

6　再び居住の用に供した場合の意義（親族の居住）

> 問　私は住宅を取得等して住宅借入金等特別控除の適用を受けていましたが，令和2年10月に勤務先から転勤命令があったことから，家族とともに転居しました。
>
> 　令和4年には，子供の学校の都合により家族のみが，住宅借入金等特別控除の適用を受けていた家屋に再居住する予定ですが，「再び居住の用に供した場合の再適用」はどうなりますか。

答　「再び居住の用に供した場合の再適用」が認められるためには，住宅

借入金等特別控除の適用を受けていた個人（家屋の所有者）が，勤務先からの転任の命令に伴う転居等に基因して家屋を居住の用に供しなくなった後，その家屋を再び居住の用に供することが，要件の一つとされています（措法41㉖）。

　つまり，家屋の所有者以外の者（例えば，親族）のみが家屋に再居住した場合には，この要件に該当しないことになります。

　しかしながら，家屋の所有者が，転勤，転地療養その他のやむを得ない事情により，配偶者・扶養親族その他その者と生計を一にする親族と日常の起居を共にしていない場合において，家屋にこれらの親族が入居し，そのやむを得ない事情が解消した後はその者が共にその家屋に居住することとなると認められるときには，その家屋の所有者が居住の用に供したものと取り扱うこととされていること（措通41―1の2），また，質問のような事例は，勤務先からの転勤命令というやむを得ない事由により生じたものであることから，転勤命令により転居等した後，家屋の所有者が再居住していない場合であっても，生計を一にする親族がその家屋に再居住し，転勤命令による転居等の事由が解消した後はその者が共にその家屋に居住することとなると認められるときには，家屋の所有者がその家屋に再居住したものとして，「再び居住の用に供した場合の<u>再適用</u>」を認めることとされています（措通41―4）。

　したがって，質問の場合も，将来，家族が再居住した場合には，他の要件を満たせば，「再び居住の用に供した場合の<u>再適用</u>」が認められます。

㊟　措通41―1の2は「転勤，転地療養その他のやむを得ない事情」による場合の取扱いですが，措通41―4は，「再び居住の用に供した場合の<u>再適用</u>」に関して，「給与等の支払をする者からの転任の命令に伴う転居その他これに準ずるやむを得ない事由」による場合に限っての取扱いですから，転地療養などの事情により転居した場合には「再び居住の用に供した場合の<u>再適用</u>」は

質疑応答編（再び居住の用に供した場合の（特定増改築等）住宅借入金等特別控除）567

認められません。

7　家屋を賃貸の用に供していた場合の意義

> **問**　再び居住の用に供した場合の再適用又は再び居住の用に供した場合の適用は，再居住した年に家屋を賃貸していた場合は，再居住した年は受けられないとのことですが，次のような場合は，賃貸していた場合に該当するのでしょうか。
>
> ①　親族に家屋を無償で貸し付けていた場合
>
> ②　自家用車の駐車スペースを貸し付けていた場合
>
> ③　庭の一部を整地し，駐車場として貸し付けていた場合
>
> ④　家屋の一部を物置として貸し付けていた場合
>
> ⑤　居住の用に供した当初から貸店舗併用住宅であった場合

答　「再び居住の用に供した場合の再適用」又は「再び居住の用に供した場合の適用」は，再居住した年以後の各適用年について認められますが，再居住した年に家屋を賃貸の用に供していた場合には，再居住した年については再適用又は適用がなく，再居住した年の翌年から再適用又は適用が認められることとされています（措法41㉖㉙）。

　質問の①については，「賃貸」は民法第601条に規定する「賃貸借」をいい，いわゆる使用貸借は含まれませんので，無償での貸付けは賃貸には該当しません。

　質問の②及び③については，土地の賃貸であることから，家屋の賃貸には該当しません。

　なお，③の賃貸については，駐車場として貸し付けた土地は居住用とは認められませんから，再び居住の用に供した場合の再適用額又は適用額の

568 第 2 部

計算に際しては，その貸し付けた土地に係る住宅借入金等の年末残高を除外する必要があります。

　質問の④については，家屋の一部の貸付けではありますが，賃貸していることには変わりはありませんので，家屋の賃貸に該当することになります。

　ところで，住宅借入金等特別控除の計算に際しては，例えば，店舗併用住宅のように家屋のうちに居住用以外の用に供する部分がある場合には，その居住用以外の用に供する部分に係る住宅借入金等の年末残高を除外することとされていることから，居住用以外の用に供する部分（店舗部分）については住宅借入金等特別控除は適用されません（措令26⑦）。

　「再び居住の用に供した場合の再適用」の場合において，措置法第41条第26項は，「第1項の規定の適用を受けていた個人が，……その適用に係る第1項の居住用家屋若しくは既存住宅若しくは増改築等をした家屋（当該増改築等に係る部分に限る。）又は第10項の認定住宅をその者の居住の用に供しなくなったことにより第1項の規定の適用を受けられなくなった後，これらの家屋（当該増改築等をした家屋については，当該増改築等に係る部分……）を再びその者の居住の用に供した場合における……，その者がこれらの家屋を再び居住の用に供した日の属する年（その年において，これらの家屋を賃貸の用に供していた場合には，その年の翌年）以後の各年……」と規定しており，再び居住の用に供した場合の再適用における賃貸の用に供していた家屋は，住宅借入金等特別控除の適用を受けていた家屋（居住用部分）に限定されることになります。

　また，「再び居住の用に供した場合の適用」の場合においても，措置法第41条第29項において「個人が，住宅の取得等又は認定住宅の新築等をし，かつ，当該住宅の取得等をした第1項の居住用家屋若しくは既存住宅若しくは増改築等をした家屋（当該増改築等に係る部分に限る。）又は当該認定

住宅の新築等をした家屋を同項の定めるところによりその者の居住の用に供した場合において，……これらの家屋を再びその者の居住の用に供したときは，……その者がこれらの家屋を再び居住の用に供した日の属する年（その年において，これらの家屋を賃貸の用に供していた場合には，その年の翌年）以後の各年……」と規定されていることから，賃貸の用に供していた家屋は，住宅借入金等特別控除の適用が受けられるべき家屋（居住用部分）に限定されることになります。

したがって，質問の⑤については，家屋の一部について自己の居住の用以外の用に供される部分（貸店舗部分）があった場合には，その部分については，当初から住宅借入金等特別控除の適用を受けていない又は受けられないことから，再居住した年に貸店舗として賃貸していても，家屋の賃貸には該当しないことになります。

なお，貸店舗併用住宅のうち住宅借入金等特別控除の適用を受けていた又は受けられるべき居住用部分（一部を含みます。）を，再居住した年に賃貸した場合には，家屋の賃貸に該当することになります。

8 2回以上の再居住

問 私は住宅を取得し住宅借入金等特別控除の適用を受けていましたが，令和元年に転勤により転居しました。その後，令和4年に再居住し「再び居住の用に供した場合の再適用」を受け，令和5年に再度転勤により転居することになった場合，「再び居住の用に供した場合の再適用」を受けることができますか。

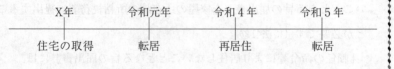

570 第 2 部

答 「再び居住の用に供した場合の再適用」が認められるためには，勤務先からの転任の命令に伴う転居その他これに準ずるやむを得ない事由に基因してその家屋を居住の用に供しなくなった後，その家屋を再び居住の用に供することが，要件の一つとされています（措法41㉖）。

しかし，措置法第41条第26項は，「その者の居住の用に供しなくなったことにより第1項の規定の適用が受けられなくなった後，これらの家屋……を再びその者の居住の用に供した場合」とのみ規定しており，「再び居住の用に供した場合の再適用」の回数については，特段の定めはありません。

したがって，再居住が複数回であったとしても，控除期間内であれば，「再び居住の用に供した場合の再適用」が認められることになります。

質問の場合も，他の要件を満たしていれば，「再び居住の用に供した場合の再適用」が認められます。

9 居住の用に供しなくなったときの手続

> **問** 「再び居住の用に供した場合の再適用」又は「再び居住の用に供した場合の適用」を受けるためには，転勤命令等により転居する際にどのような手続が必要ですか。

答 (1) 再び居住の用に供した場合の再適用の場合

再び居住の用に供した場合の再適用が認められるためには，家屋を居住の用に供しなくなる日までに，「転任の命令等により居住しないこととなる旨の届出書」を家屋の所在地の所轄税務署に提出することが必要です（措法41㉗）。

「転任の命令等により居住しないこととなる旨の届出書」には，

質疑応答編（再び居住の用に供した場合の（特定増改築等）住宅借入金等特別控除）571

① 届出書を提出する者の氏名，住所（国内に住所がない場合には居所）

② 給与等の支払者の名称及び所在地

③ 居住の用に供しないこととなった事情の詳細

④ 居住の用に供しなくなる年月日

⑤ 居住の用に供しなくなる日以後に居住する場所並びに給与等の支払者の名称及び所在地

⑥ 当該家屋を最初に居住の用に供した年月日

⑦ その他参考事項（居住の用に供しない期間の家屋の用途（予定），再び居住の用に供する日（予定日）など）

を記載することとされています。

　また，税務署から，給与所得者の方が年末調整で住宅借入金等特別控除の適用を受けるため，「年末調整のための（特定増改築等）住宅借入金等特別控除証明書」及び「給与所得者の（特定増改築等）住宅借入金等特別控除申告書」の交付を受けている場合には，未使用分の当該証明書及び当該申告書を添付することが必要です（措規18の21㉓）。

(2) 再び居住の用に供した場合の適用の場合

　この場合，転居する際の手続は不要です。

572　　　　　　　　　　　　第　2　部

10　居住の用に供しなくなる日までに届出書を提出しなかった場合

> **問**　私は勤務先から転勤命令があり，税務署長に届出書を提出しないまま転居しました。
>
> 　この場合，「再び居住の用に供した場合の再適用」を受けることはできないのでしょうか。

答　「再び居住の用に供した場合の再適用」が認められるためには，家屋を居住の用に供しなくなる日までに，「転任の命令等により居住しないこととなる旨の届出書」を，家屋の所在地を所轄する税務署長に提出することが要件の一つとされていますが（措法41㉗），家屋を居住の用に供しなくなる日までに届出書の提出がない場合であっても，その提出がなかったことについてやむを得ない事情があると認められるときには，その届出書の提出があった場合に限り，「再び居住の用に供した場合の再適用」が認められることとされています（措法41㉘）。

11　再び居住の用に供したときの手続(1)　【再び居住の用に供した場合の再適用】

> **問**　再居住により「再び居住の用に供した場合の再適用」を受けるためには，どのような手続が必要ですか。

答　家屋に再居住して「再び居住の用に供した場合の再適用」を受けるためには，再適用を受ける最初の年分の確定申告書に，住宅借入金等特別控除を受ける金額に関する記載をするとともに，次の書類を添付して提出し

質疑応答編（再び居住の用に供した場合の（特定増改築等）住宅借入金等特別控除）573

なければなりません（措法41㉗）。

① （特定増改築等）住宅借入金等特別控除額の計算明細書（〔参考〕）

② 金融機関などから交付を受けた「住宅取得資金に係る借入金の年末残高等証明書」（資料22参照）

なお，再居住した年に家屋を賃貸の用に供していた場合には，住宅借入金等特別控除の再適用は，再居住した年は認められず，再居住した年の翌年から認められることとされていますから（措法41㉖），その場合には，再居住した年の翌年分について，確定申告を行うことになります。

12 再び居住の用に供したときの手続(2)【再び居住の用に供した場合の適用】

> 問 再居住により「再び居住の用に供した場合の適用」を受けるためには，どのような手続が必要ですか。

答 住宅の取得等をして居住の用に供した者が，当初居住年の12月31日までの間に特定事由により，住宅借入金等特別控除の適用を受けることなくその家屋を居住の用に供しなくなった後，特定事由が解消し，再び居住の用に供した場合には，「再び居住の用に供した場合の適用」を受けることができます。

この適用を受けるためには，再び居住の用に供した後住宅借入金等特別控除を受ける最初の年分の確定申告書に，住宅借入金等特別控除を受ける金額に関する記載をするとともに次の書類を添付して提出しなければなりません（措法41㉚）。

① 住宅借入金等特別控除に係る添付書類（「第2部 解説編 第3」の「再び居住の用に供した場合の（特定増改築等）住宅借入金等特別控除の手続」

Ⅱ3参照)

② 特定事由が生ずる前において居住の用に供していたことを証する書類（当初その家屋を居住の用に供した日が記載されている住民票の写し等）

③ （特定増改築等）住宅借入金等特別控除額の計算明細書（〔参考〕）

④ 特定事由によりその家屋を居住の用に供さなくなったことを明らかにする書類

13 再居住年の翌年以後の住宅借入金等特別控除の手続

> 問 再居住した年については確定申告を行うことにより「再び居住の用に供した場合の再適用」又は「再び居住の用に供した場合の適用」を受けることができますが、その翌年以後はどのようにして控除を受けることになるのですか。

答 「再び居住の用に供した場合の再適用」又は「再び居住の用に供した場合の適用」を受ける最初の年分については、確定申告を行うことにより適用を受けることとされていますが（措法41㉗㉚）、翌年以後の年分について、給与所得者においては、通常の住宅借入金等特別控除の場合と同様に、年末調整により控除を受けることができます（措法41の2の2）。

再居住した年の翌年以後の年分について年末調整により控除を受けようとする場合には、税務署から送付される再居住者用の「給与所得者の（特定増改築等）住宅借入金等特別控除申告書兼年末調整のための（特定増改築等）住宅借入金等特別控除証明書」に必要事項を記載した上で、年末調整を受ける前までに、金融機関等から交付を受けた「住宅取得資金に係る借入金の年末残高等証明書（QRコード付年末残高等証明書を含みます。）」とともに、給与等の支払者に提出してください。

質疑応答編（再び居住の用に供した場合の（特定増改築等）住宅借入金等特別控除）575

14 再居住の直後に増改築を行った場合

問 家屋に再居住した直後に借入金により増改築を行いましたが，この増改築した部分についても「再び居住の用に供した場合の再適用」を受けることになるのですか。

答 「再び居住の用に供した場合の再適用」又は「再び居住の用に供する適用」は，居住の用に供していた家屋に再居住した場合に適用されることとされています（措法41㉖㉙）。

したがって，「再び居住の用に供した場合の再適用」又は「再び居住の用に供した場合の適用」を受けるのは，居住の用に供していた家屋に限定されますから，再居住の直後に行った増改築等は，「再び居住の用に供した場合の再適用」又は「再び居住の用に供した場合の適用」の対象となるのではなく，他の要件を満たしていれば，増改築等に係るものとして新たに住宅借入金等特別控除の適用を受けることになります。

(注) 「再び居住の用に供した場合の再適用」又は「再び居住の用に供する適用」を受ける家屋と再居住の直後に行った増改築等のそれぞれについての住宅借入金等特別控除を受ける場合，一般的に住宅借入金等特別控除額の計算は，住宅借入金等特別控除の重複適用（「第2部　解説編　第1」の「8　住宅借入金等特別控除の重複適用」，「令和4年入居者の住宅借入金等特別控除についての質疑応答編」問102参照）により計算することとなります。

災害により家屋を居住の用に供することができなくなった場合についての質疑応答編

質疑応答編（災害により家屋を居住の用に供することができなくなった場合）　579

1　災害により引き続き居住できなかった場合

> **問**　住宅借入金等特別控除を受けていた住宅が台風によって損壊し，その修復のために2か月間その住宅に住むことができませんでした。
>
> 　このような場合には，引き続き住んでいなかったことにより，住宅借入金等特別控除は受けられないのでしょうか。

答　住宅借入金等特別控除を受けるための要件として，住宅の取得等をした者が，住宅の取得等の日から6か月以内に入居し，かつ，この控除を受ける年の12月31日（その者が死亡した日の属する年にあっては，この日）まで引き続き居住していることが必要とされています（措法41①）。

　ただし，災害により家屋の一部が損壊し，その損壊部分の補修工事等のため，一時的に居住の用に供しない期間がある場合には，このような期間も引き続いて居住しているものとして取り扱うこととされています（措通41—2）。

　したがって，質問の場合には，修復のための2か月間についても居住していたものとして取り扱われることとなります。

2 住宅が焼失した場合

> **問** 住宅借入金等特別控除を受けていた住宅が焼失した場合には，この控除を受ける年の12月31日まで住んでいなかったこととなるため，その年分の住宅借入金等特別控除は受けられないのでしょうか。

答 住宅借入金等特別控除を受けるための要件として，住宅の取得等をした者が，住宅の取得等の日から6か月以内に入居し，かつ，この控除を受ける年の12月31日まで引き続き居住していることが必要とされています（措法41①）。

しかしながら，住宅借入金等特別控除の適用を受けていた従前家屋が災害により居住できなくなった場合，居住の用に供することができなくなった日の属する年以後の残りの控除期間（一定の年以後の各年を除きます。）においても引き続きこの控除の適用を受けることができます。

なお，この取扱いは，平成28年1月1日以後に従前家屋が災害により居住できなくなった場合の平成29年分以後の所得税について適用され，平成28年分以前の所得税については適用されません。

(注)1 「災害」とは，①震災，風水害，火災，②冷害，雪害，干害，落雷，噴火その他の自然現象の異変による災害，③鉱害，火薬類の爆発その他の人為による異常な災害，④害虫，害獣その他の生物による異常な災害をいいます（措通41—29の2，所法2①二十七，所令9）。

2 東日本大震災によりその住宅借入金等特別控除を受けていた家屋が居住の用に供することができなくなった場合で，その翌年以後も住宅借入金等の金額を有するときは，その翌年分以後の残りの適用年において引き続き住宅借入金等特別控除が受けられます。

3 上記の「一定の年」とは，①従前家屋や従前土地等（その敷地の用に供されていた土地若しくは当該土地の上に存する権利をいいます。）又は災害

質疑応答編（災害により家屋を居住の用に供することができなくなった場合）　581

発生後に従前土地等に建築した建物・構築物を，事業や賃貸の用に供した年又は生計を一にする親族等に無償で貸し付けた年，②従前家屋又は従前土地等を譲渡した日の属する年分について措法41条の5《居住用財産の買換え等の場合の譲渡損失の損益通算及び繰越控除》又は同法41条の5の2《特定居住用財産の譲渡損失の損益通算及び繰越控除》の適用を受ける場合における当該譲渡の日の属する年，③従前家屋を居住の用に供することができなくなった以後において，この従前家屋以外の家屋に係る住宅借入金等について最初に住宅借入金等特別控除を受ける年や認定住宅等新築等特別税額控除を最初に受ける年をいいます（措法41㉙）。

　ただし，このうち①と③について，被災者生活再建支援法（平成10年法律第66号）が適用された市区町村の区域内に所在する従前家屋につき災害を受けた場合は，この限りではなく，例えば被災後新たに取得した家屋について住宅借入金等を有することとなった場合，この住宅借入金等と従前家屋に係る住宅借入金等について重複して住宅借入金等特別控除の適用を受けることができます。

東日本大震災に係る（特定増改築等）住宅借入金等特別控除についての質疑応答編

質疑応答編（東日本大震災に係る（特定増改築等）住宅借入金等特別控除）　585

1　適用期間の特例

> 問　平成21年中に住宅を新築して居住の用に供し，住宅借入金等特別
> 控除の適用を受けていましたが，東日本大震災により倒壊し，居住の
> 用に供することができなくなりました。
>
> 平成24年分以後の適用年について，住宅借入金等特別控除の適用を
> 受けることができますか。

答　住宅借入金等特別控除の制度は，住宅の取得等をした家屋を居住の用
に供した日の属する年以後の適用年（住宅借入金等特別控除の控除期間内の
各年）について適用することができることとされています。

また，その適用に当たっては，適用年の12月31日まで引き続き居住の用
に供していることが必要とされています（措法41～41の2，41の3の2）。

この特例として，東日本大震災により，住宅借入金等特別控除の適用を
受けていた家屋を居住の用に供することができなくなった場合において，
その居住の用に供することができなくなった日の属する年の翌年以後の残
りの適用年において，その方がその家屋に係る住宅借入金等の金額を有す
るときは，その適用年において，引き続き住宅借入金等特別控除の適用を
受けることができます。これを「適用期間の特例」といいます（震災特例
法13）。

㊟1　この適用期間の特例は，東日本大震災により，その家屋を居住の用に供
することができなくなった日の属する年の翌年以後の適用年において適用
されます。

2　適用期間の特例を受けるための手続は，通常の（特定増改築等）住宅借
入金等特別控除を年末調整や確定申告において適用を受けるための手続と
同じです。

2 「居住の用に供することができなくなったこと」の判定（重複適用の特例）

> 問 重複適用の特例を受ける場合には，「自己の有していた家屋で居住の用に供していたものが東日本大震災の被害を受けたことにより居住の用に供することができなくなったこと」を明らかにする書類として，り災証明書の写し等を確定申告書に添付することとされていますが，り災証明書に記載された損害の程度が「一部損壊」の場合でも適用を受けられますか。

答 「重複適用の特例」の適用要件において「自己の有していた家屋で居住の用に供していたものが東日本大震災の被害を受けたことにより居住の用に供することができなくなったこと」とされていますが，このことは，東日本大震災によって被害を受けたことにより，客観的にみて，その家屋が一般的に居住の用に供することができない状態になっていた事実がある場合をいいます。

　また，その事実を明らかにする書類として，その家屋に係るり災証明書及びその家屋の登記事項証明書その他の一定の書類を確定申告書に添付することとされています（震災特例法13，震災特例令15，震災特例規則5）が，その事実については，次により判断することとされます。

(1)　り災証明書に記載された損害の程度が「全壊・大規模半壊」の場合

　　　居住の用に供することができない状態となっていた事実がある場合に該当するものとして，取り扱われます。

(2)　り災証明書に記載された損害の程度が「半壊」の場合

　　　一般には，通常の修繕では居住の用に供することが困難な被害があったものと考えられることから，特に証明内容が事実を適正に反映し

質疑応答編（東日本大震災に係る（特定増改築等）住宅借入金等特別控除）　587

ていないと認められるようなときを除き，居住の用に供することができ

きない状態となっていた事実がある場合に該当するものとして取り扱

われます。

(3)　り災証明書に記載された損害の程度が「一部損壊」の場合

　　り災証明書のみでは，居住の用に供することができない状態となっ

ていた事実がある場合に該当するものとして判断ができませんので，

併せて次のイからニの書類を添付することにより，居住の用に供する

ことができない状態となっていた事実がある場合に該当するものとし

て取り扱われます。

　イ　家屋の取り壊しを行った場合……その家屋の登記事項証明書（閉

　　鎖登記記録に係る登記事項証明書）

　ロ　いわゆる仮設住宅やアパート等に入居していた場合……その仮設

　　住宅の使用に係る契約書の写し又はアパート等の賃貸借に係る契約

　　書の写し

　ハ　親戚や知人宅に入居していた場合で，住民票の移動をしていたと

　　き……その入居先の住所が記載された住民票の写し

　ニ　親戚や知人宅に入居していた場合で，住民票の移動をしていない

　　とき……その入居先の者による，自宅等に入居していた旨の申立書

3 通常の修繕によっては原状回復が困難な損壊の意義

> **問** 住宅の再取得等に係る住宅借入金等特別控除の控除額の特例は,
> 東日本大震災によって自己の所有する家屋に対して行った増改築等に
> ついては,その家屋が通常の修繕によって原状回復が困難な損壊を受
> けたことにより自己の居住の用に供することができなくなった家屋に
> 限られますが,「通常の修繕によっては原状回復が困難な損壊」とは
> どのようなものをいいますか。

答 住宅の再取得等に係る住宅借入金等特別控除の控除額の特例の適用は,
東日本大震災によって自己の所有する家屋(以下「従前住宅」といいます。)
が被害を受けたことにより居住の用に供することができなくなった方が,
住宅の新築や購入又は増改築等をし,令和7年12月31日までの間に住宅を
居住の用に供した場合に適用されます。

　この場合の増改築等のうち東日本大震災によって被害を受けた従前住宅
に対する増改築等については,通常の修繕によって原状回復が困難な損壊
を受けたことにより自己の居住の用に供することができなくなった従前住
宅に対して行うものが対象となります(震災特例法13の2)。

　この「通常の修繕によっては原状回復が困難な損壊」とは,東日本大震
災によって被害を受けた従前住宅につき,今後,取壊し若しくは除去をせ
ざるを得ない場合又は相当の修繕を行わなければ今後居住の用に供するこ
とができないと認められる場合の,その従前住宅に係る損壊をいいます(震
災特例通13の2―1)。

質疑応答編（東日本大震災に係る（特定増改築等）住宅借入金等特別控除）　589

4　震災後の住宅の増改築等

> **問**　東日本大震災によって被害を受け，居住の用に供していた家屋（平成20年に入居し，住宅借入金等特別控除を受けています。）が通常の修繕では原状回復が困難な損壊を受けたことにより，居住の用に供することができなくなったため，平成24年1月に復旧工事（建築基準法に規定する大規模の修繕に該当する工事）を行いました。
>
> 　また，令和4年中にも増改築を行いましたが，平成24年の復旧工事と令和4年の増改築工事について，住宅の再取得等に係る住宅借入金等特別控除の控除額の特例の適用を受けることができますか。

答　住宅の再取得等に係る住宅借入金等特別控除の控除額の特例（以下「控除額の特例」といいます。）の適用は，東日本大震災によって自己の所有する家屋（以下「従前住宅」といいます。）が被害を受けたことにより居住の用に供することができなくなった人が，住宅の新築や購入又は増改築等をし，令和7年12月31日までの間に住宅を居住の用に供した場合に適用されます（震災特例法13の2）。

　なお，控除額の特例の対象となる増改築等とは，次に掲げるものが対象となります。

　イ　従前住宅（東日本大震災により通常の修繕によっては原状回復が困難な損壊を受けたことにより自己の居住の用に供することができなくなったものに限ります。）に対して行う増改築等

　ロ　従前住宅以外の家屋（再建住宅等）に対して行う増改築等

　ご質問の増改築等の対象となる家屋は，従前住宅であり東日本大震災により通常の修繕によっては原状回復が困難な損壊を受けたことにより居住の用に供することができなくなったものに該当しますので，平成24年の復

590　　　　　　　　　　　第　2　部

旧工事，令和4年の増築工事のいずれについても，その他の所定の要件を
満たしていれば，控除額の特例の適用を受けることができます。

5　「居住の用に供することができなくなった」等の判定（住宅の再取得等に係る住宅借入金等特別控除の控除額の特例）

> 問　住宅の再取得等に係る住宅借入金等特別控除の控除額の特例を受
> ける場合における，「自己の有していた家屋でその居住の用に供して
> いたものが東日本大震災の被害を受けたことにより居住の用に供する
> ことができなくなったこと」についての，判断基準や添付書類につい
> て教えてください。

答　住宅の再取得等に係る住宅借入金等特別控除の控除額の特例（以下「控
除額の特例」といいます。）の適用要件において「自己の有していた家屋で
居住の用に供していたものが東日本大震災の被害を受けたことにより居住
の用に供することができなくなったこと」とされています（震災特例法13
の2）。

　これは，自己の有していた家屋が東日本大震災の被害を受けたことによ
り，客観的にみて，その家屋（以下「従前住宅」といいます。）が一般的に
居住の用に供することができない状態になっていた事実があることをいい
ます。

　また，その事実を明らかにする書類（以下「証明書類」といいます。）と
して，従前住宅に係るり災証明書，従前住宅の登記事項証明書，被災者の
住民票の写し等の書類を確定申告書に添付することとされています（震災
特例令15の2，震災特例規則5の2）が，その事実については，次により判
断することとされています。

質疑応答編（東日本大震災に係る（特定増改築等）住宅借入金等特別控除）　591

(1)　り災証明書に記載された損害の程度が「全壊・大規模半壊」の場合

　　　居住の用に供することができない状態となっていた事実がある場合に該当するものとして取り扱われます。

(2)　り災証明書に記載された損害の程度が「半壊」の場合

　　　一般には，通常の修繕では居住の用に供することが困難な被害があったものと考えられることから，特に証明内容が事実を適正に反映していないと認められるようなときを除き，居住の用に供することができない状態となっていた事実がある場合に該当するものとして取り扱われます。

(3)　り災証明書に記載された損害の程度が「一部損壊」の場合

　　　り災証明書のみでは，一概には，居住の用に供することができない状態となっていた事実があるか否かを判断することができません。

　　　その人が住宅の新築や購入により控除額の特例の適用を受けるか，従前住宅に対する増改築等により控除額の特例の適用を受けるかに応じて，り災証明書に併せて次のイからニのような書類を添付することにより，居住の用に供することができない状態となっていた事実がある場合に該当するものとして取り扱われます。

【住宅の新築や購入の場合】

　　イ　家屋の取り壊しを行った場合……その家屋の登記事項証明書（閉鎖登記記録に係る登記事項証明書）

　　ロ　いわゆる仮設住宅やアパート等に入居していた場合……その仮設住宅の使用に係る契約書の写し又はアパート等の賃貸借に係る契約書の写し

　　ハ　親戚や知人宅に入居していた場合で，住民票の移動をしていたとき……その入居先の住所が記載された住民票の写し

　　ニ　親戚や知人宅に入居していた場合で，住民票の異動をしていな

いとき……その入居先の者による，自宅等に入居していた旨の申
立書

【従前住宅に対する増改築等の場合】

　　相当程度の補修工事を行った上で，被災した住宅に居住していた
場合……工事内容がわかるもの（契約書，見積書の写し等）

㊟　「相当程度の補修工事」とは，その補修工事がなければ一般的に居住
できないと認められる程度のものをいいます。

新型コロナウイルス
感染症に係る住宅
借入金等特別控除に
おける措置についての
質疑応答編

質疑応答編（新型コロナウイルス感染症に係る住宅借入金等特別控除における措置）595

1　増改築等工事後6か月以内に入居できなかった場合

> 問　令和2年1月に中古住宅を取得し，その住宅に居住することなく増改築等工事を行いましたが，新型コロナウイルス感染症の影響により工事が遅延し，入居できたのが令和3年2月となってしまいました。
>
> このような場合には，住宅借入金等特別控除の対象にならないのでしょうか。
>
> | 令和2年
1月15日 | 令和2年
2月1日 | 令和2年
9月1日 | 令和3年
2月1日 |
> |---|---|---|---|
> | ✕ | ✕ | ✕ | → |
> | 中古住宅
取得 | 増改築等工事
契約締結 | 増改築等
工事完了 | 居住の開始 |

答　中古住宅を取得した後，その住宅に居住することなく増改築等工事を行った場合の住宅借入金等特別控除については，新型コロナウイルス感染症等の影響によってその住宅への居住が控除の適用要件である入居期限要件（取得の日から6か月以内）を満たさないこととなった場合でも，次の要件を満たすときは適用を受けることができるとされています。

① 増改築等の契約がその中古住宅の取得をした日から5か月を経過する日又は令和2年6月30日のいずれか遅い日までに締結されていること

② 増改築等の終了後6か月以内に，中古住宅に入居していること

③ 令和3年12月31日までに中古住宅に入居していること

したがって，質問の場合には，令和2年6月30日より前に契約が締結されており，増改築等工事完了後6か月以内，かつ，令和3年末までに入居されていますので，住宅借入金等特別控除の対象になります。

㊟ 「新型コロナウイルス感染症等の影響」とは，例えば次のような事情がこれに該当するとされています。

(1) 建設業者等が新型コロナウイルス感染症等の影響により営業又は工事等を自粛していたこと又は本特例の適用を受ける個人（以下「適用個人」といいます。）が新型コロナウイルス感染症に感染したこと若しくは新型コロナウイルス感染症等の影響により外出を自粛していたことなどにより，特例増改築等に係る契約の締結が遅延したこと

(2) 新型コロナウイルス感染症等の影響による住宅設備機器の納入の遅れに基因して，建設業者等による特例増改築等若しくは耐震改修に係る工事の完了又は特例取得をした家屋の引渡しなどが遅延したこと

(3) 適用個人が新型コロナウイルス感染症に感染したこと又は新型コロナウイルス感染症等の影響により外出を自粛していたことなどにより，既存住宅等を居住の用に供することが遅れたこと

2 適用要件の弾力化を受けるときの手続

> **問** 前問の場合に住宅借入金等特別控除の適用を受けるためには，どのような手続が必要ですか。

答 住宅借入金等特別控除の適用を初めて受ける方は，確定申告の際に，各種の書類を確定申告書とともに提出することが必要とされています（措規18の21⑨⑩⑮）が，新型コロナウイルス感染症等の影響（前問注書参照）により適用要件の弾力化がなされた住宅借入金等特別控除を受ける方は，これらの書類に加えて「既存住宅の取得後増改築等を行った場合の申告書兼証明書」を確定申告書に添付して提出しなければなりません（新型コロナ税特令4④）。

第2部

資料編

資　料　編　　599

第1　買取再販住宅・既存住宅に関する告示

**資料1　地震に対する安全性に係る基準を定める国土交
通省告示（平成14年第271号、平成17年第393号、
平成18年第185号）**

○国土交通大臣が財務大臣と協議して定める地震に対する安全性に係る基準

平成17年３月31日号外　　国土交通省告示第393号

平成26年３月31日号外　　国土交通省告示第444号

平成28年３月31日　　　　国土交通省告示第593号

平成30年３月31日　　　　国土交通省告示第558号

令和４年３月31日　　　　国土交通省告示第424号

　租税特別措置法施行令（昭和32年政令第43号）第23条第５項，第24条の２第
３項第１号ロ，第26条第３項，第40条の５第２項及び第42条第１項第２号の規
定に基づき，国土交通大臣が財務大臣と協議して定める地震に対する安全性に
係る基準を次のように定めたので告示する。

　租税特別措置法施行令第24条の２第３項第１号，第26条第２項，第40条の５
第２項及び第42条第１項第２号に規定する国土交通大臣が財務大臣と協議して
定める地震に対する安全性に係る基準は，平成18年国土交通省告示第185号に
おいて定める地震に対する安全上耐震関係規定に準ずるものとして国土交通大
臣が定める基準とする。

○租税特別措置法施行令第26条第33項第 4 号の規定に基づき，国土交通大臣が
　財務大臣と協議して定める地震に対する安全性に係る基準

　　平成14年 3 月31日号外　　国土交通省告示第271号
　　平成25年 5 月31日　　　　国土交通省告示第542号
　　平成31年 3 月29日　　　　国土交通省告示第485号
　　令和 4 年 3 月31日　　　　国土交通省告示第440号

　租税特別措置法施行令（昭和32年政令第43号）第26条第28項第 4 号の規定に
基づき，国土交通大臣が財務大臣と協議して定める地震に対する安全性に係る
基準を次のように定めたので告示する。

　租税特別措置法施行令第26条第33項第 4 号に規定する国土交通大臣が財務大
臣と協議して定める地震に対する安全性に係る基準は，平成18年国土交通省告
示第185号において定める地震に対する安全上耐震関係規定に準ずるものとし
て国土交通大臣が定める基準とする。

資 料 編　　　　　601

〇地震に対する安全上耐震関係規定に準ずるものとして定める基準

平成18年1月25日　　国土交通省告示第185号

建築物の耐震改修の促進に関する法律（平成7年法律第123号）第8条第3項第1号の規定に基づき，地震に対する安全上耐震関係規定に準ずるものとして国土交通大臣が定める基準を次のように定める。

建築物の耐震改修の促進に関する法律第4条第2項第3号に掲げる建築物の耐震診断及び耐震改修の実施について技術上の指針となるべき事項に定めるところにより耐震診断を行った結果，地震に対して安全な構造であることが確かめられること。

附則
1　この告示は，建築物の耐震改修の促進に関する法律の一部を改正する法律（平成17年法律第120号）の施行の日（平成18年1月26日）から施行する。
2　平成7年建設省告示第2090号は，廃止する。

第　2　部

資料2　耐震基準適合証明書を定める国土交通省告示（平成21年第685号）

平成21年 6 月26日　　国土交通省告示第685号

平成26年 3 月31日　　国土交通省告示第449号

平成28年 3 月31日　　国土交通省告示第594号

平成30年 3 月31日　　国土交通省告示第559号

平成31年 3 月29日　　国土交通省告示第473号

令和元年 6 月28日　　国土交通省告示第210号

令和 2 年 3 月31日　　国土交通省告示第481号

令和 3 年 3 月31日　　国土交通省告示第294号

令和 4 年 3 月31日　　国土交通省告示第425号

　租税特別措置法施行規則第18条の 2 第 2 項第 2 号イ(4)並びに同規則第18条の 4 第 2 項，第18条の21第 1 項第 1 号ロ，第23条の 5 の 2 第 3 項第 1 号ロ及び第23条の 6 第 3 項第 1 号ロ並びに新型コロナウイルス感染症等の影響に対応するための国税関係法律の臨時特例に関する法律施行規則（令和 2 年財務省令第44号）第 4 条の 2 第 1 項第 1 号に規定する国土交通大臣が財務大臣と協議して定める書類は，次に掲げる書類のいずれかとする。

1　租税特別措置法（昭和32年法律第26号。以下「法」という。）第35条第 3 項の規定の適用を受けようとする者が譲渡した同条第 4 項に規定する被相続人居住用家屋（以下「被相続人居住用家屋」という。）又は法第36条の 2 第 1 項，第41条第 1 項，第70条の 2 第 1 項若しくは第70条の 3 第 1 項若しくは新型コロナウイルス感染症等の影響に対応するための国税関係法律の臨時特例に関する法律（令和 2 年法律第25号。以下「新型コロナ税特法」という。）第 6 条の 2 第 4 項の規定の適用を受けようとする者が取得した建築後使用されたことのある住宅の用に供する家屋（以下「既存居住用家屋」という。）が建築基準法施行令（昭和25年政令第338号）第 3 章及び第 5 章の 4 の規定又は租税特別措置法施行令（昭和32年政令第43号。以下「令」という。）第

資料編　　　　　　603

23条第5項，第24条の2第3項第1号ロ，第26条第3項，第40条の4の2第
3項及び第40条の5第2項に規定する国土交通大臣が財務大臣と協議して定
める地震に対する安全性に係る基準に適合するものである旨を建築士（建築
士法（昭和25年法律第202号）第23条の3第1項の規定により登録された建
築士事務所に属する建築士に限るものとし，これらの家屋が，同法第3条第
1項各号に掲げる建築物であるときは一級建築士に，同法第3条の2第1項
各号に掲げる建築物であるときは一級建築士又は二級建築士に限るものとす
る。），建築基準法（昭和25年法律第201号）第77条の21第1項に規定する指
定確認検査機関，住宅の品質確保の促進等に関する法律（平成11年法律第81
号）第5条第1項に規定する登録住宅性能評価機関又は特定住宅瑕疵担保責
任の履行の確保等に関する法律（平成19年法律第66号）第17条第1項の規定
による指定を受けた同項に規定する住宅瑕疵担保責任保険法人（以下「保険
法人」という。）が別表の書式により証する書類（次に掲げる家屋の区分に
応じそれぞれ次に定める期間内に当該証明のための家屋の調査が終了したも
のに限る。）

イ　被相続人居住用家屋　当該被相続人居住用家屋の譲渡の日前2年以内

ロ　既存居住用家屋（ハに掲げるものを除く。）　当該既存居住用家屋の取得
　の日前2年以内

ハ　法第36条の2第1項の規定の適用を受けようとする場合における既存居
　住用家屋で令第24条の2第3項第1号ロに規定する耐火建築物に該当しな
　いもの　当該既存居住用家屋の取得の日の2年前の日から法第36条の2第
　1項に規定する譲渡の日の属する年の12月31日（同条第2項において準用
　する同条第1項の規定の適用を受ける場合にあっては，同条第2項に規定
　する取得期限）までの期間

2　法第35条第3項の規定の適用を受けようとする者が譲渡した被相続人居住
　用家屋又は法第36条の2第1項，第41条第1項，第70条の2第1項若しくは
　第70条の3第1項若しくは新型コロナ税特法第6条の2第4項の規定の適用
　を受けようとする者が取得した既存居住用家屋について交付された住宅の品
　質確保の促進等に関する法律第6条第3項に規定する建設住宅性能評価書の
　写し（前号イからハまでに掲げる家屋の区分に応じそれぞれ同号イからハま

でに定める期間内に評価されたもので，平成13年国土交通省告示第1346号別表２－１の１－１耐震等級（構造躯体の倒壊等防止）に係る評価が等級１，等級２又は等級３であるものに限る。）

3 法第36条の２第１項，第41条第１項，第70条の２第１項若しくは第70条の３第１項又は新型コロナ税特法第６条の２第４項の規定の適用を受けようとする者が取得した既存居住用家屋について交付された既存住宅売買瑕疵担保責任保険契約（次のイ及びロに掲げる要件に適合する保険契約であって，第１号ロ及びハに掲げる家屋の区分に応じそれぞれ同号ロ及びハに定める期間内に締結されたものに限る。）が締結されていることを証する書類

イ　特定住宅瑕疵担保責任の履行の確保等に関する法律第19条第２号の規定に基づき保険法人が引受けを行うものであること。

ロ　既存居住用家屋の構造耐力上主要な部分（住宅の品質確保の促進等に関する法律施行令（平成12年政令第64号）第５条第１項に規定する構造耐力上主要な部分をいう。以下同じ。）に瑕疵（住宅の品質確保の促進等に関する法律第２条第５項に規定する瑕疵（構造耐力に影響のないものを除く。）をいう。以下同じ。）がある場合において，次の(1)又は(2)に掲げる場合の区分に応じ，それぞれ(1)又は(2)に掲げる損害を填補するものであること。

(1)　宅地建物取引業者（特定住宅瑕疵担保責任の履行の確保等に関する法律第２条第４項に規定する宅地建物取引業者をいう。以下同じ。）が売主である場合　既存住宅売買瑕疵担保責任（既存居住用家屋の売買契約において，宅地建物取引業者が負うこととされている民法（明治29年法律第89号）第415条，第541条，第542条，第562条及び第563条に規定する担保の責任をいう。）を履行することによって生じた当該宅地建物取引業者の損害

(2)　宅地建物取引業者以外の者が売主である場合　既存住宅売買瑕疵保証責任（保証者（既存居住用家屋の構造耐力上主要な部分に瑕疵がある場合において，買主に生じた損害を填補することを保証する者をいう。以下同じ。）が負う保証の責任をいう。）を履行することによって生じた保証者の損害

資　料　編

　附則

この告示は，令和4年4月1日から施行する。

〔令和4年4月以降に証明がされる場合の様式〕

別表

耐 震 基 準 適 合 証 明 書

証明申請者	住　所	
	氏　名	
家屋番号及び所在地		
家 屋 調 査 日	年　　　月　　　日	
適合する耐震基準	1　建築基準法施行令第3章及び第5章の4の規定 2　地震に対する安全性に係る基準	

上記の家屋が租税特別措置法施行令 { (イ)　第23条第5項
(ロ)　第24条の2第3項第1号
(ハ)　第26条第3項
(ニ)　第40条の4の2第3項
(ホ)　第40条の5第2項 }

に定める地震に対する安全性に係る基準に適合することを証明します。

証 明 年 月 日	年　　　月　　　日

1．証明者が建築士事務所に属する建築士の場合

証明を行った建築士	氏　　　名			印
	一級建築士,二級建築士又は木造建築士の別		登 録 番 号	
			登録を受けた都道府県名（二級建築士又は木造建築士の場合）	
証明を行った建築士の属する建築士事務所	名　　　称			
	所 在 地			
	一級建築士事務所,二級建築士事務所又は木造建築士事務所の別			
	登録年月日及び登録番号			

2．証明者が指定確認検査機関の場合

証明を行った指定確認検査機関	名　　　称		印
	住　　　所		

資料編　　　　　　　　　　　　　　　607

調査を行った建築士又は建築基準適合判定資格者	指定年月日及び指定番号			
	指定をした者			
	氏　　　名			
	建築士の場合	一級建築士,二級建築士又は木造建築士の別	登　録　番　号	
			登録を受けた都道府県名（二級建築士又は木造建築士の場合）	
	建築基準適合判定資格者の場合		登　録　番　号	
			登録を受けた地方整備局等名	

3. 証明者が登録住宅性能評価機関の場合

証明を行った登録住宅性能評価機関	名　　　称			印
	住　　　所			
	登録年月日及び登録番号			
	登録をした者			
調査を行った建築士又は建築基準適合判定資格者検定合格者	氏　　　名			
	建築士の場合	一級建築士,二級建築士又は木造建築士の別	登　録　番　号	
			登録を受けた都道府県名（二級建築士又は木造建築士の場合）	
	建築基準適合判定資格者検定合格者の場合	合格通知日付又は合格証書日付		
		合格通知番号又は合格証書番号		

4. 証明者が住宅瑕疵担保責任保険法人の場合

証明を行った住宅瑕疵担保責任保険法人	名　　　称		印
	住　　　所		
	指　定　年　月　日		

調査を行った建築士又は建築基準適合判定資格者検定合格者	氏　　　名				
	建築士の場合	一級建築士,二級建築士又は木造建築士の別		登　録　番　号	
				登録を受けた都道府県名（二級建築士又は木造建築士の場合）	
	建築基準適合判定資格者検定合格者の場合		合格通知日付又は合格証書日付		
			合格通知番号又は合格証書番号		

（用紙　日本産業規格　Ａ４）

備考

1　「証明申請者」の「住所」及び「氏名」の欄には，この証明書の交付を受けようとする者の住所及び氏名をこの証明書を作成する日の現況により記載すること。

2　「家屋番号及び所在地」の欄には，当該家屋の登記簿に記載された家屋番号及び所在地を記載すること。

3　「家屋調査日」の欄には，証明のための当該家屋の構造及び劣化の調査が終了した年月日を記載すること。

4　「適合する耐震基準」の欄には，当該家屋が施行令第23条第5項，第24条の2第3項第1号，第26条第3項，第40条の4の2第3項又は第40条の5第2項に定める地震に対する安全性に係る基準であって当該欄に掲げる規定又は基準のいずれに適合するかに応じ相当する番号を〇で囲むものとする。

5　│ │の中は，（イ），（ロ），（ハ），（ニ）又は（ホ）のいずれに該当するかに応じ相当する記号を〇で囲むものとする。

6　証明者が建築士事務所に属する建築士の場合

　(1)　「証明を行った建築士」の欄には，当該家屋が施行令第23条第5項，第24条の2第3項第1号，第26条第3項，第40条の4の2第3項又は第40条の5第2項に定める地震に対する安全性に係る基準に適合するものであることにつき証明を行った建築士について，次により記載すること。

　　①　「氏名」の欄には，建築士法第5条の2の規定により届出を行った氏名を記載するものとする。

資 料 編　　　609

② 「一級建築士，二級建築士又は木造建築士の別」の欄には，証明を
行った建築士の免許の別に応じ，「一級建築士」，「二級建築士」又は
「木造建築士」と記載するものとする。なお，一級建築士，二級建築
士又は木造建築士が証明することのできる家屋は，それぞれ建築士法
第3条から第3条の3までに規定する建築物に該当するものとする。

③ 「登録番号」の欄には，証明を行った建築士について建築士法第5
条の2の規定による届出に係る登録番号を記載するものとする。

④ 「登録を受けた都道府県名（二級建築士又は木造建築士の場合）」の
欄には，証明を行った建築士が二級建築士又は木造建築士である場合
には，建築士法第5条第1項の規定により登録を受けた都道府県名を
記載するものとする。

(2) 「証明を行った建築士の属する建築士事務所」の「名称」，「所在地」，
「一級建築士事務所，二級建築士事務所又は木造建築士事務所の別」及
び「登録年月日及び登録番号」の欄には，建築士法第23条の3第1項に
規定する登録簿に記載された建築士事務所の名称及び所在地，一級建築
士事務所，二級建築士事務所又は木造建築士事務所の別並びに登録年月
日及び登録番号を記載すること。

7　証明者が指定確認検査機関の場合

(1) 「証明を行った指定確認検査機関」の欄には，当該家屋が施行令第23
条第5項，第24条の2第3項第1号，第26条第3項，第40条の4の2第
3項又は第40条の5第2項に定める地震に対する安全性に係る基準に適
合するものであることにつき証明を行った指定確認検査機関について，
次により記載すること。

① 「名称」及び「住所」の欄には，建築基準法第77条の18第1項の規
定により指定を受けた名称及び住所（指定を受けた後に同法第77条の
21第2項の規定により変更の届出を行った場合は，当該変更の届出を
行った名称及び住所）を記載するものとする。

② 「指定年月日及び指定番号」及び「指定をした者」の欄には，建築
基準法第77条の18第1項の規定により指定を受けた年月日及び指定番
号並びに指定をした者を記載するものとする。

(2) 「調査を行った建築士又は建築基準適合判定資格者」の欄には，当該家屋が施行令第23条第5項，第24条の2第3項第1号，第26条第2項，第40条の4の2第3項又は第40条の5第2項に定める地震に対する安全性に係る基準に適合するものであることにつき調査を行った建築士又は建築基準適合判定資格者について，次により記載すること。

① 「氏名」の欄には，建築士である場合には建築士法第5条の2の規定により届出を行った氏名を，建築基準適合判定資格者である場合には建築基準法第77条の58又は第77条の60の規定により登録を受けた氏名を記載するものとする。

② 「建築士の場合」の「一級建築士，二級建築士又は木造建築士の別」の欄には，調査を行った建築士の免許の別に応じ，「一級建築士」，「二級建築士」又は「木造建築士」と記載するものとする。なお，一級建築士，二級建築士又は木造建築士が証明することのできる家屋は，それぞれ建築士法第3条から第3条の3までに規定する建築物に該当するものとする。

③ 「建築士の場合」の「登録番号」及び「登録を受けた都道府県名（二級建築士又は木造建築士の場合）」の欄には，建築士法第5条の2の規定により届出を行った登録番号及び当該建築士が二級建築士又は木造建築士である場合には，建築士法第5条第1項の規定により登録を受けた都道府県名を記載するものとする。

④ 「建築基準適合判定資格者の場合」の「登録番号」及び「登録を受けた地方整備局等名」の欄には，建築基準法第77条の58又は第77条の60の規定により登録を受けた登録番号及び地方整備局等の名称を記載するものとする。

8 証明者が登録住宅性能評価機関の場合

(1) 「証明を行った登録住宅性能評価機関」の欄には，当該家屋が施行令第23条第5項，第24条の2第3項第1号，第26条第3項，第40条の4の2第3項又は第40条の5第2項に定める地震に対する安全性に係る基準に適合するものであることにつき証明を行った登録住宅性能評価機関について，次により記載すること。

資 料 編　　　　　　611

① 「名称」及び「住所」の欄には，住宅の品質確保の促進等に関する
法律第7条第1項の規定により登録を受けた名称及び住所（登録を受
けた後に同法第10条第2項の規定により変更の届出を行った場合は，
当該変更の届出を行った名称及び住所）を記載するものとする。

② 「登録年月日及び登録番号」及び「登録をした者」の欄には，住宅
の品質確保の促進等に関する法律第7条第1項の規定により登録を受
けた年月日及び登録番号並びに登録をした者を記載するものとする。

(2) 「調査を行った建築士又は建築基準適合判定資格者検定合格者」の欄
には，当該家屋が施行令第23条第5項，第24条の2第3項第1号，第26
条第2項，第40条の4の2第3項又は第40条の5第2項に定める地震に
対する安全性に係る基準に適合するものであることにつき調査を行った
建築士又は建築基準適合判定資格者検定合格者について，次により記載
すること。

① 「氏名」の欄には，建築士である場合には建築士法第5条の2の規
定により届出を行った氏名を，建築基準適合判定資格者検定合格者で
ある場合には，建築基準法施行令第6条の規定により通知を受けた氏
名を記載するものとする。

② 「建築士の場合」の「一級建築士，二級建築士又は木造建築士の別」
の欄には，調査を行った建築士の免許の別に応じ，「一級建築士」，
「二級建築士」又は「木造建築士」と記載するものとする。なお，一
級建築士，二級建築士又は木造建築士が証明することのできる家屋は，
それぞれ建築士法第3条から第3条の3までに規定する建築物に該当
するものとする。

③ 「建築士の場合」の「登録番号」及び「登録を受けた都道府県名
（二級建築士又は木造建築士の場合）」の欄には，建築士法第5条の2
の規定により届出を行った登録番号及び当該建築士が二級建築士又は
木造建築士である場合には，建築士法第5条第1項の規定により登録
を受けた都道府県名を記載するものとする。

④ 「建築基準適合判定資格者検定合格者の場合」の「合格通知日付又
は合格証書日付」及び「合格通知番号又は合格証書番号」の欄には，

建築基準法施行令第6条の規定により通知を受けた日付及び合格通知番号（建築基準法の一部を改正する法律（平成10年法律第100号）附則第2条第2項の規定により建築基準適合判定資格者検定に合格したとみなされた者については，合格証書日付及び合格証書番号）を記載するものとする。

9　証明者が住宅瑕疵担保責任保険法人の場合

(1)　「証明を行った住宅瑕疵担保責任保険法人」の欄には，当該家屋が施行令第23条第5項，第24条の2第3項第1号，第26条第3項，第40条の4の2第3項又は第40条の5第2項に定める地震に対する安全性に係る基準に適合するものであることにつき証明を行った住宅瑕疵担保責任保険法人について，次により記載すること。

①　「名称」及び「住所」の欄には，特定住宅瑕疵担保責任の履行の確保等に関する法律第17条第1項の規定により指定を受けた名称及び住所（指定を受けた後に同法第18条第2項の規定により変更の届出を行った場合は，当該変更の届出を行った名称及び住所）を記載するものとする。

②「指定年月日」の欄には，特定住宅瑕疵担保責任の履行の確保等に関する法律第17条第1項の規定により指定を受けた年月日を記載するものとする。

(2)　「調査を行った建築士又は建築基準適合判定資格者検定合格者」の欄には，当該家屋が施行令第23条第5項，第24条の2第3項第1号，第26条第2項，第40条の4の2第3項又は第40条の5第2項に定める地震に対する安全性に係る基準に適合するものであることにつき調査を行った建築士又は建築基準適合判定資格者検定合格者について，次により記載すること。

①　「氏名」の欄には，建築士である場合には建築士法第5条の2の規定により届出を行った氏名を，建築基準適合判定資格者検定合格者である場合には，建築基準法施行令第6条の規定により通知を受けた氏名を記載するものとする。

②　「建築士の場合」の「一級建築士，二級建築士又は木造建築士の別」

資　料　編　　　613

の欄には，調査を行った建築士の免許の別に応じ，「一級建築士」，
「二級建築士」又は「木造建築士」と記載するものとする。なお，一
級建築士，二級建築士又は木造建築士が証明することのできる家屋は，
それぞれ建築士法第３条から第３条の３までに規定する建築物に該当
するものとする。

③　「建築士の場合」の「登録番号」及び「登録を受けた都道府県名
（二級建築士又は木造建築士の場合）」の欄には，建築士法第５条の２
の規定により届出を行った登録番号及び当該建築士が二級建築士又は
木造建築士である場合には，建築士法第５条第１項の規定により登録
を受けた都道府県名を記載するものとする。

④　「建築基準適合判定資格者検定合格者の場合」の「合格通知日付又
は合格証書日付」及び「合格通知番号又は合格証書番号」の欄には，
建築基準法施行令第６条の規定により通知を受けた日付及び合格通知
番号（建築基準法の一部を改正する法律附則第２条第２項の規定によ
り建築基準適合判定資格者検定に合格したとみなされた者については，
合格証書日付及び合格証書番号）を記載するものとする。

614　　　　　　　　　　　　　第　2　部

資料3　耐震基準適合証明書の発行に関する手続等を定めた国土交通省通知

国住備第2号
国住生第1号
国住指第4号
平成17年4月1日
改正平成18年4月1日
改正平成25年4月1日
改正平成30年4月1日
改正　令和4年4月1日

日 本 建 築 士 会 連 合 会 会 長　殿
日本建築士事務所協会連合会会長　殿
日 本 建 築 士 家 協 会 会 長　殿

国土交通省住宅局住 宅 企 画 官

住宅生産課長

建築指導課長

　住宅借入金等を有する場合の所得税額の特別控除制度等に係る租税特別措置法施行規則第1
8条の21第1項第2号等の規定に基づく国土交通大臣が財務大臣と協議して定める書類及び
地方税法施行規則第7条の7第2項の規定に基づく国土交通大臣が総務大臣と協議して定める
書類等に係る建築士等の行う証明について

　租税特別措置法施行令（昭和32年政令第43号）及び租税特別措置法施行規則（昭和32
年大蔵省令第15号）並びに地方税法施行令（昭和25年政令第245号）及び地方税法施行
規則（昭和29年総理府令第23号）において、
（1）住宅借入金等を有する場合の所得税額の特別控除の適用を受けられる既存住宅
（2）特定の居住用財産の買換え及び交換の場合の長期譲渡所得の課税の特例の適用を受けら
　　れる買換資産
（3）住宅取得等資金に係る贈与税非課税措置又は相続時精算課税制度の特例の適用を受けら
　　れる既存住宅
（4）住宅用家屋の所有権の移転登記又は住宅取得資金の貸付け等に係る抵当権の設定登記に
　　対する登録免許税の税率の軽減措置の適用を受けられる既存住宅
（5）既存住宅の取得に係る既存住宅及び既存住宅用の土地に対する不動産取得税の特例措置
　　の適用を受けられる既存住宅
の範囲は、昭和57年1月1日以後に建築された既存住宅（（2）については築25年以内の
既存住宅）のほか、建築基準法施行令（昭和25年政令第338号）第3章及び第5章の4の

資　料　編　　　　　　　　　　　　　　615

規定又は地震に対する安全上耐震関係規定に準ずるものとして定める基準に適合する一定の既
存住宅（（5）については昭和５７年１月１日以後に新築された住宅又は建築基準法施行令第
三章及び第五章の四の規定又は地震に対する安全上耐震関係規定に準ずるものとして定める基
準に適合する一定の既存住宅）とされているところである。

　標記書類については、平成１７年国土交通省告示第３８５号及び平成２１年国土交通省告示
第６８５号並びに昭和５９年５月２２日付け建設省住民発３２号（以下これらを「告示等」と
総称する。）により告示及び通知したところであるが、あわせて告示等に定める建築士等の証
明に関して下記事項に十分留意するよう配慮願いたい。

　なお、本通知の内容については関係省庁とも協議済である。

記

１．所得税額の特別控除等の適用を受けられる既存住宅について

　　住宅借入金等を有する場合の所得税額の特別控除、特定の居住用財産の買換え及び交換の
　場合の長期譲渡所得の課税の特例、直系尊属から住宅取得等資金の贈与を受けた場合の贈与
　税の非課税措置等及び住宅用家屋の所有権の移転登記又は住宅取得資金の貸付け等に係る抵
　当権の設定登記に対する登録免許税の税率の軽減措置、既存住宅に係る不動産取得税の課税
　標準の特例措置及び既存住宅の用に供する土地に係る不動産取得税の減額措置の適用を受け
　られる既存住宅は、国内に存するもので、昭和５７年１月１日以後に建築された既存住宅（特
　定の居住用財産の買換えの場合の長期譲渡所得の課税の特例については、築２５年以内の既
　存住宅。既存住宅に係る不動産取得税の課税標準の特例措置及び既存住宅の用に供する土地
　に係る不動産取得税の減額措置については、昭和５７年１月１日以後に新築された住宅）の
　ほか、次に掲げるものであることにつき租税特別措置法施行規則及び地方税法施行規則並び
　に昭和５９年５月２２日付け建設省住民発３２号（以下これらを「規則等」と総称する。）
　で定めるところにより証明がされたものである。

（1）租税特別措置法（昭和３２年法律第２６号。以下「法」という。）第３６条の２第１項、
　　第３６条の５、第４１条第１項、第７０条の２第１項、第７０条の３第１項、第７３条若し
　　くは第７５条の規定の適用を受けようとする者が取得した建築後使用されたことのある住
　　宅の用に供する家屋（以下「特例対象家屋」という。）が建築基準法施行令第３章及び第５
　　章の４の規定若しくは租税特別措置法施行令第２４条の２第３項第１号ロ、第２６条第３
　　項、第４０条の４の２第３項、第４０条の５第２項及び第４２条第１項第２号に規定する
　　国土交通大臣が財務大臣と協議して定める基準に該当すること（特例対象家屋（法第３６
　　条の２第１項の規定の適用を受けようとする場合における特例対象家屋で耐火建築物に該
　　当しないものを除く。）については、その取得の日前２年以内に、法第３６条の２第１項の
　　規定の適用を受けようとする場合における特例対象家屋で耐火建築物に該当しないものに
　　ついては、その取得の日の２年前の日から法第３６条の２第１項に規定する譲渡の日の属
　　する年の１２月３１日（同条第２項において準用する同条第１項の規定の適用を受ける場
　　合にあっては、同条第２項に規定する取得期限）までに証明に係る調査が終了したものに
　　限る。）、又は、地方税法（昭和２５年法律第２２６号）第７３条の１４第３項若しくは第
　　７３条の２４第２項の規定の適用を受けようとする者が取得した既存住宅（以下「特例対

象住宅」という。）が、建築基準法施行令第3章及び第5章の4に規定する基準若しくは地方税法施行令第37条の18第3号に規定する国土交通大臣が総務大臣と協議して定める基準に該当すること（特例対象住宅の取得の日前2年以内に証明に係る調査が終了したものに限る。）

　　　ここでいう国土交通大臣が財務大臣と協議して定める基準及び国土交通大臣が総務大臣と協議して定める基準は、建築物の耐震改修の促進に関する法律（平成7年法律第123号）第8条第3項第1号の規定に基づく平成18年国土交通省告示第185号で定める地震に対する安全上耐震関係規定に準ずるものとして国土交通大臣が定める基準である。（以下、建築基準法施行令第3章及び第5章の4の規定並びに当該基準を「耐震基準」と総称する。）。

（2）特例対象家屋又は特例対象住宅について交付された住宅の品質確保の促進等に関する法律（平成11年法律第81号。以下「品確法」という。）第6条第3項に規定する建設住宅性能評価書（特例対象家屋（法第36条の2第1項の規定の適用を受けようとする場合における特例対象家屋で耐火建築物に該当しないものを除く。）又は特例対象住宅については、その取得の日前2年以内、法第36条の2第1項の規定の適用を受けようとする場合における特例対象家屋で耐火建築物に該当しないものについては、その取得の日の2年前の日から法第36条の2第1項に規定する譲渡の日の属する年の12月31日（同条第2項において準用する同条第1項の規定の適用を受ける場合にあっては、同条第2項に規定する取得期限）までに評価されたもので、平成13年国土交通省告示第1346号別表2－1の1－1耐震等級（構造躯体の倒壊等防止）に係る評価が等級1、等級2又は等級3であるものに限る。）の交付を受けたものであること

（3）特例対象家屋又は特例対象住宅について既存住宅売買瑕疵担保責任保険契約（次の①及び②に掲げる要件に適合する保険契約であって、特例対象家屋（法第36条の2第1項の規定の適用を受けようとする場合における特例対象家屋で耐火建築物に該当しないものを除く。）又は特例対象住宅については、その取得の日前2年以内、法第36条の2第1項の規定の適用を受けようとする場合における特例対象家屋で耐火建築物に該当しないものについては、その取得の日の2年前の日から法第36条の2第1項に規定する譲渡の日の属する年の12月31日（同条第2項において準用する同条第1項の規定の適用を受ける場合にあっては、同条第2項に規定する取得期限）までに締結されたものに限る。）が締結されていること

①　特定住宅瑕疵担保責任の履行の確保等に関する法律（平成19年法律第66号）第19条第2号の規定に基づき同法第17条第1項の規定による指定を受けた同項に規定する住宅瑕疵担保責任保険法人が引受けを行うものであること

②　家屋又は住宅の構造耐力上主要な部分（住宅の品質確保の促進等に関する法律施行令（平成12年政令第64号）第5条第1項に規定する構造耐力上主要な部分をいう。以下同じ。）に隠れた瑕疵（構造耐力に影響のないものを除く。以下同じ。）がある場合において、次のイ又はロに掲げる場合の区分に応じ、それぞれイ又はロに掲げる損害を塡補するものであること。

イ　宅地建物取引業者（特定住宅瑕疵担保責任の履行の確保等に関する法律第2条第3項に規定する宅地建物取引業者をいう。以下同じ。）が売主である場合　既存住宅売

資　料　編　　　　　　617

買瑕疵担保責任（家屋又は住宅の売買契約において、宅地建物取引業者が負うこととされている民法（明治２９年法律第８９号）第５７０条において準用する同法第５６６条第１項に規定する担保の責任をいう。）を履行することによって生じた当該宅地建物取引業者の損害

ロ　宅地建物取引業者以外の者が売主である場合　既存住宅売買瑕疵保証責任（保証者（家屋又は住宅の構造耐力上主要な部分に隠れた瑕疵がある場合において、買主に生じた損害を填補することを保証する者をいう。以下同じ。）が負う保証の責任をいう。）を履行することによって生じた保証者の損害

２．証明を行うことができる者

規則等で定めるところにより証明を行うことができる者は、

①　建築士法（昭和２５年法律第２０２号）第２３条の３第１項の規定による登録を受けた建築士事務所に属する建築士（証明を行う家屋が同法第３条第１項各号に掲げる建築物であるときは一級建築士、同法第３条の２第１項各号に掲げる建築物であるときは一級建築士又は二級建築士に限る。）

②　建築基準法（昭和２５年法律第２０１号）第７７条の２１第１項に規定する指定確認検査機関

③　品確法第５条第１項に規定する登録住宅性能評価機関

④　特定住宅瑕疵担保責任の履行の確保等に関する法律第１７条第１項の規定による指定を受けた同項に規定する住宅瑕疵担保責任保険法人

である（以下これらの者を「建築士等」と総称する。）。

３．証明手続（別紙１フロー図参照）

（１）依頼者への説明事項

証明の依頼を受けた建築士等は、以下の事項につき依頼者に説明し理解を得た上で、証明業務を行うものとする。

①　証明制度の趣旨及び内容

耐震基準に適合する住宅についてのみ告示等において定める耐震基準適合証明書（以下「証明書」という。）の交付が可能であること、証明書、住宅性能評価書又は既存住宅売買瑕疵担保責任保険契約が締結されていることを証する書類の有効期間（調査終了日、評価日又は締結日）から取得されるまでの最大の期間）が２年であること、証明のための書類、調査内容等。

②　共同住宅及び複合用途の住宅の取扱い

共同住宅及び複合用途の住宅について特別控除等の適用を受けられるのは、各住戸の取得の場合に限られるが、証明書の発行に当たっては、当該住戸を含む建築物全体について耐震基準に適合することの証明が必要であること。

なお、これらの住宅について過去に行われた建築士等による耐震診断又は耐震改修の結果が残存していれば、証明書の発行に当たっての参考となり得る場合があるとともに、証明書の発行のための調査結果が次の証明書の発行に当たっての参考となり得る場合があることを必要に応じて説明することにより、本税制の円滑な活用が図られることが望

ましい。

（2）証明のための書類等

　　建築士等は、証明の申請に当たって、申請者に対して次に掲げる書類又はその写しを提出するよう求めるものとする。

　① 家屋の登記事項証明書

　② 建築確認済証がある場合は当該証書

　③ 設計図書その他設計に関する書類がある場合は当該書類

　④ 過去に行われた耐震診断又は耐震改修に関する書類がある場合は当該書類

（3）証明の方法

　　証明を行う建築士等は、必要に応じて（2）③及び④に掲げる書類を活用しつつ、当該家屋の構造及び劣化の状況を調査した上で、当該家屋が耐震基準に適合するものと認めた場合には、証明書に、耐震基準に適合すると判断するに至った理由等に関する書類を併せて依頼者に交付するものとし、建築士が証明を行った場合には、建築士の免許証又は免許証明書の写しを併せて交付するものとする。

　　なお、品確法第5条第1項に規定する住宅性能評価書の交付を受け、当該住宅性能評価書における耐震等級（構造躯体の倒壊等防止）に係る評価が等級1、等級2又は等級3である家屋は、耐震基準に適合するものとして差し支えない。

　　なお、一般社団法人日本建築士事務所協会連合会（以下「日事連」という。）において、別紙2の耐震診断チェックシートを作成しているので参考とされたい。

4．建築士等の証明手数料について

　　証明手数料については、実費、技術料等を勘案し適正なものとする。

5．建築士による証明事務について

　　建築士による証明事務は、建築士法第21条に定める建築物に関する調査又は鑑定に関する事務であり、証明事務について不誠実な行為を行った場合には同法第10条第1項第2号に基づく懲戒処分の対象となり得るとともに、当該建築士が属する建築士事務所が同法第26条第2項に基づく監督処分の対象となり得ることに留意する。

　　また、証明事務に関し、同法第24条の4第1項に基づき建築士事務所の開設者が備えるべき帳簿に、建築士法施行規則（昭和25年建設省令第38号）第21条第1項各号に定める事項につき適切に記載するものとする。

　　なお、日事連において、別紙3の業務記録台帳を標準的な帳簿記載様式として作成しているので参考とされたい。

6．日事連における広報活動等

　　証明業務の円滑かつ適切な遂行に資するため、日事連のホームページにおいて、証明業務の趣旨、内容等に関し周知を図るとともに、建築士の業務に関する相談に適切に対応することが望ましい。

別紙1　耐震基準適合証明の標準的な手続フロー

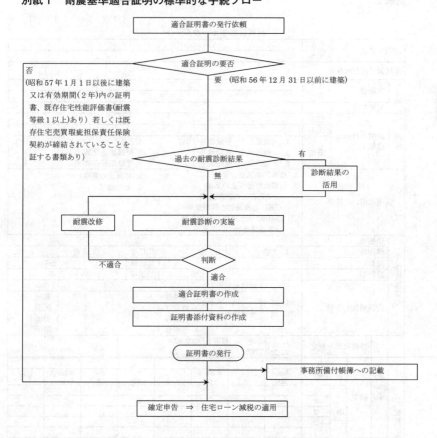

別紙 2

平成　　年　月　日

耐震診断チェックシート

<table>
<tr><td rowspan="2">証明申請者</td><td>住所</td><td colspan="2"></td></tr>
<tr><td>氏名</td><td colspan="2"></td></tr>
<tr><td colspan="2">家屋番号及び所在地</td><td colspan="2"></td></tr>
<tr><td rowspan="3">診断</td><td rowspan="2">実施者</td><td>住所</td><td></td></tr>
<tr><td>氏名</td><td></td></tr>
<tr><td colspan="2">実施年月</td><td></td></tr>
</table>

証明	証明を行った建築士	住所	
		氏名	㊞
		資格	1. 一級建築士　登録番号（　　　） 2. 二級建築士　登録番号（　　　）登録都道府県（　　　） 3. 木造建築士　登録番号（　　　）登録都道府県（　　　）

証明に用いた基準	1. 建築基準法施行令　　　　　　　　3. 品確法の基準 2. 耐震改修促進法の基準　　　　　　4. その他（　　　　　） 　①木造住宅の診断基準 　②RC造建築物の診断基準 　③SRC造建築物の診断基準 　④S建築物の診断基準

建築物概要

建築地		
構造種別	1. 木造　　　2.RC造　　　3.SRC造　　　4.S造	
階数		延面積　　　　　　　　　m²
設計年	年	竣工年　　　　　　　　　年

耐震補強の有無		耐震補強年	年		
	1. 有 2. 無	補強概要	1. 壁増設	（　　）	箇所
			2. 鉄骨ブレース	（　　）	箇所
			3. 柱補強	（　　）	箇所
			4. その他（　　）	（　　）	箇所

耐震診断

非木造

診断次数と判定　　1. 1次診断　判定：Is≧0.8Z=（　　　　）
　　　　　　　　　2. 2次診断　判定：Is≧0.6Z=（　　　　）

方向			X				Y			
指標			形状 SD	経年 T	構造耐震 Is	判定	形状 SD	経年 T	構造耐震 Is	判定
結果	階	5								
		4								
		3								
		2								
		1								

木造

診断種別と判定　　1. 一般診断　判定：評点≧1.0
　　　　　　　　　2. 精密診断　判定：評点≧1.0

方向			X				Y			
指標			耐力	必要耐力	評点	判定	耐力	必要耐力	評点	判定
結果	階	3								
		2								
		1								

証明者所見

建物の改修・劣化状況等	
耐震性能	

建物外観写真

建物平面図

622　　　　　　　　　　　第　2　部

> **資料4　要耐震改修住宅について耐震基準適合証明に係**
> **　る申請に関する書類を定めた国土交通省告示（平**
> **　成26年第430号）**

平成26年 3 月31日　　国土交通省告示第430号

平成31年 3 月29日　　国土交通省告示第482号

令和元年 6 月28日　　国土交通省告示第216号

令和 2 年 3 月31日　　国土交通省告示第482号

令和 3 年 3 月31日　　国土交通省告示第305号

令和 4 年 3 月31日　　国土交通省告示第433号

　租税特別措置法施行規則第18条の21第27項，第23条の 5 の 2 第 6 項及び第23
条の 6 第 5 項並びに新型コロナウイルス感染症等の影響に対応するための国税
関係法律の臨時特例に関する法律施行規則（令和 2 年財務省令第44号）第 4 条
の 2 第 6 項に規定する国土交通大臣が財務大臣と協議して定める書類は，次に
掲げる書類のいずれかとする。

1　租税特別措置法（昭和32年法律第26号）第41条第33項，第70条の 2 第 7 項
　若しくは第70条の 3 第 7 項又は新型コロナウイルス感染症等の影響に対応す
　るための国税関係法律の臨時特例に関する法律（令和 2 年法律第25号）第 6
　条の 2 第 6 項の規定の適用を受けようとする者が取得したこれらの規定に規
　定する要耐震改修住宅，要耐震改修住宅用家屋又は特例要耐震改修住宅であ
　ってその取得の日以後にこれらの規定に規定する耐震改修（以下「耐震改
　修」という。）を行うもの（以下単に「要耐震改修住宅」という。）につき耐
　震改修を行い，当該耐震改修後の要耐震改修住宅が建築基準法施行令（昭和
　25年政令第338号）第 3 章及び第 5 章の 4 の規定又は租税特別措置法施行令
　（昭和32年政令第43号）第26条第 3 項，第40条の 4 の 2 第 3 項及び第40条の
　5 第 2 項に規定する国土交通大臣が財務大臣と協議して定める地震に対する
　安全性に係る基準に適合するものである旨の証明を受けるために建築士（建
　築士法（昭和25年法律第202号）第23条の 3 第 1 項の規定により登録された

資 料 編　　　　　　　　　　　623

建築士事務所に属する建築士に限るものとし，当該住宅が，同法第3条第1
項各号に掲げる建築物であるときは一級建築士に，同法第3条の2第1項各
号に掲げる建築物であるときは一級建築士又は二級建築士に限るものとす
る。），建築基準法（昭和25年法律第201号）第77条の21第1項に規定する指
定確認検査機関，住宅の品質確保の促進等に関する法律（平成11年法律第81
号）第5条第1項に規定する登録住宅性能評価機関又は特定住宅瑕疵担保責
任の履行の確保等に関する法律（平成19年法律第66号）第17条第1項の規定
による指定を受けた同項に規定する住宅瑕疵担保責任保険法人（以下「保険
法人」という。）に対して提出する別表1の書式による申請書（要耐震改修
住宅の取得の日までに当該申請書の提出が困難な場合には，同表の書式によ
る仮申請書）

2　要耐震改修住宅に係る住宅の品質確保の促進等に関する法律施行規則（平
成12年建設省令第20号）第5条第1項に規定する建設住宅性能評価申請書（要
耐震改修住宅の取得の日までに当該申請書の提出が困難な場合には，別表2
の書式による仮申請書）（平成13年国土交通省告示第1346号別表2－1の1
－1耐震等級（構造躯体の倒壊等防止）について建設住宅性能評価を希望す
るものに限る。）

3　要耐震改修住宅に係る既存住宅売買瑕疵担保責任保険契約（次のイ及びロ
に掲げる要件に適合する保険契約に限る。）の申込書（当該契約の申込日が
記載されているものに限る。）

　イ　特定住宅瑕疵担保責任の履行の確保等に関する法律第19条第2号の規定
　　に基づき保険法人が引受けを行うものであること。

　ロ　建築後使用されたことのある住宅の用に供する家屋の構造耐力上主要な
　　部分（住宅の品質確保の促進等に関する法律施行令（平成12年政令第64号）
　　第5条第1項に規定する構造耐力上主要な部分をいう。以下同じ。）に瑕
　　疵（住宅の品質確保の促進等に関する法律第2条第5項に規定する瑕疵
　　（構造耐力に影響のないものを除く。）をいう。以下同じ。）がある場合に
　　おいて，次の(1)又は(2)に掲げる場合の区分に応じ，それぞれ(1)又は(2)に掲
　　げる損害を塡補するものであること。

　　(1)　宅地建物取引業者（特定住宅瑕疵担保責任の履行の確保等に関する法

律第2条第4項に規定する宅地建物取引業者をいう。以下同じ。）が売主である場合　既存住宅売買瑕疵担保責任（建築後使用されたことのある住宅の用に供する家屋の売買契約において，宅地建物取引業者が負うこととされている民法（明治29年法律第89号）第415条，第541条，第542条，第562条及び第563条に規定する担保の責任をいう。）を履行することによって生じた当該宅地建物取引業者の損害

(2)　宅地建物取引業者以外の者が売主である場合　既存住宅売買瑕疵保証責任（保証者（建築後使用されたことのある住宅の用に供する家屋の構造耐力上主要な部分に瑕疵がある場合において，買主に生じた損害を塡補することを保証する者をいう。以下同じ。）が負う保証の責任をいう。）を履行することによって生じた保証者の損害

別表1

耐 震 基 準 適 合 証 明 申 請 書

仮 申 請 書

申　請　者 （家屋取得 （予定）者）	住　所	
	氏　名	
家屋取得日（予定日）	年　　　月　　　日	
取得（予定）の家屋 番号及び所在地		
耐震改修工事開始予 定日	年　　　月　　　日	

　上記の家屋について，租税特別措置法第41条第33項又は新型コロナウイルス感染症等の影響に対応するための国税関係法律の臨時特例に関する法律第6条の2第6項の規定の適用を受けようとする場合においては居住の用に供する日までに，租税特別措置法第70条の2第7項又は第70条の3第7項の規定の適用を受けようとする場合においては取得期限までに，これらの規定に規定する耐震改修を行い，当該耐震改修後，当該家屋が耐震基準に適合する旨の証明を受けることを申請（当該家屋の取得の日までに申請が困難な場合には仮申請。以下同じ。）します。

資　料　編　　　　　　　　625

申　請　年　月　日	年　　　　月　　　　日

※当該家屋の取得の日までに申請が困難な場合には，以下の欄に記載

正式な申請が困難な理由（※以下の項目にチェックを記載）
□耐震改修工事を行う事業者が確定していないため □耐震改修工事の設計が確定していないため □その他の事由の場合，以下の空欄に記載 （　　　　　　　　　　　　　　　　　　　　　　　　　　　　）

※受付欄
1．申請を受けた者が建築士事務所に属する建築士の場合

申請を受けた建築士	氏　　　　名				印
	一級建築士，二級建築士又は木造建築士の別		登　録　番　号		
			登録を受けた都道府県名（二級建築士又は木造建築士の場合）		
申請を受けた建築士の属する建築士事務所	名　　　　称				
	所　在　地				
	一級建築士事務所，二級建築士事務所又は木造建築士事務所の別				
	登録年月日及び登録番号				
申　請　受　理　日	年　　　月　　　日				

2．申請を受けた者が指定確認検査機関の場合

申請を受けた指定確認検査機関	名　　　　称	印
	住　　　　所	
	指定年月日及び指定番号	
	指定をした者	
申　請　受　理　日	年　　　月　　　日	

第　2　部

3．申請を受けた者が登録住宅性能評価機関の場合

申請を受けた登録住宅性能評価機関	名　　　称	印
	住　　　所	
	登録年月日及び登録番号	
	登録をした者	
申　請　受　理　日	年　　　月　　　日	

4．申請を受けた者が住宅瑕疵担保責任保険法人の場合

申請を受けた住宅瑕疵担保責任保険法人	名　　　称	印
	住　　　所	
	指定年月日	
申　請　受　理　日	年　　　月　　　日	

（用紙　日本産業規格　Ａ４）

備考

1　「申請者（家屋取得（予定）者）」，「家屋取得日（予定日）」，「取得（予定）の家屋番号及び所在地」，「耐震改修工事開始予定日」，「申請年月日」，「正式な申請が困難な理由」の欄は，この申請書の申請をする者が記載することとし，「※受付欄」以下は，申請を受けた建築事務所に属する建築士，指定確認検査機関，登録住宅性能評価機関又は住宅瑕疵担保責任保険法人のいずれかが記載すること。

2　「申請者（家屋取得（予定）者）」の「住所」及び「氏名」の欄には，この申請書の申請をする者の住所及び氏名をこの申請書を作成する日の現況により記載すること。

3　「家屋取得日（予定日）」の欄には，この申請書の申請をする者が当該家屋を取得する（予定）の年月日を記載すること。

4　「取得（予定）の家屋番号及び所在地」の欄には，当該家屋の登記簿に記載された家屋番号及び所在地を記載すること。ただし，当該家屋を取得していない場合は，当該家屋の所在地のみを記載すること。

5　「耐震改修工事開始予定日」の欄には，当該家屋の耐震改修工事が開始される予定の年月日を記載すること。

資　料　編　　　　　　　　　　627

6　「申請年月日」の欄には，申請を行った年月日を記載すること。

7　「正式な申請が困難な理由」の欄は，当該家屋の取得の日までに申請が
　困難な場合に記載することとし，正式な申請が困難な理由の項目にチェッ
　クを記載するとともに，適当な理由の項目がない場合には，空欄に正式な
　申請が困難な理由を記載すること。

8　申請を受けた者が建築士事務所に属する建築士の場合

(1)　「申請を受けた建築士」の欄には，申請を受けた建築士について，次
　により記載すること。

　　①　「氏名」の欄には，建築士法第5条の2の規定により届出を行った
　　　氏名を記載するものとする。

　　②　「一級建築士，二級建築士又は木造建築士の別」の欄には，申請を
　　　受けた建築士の免許の別に応じ，「一級建築士」,「二級建築士」又は
　　　「木造建築士」と記載するものとする。なお，一級建築士，二級建築
　　　士又は木造建築士が証明することのできる家屋は，それぞれ建築士法
　　　第3条から第3条の3までに規定する建築物に該当するものとする。

　　③　「登録番号」の欄には，申請を受けた建築士について建築士法第5
　　　条の2の規定による届出に係る登録番号を記載するものとする。

　　④　「登録を受けた都道府県名（二級建築士又は木造建築士の場合)」の
　　　欄には，申請を受けた建築士が二級建築士又は木造建築士である場合
　　　には，建築士法第5条第1項の規定により登録を受けた都道府県名を
　　　記載するものとする。

(2)　「申請を受けた建築士の属する建築士事務所」の「名称」,「所在地」,
　「一級建築士事務所，二級建築士事務所又は木造建築士事務所の別」及
　び「登録年月日及び登録番号」の欄には，建築士法第23条の3第1項に
　規定する登録簿に記載された建築士事務所の名称及び所在地，一級建築
　士事務所，二級建築士事務所又は木造建築士事務所の別並びに登録年月
　日及び登録番号を記載すること。

(3)　「申請受理日」の欄には，申請を受けた年月日を記載すること。

9　申請を受けた者が指定確認検査機関の場合

(1)　「申請を受けた指定確認検査機関」の欄には，申請を受けた指定確認

検査機関について，次により記載すること。

① 「名称」及び「住所」の欄には，建築基準法第77条の18第1項の規定により指定を受けた名称及び住所（指定を受けた後に同法第77条の21第2項の規定により変更の届出を行った場合は，当該変更の届出を行った名称及び住所）を記載するものとする。

② 「指定年月日及び指定番号」及び「指定をした者」の欄には，建築基準法第77条の18第1項の規定により指定を受けた年月日及び指定番号並びに指定をした者を記載するものとする。

(2) 「申請受理日」の欄には，申請を受けた年月日を記載すること。

10　申請を受けた者が登録住宅性能評価機関の場合

(1) 「申請を受けた登録住宅性能評価機関」の欄には，申請を受けた登録住宅性能評価機関について，次により記載すること。

① 「名称」及び「住所」の欄には，住宅の品質確保の促進等に関する法律第7条第1項の規定により登録を受けた名称及び住所（登録を受けた後に同法第10条第2項の規定により変更の届出を行った場合は，当該変更の届出を行った名称及び住所）を記載するものとする。

② 「登録年月日及び登録番号」及び「登録をした者」の欄には，住宅の品質確保の促進等に関する法律第7条第1項の規定により登録を受けた年月日及び登録番号並びに登録をした者を記載するものとする。

(2) 「申請受理日」の欄には，申請を受けた年月日を記載すること。

11　申請を受けた者が住宅瑕疵担保責任保険法人の場合

(1) 「申請を受けた住宅瑕疵担保責任保険法人」の欄には，申請を受けた住宅瑕疵担保責任保険法人について，次により記載すること。

① 「名称」及び「住所」の欄には，特定住宅瑕疵担保責任の履行の確保等に関する法律第17条第1項の規定により指定を受けた名称及び住所（指定を受けた後に同法第18条第2項の規定により変更の届出を行った場合は，当該変更の届出を行った名称及び住所）を記載するものとする。

② 「指定年月日」の欄には，特定住宅瑕疵担保責任の履行の確保等に関する法律第17条第1項の規定により指定を受けた年月日を記載する

資 料 編　　　　　629

ものとする。

(2) 「申請受理日」の欄には，申請を受けた年月日を記載すること。

別表2

建 設 住 宅 性 能 評 価 仮 申 請 書

申　請　者 （家屋取得 （予定）者）	住　所	
	氏　名	
家屋取得日（予定日）		年　　　月　　　日
取得（予定）の家屋 番号及び所在地		
耐震改修工事開始予 定日		年　　　月　　　日

　上記の家屋について，租税特別措置法第41条第33項又は新型コロナウイルス感染症等の影響に対応するための国税関係法律の臨時特例に関する法律第6条の2第6項の規定の適用を受けようとする場合においては居住の用に供する日までに，租税特別措置法第70条の2第7項又は第70条の3第7項の規定の適用を受けようとする場合においては取得期限までに，これらの規定に規定する耐震改修を行い，当該耐震改修後，当該家屋が耐震基準に適合する旨の証明を受けることを申請します。

仮申請年月日	年　　　　　月　　　　　　日

正式な申請が困難な理由（※以下の項目にチェックを記載）
□耐震改修工事を行う事業者が確定していないため □耐震改修工事の設計が確定していないため □その他の事由の場合，以下の空欄に記載 （　　　　　　　　　　　　　　　　　　　　　　　　　　　）

※受付欄

仮申請を受けた 登録住宅性能評 価機関	名　　　称	印
	住　　　所	
	登録年月日及 び登録番号	
	登録をした者	
仮申請受理日		年　　　月　　　日

（用紙　日本産業規格　A4）

資　料　編　　　　631

備考

1　「申請者（家屋取得（予定）者）」の「住所」及び「氏名」の欄には，この仮申請書の申請をする者の住所及び氏名をこの仮申請書を作成する日の現況により記載すること。

2　「家屋取得日（予定日）」の欄には，この仮申請書の申請をする者が当該家屋を取得する（予定）の年月日を記載すること。

3　「取得（予定）の家屋番号及び所在地」の欄には，当該家屋の登記簿に記載された家屋番号及び所在地を記載すること。ただし，当該家屋を取得していない場合は，当該家屋の所在地のみを記載すること。

4　「耐震改修工事開始予定日」の欄には，当該家屋の耐震改修工事が開始される予定の年月日を記載すること。

5　「仮申請年月日」の欄には，仮申請が行われた年月日を記載すること。

6　「正式な申請が困難な理由」の欄には，正式な申請が困難な理由の項目にチェックを記載することとし，適当な理由の項目がない場合には，空欄に正式な申請が困難な理由を記載すること。

7　「仮申請を受けた登録住宅性能評価機関」の欄には，仮申請を受けた登録住宅性能評価機関について，次により記載すること。

①　「名称」及び「住所」の欄には，住宅の品質確保の促進等に関する法律第7条第1項の規定により登録を受けた名称及び住所（登録を受けた後に同法第10条第2項の規定により変更の届出を行った場合は，当該変更の届出を行った名称及び住所）を記載するものとする。

②　「登録年月日及び登録番号」及び「登録をした者」の欄には，住宅の品質確保の促進等に関する法律第7条第1項の規定により登録を受けた年月日及び登録番号並びに登録をした者を記載するものとする。

③「仮申請受理日」の欄には，仮申請を受けた年月日を記載すること。

第 2 部

> **資料5　要耐震改修住宅について耐震基準適合を証明する書類を定めた国土交通省告示（平成26年第431号）**

平成26年3月31日　国土交通省告示第431号
平成31年3月29日　国土交通省告示第495号
令和2年3月31日　国土交通省告示第483号
令和3年3月31日　国土交通省告示第306号
令和4年3月31日　国土交通省告示第434号

　租税特別措置法施行規則第18条の21第28項，第23条の5の2第7項及び第23条の6第6項並びに新型コロナウイルス感染症等の影響に対応するための国税関係法律の臨時特例に関する法律施行規則（令和2年財務省令第44号）第4条の2第7項に規定する国土交通大臣が財務大臣と協議して定める書類は，次の各号に掲げる場合の区分に同じ当該各号に定める書類とする。

1　建築物の耐震改修の促進に関する法律（平成7年法律第123号）第17条第1項の申請をした場合又は平成26年国土交通省告示第430号第1号に掲げる書類により租税特別措置法施行規則第18条の21第27項，第23条の5の2第6項若しくは第23条の6第5項若しくは新型コロナウイルス感染症等の影響に対応するための国税関係法律の臨時特例に関する法律施行規則第4条の2第6項の申請をした場合　租税特別措置法（昭和32年法律第26号）第41条第33項，第70条の2第7項若しくは第70条の3第7項又は新型コロナウイルス感染症等の影響に対応するための国税関係法律の臨時特例に関する法律（令和2年法律第25号）第6条の2第6項の規定の適用を受けようとする者が取得したこれらの規定に規定する要耐震改修住宅，要耐震改修住宅用家屋又は特例要耐震改修住宅であってその取得の日以後にこれらの規定に規定する耐震改修が行われたもの（以下「耐震改修住宅」という。）が耐震基準（建築基準法施行令（昭和25年政令第338号）第3章及び第5章の4の規定又は租税特別措置法施行令（昭和32年政令第43号）第26条第3項，第40条の4の2第

資　料　編　　　　　633

３項及び第40条の５第２項に規定する国土交通大臣が財務大臣と協議して定
める地震に対する安全性に係る基準をいう。以下同じ。）に適合するもので
ある旨を建築士（建築士法（昭和25年法律第202号）第23条の３第１項の規
定により登録された建築士事務所に属する建築士に限るものとし，当該住宅
が，同法第３条第１項各号に掲げる建築物であるときは一級建築士に，同法
第３条の２第１項各号に掲げる建築物であるときは一級建築士又は二級建築
士に限るものとする。），建築基準法（昭和25年法律第201号）第77条の21第
１項に規定する指定確認検査機関，住宅の品質確保の促進等に関する法律
（平成11年法律第81号）第５条第１項に規定する登録住宅性能評価機関又は
特定住宅瑕疵担保責任の履行の確保等に関する法律（平成19年法律第66号）
第17条第１項の規定による指定を受けた同項に規定する住宅瑕疵担保責任保
険法人（以下「保険法人」という。）が平成21年国土交通省告示第685号別表
の書式により証する書類（租税特別措置法第41条第33項又は新型コロナウイ
ルス感染症等の影響に対応するための国税関係法律の臨時特例に関する法律
第６条の２第６項の規定の適用を受けようとする場合においてはその者の居
住の用に供する日までに，租税特別措置法第70条の２第７項又は第70条の３
第７項の規定の適用を受けようとする場合においてはこれらの規定に規定す
る取得期限までに，当該耐震改修により耐震基準に適合することとなった当
該耐震改修住宅に係るものに限る。）

２　平成26年国土交通省告示第430号第２号に掲げる書類により租税特別措置
　法施行規則第18条の21第23項，第23条の５の２第７項若しくは第23条の６第
　６項又は新型コロナウイルス感染症等の影響に対応するための国税関係法律
　の臨時特例に関する法律施行規則第４条の２第６項の申請をした場合　耐震
　改修住宅について交付された住宅の品質確保の促進等に関する法律第６条第
　３項に規定する建設住宅性能評価書の写し（租税特別措置法第41条第33項又
　は新型コロナウイルス感染症等の影響に対応するための国税関係法律の臨時
　特例に関する法律第６条の２第６項の規定の適用を受けようとする場合にお
　いてはその者の居住の用に供する日までに，租税特別措置法第70条の２第７
　項又は第70条の３第７項の規定の適用を受けようとする場合においてはこれ
　らの規定に規定する取得期限までに，耐震改修により耐震基準に適合するこ

ととなった当該耐震改修住宅に係るもので，平成13年国土交通省告示第1346号別表2－1の1－1耐震等級（構造躯体の倒壊等防止）に係る評価が等級1，等級2又は等級3であるものに限る。）

3　平成26年国土交通省告示第430号第3号に掲げる書類により租税特別措置法施行規則第18条の21第23項，第23条の5の2第7項若しくは第23条の6第6項又は新型コロナウイルス感染症等の影響に対応するための国税関係法律の臨時特例に関する法律施行規則第4条の2第6項の申請をした場合　耐震改修住宅について交付された既存住宅売買瑕疵担保責任保険契約（次のイ及びロに掲げる要件に適合する保険契約に限る。）が締結されていることを証する書類（租税特別措置法第41条第33項又は新型コロナウイルス感染症等の影響に対応するための国税関係法律の臨時特例に関する法律第6条の2第6項の規定の適用を受けようとする場合においてはその者の居住の用に供する日までに，租税特別措置法第70条の2第7項又は第70条の3第7項の規定の適用を受けようとする場合においてはこれらの規定に規定する取得期限までに，耐震改修により耐震基準に適合することとなった当該耐震改修住宅に係るものに限る。）

イ　特定住宅瑕疵担保責任の履行の確保等に関する法律第19条第2号の規定に基づき保険法人が引受けを行うものであること。

ロ　建築後使用されたことのある住宅の用に供する家屋の構造耐力上主要な部分（住宅の品質確保の促進等に関する法律施行令（平成12年政令第64号）第5条第1項に規定する構造耐力上主要な部分をいう。以下同じ。）に瑕疵（住宅の品質確保の促進等に関する法律第2条第5項に規定する瑕疵（構造耐力に影響のないものを除く。）をいう。以下同じ。）がある場合において，次の(1)又は(2)に掲げる場合の区分に応じ，それぞれ(1)又は(2)に掲げる損害を填補するものであること。

(1)　宅地建物取引業者（特定住宅瑕疵担保責任の履行の確保等に関する法律第2条第4項に規定する宅地建物取引業者をいう。以下同じ。）が売主である場合　既存住宅売買瑕疵担保責任（建築後使用されたことのある住宅の用に供する家屋の売買契約において，宅地建物取引業者が負うこととされている民法（明治29年法律第89号）第415条，第541条，第

542条，第562条及び第563条に規定する担保の責任をいう。）を履行する
ことによって生じた当該宅地建物取引業者の損害

(2) 宅地建物取引業者以外の者が売主である場合　既存住宅売買瑕疵保証
責任（保証者（建築後使用されたことのある住宅の用に供する家屋の構
造耐力上主要な部分に瑕疵がある場合において，買主に生じた損害を填
補することを保証する者をいう。以下同じ。）が負う保証の責任をいう。）
を履行することによって生じた保証者の損害

資料6　買取再販住宅であることを証明する書類を定めた国土交通省告示（令和4年第423号）

令和4年3月31日　国土交通省告示第423号

　租税特別措置法施行規則（昭和32年大蔵省令第15号）第18条の21第18項の規定に基づき，国土交通大臣が財務大臣と協議して定める書類を次のように定めたので告示する。

　租税特別措置法施行規則第18条の21第18項に規定する国土交通大臣が財務大臣と協議して定める書類は，同項の証明の申請を受けた建築士（建築士法（昭和25年法律第202号）第23条の3第1項の規定により登録された建築士事務所に属する建築士に限るものとし，当該申請に係る住宅の用に供する家屋が，同法第3条第1項各号に掲げる建築物であるときは一級建築士に，同法第3条の2第1項各号に掲げる建築物であるときは一級建築士又は二級建築士に限るものとする。），建築基準法（昭和25年法律第201号）第77条の21第1項に規定する指定確認検査機関，住宅の品質確保の促進等に関する法律（平成11年法律第81号）第5条第1項に規定する登録住宅性能評価機関又は特定住宅瑕疵担保責任の履行の確保等に関する法律（平成19年法律第66号）第17条第1項の規定による指定を受けた同項に規定する住宅瑕疵（かし）担保責任保険法人の，当該申請に係る工事が租税特別措置法施行令（昭和32年政令第43号）第42条の2の2第2項各号に掲げる工事に該当する旨を昭和63年建設省告示第1274号別表第二の書式により証する書類（当該申請に係る工事が同項第7号に掲げる工事である場合は，当該書類及び平成26年国土交通省告示第436号に掲げる国土交通大臣が財務大臣と協議して定める保証保険契約が締結されていることを証する書類）とする。

　　附則　この告示の規定は，令和4年1月1日以後に居住の用に供される家屋について適用する。

資　料　編　　　　　　　　　　　637

第 2　認定住宅に関する告示

資料 7　認定長期優良住宅であることを証明する書類を定めた国土交通省告示（平成21年第833号）

租税特別措置法施行規則（昭和32年大蔵省令第15号）第18条の21第12項第 2 号の規定に基づき，国土交通大臣が財務大臣と協議して定める書類を次のように定めたので告示する。

平成21年 7 月31日　　国土交通省告示第833号

平成31年 3 月29日　　国土交通省告示第474号

令和元年 6 月28日　　国土交通省告示第228号

令和 3 年 3 月31日　　国土交通省告示第331号

令和 4 年 3 月31日　　国土交通省告示第449号

租税特別措置法施行規則第18条の21第13項第 2 号及び新型コロナウイルス感染症等の影響に対応するための国税関係法律の臨時特例に関する法律施行規則（令和 2 年財務省令第44号）第 4 条の 2 第 2 項第 2 号に規定する国土交通大臣が財務大臣と協議して定める書類は，租税特別措置法（昭和32年法律第26号）第41条第10項（同条19項の規定によりみなして適用する場合を含む。）若しくは第41条の19の 4 第 1 項若しくは第 2 項の規定の適用を受けようとする者が新築し，若しくは取得した家屋又は新型コロナウイルス感染症等の影響に対応するための国税関係法律の臨時特例に関する法律（令和 2 年法律第25号）第 6 条の 2 第 5 項の規定の適用を受けようとする者が新築した家屋若しくは取得した建築後使用されたことのない家屋が長期優良住宅の普及の促進に関する法律（平成20年法律第87号）第 9 条第 1 項に規定する認定長期優良住宅建築等計画に基づき建築された家屋である旨を，建築士（建築士法（昭和25年法律第202号）第23条の 3 第 1 項の規定により登録された建築士事務所に属する建築士に

限るものとし，当該家屋が同法第3条第1項各号に掲げる建築物であるときは一級建築士に，同法第3条の2第1項各号に掲げる建築物であるときは一級建築士又は二級建築士に限るものとする。），建築基準法（昭和25年法律第201号）第77条の21第1項に規定する指定確認検査機関又は住宅の品質確保の促進等に関する法律（平成11年法律第81号）第5条第1項に規定する登録住宅性能評価機関が別表の書式により証する書類とする。

<u>資　料　編</u>　　　　　639

別表

認定長期優良住宅建築証明書

証明申請者	住　所	
	氏　名	
家屋番号及び所在地		
建 築 工 事 終 了 日	年　　月　　日	
家 屋 調 査 日	年　　月　　日	
長期優良住宅建築等 計 画 の 認 定 主 体		
長期優良住宅建築等 計 画 の 認 定 番 号	第　　　　　号	
長期優良住宅建築等 計 画 の 認 定 年 月 日	年　　月　　日	

　工事が完了した建築物に係る上記の家屋について上記の認定長期優良住宅建築等計画に基づき建築された家屋であることを証明します。

　　　　　　　　　　　　　　　　　　　　　　　年　　月　　日

証明を行った建築士、指定確認検査機関又は登録住宅性能評価機関	氏 名 又 は 名 称				印
	一級建築士、二級建築士又は木造建築士の別		登 録 番 号		
			登録を受けた都道府県名 (二級建築士又は木造建築士の場合)		
	指定確認検査機関又は登録住宅性能評価機関の場合	住　　　　　所			
		指定・登録年月日及び指定・登録番号			
		指定をした者(指定確認検査機関の場合)			
建築士が証明を行った場合の当該建築士の属する建築士事務所	名　　　　称				
	所　在　地				
	一級建築士事務所、二級建築士事務所又は木造建築士事務所の別				
	登録年月日及び登録番号				

指定確認検査機関が証明を行った場合の調査を行った建築士又は建築基準適合判定資格者	氏　名				
	建築士の場合	一級建築士、二級建築士又は木造建築士の別		登　録　番　号	
				登録を受けた都道府県名（二級建築士又は木造建築士の場合）	
	建築基準適合判定資格者の場合			登　録　番　号	
				登録を受けた地方整備局等名	
登録住宅性能評価機関が証明を行った場合の調査を行った建築士又は建築基準適合判定資格者検定合格者	氏　名				
	建築士の場合	一級建築士、二級建築士又は木造建築士の別		登　録　番　号	
				登録を受けた都道府県名（二級建築士又は木造建築士の場合）	
	建築基準適合判定資格者検定合格者の場合		合格通知日付又は合格証書日付		
			合格通知番号又は合格証書番号		

（用紙　日本産業規格　Ａ４）

資　料　編　　　　　　　641

備考

1　「証明申請者」の「住所」及び「氏名」の欄には、この証明書の交付を受けようとする者の住所及び氏名をこの証明書を作成する日の現況により記載すること。

2　「家屋番号及び所在地」の欄には、当該家屋の登記簿に記載された家屋番号及び所在地を記載すること。

3　「建築工事終了日」の欄には、当該家屋の建築工事が終了した年月日を記載すること。

4　「家屋調査日」の欄には、証明のための当該家屋の調査が終了した年月日を記載すること。

5　「長期優良住宅建築等計画の認定番号」の欄には、当該家屋に係る長期優良住宅の普及の促進に関する法律施行規則（平成21年国土交通省令第3号）第2号様式（長期優良住宅の普及の促進に関する法律第8条第1項の認定があった場合には、第4号様式。6において同じ。）に記載された認定番号を記載すること。

6　「長期優良住宅建築等計画の認定年月日」の欄には、当該家屋に係る長期優良住宅の普及の促進に関する法律施行規則第2号様式に記載された認定年月日を記載すること。

7　「証明を行った建築士、指定確認検査機関又は登録住宅性能評価機関」の欄には、当該家屋が認定長期優良住宅建築等計画に基づき建築された家屋であることにつき証明を行った建築士、指定確認検査機関又は登録住宅性能評価機関について、次により記載すること。

(1)　「氏名又は名称」の欄には、建築士が証明した場合には建築士法第5条の2の規定により届出を行った氏名を、指定確認検査機関が証明した場合には建築基準法第77条の18第1項の規定により指定を受けた名称（指定を受けた後に同法第77条の21第2項の規定により変更の届出を行った場合は、当該変更の届出を行った名称）を、登録住宅性能評価機関が証明した場合には住宅の品質確保の促進等に関する法律第7条第1項の規定により登録を受けた名称（登録を受けた後に同法第10条第2項の規定により変更の届出を行った場合は、当該変更の届出を行った名称）を記載するものとする。

(2)　「一級建築士、二級建築士又は木造建築士の別」の欄には、証明を行った建築士の免許の別に応じ、「一級建築士」、「二級建築士」又は「木造建築士」と記載するものとする。なお、一級建築士、二級建築士又は木造建築士が証明することのできる家屋は、それぞれ建築士法第3条から第3条の3までに規定する建築物に該当するものとする。

(3)　「登録番号」の欄には、証明を行った建築士について建築士法第5条の2の規定による届出に係る登録番号を記載するものとする。

(4)　「登録を受けた都道府県名（二級建築士又は木造建築士の場合）」の欄には、証明を行った建築士が二級建築士又は木造建築士である場合には、建築士法第5条第1項の規定により登録を受けた都道府県名を記載するものとする。

(5)　「指定確認検査機関又は登録住宅性能評価機関の場合」の「住所」、「指定・登録年月日及び指定・登録番号」及び「指定をした者（指定確認検査機関の場合）」の欄には、指定確認検査機関が証明した場合には建築基準法第77条の18第1項の規定により指定を受けた住所（指定を受けた後に同法第77条の21第2項の規定により変更の届出を行った場合は、当該変更の届出を行った住所）、指定を受けた年月日、指定番号及び指定をした者を、登録住宅性能評価機関が証明した場合には住宅の品質確保の促進等に関する法律第7条第1項の規定により登録を受けた住所（登録を受けた後に同法第10条第2項の規定により変更の

届出を行った場合は、当該変更の届出を行った住所）、年月日及び登録番号を記載するものとする。

8 「建築士が証明を行った場合の当該建築士の属する建築士事務所」の「名称」、「所在地」、「一級建築士事務所、二級建築士事務所又は木造建築士事務所の別」及び「登録年月日及び登録番号」の欄には、建築士法第23条の３第１項に規定する登録簿に記載された建築士事務所の名称及び所在地、一級建築士事務所、二級建築士事務所又は木造建築士事務所の別並びに登録年月日及び登録番号を記載すること。

9 「指定確認検査機関が証明を行った場合の調査を行った建築士又は建築基準適合判定資格者」の欄には、当該家屋が認定長期優良住宅建築等計画に基づき建築された家屋であることにつき調査を行った建築士又は建築基準適合判定資格者について、次により記載すること。

(1) 「氏名」の欄には、建築士である場合には建築士法第５条の２の規定により届出を行った氏名を、建築基準適合判定資格者である場合には建築基準法第77条の58又は第77条の60の規定により登録を受けた氏名を記載するものとする。

(2) 「建築士の場合」の「一級建築士、二級建築士又は木造建築士の別」の欄には、調査を行った建築士の免許の別に応じ、「一級建築士」、「二級建築士」又は「木造建築士」と記載するものとする。なお、一級建築士、二級建築士又は木造建築士が調査することのできる家屋は、それぞれ建築士法第３条から第３条の３までに規定する建築物に該当するものとする。

(3) 「建築士の場合」の「登録番号」及び「登録を受けた都道府県名（二級建築士又は木造建築士の場合）」の欄には、建築士法第５条の２の規定により届出を行った登録番号及び当該建築士が二級建築士又は木造建築士である場合には、同法第５条第１項の規定により登録を受けた都道府県名を記載するものとする。

(4) 「建築基準適合判定資格者の場合」の「登録番号」及び「登録を受けた地方整備局等名」の欄には、建築基準法第77条の58又は第77条の60の規定により登録を受けた登録番号及び地方整備局等の名称を記載するものとする。

10 「登録住宅性能評価機関が証明を行った場合の調査を行った建築士又は建築基準適合判定資格者検定合格者」の欄には、当該家屋が認定長期優良住宅建築等計画に基づき建築された家屋であることにつき調査を行った建築士又は建築基準適合判定資格者検定合格者について、次により記載すること。

(1) 「氏名」の欄には、建築士である場合には建築士法第５条の２の規定により届出を行った氏名を、建築基準適合判定資格者検定合格者である場合には、建築基準法施行令第６条の規定により通知を受けた氏名を記載するものとする。

(2) 「建築士の場合」の「一級建築士、二級建築士又は木造建築士の別」の欄には、調査を行った建築士の免許の別に応じ、「一級建築士」、「二級建築士」又は「木造建築士」と記載するものとする。なお、一級建築士、二級建築士又は木造建築士が調査することのできる家屋は、それぞれ建築士法第３条から第３条の３までに規定する建築物に該当するものとする。

(3) 「建築士の場合」の「登録番号」及び「登録を受けた都道府県名（二級建築士又は木造建築士の場合）」の欄には、建築士法第５条の２の規定により届出を行った登録番号及び当該建築士が二級建築士又は木造建築士である場合には、同法第５条第１項の規定により登録を受けた都道府県名を記載するものとする。

(4) 「建築基準適合判定資格者検定合格者の場合」の「合格通知日付又は合格証書日付」及

資　料　編　　643

び「合格通知番号又は合格証書番号」の欄には、建築基準法施行令第6条の規定により通知を受けた日付及び合格通知番号（建築基準法の一部を改正する法律（平成10年法律第100号）附則第2条第2項の規定により建築基準適合判定資格者検定に合格したとみなされた者については、合格証書日付及び合格証書番号）を記載するものとする。

第 2 部

資料8　認定低炭素住宅であることを証明する書類を定めた国土交通省告示（平成24年第1383号）

租税特別措置法施行規則（昭和32年大蔵省令第15号）第18条の21第13項第2号の規定に基づき，国土交通大臣が財務大臣と協議して定める書類を次のように定めたので告示する。

平成24年12月 3 日　国土交通省告示第1383号
平成25年 5 月31日　国土交通省告示第552号
平成31年 3 月29日　国土交通省告示第480号
令和元年 6 月28日　国土交通省告示第229号
令和 3 年 3 月31日　国土交通省告示第332号
令和 4 年 3 月31日　国土交通省告示第450号

租税特別措置法施行規則第18条の21第14項第2号及び新型コロナウイルス感染症等の影響に対応するための国税関係法律の臨時特例に関する法律施行規則（令和2年財務省令第44号）第4条の2第3項第2号に規定する国土交通大臣が財務大臣と協議して定める書類は，租税特別措置法（昭和32年法律第26号）第41条第10項（同条第19項の規定によりみなして適用する場合を含む）若しくは第41条の19の4第1項若しくは第2項の規定の適用を受けようとする者が新築し，若しくは取得した家屋又は新型コロナウイルス感染症等の影響に対応するための国税関係法律の臨時特例に関する法律（令和2年法律第25号）第6条の2第5項の規定の適用を受けようとする者が新築した家屋若しくは取得した建築後使用されたことのない家屋が都市の低炭素化の促進に関する法律（平成24年法律第84号）第56条に規定する認定低炭素建築物新築等計画に基づき建築された家屋である旨を，建築士（建築士法（昭和25年法律第202号）第23条の3第1項の規定により登録された建築士事務所に属する建築士に限るものとし，当該家屋が同法第3条第1項各号に掲げる建築物であるときは一級建築士に，同法第3条の2第1項各号に掲げる建築物であるときは一級建築士又は二級建

資 料 編　　　　645

築士に限るものとする。），建築基準法（昭和25年法律第201号）第77条の21第
1項に規定する指定確認検査機関又は住宅の品質確保の促進等に関する法律
（平成11年法律第81号）第5条第1項に規定する登録住宅性能評価機関が別表
の書式により証する書類とする。

　　　　附則（平成24年国土交通省告示第1383号）
　この告示は，都市の低炭素化の促進に関する法律の施行の日（平成24年12月
4日）から施行する。

　　　　附則（平成25年国土交通省告示第552号）
　この告示は，平成26年4月1日から施行する。ただし，「第41条第5条」を
「第41条第10項」に改める部分は，平成26年1月1日から施行する。

　　　　附則（平成31年国土交通省告示第480号）
1　この告示は，平成31年4月1日から施行する。
2　租税特別措置法施行規則第18条の21第13項第2号に規定する国土交通大臣
　が財務大臣と協議して定める書類については，この告示による改正後の別表
　の規定にかかわらず，当分の間，なお従前の例によることができる。

　　　　附則（令和元年国土交通省告示第227号）
　この告示は，不正競争防止法等の一部を改正する法律の施行の日（令和元年
7月1日）から施行する。

　　　　附則（令和3年国土交通省告示第332号）
　この告示は，令和3年4月1日から施行する。

646　　　　　　　　　第　2　部

別表

認定低炭素住宅建築証明書

証明申請者	住　所	
	氏　名	
家屋番号及び所在地		
建築工事終了日	年　　月　　日	
家屋調査日	年　　月　　日	
低炭素建築物新築等計画の認定主体		
低炭素建築物新築等計画の認定番号	第　　　　　号	
低炭素建築物新築等計画の認定年月日	年　　月　　日	

　　工事が完了した建築物に係る上記の家屋について上記の認定低炭素建築物新築等計画に基づき建築された家屋であることを証明します。

　　　　　　　　　　　　　　　　　　　　　　　　　　　　年　　月　　日

証明を行った建築士、指定確認検査機関又は登録住宅性能評価機関	氏名又は名称			㊞
	一級建築士、二級建築士又は木造建築士の別		登　録　番　号	
			登録を受けた都道府県名（二級建築士又は木造建築士の場合）	
	指定確認検査機関又は登録住宅性能評価機関の場合	住　　　所		
		指定・登録年月日及び指定・登録番号		
		指定をした者（指定確認検査機関の場合）		
建築士が証明を行った場合の当該建築士の属する建築士事務所	名　　称			
	所　在　地			
	一級建築士事務所、二級建築士事務所又は木造建築士事務所の別			
	登録年月日及び登録番号			

資　料　編　　　　　　　　647

指定確認検査機関が証明を行った場合の調査を行った建築士又は建築基準適合判定資格者	氏　　　　　　名			登　　録　　番　　号	
	建築士の場合	一級建築士、二級建築士又は木造建築士の別		登録を受けた都道府県名(二級建築士又は木造建築士の場合)	
	建築基準適合判定資格者の場合			登　　録　　番　　号	
				登録を受けた地方整備局等名	
登録住宅性能評価機関が証明を行った場合の調査を行った建築士又は建築基準適合判定資格者検定合格者	氏　　　　　　名			登　　録　　番　　号	
	建築士の場合	一級建築士、二級建築士又は木造建築士の別		登録を受けた都道府県名(二級建築士又は木造建築士の場合)	
	建築基準適合判定資格者検定合格者の場合		合格通知日付又は合格証書日付		
			合格通知番号又は合格証書番号		

(用紙　日本産業規格　Ａ４)

備考

1　「証明申請者」の「住所」及び「氏名」の欄には，この証明書の交付を受けようとする者の住所及び氏名をこの証明書を作成する日の現況により記載すること。

2　「家屋番号及び所在地」の欄には，当該家屋の登記簿に記載された家屋番号及び所在地を記載すること。

3　「建築工事終了日」の欄には，当該家屋の建築工事が終了した年月日を記載すること。

4　「家屋調査日」の欄には，証明のための当該家屋の調査が終了した年月日を記載すること。

5　「低炭素建築物新築等計画の認定番号」の欄には，当該家屋に係る都市の低炭素化の促進に関する法律施行規則（平成24年国土交通省令第86号）別記様式第6（都市の低炭素化の促進に関する法律第55条第1項の変更の認定があった場合には，別記様式8。6において同じ。）に記載された認定番号を記載すること。

6　「低炭素建築物新築等計画の認定年月日」の欄には，当該家屋に係る都市の低炭素化の促進に関する法律施行規則別記様式第6に記載された認定年月

648　　　　　　　　　　　　第　2　部

日を記載すること。

7　「証明を行った建築士，指定確認検査機関又は登録住宅性能評価機関」の
　欄には，当該家屋が認定低炭素建築物新築等計画に基づき建築された家屋で
　あることにつき証明を行った建築士，指定確認検査機関又は登録住宅性能評
　価機関について，次により記載すること。

　(1)　「氏名又は名称」の欄には，建築士が証明した場合には建築士法第5条
　　の2の規定により届出を行った氏名を，指定確認検査機関が証明した場合
　　には建築基準法第77条の18第1項の規定により指定を受けた名称（指定を
　　受けた後に同法第77条の21第2項の規定により変更の届出を行った場合は，
　　当該変更の届出を行った名称）を，登録住宅性能評価機関が証明した場合
　　には住宅の品質確保の促進等に関する法律第7条第1項の規定により登録
　　を受けた名称（登録を受けた後に同法第10条第2項の規定により変更の届
　　出を行った場合は，当該変更の届出を行った名称）を記載するものとする。

　(2)　「一級建築士，二級建築士又は木造建築士の別」の欄には，証明を行っ
　　た建築士の免許の別に応じ，「一級建築士」，「二級建築士」又は「木造建
　　築士」と記載するものとする。なお，一級建築士，二級建築士又は木造建
　　築士が証明することのできる家屋は，それぞれ建築士法第3条から第3条
　　の3までに規定する建築物に該当するものとする。

　(3)　「登録番号」の欄には，証明を行った建築士について建築士法第5条の
　　2の規定による届出に係る登録番号を記載するものとする。

　(4)　「登録を受けた都道府県名（二級建築士又は木造建築士の場合）」の欄に
　　は，証明を行った建築士が二級建築士又は木造建築士である場合には，建
　　築士法第5条第1項の規定により登録を受けた都道府県名を記載するもの
　　とする。

　(5)　「指定確認検査機関又は登録住宅性能評価機関の場合」の「住所」，「指
　　定・登録年月日及び指定・登録番号」及び「指定をした者（指定確認検査
　　機関の場合）」の欄には，指定確認検査機関が証明した場合には建築基準
　　法第77条の18第1項の規定により指定を受けた住所（指定を受けた後に同
　　法第77条の21第2項の規定により変更の届出を行った場合は，当該変更の
　　届出を行った住所），指定を受けた年月日，指定番号及び指定をした者を，

資　料　編　　　　　　649

　　登録住宅性能評価機関が証明した場合には住宅の品質確保の促進等に関す
　　る法律第7条第1項の規定により登録を受けた住所（登録を受けた後に同
　　法第10条第2項の規定により変更の届出を行った場合は，当該変更の届出
　　を行った住所），年月日及び登録番号を記載するものとする。

8　「建築士が証明を行った場合の当該建築士の属する建築士事務所」の「名
　　称」，「所在地」，「一級建築士事務所，二級建築士事務所又は木造建築士事務
　　所の別」及び「登録年月日及び登録番号」の欄には，建築士法第23条の3第
　　1項に規定する登録簿に記載された建築士事務所の名称及び所在地，一級建
　　築士事務所，二級建築士事務所又は木造建築士事務所の別並びに登録年月日
　　及び登録番号を記載すること。

9　「指定確認検査機関が証明を行った場合の調査を行った建築士又は建築基
　　準適合判定資格者」の欄には，当該家屋が認定低炭素建築物新築等計画に基
　　づき建築された家屋であることにつき調査を行った建築士又は建築基準適合
　　判定資格者について，次により記載すること。

⑴　「氏名」の欄には，建築士である場合には建築士法第5条の2の規定に
　　より届出を行った氏名を，建築基準適合判定資格者である場合には建築基
　　準法第77条の58又は第77条の60の規定により登録を受けた氏名を記載する
　　ものとする。

⑵　「建築士の場合」の「一級建築士，二級建築士又は木造建築士の別」の
　　欄には，調査を行った建築士の免許の別に応じ，「一級建築士」，「二級建
　　築士」又は「木造建築士」と記載するものとする。なお，一級建築士，二
　　級建築士又は木造建築士が調査することのできる家屋は，それぞれ建築士
　　法第3条から第3条の3までに規定する建築物に該当するものとする。

⑶　「建築士の場合」の「登録番号」及び「登録を受けた都道府県名（二級
　　建築士又は木造建築士の場合）」の欄には，建築士法第5条の2の規定に
　　より届出を行った登録番号及び当該建築士が二級建築士又は木造建築士で
　　ある場合には，同法第5条第1項の規定により登録を受けた都道府県名を
　　記載するものとする。

⑷　「建築基準適合判定資格者の場合」の「登録番号」及び「登録を受けた
　　地方整備局等名」の欄には，建築基準法第77条の58又は第77条の60の規定

により登録を受けた登録番号及び地方整備局等の名称を記載するものとする。

10 「登録住宅性能評価機関が証明を行った場合の調査を行った建築士又は建築基準適合判定資格者検定合格者」の欄には，当該家屋が認定低炭素建築物新築等計画に基づき建築された家屋であることにつき調査を行った建築士又は建築基準適合判定資格者検定合格者について，次により記載すること。

(1) 「氏名」の欄には，建築士である場合には建築士法第5条の2の規定により届出を行った氏名を，建築基準適合判定資格者検定合格者である場合には，建築基準法施行令第6条の規定により通知を受けた氏名を記載するものとする。

(2) 「建築士の場合」の「一級建築士，二級建築士又は木造建築士の別」の欄には，調査を行った建築士の免許の別に応じ，「一級建築士」，「二級建築士」又は「木造建築士」と記載するものとする。なお，一級建築士，二級建築士又は木造建築士が調査することのできる家屋は，それぞれ建築士法第3条から第3条の3までに規定する建築物に該当するものとする。

(3) 「建築士の場合」の「登録番号」及び「登録を受けた都道府県名（二級建築士又は木造建築士の場合)」の欄には，建築士法第5条の2の規定により届出を行った登録番号及び当該建築士が二級建築士又は木造建築士である場合には，同法第5条第1項の規定により登録を受けた都道府県名を記載するものとする。

(4) 「建築基準適合判定資格者検定合格者の場合」の「合格通知日付又は合格証書日付」及び「合格通知番号又は合格証書番号」の欄には，建築基準法施行令第6条の規定により通知を受けた日付及び合格通知番号（建築基準法の一部を改正する法律（平成10年法律第100号）附則第2条第2項の規定により建築基準適合判定資格者検定に合格したとみなされた者については，合格証書日付及び合格証書番号）を記載するものとする。

資 料 編　　　　　　　　　651

第3　省エネ基準適合住宅に関する告示

資料9　（特定）省エネ基準適合住宅に関する基準を定めた国土交通省告示（令和4年第456号）

○エネルギーの使用の合理化に著しく資する住宅の用に供する家屋として国土交通大臣が財務大臣と協議して定めるもの

令和4年3月31日　国土交通省告示第456号

　租税特別措置法施行令（昭和32年政令第43号）第26条第23項（同条第32項において準用する場合を含む。）の規定に基づき，エネルギーの使用の合理化に著しく資する住宅の用に供する家屋として国土交通大臣が財務大臣と協議して定める基準を次のように定め，及び同条第24項（同条第32項において準用する場合を含む。）の規定に基づき，エネルギーの使用の合理化に資する住宅の用に供する家屋として国土交通大臣が財務大臣と協議して定める基準を次のように定めたので告示する。

1　租税特別措置法施行令第26条第23項（同条第32項において準用する場合を含む。）に規定するエネルギーの使用の合理化に著しく資する住宅の用に供する家屋として国土交通大臣が財務大臣と協議して定める基準は，次の各号に掲げる家屋の区分に応じ当該各号に定めるものとする。

一　居住用家屋の新築等（租税特別措置法（昭和32年法律第26号）第41条第1項に規定する居住用家屋の新築等をいう。以下同じ。）に係る家屋　評価方法基準（平成13年国土交通省告示第1347号）第5の5の5―1⑶の等級5以上の基準（評価方法基準第5の5の5―1⑶ハに規定する結露の発生を防止する対策に関する基準を除く。）及び評価方法基準第5の5の5―2⑶の等級6以上の基準

二 既存住宅（租税特別措置法第41条第1項に規定する既存住宅をいう。以下同じ。） 評価方法基準第5の5の5—1(4)の等級5以上の基準（評価方法基準第5の5の5—1(4)ハに規定する結露の発生を防止する対策に関する基準を除く。）及び評価方法基準第5の5の5—2(4)の等級6以上の基準

2 租税特別措置法施行令第26条第24項（同条第32項において準用する場合を含む。）に規定するエネルギーの使用の合理化に資する住宅の用に供する家屋として国土交通大臣が財務大臣と協議して定める基準は，次の各号に掲げる家屋の区分に応じ当該各号に定めるものとする。

一 居住用家屋の新築等に係る家屋 評価方法基準第5の5の5—1(3)の等級4以上の基準（評価方法基準第5の5の5—1(3)ハに規定する結露の発生を防止する対策に関する基準を除く。）及び評価方法基準第5の5の5—2(3)の等級4以上の基準

二 既存住宅 評価方法基準第5の5の5—1(4)の等級4以上の基準（評価方法基準第5の5の5—1(4)ハに規定する結露の発生を防止する対策に関する基準を除く。）及び評価方法基準第5の5の5—2(4)の等級4以上の基準

附則 この告示は，令和4年4月1日から施行する。

資　料　編　　　　　　　　　　　　　653

資料10　（特定）省エネ基準適合住宅であることを証明する書類を定めた国土交通省告示（令和4年第455号）

令和4年3月31日　国土交通省告示第455号

　租税特別措置法施行規則（昭和32年大蔵省令第15号）第18条の21第16項及び第17項の規定に基づき，国土交通大臣が財務大臣と協議して定める書類を次のように定めたので告示する。

1　租税特別措置法施行規則（以下「規則」という。）第18条の21第16項に規定する国土交通大臣が財務大臣と協議して定める書類は，租税特別措置法（昭和32年法律第26号。以下「法」という。）第41条第10項（同条第19項の規定によりみなして適用される場合を含む。以下同じ。）又は第41条の19の4第1項若しくは第2項の規定の適用を受けようとする個人が新築又は取得をした家屋が令和4年国土交通省告示第456号第1項に規定する基準に適合するものである旨を建築士（建築士法（昭和25年法律第202号）第23条の3第1項の規定により登録された建築士事務所に属する建築士に限るものとし，当該家屋が，同法第3条第1項各号に掲げる建築物であるときは一級建築士に，同法第3条の2第1項各号に掲げる建築物であるときは一級建築士又は二級建築士に限るものとする。以下同じ。），指定確認検査機関（建築基準法（昭和25年法律第201号）第77条の21第1項に規定する指定確認検査機関をいう。以下同じ。），登録住宅性能評価機関（住宅の品質確保の促進等に関する法律（平成11年法律第81号）第5条第1項に規定する登録住宅性能評価機関をいう。以下同じ。）又は住宅瑕疵（かし）担保責任保険法人（特定住宅瑕疵担保責任の履行の確保等に関する法律（平成19年法律第66号）第17条第1項の規定による指定を受けた同項に規定する住宅瑕疵担保責任保険法人をいう。以下同じ。）が別表の書式により証明をする書類（第1号に掲げる家屋にあっては当該家屋の取得の日前に，第2号に掲げる既存住宅にあっては当該既存住宅の取得の日前2年以内又は取得の日以後6月以内に，当該証明の

ための家屋の調査が終了したものに限る。）又は次の各号に掲げる家屋の区分に応じ当該各号に定めるものとする。

一　居住用家屋の新築等（法第41条第1項に規定する居住用家屋の新築等をいう。以下同じ。）に係る家屋　当該家屋について交付された住宅の品質確保の促進等に関する法律第6条第3項に規定する建設住宅性能評価書（以下「建設住宅性能評価書」という。）の写し（当該家屋の取得の日前に評価されたもので，日本住宅性能表示基準（平成13年国土交通省告示第1346号）別表1の5―1断熱等性能等級に係る評価が等級5以上及び同表の5―2一次エネルギー消費量等級に係る評価が等級6以上であるものに限る。）

二　既存住宅（法第41条第1項に規定する既存住宅をいう。以下同じ。）　当該既存住宅について交付された建設住宅性能評価書の写し（当該既存住宅の取得の日前2年以内又は取得の日以後6月以内に評価されたもので，日本住宅性能表示基準別表2―1の5―1断熱等性能等級に係る評価が等級5以上及び同表の5―2一次エネルギー消費量等級に係る評価が等級6以上であるものに限る。）

2　規則第18条の21第17項に規定する国土交通大臣が財務大臣と協議して定める書類は，法第41条第10項の規定の適用を受けようとする個人が新築又は取得をした家屋が令和4年国土交通省告示第456号第2項に規定する基準に適合するものである旨を建築士，指定確認検査機関，登録住宅性能評価機関又は住宅瑕疵担保責任保険法人が別表の書式により証明をする書類（第1号に掲げる家屋にあっては当該家屋の取得の日前に，第2号に掲げる既存住宅にあっては当該既存住宅の取得の日前2年以内又は取得の日以後6月以内に，当該証明のための家屋の調査が終了したものに限る。）又は次の各号に掲げる場合の区分に応じ当該各号に定めるものとする。

一　居住用家屋の新築等に係る家屋　当該家屋について交付された建設住宅性能評価書の写し（当該家屋の取得の日前に評価されたもので，日本住宅性能表示基準別表1の5―1断熱等性能等級に係る評価が等級4以上及び同表の5―2一次エネルギー消費量等級に係る評価が等級4以上であるものに限る。）

資 料 編

二 既存住宅 当該既存住宅について交付された建設住宅性能評価書の写し（当該既存住宅の取得の日前2年以内又は取得の日以後6月以内に評価されたもので，日本住宅性能表示基準別表2―1の5―1断熱等性能等級に係る評価が等級4以上及び同表の5―2一次エネルギー消費量等級に係る評価が等級4以上であるものに限る。）

別表

住 宅 省 エ ネ ル ギ ー 性 能 証 明 書

証明申請者	住　所	
	氏　名	
家屋番号及び所在地		
省エネルギー性能	居住用家屋の新築等に係る家屋	□①租税特別措置法施行令第26条第23項（同条第32項において準用する場合を含む。以下同じ。）に規定するエネルギーの使用の合理化に著しく資する住宅の用に供する家屋に該当 ※次の全ての基準に適合する住宅用の家屋 ・評価方法基準第5の5の5—1(3)の等級5以上の基準（結露の発生を防止する対策に関する基準を除く。） ・評価方法基準第5の5の5—2(3)の等級6以上の基準 □②租税特別措置法施行令第26条第24項（同条第32項において準用する場合を含む。以下同じ。）に規定するエネルギーの使用の合理化に資する住宅の用に供する家屋に該当 ※次の全ての基準に適合する住宅用の家屋（①に該当する場合を除く。） ・評価方法基準第5の5の5—1(3)の等級4以上の基準（結露の発生を防止する対策に関する基準を除く。） ・評価方法基準第5の5の5—2(3)の等級4以上の基準
	既存住宅	□③租税特別措置法施行令第26条第23項に規定するエネルギーの使用の合理化に著しく資する住宅の用に供する家屋に該当 ※次の全ての基準に適合する住宅用の家屋 ・評価方法基準第5の5の5—1(4)の等級5以上の基準（結露の発生を防止する対策に関する基準を除く。） ・評価方法基準第5の5の5—2(4)の等級6以上の基準 □④租税特別措置法施行令第26条第24項に規定するエネルギーの使用の合理化に資する住宅の用に供する家屋に該当 ※次の全ての基準に適合する住宅用の家屋（③に該当する場合を除く。） ・評価方法基準第5の5の5—1(4)の等級4以上の基準（結露の発生を防止する対策に関する基

資 料 編 657

		準を除く。） ・評価方法基準第5の5の5—2(4)の等級4以上 の基準

　上記の住宅の用に供する家屋が租税特別措置法施行令第26条第23項に規定するエネルギーの使用の合理化に著しく資する住宅の用に供する家屋又は同条第24項に規定するエネルギーの使用の合理化に資する住宅の用に供する家屋として国土交通大臣が財務大臣と協議して定める基準に適合することを証明します。

年　月　日

証明を行った建築士，指定確認検査機関，登録住宅性能評価機関又は住宅瑕疵担保責任保険法人	氏名又は名称			印
	一級建築士，二級建築士又は木造建築士の別		登 録 番 号	
			登録を受けた都道府県名（二級建築士又は木造建築士の場合）	
	指定確認検査機関，登録住宅性能評価機関又は住宅瑕疵担保責任保険法人の場合	住　　　　　所		
		指定・登録年月日		
		指定・登録番号（指定確認検査機関又は登録住宅性能評価機関の場合）		
		指定をした者（指定確認検査機関の場合）		
建築士が証明を行った場合の当該建築士の属する建築士事務所	名　　　　　称			
	所　在　地			
	一級建築士事務所，二級建築士事務所又は木造建築士事務所の別			
	登録年月日及び登録番号			

指定確認検査機関が証明を行った場合の調査を行った建築士又は建築基準適合判定資格者	氏　　　名				
	建築士の場合	一級建築士,二級建築士又は木造建築士の別		登　録　番　号	
				登録を受けた都道府県名（二級建築士又は木造建築士の場合）	
	建築基準適合判定資格者の場合		登録番号		
			登録を受けた地方整備局等名		
登録住宅性能評価機関が証明を行った場合の調査を行った建築士又は建築基準適合判定資格者検定合格者	氏　　　名				
	建築士の場合	一級建築士,二級建築士又は木造建築士の別		登録番号	
				登録を受けた都道府県名（二級建築士又は木造建築士の場合）	
	建築基準適合判定資格者検定合格者の場合		合格通知日付又は合格証書日付		
			合格通知番号又は合格証書番号		
住宅瑕疵担保責任保険法人が証明を行った場合の調査を行った建築士又は建築基準適合判定資格者検定合格者	氏　　　名				
	建築士の場合	一級建築士,二級建築士又は木造建築士の別		登録番号	
				登録を受けた都道府県名（二級建築士又は木造建築士の場合）	
	建築基準適合判定資格者検定合格者の場合		合格通知日付又は合格証書日付		
			合格通知番号又は合格証書番号		

（用紙　日本産業規格　Ａ４）

備考

1　「証明申請者」の「住所」及び「氏名」の欄には，この証明書の交付を受けようとする者の住所及び氏名をこの証明書を作成する日の現況により記載すること。

2　「家屋番号及び所在地」の欄には，当該家屋の登記簿に記載された家屋番号及び所在地を記載すること。

3　「省エネルギー性能」の欄には，当該家屋が租税特別措置法施行令第26

資　料　編　　　　659

条第23項に規定するエネルギーの使用の合理化に著しく資する住宅の用に供する家屋又は同条第24項に規定するエネルギーの使用の合理化に資する住宅の用に供する家屋として定める基準であって当該欄に掲げる項目のいずれに適合するかに応じ相当する四角にチェックを入れるものとする。

4　「証明を行った建築士，指定確認検査機関，登録住宅性能評価機関又は住宅瑕疵担保責任保険法人」の欄には，当該家屋が租税特別措置法施行令第26条第23項又は第24項に定める基準に適合するものであることにつき証明を行った建築士，指定確認検査機関，登録住宅性能評価機関又は住宅瑕疵担保責任保険法人について，次により記載すること。

(1)　「氏名又は名称」の欄には，建築士が証明した場合には建築士法第5条の2の規定により届出を行った氏名を，指定確認検査機関が証明した場合には建築基準法第77条の18第1項の規定により指定を受けた名称（指定を受けた後に同法第77条の21第2項の規定により変更の届出を行った場合は，当該変更の届出を行った名称）を，登録住宅性能評価機関が証明した場合には住宅の品質確保の促進等に関する法律第7条第1項の規定により登録を受けた名称（登録を受けた後に同法第10条第2項の規定により変更の届出を行った場合は，当該変更の届出を行った名称）を，住宅瑕疵担保責任保険法人が証明した場合には特定住宅瑕疵担保責任の履行の確保等に関する法律第17条第1項の規定により指定を受けた名称（指定を受けた後に同法第18条第2項の規定により変更の届出を行った場合は，当該変更の届出を行った名称）を記載するものとする。

(2)　「一級建築士，二級建築士又は木造建築士の別」の欄には，証明を行った建築士の免許の別に応じ，「一級建築士」，「二級建築士」又は「木造建築士」と記載するものとする。なお，一級建築士，二級建築士又は木造建築士が証明することのできる家屋は，それぞれ建築士法第3条から第3条の3までに規定する建築物に該当するものとする。

(3)　「登録番号」の欄には，証明を行った建築士について建築士法第5条の2の規定による届出に係る登録番号を記載するものとする。

(4)　「登録を受けた都道府県名（二級建築士又は木造建築士の場合）」の欄には，証明を行った建築士が二級建築士又は木造建築士である場合には，

建築士法第5条第1項の規定により登録を受けた都道府県名を記載する
ものとする。

(5) 「指定確認検査機関，登録住宅性能評価機関又は住宅瑕疵担保責任保
険法人の場合」の「住所」，「指定・登録年月日」，「指定・登録番号（指
定確認検査機関又は登録住宅性能評価機関の場合)」及び「指定をした
者（指定確認検査機関の場合)」の欄には，指定確認検査機関が証明し
た場合には建築基準法第77条の18第1項の規定により指定を受けた住所
（指定を受けた後に同法第77条の21第2項の規定により変更の届出を行
った場合は，当該変更の届出を行った住所)，指定を受けた年月日，指
定番号及び指定をした者を，登録住宅性能評価機関が証明した場合には
住宅の品質確保の促進等に関する法律第7条第1項の規定により登録を
受けた住所（登録を受けた後に同法第10条第2項の規定により変更の届
出を行った場合は，当該変更の届出を行った住所)，年月日及び登録番
号を，住宅瑕疵担保責任保険法人が証明した場合には特定住宅瑕疵担保
責任の履行の確保等に関する法律第17条第1項の規定により指定を受け
た住所（指定を受けた後に同法第18条第2項の規定により変更の届出を
行った場合は，当該変更の届出を行った住所）及び指定を受けた年月日
を記載するものとする。

5 「建築士が証明を行った場合の当該建築士の属する建築士事務所」の
「名称」，「所在地」，「一級建築士事務所，二級建築士事務所又は木造建築
士事務所の別」及び「登録年月日及び登録番号」の欄には，建築士法第23
条の3第1項に規定する登録簿に記載された建築士事務所の名称及び所在
地，一級建築士事務所，二級建築士事務所又は木造建築士事務所の別並び
に登録年月日及び登録番号を記載すること。

6 「指定確認検査機関が証明を行った場合の調査を行った建築士又は建築
基準適合判定資格者」の欄には，当該家屋が租税特別措置法施行令第26条
第23項又は第24項に定める基準に適合するものであることにつき調査を行
った建築士又は建築基準適合判定資格者について，次により記載すること。

(1) 「氏名」の欄には，建築士である場合には建築士法第5条の2の規定
により届出を行った氏名を，建築基準適合判定資格者である場合には建

資　料　編　　　　　　　　　　661

築基準法第77条の58又は第77条の60の規定により登録を受けた氏名を記載するものとする。

(2)　「建築士の場合」の「一級建築士，二級建築士又は木造建築士の別」の欄には，調査を行った建築士の免許の別に応じ，「一級建築士」,「二級建築士」又は「木造建築士」と記載するものとする。なお，一級建築士，二級建築士又は木造建築士が調査することのできる家屋は，それぞれ建築士法第３条から第３条の３までに規定する建築物に該当するものとする。

(3)　「建築士の場合」の「登録番号」及び「登録を受けた都道府県名（二級建築士又は木造建築士の場合)」の欄には，建築士法第５条の２の規定により届出を行った登録番号及び当該建築士が二級建築士又は木造建築士である場合には，同法第５条第１項の規定により登録を受けた都道府県名を記載するものとする。

(4)　「建築基準適合判定資格者の場合」の「登録番号」及び「登録を受けた地方整備局等名」の欄には，建築基準法第77条の58又は第77条の60の規定により登録を受けた登録番号及び地方整備局等の名称を記載するものとする。

7　「登録住宅性能評価機関が証明を行った場合の調査を行った建築士又は建築基準適合判定資格者検定合格者」の欄には，当該家屋が租税特別措置法施行令第26条第23項又は第24項に定める基準に適合するものであることにつき調査を行った建築士又は建築基準適合判定資格者検定合格者について，次により記載すること。

(1)　「氏名」の欄には，建築士である場合には建築士法第５条の２の規定により届出を行った氏名を，建築基準適合判定資格者検定合格者である場合には，建築基準法施行令第６条の規定により通知を受けた氏名を記載するものとする。

(2)　「建築士の場合」の「一級建築士，二級建築士又は木造建築士の別」の欄には，調査を行った建築士の免許の別に応じ，「一級建築士」,「二級建築士」又は「木造建築士」と記載するものとする。なお，一級建築士，二級建築士又は木造建築士が調査することのできる家屋は，それぞ

れ建築士法第3条から第3条の3までに規定する建築物に該当するものとする。

(3) 「建築士の場合」の「登録番号」及び「登録を受けた都道府県名（二級建築士又は木造建築士の場合）」の欄には，建築士法第5条の2の規定により届出を行った登録番号及び当該建築士が二級建築士又は木造建築士である場合には，同法第5条第1項の規定により登録を受けた都道府県名を記載するものとする。

(4) 「建築基準適合判定資格者検定合格者の場合」の「合格通知日付又は合格証書日付」及び「合格通知番号又は合格証書番号」の欄には，建築基準法施行令第6条の規定により通知を受けた日付及び合格通知番号（建築基準法の一部を改正する法律（平成10年法律第100号）附則第2条第2項の規定により建築基準適合判定資格者検定に合格したとみなされた者については，合格証書日付及び合格証書番号）を記載するものとする。

8 「住宅瑕疵担保責任保険法人が証明を行った場合の調査を行った建築士又は建築基準適合判定資格者検定合格者」の欄には，当該家屋が租税特別措置法施行令第26条第23項又は第24項に定める基準に適合するものであることにつき調査を行った建築士又は建築基準適合判定資格者検定合格者について，次により記載すること。

(1) 「氏名」の欄には，建築士である場合には建築士法第5条の2の規定により届出を行った氏名を，建築基準適合判定資格者検定合格者である場合には，建築基準法施行令第6条の規定により通知を受けた氏名を記載するものとする。

(2) 「建築士の場合」の「一級建築士，二級建築士又は木造建築士の別」の欄には，調査を行った建築士の免許の別に応じ，「一級建築士」，「二級建築士」又は「木造建築士」と記載するものとする。なお，一級建築士，二級建築士又は木造建築士が調査することのできる家屋は，それぞれ建築士法第3条から第3条の3までに規定する建築物に該当するものとする。

(3) 「建築士の場合」の「登録番号」及び「登録を受けた都道府県名（二

級建築士又は木造建築士の場合）」の欄には，建築士法第5条の2の規定により届出を行った登録番号及び当該建築士が二級建築士又は木造建築士である場合には，同法第5条第1項の規定により登録を受けた都道府県名を記載するものとする。

(4) 「建築基準適合判定資格者検定合格者の場合」の「合格通知日付又は合格証書日付」及び「合格通知番号又は合格証書番号」の欄には，建築基準法施行令第6条の規定により通知を受けた日付及び合格通知番号（建築基準法の一部を改正する法律（平成10年法律第100号）附則第2条第2項の規定により建築基準適合判定資格者検定に合格したとみなされた者については，合格証書日付及び合格証書番号）を記載するものとする。

664　　　　　　第　2　部

資料11　（特定）省エネ基準適合住宅であることを証明する書類に関する手続等を定めた国土交通省通知

国 住 政 第 29 号
国 住 生 第 79 号
国 住 指 第 131 号
令和 4 年 5 月 20 日

日本建築士会連合会会長　殿
日本建築士事務所協会連合会会長　殿
日本建築家協会会長　殿

国土交通省住宅局住 宅 企 画 官

住宅生産課長
（公印省略）

建築指導課長
（公印省略）

　　特定エネルギー消費性能向上住宅及びエネルギー消費性能向上住宅の新築取得等をした場合の住宅ローン税額控除の特例並びに特定エネルギー消費性能向上住宅の新築等をした場合の所得税額の特別控除に係る租税特別措置法施行規則第 18 条の 21 第 16 項及び第 17 項の規定に基づき国土交通大臣が財務大臣と協議して定める書類に係る証明について

　　令和 4 年度税制改正において、租税特別措置法（昭和 32 年法律第 26 号。以下「措法」という。）、租税特別措置法施行令（昭和 32 年政令第 43 号。以下「措令」という。）及び租税特別措置法施行規則（昭和 32 年大蔵省令第 15 号。以下「措規」という。）の一部が改正され、措法第 41 条第 10 項第 3 号に規定する特定エネルギー消費性能向上住宅（以下「ＺＥＨ水準省エネ住宅」という。）及び同項第 4 号に規定するエネルギー消費性能向上住宅（以下「省エネ基準適合住宅」という。）については、同項に規定する認定住宅等の新築取得等を行った場合の住宅ローン税額控除の特例（以下「住宅ローン減税の借入限度額の上乗せ措置」という。）の対象とされたところです。加えて、ＺＥＨ水準省エネ住宅については、措法第 41 条の 19 の 4 第 1 項に規定する認定住宅等の新築等をした場合の所得税額の特別控除（以下「特別税額控除」という。）の対象とされたところです。

資　料　編　　　665

　これらの特例の適用を受けるためには、ＺＥＨ水準省エネ住宅にあっては、エネルギーの使用の合理化に著しく資する住宅の用に供する家屋として国土交通大臣が財務大臣と協議して定める基準に適合するものであることにつき国土交通大臣が財務大臣と協議して定める書類を、省エネ基準適合住宅にあっては、エネルギーの使用の合理化に資する住宅の用に供する家屋として国土交通大臣が財務大臣と協議して定める基準に適合するものであることにつき国土交通大臣が財務大臣と協議して定める書類を、それぞれ添付して確定申告を行うこととされております（措規第18条の21第8項、第16項及び第17項並びに第19条の11の4第3項）。これらの書類については、令和4年国土交通省告示第455号において、建設住宅性能評価書のほか、同告示別表の書式により証明する書類（以下「住宅省エネルギー性能証明書」という。）を証明書類として定めております。

　また、住宅ローン税額控除においては、措法第41条第25項に規定する特定居住用家屋（以下「特定居住用家屋」という。）の新築又は特定居住用家屋で建築後使用されたことのないものの取得をして、当該特定居住用家屋を令和6年1月1日以後に居住の用に供した場合には、住宅ローン税額控除の適用対象から除外することとされており、同日以後に居住の用に供した家屋につき住宅ローン税額控除の適用を受けるためには、当該家屋が特定居住用家屋に該当するもの以外のものであることを明らかにする書類として住宅省エネルギー性能証明書等を添付して確定申告を行うこととされています（措規第18条の21第8項第1号チ、同項第2号ト及び令和4年国土交通省告示第422号）。さらに、措法第36条の2に規定する特定の居住用財産の買換えの場合の長期譲渡所得の課税の特例において、買換資産が令和6年1月1日以後に当該個人の居住の用に供した又は供する見込みである建築後使用されたことのない家屋で特定居住用家屋に該当するものである場合には、当該特例の適用対象から除外することとされており（措令第24条の2第3項第1号イ）、同日以後に居住の用に供した家屋又は供する見込みである家屋につき当該特例の適用を受けるためには、当該家屋が特定居住用家屋に該当するもの以外のものであることを明らかにする書類として住宅省エネルギー性能証明書等を添付して確定申告を行うこととされています（措規第18条の4第6項）。

　こうした制度改正を踏まえ、本通知を定めることとしたので、住宅省エネルギー性能証明書による証明に関して下記事項に十分留意するよう配意願います。

　また、貴職におかれましては、貴団体会員の建築士に対しても本通知を周知いただくようお願いいたします。

　なお、本通知の内容については関係省庁とも協議済みであるので、念のため申し添えます。

記

1．ＺＥＨ水準省エネ住宅及び省エネ基準適合住宅の基準（令和4年国土交通省告示第456号関係）

（1）ＺＥＨ水準省エネ住宅の基準

　ＺＥＨ水準省エネ住宅の基準として措令第26条第23項に規定する「エネルギーの使用の合理化に著しく資する住宅の用に供する家屋として国土交通大臣が財務大臣と協議

して定める基準」は、次に掲げる家屋の区分に応じそれぞれ次に定めるものとする。

① 居住用家屋の新築等（措法第41条第1項に規定する居住用家屋の新築等をいう。以下同じ。）に係る家屋

評価方法基準（平成13年国土交通省告示第1347号）第5の5の5－1(3)の等級5以上の基準（評価方法基準第5の5の5－1(3)ハに規定する結露の発生を防止する対策に関する基準を除く。）及び評価方法基準第5の5の5－2(3)の等級6以上の基準

② 既存住宅（措法第41条第1項に規定する既存住宅をいう。以下同じ。）

評価方法基準第5の5の5－1(4)の等級5以上の基準（評価方法基準第5の5の5－1(4)ハに規定する結露の発生を防止する対策に関する基準を除く。）及び評価方法基準第5の5の5－2(4)の等級6以上の基準

（2）省エネ基準適合住宅の基準

省エネ基準適合住宅の基準として措令第26条第24項に規定する「エネルギーの使用の合理化に資する住宅の用に供する家屋として国土交通大臣が財務大臣と協議して定める基準」は、次に掲げる家屋の区分に応じそれぞれ次に定めるものとする。

① 居住用家屋の新築等に係る家屋

評価方法基準第5の5の5－1(3)の等級4以上の基準（評価方法基準第5の5の5－1(3)ハに規定する結露の発生を防止する対策に関する基準を除く。）及び評価方法基準第5の5の5－2(3)の等級4以上の基準

② 既存住宅

評価方法基準第5の5の5－1(4)の等級4以上の基準（評価方法基準第5の5の5－1(4)ハに規定する結露の発生を防止する対策に関する基準を除く。）及び評価方法基準第5の5の5－2(4)の等級4以上の基準

2．ＺＥＨ水準省エネ住宅又は省エネ基準適合住宅であるかの判断基準

ＺＥＨ水準省エネ住宅又は省エネ基準適合住宅であるか否かについては、次に掲げる家屋の区分に応じそれぞれ次に定めるものとする。

（1）居住用家屋の新築等に係る家屋

次のいずれかの手法（これら複数の手法を組み合わせて確認する手法を含む。以下同じ。）により、住戸又は住棟を評価し、申請に係る家屋における省エネルギー性能を確認する。その結果、当該家屋が1．（1）①の基準に適合すると判断される場合は、当該家屋が措令第26条第23項に規定するエネルギーの使用の合理化に著しく資する住宅の用に供する家屋として国土交通大臣が財務大臣と協議して定める基準に適合するものである旨を、1．（2）①の基準に適合すると判断される場合は、当該家屋が措令第26条第24項に規定するエネルギーの使用の合理化に資する住宅の用に供する家屋として国土交通大臣が財務大臣と協議して定める基準に適合するものである旨を、住宅省エネルギー性能証明書により証明する。

資料編

① 関連支援制度に係る書類の確認

　（独）住宅金融支援機構の融資関係書類（フラット３５Ｓの適合証明書（当該証明書に係る申請書を含む。以下同じ。））や省エネルギー性能の高い住宅の新築等に係る補助事業関係書類（補助金等の額の確定の通知等）の提出があった場合には、当該家屋が１．（１）①又は１．（２）①の基準に適合していることを確認する。

② 設計図書等の確認

　矩計図等の設計図書等により、申請に係る家屋における外皮平均熱貫流率の基準、一次エネルギー消費量に関する基準等との照合を行う。また、建築士法施行規則（昭和25年建設省令第38号）第17条の15に規定する工事監理報告書（以下単に「工事監理報告書」という。）又はその写しの提出があった場合においては、工事が当該設計図書等のとおりに実施されているかどうかを確認する。その上で、必要があると認める場合には、当該家屋の施工について、目視、計測等による現地調査により当該設計図書等に従っていることの信頼性を確認する（ただし、工事監理報告書若しくはその写しがない場合又は対象の家屋が建築確認を要しない建築物に係るものである場合は必ず現地調査を行う。）。

　なお、設計図書等による当該家屋における各種基準等との照合にあたっては、当該家屋について交付された住宅の品質確保の促進等に関する法律第6条第1項に規定する設計住宅性能評価書（以下単に「設計住宅性能評価書」という。）や、平成28年国土交通省告示第489号（建築物のエネルギー消費性能の表示に関する指針）に基づき交付された、一般社団法人住宅性能評価・表示協会が運用する建築物省エネルギー性能表示制度に基づく評価書（一次エネルギー消費量基準に適合し、かつ外皮基準に適合しているものに限る。以下「BELS評価書」という。）などの第三者による評価結果を申請者が提出する場合は当該照合を省略するなど、証明事務の合理化に努めるものとする。

（2）既存住宅

　次のいずれかの手法により、住戸又は住棟を評価し、申請に係る家屋における省エネルギー性能を確認する。その結果、当該家屋が１．（１）②の基準に適合すると判断される場合は、当該家屋が措令第26条第23項に規定するエネルギーの使用の合理化に著しく資する住宅の用に供する家屋として国土交通大臣が財務大臣と協議して定める基準に適合するものである旨を、１．（２）②の基準に適合すると判断される場合は、当該家屋が措令第26条第24項に規定するエネルギーの使用の合理化に資する住宅の用に供する家屋として国土交通大臣が財務大臣と協議して定める基準に適合するものである旨を、住宅省エネルギー性能証明書により証明する。

① 建設住宅性能評価書の確認

　新築時に建設住宅性能評価書が交付された既存住宅にあっては、断熱等性能等級及び一次エネルギー消費量等級に係る評価が１．（１）②又は１．（２）②の基準を満たしていることを確認するとともに、新築時以降に増改築等を行う等、新築時の仕様から大きな変更を行っていないことを申請者に確認する。

また、既存住宅用家屋の取得の日から３年以上前に既存住宅に係る建設住宅性能評価書が交付された家屋にあっては、断熱等性能等級及び一次エネルギー消費量等級に係る評価が１．（１）②又は１．（２）②の基準を満たしていることを確認するとともに、基準に関する部分について、評価時から変更がないことを申請者に確認する。

② 関連支援制度に係る書類の確認

　新築時に（独）住宅金融支援機構の融資関係書類（フラット３５Ｓの適合証明書）や省エネルギー性能の高い住宅の新築等に係る補助事業関係書類（補助金等の額の確定の通知等）を取得している既存住宅にあっては、当該家屋が１．（１）②又は１．（２）②の基準に適合していたことを確認するとともに、新築時以降に増改築等を行う等、新築時の仕様から大きな変更を行っていないことを申請者に確認する。

③ 増改築等に係る設計図書等、工事請負契約書等の確認

　その取得の日前にエネルギーの使用の合理化に資する増改築等を実施した既存住宅にあっては、当該増改築等に係る矩計図等の設計図書、改修部位に係る設計図書等により、申請に係る家屋における外皮平均熱貫流率の基準、一次エネルギー消費量に関する基準等との照合を行い、当該家屋が、１．（１）②又は１．（２）②の基準に適合していることを確認する。また、当該増改築等に係る工事請負契約書及び当該増改築等の工事が行われる前と行われた後のそれぞれの状況を示した写真又はそれらの写しの提出があった場合においては、工事が当該設計図書等のとおりに実施されているかどうかを確認する。その上で、必要があると認める場合には、当該増改築等について、目視、計測等による現地調査により当該設計図書等に従っていることの信頼性を確認する（ただし、工事請負契約書及び当該増改築等の工事が行われる前と行われた後のそれぞれの状況を示した写真又はそれらの写しがない場合は必ず現地調査を行う。）。

　また、省エネ基準適合住宅の基準に適合していることを証明しようとする際に、上記手法によって断熱等性能等級の基準への適合を判断することが困難である場合には、増改築等工事の内容が、令和４年度税制改正における整理統合により延長しないこととされた「特定の増改築等に係る住宅借入金等を有する場合の所得税額の特別控除制度（省エネ改修促進税制（ローン型））」の対象となる特定断熱改修工事等（改修後の住宅全体の省エネルギー性能が現行の省エネルギー基準相当となると認められるものをいい、具体的な内容は、平成20年国土交通省告示第513号にて規定している。）の要件を満たしているか否かにより、当該家屋が、１．（１）②又は１．（２）②の基準に適合していることを確認し、その上で必要があると認める場合には、当該増改築等について、目視、計測等による現地調査により当該設計図書等に従っていることの信頼性を確認する（ただし、工事請負契約書及び当該増改築等の工事が行われる前と行われた後のそれぞれの状況を示した写真又はそれらの写しがない場合は必ず現地調査を行う。）。この場合において、１．（２）②の評価方法基準第５の５の５－２(4)（既存住宅の一次エネルギー消費量等級）の基準への適合性の判断に当たっては、評価方法基準第５の５の５－１(4)（既存住宅の断熱等性能等級）の等級４の外皮平均熱貫流率の基準値を当該住宅の断熱性能とみなすこととして差し支えない。

資 料 編 669

④ 設計図書等の確認

矩計図等の設計図書等により、申請に係る住宅用の家屋における外皮平均熱貫流率の基準、一次エネルギー消費量に関する基準等との照合を行い、当該家屋が1．（1）②又は1．（2）②の基準に適合していることを確認する。また、新築時の新築工事に係る工事監理報告書又はその写しの提出があった場合においては、当該工事が当該設計図書等のとおりに実施されていたかどうかを確認するとともに、基準に関する部分について、新築時以降に増改築等を行う等、新築時の仕様から大きな変更を行っていないことを申請者に確認する。そのうえで、必要があると認める場合には、当該家屋の施工について、目視、計測等による現地調査により当該設計図書等に従っていることの信頼性を確認する（ただし、新築時の新築工事に係る工事監理報告書若しくはその写しがない場合又は対象の家屋が建築確認を要しない建築物に係るものである場合は必ず現地調査を行う。）。

なお、設計図書等による当該家屋における各種基準等との照合にあたっては、新築時に当該家屋について交付された設計住宅性能評価書やBELS評価書などの第三者による評価結果を申請者が提出する場合は当該照合を省略するなど、証明事務の合理化に努めるものとする。

3．証明主体について

住宅省エネルギー性能証明書の証明主体については、次に掲げる者である（以下これらの者を「建築士等」と総称する。）。

（1）建築士法（昭和25年法律第202号）第23条の3第1項の規定による登録を受けた建築士事務所に属する建築士（証明を行う家屋が同法第3条第1項各号に掲げる建築物であるときは一級建築士、同法第3条の2第1項各号に掲げる建築物であるときは一級建築士又は二級建築士に限る。）

（2）建築基準法（昭和25年法律第201号）第77条の21第1項に規定する指定確認検査機関

（3）住宅の品質確保の促進等に関する法律（平成11年法律第81号）第5条第1項に規定する登録住宅性能評価機関

（4）特定住宅瑕疵担保責任の履行の確保等に関する法律第17条第1項の規定による指定を受けた同項に規定する住宅瑕疵担保責任保険法人

4．建築士等の証明手続について

（1）証明に必要な書類

建築士等は、証明の申請に当たって、申請者に対して、次に掲げる家屋の区分に応じそれぞれ次に掲げる書類又はその写しを提出するよう求めるものとする。

①居住用家屋の新築等に係る家屋

670 第 2 部

(Ⅰ)矩計図等の設計図書等

(Ⅱ)工事監理報告書がある場合は当該書類

(Ⅲ)建築基準法第7条第5項に規定する検査済証

(Ⅳ)(独)住宅金融支援機構の融資関係書類(フラット35Sの適合証明書)又は省エネルギー性能の高い住宅の新築等に係る補助事業関係書類がある場合は、当該書類

(Ⅴ)設計住宅性能評価書、BELS評価書などの第三者による評価結果がある場合は当該書類

②既存住宅

(Ⅰ)当該既存住宅の登記事項証明書

(Ⅱ)矩計図等の設計図書等

(Ⅲ)建設住宅性能評価書、(独)住宅金融支援機構の融資関係書類(フラット35Sの適合証明書)又は省エネルギー性能の高い住宅の新築等に係る補助事業関係書類がある場合は、当該書類

(Ⅳ)当該家屋の取得の日前にエネルギーの使用の合理化に資する増改築等を実施した家屋の場合には、必要に応じ、次に掲げる書類

　(ⅰ)当該増改築等に係る工事請負契約書

　(ⅱ)当該増改築等に係る矩計図等の設計図書、改修部位に係る設計図書等

　　(注)上記(ⅰ)の書類又はその写しがない場合は、上記(ⅰ)の書類又はその写しに代えて、次に掲げる書類又はその写しを提出するよう求めるものとする。

　　　イ　増改築等の工事に要した費用に係る領収書

　　　ロ　増改築等の工事が行われる前と行われた後のそれぞれの状況を示した写真がある場合は当該写真

(Ⅴ)新築時の新築工事に係る工事監理報告書がある場合は当該書類

(Ⅵ)新築時に当該家屋について交付された設計住宅性能評価書、BELS評価書などの第三者による評価結果がある場合は、当該書類

(2)証明の方法

①居住用家屋の新築等に係る家屋

　　証明を行う建築士等は、必要があると認める場合には現地調査を行うこととする(ただし、(1)①(Ⅱ)、(Ⅳ)若しくはそれらの写しがない場合又は対象の家屋が建築確認を要しない建築物に係るものである場合は必ず行う。)。

②既存住宅

　　証明を行う建築士等は、必要があると認める場合には現地調査を行うこととする(ただし、(1)②(Ⅲ)から(Ⅴ)まで((Ⅳ)の場合にあっては(ⅰ)及び(ⅱ)ロ)のいずれか又はその写しがない場合は必ず行う。)。

資　料　編　　　　　　　　　671

（3）証明時期

①居住用家屋の新築等に係る家屋

　　証明は、原則として工事完了後に行うものとする。また、当該証明のための家屋の調査は、当該家屋の取得の日前（令和5年4月1日前に居住の用に供される家屋については同日前）に終了している必要がある（令和4年国土交通省告示第455号第1項及び第2項並びに附則第2項）。

②既存住宅

　　証明のための家屋の調査は、当該家屋の取得の日前2年以内又は取得の日以後6月以内（令和5年4月1日前に居住の用に供される家屋については、取得の日前2年以内又は令和5年4月1日前（令和4年10月1日以後に当該家屋の取得をする場合にあっては、取得の日以後6月以内））に終了している必要がある（令和4年国土交通省告示第455号第1項及び第2項並びに附則第2項）。

　　なお、住宅ローン減税の借入限度額の上乗せ措置の適用を受けるためには、取得した家屋がその取得時点で認定住宅等に該当していることを証明する必要がある。このため、申請に係る家屋の設計図書等として提出された書類が、取得後に行われた改修に係る設計図書等ではないこと及び当該家屋の取得時の現況と対応するものであることを確認すること。

5．他の関連制度を併用する場合の取扱い

（1）建築士は、申請に係る家屋に関し、住宅ローン減税の借入限度額の上乗せ措置等に係る証明のほか、当該家屋の設計又は工事監理を行う場合が考えられるが、こうした場合であって、かつ、それぞれの証明主体が同一である場合には、住宅ローン減税の借入限度額の上乗せ措置等に係る証明に際しては、設計又は工事監理の実施に際し作成し、又は申請者から提出された書類（設計図書等）等を活用し、同一書類の再提出を不要とするとともに、工事監理に際し実施する現場調査の機会を活用する等、申請者に過度の負担が生ずることのないよう配慮すること。

（2）指定確認検査機関又は登録住宅性能評価機関は、申請に係る家屋に関し、住宅ローン減税の借入限度額の上乗せ措置等に係る証明のほか、関連支援制度（フラット35Sや省エネルギー性能の高い住宅の新築等に係る補助事業等）に係る証明、設計住宅性能評価書に係る証明、BELS評価書に係る証明等を行う場合が考えられるが、こうした場合であって、かつ、それぞれの証明主体が同一である場合には、住宅ローン減税の借入限度額の上乗せ措置等に係る証明に際しては、関連支援制度等に係る証明に際し申請者から提出された書類（設計図書等）を活用し、同一書類の再提出を不要とするとともに、関連支援制度等に係る証明に際し実施する現場調査の機会を活用する等、申請者に過度な負担が生ずることのないよう配慮することが望ましい。

672 第 2 部

（3）住宅瑕疵担保責任保険法人は、申請に係る住宅用の家屋に関し、住宅ローン減税の
借入限度額の上乗せ措置等に係る証明のほか、住宅瑕疵担保責任保険契約その他の保
険契約の引受けを行う場合が考えられるが、こうした場合であって、かつ、その証明
主体及び引受主体が同一である場合には、住宅ローン減税の借入限度額の上乗せ措置
等に係る証明に際しては、保険契約の申込みに際し申請者から提出された書類（設計
図書等）を活用し、同一書類の再提出を不要とするとともに、保険引受に当たっての
現場検査の機会を活用し、当該家屋の施工等について、目視、計測等により各階平面
図、床伏図等の設計図書等に従っていることの信頼性を確認する等、申請者に過度な
負担が生ずることのないよう配慮することが望ましい。

６．証明手数料

証明手数料については、実費、技術料等を勘案し適正なものとする。

資料編　　　　　　　　　　　　　　673

第4　一般住宅に関する告示

資料12　令和6年1月1日以後，住宅借入金等特別控除の対象となる一般住宅であることを証明する書類を定めた国土交通省告示（令和4年第422号）

令和4年3月31日　国土交通省告示第422号

　租税特別措置法施行規則（昭和32年大蔵省令第15号）第18条の21第8項第1号チの規定に基づき，国土交通大臣が財務大臣と協議して定める書類を次のように定めたので告示する。

　租税特別措置法施行規則第18条の21第8項第1号チに規定する国土交通大臣が財務大臣と協議して定める書類は，租税特別措置法（昭和32年法律第26号）第41条第1項に規定する居住用家屋（同条第18項の規定により当該居住用家屋とみなされた同項に規定する特例居住用家屋を含む。）又は同条第10項に規定する認定住宅等（同条第19項の規定により当該認定住宅等とみなされた同項に規定する特例認定住宅等を含む。）に係る次に掲げる書類のいずれかとする。

　一　建築基準法（昭和25年法律第201号）第6条第1項に規定する確認済証の写し又は同法第7条第5項に規定する検査済証の写し（令和5年12月31日以前に同法第6条第1項の規定による確認を受けたことを証するものに限る。）
　二　登記事項証明書（当該家屋が令和6年6月30日以前に建築されたことを証するものに限る。）
　三　租税特別措置法施行令（昭和32年政令第43号）第26条第22項に規定する市町村長又は特別区の区長の同項の規定による証明書又は租税特別措置法施行規則第18条の21第14項各号に掲げる書類若しくは同条第16項若しくは第17項に規定する書類

　附則　この告示は，令和4年4月1日から施行する。

第5 居住用家屋の増改築等に関する告示

> **資料13 居住用家屋の増改築等に係る居室等を定める建設省告示（平成5年第1931号）**

○租税特別措置法施行令第26条第25項第3号の規定に基づく国土交通大臣が財務大臣と協議して定めるもの

平成5年10月6日　　建設省告示第1931号
平成28年3月31日　　国土交通省告示第587号
平成31年3月29日　　国土交通省告示第484号
令和4年3月31日　　国土交通省告示第439号

　租税特別措置法施行令第26条第33項第3号に規定する家屋（同項第2号の家屋にあっては，その者が区分所有する部分に限る。）のうち居室，調理室，浴室，便所その他の室で国土交通大臣が財務大臣と協議して定めるものは，次の各号のいずれかに該当するものとする。

　　1　居室
　　2　調理室
　　3　浴室
　　4　便所
　　5　洗面所
　　6　納戸
　　7　玄関
　　8　廊下

資料 編　　　　　　　675

資料14　バリアフリー改修工事を定める国土交通省告示

○国土交通大臣が財務大臣と協議して定める租税特別措置法第41条の3の2第
　1項に規定する高齢者等が自立した日常生活を営むのに必要な構造及び設備
　の基準に適合させるための増築，改築，修繕又は模様替を定める件

平成19年3月30日　国土交通省告示第407号
平成25年5月31日　国土交通省告示第545号
平成29年3月31日　国土交通省告示第284号
平成31年3月29日　国土交通省告示第489号
令和4年3月31日　国土交通省告示第442号

　　租税特別措置法施行令第26条第33項第5号に規定する国土交通大臣が財務大
臣と協議して定める租税特別措置法第41条の3の2第1項に規定する高齢者等
が自立した日常生活を営むのに必要な構造及び設備の基準に適合させるための
修繕又は模様替並びに同令第26条の4第4項及び第26条の28の5第15項に規定
する国土交通大臣が財務大臣と協議して定める同法第41条の3の2第1項に規
定する高齢者等が自立した日常生活を営むのに必要な構造及び設備の基準に適
合させるための増築，改築，修繕又は模様替は，次のいずれかに該当する工事
とする。
　一　介助用の車いすで容易に移動するために通路又は出入口の幅を拡張する
　　工事
　二　階段の設置（既存の階段の撤去を伴うものに限る。）又は改良によりそ
　　の勾配を緩和する工事
　三　浴室を改良する工事であって，次のいずれかに該当するもの
　　イ　入浴又はその介助を容易に行うために浴室の床面積を増加させる工事
　　ロ　浴槽をまたぎ高さの低いものに取り替える工事
　　ハ　固定式の移乗台，踏み台その他の高齢者等の浴槽の出入りを容易にす
　　　る設備を設置する工事

ニ　高齢者等の身体の洗浄を容易にする水栓器具を設置し又は同器具に取り替える工事

四　便所を改良する工事であって，次のいずれかに該当するもの

イ　排泄又はその介助を容易に行うために便所の床面積を増加させる工事

ロ　便器を座便式のものに取り替える工事

ハ　座便式の便器の座高を高くする工事

五　便所，浴室，脱衣室その他の居室及び玄関並びにこれらを結ぶ経路に手すりを取り付ける工事

六　便所，浴室，脱衣室その他の居室及び玄関並びにこれらを結ぶ経路の床の段差を解消する工事（勝手口その他屋外に面する開口の出入口及び上がりかまち並びに浴室の出入口にあっては，段差を小さくする工事を含む。）

七　出入口の戸を改良する工事であって，次のいずれかに該当するもの

イ　開戸を引戸，折戸等に取り替える工事

ロ　開戸のドアノブをレバーハンドル等に取り替える工事

ハ　戸に戸車その他の戸の開閉を容易にする器具を設置する工事

八　便所，浴室，脱衣室その他の居室及び玄関並びにこれらを結ぶ経路の床の材料を滑りにくいものに取り替える工事

資　料　編　　　　　　　　　　　　　　　　　　　　　677

資料15　省エネ改修工事を定める国土交通省告示（平成20年第513号）

平成20年４月30日　　国土交通省告示第513号

平成26年２月25日　　国土交通省告示第154号

平成28年３月31日　　国土交通省告示第589号

平成29年３月31日　　国土交通省告示第286号

平成31年３月29日　　国土交通省告示第491号

令和元年６月28日　　国土交通省告示第225号

令和４年３月31日　　国土交通省告示第443号

　租税特別措置法施行令（以下「令」という。）第26条第33項第６号に規定する国土
交通大臣が財務大臣と協議して定めるエネルギーの使用の合理化に著しく資する修繕
若しくは模様替又はエネルギーの使用の合理化に相当程度資する修繕若しくは模様替,
令第26条の４第７項に規定する国土交通大臣が財務大臣と協議して定めるエネルギー
の使用の合理化に著しく資する増築, 改築, 修繕又は模様替及び同条第19項に規定す
る国土交通大臣が財務大臣と協議して定めるエネルギーの使用の合理化に相当程度資
する増築, 改築, 修繕又は模様替を次のように定める。

1　この告示において, 次の各号に掲げる用語の意義は, それぞれ当該各号に定める
　ところによる。

　一　地域区分　建築物エネルギー消費性能基準等を定める省令における算出方法等
　　に係る事項（平成28年国土交通省告示第265号）別表第10に掲げる地域の区分を
　　いう。

　二　断熱等性能等級　日本住宅性能表示基準（平成13年国土交通省告示第1346号）
　　別表２－１の（い）項に掲げる「５－１断熱等性能等級」をいう。

　三　一次エネルギー消費量等級　日本住宅性能表示基準別表２－１の（い）項に掲
　　げる「５－２一次エネルギー消費量等級」をいう。

　四　全ての居室の全ての窓の断熱性を高める工事　全ての居室の外気に接する全て
　　の窓（既存の窓の室内側に設置する既存の窓と一体となった窓を含む。以下同
　　じ。）の断熱性を高める工事で, 窓の熱貫流率が, 地域区分に応じ, 施工後に新

たに別表1－1－1に掲げる基準値以下となるもの又はこれと同等以上の性能を有するものとなるものをいう。

五　全ての居室の全ての窓の日射遮蔽性を高める工事　全ての居室の外気に接する全ての窓の日射遮蔽性を高める工事で，開口部の建具，付属部材，ひさし，軒その他日射の侵入を防止する部分が，地域区分及び方位に応じ，施工後に新たに別表1－1－2に掲げる基準値以下となるもの又はこれと同等以上の性能を有するものとなるものをいう。

六　全ての居室の全ての窓の断熱性を相当程度高める工事　全ての居室の外気に接する全ての窓の断熱性を相当程度高める工事で，窓の熱貫流率が，地域区分に応じ，施工後に新たに別表1－2に掲げる基準値以下となるものをいう。

七　全ての居室の全ての窓の断熱性を著しく高める工事　全ての居室の外気に接する全ての窓の断熱性を著しく高める工事で，窓の熱貫流率が，地域区分に応じ，施工後に新たに別表1－3に掲げる基準値以下となるものをいう。

八　天井等の断熱性を高める工事　屋根（小屋裏又は天井裏が外気に通じているものを除く。以下同じ。），屋根の直下の天井又は外気等（外気又は外気に通じる床裏，小屋裏若しくは天井裏をいう。以下同じ。）に接する天井の断熱性を高める工事（住宅部分の外壁，窓等を通しての熱の損失の防止に関する基準及び一次エネルギー消費量に関する基準（平成28年国土交通省告示第266号）第1項(1)に掲げる部分以外の部分（以下「断熱構造とする部分以外の部分」という。）の工事を除く。）で，鉄筋コンクリート造，組積造その他これらに類する構造（以下「鉄筋コンクリート造等」という。）の住宅にあっては熱橋（構造部材，下地材，窓枠下材その他断熱構造を貫通する部分であって，断熱性能が周囲の部分より劣るものをいう。以下同じ。）となる部分を除いた熱貫流率が，その他の住宅にあっては熱橋となる部分（壁に設けられる横架材を除く。）による低減を勘案した熱貫流率が，それぞれ住宅の種類，断熱材の施工法，部位及び地域区分に応じ，施工後に新たに別表2に掲げる基準値以下となるもの又は各部位の断熱材の熱抵抗が，住宅の種類，断熱材の施工法，部位及び地域区分に応じ，施工後に新たに別表3に掲げる基準値以上となるものをいう。

九　壁の断熱性を高める工事　外気等に接する壁の断熱性を高める工事（断熱構造とする部分以外の部分の工事を除く。）で，鉄筋コンクリート造等の住宅にあっては熱橋となる部分を除いた熱貫流率が，その他の住宅にあっては熱橋となる部分（壁に設けられる横架材を除く。）による低減を勘案した熱貫流率が，それぞれ住宅の種類，断熱材の施工法，部位及び地域区分に応じ，施工後に新たに別表

資料編　　　　　　　　　　　　　679

２に掲げる基準値以下となるもの又は断熱材の熱抵抗が，住宅の種類，断熱材の施工法，部位及び地域区分に応じ，施工後に新たに別表３に掲げる基準値以上となるもの（鉄骨造の住宅の壁であって外帳断熱工法及び内帳断熱工法以外のものにあっては，壁に施工する断熱材の熱抵抗が，地域，外装材（鉄骨柱及び梁の外気側において，鉄骨柱又は梁に直接接続する面状の材料をいう。以下同じ。）の熱抵抗，鉄骨柱が存する部分以外の壁（以下「一般部」という。）の断熱層（断熱材で構成される層をいう。以下同じ。）を貫通する金属製下地部材（以下「金属部材」という。）の有無及び断熱材を施工する箇所の区分に応じ，別表４に掲げる基準値以上となるもの）をいう。

十　床等の断熱性を高める工事　外気等に接する床（地盤面をコンクリートその他これに類する材料で覆ったもの又は床裏が外気に通じないもの（以下「土間床等」という。）を除く。以下同じ。）の断熱性を高める工事（外周が外気等に接する土間床等の外周部分の基礎の断熱性を高める工事を含み，断熱構造とする部分以外の部分の工事を除く。）で，鉄筋コンクリート造等の住宅にあっては熱橋となる部分を除いた熱貫流率が，その他の住宅にあっては熱橋となる部分（壁に設けられる横架材を除く。）による低減を勘案した熱貫流率が，それぞれ住宅の種類，断熱材の施工法，部位及び地域区分に応じ，施工後に新たに別表２に掲げる基準値以下となるもの又は各部位の断熱材の熱抵抗が，住宅の種類，断熱材の施工法，部位及び地域区分に応じ，施工後に新たに別表３に掲げる基準値以上となるものをいう。

十一　窓の断熱性を高める工事　居室の外気に接する窓の断熱性を高める工事で，当該工事をした窓の熱貫流率が，地域区分に応じ，施工後に新たに別表１―１―１に掲げる基準値以下となるもの又はこれと同等以上の性能を有するものとなるもののうち，全ての居室の全ての窓の断熱性を高める工事を除いたものをいう。

十二　窓の日射遮蔽性を高める工事　居室の外気に接する窓の日射遮蔽性を高める工事で，当該工事をした窓に係る開口部の建具，付属部材，ひさし，軒その他日射の侵入を防止する部分が，地域区分及び方位に応じ，施工後に新たに別表１―１―２に掲げる基準値以下となるもの又はこれと同等以上の性能を有するものとなるもののうち，全ての居室の全ての窓の日射遮蔽性を高める工事を除いたものをいう。

２　令第26条第33項第６号に規定する国土交通大臣が財務大臣と協議して定めるエネルギーの使用の合理化に著しく資する修繕若しくは模様替又はエネルギーの使用の合理化に相当程度資する修繕若しくは模様替は，次の各号のいずれかに該当する工事とする。

一　次の表の（い）項に掲げる地域区分及び（ろ）項に掲げる改修工事前の住宅が

相当する断熱等性能等級に応じ，それぞれ（は）項に掲げるエネルギーの使用の
合理化に著しく資する工事又は相当程度資する工事

（い）	（ろ）	（は）
地域区分	改修工事前の住宅の断熱等性能等級	エネルギーの使用の合理化に著しく資する工事又は相当程度資する工事
1及び2	等級3	全ての居室の全ての窓の断熱性を相当程度高める工事
	等級2	全ての居室の全ての窓の断熱性を高める工事，天井等の断熱性を高める工事，壁の断熱性を高める工事及び床等の断熱性を高める工事
	等級1	全ての居室の全ての窓の断熱性を高める工事，天井等の断熱性を高める工事，壁の断熱性を高める工事及び床等の断熱性を高める工事
3	等級3	次のイ，ロ又はハのいずれかに該当する工事 イ　全ての居室の全ての窓の断熱性を相当程度高める工事 ロ　全ての居室の全ての窓の断熱性を高める工事及び天井等の断熱性を高める工事 ハ　全ての居室の全ての窓の断熱性を高める工事及び床等の断熱性を高める工事
	等級2	次のイ，ロ又はハのいずれかに該当する工事 イ　全ての居室の全ての窓の断熱性を相当程度高める工事及び天井等の断熱性を高める工事 ロ　全ての居室の全ての窓の断熱性を相当程度高める工事及び床等の断熱性を高める工事 ハ　全ての居室の全ての窓の断熱性を高める工事，天井等の断熱性を高める工事及び床等の断熱性を高める工事
	等級1	全ての居室の全ての窓の断熱性を高める工事，天井等の断熱性を高める工事，壁の断熱性を高める工事及び床等の断熱性を高める工事
4	等級3	次のイ又はロのいずれかに該当する工事 イ　全ての居室の全ての窓の断熱性を相当程度高める工事 ロ　全ての居室の全ての窓の断熱性を高める工事及び天井等の断熱性を高める工事

資 料 編　　　　　　681

	等級2	次のイ，ロ，ハ又はニのいずれかに該当する工事 イ　全ての居室の全ての窓の断熱性を著しく高める工事 ロ　全ての居室の全ての窓の断熱性を相当程度高める工事及び天井等の断熱性を高める工事 ハ　全ての居室の全ての窓の断熱性を相当程度高める工事及び床等の断熱性を高める工事 ニ　全ての居室の全ての窓の断熱性を高める工事，天井等の断熱性を高める工事及び床等の断熱性を高める工事
	等級1	全ての居室の全ての窓の断熱性を相当程度高める工事，天井等の断熱性を高める工事及び床等の断熱性を高める工事
5及び6	等級3	次のイ，ロ又はハのいずれかに該当する工事 イ　全ての居室の全ての窓の断熱性を著しく高める工事 ロ　全ての居室の全ての窓の断熱性を相当程度高める工事及び天井等の断熱性を高める工事 ハ　全ての居室の全ての窓の断熱性を相当程度高める工事及び床等の断熱性を高める工事
	等級2	次のイ，ロ又はハのいずれかに該当する工事 イ　全ての居室の全ての窓の断熱性を著しく高める工事 ロ　全ての居室の全ての窓の断熱性を相当程度高める工事及び天井等の断熱性を高める工事 ハ　全ての居室の全ての窓の断熱性を相当程度高める工事及び床等の断熱性を高める工事
	等級1	次のイ又はロのいずれかに該当する工事 イ　全ての居室の全ての窓の断熱性を著しく高める工事及び天井等の断熱性を高める工事 ロ　全ての居室の全ての窓の断熱性を相当程度高める工事，天井等の断熱性を高める工事及び床等の断熱性を高める工事
7	等級3	次のイ又はロのいずれかに該当する工事 イ　全ての居室の全ての窓の断熱性を著しく高める工事，天井等の断熱性を高める工事及び床等の断熱性を高める工事 ロ　全ての居室の全ての窓の断熱性を相当程度高める工事，天井等の断熱性を高める工事，壁の断熱性を高める工事及び床等の断熱性を高める工事

	等級2	次のイ又はロのいずれかに該当する工事 イ　全ての居室の全ての窓の断熱性を著しく高める工事，天井等の断熱性を高める工事及び床等の断熱性を高める工事 ロ　全ての居室の全ての窓の断熱性を高める工事，天井等の断熱性を高める工事，壁の断熱性を高める工事及び床等の断熱性を高める工事
	等級1	次のイ，ロ又はハのいずれかに該当する工事 イ　全ての居室の全ての窓の断熱性を相当程度高める工事 ロ　全ての居室の全ての窓の断熱性を高める工事及び天井等の断熱性を高める工事 ハ　全ての居室の全ての窓の断熱性を高める工事及び床等の断熱性を高める工事
8	等級3	全ての居室の全ての窓の日射遮蔽性を高める工事及び壁の断熱性を高める工事
	等級2	全ての居室の全ての窓の日射遮蔽性を高める工事及び天井等の断熱性を高める工事
	等級1	全ての居室の全ての窓の日射遮蔽性を高める工事及び天井等の断熱性を高める工事

1　全ての居室の全ての窓の断熱性を高める工事，全ての居室の全ての窓の断熱性を相当程度高める工事，全ての居室の全ての窓の断熱性を著しく高める工事，全ての居室の全ての窓の日射遮蔽性を高める工事，天井等の断熱性を高める工事，壁の断熱性を高める工事及び床等の断熱性を高める工事については，それぞれの工事の対象部分の全てについて行わなければならない。

2　（は）項に掲げる工事で壁の断熱性を高める工事を含まない工事については，「天井等の断熱性を高める工事」又は「床等の断熱性を高める工事」（「天井等の断熱性を高める工事」及び「床等の断熱性を高める工事」の両方を含む工事については「天井等の断熱性を高める工事」又は「床等の断熱性を高める工事」のいずれか一方）を「壁の断熱性を高める工事」に読み替えることができるものとする。

3　（は）項に掲げる各工事と併せて行う天井等の断熱性を高める工事，壁の断熱性を高める工事又は床等の断熱性を高める工事のうち一つ以上の工事については，（は）項に掲げる工事とみなす。

4　天井等の断熱性を高める工事，壁の断熱性を高める工事及び床等の断熱性を高める工事において，発泡プラスチック保温材（産業標準化法（昭和24年法律第185号）に基づく日本産業規格（以下「日本産業規格」という。）A9511（発泡プラスチック保温材）に定めるものをいう。以下同じ。）を用いる場合にあってはB種を，建築物断熱用吹付け硬質ウレタンフォーム（日本産業規格A9526（建築物断熱用吹付け硬質ウレタンフォーム）に定めるものをいう。以下同じ。）を用いる場合にあってはB種を，その他の場合にあっては発泡剤としてフロン類（フロン類の使用の合理化及び管理の適正化に関する法律（平成13年法律第64号）第2

資　料　編　　　　　683

条第1項に規定するフロン類をいう。以下同じ。）を用いた断熱材を用いてはならない。

二　次のイ及びロに掲げる地域区分に応じそれぞれ当該イ及びロに定める工事（住宅の断熱等性能等級を一段階相当以上向上させる場合に限る。）

イ　8地域以外の地域　窓の断熱性を高める工事又は当該工事と併せて行う天井等の断熱性を高める工事，壁の断熱性を高める工事若しくは床等の断熱性を高める工事（天井等の断熱性を高める工事，壁の断熱性を高める工事及び床等の断熱性を高める工事については，発泡プラスチック保温材を用いる場合にあってはB種を，建築物断熱用吹付け硬質ウレタンフォームを用いる場合にあってはB種を，その他の場合にあっては発泡剤としてフロン類を用いた断熱材を用いない工事に限る。以下同じ。）

ロ　8地域　窓の日射遮蔽性を高める工事又は当該工事と併せて行う天井等の断熱性を高める工事，壁の断熱性を高める工事若しくは床等の断熱性を高める工事

3　令第26条の4第7項に規定する国土交通大臣が財務大臣と協議して定めるエネルギーの使用の合理化に著しく資する増築，改築，修繕又は模様替は，次の各号のいずれかに該当する工事とする。

一　次の表の（い）項に掲げる地域区分及び（ろ）項に掲げる改修工事前の住宅が相当する断熱等性能等級に応じ，それぞれ（は）項に掲げるエネルギーの使用の合理化に著しく資する工事

（い）地域区分	（ろ）改修工事前の住宅の断熱等性能等級	（は）エネルギーの使用の合理化に著しく資する工事
1及び2	等級3	全ての居室の全ての窓の断熱性を相当程度高める工事
	等級2	全ての居室の全ての窓の断熱性を相当程度高める工事，天井等の断熱性を高める工事，壁の断熱性を高める工事及び床等の断熱性を高める工事
	等級1	全ての居室の全ての窓の断熱性を相当程度高める工事，天井等の断熱性を高める工事，壁の断熱性を高める工事及び床等の断熱性を高める工事
3	等級3	次のイ，ロ又はハのいずれかに該当する工事 イ　全ての居室の全ての窓の断熱性を相当程度高める工事 ロ　全ての居室の全ての窓の断熱性を高める工事及び天井等の断熱性を高める工事

		ハ　全ての居室の全ての窓の断熱性を高める工事及び床等の断熱性を高める工事
	等級2	全ての居室の全ての窓の断熱性を相当程度高める工事，天井等の断熱性を高める工事，壁の断熱性を高める工事及び床等の断熱性を高める工事
	等級1	全ての居室の全ての窓の断熱性を相当程度高める工事，天井等の断熱性を高める工事，壁の断熱性を高める工事及び床等の断熱性を高める工事
4	等級3	次のイ又はロのいずれかに該当する工事 イ　全ての居室の全ての窓の断熱性を相当程度高める工事 ロ　全ての居室の全ての窓の断熱性を高める工事及び天井等の断熱性を高める工事
	等級2	全ての居室の全ての窓の断熱性を著しく高める工事，天井等の断熱性を高める工事，壁の断熱性を高める工事及び床等の断熱性を高める工事
	等級1	全ての居室の全ての窓の断熱性を著しく高める工事，天井等の断熱性を高める工事，壁の断熱性を高める工事及び床等の断熱性を高める工事
5及び6	等級3	次のイ，ロ又はハのいずれかに該当する工事 イ　全ての居室の全ての窓の断熱性を著しく高める工事 ロ　全ての居室の全ての窓の断熱性を相当程度高める工事及び天井等の断熱性を高める工事 ハ　全ての居室の全ての窓の断熱性を相当程度高める工事及び床等の断熱性を高める工事
	等級2	全ての居室の全ての窓の断熱性を著しく高める工事，天井等の断熱性を高める工事，壁の断熱性を高める工事及び床等の断熱性を高める工事
	等級1	全ての居室の全ての窓の断熱性を著しく高める工事，天井等の断熱性を高める工事，壁の断熱性を高める工事及び床等の断熱性を高める工事
7	等級3	次のイ又はロのいずれかに該当する工事 イ　全ての居室の全ての窓の断熱性を著しく高める工事，天井等の断熱性を高める工事及び床等の断熱性を高める工事 ロ　全ての居室の全ての窓の断熱性を相当程度高める工事，天井等の断熱性を高める工事，壁の断熱性を高める工事及び床等の断熱性を高める工事

資 料 編　　　　　　　　　685

		等級2	全ての居室の全ての窓の断熱性を相当程度高める工事，天井等の断熱性を高める工事，壁の断熱性を高める工事及び床等の断熱性を高める工事
		等級1	全ての居室の全ての窓の断熱性を著しく高める工事，天井等の断熱性を高める工事，壁の断熱性を高める工事及び床等の断熱性を高める工事
8		等級3	全ての居室の全ての窓の日射遮蔽性を高める工事及び壁の断熱性を高める工事
		等級2	全ての居室の全ての窓の日射遮蔽性を高める工事，天井等の断熱性を高める工事及び壁の断熱性を高める工事
		等級1	全ての居室の全ての窓の日射遮蔽性を高める工事，天井等の断熱性を高める工事及び壁の断熱性を高める工事

1　全ての居室の全ての窓の断熱性を高める工事，全ての居室の全ての窓の断熱性を相当程度高める工事，全ての居室の全ての窓の断熱性を著しく高める工事，全ての居室の全ての窓の日射遮蔽性を高める工事，天井等の断熱性を高める工事，壁の断熱性を高める工事及び床等の断熱性を高める工事については，それぞれの工事の対象部分の全てについて行わなければならない。

2　（は）項に掲げる工事で壁の断熱性を高める工事を含まない工事については，「天井等の断熱性を高める工事」又は「床等の断熱性を高める工事」（「天井等の断熱性を高める工事」及び「床等の断熱性を高める工事」の両方を含む工事については「天井等の断熱性を高める工事」又は「床等の断熱性を高める工事」のいずれか一方）を「壁の断熱性を高める工事」に読み替えることができるものとする。

3　（は）項に掲げる各工事と併せて行う天井等の断熱性を高める工事，壁の断熱性を高める工事又は床等の断熱性を高める工事のうち一つ以上の工事については，（は）項に掲げる工事とみなす。

4　天井等の断熱性を高める工事，壁の断熱性を高める工事及び床等の断熱性を高める工事において，発泡プラスチック保温材を用いる場合にあってはB種を，建築物断熱用吹付け硬質ウレタンフォームを用いる場合にあってはB種を，その他の場合にあっては発泡剤としてフロン類を用いた断熱材を用いてはならない。

二　次のイ及びロに掲げる地域区分に応じそれぞれ当該イ及びロに定める工事（住宅の断熱等性能等級を一段階相当以上向上させ，改修工事後の住宅の断熱等性能等級が等級4又は一次エネルギー消費量等級が等級4以上かつ断熱等性能等級が等級3となる場合に限る。）

イ　8地域以外の地域　窓の断熱性を高める工事又は当該工事と併せて行う天井等の断熱性を高める工事，壁の断熱性を高める工事若しくは床等の断熱性を高める工事

ロ　8地域　窓の日射遮蔽性を高める工事又は当該工事と併せて行う天井等の断

熱性を高める工事，壁の断熱性を高める工事若しくは床等の断熱性を高める工事

4　令第26条の4第19項に規定する国土交通大臣が財務大臣と協議して定めるエネルギーの使用の合理化に相当程度資する増築，改築，修繕又は模様替は，次の表の（い）項に掲げる地域区分及び（ろ）項に掲げる改修工事前の住宅が相当する断熱等性能等級に応じ，それぞれ（は）項に掲げるエネルギーの使用の合理化に相当程度資する工事で，同条第7項に規定する国土交通大臣が財務大臣と協議して定めるエネルギーの使用の合理化に著しく資する増築，改築，修繕又は模様替を除いたものとする。

（い）	（ろ）	（は）
地域区分	改修工事前の住宅の断熱等性能等級	エネルギーの使用の合理化に相当程度資する工事
1及び2	等級3	
	等級2	全ての居室の全ての窓の断熱性を高める工事，天井等の断熱性を高める工事，壁の断熱性を高める工事及び床等の断熱性を高める工事
	等級1	全ての居室の全ての窓の断熱性を高める工事，天井等の断熱性を高める工事，壁の断熱性を高める工事及び床等の断熱性を高める工事
3	等級3	
	等級2	次のイ，ロ又はハのいずれかに該当する工事 イ　全ての居室の全ての窓の断熱性を相当程度高める工事及び天井等の断熱性を高める工事 ロ　全ての居室の全ての窓の断熱性を相当程度高める工事及び床等の断熱性を高める工事 ハ　全ての居室の全ての窓の断熱性を高める工事，天井等の断熱性を高める工事及び床等の断熱性を高める工事
	等級1	全ての居室の全ての窓の断熱性を高める工事，天井等の断熱性を高める工事，壁の断熱性を高める工事及び床等の断熱性を高める工事
4	等級3	
	等級2	次のイ，ロ，ハ又はニのいずれかに該当する工事 イ　全ての居室の全ての窓の断熱性を著しく高める工事 ロ　全ての居室の全ての窓の断熱性を相当程度高める工事及び天井等の断熱性を高める工事

資料編

		ハ　全ての居室の全ての窓の断熱性を相当程度高める工事及び床等の断熱性を高める工事 ニ　全ての居室の全ての窓の断熱性を高める工事，天井等の断熱性を高める工事及び床等の断熱性を高める工事
	等級1	全ての居室の全ての窓の断熱性を相当程度高める工事，天井等の断熱性を高める工事及び床等の断熱性を高める工事
5及び6	等級3	
	等級2	次のイ，ロ又はハのいずれかに該当する工事 イ　全ての居室の全ての窓の断熱性を著しく高める工事 ロ　全ての居室の全ての窓の断熱性を相当程度高める工事及び天井等の断熱性を高める工事 ハ　全ての居室の全ての窓の断熱性を相当程度高める工事及び床等の断熱性を高める工事
	等級1	次のイ又はロのいずれかに該当する工事 イ　全ての居室の全ての窓の断熱性を著しく高める工事及び天井等の断熱性を高める工事 ロ　全ての居室の全ての窓の断熱性を相当程度高める工事，天井等の断熱性を高める工事及び床等の断熱性を高める工事
7	等級3	
	等級2	次のイ又はロのいずれかに該当する工事 イ　全ての居室の全ての窓の断熱性を著しく高める工事，天井等の断熱性を高める工事及び床等の断熱性を高める工事 ロ　全ての居室の全ての窓の断熱性を高める工事，天井等の断熱性を高める工事，壁の断熱性を高める工事及び床等の断熱性を高める工事
	等級1	次のイ，ロ又はハのいずれかに該当する工事 イ　全ての居室の全ての窓の断熱性を相当程度高める工事 ロ　全ての居室の全ての窓の断熱性を高める工事及び天井等の断熱性を高める工事 ハ　全ての居室の全ての窓の断熱性を高める工事及び床等の断熱性を高める工事
8	等級3	
	等級2	全ての居室の全ての窓の日射遮蔽性を高める工事及び天井等の断熱性を高める工事

等級1	全ての居室の全ての窓の日射遮蔽性を高める工事及び天井等の断熱性を高める工事

1　全ての居室の全ての窓の断熱性を高める工事，全ての居室の全ての窓の断熱性を相当程度高める工事，全ての居室の全ての窓の断熱性を著しく高める工事，全ての居室の全ての窓の日射遮蔽性を高める工事，天井等の断熱性を高める工事，壁の断熱性を高める工事及び床等の断熱性を高める工事については，それぞれの工事の対象部分の全てについて行わなければならない。

2　(は)項に掲げる工事で壁の断熱性を高める工事を含まない工事については，「天井等の断熱性を高める工事」又は「床等の断熱性を高める工事」(「天井等の断熱性を高める工事」及び「床等の断熱性を高める工事」の両方を含む工事については「天井等の断熱性を高める工事」又は「床等の断熱性を高める工事」のいずれか一方) を「壁の断熱性を高める工事」に読み替えることができるものとする。

3　(は)項に掲げる各工事と併せて行う天井等の断熱性を高める工事，壁の断熱性を高める工事又は床等の断熱性を高める工事のうち一つ以上の工事については，(は)項に掲げる工事とみなす。

4　天井等の断熱性を高める工事，壁の断熱性を高める工事及び床等の断熱性を高める工事において，発泡プラスチック保温材を用いる場合にあってはB種を，建築物断熱用吹付け硬質ウレタンフォームを用いる場合にあってはB種を，その他の場合にあっては発泡剤としてフロン類を用いた断熱材を用いてはならない。

資 料 編

別表1－1－1

地域区分	1及び2	3	4	5及び6	7
熱貫流率の基準値 （単位　1平方メートル1度につきワット）	2.33		3.49	4.65	

　「熱貫流率」とは，内外の温度差1度の場合において1平方メートル当たり貫流する熱量をワットで表した数値をいう。別表1－2及び別表1－3において同じ。

別表1－1－2

住宅の種類	建具の種類若しくはその組合せ又は付属部材，ひさし，軒等の設置
一戸建ての住宅	次のイ又はロに該当するもの 　イ　ガラスの日射熱取得率が0.68以下のものに，ひさし，軒等を設けるもの 　ロ　付属部材を設けるもの
共同住宅等	付属部材又はひさし，軒等を設けるもの

　1　「ガラスの日射熱取得率」は，日本産業規格R3106（板ガラス類の透過率・反射率・放射率の試験方法及び建築用板ガラスの日射熱取得率の算定方法）に定める測定方法によるものとする。
　2　「付属部材」とは，紙障子，外付けブラインド（窓の直近外側に設置され，金属製スラット等の可変により日射調整機能を有するブラインド）その他これらと同等以上の日射遮蔽性能を有し，開口部に建築的に取り付けられるものをいう。
　3　「ひさし，軒等」とは，オーバーハング型の日除けで，外壁からの出寸法がその下端から窓下端までの高さの0.3倍以上のものをいう。

別表1－2

地域区分	1及び2	3	4	5及び6	7
熱貫流率の基準値 （単位　1平方メートル1度につきワット）	1.90		2.91	3.49	

別表1－3

地域区分	1及び2	3	4	5及び6	7
熱貫流率の基準値 （単位　1平方メートル1度につきワット）				2.33	

別表2

住宅の種類	断熱材の施工法	部　位	熱貫流率の基準値					
			地域区分					
			1及び2	3	4	5及び6	7	8

鉄筋コンク	内断熱工法	屋根又は天井		0.27	0.35	0.37	0.37	0.37	0.53
リート造等		壁		0.39	0.49	0.75	0.75	0.75	
の住宅		床	外気に接する部分	0.27	0.32	0.37	0.37	0.37	
			その他の部分	0.38	0.46	0.53	0.53	0.53	
		土間床等の外周部分の基礎	外気に接する部分	0.52	0.62	0.98	0.98	0.98	
			その他の部分	1.38	1.60	2.36	2.36	2.36	
	外断熱工法	屋根又は天井		0.32	0.41	0.43	0.43	0.43	0.62
		壁		0.49	0.58	0.86	0.86	0.86	
		床	外気に接する部分	0.27	0.32	0.37	0.37	0.37	
			その他の部分	0.38	0.46	0.53	0.53	0.53	
		土間床等の外周部分の基礎	外気に接する部分	0.52	0.62	0.98	0.98	0.98	
			その他の部分	1.38	1.60	2.36	2.36	2.36	
その他の住宅		屋根又は天井		0.17	0.24	0.24	0.24	0.24	0.24
		壁		0.35	0.53	0.53	0.53	0.53	
		床	外気に接する部分	0.24	0.24	0.34	0.34	0.34	
			その他の部分	0.34	0.34	0.48	0.48	0.48	
		土間床等の外周部分の基礎	外気に接する部分	0.27	0.27	0.52	0.52	0.52	
			その他の部分	0.71	0.71	1.38	1.38	1.38	

1　「熱貫流率」とは，内外の温度差1度の場合において1平方メートル当たり貫流する熱量をワットで表した数値であって，当該部位を熱の貫流する方向に構成している材料の種類及び厚さ，熱橋により貫流する熱量等を勘案して算出したものをいう。以下同じ。

2　鉄筋コンクリート造等の住宅において，「内断熱工法」とは鉄筋コンクリート造等の構造体の内側に断熱施工する方法を，「外断熱工法」とは構造体の外側に断熱施工する方法をいう。以下同じ。

3　一の住宅において複数の住宅の種類又は断熱材の施工法を採用している場合にあっては，それぞれの住宅の種類又は断熱材の施工法に応じた各部位の熱貫流率の基準値を適用するものとする。

4　土間床等の外周部分の基礎は，基礎の外側又は内側のいずれか又はその両方において，断熱材が地盤面に対して垂直であり，かつ，熱貫流率が表に掲げる基準値以下となる仕様で基礎底盤上端から基礎天端まで連続して施工されたもの又はこれと同等以上の断熱性能を確保できるものとしなければならない。ただし，玄関・勝手口及びこれに類する部分における土間床部分については，この限りではない。

資　料　編　　　　　　　　　　　691

別表3

住宅の種類	断熱材の施工法	部　位		断熱材の熱抵抗の基準値					
				(単位　1ワットにつき平方メートル・度)					
				地域区分					
				1及び2	3	4	5及び6	7	8
鉄筋コンクリート造等の住宅	内断熱工法	屋根又は天井		3.6	2.7	2.5	2.5	2.5	1.6
		壁		2.3	1.8	1.1	1.1	1.1	
		床	外気に接する部分	3.2	2.6	2.1	2.1	2.1	
			その他の部分	2.2	1.8	1.5	1.5	1.5	
		土間床等の外周部分の基礎	外気に接する部分	1.7	1.4	0.8	0.8	0.8	
			その他の部分	0.5	0.4	0.2	0.2	0.2	
	外断熱工法	屋根又は天井		3.0	2.2	2.0	2.0	2.0	1.4
		壁		1.8	1.5	0.9	0.9	0.9	
		床	外気に接する部分	3.2	2.6	2.1	2.1	2.1	
			その他の部分	2.2	1.8	1.5	1.5	1.5	
		土間床等の外周部分の基礎	外気に接する部分	1.7	1.4	0.8	0.8	0.8	
			その他の部分	0.5	0.4	0.2	0.2	0.2	
木造の住宅	充填断熱工法	屋根又は天井	屋根	6.6	4.6	4.6	4.6	4.6	4.6
			天井	5.7	4.0	4.0	4.0	4.0	4.0
		壁		3.3	2.2	2.2	2.2	2.2	
		床	外気に接する部分	5.2	5.2	3.3	3.3	3.3	
			その他の部分	3.3	3.3	2.2	2.2	2.2	
		土間床等の外周部分の基礎	外気に接する部分	3.5	3.5	1.7	1.7	1.7	
			その他の部分	1.2	1.2	0.5	0.5	0.5	
枠組壁工法の住宅	充填断熱工法	屋根又は天井	屋根	6.6	4.6	4.6	4.6	4.6	4.6
			天井	5.7	4.0	4.0	4.0	4.0	4.0
		壁		3.6	2.3	2.3	2.3	2.3	
		床	外気に接する部分	4.2	4.2	3.1	3.1	3.1	
			その他の部分	3.1	3.1	2.0	2.0	2.0	
		土間床等の外周部分の基礎	外気に接する部分	3.5	3.5	1.7	1.7	1.7	
			その他の部分	1.2	1.2	0.5	0.5	0.5	

木造，枠組壁工法又は鉄骨造の住宅	外張断熱工法又は内張断熱工法	屋根又は天井		5.7	4.0	4.0	4.0	4.0	4.0
		壁		2.9	1.7	1.7	1.7	1.7	
		床	外気に接する部分	3.8	3.8	2.5	2.5	2.5	
			その他の部分						
		土間床等の外周部分の基礎	外気に接する部分	3.5	3.5	1.7	1.7	1.7	
			その他の部分	1.2	1.2	0.5	0.5	0.5	

1　木造又は枠組壁工法の住宅において，「充填断熱工法」とは，屋根にあっては屋根組材の間，天井にあっては天井面，壁にあっては柱，間柱，たて枠の間及び外壁と内壁との間，床にあっては床組材の間に断熱施工する方法をいう。以下同じ。

2　木造，枠組壁工法又は鉄骨造の住宅において，「外張断熱工法」とは，屋根及び天井にあっては屋根たる木，小屋梁及び軒桁の外側，壁にあっては柱，間柱及びたて枠の外側，外気に接する床にあっては床組材の外側に断熱施工する方法をいう。以下同じ。

3　木造，枠組壁工法又は鉄骨造の住宅において，「内張断熱工法」とは，壁において柱及び間柱の内側に断熱施工する方法をいう。以下同じ。

4　一の住宅において複数の住宅の種類又は断熱材の施工法を採用している場合にあっては，それぞれの住宅の種類又は断熱材の施工法に応じた各部位の断熱材の熱抵抗の基準値を適用するものとする。

5　鉄筋コンクリート造等の住宅における一の部位において内断熱工法と外断熱工法を併用している場合にあっては，外側の断熱材の熱抵抗と内側の断熱材の熱抵抗の合計値について，上表における「内断熱工法」の基準値により判定できるものとする。

6　木造，枠組壁工法の住宅における一の部位において充填断熱工法と外張断熱工法を併用している場合にあっては，外張部分の断熱材の熱抵抗と充填部分の断熱材の熱抵抗の合計値について，上表における「充填断熱工法」の基準値により判定できるものとする。

7　土間床等の外周部分の基礎にあっては，基礎の外側若しくは内側のいずれか又はその両方において，断熱材が地盤面に対して垂直であり，かつ，基礎底盤上端から基礎天端まで連続して施工されたもの又はこれと同等以上の断熱性能を確保できるものとしなければならない。ただし，玄関・勝手口及びこれに類する部分における土間床部分については，この限りではない。

別表4

地域区分	外装材の熱抵抗	一般部の断熱層を貫通する金属部材の有無	断熱材の熱抵抗の基準値（単位 1ワットにつき平方メートル・度）		
			断熱材を施工する箇所の区分		
			鉄骨柱，鉄骨梁部分	一般部	一般部において断熱層を貫通する金属部材
1及び2	0.56以上	無し	1.91	2.12	
		有り	1.91	3.57	0.72
	0.15以上0.56未満	無し	1.91	2.43	
		有り	1.91	3.57	1.08
	0.15未満	無し	1.91	3.00	
		有り	1.91	3.57	1.43
3	0.56以上	無し	0.63	1.08	
		有り	0.63	2.22	0.33
	0.15以上0.56未満	無し	0.85	1.47	
		有り	0.85	2.22	0.50
	0.15未満	無し	1.27	1.72	
		有り	1.27	2.22	0.72
4，5，6，7及び8	0.56以上	無し	0.08	1.08	
		有り	0.08	2.22	0.33
	0.15以上0.56未満	無し	0.31	1.47	
		有り	0.31	2.22	0.50
	0.15未満	無し	0.63	1.72	
		有り	0.63	2.22	0.72

694 第 2 部

資料16　増改築等工事証明書に関する建設省告示（昭和63年第1274号）

○租税特別措置法施行規則第18条の21第15項等の規定に基づく国土交通大臣が財務大臣と協議して定める書類

昭和63年　建設省告示第1274号

平成26年 2 月25日　国土交通省告示第155号

平成28年 3 月31日　国土交通省告示第584号

平成29年 3 月31日　国土交通省告示第278号

平成30年 3 月31日　国土交通省告示第550号

平成31年 3 月29日　国土交通省告示第471号

令和元年 6 月28日　国土交通省告示第223号

令和 4 年 3 月31日　国土交通省告示第417号

資 料 編   695

〔令和4年1月1日以降に証明がされる場合の様式〕

別表第二　　　　　増 改 築 等 工 事 証 明 書

証明申請者	住　　所	
	氏　　名	
家屋番号及び所在地		
工 事 完 了 年 月 日		

Ⅰ．所得税額の特別控除
　1．償還期間が10年以上の住宅借入金等を利用して増改築等をした場合（住宅借入金等特別税額控除）
　　(1)　実施した工事の種別

第1号工事	1 増築　　2 改築　　3 大規模の修繕　　4 大規模の模様替	
第2号工事	1棟の家屋でその構造上区分された数個の部分を独立して住居その他の用途に供することができるもののうちその者が区分所有する部分について行う次のいずれかに該当する修繕又は模様替 　　1 床の過半の修繕又は模様替　　2 階段の過半の修繕又は模様替 　　3 間仕切壁の過半の修繕又は模様替　　4 壁の過半の修繕又は模様替	
第3号工事	次のいずれか一室の床又は壁の全部の修繕又は模様替 　　1 居室　　2 調理室　　3 浴室　　4 便所　　5 洗面所　　6 納戸 　　7 玄関　　8 廊下	
第4号工事 （耐震改修 工事）	次の規定又は基準に適合させるための修繕又は模様替 　　1 建築基準法施行令第3章及び第5章の4の規定 　　2 地震に対する安全性に係る基準	
第5号工事 （バリアフ リー改修工 事）	高齢者等が自立した日常生活を営むのに必要な構造及び設備の基準に適合させるための次のいずれかに該当する修繕又は模様替 　　1 通路又は出入口の拡幅　　2 階段の勾配の緩和　　3 浴室の改良 　　4 便所の改良　　5 手すりの取付　　6 床の段差の解消 　　7 出入口の戸の改良　　8 床材の取替	
第6号工事 （省エネ改 修工事）	全ての居室の全ての窓の断熱改修工事を実施した場合	エネルギーの使用の合理化に著しく資する次のいずれかに該当する修繕若しくは模様替又はエネルギーの使用の合理化に相当程度資する次のいずれかに該当する修繕若しくは模様替 　　1 全ての居室の全ての窓の断熱性を高める工事 　　2 全ての居室の全ての窓の断熱性を相当程度高める工事 　　3 全ての居室の全ての窓の断熱性を著しく高める工事 上記1から3のいずれかと併せて行う次のいずれかに該当する修繕又は模様替 　　4 天井等の断熱性を高める工事　　5 壁の断熱性を高める工事 　　6 床等の断熱性を高める工事

第　2　部

		地域区分	1　1地域　　　2　2地域　　　3　3地域 4　4地域　　　5　5地域　　　6　6地域 7　7地域　　　8　8地域		
		改修工事前の住宅が相当する断熱等性能等級	1　等級1　　　2　等級2　　　3　等級3		
	認定低炭素建築物新築等計画に基づく工事の場合		次に該当する修繕又は模様替 　1　窓		
			上記1と併せて行う次のいずれかに該当する修繕又は模様替 　2　天井等　　　3　壁　　　4　床等		
			低炭素建築物新築等計画の認定主体		
			低炭素建築物新築等計画の認定番号	第　　　　　　号	
			低炭素建築物新築等計画の認定年月日	年　　　月　　　日	
改修工事後の住宅の一定の省エネ性能が証明される場合	住宅性能評価書により証明される場合		エネルギーの使用の合理化に著しく資する次に該当する修繕若しくは模様替又はエネルギーの使用の合理化に相当程度資する次に該当する修繕若しくは模様替 　1　窓の断熱性を高める工事		
			上記1と併せて行う次のいずれかに該当する修繕又は模様替 　2　天井等の断熱性を高める工事 　3　壁の断熱性を高める工事 　4　床等の断熱性を高める工事		
		地域区分	1　1地域　　　2　2地域　　　3　3地域 4　4地域　　　5　5地域　　　6　6地域 7　7地域　　　8　8地域		
		改修工事前の住宅が相当する断熱等性能等級	1　等級1　　　2　等級2　　　3　等級3		
		改修工事後の住宅の断熱等性能等級	1　断熱等性能等級2 2　断熱等性能等級3 3　断熱等性能等級4以上		

資　料　編　　　　　　　　　　　697

			住宅性能評価書を交付した登録住宅性能評価機関	名　　称	
				登録番号	第　　　　　号
			住宅性能評価書の交付番号		第　　　　　号
			住宅性能評価書の交付年月日		年　　月　　日
		増改築による長期優良住宅建築等計画の認定により証明される場合	エネルギーの使用の合理化に著しく資する次に該当する修繕若しくは模様替又はエネルギーの使用の合理化に相当程度資する次に該当する修繕若しくは模様替 　1　窓の断熱性を高める工事 上記1と併せて行う次のいずれかに該当する修繕又は模様替 　2　天井等の断熱性を高める工事 　3　壁の断熱性を高める工事 　4　床等の断熱性を高める工事		
			地域区分	1　1地域　　　2　2地域　　　3　3地域 4　4地域　　　5　5地域　　　6　6地域 7　7地域　　　8　8地域	
			改修工事前の住宅が相当する断熱等性能等級	1　等級1　　　2　等級2　　　3　等級3	
			改修工事後の住宅の断熱等性能等級	1　断熱等性能等級3 2　断熱等性能等級4以上	
			長期優良住宅建築等計画の認定主体		
			長期優良住宅建築等計画の認定番号		第　　　　　号
			長期優良住宅建築等計画の認定年月日		年　　月　　日

第　2　部

(2)　実施した工事の内容

(3)　実施した工事の費用の額等

①	第1号工事～第6号工事に要した費用の額		円
②	第1号工事～第6号工事に係る補助金等の交付の有無	有　　無	
「有」の場合	交付される補助金等の額		円
③	①から②を差し引いた額（100万円を超える場合）		円

2．償還期間が5年以上の住宅借入金等を利用して高齢者等居住改修工事等（バリアフリー改修工事），特定断熱改修工事等若しくは断熱改修工事等（省エネ改修工事），特定多世帯同居改修工事等又は特定耐久性向上改修工事等を含む増改築等をした場合（特定増改築等住宅借入金等特別税額控除（工事完了後，令和3年12月31日までに入居したものに限る。））
(1)　実施した工事の種別

高齢者等居住改修工事等（バリアフリー改修工事：2％控除分）	高齢者等が自立した日常生活を営むのに必要な構造及び設備の基準に適合させるための次のいずれかに該当する増築，改築，修繕又は模様替 　1 通路又は出入口の拡幅　　2 階段の勾配の緩和　　3 浴室の改良 　4 便所の改良　　5 手すりの取付　　6 床の段差の解消 　7 出入口の戸の改良　　8 床材の取替

資料編　　　　　　　　　　　699

特定断熱改修工事等（省エネ改修工事：2％控除分）	全ての居室の全ての窓の断熱改修工事を実施した場合	エネルギーの使用の合理化に著しく資する次のいずれかに該当する増築，改築，修繕又は模様替 　1　全ての居室の全ての窓の断熱性を高める工事 　2　全ての居室の全ての窓の断熱性を相当程度高める工事 　3　全ての居室の全ての窓の断熱性を著しく高める工事 上記1から3のいずれかと併せて行う次のいずれかに該当する増築，改築，修繕又は模様替 　4　天井等の断熱性を高める工事　　5　壁の断熱性を高める工事 　6　床等の断熱性を高める工事

		地域区分	1　1地域　　　2　2地域　　　3　3地域 4　4地域　　　5　5地域　　　6　6地域 7　7地域　　　8　8地域
		改修工事前の住宅が相当する断熱等性能等級	1　等級1　　　2　等級2　　　3　等級3

	認定低炭素建築物新築等計画に基づく工事の場合	次に該当する修繕又は模様替 　1　窓
		上記1と併せて行う次のいずれかに該当する修繕又は模様替 　2　天井等　　3　壁　　4　床等
		低炭素建築物新築等計画の認定主体	
		低炭素建築物新築等計画の認定番号	第　　　　　　号
		低炭素建築物新築等計画の認定年月日	年　　月　　日

改修工事後の住宅の一定の省エネ性能が証明される場合	住宅性能評価書により証明される場合	エネルギーの使用の合理化に著しく資する次に該当する増築，改築，修繕又は模様替 　1　窓の断熱性を高める工事
		上記1と併せて行う次のいずれかに該当する増築，改築，修繕又は模様替 　2　天井等の断熱性を高める工事 　3　壁の断熱性を高める工事 　4　床等の断熱性を高める工事
		地域区分　　1　1地域　　　2　2地域　　　3　3地域 　　　　　　4　4地域　　　5　5地域　　　6　6地域 　　　　　　7　7地域　　　8　8地域

<table>
<tr><td></td><td></td><td></td><td colspan="2">改修工事前の住宅が相当する断熱等性能等級</td><td colspan="2">1 等級1　　　2 等級2　　　3 等級3</td></tr>
<tr><td></td><td></td><td></td><td colspan="2">改修工事後の住宅の省エネ性能</td><td colspan="2">1 断熱等性能等級4
2 一次エネルギー消費量等級4以上及び
　断熱等性能等級3</td></tr>
<tr><td></td><td></td><td></td><td colspan="2">住宅性能評価書を交付した登録住宅性能評価機関</td><td>名　　称</td><td></td></tr>
<tr><td></td><td></td><td></td><td colspan="2"></td><td>登録番号</td><td>第　　　　　号</td></tr>
<tr><td></td><td></td><td></td><td colspan="2">住宅性能評価書の交付番号</td><td colspan="2">第　　　　　号</td></tr>
<tr><td></td><td></td><td></td><td colspan="2">住宅性能評価書の交付年月日</td><td colspan="2">年　　　月　　　日</td></tr>
<tr><td></td><td></td><td rowspan="5">増改築による長期優良住宅建築等計画の認定により証明される場合</td><td colspan="4">エネルギーの使用の合理化に著しく資する次に該当する増築，改築，修繕又は模様替
　1 窓の断熱性を高める工事</td></tr>
<tr><td></td><td></td><td colspan="4">上記1と併せて行う次のいずれかに該当する増築，改築，修繕又は模様替
　2 天井等の断熱性を高める工事
　3 壁の断熱性を高める工事
　4 床等の断熱性を高める工事</td></tr>
<tr><td></td><td></td><td colspan="2">地域区分</td><td colspan="2">1 1地域　　　2 2地域　　　3 3地域
4 4地域　　　5 5地域　　　6 6地域
7 7地域　　　8 8地域</td></tr>
<tr><td></td><td></td><td colspan="2">改修工事前の住宅が相当する断熱等性能等級</td><td colspan="2">1 等級1　　　2 等級2　　　3 等級3</td></tr>
<tr><td></td><td></td><td colspan="2">改修工事後の住宅が相当する省エネ性能</td><td colspan="2">1 断熱等性能等級4
2 一次エネルギー消費量等級4以上及び
　断熱等性能等級3</td></tr>
</table>

資 料 編　　　　　　　　　　701

		長期優良住宅建築等計画の認定主体	
		長期優良住宅建築等計画の認定番号	第　　　　　　　号
		長期優良住宅建築等計画の認定年月日	年　　月　　日

断熱改修工事等（省エネ改修工事：1％控除分）	エネルギーの使用の合理化に相当程度資する次のいずれかに該当する増築，改築，修繕又は模様替 　1 全ての居室の全ての窓の断熱性を高める工事 　2 全ての居室の全ての窓の断熱性を相当程度高める工事 　3 全ての居室の全ての窓の断熱性を著しく高める工事 上記1から3のいずれかと併せて行う次のいずれかに該当する増築，改築，修繕又は模様替 　4 天井等の断熱性を高める工事　5 壁の断熱性を高める工事 　6 床等の断熱性を高める工事			
	地域区分	1 1地域　　2 2地域　　3 3地域　　4 4地域 5 5地域　　6 6地域　　7 7地域　　8 8地域		
	改修工事前の住宅が相当する断熱等性能等級	1 等級1　　2 等級2		
	認定低炭素建築物新築等計画に基づく工事の場合	次に該当する修繕又は模様替 　1 窓 上記1と併せて行う次のいずれかに該当する修繕又は模様替 　2 天井等　　3 壁　　4 床等		
		低炭素建築物新築等計画の認定主体		
		低炭素建築物新築等計画の認定番号	第　　　　　号
		低炭素建築物新築等計画の認定年月日	年　　月　　日

特定多世帯同居改修工事等（2％控除分）	他の世帯との同居をするのに必要な設備の数を増加させるための次のいずれかに該当する増築，改築，修繕又は模様替 　1 調理室を増設する工事　　2 浴室を増設する工事 　3 便所を増設する工事　　4 玄関を増設する工事			
		調理室の数	浴室の数	便所の数	玄関の数
	改修工事前				
	改修工事後				

	特定断熱改修工事等と併せて行う構造の腐食，腐朽及び摩損を防止し，又は維持保全を容易にするための次のいずれかに該当する増築，改築，修繕又は模様替 　1 小屋裏の換気工事　　　　　　2 小屋裏点検口の取付工事 　3 外壁の通気構造等工事　　　　4 浴室又は脱衣室の防水工事 　5 土台の防腐・防蟻工事　　　　6 外壁の軸組等の防腐・防蟻工事 　7 床下の防湿工事　　　　　　　8 床下点検口の取付工事 　9 雨どいの取付工事　　　　　　10 地盤の防蟻工事 　11 給水管，給湯管又は排水管の維持管理又は更新の容易化工事		
特定耐久性向上改修工事等（2％控除分）	第1号工事	1 増築　　2 改築　　3 大規模の修繕　　4 大規模の模様替	
	第2号工事	1棟の家屋でその構造上区分された数個の部分を独立して住居その他の用途に供することができるもののうちその者が区分所有する部分について行う修繕又は模様替 　　1 床の過半の修繕又は模様替 　　2 階段の過半の修繕又は模様替 　　3 間仕切壁の過半の修繕又は模様替 　　4 壁の過半の修繕又は模様替	
	第3号工事	次のいずれか一室の床又は壁の全部の修繕又は模様替 　1 居室　　　2 調理室　　　3 浴室　　　4 便所 　5 洗面所　　6 納戸　　　　7 玄関　　　8 廊下	
	長期優良住宅建築等計画の認定主体		
	長期優良住宅建築等計画の認定番号	第　　　　　　号	
	長期優良住宅建築等計画の認定年月日	年　　　月　　　日	
上記と併せて行う第1号工事～第4号工事（1％控除分）	第1号工事	1 増築　　2 改築　　3 大規模の修繕　　4 大規模の模様替	
	第2号工事	1棟の家屋でその構造上区分された数個の部分を独立して住居その他の用途に供することができるもののうちその者が区分所有する部分について行う修繕又は模様替 　　1 床の過半の修繕又は模様替 　　2 階段の過半の修繕又は模様替 　　3 間仕切壁の過半の修繕又は模様替 　　4 壁の過半の修繕又は模様替	
	第3号工事	次のいずれか一室の床又は壁の全部の修繕又は模様替 　1 居室　　　2 調理室　　　3 浴室　　　4 便所 　5 洗面所　　6 納戸　　　　7 玄関　　　8 廊下	
	第4号工事	次の規定又は基準に適合させるための修繕又は模様替 　1 建築基準法施行令第3章及び第5章の4の規定 　2 地震に対する安全性に係る基準	

資 料 編　　703

(2)　実施した工事の内容

(3)　実施した工事の費用の額等

①　高齢者等居住改修工事等，特定断熱改修工事等又は断熱改修工事等，特定多世帯同居改修工事等，特定耐久性向上改修工事等及び第1号工事～第4号工事に要した費用の額		円	
②　高齢者等居住改修工事等の費用の額等（2％控除分）			
ア　高齢者等居住改修工事等に要した費用の額		円	
イ　高齢者等居住改修工事等に係る補助金等の交付の有無		有　　　無	
「有」の場合	交付される補助金等の額	円	
ウ　アからイを差し引いた額（50万円を超える場合）		円	
③　特定断熱改修工事等の費用の額等（2％控除分）			
ア　特定断熱改修工事等に要した費用の額		円	
イ　特定断熱改修工事等に係る補助金等の交付の有無		有　　　無	
「有」の場合	交付される補助金等の額	円	
ウ　アからイを差し引いた額（50万円を超える場合）		円	

④ 特定多世帯同居改修工事等の費用の額等（2％控除分）		
ア　特定多世帯同居改修工事等に要した費用の額		円
イ　特定多世帯同居改修工事等に係る補助金等の交付の有無	有　　無	
「有」の場合	交付される補助金等の額	円
ウ　アからイを差し引いた額（50万円を超える場合）		円
⑤ 特定耐久性向上改修工事等の費用の額等（2％控除分）		
ア　特定耐久性向上改修工事等に要した費用の額		円
イ　特定耐久性向上改修工事等に係る補助金等の交付の有無	有　　無	
「有」の場合	交付される補助金等の額	円
ウ　アからイを差し引いた額（50万円を超える場合）		円
⑥ ②ウ，③ウ，④ウ及び⑤ウの合計額		円
⑦ 断熱改修工事等の費用の額等（1％控除分）		
ア　断熱改修工事等に要した費用の額		円
イ　断熱改修工事等に係る補助金等の交付の有無	有　　無	
「有」の場合	交付される補助金等の額	円
ウ　アからイを差し引いた額（50万円を超える場合）		円

3．住宅耐震改修，高齢者等居住改修工事等（バリアフリー改修工事），一般断熱改修工事等（省エネ改修工事），多世帯同居改修工事等又は耐久性向上改修工事等を含む増改築等をした場合（住宅耐震改修特別税額控除又は住宅特定改修特別税額控除）
(1)　実施した工事の種別

①住宅耐震改修	次の規定又は基準に適合させるための増築，改築，修繕又は模様替 　1 建築基準法施行令第3章及び第5章の4の規定 　2 地震に対する安全性に係る基準	
②高齢者等居住改修工事等（バリアフリー改修工事）	高齢者等が自立した日常生活を営むのに必要な構造及び設備の基準に適合させるための次のいずれかに該当する増築，改築，修繕又は模様替 　1 通路又は出入口の拡幅　　2 階段の勾配の緩和　　3 浴室の改良 　4 便所の改良　　5 手すりの取付　　6 床の段差の解消 　7 出入口の戸の改良　　8 床材の取替	
③一般断熱改修工事等（省エネ改修工事）	窓の断熱改修工事を実施した場合	エネルギーの使用の合理化に資する増築，改築，修繕又は模様替 　1 窓の断熱性を高める工事 上記1と併せて行う次のいずれかに該当する増築，改築，修繕又は模様替 　2 天井等の断熱性を高める工事　　3 壁の断熱性を高める工事 　4 床等の断熱性を高める工事

資　料　編

		地域区分	1　1地域　　2　2地域　　3　3地域 4　4地域　　5　5地域　　6　6地域 7　7地域　　8　8地域		
	認定低炭素建築物新築等計画に基づく工事の場合		次に該当する修繕又は模様替 　1　窓		
			上記1と併せて行う次のいずれかに該当する修繕又は模様替 　2　天井等　　3　壁　　4　床等		
			低炭素建築物新築等計画の認定主体		
			低炭素建築物新築等計画の認定番号	第　　　　　号	
			低炭素建築物新築等計画の認定年月日	年　　月　　日	
	太陽熱利用冷温熱装置の型式				
	潜熱回収型給湯器の型式				
	ヒートポンプ式電気給湯器の型式				
	燃料電池コージェネレーションシステムの型式				
	ガスエンジン給湯器の型式				
	エアコンディショナーの型式				
	太陽光発電設備の型式				
		安全対策工事	有	無	
		陸屋根防水基礎工事	有	無	
		積雪対策工事	有	無	
		塩害対策工事	有	無	
		幹線増強工事	有	無	

④多世帯同居改修工事等	他の世帯との同居をするのに必要な設備の数を増加させるための次のいずれかに該当する増築，改築，修繕又は模様替 　1　調理室を増設する工事　　2　浴室を増設する工事 　3　便所を増設する工事　　　4　玄関を増設する工事			
		調理室の数	浴室の数	便所の数	玄関の数
	改修工事前				
	改修工事後				

⑤耐久性向上改修工事等	対象住宅耐震改修又は対象一般断熱改修工事等と併せて行う構造の腐食，腐朽及び摩損を防止し，又は維持保全を容易にするための次のいずれかに該当する増築，改築，修繕又は模様替 　1 小屋裏の換気工事　　　　　2 小屋裏点検口の取付工事 　3 外壁の通気構造等工事　　　4 浴室又は脱衣室の防水工事 　5 土台の防腐・防蟻工事　　　6 外壁の軸組等の防腐・防蟻工事 　7 床下の防湿工事　　　　　　8 床下点検口の取付工事 　9 雨どいの取付工事　　　　　10 地盤の防蟻工事 　11 給水管，給湯管又は排水管の維持管理又は更新の容易化工事	
	長期優良住宅建築等計画の認定主体	
	長期優良住宅建築等計画の認定番号	第　　　　　号
	長期優良住宅建築等計画の認定年月日	年　　月　　日

上記と併せて行う第1号工事〜第6号工事	第1号工事	1 増築　　2 改築　　3 大規模の修繕　　4 大規模の模様替
	第2号工事	1棟の家屋でその構造上区分された数個の部分を独立して住居その他の用途に供することができるもののうちその者が区分所有する部分について行う次のいずれかに該当する修繕又は模様替 　1 床の過半の修繕又は模様替　　2 階段の過半の修繕又は模様替 　3 間仕切壁の過半の修繕又は模様替　4 壁の過半の修繕又は模様替
	第3号工事	次のいずれか一室の床又は壁の全部の修繕又は模様替 　1 居室　　2 調理室　　3 浴室　　4 便所　　5 洗面所 　6 納戸　　7 玄関　　8 廊下
	第4号工事 （耐震改修工事） ※①の工事を実施していない場合のみ選択	次の規定又は基準に適合させるための修繕又は模様替 　1 建築基準法施行令第3章及び第5章の4の規定 　2 地震に対する安全性に係る基準
	第5号工事 （バリアフリー改修工事） ※②の工事を実施していない場合のみ選択	高齢者等が自立した日常生活を営むのに必要な構造及び設備の基準に適合させるための次のいずれかに該当する修繕又は模様替 　1 通路又は出入口の拡幅　　2 階段の勾配の緩和 　3 浴室の改良　　4 便所の改良　　5 手すりの取付 　6 床の段差の解消　　7 出入口の戸の改良　　8 床材の取替
	第6号工事 （省エネ改修工事） ※③の工事を実施していない場合のみ選択	全ての居室の全ての窓の断熱改修工事を実施した場合	エネルギーの使用の合理化に著しく資する次のいずれかに該当する修繕若しくは模様替又はエネルギーの使用の合理化に相当程度資する次のいずれかに該当する修繕若しくは模様替 　1 全ての居室の全ての窓の断熱性を高める工事 　2 全ての居室の全ての窓の断熱性を相当程度高める工事 　3 全ての居室の全ての窓の断熱性を著しく高める工事

資 料 編

上記1から3のいずれかと併せて行う次のいずれかに該当する修繕又は模様替
4 天井等の断熱性を高める工事　　5 壁の断熱性を高める工事
6 床等の断熱性を高める工事

地域区分	1 1地域　　2 2地域　　3 3地域 4 4地域　　5 5地域　　6 6地域 7 7地域　　8 8地域
改修工事前の住宅が相当する断熱等性能等級	1 等級1　　2 等級2　　3 等級3

認定低炭素建築物新築等計画に基づく工事の場合

次に該当する修繕又は模様替
　1 窓

上記1と併せて行う次のいずれかに該当する修繕又は模様替
　2 天井等　　3 壁　　4 床等

低炭素建築物新築等計画の認定主体	
低炭素建築物新築等計画の認定番号	第　　　　号
低炭素建築物新築等計画の認定年月日	年　　月　　日

改修工事後の住宅の一定の省エネ性能が証明される場合　／　**住宅性能評価書により証明される場合**

エネルギーの使用の合理化に著しく資する次のいずれかに該当する修繕若しくは模様替又はエネルギーの使用の合理化に相当程度資する次に該当する修繕若しくは模様替
　1 窓の断熱性を高める工事

上記1と併せて行う次のいずれかに該当する修繕又は模様替
　2 天井等の断熱性を高める工事
　3 壁の断熱性を高める工事
　4 床等の断熱性を高める工事

地域区分	1 1地域　　2 2地域　　3 3地域 4 4地域　　5 5地域　　6 6地域 7 7地域　　8 8地域

				改修工事前の住宅が相当する断熱等性能等級	1 等級1　　2 等級2　　3 等級3
				改修工事後の住宅の断熱等性能等級	1 断熱等性能等級2 2 断熱等性能等級3 3 断熱等性能等級4以上
				住宅性能評価書を交付した登録住宅性能評価機関	名　　称
					登録番号　第　　　　号
				住宅性能評価書の交付番号	第　　　　号
				住宅性能評価書の交付年月日	年　　月　　日
			増改築による長期優良住宅建築等計画の認定により証明される場合	エネルギーの使用の合理化に著しく資する次のいずれかに該当する修繕若しくは模様替又はエネルギーの使用の合理化に相当程度資する次に該当する修繕若しくは模様替 　1 窓の断熱性を高める工事 上記1と併せて行う次のいずれかに該当する修繕又は模様替 　2 天井等の断熱性を高める工事 　3 壁の断熱性を高める工事 　4 床等の断熱性を高める工事	
				地域区分	1 1地域　　2 2地域　　3 3地域 4 4地域　　5 5地域　　6 6地域 7 7地域　　8 8地域
				改修工事前の住宅が相当する断熱等性能等級	1 等級1　　2 等級2　　3 等級3
				改修工事後の住宅の断熱等性能等級	1 断熱等性能等級3 2 断熱等性能等級4以上

資　料　編

				長期優良住宅建築等計画の認定主体	
				長期優良住宅建築等計画の認定番号	第　　　　　号
				長期優良住宅建築等計画の認定年月日	年　　月　　日

(2)　実施した工事の内容

(3)　実施した工事の費用の額等

①　　住宅耐震改修		
ア　　当該住宅耐震改修に係る標準的な費用の額		円
イ　　当該住宅耐震改修に係る補助金等の交付の有無	有　　　無	
「有」の場合	交付される補助金等の額	円
ウ　　アからイを差し引いた額		円
エ　　ウと250万円のうちいずれか少ない金額		円
オ　　ウからエを差し引いた額		円
②　　高齢者等居住改修工事等		
ア　　当該高齢者等居住改修工事等に係る標準的な費用の額		円

イ　当該高齢者等居住改修工事等に係る補助金等の交付の有無		有	無
「有」の場合　交付される補助金等の額			円
ウ　アからイを差し引いた額（50万円を超える場合）			円
エ　ウと200万円のうちいずれか少ない金額			円
オ　ウからエを差し引いた額			円
③　一般断熱改修工事等			
ア　当該一般断熱改修工事等に係る標準的な費用の額			円
イ　当該一般断熱改修工事等に係る補助金等の交付の有無		有	無
「有」の場合　交付される補助金等の額			円
ウ　アからイを差し引いた額（50万円を超える場合）			円
エ　ウと250万円（太陽光発電設備設置工事を伴う場合は350万円）のうちいずれか少ない金額			円
オ　ウからエを差し引いた額			円
④　多世帯同居改修工事等			
ア　当該多世帯同居改修工事等に係る標準的な費用の額			円
イ　当該多世帯同居改修工事等に係る補助金等の交付の有無		有	無
「有」の場合　交付される補助金等の額			円
ウ　アからイを差し引いた額（50万円を超える場合）			円
エ　ウと250万円のうちいずれか少ない金額			円
オ　ウからエを差し引いた額			円
⑤　①ウ，②ウ，③ウ及び④ウの合計額			円
⑥　①エ，②エ，③エ及び④エの合計額			円
⑦　①オ，②オ，③オ及び④オの合計額			円
⑧　耐久性向上改修工事等（対象住宅耐震改修又は対象一般断熱改修工事等のいずれかと併せて行う場合）			
ア　当該対象住宅耐震改修又は当該対象一般断熱改修工事等に係る標準的な費用の額			円
イ　当該対象住宅耐震改修又は当該対象一般断熱改修工事等に係る補助金等の交付の有無		有	無
「有」の場合　交付される補助金等の額			円
ウ　アからイを差し引いた額（50万円を超える場合）			円
エ　当該耐久性向上改修工事等に係る標準的な費用の額			円
オ　当該耐久性向上改修工事等に係る補助金等の交付の有無		有	無

資　料　編　　　　　711

		「有」の場合	交付される補助金等の額		円
	カ	エからオを差し引いた額（50万円を超える場合）			円
	キ	ウ及びカの合計額			円
	ク	キと250万円（対象一般断熱改修工事等に太陽光発電設備設置工事を伴う場合は350万円）のうちいずれか少ない金額			円
	ケ	キからクを差し引いた額			円
⑨	②ウ，④ウ及び⑧キの合計額				円
⑩	②エ，④エ及び⑧クの合計額				円
⑪	②オ，④オ及び⑧ケの合計額				円
⑫	耐久性向上改修工事等（対象住宅耐震改修及び対象一般断熱改修工事等の両方と併せて行う場合）				
	ア	当該対象住宅耐震改修に係る標準的な費用の額			円
	イ	当該対象住宅耐震改修に係る補助金等の交付の有無	有	無	
		「有」の場合	交付される補助金等の額		円
	ウ	アからイを差し引いた額（50万円を超える場合）			円
	エ	当該対象一般断熱改修工事等に係る標準的な費用の額			円
	オ	当該対象一般断熱改修工事等に係る補助金等の交付の有無	有	無	
		「有」の場合	交付される補助金等の額		円
	カ	エからオを差し引いた額（50万円を超える場合）			円
	キ	当該耐久性向上改修工事等に係る標準的な費用の額			円
	ク	当該耐久性向上改修工事等に係る補助金等の交付の有無	有	無	
		「有」の場合	交付される補助金等の額		円
	ケ	キからクを差し引いた額（50万円を超える場合）			円
	コ	ウ，カ及びケの合計額			円
	サ	コと500万円（太陽光発電設備設置工事を伴う場合は600万円）のうちいずれか少ない金額			円
	シ	コからサを差し引いた額			円
⑬	②ウ，④ウ及び⑫コの合計額				円
⑭	②エ，④エ及び⑫サの合計額				円
⑮	②オ，④オ及び⑫シの合計額				円
⑯	⑥，⑩又は⑭のうちいずれか多い額（10％控除分）				円
⑰	⑤，⑨又は⑬のうちいずれか多い額				円

⑱　⑦，⑪又は⑮のうち⑰の金額に係る額	円

⑲　①，②，③，④，⑧又は⑫の改修工事と併せて行われた第1号工事～第6号工事		
ア　①，②，③，④，⑧又は⑫の改修工事と併せて行われた第1号工事～第6号工事に要した費用の額		円
イ　⑲の改修に係る補助金等の交付の有無	有	無
「有」の場合　交付される補助金等の額		円
ウ　アからイを差し引いた額		円

⑳　⑰の金額と⑱及び⑲ウの合計額のうちいずれか少ない額	円
㉑　1,000万円から⑯を引いた残りの額（0円未満となる場合は0円）	円
㉒　⑳と㉑の金額のうちいずれか少ない額（5％控除分）	円

4．償還期間が10年以上の住宅借入金等を利用して特定の増改築等がされた住宅用家屋を取得した場合（買取再販住宅の取得に係る住宅借入金等特別税額控除）
　(1)　実施した工事の種別

第1号工事	1 増築　　2 改築　　3 大規模の修繕　　4 大規模の模様替	
第2号工事	共同住宅等の区分所有する部分について行う次に掲げるいずれかの修繕又は模様替 　1 床の過半の修繕又は模様替　　2 階段の過半の修繕又は模様替 　3 間仕切壁の過半の修繕又は模様替　　4 壁の過半の修繕又は模様替	
第3号工事	次のいずれか一室の床又は壁の全部の修繕又は模様替 　1 居室　　2 調理室　　3 浴室　　4 便所　　5 洗面所　　6 納戸 　7 玄関　　8 廊下	
第4号工事 (耐震改修 工事)	次の規定又は基準に適合させるための修繕又は模様替 　1 建築基準法施行令第3章及び第5章の4の規定 　2 地震に対する安全性に係る基準	
第5号工事 (バリアフ リー改修工 事)	バリアフリー化のための次のいずれかに該当する修繕又は模様替 　1 通路又は出入口の拡幅　　2 階段の勾配の緩和　　3 浴室の改良 　4 便所の改良　　5 手すりの取付　　6 床の段差の解消 　7 出入口の戸の改良　　8 床材の取替	
第6号工事 (省エネ改 修工事)	全ての居室 の全ての窓 の断熱改修 工事を実施 した場合	省エネルギー化のための修繕又は模様替 　1 全ての居室の全ての窓の断熱性を高める工事 上記1と併せて行う次のいずれかに該当する修繕又は模様替 　2 天井等の断熱性を高める工事 　3 壁の断熱性を高める工事 　4 床等の断熱性を高める工事

資　料　編　　　　　　　　713

		地域区分	1　1地域　　　　2　2地域　　　　3　3地域 4　4地域　　　　5　5地域　　　　6　6地域 7　7地域　　　　8　8地域		
改修工事後の住宅の一定の省エネ性能が証明される場合	住宅性能評価書により証明される場合	省エネルギー化のための次に該当する修繕又は模様替 　1　窓の断熱性を高める工事 上記1と併せて行う次のいずれかに該当する修繕又は模様替 　2　天井等の断熱性を高める工事 　3　壁の断熱性を高める工事 　4　床等の断熱性を高める工事			
		地域区分	1　1地域　　　　2　2地域　　　　3　3地域 4　4地域　　　　5　5地域　　　　6　6地域 7　7地域　　　　8　8地域		
		改修工事後の住宅の省エネ性能	1　断熱等性能等級4以上 2　一次エネルギー消費量等級4以上及び断熱等性能等級3		
		住宅性能評価書を交付した登録住宅性能評価機関	名　　　称		
			登録番号	第　　　　　号	
		住宅性能評価書の交付番号	第　　　　　号		
		住宅性能評価書の交付年月日	年　　　月　　　日		
	増改築による長期優良住宅建築等計画の認定により証明される場合	省エネルギー化のための次に該当する修繕又は模様替 　1　窓の断熱性を高める工事 上記1と併せて行う次のいずれかに該当する修繕又は模様替 　2　天井等の断熱性を高める工事 　3　壁の断熱性を高める工事 　4　床等の断熱性を高める工事			
		地域区分	1　1地域　　　　2　2地域　　　　3　3地域 4　4地域　　　　5　5地域　　　　6　6地域 7　7地域　　　　8　8地域		

		改修工事 後の住宅 の省エネ 性能	1 断熱等性能等級 4 以上 2 一次エネルギー消費量等級 4 以上 　及び断熱等性能等級 3
		長期優良住宅建築 等計画の認定主体	
		長期優良住宅建築 等計画の認定番号	第　　　号
		長期優良住宅建築等 計画の認定年月日	年　　月　　日
第7号工事 （給排水管・ 雨水の浸入 を防止する 部分に係る 工事）	1 給水管に係る修繕又は模様替 2 排水管に係る修繕又は模様替 3 雨水の浸入を防止する部分に係る修繕又は模様替		

(2)　実施した工事の内容

資料編　　　　　　　　　　　　　715

(3)　実施した工事の費用の額
　　①　特定の増改築等に要した費用の総額

第1号工事～第7号工事に要した費用の総額	円

　　②　特定の増改築等のうち，第1号工事～第6号工事に要した費用の額

第1号工事～第6号工事に要した費用の額	円

　　③　特定の増改築等のうち，第4号工事，第5号工事，第6号工事又は
　　第7号工事に要した費用の額

ア　第4号工事に要した費用の額	円
イ　第5号工事に要した費用の額	円
ウ　第6号工事に要した費用の額	円
エ　第7号工事に要した費用の額	円

Ⅱ．固定資産税の減額

1－1．地方税法施行令附則第12条第19項に規定する基準に適合する耐震改修をした場合

工事の内容	1　地方税法施行令附則第12条第19項に規定する基準に適合する耐震改修

1－2．地方税法附則第15条の9の2第1項に規定する耐震改修をした家屋が認定長期優良住宅に該当することとなった場合

工事の種別及び内容	地震に対する安全性の向上を目的とした増築，改築，修繕又は模様替 　1 増築　　2 改築　　3 修繕　　4 模様替	
	工事の内容	
耐震改修を含む工事の費用の額（全体工事費）		円
上記のうち耐震改修の費用の額		円
長期優良住宅建築等計画の認定主体		
長期優良住宅建築等計画の認定番号	第	号
長期優良住宅建築等計画の認定年月日		年　　月　　日

2．熱損失防止改修工事等をした場合又は熱損失防止改修工事等をした家屋が認定長期優良住宅に該当することとなった場合

工事の種別及び内容	断熱改修工事	必須となる改修工事	窓の断熱性を高める改修工事	
		上記と併せて行った改修工事	1 天井等の断熱性を高める改修工事	
			2 壁の断熱性を高める改修工事	
			3 床等の断熱性を高める改修工事	
		断熱改修工事と併せて行った右記4から9までに掲げる設備の取替え又は取付けに係る工事	4 太陽熱利用冷温熱装置	型式：
			5 潜熱回収型給湯器	型式：
			6 ヒートポンプ式電気給湯器	型式：
			7 燃料電池コージェネレーションシステム	型式：

資　料　編　　　　　　　717

		8　エアコンディショナー	型式：
		9　太陽光発電設備	型式：
	工事の内容		

熱損失防止改修工事等を含む工事の費用の額（全体工事費）		円
上記のうち熱損失防止改修工事等の費用の額		
ア　断熱改修工事に係る費用の額		円
イ　断熱改修工事に係る補助金等の交付の有無	有　　　　　無	
「有」の場合　ウ　交付される補助金等の額		円
①　アからウを差し引いた額		円
エ　断熱改修工事と併せて行った4から9までに掲げる設備の取替え又は取付けに係る工事の費用の額		円
オ　エの工事に係る補助金等の交付の有無	有　　　　　無	
「有」の場合　カ　交付される補助金等の額		円
②　エからカを差し引いた金額		円

工事費用の確認（下記③又は④のいずれかを選択して，右側の項目にレ点を入れること）

③　①の金額が60万円を超える	□　左記に該当する
上記③に該当しない場合 ④　①の金額が50万円を超え，かつ，①と②の合計額が60万円を超える	□　左記に該当する

上記工事が行われ，認定長期優良住宅に該当することとなった場合

長期優良住宅建築等計画の認定主体	
長期優良住宅建築等計画の認定番号	第　　　　　号
長期優良住宅建築等計画の認定年月日	年　　月　　日

第 2 部

上記の工事が租税特別措置法若しくは租税特別措置法施行令に規定する工事に該当すること又は上記の工事が地方税法若しくは地方税法施行令に規定する工事に該当すること若しくは上記の工事が行われ地方税法附則第15条の9の2に規定する認定長期優良住宅に該当することとなったことを証明します。

証明年月日	年　　　　月　　　　日

(1) 証明者が建築士事務所に属する建築士の場合

	氏　　　名		印
証明を行った建築士	一級建築士,二級建築士又は木造建築士の別	登　録　番　号	
		登録を受けた都道府県名（二級建築士又は木造建築士の場合）	
証明を行った建築士の属する建築士事務所	名　　　称		
	所　在　地		
	一級建築士事務所,二級建築士事務所又は木造建築士事務所の別		
	登録年月日及び登録番号		

(2) 証明者が指定確認検査機関の場合

	名　　　称			印
証明を行った指定確認検査機関	住　　　所			
	指定年月日及び指定番号			
	指定をした者			
調査を行った建築士又は建築基準適合判定資格者	氏　　　名			
	建築士の場合	一級建築士,二級建築士又は木造建築士の別	登　録　番　号	
			登録を受けた都道府県名（二級建築士又は木造建築士の場合）	
	建築基準適合判定資格者の場合		登　録　番　号	
			登録を受けた地方整備局等名	

資 料 編 719

(3) 証明者が登録住宅性能評価機関の場合

証明を行った登録住宅性能評価機関	名　　　称				印
	住　　　所				
	登録年月日及び登録番号				
	登録をした者				
調査を行った建築士又は建築基準適合判定資格者検定合格者	氏　　　名				
	建築士の場合	一級建築士, 二級建築士又は木造建築士の別	登　録　番　号		
			登録を受けた都道府県名（二級建築士又は木造建築士の場合）		
	建築基準適合判定資格者検定合格者の場合		合格通知日付又は合格証書日付		
			合格通知番号又は合格証書番号		

(4) 証明者が住宅瑕疵担保責任保険法人の場合

証明を行った住宅瑕疵担保責任保険法人	名　　　称				印
	住　　　所				
	指定年月日				
調査を行った建築士又は建築基準適合判定資格者検定合格者	氏　　　名				
	建築士の場合	一級建築士, 二級建築士又は木造建築士の別	登　録　番　号		
			登録を受けた都道府県名（二級建築士又は木造建築士の場合）		
	建築基準適合判定資格者検定合格者の場合		合格通知日付又は合格証書日付		
			合格通知番号又は合格証書番号		

（用紙　日本産業規格　Ａ４）

備　考

　1　「証明申請者」の「住所」及び「氏名」の欄には，この証明書の交付を
　　受けようとする者の住所及び氏名をこの証明書を作成する日の現況により

記載すること。

2 「家屋番号及び所在地」の欄には，当該工事を行った家屋の建物登記簿に記載された家屋番号及び所在地を記載すること。

3 「Ⅰ．所得税額の特別控除」中「1．償還期間が10年以上の住宅借入金等を利用して増改築等をした場合」の欄には，この証明書により証明をする工事について，次により記載すること。

(1) 「(1)実施した工事の種別」の欄には，以下により第1号工事から第6号工事までのいずれかの工事について記載するものとする。

① 「第1号工事」の欄には，当該工事が租税特別措置法施行令（以下「施行令」という。）第26条第33項第1号に規定する増築，改築，大規模の修繕又は大規模の模様替のいずれに該当するかに応じ該当する番号を○で囲むものとする。

② 「第2号工事」の欄には，当該工事が施行令第26条第33項第2号に規定する修繕又は模様替であって次に掲げるもののいずれに該当するかに応じ該当する番号を○で囲むものとする。

イ 床の過半の修繕又は模様替 床（建築基準法第2条第5号に規定する主要構造部（以下「主要構造部」という。）である床及び最下階の床をいう。）の過半について行うもの

ロ 階段の過半の修繕又は模様替 主要構造部である階段の過半について行うもの

ハ 間仕切壁の過半の修繕又は模様替 間仕切壁（主要構造部である間仕切壁及び建築物の構造上重要でない間仕切壁をいう。）の室内に面する部分の過半について行うもの（その間仕切壁の一部について位置の変更を伴うものに限る。）

ニ 壁の過半の修繕又は模様替 主要構造部である壁の室内に面する部分の過半について行うもの（当該修繕又は模様替に係る壁の過半について遮音又は熱の損失の防止のための性能を向上させるものに限る。）

③ 「第3号工事」の欄には，当該工事が施行令第26条第33項第3号に規定する修繕又は模様替であって当該欄に掲げるもののいずれに該当

資　料　編　　　721

するかに応じ該当する番号を○で囲むものとする。

④ 「第4号工事」の欄には，当該工事が施行令第26条第33項第4号に規定する修繕又は模様替であって当該欄に掲げる規定又は基準のいずれに適合するかに応じ該当する番号を○で囲むものとする。

⑤ 「第5号工事」の欄には，当該工事が施行令第26条第33項第5号に規定する修繕又は模様替であって当該欄に掲げるもののいずれに該当するかに応じ該当する番号を○で囲むものとする。

⑥ 「第6号工事」の欄のうち，「全ての居室の全ての窓の断熱改修工事をした場合」の欄には，平成20年国土交通省告示第513号（備考3(1)⑦並びに4(1)②及び③において「省エネ改修対象工事告示」という。）第2項第1号に掲げる工事について記載するものとし，当該工事が施行令第26条第33項第6号に規定する修繕又は模様替であって当該欄に掲げるもののいずれに該当するかに応じ該当する番号（建築物エネルギー消費性能基準等を定める省令における算出方法等に係る事項（平成28年国土交通省告示第265号。以下「算出方法告示」という。）別表第10に掲げる地域の区分における8地域において窓の日射遮蔽性を高める工事を行った場合は，番号1）を○で囲むものとする。また，同欄中「地域区分」の欄には算出方法告示別表第10に掲げる地域の区分のいずれに該当するかに応じ該当する番号を○で囲むものとし，「改修工事前の住宅が相当する断熱等性能等級」の欄には改修工事前の住宅が相当する日本住宅性能表示基準（平成13年国土交通省告示第1346号）別表2－1の（い）項に掲げる「5－1断熱等性能等級」を○で囲むものとする。都市の低炭素化の促進に関する法律（平成24年法律第84号）第56条に規定する認定低炭素建築物新築等計画に基づく工事の場合は，当該欄に掲げるもののいずれに該当するかに応じ該当する番号を○で囲むものとする。

⑦ 「第6号工事」の欄のうち，「改修工事後の住宅の一定の省エネ性能が証明される場合」の欄には，省エネ改修対象工事告示第2項第2号に掲げる工事について，次により記載するものとする。

イ　住宅性能評価書により証明される場合

当該工事が施行令第26条第33項第6号に規定する修繕又は模様替であって当該欄に掲げるもののいずれに該当するかに応じ該当する番号（算出方法告示別表第10に掲げる地域の区分における8地域において窓の日射遮蔽性を高める工事を行った場合は，番号1）を○で囲むものとする。また，同欄中「地域区分」の欄には算出方法告示別表第10に掲げる地域の区分のいずれに該当するかに応じ該当する番号を○で囲むものとする。「改修工事前の住宅が相当する断熱等性能等級」の欄には改修工事前の住宅が相当する日本住宅性能表示基準別表2―1の（い）項に掲げる「5―1断熱等性能等級」を○で囲むものとし，「改修工事後の住宅の断熱等性能等級」の欄には改修工事後の住宅の日本住宅性能表示基準別表2―1の（い）項に掲げる「5―1断熱等性能等級」を○で囲むものとする。

ロ　増改築による長期優良住宅建築等計画の認定により証明される場合

当該工事が施行令第26条第33項第6号に規定する修繕又は模様替であって当該欄に掲げるもののいずれに該当するかに応じ該当する番号（算出方法告示別表第10に掲げる地域の区分における8地域において窓の日射遮蔽性を高める工事を行った場合は，番号1）を○で囲むものとする。同欄中「地域区分」の欄には算出方法告示別表第10に掲げる地域の区分のいずれに該当するかに応じ該当する番号を○で囲むものとし，「改修工事前の住宅が相当する断熱等性能等級」の欄には改修工事前の住宅が相当する日本住宅性能表示基準別表2―1の（い）項に掲げる「5―1断熱等性能等級」を○で囲むものとし，「改修工事後の住宅の断熱等性能等級」の欄には改修工事後の住宅が相当する日本住宅性能表示基準別表2―1の（い）項に掲げる「5―1断熱等性能等級」を○で囲むものとする。

(2)　「(2)実施した工事の内容」の欄には，当該工事が施行令第26条第33項第1号に規定する増築，改築，大規模の修繕若しくは大規模の模様替，同項第2号に規定する修繕若しくは模様替，同項第3号に規定する修繕若しくは模様替，同項第4号に規定する修繕若しくは模様替，同項第5

資 料 編　　　　　　　723

号に規定する修繕若しくは模様替又は同項第6号に規定する修繕若しく
は模様替に該当することを明らかにする工事の具体的内容を記載するも
のとする。

(3) 「(3)実施した工事の費用の額等」の欄には，対象工事に関し，確認し
た内容について記載する表に，次により記載すること。

① 「①　第1号工事～第6号工事に要した費用の額」の欄には，施行
令第26条第33項第1号から第6号までに規定する工事の種別のいずれ
かに該当する工事の合計額を記載するものとする。

② 「②　第1号工事～第6号工事に係る補助金等の交付の有無」の欄
には，実施された租税特別措置法（以下「法」という。）第41条第1
項に規定する増改築等の費用に関し国又は地方公共団体から交付され
る補助金又は給付金その他これらに準ずるものの交付の対象となる工
事が含まれているか否かに応じ，含まれている場合には「有」を，含
まれていない場合には「無」を○で囲むものとする。

「「有」の場合」の「交付される補助金等の額」の欄には，法第41条
第1項に規定する増改築等の費用に関し国又は地方公共団体から交付
される補助金又は給付金その他これらに準ずるものの額を記載するも
のとする。

③ 「①から②を差し引いた額（100万円を超える場合）」の欄には，「①
第1号工事～第6号工事に要した費用の額」から「交付される補助金
等の額」を差し引いた額（100万円を超える場合）を記載するものと
する。

4 「Ⅰ．所得税額の特別控除」中「2．償還期間が5年以上の住宅借入金
等を利用して高齢者等居住改修工事等（バリアフリー改修工事），特定断
熱改修工事等若しくは断熱改修工事等（省エネ改修工事），特定多世帯同
居改修工事等又は特定耐久性向上改修工事等を含む増改築等をした場合」
の欄には，この証明書により証明をする工事について，次により記載する
こと。なお，本項は工事完了後，令和3年12月31日までに入居したものに
限り記載するものとする。

(1) 「(1)実施した工事の種別」の欄には，この証明書により証明をする工

事について，次により記載するものとする。

① 「高齢者等居住改修工事等（バリアフリー改修工事：2％控除分）」
の欄には，証明申請者が法第41条の3の2第1項の規定の適用を受け
ようとする場合に限り記載するものとし，当該工事が施行令第26条の
4第4項に規定する増築，改築，修繕又は模様替であって当該欄に掲
げるもののいずれに該当するかに応じ該当する番号を○で囲むものと
する。

② 「特定断熱改修工事等（省エネ改修工事：2％控除分）」の欄のうち，
「全ての居室の全ての窓の断熱改修工事をした場合」の欄には，証明
申請者が法第41条の3の2第1項又は第5項の規定の適用を受けよう
とする場合であって，当該工事が省エネ改修対象工事告示第3項第1
号に掲げる工事である場合に限り記載するものとし，当該工事が施行
令第26条の4第7項に規定する増築，改築，修繕又は模様替であって
当該欄に掲げるもののいずれに該当するかに応じ該当する番号（算出
方法告示別表第10に掲げる地域の区分における8地域において窓の日
射遮蔽性を高める工事を行った場合は，番号1）を○で囲むものとす
る。また，同欄中「地域区分」の欄には算出方法告示別表第10に掲げ
る地域の区分のいずれに該当するかに応じ該当する番号を○で囲むも
のとし，「改修工事前の住宅が相当する断熱等性能等級」の欄には改
修工事前の住宅が相当する日本住宅性能表示基準別表2—1の（い）
項に掲げる「5—1断熱等性能等級」を○で囲むものとする。都市の
低炭素化の促進に関する法律第56条に規定する認定低炭素建築物等新
築計画に基づく工事の場合は，当該欄に掲げるもののいずれに該当す
るかに応じ該当する番号を○で囲むものとする。

③ 「特定断熱改修工事等（省エネ改修工事：2％控除分）」の欄のうち，
「改修工事の住宅の一定の省エネ性能が証明される場合」の欄には，
証明申請者が法第41条の3の2第1項又は第5項の規定の適用を受け
ようとする場合であって，当該工事が省エネ改修対象工事告示第3項
第2号に掲げる工事である場合に限り，当該工事について次により記
載するものとする。

資　料　編　　　　　　725

イ　住宅性能評価書により証明される場合

　　　当該工事が施行令第26条の４第７項に規定する増築，改築，修繕
　　又は模様替であって当該欄に掲げるもののいずれに該当するかに応
　　じ該当する番号（算出方法告示別表第10に掲げる地域の区分におけ
　　る８地域において窓の日射遮蔽性を高める工事を行った場合は，番
　　号１）を○で囲むものとする。また，同欄中「地域区分」の欄には
　　算出方法告示別表第10に掲げる地域の区分のいずれに該当するかに
　　応じ該当する番号を○で囲むものとし，「改修工事前の住宅が相当
　　する断熱等性能等級」の欄には改修工事前の住宅が相当する日本住
　　宅性能表示基準別表２―１の（い）項に掲げる「５―１断熱等性能
　　等級」を○で囲むものとし，「改修工事後の住宅の省エネ性能」の
　　欄には改修工事後の住宅の日本住宅性能表示基準別表２―１の（い）
　　項に掲げる「５―１断熱等性能等級」又は「５―２一次エネルギー
　　消費量等級」を○で囲むものとする。

ロ　増改築による長期優良住宅建築等計画の認定により証明される場
　　合

　　　当該工事が施行令第26条の４第７項に規定する増築，改築，修繕
　　又は模様替であって当該欄に掲げるもののいずれに該当するかに応
　　じ該当する番号（算出方法告示別表第10に掲げる地域の区分におけ
　　る８地域において窓の日射遮蔽性を高める工事を行った場合は，番
　　号１）を○で囲むものとする。また，同欄中「地域区分」の欄には
　　算出方法告示別表第10に掲げる地域の区分のいずれに該当するかに
　　応じ該当する番号を○で囲むものとし，「改修工事前の住宅が相当
　　する断熱等性能等級」の欄には改修工事前の住宅が相当する日本住
　　宅性能表示基準別表２―１の（い）項に掲げる「５―１断熱等性能
　　等級」を○で囲むものとし，「改修工事後の住宅が相当する省エネ
　　性能」の欄には改修工事後の住宅が相当する日本住宅性能表示基準
　　別表２―１の（い）項に掲げる「５―１断熱等性能等級」又は「５
　　―２一次エネルギー消費量等級」を○で囲むものとする。

④　「断熱改修工事等（省エネ改修工事：１％控除分)」の欄には，証明

申請者が法第41条の3の2第5項の規定の適用を受けようとする場合に限り記載するものとし，当該工事が施行令第26条の4第19項に規定する増築，改築，修繕又は模様替であって当該欄に掲げるもののいずれに該当するかに応じ該当する番号（算出方法告示別表第10に掲げる地域の区分における8地域において窓の日射遮蔽性を高める工事を行った場合は，番号1）を○で囲むものとする。また，同欄中「地域区分」の欄には算出方法告示別表第10に掲げる地域の区分のいずれに該当するかに応じ該当する番号を○で囲むものとし，「改修工事前の住宅が相当する断熱等性能等級」の欄には改修工事前の住宅が相当する日本住宅性能表示基準別表2－1の（い）項に掲げる「5－1断熱等性能等級」を○で囲むものとする。都市の低炭素化の促進に関する法律第56条に規定する認定低炭素建築物等新築計画に基づく工事の場合は，当該欄に掲げるもののいずれに該当するかに応じ該当する番号を○で囲むものとする。

⑤ 「特定多世帯同居改修工事等（同居改修工事：2％控除分）」の欄には，証明申請者が法第41条の3の2第1項，第5項又は第8項の規定の適用を受けようとする場合に限り記載するものとし，当該工事が施行令第26条の4第8項に規定する増築，改築，修繕又は模様替であって当該欄に掲げるもののいずれに該当するかに応じ該当する番号を○で囲むものとする。また，同欄中「改修工事前」及び「改修工事後」の欄には，居住の用に供する部分における調理室，浴室，便所及び玄関の数を記載するものとする。

⑥ 「特定耐久性向上改修工事（2％控除分）」の欄には，証明申請者が法第41条の3の2第1項又は第5項の規定の適用を受けようとする場合に限り記載するものとし，当該工事が特定断熱改修工事等と併せて行う施行令第26条の4第9項に規定する増築，改築，修繕又は模様替であって当該欄に掲げるもののいずれに該当するかに応じ該当する番号を○で囲むものとする。また，同欄中「第1号工事」，「第2号工事」，「第3号工事」の欄には，備考3(1)①から③により記載するものとし，当該工事が施行令第26条第33項第1号から第3号までのいずれに該当

資　料　編　　　　　　　　　　727

するかに応じ，該当する欄の該当する番号を○で囲むものとし，特定
断熱改修工事等については「特定断熱改修工事等（省エネ改修工事：
2％控除分）」の欄に，②又は③のいずれかにより記載するものとす
る。

⑦　「上記と併せて行う第1号工事～第4号工事（1％控除分）」の欄に
は，備考3(1)①から④により記載するものとし，施行令第26条第33項
第1号から第4号までに規定する修繕又は模様替であって当該欄に掲
げるもののいずれかに該当するかに応じ該当する番号を○で囲むもの
とする。

(2)　「(2)実施した工事の内容」の欄には，施行令第26条の4第4項に規定
する増築，改築，修繕若しくは模様替，同条第7項に規定する増築，改
築，修繕若しくは模様替，同条第8項に規定する増築，改築，修繕若し
くは模様替，同条第9項に規定する増築，改築，修繕若しくは模様替又
は同条第19項に規定する増築，改築，修繕若しくは模様替に該当するこ
とを明らかにする工事の具体的内容を記載するものとする。

(3)　「(3)実施した工事の費用の額等」の欄には，対象工事に関し，確認し
た内容について記載する表に，次により記載すること。

①　「②　高齢者等居住改修工事等の費用の額等（2％控除分）」の欄の
うち，「ア　高齢者等居住改修工事等に要した費用の額」には，高齢
者等居住改修工事等の1 ～ 8のいずれかに該当する工事の合計額を
記載するものとする。

「イ　高齢者等居住改修工事等に係る補助金等の交付の有無」の欄
には，実施された高齢者等居住改修工事等に，高齢者等居住改修工事
等を含む住宅の増改築等工事の費用に関し国又は地方公共団体から交
付される補助金又は給付金その他これらに準ずるものの交付の対象と
なる工事が含まれているか否かに応じ，含まれている場合には「有」
を，含まれていない場合には「無」を○で囲むものとする。

「「有」の場合」の「交付される補助金等の額」の欄には，高齢者等
居住改修工事等を含む住宅の増改築等工事の費用に関し国又は地方公
共団体から交付される補助金又は給付金その他これらに準ずるものの

額を記載するものとする。

「ウ　アからイを差し引いた額（50万円を超える場合）」の欄には，「ア　高齢者等居住改修工事等に要した費用の額」から「イ　交付される補助金等の額」を差し引いた額を記載するものとする。

② 「③　特定断熱改修工事等の費用の額等（２％控除分）」の欄のうち，「ア　特定断熱改修工事等に要した費用の額」の欄には，特定断熱改修工事等のうち，「全ての居室の全ての窓の断熱改修工事を実施した場合」に記載した場合は１ ～ ６のいずれかに該当する工事の合計額を，「改修工事後の住宅の一定の省エネ性能が証明される場合」に記載した場合は１ ～ ４のいずれかに該当する工事の合計額を記載するものとする。

「イ　特定断熱改修工事等に係る補助金等の交付の有無」の欄には，実施された特定断熱改修工事等に，特定断熱改修工事等を含む住宅の増改築等工事の費用に関し国又は地方公共団体から交付される補助金又は給付金その他これらに準ずるものの交付の対象となる工事が含まれているか否かに応じ，含まれている場合には「有」を，含まれていない場合には「無」を○で囲むものとする。

「「有」の場合」の「交付される補助金等の額」の欄には，特定断熱改修工事等を含む住宅の増改築等工事の費用に関し国又は地方公共団体から交付される補助金又は給付金その他これらに準ずるものの額を記載するものとする。

「ウ　アからイを差し引いた額（50万円を超える場合）」の欄には，「ア　特定断熱改修工事等に要した費用の額」から「イ　交付される補助金等の額」を差し引いた額を記載するものとする。

③ 「④　特定多世帯同居改修工事等の費用の額等（２％控除分）」の欄のうち，「ア　特定多世帯同居改修工事等に要した費用の額」の欄には，特定多世帯同居改修工事等の１ ～ ４のいずれかに該当する工事の合計額を記載するものとする。

「イ　特定多世帯同居改修工事等に係る補助金等の交付の有無」の欄には，実施された特定多世帯同居改修工事等に，特定多世帯同居改

資　料　編　　729

修工事等を含む住宅の増改築等工事の費用に関し国又は地方公共団体から交付される補助金又は給付金その他これらに準ずるものの交付の対象となる工事が含まれているか否かに応じ，含まれている場合には「有」を，含まれていない場合には「無」を○で囲むものとする。

　「「有」の場合」の「交付される補助金等の額」の欄には，特定多世帯同居改修工事等を含む住宅の増改築等工事の費用に関し国又は地方公共団体から交付される補助金又は給付金その他これらに準ずるものの額を記載するものとする。

　「ウ　アからイを差し引いた額（50万円を超える場合）」の欄には，「ア　特定多世帯同居改修工事等に要した費用の額」から「イ　交付される補助金等の額」を差し引いた額を記載するものとする。

④　「⑤　特定耐久性向上改修工事等の費用の額等（２％控除分）」の欄のうち，「ア　特定耐久性向上改修工事等に要した費用の額」の欄には，特定耐久性向上改修工事等の１～11のいずれかに該当する工事の合計額を記載するものとする。

　「イ　特定耐久性向上改修工事等に係る補助金等の交付の有無」の欄には，実施された特定耐久性向上改修工事等に，特定耐久性向上改修工事等を含む住宅の増改築等工事の費用に関し国又は地方公共団体から交付される補助金又は給付金その他これらに準ずるものの交付の対象となる工事が含まれているか否かに応じ，含まれている場合には「有」を，含まれていない場合には「無」を○で囲むものとする。

　「「有」の場合」の「交付される補助金等の額」の欄には，特定耐久性向上改修工事等を含む住宅の増改築等工事の費用に関し国又は地方公共団体から交付される補助金又は給付金その他これらに準ずるものの額を記載するものとする。

　「ウ　アからイを差し引いた額（50万円を超える場合）」の欄には，「ア　特定耐久性向上改修工事等に要した費用の額」から「イ　交付される補助金等の額」を差し引いた額を記載するものとする。

⑤　「⑥　②ウ，③ウ，④ウ及び⑤ウの合計額」の欄には，②ウ「アからイを差し引いた額（50万円を超える場合）」，③ウ「アからイを差し

引いた額（50万円を超える場合）」，④ウ「アからイを差し引いた額
（50万円を超える場合）及び⑤ウ「アからイを差し引いた額（50万円
を超える場合）」の合計額を記載するものとする。

⑥ 「⑦ 断熱改修工事等の費用の額等（1％控除分）」の欄のうち，「ア
断熱改修工事等に要した費用の額」には，断熱改修工事等の1 〜 6
のいずれかに該当する工事の合計額を記載するものとする。

「イ 断熱改修工事等に係る補助金等の交付の有無」の欄には，実
施された断熱改修工事等に，断熱改修工事等を含む住宅の増改築等工
事の費用に関し国又は地方公共団体から交付される補助金又は給付金
その他これらに準ずるものの交付の対象となる工事が含まれているか
否かに応じ，含まれている場合には「有」を，含まれていない場合に
は「無」を○で囲むものとする。

「「有」の場合」の「交付される補助金等の額」の欄には，断熱改修
工事等を含む住宅の増改築等工事の費用に関し国又は地方公共団体か
ら交付される補助金又は給付金その他これらに準ずるものの額を記載
するものとする。

「ウ アからイを差し引いた額（50万円を超える場合）」の欄には，
「ア 断熱改修工事等に要した費用の額」から「イ 交付される補助
金等の額」を差し引いた額を記載するものとする。

5 「I．所得税額の特別控除」中「3．住宅耐震改修，高齢者等居住改修
工事等（バリアフリー改修工事），一般断熱改修工事等（省エネ改修工事），
多世帯同居改修工事等又は耐久性向上改修工事等を含む増改築等をした場
合」の欄には，この証明書により証明をする工事について，次により記載
すること。

(1) 「(1)実施した工事の種別」の欄には，この証明書により証明をする工
事について，次により記載するものとする。

① 「住宅耐震改修」の欄には，証明申請者が法第41条の19の2第1項
又は第41条の19の3第4項若しくは第6項の規定の適用を受けようと
する場合に限り記載するものとし，当該工事が法第41条の19の2第1
項に規定する増築，改築，修繕又は模様替であって当該欄に掲げるも

資 料 編　　　　　　　　　731

ののいずれの規定又は基準に該当するかに応じ該当する番号を○で囲むものとする。

② 「高齢者等居住改修工事等（バリアフリー改修工事）」の欄には，証明申請者が法第41条の19の３第１項の規定の適用を受けようとする場合に限り記載するものとし，当該工事が施行令第26条の28の５第15項に規定する増築，改築，修繕又は模様替であって当該欄に掲げるもののいずれに該当するかに応じ該当する番号を○で囲むものとする。

③ 「一般断熱改修工事等（省エネ改修工事）」の欄のうち，「窓の断熱改修工事をした場合」の欄には，証明申請者が法第41条の19の３第２項，第５項又は第６項の規定の適用を受けようとする場合であって，当該工事が平成21年国土交通省告示第379号（備考５(1)④において「省エネ改修対象工事告示」という。）第１項第１号に掲げる工事である場合に限り記載するものとし，当該改修工事が施行令第26条の28の５第16項に規定する増築，改築，修繕又は模様替であって当該欄に掲げるもののいずれに該当するかに応じ該当する番号（算出方法告示別表第10に掲げる地域の区分における８地域において窓の日射遮蔽性を高める工事を行った場合は，番号１）を○で囲むものとする。また，同欄中「地域区分」の欄には，算出方法告示別表第10に掲げる地域の区分のいずれに該当するかに応じ該当する番号を○で囲むものとする。都市の低炭素化の促進に関する法律第56条に規定する認定低炭素建築物新築等計画に基づく工事の場合は，当該欄に掲げるもののいずれに該当するかに応じ該当する番号を○で囲むものとする。

④ 「一般断熱改修工事等（省エネ改修工事）」の欄のうち，「太陽熱利用冷温熱装置の型式」「潜熱回収型給湯器の型式」「ヒートポンプ式電気給湯器の型式」「燃料電池コージェネレーションシステムの型式」「ガスエンジン給湯器の型式」「エアコンディショナーの型式」の欄には，「租税特別措置法施行令第26条の28の５第18項の規定に基づき，租税特別措置法第41条の19の３第10項第１号に掲げる工事が行われる構造又は設備と一体となって効用を果たすエネルギーの使用の合理化に著しく資する設備として国土交通大臣及び経済産業大臣が財務大臣

と協議して定める告示（平成25年経済産業省・国土交通省告示第5号）」に適合する設備の種別を記載するものとする。「太陽光発電設備の型式」の欄には，当該工事が施行令第26条の28の5第20項に規定する設備の取替え又は取付けに係る工事であって「租税特別措置法施行令第26条の28の5第20項の規定に基づき，租税特別措置法第41条の19の3第10項第1号に掲げる工事が行われた家屋と一体となって効用を果たす太陽光を電気に変換する設備として経済産業大臣が財務大臣と協議して指定する設備に係る告示」（平成21年経済産業省告示第68号）に適合する太陽光を電気に変換する設備の種別を記載するものとする。また，同告示に記載された各種工事の実施の有無について，該当するものを○で囲むものとする。

⑤　「多世帯同居改修工事等（同居改修工事）」の欄には，証明申請者が法第41条の19の3第3項の規定の適用を受けようとする場合に限り記載するものとし，当該改修工事が施行令第26条の28の5第22項に規定する増築，改築，修繕又は模様替であって当該欄に掲げるもののいずれに該当するかに応じ該当する番号を○で囲むものとする。また，同欄中「改修工事前」及び「改修工事後」の欄には，居住の用に供する部分における調理室，浴室，便所及び玄関の数を記載するものとする。

⑥　「耐久性向上改修工事等」の欄には，証明申請者が法第41条の19の3第4項，第5項又は第6項の規定の適用を受けようとする場合に限り記載するものとし，当該工事が対象住宅耐震改修又は対象一般断熱改修工事等と併せて行う施行令第26条の28の5第23項に規定する増築，改築，修繕又は模様替であって当該欄に掲げるもののいずれに該当するかに応じ該当する番号を○で囲むものとする。なお，当該欄における「対象住宅耐震改修」とは法第41条の19の3第4項又は第6項の対象住宅耐震改修をいい，「対象一般断熱改修工事等」とは同条第5項又は第6項の対象一般断熱改修工事等をいうものとし，対象住宅耐震改修又は対象一般断熱改修工事等については「住宅耐震改修」又は「一般断熱改修工事等（省エネ改修工事）」の欄に，①，③又は④のいずれかにより記載するものとする。

資　料　編　　　　　733

⑦　「上記と併せて行う第１号工事～第６号工事」の欄には，証明者が法第41条の19の３第７項の規定の適用を受けようとする場合に限り記載するものとし，備考３(1)を参考に記載するものとする。なお，第４号工事については①住宅耐震改修工事を実施していない場合のみ選択し，第５号工事については②高齢者等居住改修工事等を実施していない場合のみ選択し，第６号工事については③一般断熱改修工事等を実施していない場合のみ選択し，同様の工事内容を重複して記載することがないように留意されたい。

(2)　「(2)実施した工事の内容」の欄には，法第41条の19の２第１項に規定する住宅耐震改修，施行令第26条の28の５第14項に規定する施行令第26条第33項各号に掲げる工事（法第41条の19の２第１項に規定する住宅耐震改修又は法第41条の19の３第１項に規定する対象高齢者等居住改修工事等，同条第２項に規定する対象一般断熱改修工事等，同条第３項に規定する対象多世帯同居改修工事等若しくは同条第４項に規定する対象住宅耐震改修若しくは対象耐久性向上改修工事等に該当するものを除く。以下同じ。），施行令第26条の28の５第15項に規定する増築，改築，修繕若しくは模様替，同条第16項に規定する増築，改築，修繕若しくは模様替，同条第18項及び第20項に規定する設備の取付け若しくは取替え，同条第22項に規定する増築，改築，修繕若しくは模様替又は同条第23項に規定する増築，改築，修繕若しくは模様替に該当することを明らかにする工事の具体的内容を記載するものとする。

(3)　「(3)実施した工事の費用の額等」の欄には，対象工事に関し，確認した内容について記載する表に，次により記載すること。

①　「①　住宅耐震改修」の欄のうち，「ア　当該住宅耐震改修に係る標準的な費用の額」の欄には，「租税特別措置法施行令第26条の28の４第２項の規定に基づき，国土交通大臣が財務大臣と協議して住宅耐震改修の内容に応じて定める金額を定める告示（平成21年国土交通省告示第383号。備考５(3)⑥及び⑧において「耐震改修費用告示」という。）」に基づき住宅耐震改修の内容に応じて算出した金額の合計額（当該住宅耐震改修を行った同項に規定する家屋が一棟の家屋でその

構造上区分された数個の部分を独立して住居その他の用途に供することができるものである場合又は当該家屋が共有物である場合には，当該金額に，当該住宅耐震改修に要した費用の額のうちにその者が負担する費用の割合を乗じて計算した金額）を記載するものとする。

「イ　当該住宅耐震改修に係る補助金等の交付の有無」の欄には，実施された住宅耐震改修の費用に関し国又は地方公共団体から交付される補助金又は給付金その他これらに準ずるものの交付の対象となる工事が含まれているか否かに応じ，含まれている場合には「有」を，含まれていない場合には「無」を○で囲むものとする。

「「有」の場合」の「交付される補助金等の額」の欄には，当該住宅耐震改修の費用に関し国又は地方公共団体から交付される補助金又は給付金その他これらに準ずるものの額を記載するものとする。

「ウ　アからイを差し引いた額」の欄には，「ア　当該住宅耐震改修に係る標準的な費用の額」から「イ　交付される補助金等の額」を差し引いた額を記載するものとする。

「エ　ウと250万円のうちいずれか少ない金額」の欄には，「ウ　アからイを差し引いた額」又は250万円のうち少ない金額を記載するものとする。

「オ　ウからエを差し引いた額」の欄には，「ウ　アからイを差し引いた額」から「エ　ウと250万円のうちいずれか少ない金額」を差し引いた額を記載するものとする。なお，0円となる場合には「0円」と記載するものとする。

②　「②　高齢者等居住改修工事等」の欄のうち，「ア　当該高齢者等居住改修工事等に係る標準的な費用の額」の欄には，「租税特別措置法施行令第26条の28の5第1項の規定に基づき，国土交通大臣が財務大臣と協議して高齢者等居住改修工事等の内容に応じて定める金額を定める告示（平成21年国土交通省告示第384号）」に基づき該当する改修工事ごとに算出した額の合計額を記載するものとする。

「イ　当該高齢者等居住改修工事等に係る補助金等の交付の有無」の欄には，当該高齢者等居住改修工事等の費用に関し補助金等の交付

資　料　編　　　　　　　　　　　735

を受ける場合には，当該補助金等が含まれているか否かに応じ，含ま
れている場合には「有」を，含まれていない場合には「無」を○で囲
むものとする。

「「有」の場合」の「イ　交付される補助金等の額」の欄には，高齢
者等居住改修工事等を含む住宅の増改築工事の費用に関し，国又は地
方公共団体から交付される補助金又は給付金その他これらに準ずるも
のの額を記載するものとする。

「ウ　アからイを差し引いた額（50万円を超える場合）」の欄には，
「ア　当該高齢者等居住改修工事等に係る標準的な費用の額」から「イ
交付される補助金等の額」を差し引いた額を記載するものとする。

「エ　ウと200万円のうちいずれか少ない金額」の欄には，「ウ　ア
からイを差し引いた額（50万円を超える場合）」又は200万円のうち少
ない金額を記載するものとする。

「オ　ウからエを差し引いた額」の欄には，「ウ　アからイを差し引
いた額（50万円を超える場合）」から「エ　ウと200万円のうちいずれ
か少ない金額」を差し引いた額を記載するものとする。なお，０円と
なる場合には「０円」と記載するものとする。

③　「③　一般断熱改修工事等」の欄のうち，「ア　当該一般断熱改修工
事等に係る標準的な費用の額」の欄には，「租税特別措置法施行令第
26条の28の５第４項の規定に基づき，国土交通大臣又は経済産業大臣
が財務大臣とそれぞれ協議して定める金額を定める告示（平成21年経
済産業省・国土交通省告示第４号。備考５(3)⑥及び⑧において「省エ
ネ改修費用告示」という。）」に基づき該当する改修工事等ごとに算出
した額の合計額を記載するものとする。

「イ　当該一般断熱改修工事等に係る補助金等の交付の有無」の欄
には，当該一般断熱改修工事等の費用に関し国又は地方公共団体から
交付される補助金又は給付金その他これらに準ずるものの交付の対象
となる工事が含まれているか否かに応じ，含まれている場合には「有」
を，含まれていない場合には「無」を○で囲むものとする。

「「有」の場合」の「イ　交付される補助金等の額」の欄には，一般

断熱改修工事等の費用の額に関し，国又は地方公共団体から交付される補助金又は給付金その他これらに準ずるものの額を記載するものとする。

「ウ　アからイを差し引いた額（50万円を超える場合）」の欄には，「ア　当該一般断熱改修工事等に係る標準的な費用の額」から「イ　交付される補助金等の額」を差し引いた額を記載するものとする。

「エ　ウと250万円（太陽光発電設備設置工事を伴う場合は350万円）のうちいずれか少ない金額」の欄には，「ウ　アからイを差し引いた額（50万円を超える場合）」又は250万円（太陽光発電設備設置工事を伴う場合は350万円）のうち少ない金額を記載するものとする。

「オ　ウからエを差し引いた額」の欄には，「ウ　アからイを差し引いた額（50万円を超える場合）」から「エ　ウと250万円（太陽光発電設備設置工事を伴う場合は350万円）のうちいずれか少ない金額」を差し引いた額を記載するものとする。なお，0円となる場合には「0円」と記載するものとする。

④　「④　多世帯同居改修工事等」の欄のうち，「ア　当該多世帯同居改修工事等に係る標準的な費用の額」の欄には，「租税特別措置法施行令第26条の28の5第7項の規定に基づき，国土交通大臣が財務大臣と協議して多世帯同居改修工事等の内容に応じて定める金額を定める告示（平成28年国土交通省告示第586号）」に基づき該当する改修工事等ごとに算出した額の合計額を記載するものとする。

「イ　当該多世帯同居改修工事等に係る補助金等の交付の有無」の欄には，当該多世帯同居改修工事等の費用に関し国又は地方公共団体から交付される補助金又は給付金その他これらに準ずるものの交付の対象となる工事が含まれているか否かに応じ，含まれている場合には「有」を，含まれていない場合には「無」を○で囲むものとする。

「「有」の場合」の「イ　交付される補助金等の額」の欄には，多世帯同居改修工事等の費用の額に関し，国又は地方公共団体から交付される補助金又は給付金その他これらに準ずるものの額を記載するものとする。

資料編　　　　　　　　　　　　　　　737

　「ウ　アからイを差し引いた額（50万円を超える場合）」の欄には，
「ア　当該多世帯同居改修工事等に係る標準的な費用の額」から「イ
交付される補助金等の額」を差し引いた額を記載するものとする。
　「エ　ウと250万円のうちいずれか少ない金額」の欄には，「ウ　ア
からイを差し引いた額（50万円を超える場合）」又は250万円のうち少
ない金額を記載するものとする。
　「オ　ウからエを差し引いた額」の欄には，「ウ　アからイを差し引
いた額（50万円を超える場合）」から「エ　ウと250万円のうちいずれ
か少ない金額」を差し引いた額を記載するものとする。なお，0円と
なる場合には「0円」と記載するものとする。
⑤　「⑤　①ウ，②ウ，③ウ及び④ウの合計額」の欄には，①「ウ　ア
からイを差し引いた額」，②「ウ　アからイを差し引いた額（50万円
を超える場合）」，③「ウ　アからイを差し引いた額（50万円を超える
場合）」及び④「ウ　アからイを差し引いた額（50万円を超える場合）」
の合計額を記載するものとする。
　「⑥　①エ，②エ，③エ及び④エの合計額」の欄には，①「エ　ウ
と250万円のうちいずれか少ない金額」，②「エ　ウと200万円のうち
いずれか少ない金額」，③「エ　ウと250万円（太陽光発電設備設置工
事を伴う場合は350万円）のうちいずれか少ない金額」及び④「エ
ウと250万円のうちいずれか少ない金額」の合計額を記載するものと
する。
　「⑦　①オ，②オ，③オ及び④オの合計額」の欄には，①「オ　ウ
からエを差し引いた額」，②「オ　ウからエを差し引いた額」，③「オ
ウからエを差し引いた額」及び④「オ　ウからエを差し引いた額」の
合計額を記載するものとする。
⑥　「⑧　耐久性向上改修工事等（対象住宅耐震改修又は対象一般断熱
改修工事等のいずれかと併せて行う場合）」の欄のうち，「ア　当該対
象住宅耐震改修又は当該対象一般断熱改修工事等に係る標準的な費用
の額」の欄には，「耐震改修費用告示」又は「省エネ改修費用告示」
に基づき該当する改修工事ごとに算出した額の合計額を記載するもの

とする。

「イ　当該対象住宅耐震改修又は当該対象一般断熱改修工事等に係る補助金等の交付の有無」の欄には，当該対象住宅耐震改修又は当該対象一般断熱改修工事等の費用に関し国又は地方公共団体から交付される補助金又は給付金その他これらに準ずるものの交付の対象となる工事が含まれているか否かに応じ，含まれている場合には「有」を，含まれていない場合には「無」を◯で囲むものとする。

「「有」の場合」の「イ　交付される補助金等の額」の欄には，当該対象住宅耐震改修又は当該対象一般断熱改修工事等の費用の額に関し，国又は地方公共団体から交付される補助金又は給付金その他これらに準ずるものの額を記載するものとする。

「ウ　アからイを差し引いた額（50万円を超える場合）」の欄には，「ア　当該対象住宅耐震改修又は当該対象一般断熱改修工事等に係る標準的な費用の額」から「イ　交付される補助金等の額」を差し引いた額を記載するものとする。

「エ　当該耐久性向上改修工事等に係る標準的な費用の額」の欄には，「租税特別措置法施行令第26条の28の5第11項の規定に基づき，国土交通大臣が財務大臣とそれぞれ協議して定める金額を定める告示（平成29年国土交通省告示第280号。備考5(3)⑧において「耐久性向上改修費用告示」という。）」に基づき該当する改修工事ごとに算出した額の合計額を記載するものとする。

「オ　当該耐久性向上改修工事等に係る補助金等の交付の有無」の欄には，当該耐久性向上改修工事等の費用に関し国又は地方公共団体から交付される補助金又は給付金その他これらに準ずるものの交付の対象となる工事が含まれているか否かに応じ，含まれている場合には「有」を，含まれていない場合には「無」を◯で囲むものとする。

「「有」の場合」の「オ　交付される補助金等の額」の欄には，当該耐久性向上改修工事等の費用の額に関し，国又は地方公共団体から交付される補助金又は給付金その他これらに準ずるものの額を記載するものとする。

資　料　編　　　739

「カ　エからオを差し引いた額（50万円を超える場合）」の欄には，
「エ　当該耐久性向上改修工事等に係る標準的な費用の額」から「オ
交付される補助金等の額」を差し引いた額を記載するものとする。

「キ　ウ及びカの合計額」の欄には，「ウ　アからイを差し引いた額
（50万円を超える場合）」及び「カ　エからオを差し引いた額（50万円
を超える場合）」の合計額を記載するものとする。

「ク　キと250万円（対象一般断熱改修工事等に太陽光発電設備設置
工事を伴う場合は350万円）のうちいずれか少ない金額」の欄には，
「キ　ウ及びカの合計額」又は法第41条の19の３第４項又は第５項の
規定に基づき250万円（同条第10項第３号に掲げる工事を行う場合に
あっては，太陽光発電設備設置工事を伴う場合は350万円）のうち少
ない金額を記載するものとする。

「ケ　キからクを差し引いた額」の欄には，「キ　ウ及びカの合計
額」から「ク　キと250万円（対象一般断熱改修工事等に太陽光発電
設備設置工事を伴う場合は350万円）のうちいずれか少ない金額」を
差し引いた額を記載するものとする。なお，０円となる場合には「０
円」と記載するものとする。

なお，「⑧　耐久性向上改修工事等（対象住宅耐震改修又は対象一
般断熱改修工事等のいずれかと併せて行う場合）」の欄における「対
象住宅耐震改修」とは法第41条の19の３第４項又は第６項の対象住宅
耐震改修をいい，「対象一般断熱改修工事等」とは同条第５項又は第
６項の対象一般断熱改修工事等をいう。

⑦　「⑨　②ウ，④ウ及び⑧キの合計額」の欄には，②「ウ　アからイ
を差し引いた額（50万円を超える場合）」，④「ウ　アからイを差し
引いた額（50万円を超える場合）」及び⑧「キ　ウ及びカの合計額」
の合計額を記載するものとする。

「⑩　②エ，④エ及び⑧クの合計額」の欄には，②「エ　ウと200万
円のうちいずれか少ない金額」，④「エ　ウと250万円のうちいずれか
少ない金額」及び⑧「キ　ウ及びカの合計額」の合計額を記載するも
のとする。

「⑪　②オ，④オ及び⑨ケの合計額」の欄には，②「オ　ウからエ
を差し引いた額」，④「オ　ウからエを差し引いた額」及び⑧「ケ
キからクを差し引いた額」の合計額を記載するものとする。

⑧　「⑫　耐久性向上改修工事等（対象住宅耐震改修及び対象一般断熱
改修工事等の両方と併せて行う場合）」の欄のうち，「ア　当該対象住
宅耐震改修に係る標準的な費用の額」の欄には，「耐震改修費用告示」
に基づき該当する改修工事ごとに算出した額の合計額を記載するもの
とする。

「イ　当該対象住宅耐震改修に係る補助金等の交付の有無」の欄に
は，実施された対象住宅耐震改修の費用に関し国又は地方公共団体か
ら交付される補助金又は給付金その他これらに準ずるものの交付の対
象となる工事が含まれているか否かに応じ，含まれている場合には
「有」を，含まれていない場合には「無」を○で囲むものとする。

「「有」の場合」の「交付される補助金等の額」の欄には，当該対象
住宅耐震改修の費用に関し国又は地方公共団体から交付される補助金
又は給付金その他これらに準ずるものの額を記載するものとする。

「ウ　アからイを差し引いた額（50万円を超える場合）」の欄には，
「ア　当該対象住宅耐震改修に係る標準的な費用の額」から「イ　交
付される補助金等の額」を差し引いた額を記載するものとする。

「エ　当該対象一般断熱改修工事等に係る標準的な費用の額」の欄
には，「省エネ改修費用告示」に基づき該当する改修工事等ごとに算
出した額の合計額を記載するものとする。

「オ　当該対象一般断熱改修工事等に係る補助金等の交付の有無」
の欄には，当該対象一般断熱改修工事等の費用に関し国又は地方公共
団体から交付される補助金又は給付金その他これらに準ずるものの交
付の対象となる工事が含まれているか否かに応じ，含まれている場合
には「有」を，含まれていない場合には「無」を○で囲むものとする。

「「有」の場合」の「オ　交付される補助金等の額」の欄には，対象
一般断熱改修工事等の費用の額に関し，国又は地方公共団体から交付
される補助金又は給付金その他これらに準ずるものの額を記載するも

資 料 編 741

のとする。

「カ　エからオを差し引いた額（50万円を超える場合）」の欄には，「エ　当該対象一般断熱改修工事等に係る標準的な費用の額」から「オ　交付される補助金等の額」を差し引いた額を記載するものとする。

「キ　当該耐久性向上改修工事等に係る標準的な費用の額」の欄には，「耐久性向上改修費用告示」に基づき該当する改修工事ごとに算出した額の合計額を記載するものとする。

「ク　当該耐久性向上改修工事等に係る補助金等の交付の有無」の欄には，当該耐久性向上改修工事等の費用に関し国又は地方公共団体から交付される補助金又は給付金その他これらに準ずるものの交付の対象となる工事が含まれているか否かに応じ，含まれている場合には「有」を，含まれていない場合には「無」を○で囲むものとする。

「「有」の場合」の「ク　交付される補助金等の額」の欄には，当該耐久性向上改修工事等の費用の額に関し，国又は地方公共団体から交付される補助金又は給付金その他これらに準ずるものの額を記載するものとする。

「ケ　キからクを差し引いた額（50万円を超える場合）」の欄には，「キ　当該耐久性向上改修工事等に係る標準的な費用の額」から「ク　交付される補助金等の額」を差し引いた額を記載するものとする。

「コ　ウ，カ及びケの合計額」の欄には，「ウ　アからイを差し引いた額（50万円を超える場合）」，「カ　エからオを差し引いた額（50万円を超える場合）」及び「ケ　キからクを差し引いた額（50万円を超える場合）」の合計額を記載するものとする。

「サ　コと500万円（太陽光発電設備設置工事を伴う場合は600万円）のうちいずれか少ない金額」の欄には，「コ　ウ，カ及びケの合計額」又は法第41条の19の３第６項の規定に基づき500万円（太陽光発電設備設置工事を伴う場合は600万円）のうち少ない金額を記載するものとする。

「シ　コからサを差し引いた額」の欄には，「コ　ウ，カ及びケの合計額」から「サ　コと500万円（太陽光発電設備設置工事を伴う場合

は600万円）のうちいずれか少ない金額」を差し引いた額を記載する
ものとする。なお，0円となる場合には「0円」と記載するものとす
る。

　なお，「⑫　耐久性向上改修工事等（対象住宅耐震改修及び対象一
般断熱改修工事等の両方と併せて行う場合）」の欄における「対象住
宅耐震改修」とは法第41条の19の3第4項又は第6項の対象住宅耐震
改修をいい，「対象一般断熱改修工事等」とは同条第5項又は第6項
の対象一般断熱改修工事等をいう。

⑨　「⑬　②ウ，④ウ及び⑫コの合計額」の欄には，②「ウ　アからイ
を差し引いた額」，④「ウ　アからイを差し引いた額（50万円を超え
る場合）」及び⑫「コ　ウ，カ及びケの合計額」の合計額を記載する
ものとする。

　「⑭　②エ，④エ及び⑫サの合計額」の欄には，②「エ　ウと200万
円のうちいずれか少ない金額」，④「エ　ウと250万円のうちいずれか
少ない金額」及び⑫「サ　コと500万円（太陽光発電設備設置工事を
伴う場合は600万円）のうちいずれか少ない金額」の合計額を記載す
るものとする。

　「⑮　②オ，④オ及び⑫シの合計額」の欄には，②「オ　ウからエ
を差し引いた額」，④「オ　ウからエを差し引いた額」及び⑫「シ
コからサを差し引いた額」の合計額を記載するものとする。

⑩　「⑯　⑥，⑩又は⑭のうちいずれか多い額（10％控除分）」の欄には，
「⑥　①エ，②エ，③エ及び④エの合計額」，「⑩　②エ，④エ及び⑧
クの合計額」又は「⑭　②エ，④エ，⑫サの合計額」のうちいずれか
多い額を記載するものとする。

⑪　「⑰　⑤，⑨又は⑬のうちいずれか多い額」の欄には，「⑤　①ウ，
②ウ，③ウ及び④ウの合計額」，「⑨　②ウ，④ウ及び⑧キの合計額」
又は「⑬　②ウ，④ウ及び⑫コの合計額」のうちいずれか多い額を記
載するものとする。

⑫　「⑱　⑦，⑪又は⑮のうち⑰の金額に係る額」の欄には，「⑦　①オ，
②オ，③オ及び④オの合計額」，「⑪　②オ，④オ及び⑧ケの合計額」

資　料　編　　　　　　　743

又は「⑮　②オ，④オ及び⑫シの合計額」のうち「⑰　⑤，⑨又は⑬
のうちいずれか多い額」の金額に係る額を記載するものとする。

⑬　「⑲　①，②，③，④，⑧又は⑫の改修工事と併せて行われた第1
号工事～第6号工事」の欄のうち，「ア　①，②，③，④，⑧又は⑫
の改修工事と併せて行われた第1号工事～第6号工事に要した費用の
額」の欄には，「①　住宅耐震改修」，「②　高齢者等居住改修工事等」，
「③　一般断熱改修工事等」，「④　多世帯同居改修工事等」，「⑧　耐
久性向上改修工事等（対象住宅耐震改修又は対象一般断熱改修工事等
のいずれかと併せて行う場合）」又は「⑨　耐久性向上改修工事等
（対象住宅耐震改修及び対象一般断熱改修工事等の両方と併せて行う
場合）」の改修工事と併せて行われた第1号工事～第6号工事に要し
た費用の合計額を記載するものとする。

　「イ　⑲の改修に係る補助金等の交付の有無」の欄には，「⑲　①，
②，③，④，⑧又は⑫の改修工事と併せて行われた第1号工事～第6
号工事」の費用に関し国又は地方公共団体から交付される補助金又は
給付金その他これらに準ずるものの交付の対象となる工事が含まれて
いるか否かに応じ，含まれている場合には「有」を，含まれていない
場合には「無」を◯で囲むものとする。

　「「有」の場合」の「イ　交付される補助金等の額」の欄には，「⑲
①，②，③，④，⑧又は⑫の改修工事と併せて行われた第1号工事～
第6号工事」の費用の額に関し，国又は地方公共団体から交付される
補助金又は給付金その他これらに準ずるものの額を記載するものとす
る。

　「ウ　アからイを差し引いた額」の欄には，「ア　①，②，③，④，
⑧又は⑫の改修工事と併せて行われた第1号工事～第6号工事に要し
た費用の額」から「イ　交付される補助金等の額」を差し引いた額を
記載するものとする。

⑭　「⑳　⑰の金額と⑱及び⑲ウの合計額のうちいずれか少ない額」の
欄には，「⑰　⑤，⑨又は⑬のうちいずれか多い額」の金額と「⑱
⑦，⑪又は⑮のうち⑰の金額に係る額」及び「「⑲　①，②，③，④，

⑧又は⑫の改修工事と併せて行われた第1号工事～第6号工事」の欄
のうち「ウ　アからイを差し引いた額」」の合計額のうちいずれか少
ない額を記載するものとする。

⑮　「㉑　1,000万円から⑯を引いた残りの額（0円未満となる場合は0
円)」の欄には，1,000万円から「⑯　⑥，⑩又は⑭のうちいずれか多
い額（10％控除分)」を差し引いた額を記載するものとする。なお，
当該金額が0円未満となる場合は「0円」と記載するものとする。

⑯　「㉒　⑳と㉑の金額のうちいずれか少ない額（5％控除分)」の欄に
は，「⑳　⑰の金額と⑱及び⑲ウの合計額のうちいずれか少ない額」
と「㉑　1,000万円から⑯を引いた残りの額（0円未満となる場合は
0円)」の金額のうちいずれか少ない額を記載するものとする。

6　「Ⅰ. 所得税額の特別控除」中，「4. 償還期間が10年以上の住宅借入金
等を利用して特定の増改築等がされた住宅用家屋を取得した場合（買取再
販住宅の取得に係る住宅借入金等特別税額控除)」の欄には，この証明書
により証明をする工事について，次により記載すること。

(1)　「(1)実施した工事の種別」の欄には，以下により第1号工事から第7
号工事までのいずれかの工事について記載するものとする。

①　「第1号工事」の欄には，当該工事が施行令第42条の2の2第2項
第1号に規定する増築，改築，大規模の修繕又は大規模の模様替のい
ずれに該当するかに応じ該当する番号を○で囲むものとする。

②　「第2号工事」の欄には，当該工事が施行令第42条の2の2第2項
第2号に規定する修繕又は模様替であって次に掲げるもののいずれに
該当するかに応じ該当する番号を○で囲むものとする。

イ　床の過半の修繕又は模様替　床（建築基準法第2条第5号に規定
する主要構造部（以下「主要構造部」という。）である床及び最下
階の床をいう。）の過半について行うもの

ロ　階段の過半の修繕又は模様替　主要構造部である階段の過半につ
いて行うもの

ハ　間仕切壁の過半の修繕又は模様替　間仕切壁（主要構造部である
間仕切壁及び建築物の構造上重要でない間仕切壁をいう。）の室内

資　料　編
745

に面する部分の過半について行うもの（その間仕切壁の一部について位置の変更を伴うものに限る。）

ニ　壁の過半の修繕又は模様替　主要構造部である壁の室内に面する部分の過半について行うもの（当該修繕又は模様替に係る壁の過半について遮音又は熱の損失の防止のための性能を向上させるものに限る。）

③　「第３号工事」の欄には，当該工事が施行令第42条の２の２第２項第３号に規定する修繕又は模様替であって当該欄に掲げるもののいずれに該当するかに応じ該当する番号を〇で囲むものとする。

④　「第４号工事」の欄には，当該工事が施行令第42条の２の２第２項第４号に規定する修繕又は模様替であって当該欄に掲げる規定又は基準のいずれに適合するかに応じ該当する番号を〇で囲むものとする。

⑤　「第５号工事」の欄には，当該工事が施行令第42条の２の２第２項第５号に規定する修繕又は模様替であって当該欄に掲げるもののいずれに該当するかに応じ該当する番号を〇で囲むものとする。

⑥　「第６号工事」の欄のうち，「全ての居室の全ての窓の断熱改修工事を実施した場合」の欄には，平成26年国土交通省告示第435号第１号に掲げる工事について記載するものとし，当該工事が租税特別措置法施行令第42条の２の２第２項第６号に規定する修繕又は模様替であって当該欄に掲げるもののいずれに該当するかに応じ該当する番号（建築物エネルギー消費性能基準等を定める省令における算出方法等に係る事項等（平成28年国土交通省告示第265号。以下「算出方法告示」という。）別表第10に掲げる地域の区分における８地域において窓の日射遮蔽性を高める工事を行った場合は，番号１）を〇で囲むものとする。また，同欄中「地域区分」の欄には算出方法告示別表第10に掲げる地域の区分のいずれに該当するかに応じ該当する番号を〇で囲むものとする。

⑦　「第６号工事」の欄のうち，「改修工事の住宅の一定の省エネ性能が証明される場合」の欄には，平成26年国土交通省告示第435号第２号に掲げる工事について，次により記載するものとする。

イ　住宅性能評価書により証明される場合

当該工事が施行令第42条の2の2第2項第6号に規定する修繕又は模様替であって当該欄に掲げるもののいずれに該当するかに応じ該当する番号（算出方法告示別表第10に掲げる地域の区分における8地域において窓の日射遮蔽性を高める工事を行った場合は，番号1）を〇で囲むものとする。また，同欄中「地域区分」の欄には算出方法告示別表第10に掲げる地域の区分のいずれに該当するかに応じ該当する番号を〇で囲むものとする。「改修工事後の住宅の省エネ性能」の欄には改修工事後の住宅の日本住宅性能表示基準（平成13年国土交通省告示第1346号）別表2―1の（い）項に掲げる「5―1断熱等性能等級」又は「5―2一次エネルギー消費量等級」を〇で囲むものとする。

ロ　増改築による長期優良住宅建築等計画の認定により証明される場合

当該工事が施行令第42条の2の2第2項第6号に規定する修繕又は模様替であって当該欄に掲げるもののいずれに該当するかに応じ該当する番号（算出方法告示別表第10に掲げる地域の区分における8地域において窓の日射遮蔽性を高める工事を行った場合は，番号1）を〇で囲むものとする。同欄中「地域区分」の欄には算出方法告示別表第10に掲げる地域の区分のいずれに該当するかに応じ該当する番号を〇で囲むものとする。「改修工事後の住宅が相当する省エネ性能」の欄には改修工事後の住宅が相当する日本住宅性能表示基準別表2―1の（い）項に掲げる「5―1断熱等性能等級」又は「5―2一次エネルギー消費量等級」を〇で囲むものとする。

⑧　「第7号工事」の欄には，当該工事が施行令第42条の2の2第2項第7号に規定する修繕又は模様替であって当該欄に掲げるもののいずれに該当するかに応じ該当する番号を〇で囲むものとする。

(2)　「(2)実施した工事の内容」の欄には，当該工事が施行令第42条の2の2第2項第1号に規定する増築，改築，大規模の修繕若しくは大規模の模様替，同項第2号に規定する修繕若しくは模様替，同項第3号に規定

資　料　編　　　　　　　　　　　　747

する修繕若しくは模様替，同項第4号に規定する修繕若しくは模様替，
同項第5号に規定する修繕若しくは模様替，同項第6号に規定する修繕
若しくは模様替又は同項第7号に規定する修繕若しくは模様替に該当す
ることを明らかにする工事の具体的内容を記載するものとする。

(3)　「(3)実施した工事の費用の額」の欄には，この証明書により証明をす
る工事について，次により記載すること。

①　「①　特定の増改築等に要した費用の総額」に関し，確認した内容
について記載する表には，次により記載すること。

「第1号工事～第7号工事に要した費用の総額」の欄には，施行令
第42条の2の2第2項第1号から第7号までに規定する工事の種別の
いずれかに該当する工事の合計額を記載するものとする。

②　「②　特定の増改築等のうち，第1号工事～第6号工事に要した費
用の額」に関し，確認した内容について記載する表には，次により記
載すること。

「第1号工事～第6号工事に要した費用の額」の欄には，施行令第
42条の2の2第2項第1号から第6号までに規定する工事の種別のい
ずれかに該当する工事の合計額を記載するものとする。

③　「③　特定の増改築等のうち，第4号工事，第5号工事，第6号工
事又は第7号工事に要した費用の額」に関し，確認した内容について
記載する表には，次により記載すること。

イ　「ア　第4号工事に要した費用の額」の欄には，第4号工事に該
当する工事の合計額を記載するものとする。

ロ　「イ　第5号工事に要した費用の額」の欄には，第5号工事の1
～8のいずれかに該当する工事の合計額を記載するものとする。

ハ　「ウ　第6号工事に要した費用の額」の欄には，第6号工事の1
～4のいずれかに該当する工事の合計額を記載するものとする。

ニ　「エ　第7号工事に要した費用の額」の欄には，第7号工事の1
～3のいずれかに該当する工事の合計額を記載するものとする。

7　「Ⅱ．固定資産税の減額」中，「1－1．耐震改修をした場合」の欄には
この証明書により証明する工事について，次により記載すること。

748　　　　　　　　　　　　　第　2　部

当該工事が，地方税法施行令（昭和25年政令第245号）附則第12条第19項に規定する基準に適当する耐震改修である場合は1を◯で囲むものとする。

8　「Ⅱ．固定資産税の減額」中，「1—2．耐震改修をした家屋が認定長期優良住宅に該当することとなった場合」の欄にはこの証明書により証明する工事について，次により記載すること。なお，当該欄の「認定長期優良住宅」とは地方税法（昭和25年法律第226号）附則第15条の9の2第1項に規定する認定長期優良住宅をいう（備考9及び10において同じ。）。

(1)　「工事の種別及び内容」の欄には，この証明書により証明をする耐震改修について，次により記載するものとする。

①　「地震に対する安全性の向上を目的とした増築，改築，修繕又は模様替」の欄には，地震に対する安全性の向上を目的とした増築，改築，修繕又は模様替のうち，いずれに該当するかに応じ，該当する番号を◯で囲むものとする。

②　「工事の内容」の欄には，当該工事が地方税法附則第15条の9の2第1項に規定する耐震改修に該当することを明らかにする工事の具体的内容を記載するものとする。

(2)　「耐震改修の費用の額」の欄には，地震に対する安全性の向上を目的とした増築，改築，修繕又は模様替の1から4のいずれかに該当する改修工事の費用の額を記載するものとする。

9　「Ⅱ．固定資産税の減額」中，「熱損失防止改修工事等をした場合又は熱損失防止改修工事等をした家屋が認定長期優良住宅に該当することとなった場合」の欄にはこの証明書により証明する工事について，次により記載すること。

(1)　「工事の種別及び内容」の欄には，この証明書により証明をする熱損失防止改修工事等について，次により記載すること。なお，「断熱改修工事」の欄のうち，「必須となる改修工事」の欄中「窓の断熱性を高める改修工事」とあるのは算出方法告示別表第10に掲げる地域の区分における8地域にあっては，「窓の日射遮蔽性を高める改修工事」とする。

①　「上記と併せて行った改修工事」の欄には，改修工事を行った部位

資料編

（窓は必須とする。）が地方税法附則第15条の9第9項に規定する熱損失防止改修工事等のうち，断熱改修工事により新たに平成20年国土交通省告示第515号別表の基準を満たすこととなった場合において，当該工事が窓の断熱性を高める改修工事と併せて行った当該欄に掲げるもののいずれに該当するかに応じ該当する番号を○で囲むものとする（該当するものがない場合は記入を要しない。）。

② 「断熱改修工事と併せて行った右記4から9までに掲げる設備の取替え又は取付けに係る工事」の欄のうち，「太陽熱利用冷温熱装置の型式」「潜熱回収型給湯器の型式」「ヒートポンプ式電気給湯器の型式」「燃料電池コージェネレーションシステムの型式」「エアコンディショナーの型式」「太陽光発電設備の型式」の欄には，地方税法施行令第12条第31項に規定する国土交通大臣及び経済産業大臣が総務大臣と協議して定める工事を定める告示（平成20年国土交通省告示第515号）第2号アからカまでに掲げる設備に適合する設備の種別を記載するものとする。

③ 「工事の内容」の欄には，工事を行った家屋の部分，工事面積，工法，熱損失防止改修工事等の内容等について，当該工事が熱損失防止改修工事等に該当すると認めた根拠が明らかになるよう工事の内容を具体的に記載するものとする。

(2) 「熱損失防止改修工事等を含む工事の費用の額（全体工事費）」の欄には，改修工事費用の合計額を記載するものとする。

(3) 「上記のうち熱損失防止改修工事等の費用の額」の欄のうち，「ア　断熱改修工事に係る費用の額」の欄には，窓の断熱性を高める改修工事及びそれと併せて行った「上記と併せて行った改修工事」の1から3のいずれかに該当する改修工事の費用の合計額を記載するものとする。

「イ　断熱改修工事に係る補助金等の交付の有無」の欄には，実施された断熱改修工事に，断熱改修工事の費用に関し国又は地方公共団体から交付される補助金又は給付金その他これらに準ずるものの交付の対象となる工事が含まれているか否かに応じ，含まれている場合には「有」を，含まれていない場合には「無」を○で囲むものとする。

「「有」の場合」の「ウ　交付される補助金等の額」の欄には，断熱改修工事の費用に関し国又は地方公共団体から交付される補助金又は給付金その他これらに準ずるものの額を記載するものとする。

「①　アからウを差し引いた額」の欄には，「ア　断熱改修工事に係る費用の額」から「ウ　交付される補助金等の額」を差し引いた額を記載するものとする。

「エ　断熱改修工事と併せて行った４から９までに掲げる設備の取替え又は取付けに係る工事の費用の額」の欄には，断熱改修工事と併せて行った４から９までに掲げる設備の取替え又は取付けに係る工事の費用の額の合計額を記載するものとする。

「オ　エの工事に係る補助金等の交付の有無」の欄には，実施された４から９までに掲げる設備の取替え又は取付けに，４から９までに掲げる設備の取替え又は取付けの費用に関し国又は地方公共団体から交付される補助金又は給付金その他これらに準ずるものの交付の対象となる工事が含まれているか否かに応じ，含まれている場合には「有」を，含まれていない場合には「無」を○で囲むものとする。

「「有」の場合」の「カ　交付される補助金等の額」の欄には，４から９までに掲げる設備の取替え又は取付けの費用に関し国又は地方公共団体から交付される補助金又は給付金その他これらに準ずるものの額を記載するものとする。

「②　エからカを差し引いた金額」の欄には，「エ　断熱改修工事と併せて行った４から９までに掲げる設備の取替え又は取付けに係る工事の費用の額」から「カ　交付される補助金等の額」を差し引いた額を記載するものとする。

(4)　「工事費用の確認（下記③又は④のいずれかを選択して，右側の項目にレ点を入れること）」の欄のうち，「③　①の金額が60万円を超える」に該当する場合は右欄の「□　左記に該当する」にレ点を入れるものとする。また，「③　①の金額が60万円を超える」に該当しない場合で「④　①の金額が50万円を超え，かつ，①と②の合計額が60万円を超える」に該当する場合は「④　①の金額が50万円を超え，かつ，①と②の合計額

資 料 編　　　751

が60万円を超える」にレ点を入れるものとする。

(5)　「上記工事が行われ，認定長期優良住宅に該当することとなった場合」
の欄は，認定長期優良住宅について証明を行う場合に限り記載するもの
とする。

10　この証明書により証明を行う者について，次により記載するものとする。

(1)　証明者が建築士事務所に属する建築士の場合

「証明を行った建築士」の欄には，当該工事が法第41条の19の2第1
項に規定する住宅耐震改修，施行令第26条第33項第1号に規定する増築，
改築，大規模の修繕若しくは大規模の模様替，同項第2号に規定する修
繕若しくは模様替，同項第3号に規定する修繕若しくは模様替，同項第
4号に規定する修繕若しくは模様替，同項第5号に規定する修繕若しく
は模様替，同項第6号に規定する修繕若しくは模様替，施行令第26条の
4第4項に規定する増築，改築，修繕若しくは模様替，同条第7項に規
定する増築，改築，修繕若しくは模様替，同条第8項に規定する増築，
改築，修繕若しくは模様替，同条第9項に規定する増築，改築，修繕若
しくは模様替，同条第19項に規定する増築，改築，修繕若しくは模様替，
施行令第26条の28の5第14項に規定する施行令第26条第33項各号に掲げ
る工事，施行令第26条の28の5第15項に規定する増築，改築，修繕若し
くは模様替，同条第16項に規定する増築，改築，修繕若しくは模様替，
同条第18項及び第20項に規定する設備の取替え若しくは取付け，同条第
22項に規定する増築，改築，修繕若しくは模様替若しくは同条第23項に
規定する増築，改築，修繕若しくは模様替，施行令第42条の2の2第2
項第1号に規定する増築，改築，大規模の修繕若しくは大規模の模様替，
同項第2号に規定する修繕若しくは模様替，同項第3号に規定する修繕
若しくは模様替，同項第4号に規定する修繕若しくは模様替，同項第5
号に規定する修繕若しくは模様替，同項第6号に規定する修繕若しくは
模様替若しくは同項第7号に規定する修繕若しくは模様替であること又
は当該工事が地方税法施行令附則第12条第19項に規定する基準に適合す
る耐震改修若しくは地方税法附則第15条の9第9項に規定する熱損失防
止改修工事等であること若しくは同法附則第15条の9の2第1項に規定

する耐震改修若しくは同法附則第15条の9第9項に規定する熱損失防止
改修工事等が行われ，当該工事が行われた家屋が認定長期優良住宅に該
当することとなったことにつき証明を行った建築士について次により記
載すること。

① 「氏名」の欄には，建築士法第5条の2の規定により届出を行った
氏名を記載するものとする。

② 「一級建築士，二級建築士又は木造建築士の別」の欄には，証明を
行った建築士の免許の別に応じ，「一級建築士」，「二級建築士」又は
「木造建築士」と記載するものとする。なお，一級建築士，二級建築
士又は木造建築士が証明することのできる家屋は，それぞれ建築士法
第3条から第3条の3までに規定する建築物に該当するものとする。

③ 「登録番号」の欄には，証明を行った建築士について建築士法第5
条の2の規定による届出に係る登録番号を記載するものとする。

④ 「登録を受けた都道府県名（二級建築士又は木造建築士の場合）」の
欄には，証明を行った建築士が二級建築士又は木造建築士である場合
には，建築士法第5条第1項の規定により登録を受けた都道府県名を
記載するものとする。

⑤ 「証明を行った建築士の属する建築士事務所」の「名称」，「所在地」，
「一級建築士事務所，二級建築士事務所又は木造建築士事務所の別」
及び「登録年月日及び登録番号」の欄には，建築士法第23条の3第1
項に規定する登録簿に記載された建築士事務所の名称及び所在地，一
級建築士事務所，二級建築士事務所又は木造建築士事務所の別並びに
登録年月日及び登録番号を記載すること。

(2) 証明者が指定確認検査機関の場合

① 「証明を行った指定確認検査機関」の欄には，当該工事が法第41条
の19の2第1項に規定する住宅耐震改修，施行令第26条第33項第1号
に規定する増築，改築，大規模の修繕若しくは大規模の模様替，同項
第2号に規定する修繕若しくは模様替，同項第3号に規定する修繕若
しくは模様替，同項第4号に規定する修繕若しくは模様替，同項第5
号に規定する修繕若しくは模様替，同項第6号に規定する修繕若しく

資　料　編　　　　　　　　　753

は模様替，施行令第26条の４第４項に規定する増築，改築，修繕若し
くは模様替，同条第７項に規定する増築，改築，修繕若しくは模様替，
同条第８項に規定する増築，改築，修繕若しくは模様替，同条第９項
に規定する増築，改築，修繕若しくは模様替，同条第19項に規定する
増築，改築，修繕若しくは模様替，施行令第26条の28の５第14項に規
定する施行令第26条第33項各号に掲げる工事，施行令第26条の28の５
第15項に規定する増築，改築，修繕若しくは模様替，同条第15項に規
定する増築，改築，修繕若しくは模様替，同条第18項及び第20項に規
定する設備の取替え若しくは取付け，同条第22項に規定する増築，改
築，修繕若しくは模様替若しくは同条第23項に規定する増築，改築，
修繕若しくは模様替，施行令第42条の２の２第２項第１号に規定する
増築，改築，大規模の修繕若しくは大規模の模様替，同項第２号に規
定する修繕若しくは模様替，同項第３号に規定する修繕若しくは模様
替，同項第４号に規定する修繕若しくは模様替，同項第５号に規定す
る修繕若しくは模様替，同項第６号に規定する修繕若しくは模様替若
しくは同項第７号に規定する修繕若しくは模様替であること又は当該
工事が地方税法施行令附則第12条第19項に規定する基準に適合する耐
震改修若しくは地方税法附則第15条の９第９項に規定する熱損失防止
改修工事等であること若しくは同法附則第15条の９の２第１項に規定
する耐震改修若しくは同法附則第15条の９第９項に規定する熱損失防
止改修工事等が行われ，当該工事が行われた家屋が認定長期優良住宅
に該当することとなったことにつき証明を行った指定確認検査機関に
ついて次により記載すること。
②　「名称」及び「住所」の欄には，建築基準法第77条の21第１項の規
　定により指定を受けた名称及び住所（指定を受けた後に同条第２項の
　規定により変更の届出を行った場合は，当該変更の届出を行った名称
　及び住所）を記載するものとする。
③　「指定年月日及び指定番号」及び「指定をした者」の欄には，建築
　基準法第77条の18第１項の規定により指定を受けた年月日及び指定番
　号並びに指定をした者を記載するものとする。

④ 「調査を行った建築士又は建築基準適合判定資格者」の欄には，当該工事が法第41条の19の2第1項に規定する住宅耐震改修，施行令第26条第33項第1号に規定する増築，改築，大規模の修繕若しくは大規模の模様替，同項第2号に規定する修繕若しくは模様替，同項第3号に規定する修繕若しくは模様替，同項第4号に規定する修繕若しくは模様替，同項第5号に規定する修繕若しくは模様替，同項第6号に規定する修繕若しくは模様替，施行令第26条の4第4項に規定する増築，改築，修繕若しくは模様替，同条第7項に規定する増築，改築，修繕若しくは模様替，同条第8項に規定する増築，改築，修繕若しくは模様替，同条第9項に規定する増築，改築，修繕若しくは模様替，同条第19項に規定する増築，改築，修繕若しくは模様替，施行令第26条の28の5第14項に規定する施行令第26条第33項各号に掲げる工事，施行令第26条の28の5第15項に規定する増築，改築，修繕若しくは模様替，同条第16項に規定する増築，改築，修繕若しくは模様替，同条第18項及び第20項に規定する設備の取替え若しくは取付け，同条第22項に規定する増築，改築，修繕若しくは模様替若しくは同条第23項に規定する増築，改築，修繕若しくは模様替，施行令第42条の2の2第2項第1号に規定する増築，改築，大規模の修繕若しくは大規模の模様替，同項第2号に規定する修繕若しくは模様替，同項第3号に規定する修繕若しくは模様替，同項第4号に規定する修繕若しくは模様替，同項第5号に規定する修繕若しくは模様替，同項第6号に規定する修繕若しくは模様替若しくは同項第7号に規定する修繕若しくは模様替であること又は当該工事が地方税法施行令附則第12条第19項に規定する基準に適合する耐震改修若しくは地方税法附則第15条の9第9項に規定する熱損失防止改修工事等であること若しくは同法附則第15条の9の2第1項に規定する耐震改修若しくは同法附則第15条の9第9項に規定する熱損失防止改修工事等が行われ，当該工事が行われた家屋が認定長期優良住宅に該当することとなったことにつき調査を行った建築士又は建築基準適合判定資格者について，次により記載すること。

イ 「氏名」の欄には，建築士である場合には建築士法第5条の2の

資　料　編　　　　　　　　　　　　　755

　　　規定により届出を行った氏名を，建築基準適合判定資格者である場
　　　合には建築基準法第77条の58又は第77条の60の規定により登録を受
　　　けた氏名を記載するものとする。
　　ロ　「建築士の場合」の「一級建築士，二級建築士又は木造建築士の
　　　別」の欄には，調査を行った建築士の免許の別に応じ，「一級建築
　　　士」，「二級建築士」又は「木造建築士」と記載するものとする。な
　　　お，一級建築士，二級建築士又は木造建築士が調査することのでき
　　　る家屋は，それぞれ建築士法第3条から第3条の3までに規定する
　　　建築物に該当するものとする。
　　ハ　「建築士の場合」の「登録番号」及び「登録を受けた都道府県名
　　　(二級建築士又は木造建築士の場合)」の欄には，建築士法第5条の
　　　2の規定により届出を行った登録番号及び当該建築士が二級建築士
　　　又は木造建築士である場合には，同法第5条第1項の規定により登
　　　録を受けた都道府県名を記載するものとする。
　　ニ　「建築基準適合判定資格者の場合」の「登録番号」及び「登録を
　　　受けた地方整備局等名」の欄には，建築基準法第77条の58又は第77
　　　条の60の規定により登録を受けた登録番号及び地方整備局等の名称
　　　を記載するものとする。
(3)　証明者が登録住宅性能評価機関の場合
①　「証明を行った登録住宅性能評価機関」の欄には，当該工事が法第
　41条の19の2第1項に規定する住宅耐震改修，施行令第26条第33項第
　1号に規定する増築，改築，大規模の修繕若しくは大規模の模様替，
　同項第2号に規定する修繕若しくは模様替，同項第3号に規定する修
　繕若しくは模様替，同項第4号に規定する修繕若しくは模様替，同項
　第5号に規定する修繕若しくは模様替，同項第6号に規定する修繕若
　しくは模様替，施行令第26条の4第4項に規定する増築，改築，修繕
　若しくは模様替，同条第7項に規定する増築，改築，修繕若しくは模
　様替，同条第8項に規定する増築，改築，修繕若しくは模様替，同条
　第9項に規定する増築，改築，修繕若しくは模様替，同条第19項に規
　定する増築，改築，修繕若しくは模様替，施行令第26条の28の5第14

項に規定する施行令第26条第33項各号に掲げる工事，施行令第26条の
28の5第15項に規定する増築，改築，修繕若しくは模様替，同条第16
項に規定する増築，改築，修繕若しくは模様替，同条第18項及び第20
項に規定する設備の取替え若しくは取付け，同条第22項に規定する増
築，改築，修繕若しくは模様替若しくは同条第23項に規定する増築，
改築，修繕若しくは模様替，施行令第42条の2の2第2項第1号に規
定する増築，改築，大規模の修繕若しくは大規模の模様替，同項第2
号に規定する修繕若しくは模様替，同項第3号に規定する修繕若しく
は模様替，同項第4号に規定する修繕若しくは模様替，同項第5号に
規定する修繕若しくは模様替，同項第6号に規定する修繕若しくは模
様替若しくは同項第7号に規定する修繕若しくは模様替であること又
は当該工事が地方税法施行令附則第12条第19項に規定する基準に適合
する耐震改修若しくは地方税法附則第15条の9第9項に規定する熱損
失防止改修工事等であること若しくは同法附則第15条の9の2第1項
に規定する耐震改修若しくは同法附則第15条の9第9項に規定する熱
損失防止改修工事等が行われ，当該工事が行われた家屋が認定長期優
良住宅に該当することとなったことにつき証明を行った登録住宅性能
評価機関について次により記載すること。

イ 「名称」及び「住所」の欄には，住宅の品質確保の促進等に関す
る法律第7条第1項の規定により登録を受けた名称及び住所（登録
を受けた後に同法第10条第2項の規定により変更の届出を行った場
合は，当該変更の届出を行った名称及び住所）を記載するものとす
る。

ロ 「登録年月日及び登録番号」及び「登録をした者」の欄には，住
宅の品質確保の促進等に関する法律第7条第1項の規定により登録
を受けた年月日及び登録番号並びに登録をした者を記載するものと
する。

② 「調査を行った建築士又は建築基準適合判定資格者検定合格者」の
欄には，当該工事が法第41条の19の2第1項に規定する住宅耐震改修，
施行令第26条第33項第1号に規定する増築，改築，大規模の修繕若し

資料編 757

くは大規模の模様替，同項第２号に規定する修繕若しくは模様替，同項第３号に規定する修繕若しくは模様替，同項第４号に規定する修繕若しくは模様替，同項第５号に規定する修繕若しくは模様替，同項第６号に規定する修繕若しくは模様替，施行令第26条の４第４項に規定する増築，改築，修繕若しくは模様替，同条第７項に規定する増築，改築，修繕若しくは模様替，同条第８項に規定する増築，改築，修繕若しくは模様替，同条第９項に規定する増築，改築，修繕若しくは模様替，同条第19項に規定する増築，改築，修繕若しくは模様替，施行令第26条の28の５第14項に規定する施行令第26条第33項各号に掲げる工事，施行令第26条の28の５第15項に規定する増築，改築，修繕若しくは模様替，同条第16項に規定する増築，改築，修繕若しくは模様替，同条第18項及び第20項に規定する設備の取替え若しくは取付け，同条第22項に規定する増築，改築，修繕若しくは模様替若しくは同条第23項に規定する増築，改築，修繕若しくは模様替，施行令第42条の２の２第２項第１号に規定する増築，改築，大規模の修繕若しくは大規模の模様替，同項第２号に規定する修繕若しくは模様替，同項第３号に規定する修繕若しくは模様替，同項第４号に規定する修繕若しくは模様替，同項第５号に規定する修繕若しくは模様替，同項第６号に規定する修繕若しくは模様替若しくは同項第７号に規定する修繕若しくは模様替であること又は当該工事が地方税法施行令附則第12条第19項に規定する基準に適合する耐震改修若しくは地方税法附則第15条の９第９項に規定する熱損失防止改修工事等であること若しくは同法附則第15条の９の２第１項に規定する耐震改修若しくは同法附則第15条の９第９項に規定する熱損失防止改修工事等が行われ，当該工事が行われた家屋が認定長期優良住宅に該当することとなったことにつき調査を行った建築士又は建築基準適合判定資格者検定合格者について，次により記載すること。

イ 「氏名」の欄には，建築士である場合には建築士法第５条の２の規定により届出を行った氏名を，建築基準適合判定資格者検定合格者である場合には，建築基準法施行令第６条により通知を受けた氏

名を記載するものとする。

ロ 「建築士の場合」の「一級建築士，二級建築士又は木造建築士の別」の欄には，調査を行った建築士の免許の別に応じ，「一級建築士」，「二級建築士」又は「木造建築士」と記載するものとする。なお，一級建築士，二級建築士又は木造建築士が調査することのできる家屋は，それぞれ建築士法第3条から第3条の3までに規定する建築物に該当するものとする。

ハ 「建築士の場合」の「登録番号」及び「登録を受けた都道府県名（二級建築士又は木造建築士の場合）」の欄には，建築士法第5条の2の規定により届出を行った登録番号及び当該建築士が二級建築士又は木造建築士である場合には，同法第5条第1項の規定により登録を受けた都道府県名を記載するものとする。

ニ 「建築基準適合判定資格者検定合格者の場合」の「合格通知日付又は合格証書日付」及び「合格通知番号又は合格証書番号」の欄には，建築基準法施行令第6条の規定により通知を受けた日付及び合格通知番号（建築基準法の一部を改正する法律（平成10年法律第100号）附則第2条第2項の規定により建築基準適合判定資格者検定に合格したとみなされた者については，合格証書日付及び合格証書番号）を記載するものとする。

(4) 証明者が住宅瑕疵担保責任保険法人の場合

① 「証明を行った住宅瑕疵担保責任保険法人」の欄には，当該工事が法第41条の19の2第1項に規定する住宅耐震改修，施行令第26条第33項第1号に規定する増築，改築，大規模の修繕若しくは大規模の模様替，同項第2号に規定する修繕若しくは模様替，同項第3号に規定する修繕若しくは模様替，同項第4号に規定する修繕若しくは模様替，同項第5号に規定する修繕若しくは模様替，同項第6号に規定する修繕若しくは模様替，施行令第26条の4第4項に規定する増築，改築，修繕若しくは模様替，同条第7項に規定する増築，改築，修繕若しくは模様替，同条第8項に規定する増築，改築，修繕若しくは模様替，同条第9項に規定する増築，改築，修繕若しくは模様替，同条第19項

に規定する増築，改築，修繕若しくは模様替，施行令第26条の28の5第14項に規定する施行令第26条第33項各号に掲げる工事，施行令第26条の28の5第15項に規定する増築，改築，修繕若しくは模様替，同条第16項に規定する増築，改築，修繕若しくは模様替，同条第18項及び第20項に規定する設備の取替え若しくは取付け，同条第22項に規定する増築，改築，修繕若しくは模様替若しくは同条第23項に規定する増築，改築，修繕若しくは模様替，施行令第42条の2の2第2項第1号に規定する増築，改築，大規模の修繕若しくは大規模の模様替，同項第2号に規定する修繕若しくは模様替，同項第3号に規定する修繕若しくは模様替，同項第4号に規定する修繕若しくは模様替，同項第5号に規定する修繕若しくは模様替，同項第6号に規定する修繕若しくは模様替若しくは同項第7号に規定する修繕若しくは模様替であること又は当該工事が地方税法施行令附則第12条第19項に規定する基準に適合する耐震改修若しくは地方税法附則第15条の9第9項に規定する熱損失防止改修工事等であること若しくは同法附則第15条の9の2第1項に規定する耐震改修若しくは同法附則第15条の9第9項に規定する熱損失防止改修工事等が行われ，当該工事が行われた家屋が認定長期優良住宅に該当することとなったことにつき証明を行った住宅瑕疵担保責任保険法人について次により記載すること。

イ 「名称」及び「住所」の欄には，特定住宅瑕疵担保責任の履行の確保等に関する法律第17条第1項の規定により指定を受けた名称及び住所（指定を受けた後に同法第18条第2項の規定により変更の届出を行った場合は，当該変更の届出を行った名称及び住所）を記載するものとする。

ロ 「指定年月日」の欄には，特定住宅瑕疵担保責任の履行の確保等に関する法律第17条第1項の規定により指定を受けた年月日を記載するものとする。

② 「調査を行った建築士又は建築基準適合判定資格者検定合格者」の欄には，当該工事が法第41条の19の2第1項に規定する住宅耐震改修，施行令第26条第33項第1号に規定する増築，改築，大規模の修繕若し

くは大規模の模様替，同項第2号に規定する修繕若しくは模様替，同
項第3号に規定する修繕若しくは模様替，同項第4号に規定する修繕
若しくは模様替，同項第5号に規定する修繕若しくは模様替，同項第
6号に規定する修繕若しくは模様替，施行令第26条の4第4項に規定
する増築，改築，修繕若しくは模様替，同条第7項に規定する増築，
改築，修繕若しくは模様替，同条第8項に規定する増築，改築，修繕
若しくは模様替，同条第9項に規定する増築，改築，修繕若しくは模
様替，同条第19項に規定する増築，改築，修繕若しくは模様替，施行
令第26条の28の5第14項に規定する施行令第26条第33項各号に掲げる
工事，施行令第26条の28の5第15項に規定する増築，改築，修繕若
しくは模様替，同条第16項に規定する増築，改築，修繕若しくは模様替，
同条第18項及び第20項に規定する設備の取替え若しくは取付け，同条
第22項に規定する増築，改築，修繕若しくは模様替若しくは同条第23
項に規定する増築，改築，修繕若しくは模様替，施行令第42条の2の
2第2項第1号に規定する増築，改築，大規模の修繕若しくは大規模
の模様替，同項第2号に規定する修繕若しくは模様替，同項第3号に
規定する修繕若しくは模様替，同項第4号に規定する修繕若しくは模
様替，同項第5号に規定する修繕若しくは模様替，同項第6号に規定
する修繕若しくは模様替若しくは同項第7号に規定する修繕若しくは
模様替であること又は当該工事が地方税法施行令附則第12条第19項に
規定する基準に適合する耐震改修若しくは地方税法附則第15条の9第
9項に規定する熱損失防止改修工事等であること若しくは同法附則第
15条の9の2第1項に規定する耐震改修若しくは同法附則第15条の9
第9項に規定する熱損失防止改修工事等が行われ，当該工事が行われ
た家屋が認定長期優良住宅に該当することとなったことにつき調査を
行った建築士又は建築基準適合判定資格者検定合格者について，次に
より記載すること。

イ 「氏名」の欄には，建築士である場合には建築士法第5条の2の
規定により届出を行った氏名を，建築基準適合判定資格者検定合格
者である場合には，建築基準法施行令第6条により通知を受けた氏

資　料　編　　761

名を記載するものとする。

ロ　「建築士の場合」の「一級建築士，二級建築士又は木造建築士の別」の欄には，調査を行った建築士の免許の別に応じ，「一級建築士」，「二級建築士」又は「木造建築士」と記載するものとする。なお，一級建築士，二級建築士又は木造建築士が調査することのできる家屋は，それぞれ建築士法第３条から第３条の３までに規定する建築物に該当するものとする。

ハ　「建築士の場合」の「登録番号」及び「登録を受けた都道府県名（二級建築士又は木造建築士の場合）」の欄には，建築士法第５条の２の規定により届出を行った登録番号及び当該建築士が二級建築士又は木造建築士である場合には，同法第５条第１項の規定により登録を受けた都道府県名を記載するものとする。

ニ　「建築基準適合判定資格者検定合格者の場合」の「合格通知日付又は合格証書日付」及び「合格通知番号又は合格証書番号」の欄には，建築基準法施行令第６条の規定により通知を受けた日付及び合格通知番号（建築基準法の一部を改正する法律附則第２条第２項の規定により建築基準適合判定資格者検定に合格したとみなされた者については，合格証書日付及び合格証書番号）を記載するものとする。

762 第 2 部

資料17　増改築等工事証明書に関する手続を定めた国土交通省通知

国 住 政 第 1 9 号
国 住 生 第 7 5 号
国 住 指 第 1 2 7 号
令和 4 年 5 月 20 日

日本建築士会連合会会長　殿
日本建築士事務所協会連合会会長　殿
日本建築家協会会長　殿

国土交通省住宅局住 宅 企 画 官

住宅生産課長
（公印省略）

建築指導課長
（公印省略）

　　住宅の増改築等の工事又は買取再販住宅の取得を行った場合の所得税額の特別控除制
度に係る租税特別措置法施行規則第18条の21第18項及び第19項並びに第19条の11の３第
１項から第７項までの規定に基づき国土交通大臣が財務大臣と協議して定める書類並び
に既存住宅の耐震改修を行った場合の所得税額の特別控除制度に係る同規則第19条の11
の２第１項の規定に基づき同条第２項各号に掲げる者の国土交通大臣が財務大臣と協議
して定める書類に係る証明について

　　今般、租税特別措置法（昭和32年法律第26号。以下「法」という。）、租税特別措置法
施行令（昭和32年政令第43号。以下「令」という。）及び租税特別措置法施行規則（昭
和32年大蔵省令第15号。以下「規則」という。）等の改正により、新たに、次の措置が
講じられたところである。
①令和４年１月１日以後居住分は、住宅の増改築等の工事を行った場合の所得税額の特
　別控除制度のうち、法第41条の３の２に規定する「特定の増改築等に係る住宅借入金
　等を有する場合の所得税額の特別控除制度（リフォーム促進税制（ローン型））」の
　延長は行われず、法第41条の19の３に規定する「既存住宅に係る特定の改修工事をし
　た場合の所得税額の特別控除制度（リフォーム促進税制（投資型））」に統合された
　（新リフォーム促進税制）。新リフォーム促進税制においては、従来のリフォーム促
　進税制（投資型）の控除対象限度額・控除率（10%）による税額控除に加え、一定

資 料 編

763

の要件の下で、次に掲げる金額の合計額（注）の５％に相当する金額を税額控除できることとされた。

a 当該対象工事に係る標準的な工事費用相当額（控除対象限度額を超える部分に限る。）の合計額

b 当該対象工事と併せて行うその他の一定の工事に要した費用の金額（補助金等の交付がある場合には当該補助金等の額を控除した後の金額）の合計額

（注）リフォーム促進税制（投資型）又は法第41条の19の２に規定する耐震改修特別控除制度の対象工事に係る標準的な工事費用相当額の合計額と1,000万円から当該金額（当該金額が各制度の控除対象限度額を超える場合には、当該控除対象限度額）を控除した金額のいずれか低い金額を限度

②住宅の増改築等の工事を行った場合の所得税額の特別控除制度のうち、省エネ改修工事に係るものについて、以下のとおり見直された（全窓要件の緩和）。

a 省エネ特定改修工事特別控除制度について、従来、工事要件として原則「全ての居室の全ての窓の断熱性を高める工事」を行うこととされていたところ、当該要件が「窓の断熱性を高める工事」を行うことに見直された。

b 住宅の増改築等に係る住宅ローン控除制度の適用対象となる増改築等の工事のうち、令第26条第33項第６号に規定する工事（第６号工事）について、従来、改修後の住宅全体の断熱等性能等級が改修前から一段階相当以上上がり、かつ、断熱等性能等級が等級４又は一次エネルギー消費量等級が等級４以上かつ断熱等性能等級が等級３となる場合に限り、a と同様の全窓要件の緩和が適用されることとされていたところ、当該要件のうち「改修後の住宅全体の断熱等性能等級が等級４又は一次エネルギー消費量等級が等級４以上かつ断熱等性能等級が等級３となること」の要件を廃止し、「改修後の住宅全体の断熱等性能等級が改修前から一段階相当以上上がること」の要件を満たした場合に全窓要件の緩和措置が適用されることとなった。

③住宅ローン控除制度において、法第 74 条の３に規定する特定の増改築等がされた住宅用家屋の所有権の移転登記の税率の軽減の対象となる家屋と要件が共通するものとして、新たに「買取再販住宅」の区分が創設された。

上記①（新リフォーム促進税制の創設関係）については、昭和63年建設省告示第1274号等の一部を改正し、上記②（全窓要件の緩和関係）については、平成21年国土交通省告示第379号、平成20年国土交通省告示第513号等の一部を改正し、上記③（買取再販住宅の取得に係る住宅ローン控除制度関係）については、令和４年国土交通省告示第423号を制定したところである。

　これらを踏まえ、本通知を定めることとしたので、令和４年国土交通省告示第417号により改正された昭和63年建設省告示第1274号に規定する増改築等の工事に係る証明に関して下記事項に十分留意するよう配意願いたい（本通知中の法、令及び規則については、令和４年４月１日現在の条文で掲載している）。

　なお、住宅の増改築等を行い、令和４年１月１日前に居住の用に供する場合の増改築等工事証明書の証明事務の取扱いについては、「住宅の増改築等の工事を行った場合の所得税額の特別控除制度に係る租税特別措置法施行規則第18条の21第15項、第18条の23

の2第1項及び第19条の11の3第1項から第6項までの規定に基づき国土交通大臣が財務大臣と協議して定める書類並びに既存住宅の耐震改修を行った場合の所得税額の特別控除制度に係る同規則第19条の11の2第1項の規定に基づき同条第2項各号に掲げる者の国土交通大臣が財務大臣と協議して定める書類に係る証明について（平成29年4月7日付け国住政第6号・国住生第20号・国住指第28号。最終改正：令和3年3月30日付け国住政第90号・国住生第699号・国住指第4466号）」を参照されたい。

　貴職におかれては、貴団体会員に対しても本通知を周知願いたい。

　なお、本通知の内容については関係省庁とも協議済であるので、念のため申し添える。

記

1. 住宅ローン控除制度の適用対象となる増改築等の工事について

⑴　住宅の増改築等に係る住宅ローン控除制度の適用対象となる工事について

　住宅の新築、取得又は増改築等を住宅ローンを利用して行った場合の特別控除制度（以下「住宅ローン控除制度」という。）のうち、住宅の増改築等に係る同制度の適用対象となる増改築等の工事は、国内で行われるもので、次に掲げるもの（当該工事と併せて行う当該家屋と一体となって効用を果たす設備の取替え又は取付けに係る工事を含む。）であることにつき規則で定めるところにより証明がされたものである（当該証明については、21. 以降を参照のこと。）。

①　第1号工事

　令第26条第33項第1号に規定する増築、改築、建築基準法（昭和25年法律第201号）第2条第14号に規定する大規模の修繕又は同条第15号に規定する大規模の模様替（以下「住宅ローン控除制度（増改築等）に係る第1号工事」という。）

②　第2号工事

　令第26条第33項第2号に規定する一棟の家屋でその構造上区分された数個の部分を独立して住居その他の用途に供することができるもののうちその者が区分所有する部分について行う次に掲げるいずれかの修繕又は模様替（①に掲げる工事に該当するものを除く。以下「住宅ローン控除制度（増改築等）に係る第2号工事」という。）

　　ⅰ　令第26条第33項第2号イに規定するその区分所有する部分の床（建築基準法第2条第5号に規定する主要構造部（以下「主要構造部」という。）である床及び最下階の床をいう。）の過半について行う修繕又は模様替（以下「床の過半の修繕又は模様替」という。）

　　ⅱ　令第26条第33項第2号イに規定するその区分所有する部分の主要構造部である階段の過半について行う修繕又は模様替（以下「階段の過半の修繕又は模様替」という。）

　　ⅲ　令第26条第33項第2号ロに規定するその区分所有する部分の間仕切壁（主要構造部である間仕切壁及び建築物の構造上重要でない間仕切壁をいう。）の室内に面する部分の過半について行う修繕又は模様替（その間仕切壁の一部について位置の変更を伴うものに限る。）（以下「間仕切の過半の修繕又は模様替」という。）

資　料　編　　　　　　765

(ｲｲ)　　令第26条第33項第２号ハに規定するその区分所有する部分の主要構造部である
壁の室内に面する部分の過半について行う修繕又は模様替（当該修繕又は模様替
に係る壁の過半について遮音又は熱の損失の防止のための性能を向上させるもの
に限る。）（以下「壁の過半の修繕又は模様替」という。）

③　第３号工事

令第26条第33項第３号に規定する家屋（②の家屋にあっては、その者が区分所有す
る部分に限る。）のうち居室、調理室、浴室、便所その他の室で国土交通大臣が財務
大臣と協議して定めるものの一室の床又は壁の全部について行う修繕又は模様替（①
又は②に掲げる工事に該当するものを除く。以下「住宅ローン控除制度（増改築等）
に係る第３号工事」という。）

④　第４号工事

令第26条第33項第４号に規定する家屋について行う建築基準法施行令（昭和25年政
令第338号）第３章及び第５章の４の規定又は国土交通大臣が財務大臣と協議して定
める地震に対する安全性に係る基準に適合させるための修繕又は模様替（①〜③に掲
げる工事に該当するものを除く。以下「住宅ローン控除制度（増改築等）に係る第４
号工事」という。）

⑤　第５号工事

令第26条第33項第５号に規定する家屋について行う国土交通大臣が財務大臣と協議
して定める高齢者等が自立した日常生活を営むのに必要な構造及び設備の基準に適合
させるための修繕又は模様替（①〜④に掲げる工事に該当するものを除く。以下「住
宅ローン控除制度（増改築等）に係る第５号工事」という。）

⑥　第６号工事

令第26条第33項第６号に規定する家屋について行う国土交通大臣が財務大臣と協議
して定めるエネルギーの使用の合理化に著しく資する修繕若しくは模様替又はエネル
ギーの使用の合理化に相当程度資する修繕若しくは模様替（①〜⑤に掲げる工事に該
当するものを除く。以下「住宅ローン控除制度（増改築等）に係る第６号工事」とい
う。）

(2)　買取再販住宅の取得に係る住宅ローン控除制度の適用対象となる宅地建物取引業者
が行う工事について

法第41条第１項に規定する買取再販住宅の取得に係る住宅ローン控除制度の適用に
あたっては、取得された住宅が宅地建物取引業法（昭和 27 年法律第 176 号）第２条
第３号に規定する宅地建物取引業者（以下単に「宅地建物取引業者」という。）によ
り、法第 41 条第20項に規定する特定増改築等（以下単に「特定増改築等」という。）
が行われたものである必要がある。この特定増改築等の工事は、次に掲げるもの
（当該工事と併せて行う当該家屋と一体となって効用を果たす設備の取替え又は取
付けに係る工事を含む。）であること等につき規則で定めるところにより証明がされ
たものである（当該証明については、21．以降を参照のこと。）。

①　第１号工事

令第42条の２の２第２項第１号に規定する増築、改築、建築基準法第２条第14号
に規定する大規模の修繕又は同条第15号に規定する大規模の模様替（以下「住宅ロ

ーン控除制度（買取再販住宅の取得）に係る第1号工事」といい、⑴①の住宅ロー
ン控除制度（増改築等）に係る第1号工事と合わせて単に「第1号工事」という。）

② 第2号工事

令第42条の2の2第2項第2号に規定する一棟の家屋でその構造上区分された数
個の部分を独立して住居その他の用途に供することができるもののうちその者が
区分所有する部分について行う次に掲げるいずれかの修繕又は模様替（①に掲げ
る工事に該当するものを除く。以下「住宅ローン控除制度（買取再販住宅の取得）
に係る第2号工事」といい、⑴②の住宅ローン控除制度（増改築等）に係る第2号
工事と合わせて単に「第2号工事」という。）

(i) 床の過半の修繕又は模様替

(ii) 階段の過半の修繕又は模様替

(iii) 間仕切の過半の修繕又は模様替

(iv) 壁の過半の修繕又は模様替

③ 第3号工事

令第42条の2の2第2項第3号に規定する家屋（②の家屋にあっては、その者が
区分所有する部分に限る。）のうち居室、調理室、浴室、便所その他の室で国土交
通大臣が財務大臣と協議して定めるものの一室の床又は壁の全部について行う修繕
又は模様替（①又は②に掲げる工事に該当するものを除く。以下「住宅ローン控除
制度（買取再販住宅の取得）に係る第3号工事」といい、⑴③の住宅ローン控除制
度（増改築等）に係る第3号工事と合わせて単に「第3号工事」という。）

④ 第4号工事

令第42条の2の2第2項第4号に規定する家屋について行う建築基準法施行令第
3章及び第5章の4の規定又は国土交通大臣が財務大臣と協議して定める地震に対
する安全性に係る基準に適合させるための修繕又は模様替（①〜③に掲げる工事に
該当するものを除く。以下「住宅ローン控除制度（買取再販住宅の取得）に係る第
4号工事」といい、⑴④の住宅ローン控除制度（増改築等）に係る第4号工事と合
わせて単に「第4号工事」という。）

⑤ 第5号工事

令第42条の2の2第2項第5号に規定する家屋について行う国土交通大臣が財務
大臣と協議して定める高齢者等が自立した日常生活を営むのに必要な構造及び設備
の基準に適合させるための修繕又は模様替（①〜④に掲げる工事に該当するものを
除く。以下「住宅ローン控除制度（買取再販住宅の取得）に係る第5号工事」とい
い、⑴⑤の住宅ローン控除制度（増改築等）に係る第5号工事と合わせて単に「第
5号工事」という。）

⑥ 第6号工事

令第42条の2の2第2項第6号に規定する家屋について行う国土交通大臣が財務
大臣と協議して定めるエネルギーの使用の合理化に資する修繕若しくは模様替（①
〜⑤に掲げる工事に該当するものを除く。以下「住宅ローン控除制度（買取再販住
宅の取得）に係る第6号工事」といい、⑴⑥の住宅ローン控除制度（増改築等）に
係る第6号工事と合わせて単に「第6号工事」という。）

資　料　編　　767

⑦　第 7 号工事

令第42条の 2 の 2 第 2 項第 7 号に規定する家屋について行う給水管、排水管又は雨水の浸入を防止する部分（住宅の品質確保の促進等に関する法律施行令（平成12年政令第64号）第 5 条第 2 項に規定する雨水の浸入を防止する部分をいう。）に係る修繕又は模様替（当該家屋の瑕疵（住宅の品質確保の促進等に関する法律（平成11年法律第81号）第 2 条第 5 項に規定する瑕疵をいう。以下同じ。）を担保すべき責任の履行に関する保証保険契約が締結されているものに限り、①～⑥に掲げる工事に該当するものを除く。以下「第 7 号工事」という。）

2．耐震改修に係る特別控除制度の適用対象となる既存住宅及び工事について

(1)　耐震改修特別控除制度の適用対象となる既存住宅

法第41条の19の 2 第 1 項に規定する住宅耐震改修（以下「住宅耐震改修」という。）をした場合の所得税額の特別控除（以下「耐震改修特別控除制度」という。）の適用対象となる既存住宅は、以下の要件を満たすものである。

①　耐震改修特別控除制度の適用を受けようとする者が自ら居住の用に供していること。

②　昭和56年 5 月31日以前に建築されたものであること。

③　現行の耐震基準（建築基準法施行令第 3 章及び第 5 章の 4 に規定する基準又は建築物の耐震改修の促進に関する法律（平成 7 年法律第 123 号）第 8 条第 3 項第 1 号に基づき国土交通大臣が定める基準（平成18年国土交通省告示第185号「地震に対する安全上耐震関係規定に準ずるものとして国土交通大臣が定める基準」）をいう。以下同じ。）に適合しないものであること。

(2)　耐震改修特別控除制度の適用対象となる工事

耐震改修特別控除制度の適用対象となる住宅耐震改修は、現行の耐震基準に適合させるための住宅耐震改修であることにつき規則で定めるところにより証明がされたものである（当該証明については、21．以降を参照のこと。）。

なお、住宅耐震改修が 3 ．の高齢者等居住改修工事等、4 ．の一般断熱改修工事等又は 5 ．の多世帯同居改修工事等と同時に実施される場合は、耐震改修特別控除制度は、3 ．のバリアフリー特定改修工事特別控除制度、4 ．の省エネ特定改修工事特別控除制度又は 5 ．の同居特定改修工事特別控除制度と併せて適用することが可能であるが、同一の工事をこれら複数の特別控除の対象として取り扱うことは許されない。また、住宅耐震改修が 6 ．の耐久性向上改修工事等と同時に実施される場合は、耐震改修特別控除制度は、6 ．の耐久性向上特定改修工事特別控除制度と併せて適用することはできないが、当該住宅耐震改修が 6 ．の対象住宅耐震改修に該当する場合にあっては、耐久性向上特定改修工事特別控除制度の控除の対象となる費用の額に、所定の限度額の範囲内で、当該対象住宅耐震改修に係る標準的な費用の額を含めることとされている（対象住宅耐震改修については、工事費要件、家屋に係る自己所有要件及び面積要件並びに所得要件の有無が住宅耐震改修と異なることに留意する。）。ただし、同一の工事をこれら複数の標準的な費用の額の対象として取り扱うことは許されない。さらに、住宅耐震改修が令第26条の 28 の 5 第 14 項に規定する工事（住宅ローン控除制度

（増改築等）に係る第１号工事～第６号工事。以下「その他の工事」という。）と同時に実施される場合は、法第41条の19の３第７項に規定する所得税額の特別控除（以下「その他工事等特別税額控除制度」という。）と併せて適用することが可能であるが、同一の工事をこれら複数の費用の額の対象として取り扱うことは許されない。

３．バリアフリー特定改修工事特別控除制度の適用対象となる工事について

　法第41条の19の３第１項に規定するバリアフリー改修工事に係る特定の改修工事をした場合の所得税額の特別控除（以下「バリアフリー特定改修工事特別控除制度」という。）の適用対象となる改修工事は、同項に規定する家屋について行う国土交通大臣が財務大臣と協議して定める高齢者等が自立した日常生活を営むのに必要な構造及び設備の基準に適合させるための増築、改築、修繕又は模様替（以下「高齢者等居住改修工事等」という。）であることにつき規則で定めるところにより証明がされたものである（当該証明については、21．以降を参照のこと。）。

　なお、高齢者等居住改修工事等が住宅耐震改修、４．の一般断熱改修工事等、５．の多世帯同居改修工事等又は６．の耐久性向上改修工事等と同時に実施される場合は、バリアフリー特定改修工事特別控除制度は、耐震改修特別控除制度、４．の省エネ特定改修工事特別控除制度、５．の同居特定改修工事特別控除制度又は６．の耐久性向上特定改修工事特別控除制度と併せて適用することが可能であるが、同一の工事をこれら複数の特別控除の対象として取り扱うことは許されない。また、高齢者等居住改修工事等がその他の工事と同時に実施される場合は、その他工事等特別税額控除制度と併せて適用することが可能であるが、同一の工事をこれら複数の費用の額の対象として取り扱うことは許されない。

４．省エネ特定改修工事特別控除制度の適用対象となる工事について

　省エネ改修工事に係る特定の改修工事をした場合の所得税額の特別控除（以下「省エネ特定改修工事特別控除制度」という。）の適用対象となる改修工事は、以下のとおりである（当該証明については、21．以降を参照のこと。）。

① 　令第26条の28の５第16項に規定する家屋について行う国土交通大臣が財務大臣と協議して定めるエネルギーの使用の合理化に資する増築、改築、修繕又は模様替（以下「一般断熱改修工事等」という。）であることにつき規則で定めるところにより証明がされたものであること。

② 　令第26条の28の５第18項に規定する法第41条の19の３第10項第２号に掲げる工事が行われる構造又は設備と一体となって効用を果たすエネルギーの使用の合理化に著しく資する設備として国土交通大臣及び経済産業大臣が財務大臣と協議して指定する設備の取替え又は取付けに係る工事（以下「エネルギー使用合理化設備設置工事」という。）であることにつき規則で定めるところにより証明がされたものであること。

③ 　令第26条の28の５第20項に規定する法第41条の19の３第10項第３号に掲げる工事が行われた家屋と一体となって効用を果たす太陽光を電気に変換する設備として経済産業大臣が財務大臣と協議して指定する設備の取替え又は取付けに係る工事

資 料 編 769

（以下「太陽光発電設備設置工事」という。）であることにつき規則で定めるところにより証明がされたものであること。

なお、一般断熱改修工事等が住宅耐震改修、高齢者等居住改修工事等又は5.の多世帯同居改修工事等と同時に実施される場合は、省エネ特定改修工事特別控除制度は、耐震改修特別控除制度、バリアフリー特定改修工事特別控除制度又は5.の同居特定改修工事特別控除制度と併せて適用することが可能であるが、同一の工事をこれら複数の特別控除の対象として取り扱うことは許されない。また、一般断熱改修工事等が6.の耐久性向上改修工事等と同時に実施される場合、省エネ特定改修工事特別控除制度は、6.の耐久性向上特定改修工事特別控除制度と併せて適用することはできず、耐久性向上特定改修工事特別控除制度の控除の対象となる標準的な費用の額に、所定の限度額の範囲内で、当該一般断熱改修工事等に係る標準的な費用の額を含めることとされている。ただし、同一の工事をこれら複数の標準的な費用の額の対象として取り扱うことは許されない。さらに、一般断熱改修工事等がその他の工事と同時に実施される場合は、その他工事等特別税額控除制度と併せて適用することが可能であるが、同一の工事をこれら複数の費用の額の対象として取り扱うことは許されない。

5．同居特定改修工事特別控除制度の適用対象となる工事について

同居改修工事に係る特定の改修工事をした場合の所得税額の特別控除（以下「同居特定改修工事特別控除制度」という。）の適用対象となる改修工事は、令第26条の28の5第22項に規定する家屋について行う他の世帯との同居をするのに必要な設備の数を増加させるための増築、改築、修繕又は模様替（以下「多世帯同居改修工事等」という。）であることにつき規則で定めるところにより証明がされたものである（当該証明については、21．以降を参照のこと。）。

なお、多世帯同居改修工事等が住宅耐震改修、高齢者等居住改修工事等、一般断熱改修工事等又は6.の耐久性向上改修工事等と同時に実施される場合は、同居特定改修工事特別控除制度は、耐震改修特別控除制度、バリアフリー特定改修工事特別控除制度、省エネ特定改修工事特別控除制度又は6.の耐久性向上特定改修工事特別控除制度と併せて適用することが可能であるが、同一の工事をこれら複数の特別控除の対象として取り扱うことは許されない。また、多世帯同居改修工事等がその他の工事と同時に実施される場合は、その他工事等特別税額控除制度と併せて適用することが可能であるが、同一の工事をこれら複数の費用の額の対象として取り扱うことは許されない。

6．耐久性向上特定改修工事特別控除制度の適用対象となる工事について

耐久性向上改修工事に係る特定の改修工事をした場合の所得税額の特別控除（以下「耐久性向上特定改修工事特別控除制度」という。）の適用対象となる改修工事は、令第26条の28の5第23項に規定する家屋について行う構造の腐食、腐朽及び摩損を防止し、又は維持保全を容易にするための増築、改築、修繕又は模様替（以下「耐久性向上改修工事等」という。）であることにつき規則で定めるところにより証明がされたものである（当該証明については、21．以降を参照のこと。）。

また、耐久性向上改修工事等に該当するためには、当該増築、改築、修繕又は模様替が、①(i)対象住宅耐震改修（法第41条の19の3第4項に規定する「対象住宅耐震改修」をいう。以下同じ。）、(ii)対象一般断熱改修工事等（法第41条の19の3第2項に規定する「対象一般断熱改修工事等」をいう。以下同じ。）、又は(iii)対象住宅耐震改修及び対象一般断熱改修工事等と併せて行われること、及び②認定長期優良住宅建築等計画（長期優良住宅の普及の促進に関する法律（平成20年法律第87号）第9条第1項に規定する認定長期優良住宅建築等計画をいう。以下同じ。）に基づくものであることの要件を全て満たす必要がある。ここで、対象住宅耐震改修については、工事費要件、家屋に係る自己所有要件及び面積要件並びに所得要件の有無が住宅耐震改修と異なることに留意する。

なお、上記①(i)〜(iii)の要件との関係上、耐久性向上改修工事等は対象住宅耐震改修又は対象一般断熱改修工事等と必ず併せて行われることとなるが、耐久性向上特定改修工事特別控除制度は耐震改修特別控除制度又は省エネ特定改修工事特別控除制度と併せて適用することはできず、耐久性向上特定改修工事特別控除制度の控除の対象となる標準的な費用の額に、所定の限度額の範囲内で、当該対象住宅耐震改修又は当該対象一般断熱改修工事等に係る標準的な費用の額を含めることとされている。ただし、同一の工事をこれら複数の標準的な費用の額の対象として取り扱うことは許されない。また、耐久性向上改修工事等が高齢者等居住改修工事等又は多世帯同居改修工事等と同時に実施される場合は、耐久性向上特定改修工事特別控除制度はバリアフリー特定改修工事特別控除制度又は同居特定改修工事特別控除制度と併せて適用することが可能であるが、同一の工事をこれら複数の特別控除の対象として取り扱うことは許されない。さらに、耐久性向上改修工事等がその他の工事と同時に実施される場合は、その他工事等特別税額控除制度と併せて適用することが可能であるが、同一の工事をこれら複数の費用の額の対象として取り扱うことは許されない。

7. 第1号工事のうち増築に該当するか否かの判断基準について

別棟の建築物について、増築に該当するか否かは次の判断基準に基づいて判断するものとする。

増築に該当する別棟の建築物とは、既存の建築物と一体でなければ生活を営めず、単独では住宅としての機能を有しない建築物をいう。

8. 第2号工事に該当するか否かの判断基準について

当該工事に該当するか否かは、それぞれ次の判断基準に基づいて判断するものとする。

(1) 床の過半の修繕又は模様替

床の過半について行う修繕又は模様替とは、個人又は宅地建物取引業者が行う修繕又は模様替に係る床面積が、一棟の家屋のうちその者の区分所有する部分の床の全床面積の過半であることをいう。

(2) 階段の過半の修繕又は模様替

資　料　編　　　　　　　　　　771

　　階段の過半について行う修繕又は模様替とは、個人又は宅地建物取引業者が行う修繕又は模様替に係る水平投影面積が、一棟の家屋のうちその者の区分所有する部分の階段の全水平投影面積の過半であることをいう。
(3)　間仕切壁の室内に面する部分の過半について行う修繕又は模様替
　①　間仕切壁の室内に面する部分の過半について行う修繕又は模様替とは、個人又は宅地建物取引業者が行う修繕又は模様替に係る壁の室内に面する部分の壁面の水平投影長さが、一棟の家屋のうちその者の区分所有する部分の間仕切壁の室内に面する部分の壁面の全水平投影長さの過半であることをいう。
　②　遮音のための性能を向上させるものとは、新規に次の遮音性能を有する材料を使用し、かつ、そのための適切な施工がなされているものをいう。
　　イ　石膏ボード　　　　　　　　　チ　木質セメント板
　　ロ　グラスウール　　　　　　　　リ　木片セメント板
　　ハ　遮音シート　　　　　　　　　ヌ　吹き付けロックウール
　　ニ　鉛遮音板　　　　　　　　　　ル　軟質繊維板
　　ホ　遮音気密防音パッキング　　　ヲ　その他イからルまでに規定する材料
　　ヘ　ロックウール　　　　　　　　　　　と同等の遮音性能を有する材料
　　ト　ロックウール吸音板
　③　熱の損失の防止のための性能を向上させるものとは、熱伝達抵抗Rtを修繕又は模様替の前後についてそれぞれ次式により算定し、従後の値が従前の値に比して高くなるものをいう。

〔算　式〕
$$Rt \ = \ Ro \ + \ \Sigma \ (ln / \lambda n) \ + \ Rin$$

　　Rt：熱伝達抵抗〔㎡・h・℃／kcal〕
　　Ro：外気側表面熱伝達抵抗〔㎡・h・℃／kcal〕
　　Ri：室内側表面熱伝達抵抗〔㎡・h・℃／kcal〕
　　ln：壁の各材料の層の厚さ〔m〕
　　λn：壁の各材料の熱伝導率〔kcal／m・h・℃〕

9．第3号工事に該当するか否かの判断基準について

　　当該工事に該当するか否かは、それぞれ次の判断基準に基づいて判断するものとする。
(1)　一室とは、原則として、壁又は建具等により囲まれた区画をいうものとするが、当該区画において、以下のいずれかに該当する空間がある場合は、当該空間は異なる室として取り扱うものとする。
　①　設計図書等から判断される目的及び床の仕上げが異なる空間
　②　設計図書等から判断される目的及び壁の仕上げが異なる空間
(2)　押入等の収納部分については、建具等を介して接する室に含まれるものとする。

(3) 居室とは、建築基準法第2条第4号に規定する居住のために継続的に使用する室をいうものであり、具体的には、居間、食事室、居間兼食事室、食事室兼調理室、居間兼食事室兼調理室、寝室、応接室、書斎その他これに類するものをいう。

(4) 床又は壁の「全部」とは、原則として、床にあっては、一室の床の全床面積又は壁の室内に面する壁面の全水平投影長さをいうものとするが、例えば、押入、出窓、床の間等についてのみ修繕又は模様替が行われない場合については、当該一室の床又は壁の全部について修繕又は模様替が行われるものとみなして差し支えない。

10. 第4号工事又は住宅耐震改修に該当するか否かの判断基準について

当該工事に該当するか否かは、現行の耐震基準に適合させるためのものであるか否かに基づいて判断するものとする。

現行の耐震基準に適合させるためのものであるか否かの判断に関しては、例えば、当該工事が行われた結果、

・木造住宅にあっては、(一財) 日本建築防災協会による「木造住宅の耐震診断と補強方法」に定める一般診断法による上部構造評点が1.0以上であり、地盤及び基礎が安全であること又は精密診断法 (時刻歴応答計算による方法を除く。) による上部構造耐力の評点が1.0以上であり、地盤及び基礎が安全であること

・マンション等にあっては、(一財) 日本建築防災協会による「既存鉄骨造建築物の耐震診断指針」、「既存鉄筋コンクリート造建築物の耐震診断基準」若しくは「既存鉄骨鉄筋コンクリート造建築物の耐震診断基準」に定める第2次診断法若しくは第3次診断法により計算される各階の構造耐震指標が0.6以上であること又は (一財) 日本建築防災協会による「既存壁式プレキャスト鉄筋コンクリート造建築物の耐震診断指針」により構造耐力上主要な部分の地震に対する安全性を評価した結果、地震の震動及び衝撃に対して倒壊若しくは崩壊する危険性が低いと判断されること

が確認されれば、現行の耐震基準に適合させるための住宅耐震改修が行われたものとして差し支えない。

また、耐震改修が行われた後に、住宅の品質確保の促進等に関する法律第5条第1項に規定する住宅性能評価書の交付を受け、当該住宅性能評価書における耐震等級 (構造躯体の倒壊等防止) に係る評価が等級1、等級2又は等級3である場合には、現行の耐震基準に適合させるための住宅耐震改修が行われたものとして差し支えない。

なお、共同住宅については、住戸単位ではなく、棟全体で現行の耐震基準に適合させることが必要となる。

11. 第5号工事又は高齢者等居住改修工事等に該当するか否かの判断基準について

平成19年国土交通省告示第407号 (以下11. 及び17. (2)において「平成19年告示」という。) 及び平成26年国土交通省告示第434号 (以下11. において「バリアフリー告示」と総称する。) において、第5号工事及び高齢者等居住改修工事等に該当する改修工事について規定されている。

資 料 編

第5号工事に該当する工事を行った場合は、住宅ローン控除制度の適用を受けることができる。また、高齢者等居住改修工事等を行った場合は、バリアフリー特定改修工事特別控除制度の適用を受けることができる。

これらの工事に該当するか否かは、バリアフリー告示に従い、それぞれ以下の判断基準に基づいて判断するものとする。

(1) 介助用の車いすで容易に移動するために通路又は出入口の幅を拡張する工事

通路又は出入口（以下「通路等」という。）の幅を拡張する工事であって、工事後の通路等（当該工事が行われたものに限る。）の幅が、おおむね750mm以上（浴室の出入口にあってはおおむね600mm以上）であるものをいい、具体的には、壁、柱、ドア、床材等の撤去や取替え等の工事が想定される。

通路等の幅を拡張する工事と併せて行う幅木の設置、柱の面取りや、通路等の幅を拡張する工事に伴って取替えが必要となった壁の断熱材入りの壁への取替え等の工事は一体工事として含まれる。

(2) 階段の設置（既存の階段の撤去を伴うものに限る。）又は改良によりその勾配を緩和する工事

以下のような方法により、従前の階段の勾配が従後の階段の勾配に比して緩和されたことが確認できる工事をいい、階段の勾配を緩和する工事に伴って行う電気スイッチ、コンセントの移設等の工事は一体工事として含まれる。

① 改修工事前後の立面断面図で比較する場合

X／Y ＞ X'／Y' 又は A／B ＞ A'／B'

（注）X、X'：踏面の寸法、Y、Y'：けあげの寸法
　　　A、A'：階段の高さ、B、B'：階段の長さ

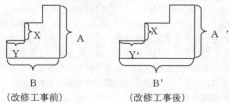

（改修工事前）　　　（改修工事後）

② 改修工事前後の平面図で比較する場合

C ＜ C'

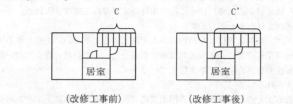

（改修工事前）　　　（改修工事後）

(3) 浴室を改良する工事であって、次のいずれかに該当するもの

① 入浴又はその介助を容易に行うために浴室の床面積を増加させる工事

浴室の床面積を増加させる工事であって、工事後の床面積がおおむね1.8㎡以上及び短辺の内法寸法がおおむね1,200mm 以上であるものをいい、具体的には、壁、柱、ドア、床材等の撤去、取替えや、一体工事としてそれらに伴って行う給排水設備の移設等の工事が想定される。

浴室の床面積を増加させるための浴室の位置の移動や、一体工事として浴室の床面積を増加させる工事に伴って行う仮浴室の設置、浴室の床面積を増加させる工事と併せて行う脱衣室の床面積を増加させる工事等の工事は含まれる。

② 浴槽をまたぎ高さの低いものに取り替える工事

浴槽をまたぎ高さの低いものに取り替える工事に伴って行う給排水設備の移設等の工事は一体工事として含まれる。

③ 固定式の移乗台、踏み台その他の高齢者等の浴槽の出入りを容易にする設備を設置する工事

設置に際し工事を伴わない福祉用具（バスリフト等）やすのこ等の設備の設置は含まれないが、一体工事として固定式の移乗台等を設置する工事に伴って行う蛇口の移設等の工事は含まれる。

④ 高齢者等の身体の洗浄を容易にする水栓器具を設置し又は同器具に取り替える工事

蛇口の移設、レバー式蛇口やワンプッシュ式シャワーへの取替え等の工事をいい、一体工事として蛇口を移設するための工事に伴って行う壁面タイルの取替え等の工事は含まれる。

⑷ 便所を改良する工事であって、次のいずれかに該当するもの

① 排泄又はその介助を容易に行うために便所の床面積を増加させる工事

便所の床面積を増加させる工事であって、工事後の長辺の内法寸法がおおむね1,300mm 以上又は便器の前方若しくは側方における便器と壁との距離がおおむね500mm 以上であるものをいい、具体的には、壁、柱、ドア、床材等の撤去、取替えや、一体工事としてそれらに伴って行う給排水設備の移設等の工事が想定される。

便所の床面積を増加させるための便所の位置の移動や、一体工事として便所の床面積を増加させる工事に伴って行う仮便所の設置等の工事は含まれる。

② 便器を座便式のものに取り替える工事

和式便器を洋式便器（洗浄機能や暖房機能等が付いているものを含む。）に取り替える工事をいい、取り外し可能な腰掛け便座への取替えは含まれないが、一体工事として便器を取り替える工事に伴って行う床材の変更等の工事は含まれる。

③ 座便式の便器の座高を高くする工事

便器のかさ上げ、取替え等により便器の座高を高くする工事をいい、取り外し可能な腰掛け便座（洋式便器の上に設置して高さを補うもの）の設置は含まれないが、一体工事として座高を高くする工事と併せて行うトイレットペーパーホルダーの移設等の工事は含まれる。

⑸ 便所、浴室、脱衣室その他の居室及び玄関並びにこれらを結ぶ経路に手すりを取り付ける工事

資　料　編　775

手すりを転倒予防若しくは移動又は移乗動作に資することを目的として取り付ける
ものをいい、取付けに当たって工事（ネジ等で取り付ける簡易なものを含む。）を伴
わない手すりの取付けは含まれないが、一体工事として手すりを取り付ける工事に伴
って行う壁の下地補強や電気スイッチ、コンセントの移設等の工事は含まれる。

⑹　便所、浴室、脱衣室その他の居室及び玄関並びにこれらを結ぶ経路の床の段差を解
消する工事（勝手口その他屋外に面する開口の出入口及び上がりかまち並びに浴室の
出入口にあっては、段差を小さくする工事を含む。）

敷居を低くしたり、廊下のかさ上げや固定式スロープの設置等を行う工事をいい、
取付けに当たって工事を伴わない段差解消板、スロープ等の設置は含まれないが、一
体工事として廊下のかさ上げ工事に伴って行う下地の補修や根太の補強等の工事は含
まれる。

⑺　出入口の戸を改良する工事であって、次のいずれかに該当するもの
①　開戸を引戸、折戸等に取り替える工事
開戸を引戸、折戸、アコーディオンカーテン等に取り替える工事をいう。
②　開戸のドアノブをレバーハンドル等に取り替える工事
開戸のドアノブをレバーハンドルや取手など開閉を容易にするものに取り替える
工事をいう。
③　戸に戸車その他の戸の開閉を容易にする器具を設置する工事
引戸、折戸等にレール、戸車、開閉のための動力装置等を設置する工事や開戸を
吊戸方式に変更する工事をいう。

⑻　便所、浴室、脱衣室その他の居室及び玄関並びにこれらを結ぶ経路の床の材料を滑
りにくいものに取り替える工事
滑り止め溶剤の塗布やテープシールの貼付けによる表面処理のみを行うものは含ま
れないが、一体工事として床の材料の取替えに伴って行う下地の補修や根太の補強等
の工事は含まれる。

12.　第6号工事に該当するか否かの判断基準について

平成20年国土交通省告示第513号（以下12.において「平成　年告示」という。）に
おいて住宅ローン控除制度（増改築等）に係る第6号工事に該当する改修工事につい
て、平成26年国土交通省告示第435号（以下12.において「平成26年告示」という。）
において住宅ローン控除制度（買取再販住宅の取得）に係る第6号工事に該当する改
修工事について、それぞれ規定されている。

住宅ローン控除制度（増改築等）に係る第6号工事に該当する工事を行った場合は、
住宅の増改築等に係る住宅ローン控除制度の適用を受けることができる。また、宅地
建物取引業者が住宅ローン控除制度（買取再販住宅の取得）に係る第6号工事に該当
する工事で一定の要件を満たすものを行った一定の家屋を取得した場合は、買取再販
住宅の取得に係る住宅ローン控除制度の適用を受けることができる。

住宅ローン控除制度（増改築等）に係る第6号工事に該当するためには、①(i)全て
の居室の全ての窓若しくは(i)と併せて行う(ii)天井等、(iii)壁、(iv)床等の1つ以上に該当
する改修工事で、次の⑴及び⑵の各要件を満たす工事、又は②(i)居室の窓若しくは(i)

と併せて行う(ⅱ)天井等、(ⅲ)壁、(ⅳ)床等の１つ以上に該当する改修工事で、次の⑴及び
⑶の各要件を満たす工事を行う必要がある。住宅ローン控除制度（買取再販住宅の取
得）に係る第６号工事に該当するためには、(ⅰ)全ての居室の全ての窓若しくは(ⅰ)と併
せて行う(ⅱ)天井等、(ⅲ)壁、(ⅳ)床等の１つ以上に該当する改修工事で、次の⑴の各要件
を満たす工事、又は②(ⅰ)居室の窓若しくは(ⅰ)と併せて行う(ⅱ)天井等、(ⅲ)壁、(ⅳ)床等の
１つ以上に該当する改修工事で、次の⑴及び⑷の各要件を満たす工事を行う必要があ
る。

　改修工事を行った家屋が低炭素建築物の認定を受けた場合であっても、(ⅰ)全ての居
室の全ての窓、又は(ⅰ)と併せて行う(ⅱ)天井等、(ⅲ)壁、(ⅳ)床等の１つ以上に該当する改
修工事で、次の⑴及び⑵（買取再販住宅の取得に係る住宅ローン控除制度については
⑴）の各要件を満たす工事である必要がある。

⑴　改修を行う各部位がいずれも平成28年省エネルギー基準相当以上の省エネ性能とな
ること。
　改修を行う各部位が、次の表の各項のいずれかに該当する必要がある。

	熱貫流率	
①窓の断熱性を高める工事等		
イ　全ての居室の全ての窓の断熱性を高める工事又は窓の断熱性を高める工事（別表３の８地域を除く。）	・住宅ローン控除制度（増改築等）に係る第６号工事にあっては、平成20年告示別表１－１－１の基準値以下 ・住宅ローン控除制度（買取再販住宅の取得）に係る第６号工事にあっては、平成26年告示別表１－１－１の基準値以下	
別表３の８地域 　全ての居室の全ての窓の日射遮蔽性を高める工事又は窓の日射遮蔽性を高める工事	建具の種類若しくはその組合せ又は付属部材、ひさし、軒等の設置 ・住宅ローン控除制度（増改築等）に係る第６号工事にあっては、平成20年告示別表１－１－２に該当 ・住宅ローン控除制度（買取再販住宅の取得）に係る第６号工事にあっては、平成26年告示別表１－１－２に該当	
	熱貫流率	
ロ　全ての居室の全ての窓の断熱性を相当程度高める工事	平成20年告示別表１－２の基準値以下	
ハ　全ての居室の全ての窓の断熱性を著しく高める工事	平成20年告示別表１－３の基準値以下	
	熱貫流率	熱抵抗
②天井等の断熱性を高める工事		・住宅ローン控除制度（増改築等）に係る第６号工事にあっては、平成20年告示別表３の基準値以上

	・住宅ローン控除制度（増改築等）に係る第6号工事にあっては、平成20年告示別表2の基準値以下 ・住宅ローン控除制度（買取再販住宅の取得）に係る第6号工事にあっては、平成26年告示別表2の基準値以下	・住宅ローン控除制度（買取再販住宅の取得）に係る第6号工事にあっては、平成26年告示別表3の基準値以上
③壁の断熱性を高める工事		・住宅ローン控除制度（増改築等）に係る第6号工事にあっては、平成20年告示別表3の基準値以上（鉄骨造で内張断熱工法及び外張断熱工法以外の工法にあっては平成20年告示別表4の基準値以上） ・住宅ローン控除制度（買取再販住宅の取得）に係る第6号工事にあっては、平成26年告示別表3の基準値以上（鉄骨造で内張断熱工法及び外張断熱工法以外の工法にあっては平成26年告示別表4の基準値以上）
④床等の断熱性を高める工事		・住宅ローン控除制度（増改築等）に係る第6号工事にあっては、平成20年告示別表3の基準値以上 ・住宅ローン控除制度（買取再販住宅の取得）に係る第6号工事にあっては、平成26年告示別表3の基準値以上

備考

(i) ①から④までの工事（①イの「窓の断熱性を高める工事」及び「窓の日射遮蔽性を高める工事」を除く。）は、以下に掲げるそれぞれの工事の対象部分の全てについて行わなければならない。

　　ただし、当該工事の施工前に既にこの表の各項のいずれかに該当する部分を有する場合で、当該部分以外の対象部分の全てについて工事を行った場合は、対象部分の全てについて工事を行ったものとして取り扱うものとする。

①の工事　居室の外気に接する窓（既存の窓の室内側に設置する既存の窓と一体となった窓を含む。）

②の工事　屋根（小屋裏又は天井裏が外気に通じているものを除く。）、屋根の直下の天井又は外気等（外気又は外気に通じる床裏、小屋裏若しくは天井裏をいう。以下同じ。）に接する天井

③の工事　外気等に接する壁

④の工事　外気等に接する床（地盤面をコンクリートその他これに類する材料で覆ったもの又は床裏が外気に通じないもの（以下「土間床等」という。）を除き、外周が外気等に接する土間床等の外周部分の基礎を含む。）

※　②から④までの工事については、上記の部分のうち、以下の部分（住宅部分の外壁、窓等を通しての熱の損失の防止に関する基準及び一次エネルギー消費量に関する基準（平成28年国土交通省告示第 266 号）第1項(1)に掲げる部分）を除く。

・　居室に面する部位が断熱構造となっている物置、車庫又はこれらと同等の空間の居室に面する部位以外の部位

・　外気に通じる床裏、小屋裏又は天井裏に接する外壁

・　断熱構造となっている外壁から突き出した軒、袖壁又はベランダ

・　玄関、勝手口その他これらに類する部分における土間床部分

・　断熱措置がとられている浴室下部における土間床部分

・　単位住戸の外皮が当該単位住戸と同様の熱的環境の空間に接している場合における当該外皮

(ⅱ)　①の工事は居室の外気に接する窓が対象となるが、居室とは、建築基準法第2条第4号に規定する居住のために継続的に使用する室をいうものであり、具体的には、居間、食事室、居間兼食事室、食事室兼調理室、居間兼食事室兼調理室、寝室、応接室、書斎その他これに類するものをいう。

(ⅲ)　②から④までの工事については、平成20年告示別表3において、断熱材の熱抵抗の基準が規定されているが、補足として、別表1に断熱材の必要厚さを地域別に示す。

また、平成20年告示別表4において規定されている断熱材の熱抵抗の基準については、補足として別表2に断熱材の必要厚さを地域別に示す。

(ⅳ)　②から④までの工事については、発泡剤としてフロン類を用いた断熱材を用いないことに留意する。

(2)　改修後の住宅全体の断熱等性能等級が以下のとおり上がると認められること。

住宅ローン控除制度（増改築等）に係る第6号工事については、改修後の住宅全体の断熱等性能等級＊が現状から一段階相当（例：等級2→等級3、等級3→等級4）以上上がると認められること。

平成20年告示第2項第1号に、上記の要件に該当する工事の組み合わせが規定されており（別表3に掲げる地域区分及び改修工事前の住宅が相当する断熱等性能等級に応じて、改修を行うべき部位の組み合わせが異なる。）、その内容は別表4に示す全ての組み合わせである。

※　断熱等性能等級について

資　料　編　　　　　　　　　　　　　　779

　　平成 20 年告示においては、住宅の品質確保の促進等に関する法律に基づく日本住宅性能表示基準（平成13年国土交通省告示第1346号）における断熱等性能等級により、改修工事前の住宅の断熱等性能等級を区分している。
・　日本住宅性能表示基準における「断熱等性能等級」

断熱等性能等級	相当する省エネルギー基準
等級 4	平成28年省エネルギー基準 ・建築物エネルギー消費性能基準等を定める省令（平成28年経済産業省・国土交通省令第 1 号） ・建築物エネルギー消費性能基準等を定める省令における算出方法等に係る事項（平成28年国土交通省告示第 265 号） ・住宅部分の外壁、窓等を通しての熱の損失の防止に関する基準及び一次エネルギー消費量に関する基準（平成28年国土交通省告示第 266 号）
等級 3	平成 4 年省エネルギー基準 ・住宅に係るエネルギーの使用の合理化に関する建築主の判断の基準（平成 4 年通商産業省・建設省告示第 2 号） ・住宅に係るエネルギーの使用の合理化に関する設計及び施工の指針（平成 4 年建設省告示第 451 号）
等級 2	昭和55年省エネルギー基準 ・住宅に係るエネルギーの使用の合理化に関する建築主の判断の基準（昭和55年通商産業省・建設省告示第 1 号） ・住宅に係るエネルギーの使用の合理化に関する設計及び施工の指針（昭和55年建設省告示第 195 号）
等級 1	昭和55年省エネルギー基準に満たないもの

※　昭和 55 年省エネルギー基準及び平成 4 年省エネルギー基準は、現在廃止されている。

※　なお、断熱等性能等級は、日本住宅性能表示基準において上記の等級のほか、等級 4 を超える等級として、等級 5、等級 6 及び等級 7 が設けられている。

⑶　改修後の住宅全体の断熱等性能等級が現状から一段階相当以上上がること。

⑷　改修後の住宅全体の省エネ性能について①断熱等性能等級が等級 4 以上、又は②一次エネルギー消費量等級が等級 4 以上かつ断熱等性能等級が等級 3 となること。

13. 一般断熱改修工事等の適用対象工事に該当するか否かの判断基準について

⑴　一般断熱改修工事等の適用対象工事に該当するか否かの判断基準について

　　平成21年国土交通省告示第379号（以下 13. 及び 17.(3)において「平成21年告示」という。）において、一般断熱改修工事等について規定されている。

　　この工事に該当するためには、①(i)窓、又は(i)と併せて行う(ii)天井等、(iii)壁、(iv)床等の 1 つ以上に該当する改修工事で、次の要件を満たす工事を行う必要がある。

　　改修工事を行った家屋が低炭素建築物の認定を受けた場合であっても、(i)窓、又は(i)と併せて行う(ii)天井等、(iii)壁、(iv)床等の 1 つ以上に該当する工事で、改修を行う各部位がいずれも平成28年省エネルギー基準相当以上の省エネ性能となることが必要である。

　　具体的には改修を行う各部位が、次の表の各項のいずれかに該当する必要がある。

	熱貫流率
①窓の断熱性を高める工事等	
窓の断熱性を高める工事	平成21年告示別表 1 － 1 の基準値以下

（別表3の8地域を除く。）			
	別表3の8地域 窓の日射遮蔽性を高める工事	建具の種類若しくはその組合せ又は付属部材、ひさし、軒等の設置 平成21年告示別表1－2に該当	
		熱貫流率	熱抵抗
②天井等の断熱性を高める工事		平成21年告示別表2の基準値以下	平成21年告示別表3の基準値以上
③壁の断熱性を高める工事			平成21年告示別表3の基準値以上（鉄骨造で内張断熱工法及び外張断熱工法以外の工法にあっては平成21年告示別表4の基準値以上）
④床等の断熱性を高める工事			平成21年告示別表3の基準値以上

備考

(i) ②から④までの工事は、以下に掲げるそれぞれの工事の対象部分の全てについて行わなければならない。

　　ただし、当該工事の施工前に既にこの表の各項のいずれかに該当する部分を有する場合で、当該部分以外の対象部分の全てについて工事を行った場合は、対象部分の全てについて工事を行ったものとして取り扱うものとする。

②の工事　屋根（小屋裏又は天井裏が外気に通じているものを除く。）、屋根の直下の天井又は外気等（外気又は外気に通じる床裏、小屋裏若しくは天井裏をいう。以下同じ。）に接する天井

③の工事　外気等に接する壁

④の工事　外気等に接する床（地盤面をコンクリートその他これに類する材料で覆ったもの又は床裏が外気に通じないもの（以下「土間床等」という。）を除き、外周が外気等に接する土間床等の外周部分の基礎を含む。）

※　②から④までの工事については、上記の部分のうち、以下の部分（住宅部分の外壁、窓等を通しての熱の損失の防止に関する基準及び一次エネルギー消費量に関する基準（平成28年国土交通省告示第266号）第1項(1)に掲げる部分）を除く。

・　居室に面する部位が断熱構造となっている物置、車庫又はこれらと同等の空間の居室に面する部位以外の部位

・　外気に通じる床裏、小屋裏又は天井裏に接する外壁

・　断熱構造となっている外壁から突き出した軒、袖壁又はベランダ

・　玄関、勝手口その他これらに類する部分における土間床部分

・　断熱措置がとられている浴室下部における土間床部分

資 料 編

- 単位住戸の外皮が当該単位住戸と同様の熱的環境の空間に接している場合における当該外皮

(ⅱ) ②から④までの工事については、平成21年告示別表３において、断熱材の熱抵抗の基準が規定されているが、補足として、別表１に断熱材の必要厚さを地域別に示す。

　また、平成21年告示別表４において規定されている断熱材の熱抵抗の基準については、補足として別表２に断熱材の必要厚さを地域別に示す。

(ⅲ) ②から④までの工事については、発泡剤としてフロン類を用いた断熱材を用いないことに留意する。

(2) エネルギー使用合理化設備設置工事又は太陽光発電設備設置工事の適用対象工事に該当するか否かの判断基準について

① エネルギー使用合理化設備

　租税特別措置法施行令第26条の28の５第18項の規定に基づき、国土交通大臣及び経済産業大臣が財務大臣と協議して指定する設備を定める件（平成25年経済産業省・国土交通省告示第５号）において、エネルギー使用合理化設備について規定されている。この設備に該当する機器は、表13-1 に掲げる機器である。

表13-1　エネルギー使用合理化設備の機器概要

機器名	概要
太陽熱利用冷温熱装置	以下の１又は２のいずれかに該当するもの。 1　冷暖房等及び給湯用のうち、産業標準化法（昭和24年法律第 185 号）に基づく日本産業規格（以下「日本産業規格」という。）A 4112 に適合するもの（蓄熱槽を有する場合にあっては、日本産業規格 A 4113 に適合する太陽蓄熱槽を有するものに限る。）。 2　給湯用のうち、日本産業規格 A 4111 に適合するもの。
潜熱回収型給湯器	ガス又は灯油の消費量が70kW以下のものであり、かつ、日本産業規格 S 2109 又は S 3031 に定める試験方法により測定した場合における熱効率が 90%以上のもの。
ヒートポンプ式電気給湯器	定格加熱能力を定格消費電力で除して算出した数値の平均値が 3.5 以上のもの。
燃料電池コージェネレーションシステム	発電及び給湯用のうち、以下の１又は２のいずれかに該当するもの。 1　固体高分子形の燃料電池を用いたもののうち日本産業規格 C 62282-3-201 に定める試験方法により測定した場合における、定格出力が 0.5kW 以上 1.5kW 以下、廃熱回収流体の発電ユニット出口温度が 50℃以上、発電効率が 35%以上及び総合効率が 85%以上のもの。 2　固体酸化物形の燃料電池を用いたもののうち日本産業規格 C 62282-3-201 に定める試験方法により測定した場合における、定格出力が 0.5kW 以上 1.5kW 以下、廃熱回収流体の発電ユニット出口温度が 60℃以上、発電効率が 40%以上及び総合効率が 85%以上のもの。

| ガスエンジン給湯器 | ガスエンジンユニットが小出力発電設備であって、日本産業規格B8122に定める試験方法により測定した場合における総合効率が85%以上のものであり、かつ、貯湯容量が90リットル以上の貯湯槽を有するもの。 |
| エアコンディショナー | エネルギーの使用の合理化等に関する法律施行令（昭和54年政令第267号）第18条第2号に掲げるエアコンディショナーのうち、日本産業規格C9901に定める省エネルギー基準達成率が114%以上のもの。 |

② 太陽光発電設備

　　租税特別措置法第41条の19の3第10項第1号に掲げる工事が行われた家屋と一体となって効用を果たす太陽光の利用に資する設備として経済産業大臣が財務大臣と協議して指定する設備を定める件（平成21年経済産業省告示第68号）において、太陽光発電設備について規定されている。この設備に該当する機器は、表13-2に掲げる機器であり、当該太陽電池モジュールの公称最大出力の合計値が10kW未満であるもので、以下の条件を満たすものである。

(i) 当該太陽電池モジュールの変換効率（太陽光エネルギーを電気に変換する割合をいう。）が、表13-3の左欄に掲げる太陽電池モジュールの種類ごとに、それぞれ当該右欄に定める値以上であるもの。

(ii) 当該太陽電池モジュールの性能及び安全性についての認証を（一財）電気安全環境研究所から受けているもの又は当該認証を受けた太陽電池モジュールと同等以上の性能及び安全性を有するもの

(iii) 当該太陽電池モジュールの公称最大出力の80%以上の出力が製造事業者（太陽電池モジュールを製造する事業者をいう。以下(iii)において同じ。）によって出荷後10年以上の期間にわたって保証されているもの及び当該太陽電池モジュールの保守点検の業務を製造事業者又は販売事業者（太陽電池モジュールを販売する事業者をいう。）が実施する体制を整備しているもの

　　なお、(i)・(ii)の条件を満たす太陽電池モジュールの型式はJPEA代行申請センターの太陽光パネル型式リスト（https://www.fit-portal.go.jp/servlet/servlet.FileDownload?file=01528000003rz40AAA）に掲載されているので、証明の際は参考とされたい。（ただし、リスト内の機器のうち10kW未満のもののみが対象。また、(iii)の条件については、製造事業者や販売事業者に確認すること。）。

表13-2　太陽光発電設備の機器概要

機器名	概要
太陽電池モジュール	複数のセル（太陽電池の最小単位）で構成されたユニットで、太陽光エネルギーを直接電気エネルギー（直流）に変換するパネル。
架台	太陽電池モジュールを屋根等に固定するもの。
パワーコンディショナ〔インバータ（制御装	太陽電池で発電した直流の電気を、電力会社が供給する電気と同じ交流に変換するためのもの。システム全体の運転を自動管理する。

資 料 編

置、直交変換装置)、保護装置}	
接続箱	太陽電池からのケーブルを集めるためのボックス。電気の逆流を防止すると共に、サージ(短い時間、過電圧(定格以上の電圧がかかる電圧異常)の状態になること。)を吸収する機能がある。
直流側開閉器	システムの点検時に太陽電池出力とシステムを遮断するためのもの。 通常、接続箱に内蔵されている。
交流側開閉器	インバータから出力された交流電流と商用電流を遮断するためのもの。
余剰電力販売用電力量計	太陽電池で発生した電力が家庭内で消費される電力を上回る場合に、電力会社が買い上げる余剰電力量を計量するメーター。

表13-3 太陽電池モジュールの種類毎の変換効率の値

太陽電池モジュールの種類	変換効率の値
シリコン結晶系	13.5%
シリコン薄膜系	7.0%
化合物系	8.0%

③ 特殊工事

　太陽光発電設備を設置する際に、表13-4のとおり特殊な工事が必要となる場合は、その工事に要した費用を断熱改修標準的費用額に含めることができる。なお、当該特殊工事に該当するか否かについては、施工業者の判断により、当該特殊工事を施工することが必要と認められ、かつ施工写真等で当該特殊工事を施工したことが証明できるものを対象とする。

(i) 安全対策工事

　　太陽光発電工事のために設置された自立の足場であることが写真等により確認できること。(可動式のローリングタワーや高所作業車は対象外)

(ii) 陸屋根防水基礎工事

・　架台の基礎を設置するため、防水シート(又は防水層)を貫通した穴をあけ、その補修のために防水工事を施した跡が写真等により確認できること。

・　穴あけ工事、基礎設置、防水工事の各プロセスが写真等により確認できること。

(iii) 積雪対策工事

・　対荷重強化のために追加された部材が写真中に分かりやすく表記されていること。

・　追加部材の詳細が写真だけでは判断つかない場合(鋼材のサイズ・肉厚強化など)は、適宜、スペックシートなどを添付し、標準品との差を明確に確認できるかをチェックすること。

※1 架台全体写真に加え、補強された架台の近接写真も確認すること。

※2 太陽電池モジュールのフレーム補強も積雪対策工事対象となる。

(ⅳ) 塩害対策工事

塩害対策として施工された部分の近接写真等により、当該塩害対策工事内容が確認できること。

(ⅴ) 幹線増強工事

分電盤、引込線共に、工事前の単相2線式と工事後の単相3線式の写真が添付されていること。

表13-4　特殊工事一覧

特殊工事の種類	工事概要
(ⅰ)安全対策工事	急勾配の屋根面又は3階建以上の家屋の屋根面に太陽光発電設備設置工事をする場合に、当該太陽光発電設備設置工事に従事する者並びに当該太陽光発電設備設置工事で設置する設備及び工具の落下を防止するために必要となる足場を組み立てる工事をいう。
(ⅱ)陸屋根防水基礎工事	陸屋根の家屋の屋根面に太陽光発電設備設置工事をする場合に、当該陸屋根に架台の基礎を設置する部分を掘削して行う基礎工事及び防水工事をいう。
(ⅲ)積雪対策工事	太陽光発電設備設置工事で設置する設備が積雪荷重に対して構造耐力上安全であるように太陽電池モジュール及び架台を補強する工事をいう。
(ⅳ)塩害対策工事	太陽光発電設備設置工事で設置する設備に対する塩害を防止するために必要となる防錆工事をいう。
(ⅴ)幹線増強工事	単相2線式の引込線を単相3線式に増強し、併せて分電盤を交換する工事をいう。

上記①から③までに該当する設備の取替え又は取付けに係る工事が、エネルギー使用合理化設備設置工事又は太陽光発電設備設置工事の適用対象工事に該当する。なお、増改築等工事証明書の「太陽熱利用冷温熱装置の型式」、「潜熱回収型給湯器の型式」、「ヒートポンプ式電気給湯器の型式」、「燃料電池コージェネレーションシステムの型式」、「ガスエンジン給湯器の型式」、「エアコンディショナーの型式」、「太陽光発電設備の型式」の欄には、当該設備の設置工事を行った場合に限り記載すること。

14. 第7号工事のうち雨水の浸入を防止する部分に係る修繕又は模様替に該当するか否かの判断基準について

平成26年国土交通省告示第436号（以下 14. において「第7号工事告示」という。）において、第7号工事に該当する改修工事について規定されている。

第7号工事のうち雨水の浸入を防止する部分に係る修繕又は模様替に該当するか否かは、第7号工事告示に従い、次の判断基準に基づいて判断するものとする。

資　料　編　　785

① 住宅の屋根若しくは外壁又はこれらの開口部に設ける戸、わくその他の建具に係る工事
② 雨水を排除するため住宅に設ける排水管のうち、当該住宅の屋根若しくは外壁の内部又は屋内にある部分に係る工事

なお、第7号工事の要件のうち、当該家屋の瑕疵を担保すべき責任の履行に関する保証保険契約が締結されているかどうかの確認については、本通知に基づく証明内容に含まれておらず、別途、住宅瑕疵担保責任保険法人が発行した既存住宅売買瑕疵担保責任保険の保険付保証明書について、工事に係る証明の対象となる家屋を取得した個人が宅地建物取引業者から交付を受ける必要があることに留意されたい。

15. 多世帯同居改修工事等の適用対象工事に該当するか否かの判断基準について

平成28年国土交通省告示第585号（以下15. 及び17. ⑷において「平成28年告示」という。）において、多世帯同居改修工事等に該当する改修工事について規定されている。

多世帯同居改修工事等を行った場合は、同居特定改修工事特別控除制度の適用を受けることができる。

多世帯同居改修工事等に該当するか否かは、平成28年告示に従い、以下の判断基準に基づいて判断するものとする。

また、平成28年告示に規定するとおり、同居特定改修工事特別控除制度の適用対象となる増改築等は、調理室、浴室、便所又は玄関を「増設」する工事であるため、既存の調理室、浴室、便所又は玄関を同じ場所で「改修」する工事は、同居特定改修工事特別控除制度の適用対象となる増改築等には含まれない。

⑴ 調理室を増設する工事

台所流し（給排水設備に接続されているものに限る。）及びガスコンロ（ガス栓に接続されているものに限る。）若しくはIHクッキングヒーター（電気設備に接続されているものに限る。）又はこんろ台（こんろ台付近にガスコンロの用に供するガス栓又はIHクッキングヒーターの用に供する電気コンセントが設置されているものに限る。）の設置工事であるものをいう。

そのほか、ミニキッチンを設置する工事も含まれる。ここで、ミニキッチンとは、平成28年告示において、「台所流し、こんろ台その他調理のために必要な器具又は設備が一体として組み込まれた既製の小型ユニットをいう」とされており、台所流し及びこんろ台が存することが必須である。また、同告示において、「一体として組み込まれた既製の小型ユニット」と規定されているとおり、ミニキッチンとは、一般的なシステムキッチンとは異なり、原則として現場での組み立てなどが不要で施工が比較的容易であり、当該既製ユニットの間口がおおむね1,500mm以下のものをいう。ただし、ミニキッチンの機能や使用の場面が補助的であることなどから、ミニキッチンを有する調理室を増設する工事については、改修後の家屋の自己居住用部分に、ミニキッチンを有する調理室以外の調理室（すなわち、一般的なシステムキッチンを有する調理室）がある場合にのみ、同居特定改修工事特別控除制度の対象となる。

⑵ 浴室を増設する工事

給排水設備及び給湯設備（既存の給湯器を含む。）に接続されている浴槽又はシャワー設備の設置工事であるものをいう。ただし、シャワーの機能や使用の場面が補助的であることなどから、浴槽がなくシャワー専用の浴室を増設する工事については、改修後の家屋の自己居住用部分に、浴槽を有する浴室がある場合にのみ、同居特定改修工事特別控除制度の対象となる。

(3) 便所を増設する工事

便器設置工事であるものをいう。便器設置工事には、洗浄便座や暖房便座の機能を有するものも含まれるが、小便器のみの設置工事は含まれない。

(4) 玄関を増設する工事

玄関ドア及び玄関土間の設置工事であるものをいう。ただし、調理室等に附属する勝手口の設置工事、外側から鍵のかからない出入口の設置工事は含まれない。

(5) 調理室、浴室、便所又は玄関のうちいずれか2以上の室がそれぞれ複数ある場合

同居特定改修工事特別控除制度の適用を受けるためには、平成28年告示本文の規定のとおり、多世帯同居改修工事等をした家屋の自己居住用部分に、調理室、浴室、便所又は玄関のうちいずれか2以上の室がそれぞれ複数箇所存することが必要である。また、同居特定改修工事特別控除制度の対象となるのは、調理室、浴室、便所又は玄関を「増設」する工事である。

このため、多世帯同居改修工事等と同居特定改修工事特別控除制度との関係を例示すると以下のとおりとなる。

＜事例1＞

改修工事の内容；調理室及び便所を増設する工事

（工事前）調理室1箇所、浴室1箇所、便所1箇所、玄関1箇所

（工事後）調理室2箇所、浴室1箇所、便所2箇所、玄関1箇所

この場合、調理室及び便所を増設する工事が同居特定改修工事特別控除制度の対象となる。

＜事例2＞

改修工事の内容；調理室を増設する工事

（工事前）調理室1箇所、浴室1箇所、便所2箇所、玄関1箇所

（工事後）調理室2箇所、浴室1箇所、便所2箇所、玄関1箇所

この場合、調理室を増設する工事が同居特定改修工事特別控除制度の対象となる。

＜事例3＞

改修工事の内容；調理室及び便所を「改修」する工事

（工事前）調理室2箇所、浴室1箇所、便所2箇所、玄関1箇所

（工事後）調理室2箇所、浴室1箇所、便所2箇所、玄関1箇所

この場合、同居特定改修工事特別控除制度の対象となる工事はない。ただし、便所を改修する工事が高齢者等居住改修工事等に該当する場合は、当該工事はバリアフリー特定改修工事特別控除制度の対象となる。

調理室、浴室、便所又は玄関のうちいずれか2以上の室がそれぞれ複数箇所存するとの要件（以下「2室複数要件」という。）は、多世帯同居改修工事等をした家屋の

資　料　編　　　　　　　　　787

「自己居住用部分」で充たす必要がある。ここで、自己居住用部分には、本人が自ら居住する部分に加え、同居する他の世帯が主として使用する部分であるが本人も行き来でき使用することが可能である部分も含まれる。一方で、壁等で家屋内が区切られており、本人が家屋内で行き来することができない部分は、自己居住用部分には含まれない。この観点から、いわゆる「離れ」や「隣居」については、これらが調理室・浴室・便所を有しており、機能的に既存住宅と独立している場合は、基本的に同居特定改修工事特別控除制度の対象とならない。ただし、この場合であっても、壁・屋根を有する渡り廊下でつながっており、構造上・外観上一体であると判断される場合には対象となり得る。

　したがって、当該家屋に店舗や事務所等の自己居住用以外の用に供する部分がある場合には、当該部分における調理室、浴室、便所又は玄関は、2室複数要件を判断する際の数には含まれないこととなる。なお、自己居住用部分で2室複数要件を充たしていたとしても、自己居住用以外の用に供する部分における改修工事については、工事費の割合に応じて控除額を按分し、控除の対象から除外されている（平成28年国土交通省告示第585号及び20．を参照のこと。）。これらの取扱いを例示すると以下のとおりとなる。

　　＜事例4＞
　　　改修工事の内容；店舗部分に調理室及び便所を増設する工事
　　　（工事前）調理室1箇所、浴室1箇所、便所1箇所、玄関1箇所
　　　　　　　　自己居住；調理室1箇所、浴室1箇所、便所1箇所、玄関1箇所
　　　　　　　　店　　舗；調理室0箇所、浴室0箇所、便所0箇所、玄関0箇所
　　　（工事後）調理室2箇所、浴室1箇所、便所2箇所、玄関1箇所
　　　　　　　　自己居住；調理室1箇所、浴室1箇所、便所1箇所、玄関1箇所
　　　　　　　　店　　舗；調理室1箇所、浴室0箇所、便所1箇所、玄関0箇所
　　　　この場合、自己居住用部分で2室複数要件を充たさないため、同居特定改修
　　　工事特別控除制度の対象となる工事はない。
　　＜事例5＞
　　　改修工事の内容；自己居住用部分に調理室を増設し、店舗部分に便所を増設する工事
　　　（工事前）調理室1箇所、浴室1箇所、便所1箇所、玄関1箇所
　　　　　　　　自己居住；調理室1箇所、浴室1箇所、便所1箇所、玄関1箇所
　　　　　　　　店　　舗；調理室0箇所、浴室0箇所、便所0箇所、玄関0箇所
　　　（工事後）調理室2箇所、浴室1箇所、便所2箇所、玄関1箇所
　　　　　　　　自己居住；調理室2箇所、浴室1箇所、便所1箇所、玄関1箇所
　　　　　　　　店　　舗；調理室0箇所、浴室0箇所、便所1箇所、玄関0箇所
　　　　この場合、自己居住用部分で2室複数要件を充たさないため、同居特定改修
　　　工事特別控除制度の対象となる工事はない。
　　＜事例6＞
　　　改修工事の内容；店舗部分に便所を増設する工事

（工事前）調理室2箇所、浴室2箇所、便所1箇所、玄関1箇所

　　　　自己居住；調理室2箇所、浴室2箇所、便所1箇所、玄関1箇所

　　　　店　　舗；調理室0箇所、浴室0箇所、便所0箇所、玄関0箇所

（工事後）調理室2箇所、浴室2箇所、便所2箇所、玄関1箇所

　　　　自己居住；調理室2箇所、浴室2箇所、便所1箇所、玄関1箇所

　　　　店　　舗；調理室0箇所、浴室0箇所、便所1箇所、玄関0箇所

　　この場合、自己居住用部分について増設の工事がないので、同居特定改修工事特別控除制度の対象となる工事はない。

＜事例7＞

　　改修工事の内容；自己居住用部分に浴室を増設し、店舗部分に便所を増設する工事

（工事前）調理室2箇所、浴室1箇所、便所1箇所、玄関1箇所

　　　　自己居住；調理室2箇所、浴室1箇所、便所1箇所、玄関1箇所

　　　　店　　舗；調理室0箇所、浴室0箇所、便所0箇所、玄関0箇所

（工事後）調理室2箇所、浴室2箇所、便所2箇所、玄関1箇所

　　　　自己居住；調理室2箇所、浴室2箇所、便所1箇所、玄関1箇所

　　　　店　　舗；調理室0箇所、浴室0箇所、便所1箇所、玄関0箇所

　　この場合、浴室を増設する工事に係る費用が事例7の工事に要する費用の1／2以上である場合は同居特定改修工事特別控除制度の対象となるが、工事費の割合に応じた控除額の按分により、便所を増設する工事については控除額から除かれる。

　　既存の調理室を別の場所に移転しつつ改修し、かつ、これとは別に同時に調理室を増設する場合は、既存の調理室と同一の階にある調理室を改修されたものとして取り扱い、既存の調理室と別の階にある調理室を増設されたものとして取り扱う。また、改修工事後に、いずれの調理室も同一の階にある場合は、工事費の安い方を増設されたものとして取り扱う。なお、浴室、便所及び玄関についても同様の取扱いとする。

　　浴室と便所とが一室となっているものを増設する場合は、2室複数要件を判断するに当たっては、浴室及び便所がそれぞれ増設される（すなわち、浴室1増かつ便所1増）ものとして取り扱う。

16. 耐久性向上改修工事等に該当するか否かの判断基準について

　　平成29年国土交通省告示第279号（以下16. 及び17. ⑸において「平成29年告示」という。）において、耐久性向上改修工事等に該当する改修工事について規定されている。

　　対象住宅耐震改修又は対象一般断熱改修工事等と併せて耐久性向上改修工事等を行った場合は、耐久性向上特定改修工事特別控除制度の適用を受けることができる。

　　耐久性向上改修工事等に該当するか否かは、平成29年告示に従い、それぞれ以下の判断基準に基づいて判断するものとする。ここで、平成29年告示第2項各号に掲げる工事（以下16. において「対象工事」という。）については、いずれの工事も、同告示別表に掲げる基準に施工後に「新たに」適合することとなるものに限定されており、

資料編

施工前に既に同表に掲げる基準に適合している部分に係る工事は本体工事に該当しない。また、同表に掲げる基準は、「長期使用構造等とするための措置及び維持保全の方法の基準」（平成21年国土交通省告示第209号。以下 16. において「長期使用構造等基準」という。）及び長期使用構造等基準の中で引用されている「評価方法基準」（平成13年国土交通省告示第1347号）（以下 16. において両基準を合わせて「認定基準」という。）のうち、増改築等で対応できる基準が規定されている。

また、増築を伴う耐久性向上改修工事等を行った場合は、専ら平成29年告示別表に掲げる基準に適合させるための増築に該当する工事のみが対象工事に該当することとなるため、単に増築を目的とした工事は対象工事には含まれない。

(1) 小屋裏の換気性を高める工事であって、次のいずれかに該当するもの（木造、鉄骨造）

① 小屋裏の壁のうち屋外に面するものに換気口を取り付ける工事
開口開け、換気口取付け等の工事等が想定される。

② 軒裏に換気口を取り付ける工事
開口開け、換気口取付け、有孔ボード取付け等の工事等が想定される。

③ 小屋裏の頂部に排気口を取り付ける工事
開口開け、換気棟取付け等の工事等が想定される。

(2) 小屋裏の状態を確認するための点検口を天井又は小屋裏の壁に取り付ける工事（木造、鉄骨造）

開口開け、開口補強、点検口取付け等の工事等が想定される。なお、施工前に所定の防錆措置が講じられている鉄骨造の住宅については、認定基準上、小屋裏点検口の設置は求められていないため、当該住宅について行う工事は対象工事から除かれている。

(3) 外壁を通気構造等とする工事（木造）

既存の外壁解体・撤去、透湿防水シート設置、通気胴縁取付け、外壁材取付け等の工事等が想定される。

なお、施工前に外壁の軸組等のうち所定の部分に評価方法基準第5の3の3－1⑶イ① a (ⅱ)に規定するK3相当以上の防腐・防蟻処理等が講じられている木造の住宅については、外壁の軸組等に係る認定基準を既に満たしているため、当該住宅について行う工事は対象工事から除かれている。

(4) 浴室又は脱衣室の防水性を高める工事であって、次のいずれかに該当するもの（木造）

① 浴室を日本産業規格A4416に規定する浴室ユニット又はこれと同等の防水上有効な措置が講じられたものとする工事
既存の浴室解体・撤去、既存の床・壁のはつり、コンクリート土間打設、浴室ユニット設置等の工事等が想定される。

② 脱衣室の壁に耐水性を有する化粧合板その他の防水上有効な仕上材を取り付ける工事
既存クロス撤去、既存合板等撤去、下地工事、ビニルクロス貼り、耐水化粧合板等貼り等の工事等が想定される。

③ 脱衣室の床に塩化ビニル製のシートその他の防水上有効な仕上材を取り付ける工事

　　既存フローリング撤去、既存シート等撤去、下地工事、耐水フローリング貼り、塩化ビニルシート等貼り等の工事等が想定される。

　なお、①〜③のいずれについても、施工前に浴室・脱衣室の所定の部分が通気構造等となっている等又はＫ３相当以上の防腐・防蟻処理等が講じられている木造の住宅については、浴室・脱衣室に係る認定基準を既に満たしているため、当該住宅について行う工事は対象工事から除かれている。

⑸ 土台の防腐又は防蟻のために行う工事であって、次のいずれかに該当するもの（木造）

① 土台の防腐処理又は防蟻処理をする工事

　　防腐・防蟻薬剤の塗布、吹き付け等の工事が想定される。

　なお、施工前に土台の所定の部分に所定の樹種の製材等が用いられている木造の住宅については、②を除き土台に係る認定基準を既に満たしているため、当該住宅について行う工事は対象工事から除かれている。

② 土台に接する外壁の下端に水切りを取り付ける工事

　　水切りの設置工事、既存の外壁の解体・撤去・貼り替え等の工事が想定される。

⑹ 外壁の軸組等に防腐処理又は防蟻処理をする工事（木造）

　防腐・防蟻薬剤の塗布、吹き付け等の工事が想定される。

　なお、施工前に外壁の軸組等のうち所定の部分に所定の小径や樹種の製材等が用いられている木造の住宅については、外壁の軸組等に係る認定基準のうち防腐・防蟻に係るものを既に満たしているため、当該住宅について行う工事は対象工事から除かれている。また、施工前に外壁の軸組等のうち所定の部分にＫ３相当以上の防腐・防蟻処理等が講じられている木造の住宅については、外壁の軸組等に係る認定基準を既に満たしているため、当該住宅について行う工事は本号の工事から除かれている。

⑺ 床下の防湿性を高める工事であって、次のいずれかに該当するもの（木造、鉄骨造）

① 床下をコンクリートで覆う工事

　　コンクリート打設、既存の床の撤去・復旧等の工事が想定される。

　なお、⑽②の地盤をコンクリートで覆う工事に該当するものは、床下と同等以上の範囲を施工することとなるため、対象工事から除かれている。

② 床下を厚さ0.1mm以上の防湿フィルム又はこれと同等の防湿性を有する材料で覆う工事

　　防湿フィルムの敷設等の工事が想定される。

⑻ 床下の状態を確認するための点検口を床に取り付ける工事（木造、鉄骨造）

　開口開け、開口補強、点検口取付け等の工事等が想定される。

　なお、施工前に所定の防錆措置が講じられている鉄骨造の住宅については、認定基準上、床下点検口の設置は求められていないため、当該住宅について行う工事は対象工事から除かれている。

⑼ 雨どいを軒又は外壁に取り付ける工事（木造）

　雨どいの設置等の工事が想定される。

資　料　編　　　　　791

　なお、雨どいの設置により基礎に係る認定基準を満たすためには、認定長期優良住宅建築等計画に所定の点検間隔が記載されている必要があることから、当該記載がある場合に限られる。また、施工前に基礎等の高さが 400mm 以上である木造の住宅については、基礎に係る認定基準を既に満たしているため、当該住宅について行う工事は対象工事から除かれている。

⑽　地盤の防蟻のために行う工事であって、次のいずれかに該当するもの（木造）

①　防蟻に有効な土壌処理をする工事

　基礎の内周部等への薬剤の散布等の工事が想定される。ただし、薬剤を含む餌を住宅周囲に設置するベイト工法等の工事は含まれない。

②　地盤をコンクリートで覆う工事

　コンクリート打設、床の撤去・復旧等の工事が想定される。

　なお、べた基礎等以外のコンクリート打設により地盤に係る認定基準を満たすためには、認定長期優良住宅建築等計画に所定の点検間隔が記載されている必要があることから、当該記載がある場合に限られる。

　なお、①及び②のいずれについても、北海道等に所在する木造の住宅については、地盤に係る認定基準上、防蟻措置は求められていないため、当該住宅について行う工事は対象工事から除かれている。また、施工前に基礎の内周部等の地盤がべた基礎等のコンクリートで覆われている木造の住宅については、地盤に係る認定基準を既に満たしているため、当該住宅について行う工事は本号の工事から除かれている。

⑾　給水管、給湯管又は排水管の維持管理又は更新の容易性を高める工事であって、次のいずれかに該当するもの（木造、鉄骨造、鉄筋コンクリート造等）

①　給水管又は給湯管を維持管理上有効な位置に取り替える工事

　給水管・給湯管に係る既存配管撤去、配管設置等の工事等が想定される。

②　排水管を維持管理上又は更新上有効なもの及び位置に取り替える工事

　排水管に係る既存配管撤去、配管設置等の工事等が想定される。

③　給水管、給湯管又は排水管の主要接合部等を点検し又は排水管を清掃するための開口を床、壁又は天井に設ける工事

　開口開け、開口補強、点検口取付け等の工事等が想定される。

　なお、配管に係る認定基準上、床等への開口設置が求められているのは、主要接合部等や掃除口が隠れている場合であるから、本号の工事は当該場合に限られる。また、⑵の小屋裏点検口又は⑻の床下点検口の設置工事に該当するものは、主要接合部等の点検口等よりも広い範囲を点検可能とするものであるため、対象工事から除かれている。

17. 耐震改修特別控除制度、バリアフリー特定改修工事特別控除制度、省エネ特定改修工事特別控除制度、同居特定改修工事特別控除制度、耐久性向上特定改修工事特別控除制度及びその他工事等特別税額控除制度における標準的な費用の額の算定について

　耐震改修特別控除制度における控除額は、住宅耐震改修の標準的な費用の額（補助金等の交付を受ける場合には補助金等の額を控除した額（250 万円を上限とする。））の 10％に相当する金額とされている。

バリアフリー特定改修工事特別控除制度における控除額は、高齢者等居住改修工事等の標準的な費用の額（補助金等の交付を受ける場合には 20. (1)と同様に補助金等の額を控除した額（200万円を上限とする。））の10％に相当する金額とされている。

省エネ特定改修工事特別控除制度における控除額は、一般断熱改修工事等の標準的な費用の額（補助金等の交付を受けるときは 20. (2)と同様に補助金等の額を控除した額（250万円（併せて太陽光発電設備を設置する場合は350万円）を上限とする。））の10％に相当する金額とされている。

同居特定改修工事特別控除制度における控除額は、多世帯同居改修工事等の標準的な費用の額（補助金等の交付を受ける場合には、20. (3)と同様に補助金等の額を控除した額（250 万円を上限とする。））の10％に相当する金額とされている。

耐久性向上特定改修工事特別控除制度における控除額は、対象住宅耐震改修、対象一般断熱改修工事等及び耐久性向上改修工事等のそれぞれの標準的な費用の額の合計額（補助金等の交付を受けるときには 20. (4)と同様に補助金等の額を控除した額（対象住宅耐震改修又は対象一般断熱改修工事等のいずれかと併せて耐久性向上改修工事等を行う場合は 250 万円（当該対象一般断熱改修工事等において太陽光発電設備を設置する場合は 350 万円）、対象住宅耐震改修及び対象一般断熱改修工事等の両方と併せて耐久性向上改修工事等を行う場合は 500 万円（当該対象一般断熱改修工事等において太陽光発電設備を設置する場合は 600 万円）を上限とする。））の10％に相当する金額とされている。

ここで、これらの上限については、それぞれの標準的な費用の額の「合計額」に対して判断することに留意する。例えば、対象住宅耐震改修及び対象一般断熱改修工事等の両方と併せて耐久性向上改修工事等を行った場合に、対象住宅耐震改修の標準的な費用の額が 100 万円、対象一般断熱改修工事等の標準的な費用の額が 300 万円、耐久性向上改修工事等の標準的な費用の額が50万円であれば、対象一般断熱改修工事等の標準的な費用の額が 250 万円を超えている（省エネ特定改修工事特別控除制度においては 250 万円が上限）が、これら標準的な費用の額の合計額は 450 万円であり、10％控除の対象上限の 500 万円以内に収まっているため、この 450 万円が10％控除の対象額となる。

なお、住宅耐震改修及び多世帯同居改修工事等の標準的な費用の額のうち 250 万円を超える額、高齢者等居住改修工事等の標準的な費用の額のうち 200 万円を超える額、一般断熱改修工事等及び対象住宅耐震改修若しくは対象一般断熱改修工事等のいずれかと併せて行われる耐久性向上改修工事等の標準的な費用の額のうち 250 万円（併せて太陽光発電設備を設置する場合は 350 万円）を超える額並びに対象住宅耐震改修及び対象一般断熱改修工事等の両方と併せて行われる耐久性向上改修工事等については標準的な費用の額のうち 500 万円（併せて太陽光発電設備を設置する場合は 600 万円）を超える額（いずれも補助金等の交付を受ける場合には補助金等の額を控除した後の額）については、その５％に相当する金額をその他工事等特別税額控除制度の控除額として控除することができる。

資　料　編

上記の(1)住宅耐震改修及び対象住宅耐震改修、(2)高齢者等居住改修工事等、(3)一般断熱改修工事等及び対象一般断熱改修工事等、(4)多世帯同居改修工事等並びに(5)耐久性向上改修工事等の標準的な費用の額の算定については以下のとおり。

(1)　住宅耐震改修及び対象住宅耐震改修の標準的な費用の額

租税特別措置法施行令第26条の28の4第2項の規定に基づき、国土交通大臣が財務大臣と協議して住宅耐震改修の内容に応じて定める金額（平成21年国土交通省告示第383号）において定めるとおり、以下の表の左欄の住宅耐震改修の内容の区分に応じ、それぞれ同表の中欄の額に右欄の数値を乗じて得た金額とする。

なお、複数の工事を行う場合は、それぞれに算定した工事ごとの金額の合計額が当該標準的な費用の額となる。

マンション及び共有住宅については、全体工事費用のうち申請者が負担した費用の額を確認されたい。例えば、マンションにおいて住宅耐震改修の費用を修繕積立金から支出した場合には、区分所有者ごとの修繕積立金の拠出割合に応じて各区分所有者が負担したことになるので留意する。この場合における標準額の算出については、上記の方法により算出した合計額に全体工事費用のうち申請者が負担した割合を乗じた額が、その者の標準額となる。

木造の住宅（「木造住宅」という。）の基礎に係る耐震改修	15,400 円	当該家屋の建築面積（単位㎡）
木造住宅の壁に係る耐震改修	22,500 円	当該家屋の床面積（単位㎡）
木造住宅の屋根に係る耐震改修	19,300 円	当該耐震改修の施工面積（単位㎡）
木造住宅の基礎、壁及び屋根に係るもの以外の耐震改修	33,000 円	当該家屋の床面積（単位㎡）
木造住宅以外の住宅の壁に係る耐震改修	75,500 円	当該家屋の床面積（単位㎡）
木造住宅以外の住宅の柱に係る耐震改修	2,671,100 円	当該耐震改修の箇所数
木造住宅以外の住宅の壁及び柱に係るもの以外の耐震改修	259,100 円	当該家屋の床面積（単位㎡）

(2)　高齢者等居住改修工事等の標準的な費用の額

法第41条の19の3第1項に規定する高齢者等居住改修工事等の標準的な費用の額として国土交通大臣が財務大臣と協議して当該高齢者等居住改修工事等の内容に応じて定める金額を定める件（平成21年国土交通省告示第384号）に基づき、以下の表の左欄の高齢者等居住改修工事等の内容の区分に応じ、それぞれ同表の中欄の額に、右欄の数値を乗じて得た金額（当該工事を行った部分に自己居住用以外の用に供する部分がある場合には、各工事ごとに算出した金額に自己居住の用に供する部分に係る当該工事に要した費用の額の占める割合を乗じて計算した金額）とする。

なお、複数の工事を行う場合は、それぞれに算定した工事ごとの金額の合計額が当該標準的な費用の額となる。

平成19年告示第1号に掲げる工事のうち、通路の幅を拡張するもの	166,100円	当該工事の施工面積（単位㎡）
平成19年告示第1号に掲げる工事のうち、出入口の幅を拡張するもの	189,200円	当該工事の箇所数
平成19年告示第2号に掲げる工事	585,000円	当該工事の箇所数
平成19年告示第3号イに掲げる工事	471,700円	当該工事の施工面積（単位㎡）
平成19年告示第3号ロに掲げる工事	529,100円	当該工事の箇所数
平成19年告示第3号ハに掲げる工事	27,700円	当該工事の箇所数
平成19年告示第3号ニに掲げる工事	56,900円	当該工事の箇所数
平成19年告示第4号イに掲げる工事	260,600円	当該工事の施工面積（単位㎡）
平成19年告示第4号ロに掲げる工事	359,700円	当該工事の箇所数
平成19年告示第4号ハに掲げる工事	298,900円	当該工事の箇所数
平成19年告示第5号に掲げる工事のうち、長さが150cm以上の手すりを取り付けるもの	19,600円	当該手すりの長さ（単位m）
平成19年告示第5号に掲げる工事のうち、長さが150cm未満の手すりを取り付けるもの	32,800円	当該工事の箇所数
平成19年告示第6号に掲げる工事のうち、玄関、勝手口その他屋外に面する開口の出入口及び上がりかまちの段差を解消するもの並びに段差を小さくするもの（以下「玄関等段差解消等工事」という。）	43,900円	当該工事の箇所数
平成19年告示第6号に掲げる工事のうち、浴室の出入口の段差を解消するもの及び段差を小さくするもの（以下「浴室段差解消等工事」という。）	96,000円	当該工事の施工面積（単位㎡）
平成19年告示第6号に掲げる工事のうち、玄関等段差解消等工事及び浴室段差解消等工事以外のもの	35,100円	当該工事の施工面積（単位㎡）
平成19年告示第7号イに掲げる工事	149,700円	当該工事の箇所数

資　料　編

平成19年告示第7号ロに掲げる工事	13,800 円	当該工事の箇所数
平成19年告示第7号ハに掲げる工事のうち、戸に開閉のための動力装置を設置するもの（以下「動力設置工事」という。）	447,500 円	当該工事の箇所数
平成19年告示第7号ハに掲げる工事のうち、戸を吊戸方式に変更するもの（以下「吊戸工事」という。）	134,600 円	当該工事の箇所数
平成19年告示第7号ハに掲げる工事のうち、戸に戸車を設置する工事その他の動力設置工事及び吊戸工事以外のもの	26,400 円	当該工事の箇所数
平成19年告示第8号に掲げる工事	19,800 円	当該工事の施工面積（単位㎡）

(3)　一般断熱改修工事等及び対象一般断熱改修工事等の標準的な費用の額
　　　租税特別措置法施行令第26条の28の5第4項の規定に基づき、国土交通大臣又は経済産業大臣が財務大臣とそれぞれ協議して定める金額を定める件（平成21年経済産業省・国土交通省告示第4号）において以下のように定められている。
①　一般断熱改修工事等
　　　法第41条の19の3第2項に規定する一般断熱改修工事等の標準的な費用の額のうち、同条第10項第1号に掲げる一般断熱改修工事等の標準的な費用の額については、次の表の左欄に掲げる工事の種別及び地域区分に応じ、それぞれ同表の中欄に定める額に、一般断熱改修工事等を行った家屋の床面積の合計及び同表の右欄に定める割合を乗じて得た金額（当該一般断熱改修工事等を行った部分に自己居住用以外の用に供する部分がある場合には、各工事ごとに算出した金額に自己居住の用に供する部分に係る当該工事に要した費用の額の占める割合を乗じて計算するものとする。また、当該一般断熱改修工事等を行った家屋が一棟の家屋でその構造上区分された数個の部分を独立して住居その他の用途に供することができるものであって、個人が家屋のその各部分を区分所有する場合には、当該金額に、当該一般断熱改修工事等に要した費用のうちにその者が負担する費用の割合を乗じて計算した金額。）とする。
　　　なお、複数の工事を行う場合は、それぞれに算定した工事ごとの金額の合計額が当該標準的な費用の額となる。
　　　ここで、窓の断熱改修について、右欄に定める割合を乗じることとされているのは、平成21年国土交通省告示第379号第1項第1号に定める工事は、全ての居室の全ての窓の改修工事が行われることを前提としていないためである。

工事の種別及び地域区分	金額 (床面積1㎡につき)	割合
平成21年告示に規定する窓の断熱性を高める工事及び同号イに規定する窓の日射遮蔽性を高める工事のうち、ガラスの交換（別表3の1から8地域まで）	6,300円	外気に接する窓（既存の窓の室内側に設置する既存の窓と一体となった窓を含む。この欄において同じ。）のうち上欄に掲げる工事を行ったものの面積の合計を、外気に接する全ての窓の面積の合計で除した割合
平成21年告示に規定する窓の断熱性を高める工事のうち、内窓の新設又は交換（別表3の1、2又は3地域）	11,300円	
平成21年告示に規定する窓の断熱性を高める工事のうち、内窓の新設（別表3の4、5、6及び7地域）	8,100円	
平成21年告示に規定する窓の断熱性を高める工事のうち、サッシ及びガラスの交換（別表3の1、2、3及び4地域）	19,000円	
平成21年告示に規定する窓の断熱性を高める工事のうち、サッシ及びガラスの交換（別表3の5、6及び7地域）	15,000円	
平成21年告示に規定する天井等の断熱性を高める工事（別表3の1から8地域まで）	2,700円	1
平成21年告示に規定する壁の断熱性を高める工事（別表3の1から8地域まで）	19,400円	1
平成21年告示に規定する床等の断熱性を高める工事（別表3の1、2及び3地域）	5,800円	1
平成21年告示に規定する床等の断熱性を高める工事（別表3の4、5、6及び7地域）	4,600円	1

② エネルギー使用合理化設備設置工事

　　法第41条の19の3第2項に規定する一般断熱改修工事等の標準的な費用の額のうち、同条第10項第2号に掲げるエネルギー使用合理化設備設置工事の標準的な費用の額については、表17-1の表の左欄に掲げる工事の種類に応じ、それぞれ同表の右欄に定める額に、エネルギー使用合理化設備設置工事の箇所数（租税特別措置法施行令第26条の28の5第18項の規定に基づき、国土交通大臣及び経済産業大臣が財務大臣と協議して指定する設備を定める件（平成25年経済産業省・国土交通省告示第5号。以下②において単に「設備告示」という。）第1項第1号に規定する太陽熱利用冷温熱装置については集熱器の面積の合計）を乗じて計算するものとする。また、当該エネルギー使用合理化設備設置工事を行った家屋が一棟の家屋でその構造上区分された数個の部分を独立して住居その他の用途に供することができるもので

資　料　編

あって、個人がその家屋の各部分を区分所有する場合には、当該金額に、当該エネルギー使用合理化設備設置工事に要した費用のうちにその者が負担する費用の割合を乗じて計算した金額となる。

表 17-1　標準的なエネルギー使用合理化設備設置工事費用相当額

工事の種類	単位あたり金額
設備告示第1項第1号に規定する太陽熱利用冷温熱装置の設置工事	集熱器1 ㎡につき 151,600 円
設備告示第1項第2号に規定する太陽熱利用冷温熱装置の設置工事	1件につき 365,400 円
設備告示第2項に規定する潜熱回収型給湯器の設置工事	1件につき 75,200 円
設備工事第3項に規定するヒートポンプ式電気給湯器の設置工事	1件につき 412,200 円
設備告示第4項に規定する燃料電池コージェネレーションシステムの設置工事	1件につき 1,057,200 円
設備告示第5項に規定するガスエンジン給湯器の設置工事	1件につき 458,300 円
設備告示第6項に規定するエアコンディショナーの設置工事	1件につき 88,600 円

③　太陽光発電設備設置工事

　法第41条の19の3第2項に規定する一般断熱改修工事等の標準的な費用の額のうち、同条第10項第3号に掲げる太陽光発電設備設置工事の標準的な費用の額については、表17-2の金額（表17-3に掲げる(i)から(ⅳ)の特殊工事を併せて行う場合には、当該金額に特殊工事の種類毎に定めた金額を加算した金額）に当該太陽光発電設備設置工事で設置する太陽電池モジュールの出力を乗じて計算した金額（表 17-3(ⅴ)の幹線増強工事を併せて行う場合には、当該金額に 106,800 円を加算した金額）となる。また、当該太陽光発電設備設置工事を行った家屋が一棟の家屋でその構造上区分された数個の部分を独立して住居その他の用途に供することができるものであって、個人がその家屋の各部分を区分所有する場合には、当該金額に、当該太陽光発電設備設置工事に要した費用のうちにその者が負担する費用の割合を乗じて計算した金額となる。

表 17-2　標準的な太陽光発電設備設置工事費用相当額

工事の内容	金額（kWあたり）
太陽光発電設備の設置	425,500 円

798　　　　　　　　　　　　　第　２　部

表17-3　特殊工事の標準的な工事費用相当額

特殊工事の種類	1単位あたり金額
(i)　安全対策工事	37,600 円/kW
(ii)　陸屋根防水基礎工事	44,000 円/kW
(iii)　積雪対策工事	27,800 円/kW
(iv)　塩害対策工事	9,000 円/kW
(v)　幹線増強工事	106,800 円/件

(4)　多世帯同居改修工事等の標準的な費用の額

　　租税特別措置法第41条の19の３第３項に規定する多世帯同居改修工事等の標準的な費用の額として国土交通大臣が財務大臣と協議して当該多世帯同居改修工事等の内容に応じて定める金額を定める件（平成28年国土交通省告示第586号）に基づき、以下の表の左欄の多世帯同居改修工事等の内容の区分に応じ、それぞれ同表の右欄の額に、当該工事の箇所数を乗じて得た金額（当該工事を行った部分に自己居住用以外の用に供する部分がある場合には、各工事ごとに算出した金額に自己居住の用に供する部分に係る当該工事に要した費用の額の占める割合を乗じて計算した金額）とする。

　　なお、複数の工事を行う場合は、それぞれに算定した工事ごとの金額の合計額が当該標準的な費用の額となる。

平成28年告示第１号に掲げる工事（ミニキッチンを設置するものを除く。）	1,622,000 円
平成28年告示第１号に掲げる工事のうち、ミニキッチンを設置するもの	476,100 円
平成28年告示第２号に掲げる工事のうち、浴槽及び給湯設備を設置するもの	1,373,800 円
平成28年告示第２号に掲げる工事のうち、浴槽を設置するもの（浴槽及び給湯設備を設置するものを除く。）	855,400 円
平成28年告示第２号に掲げる工事のうち、シャワーを設置するもの（浴槽を設置するものを除く。）	584,100 円
平成28年告示第３号に掲げる工事	526,200 円
平成28年告示第４号に掲げる工事のうち、地上階に玄関を増設するもの	658,700 円
平成28年告示第４号に掲げる工事のうち、地上階以外の階に玄関を増設するもの	1,254,100 円

資 料 編

なお、上記の表中「平成28年告示第1号に掲げる工事（ミニキッチンを設置するものを除く。）」とは、ミニキッチンを有する調理室以外の調理室（すなわち、一般的なシステムキッチンを有する調理室）を設置する工事をいい、「平成28年告示第1号に掲げる工事のうち、ミニキッチンを設置するもの」とは、ミニキッチンを有する調理室を設置する工事をいう（調理室を増設する工事に該当するか否かの判断基準については、15.⑴を参照）。

また、上記の表中「平成28年告示第2号に掲げる工事のうち、浴槽及び給湯設備を設置するもの」とは、給湯設備の設置又は取替を伴う浴槽の設置工事をいい、「平成28年告示第2号に掲げる工事のうち、浴槽を設置するもの（浴槽及び給湯設備を設置するものを除く。）」とは、給湯設備の設置又は取替を伴わない浴槽の設置工事をいい、「平成28年告示第2号に掲げる工事のうち、シャワーを設置するもの（浴槽を設置するものを除く。）」とは、浴槽がなくシャワー専用の浴室を設置する工事をいう（浴室を増設する工事に該当するか否かの判断基準については15.⑵を参照）。

⑸ 耐久性向上改修工事等の標準的な費用の額

租税特別措置法第41条の19の3第4項に規定する耐久性向上改修工事等の標準的な費用の額として国土交通大臣が財務大臣と協議して耐久性向上改修工事等の内容に応じて定める金額を定める告示（平成29年国土交通省告示第280号）に基づき、以下の表の左欄の耐久性向上改修工事等の内容の区分に応じ、それぞれ同表の中欄の額に、右欄の数値を乗じて得た金額（当該工事を行った部分に自己居住用以外の用に供する部分がある場合には、各工事ごとに算出した金額に自己居住の用に供する部分に係る当該工事に要した費用の額の占める割合を乗じて計算した金額）とする。

なお、複数の工事を行う場合は、それぞれに算定した工事ごとの金額の合計額が当該標準的な費用の額となる。

平成29年告示第2項第1号イに掲げる工事	20,900 円	当該工事の箇所数
平成29年告示第2項第1号ロに掲げる工事（軒裏に通気孔を有する天井板を取り付けるものを除く。）	7,800 円	当該工事の箇所数
平成29年告示第2項第1号ロに掲げる工事のうち、軒裏に通気孔を有する天井板を取り付けるもの	5,900 円	当該工事の施工面積（単位㎡）
平成29年告示第2項第1号ハに掲げる工事	47,400 円	当該工事の箇所数
平成29年告示第2項第2号に掲げる工事	18,300 円	当該工事の箇所数
平成29年告示第2項第3号に掲げる工事	14,200 円	当該工事の施工面積（単位㎡）
平成29年告示第2項第4号イに掲げる工事	896,900 円	当該工事の箇所数

平成29年告示第2項第4号ロに掲げる工事（壁にビニルクロスを取り付けるものを除く。）	12,800 円	当該工事の施工面積（単位㎡）
平成29年告示第2項第4号ロに掲げる工事のうち、壁にビニルクロスを取り付けるもの	5,400 円	当該工事の施工面積（単位㎡）
平成29年告示第2項第4号ハに掲げる工事（床に耐水性を有するフローリングを取り付けるものを除く。）	6,600 円	当該工事の施工面積（単位㎡）
平成29年告示第2項第4号ハに掲げる工事のうち、床に耐水性を有するフローリングを取り付けるもの	12,000 円	当該工事の施工面積（単位㎡）
平成29年告示第2項第5号イに掲げる工事	2,100 円	当該工事の施工面積（単位㎡）
平成29年告示第2項第5号ロに掲げる工事	2,400 円	当該工事の施工長さ（単位m）
平成29年告示第2項第6号に掲げる工事	2,100 円	当該工事の施工面積（単位㎡）
平成29年告示第2項第7号イに掲げる工事	12,700 円	当該工事の施工面積（単位㎡）
平成29年告示第2項第7号ロに掲げる工事	11,300 円	当該工事の施工面積（単位㎡）
平成29年告示第2項第8号に掲げる工事	27,800 円	当該工事の箇所数
平成29年告示第2項第9号に掲げる工事	3,900 円	当該工事の施工長さ（単位m）
平成29年告示第2項第10号イに掲げる工事	3,100 円	当該工事の施工面積（単位㎡）
平成29年告示第2項第10号ロに掲げる工事	12,700 円	当該工事の施工面積（単位㎡）
平成29年告示第2項第11号イに掲げる工事（共用の給水管を取り替えるものを除く。）	9,500 円	当該工事の施工長さ（単位m）
平成29年告示第2項第11号イに掲げる工事のうち、共用の給水管を取り替えるもの	32,000 円	当該工事の施工長さ（単位m）
平成29年告示第2項第11号ロに掲げる工事（共同住宅等の排水管を取り替えるものを除く。）	9,800 円	当該工事の施工長さ（単位m）
平成29年告示第2項第11号ロに掲げる工事のうち、共同住宅等の排水管（専用の排水管を除く。）を取り替えるもの	16,800 円	当該工事の施工長さ（単位m）
平成29年告示第2項第11号ロに掲げる工事のうち、共同住宅等の専用の排水管（施工前に他住戸等の専用部	15,600 円	当該工事の施工長さ（単位m）

資 料 編

分に設置されているものを除く。）を取り替えるもの		
平成29年告示第2項第11号ロに掲げる工事のうち、共同住宅等の専用の排水管（施工前に他住戸等の専用部分に設置されているものに限る。）を取り替えるもの	49,200円	当該工事の施工長さ（単位m）
平成29年告示第2項第11号ハに掲げる工事のうち、開口を床（共用部の床を除く。）に設けるもの	25,000円	当該工事の箇所数
平成29年告示第2項第11号ハに掲げる工事のうち、開口を壁又は天井（共用部の壁又は天井を除く。）に設けるもの	17,700円	当該工事の箇所数
平成29年告示第2項第11号ハに掲げる工事のうち、開口を共用部の床、壁又は天井に設けるもの	5,400円	当該工事の箇所数

18. バリアフリー特定改修工事特別控除制度の適用対象となる者

バリアフリー特定改修工事特別控除制度の適用を受けられる者は、次のいずれかに該当する者である。

① 50歳以上の個人

② 介護保険法（平成9年法律第123号）第19条第1項に規定する要介護認定を受けている個人

③ 介護保険法第19条第2項に規定する要支援認定を受けている個人

④ 所得税法（昭和40年法律第33号）第2条第1項第28号に規定する障害者に該当する個人

⑤ 個人の親族（当該親族が65歳以上である者又は②～④のいずれかに該当する者である場合に限る。）と同居を常況としている者

（注）①及び⑤の年齢に係る判定は、改修工事が完了し居住の用に供した日の属する年（以下「居住年」という。）の12月31日の年齢によるものとされ、また、⑤の同居に係る判定は、居住年の12月31日の現況によるものとされている。

19. 住宅ローン控除制度の適用に係る工事費要件

⑴ 住宅の増改築等に係る住宅ローン控除制度の適用に係る工事費要件

住宅の増改築等に係る住宅ローン控除制度の適用対象となるのは、法第41条第1項に規定する増改築等の費用の額から、補助金等の額を控除した額が100万円を超える場合である。

なお、増改築等に係る部分のうちに当該工事を行った者の居住の用以外の用に供する部分がある場合には、法第41条第1項に規定する増改築等の費用の額は、当該増改築等の費用の額に、増改築等に要した費用の額のうちに当該居住の用に供する部分の

増改築等に要した費用の額（両者ともに補助金等の額を控除する前）の占める割合を乗じて計算した額となる。

上記「補助金等」は、住宅の増改築等工事の費用に関し国又は地方公共団体から交付される補助金又は給付金その他これらに準ずるものをいう。法第41条第1項に規定する増改築等の費用に関し国又は地方公共団体から交付されるものであれば、「助成金」、「給付金」等の名称を用いているものも含まれるほか、グリーン住宅ポイント事務局から発行されるグリーン住宅ポイント（控除する額は、1ポイントを1円として換算した場合の額）が含まれるが、「利子補給金」のように当該工事に係る住宅借入金の利子の支払いに充てるために交付されるもの等は上記「補助金等」には含まれない。

(2) 買取再販住宅の取得に係る住宅ローン控除制度の適用に係る工事費要件

買取再販住宅の取得に係る住宅ローン控除制度の適用対象となるのは、法第41条第1項に規定する特定増改築等が、①に該当する場合又は②から⑤までのいずれかに該当する場合である。

① 特定増改築等のうち、第1号工事～第6号工事に係る工事費要件

買取再販住宅の取得に係る住宅ローン控除制度の適用対象となるのは、住宅ローン控除制度（買取再販住宅の取得）に係る第1号工事～第6号工事に要した費用の額が100万円を超える場合である。

なお、特定増改築等に係る部分のうちに個人の居住の用以外の用に供する部分がある場合には、法第41条第1項に規定する特定増改築等の費用の額は、当該特定増改築等の費用の額に、特定増改築等に要した費用の額のうちに居住の用に供する部分に係る特定増改築等に要した費用の額の占める割合を乗じて計算した額となる。

② 第4号工事に係る工事費要件

買取再販住宅の取得に係る住宅ローン控除制度の適用対象となるのは、住宅ローン控除制度（買取再販住宅の取得）に係る第4号工事に要した費用の額が50万円を超える場合である。

なお、特定増改築等に係る部分のうちに個人の居住の用以外の用に供する部分がある場合には、住宅ローン控除制度（買取再販住宅の取得）に係る第4号工事の金額は、当該特定増改築等の費用の額に、特定増改築等に要した費用の額のうちに居住の用に供する部分の特定増改築等に要した費用の額の占める割合を乗じて計算した額となる。また、住宅ローン控除制度（買取再販住宅の取得）に係る第4号工事を行った場合の費用の額に関し、工事を行った家屋が区分所有建物であるときは、工事に係る証明の対象となる家屋を取得した個人の専有部分のみについて行った工事に要した費用の額となることに留意する。ただし、専有部分と共用部分が明確に分けられない場合は、各家屋の工事費用は、当該特定増改築等の費用の額に、工事を行った面積全体のうちに当該各家屋の床面積の割合を乗じて計算した額とする。

③ 第5号工事に係る工事費要件

資　料　編　　　803

　買取再販住宅の取得に係る住宅ローン控除制度の適用対象となるのは、住宅ロー
ン控除制度（買取再販住宅の取得）に係る第5号工事に要した費用の額が50万円
を超える場合である。

　なお、特定増改築等に係る部分のうちに個人の居住の用以外の用に供する部分
がある場合には、住宅ローン控除制度（買取再販住宅の取得）に係る第5号工事
の金額は、当該特定増改築等の費用の額に、特定増改築等に要した費用の額のう
ちに居住の用に供する部分の特定増改築等に要した費用の額の占める割合を乗じ
て計算した額となる。また、住宅ローン控除制度（買取再販住宅の取得）に係る
第5号工事を行った場合の費用の額に関し、工事を行った家屋が区分所有建物で
あるときは、工事に係る証明の対象となる家屋を取得した個人の専有部分のみに
ついて行った工事に要した費用の額となることに留意する。ただし、専有部分と
共用部分が明確に分けられない場合は、各家屋の工事費用は、当該特定増改築等
の費用の額に、工事を行った面積全体のうちに当該各家屋の床面積の割合を乗じ
て計算した額とする。

④　第6号工事に係る工事費要件

　買取再販住宅の取得に係る住宅ローン控除制度の適用対象となるのは、住宅ロー
ン控除制度（買取再販住宅の取得）に係る第6号工事に要した費用の額が50万円
を超える場合である。

　なお、特定増改築等に係る部分のうちに個人の居住の用以外の用に供する部分
がある場合には、住宅ローン控除制度（買取再販住宅の取得）に係る第6号工事
の金額は、当該特定増改築等の費用の額に、特定増改築等に要した費用の額のう
ちに居住の用に供する部分の特定増改築等に要した費用の額の占める割合を乗じ
て計算した額となる。また、住宅ローン控除制度（買取再販住宅の取得）に係る
第6号工事を行った場合の費用の額に関し、工事を行った家屋が区分所有建物で
あるときは、工事に係る証明の対象となる家屋を取得した個人の専有部分のみに
ついて行った工事に要した費用の額となることに留意する。ただし、専有部分と
共用部分が明確に分けられない場合は、各家屋の工事費用は、当該特定増改築等
の費用の額に、工事を行った面積全体のうちに当該各家屋の床面積の割合を乗じ
て計算した額とする。

⑤　第7号工事に係る工事費要件

　買取再販住宅の取得に係る住宅ローン控除制度の適用対象となるのは、第7号
工事に要した費用の額が50万円を超える場合である。

　なお、特定増改築等に係る部分のうちに個人の居住の用以外の用に供する部分
がある場合には、第7号工事の金額は、当該特定増改築等の費用の額に、特定増
改築等に要した費用の額のうちに居住の用に供する部分の特定増改築等に要した
費用の額の占める割合を乗じて計算した額となる。また、第7号工事を行った場
合の費用の額に関し、工事を行った家屋が区分所有建物であるときは、工事に係
る証明の対象となる家屋を取得した個人の専有部分のみについて行った工事に要
した費用の額となることに留意する。ただし、専有部分と共用部分が明確に分け

られない場合は、各家屋の工事費用は、当該特定増改築等の費用の額に、工事を行った面積全体のうちに当該各家屋の床面積の割合を乗じて計算した額とする。

20. バリアフリー特定改修工事特別控除制度、省エネ特定改修工事特別控除制度、同居特定改修工事特別控除制度及び耐久性向上特別改修控除制度の適用に係る工事費要件

(1) バリアフリー特定改修工事特別控除制度の適用に係る工事費要件

バリアフリー特定改修工事特別控除制度の適用対象となるのは、当該高齢者等居住改修工事等に係る標準的な費用の額から、補助金等の額を控除した額が50万円を超える場合である。

なお、増改築等に係る部分のうちに当該工事を行った者の居住の用以外の用に供する部分がある場合には、高齢者等居住改修工事等の金額は、当該増改築等の費用の額に、増改築等に要した費用の額のうちに当該居住の用に供する部分の増改築等に要した費用の額（補助金等の額を控除する前）の占める割合を乗じて計算した額となる。

この場合において、上記「補助金等」は、高齢者等居住改修工事等を含む住宅の増改築等工事の費用に関し国又は地方公共団体から交付される補助金又は給付金その他これらに準ずるものをいう。

高齢者等居住改修工事等を含む住宅の増改築等工事の費用に関し国又は地方公共団体から交付されるものであれば、「助成金」、「給付金」等の名称を用いているものも含まれるほか、グリーン住宅ポイント事務局から発行されるグリーン住宅ポイント（控除する額は、1ポイントを1円として換算した場合の額）が含まれるが、「利子補給金」のように当該工事に係る住宅借入金の利子の支払いに充てるために交付されるもの等は上記「補助金等」には含まれない。

(2) 省エネ特定改修工事特別控除制度の適用に係る工事費要件

省エネ特定改修工事特別控除制度の適用対象となるのは、当該一般断熱改修工事等に係る標準的な費用の額から、補助金等（一般断熱改修工事等の費用に関し国又は地方公共団体から交付される補助金又は給付金その他これらに準ずるものをいう。）の額を控除した額が50万円を超える場合である。上記「補助金等」については、一般断熱改修工事等の費用に関し国又は地方公共団体から交付されるものであれば、「助成金」等の名称を用いているものも含まれるほか、グリーン住宅ポイント事務局から発行されるグリーン住宅ポイント（控除する額は、1ポイントを1円として換算した場合の額）が含まれるが、「利子補給金」のように当該工事に係る住宅借入金の利子の支払いに充てるために交付されるもの等は上記「補助金等」には含まれない。

なお、増改築等に係る部分のうちに当該工事を行った者の居住の用以外の用に供する部分がある場合には、省エネ改修工事の金額は、当該増改築等の費用の額に、増改築等に要した費用の額のうちに当該居住の用に供する部分の増改築等に要した費用の額（補助金等の額を控除する前）の占める割合を乗じて計算した額となる。

(3) 同居特定改修工事特別控除制度の適用に係る工事費要件

資　料　編　805

　　同居特定改修工事特別控除制度の適用対象となるのは、当該多世帯同居改修工事等に係る標準的な費用の額から、それぞれ補助金等の額を控除した額が50万円を超える場合である。

　　上記「補助金等」については、多世帯同居改修工事等の費用に関し国又は地方公共団体から交付されるものであれば、「助成金」等の名称を用いているものも含まれるほか、グリーン住宅ポイント事務局から発行されるグリーン住宅ポイント（控除する額は、1ポイントを1円として換算した場合の額）が含まれるが、「利子補給金」のように当該工事に係る住宅借入金の利子の支払いに充てるために交付されるもの等は上記「補助金等」には含まれない。

　　なお、増改築等に係る部分のうちに当該工事を行った者の居住の用以外の用に供する部分がある場合には、多世帯同居改修工事等の金額は、当該増改築等の費用の額に、増改築等に要した費用の額のうちに当該居住の用に供する部分の増改築等に要した費用の額（補助金等の額を控除する前）の占める割合を乗じて計算した額となる。

(4)　耐久性向上特定改修工事特別控除制度の適用に係る工事費要件

　　耐久性向上特定改修工事特別控除制度の適用対象となるのは、対象住宅耐震改修に係る標準的な費用の額、対象一般断熱改修工事等に係る標準的な費用の額及び耐久性向上改修工事等に係る標準的な費用の額から、それぞれ補助金等の額を控除した額（以下それぞれ「耐震改修標準的費用額」、「断熱改修標準的費用額」、「耐久性向上改修標準的費用額」という。）が、それぞれ50万円を超える場合である。例えば、耐震改修標準的費用額が100万円、断熱改修標準的費用額が40万円、耐久性向上改修標準的費用額が30万円の場合、断熱改修標準的費用額及び耐久性向上改修標準的費用額がそれぞれ50万円を超えていないため、耐久性向上特定改修工事特別控除制度の適用対象とはならない。

　　上記「補助金等」については、対象住宅耐震改修、対象一般断熱改修工事等又は耐久性向上改修工事等の費用に関し国又は地方公共団体から交付されるものであれば、「助成金」等の名称を用いているものも含まれるほか、グリーン住宅ポイント事務局から発行されるグリーン住宅ポイント（控除する額は、1ポイントを1円として換算した場合の額）が含まれるが、「利子補給金」のように当該工事に係る住宅借入金の利子の支払いに充てるために交付されるもの等は上記「補助金等」には含まれない。

　　なお、増改築等に係る部分のうちに当該工事を行った者の居住の用以外の用に供する部分がある場合には、対象住宅耐震改修、対象一般断熱改修工事等及び耐久性向上改修工事等の金額は、当該増改築等の費用の額に、増改築等に要した費用の額のうちに当該居住の用に供する部分の増改築等に要した費用の額（補助金等の額を控除する前）の占める割合を乗じて計算した額となる。

21.　証明主体について

　　住宅の増改築等に係る住宅ローン控除制度、買取再販住宅の取得に係る住宅ローン控除制度、バリアフリー特定改修工事特別控除制度、省エネ特定改修工事特別控除制

806 第 2 部

度、同居特定改修工事特別控除制度及び耐久性向上特定改修工事特別控除制度の証明
主体は、次に掲げる者である（以下これらの者を「建築士等」と総称する）。

① 建築士法第23条の３第１項の規定による登録を受けた建築士事務所に属する建築
士（証明を行う家屋が同法第３条第１項各号に掲げる建築物であるときは一級建
築士、同法第３条の２第１項各号に掲げる建築物であるときは一級建築士又は二
級建築士に限る。）

② 建築基準法第77条の21第１項に規定する指定確認検査機関

③ 住宅の品質確保の促進等に関する法律第５条第１項に規定する登録住宅性能評
価機関

④ 特定住宅瑕疵担保責任の履行の確保等に関する法律第17条第１項の規定による指
定を受けた同項に規定する住宅瑕疵担保責任保険法人

また、耐震改修特別控除制度の証明主体は、建築士等又は住宅の所在地を管轄する
地方公共団体（以下「地方公共団体」という。）の長であるが、住宅耐震改修をした
場合について、建築士等が証明を行うときは、昭和63年建設省告示第1274号別表第２
に掲げる書類（以下「増改築等工事証明書」という。）により証明を行い、地方公共
団体の長が証明を行うときは、平成18年国土交通省告示第464号別表に掲げる書類に
より証明を行う必要があることに留意する。

22. 建築士等の証明が必要な工事

建築士等の証明が必要となる増改築等の工事は、１．⑴①及び⑵①に掲げる工事の
うち建築基準法第６条に規定する確認を要するもの以外のもの並びに１．⑴②〜⑥及
び⑵②〜⑦並びに２．、３．、４．、５．及び６．に掲げる工事である。

なお、建築士等は、申請者が住宅ローン控除制度、耐震改修特別控除制度、バリア
フリー特定改修工事特別控除制度、省エネ特定改修工事特別控除制度、同居特定改修
工事特別控除制度、耐久性向上特定改修工事特別控除制度の適用を受けようとする場
合は、19.又は20.の工事費要件を満たしているか否かを確認することとする。

23. 建築士等の証明手続

⑴ １．、３．、４．、５．及び６．に掲げる工事に共通する証明手続

① 証明に必要な書類

建築士等は、証明の申請に当たって、申請者に対して次に掲げる増改築等の工
事に係る書類又はその写しを提出するよう求めるものとする。

(i) 増改築等の工事を行った家屋の登記事項証明書

(ii) 工事請負契約書

(iii) 設計図書その他設計に関する書類（第６号工事、一般断熱改修工事等、耐久性
向上改修工事等以外の工事を行った場合は、当該書類がある場合に限る。）

（注）上記(ii)の書類又はその写しがない場合は、上記(ii)の書類又はその写しに代
えて、次に掲げる書類又はその写しを提出するよう求めるものとする。

イ 増改築等の工事に要した費用に係る領収書

資　料　編　　　　　　　807

　　ロ　増改築等の工事が行われる前と行われた後のそれぞれの状況を示した写真が
　　　ある場合は当該写真
　(ⅳ)　交付を受ける補助金等の額を証する書類（1．⑵の場合を除く。）
②　証明の方法
　　　証明を行う建築士等は、必要に応じて現地調査を行い（ただし、①(ⅱ)及び①（注)
　　ロ双方の書類又はその写しがない場合は必ず行う。）、①(ⅰ)から(ⅲ)までに掲げる書類
　　（①（注)イ及びロの書類を含む。）又はその写しにより当該工事が増改築等の工事
　　に該当すると認めた場合には、増改築等工事証明書に証明を行った建築士の免許証
　　の写し又は免許証明書の写しを添えて申請者に交付するものとする。増改築等工事
　　証明書の発行者においては、増改築等工事証明書の様式により、改修内容の証明を
　　行うものとする。
③　証明時期
　　　証明は、原則として工事完了後に行うものとする。
⑵　耐震改修特別控除制度の適用に係る証明手続
　　　建築士等は、証明の申請に当たって、申請者に対して以下の書類又はその写しを提
　　出するよう求めるものとする。その際には、住宅耐震改修又は住宅耐震診断に関する
　　補助事業において提出された書類を可能な限り活用することとする。また、申請者か
　　ら提出された以下の書類により審査を行った上で、原則として住宅耐震改修完了後の
　　申請家屋の現況を確認することとする。
①申請家屋の所在地及び建築年月日が確認できる書類
　　（例）登記事項証明書、建築確認済証、固定資産税の課税証明書
　　　　　建築年月日が記載された耐震診断書
②住宅耐震改修をしたことが確認できる書類
　　（例）耐震改修工事の設計書、耐震改修工事前後の平面図
　　　　　耐震改修工事後の耐震診断書、耐震改修工事の写真
③申請者が負担した住宅耐震改修の費用の額が確認できる書類
　　（例）耐震改修工事費用の領収書
④当該住宅耐震改修に関して交付される補助金等の金額が確認できる書類
　　（例）補助金等を交付する際に申請者に発行する書類
　　　グリーン住宅ポイントの発行を受けている場合には、上記のほか、グリーン住
　　宅ポイント事務局から発行されるグリーン住宅ポイント数を確認する必要がある。
　　グリーン住宅ポイント数は、これらの事務局から送られるポイント通知はがき又
　　はその写しによって確認するほか、グリーン住宅ポイントの申請書類の一つであ
　　るリフォーム用工事証明書その他の工事の内容が確認できる書類によりグリーン
　　住宅ポイント数を算定する。
　　　なお、マンション及び共有住宅にあっては、全体工事費用のうち申請者が負担
　　した住宅耐震改修の費用の額が確認できる書類又はその写しの提出を求め、申請
　　者が負担した費用の額を確認することとする。例えば、マンションにおいては、
　　修繕積立金から支出する場合には、当該耐震改修の実施のために修繕積立金の取
　　り崩しを行う旨を決議した管理組合の総会の議事録及び修繕積立金の負担割合が

明らかとなる書類（管理規約等）を、区分所有者から一時金を徴収する場合には、当該耐震改修の実施のために一時金の徴収を行う旨を決議した管理組合の総会の議事録及び一時金の負担割合が明らかとなる書類（一時金の負担割合を決議した管理組合の総会の議事録等）を、共有住宅においては、各共有者の工事費用負担割合が記載された書類（共有者全員の記名捺印があるもの）などの提出を求め、確認する。

(3)　買取再販住宅の取得に係る住宅ローン控除制度に係る工事費要件の確認に必要な書類

　　建築士等は、申請者が第4号工事、第5号工事、第6号工事又は第7号工事に係る買取再販住宅の取得に係る住宅ローン控除制度の適用を受けようとする場合は、工事費内訳書その他の住宅ローン控除制度（買取再販住宅の取得）に係る第4号工事、第5号工事、第6号工事又は第7号工事の費用の額及びこれらを含む特定増改築等の工事の全体の費用の額を証する書類又はその写しによって、19.　(2)②、③、④又は⑤の工事費要件を満たすか否かにつき確認を行うものとする。

(4)　バリアフリー特定改修特別控除制度の適用に係る工事費要件の確認に必要な書類

　　建築士等は、申請者がバリアフリー特定改修特別控除制度の適用を受けようとする場合は、次に掲げる書類又はその写しによって、20. の工事費要件を満たすか否かにつき確認を行うものとする。

①　工事費内訳書その他の高齢者等居住改修工事等の費用の額及び当該増改築等の工事の全体の費用の額を証する書類

②　補助金交付額決定通知書その他の補助金等の交付額を証する書類（補助金等の交付を受ける場合に限る。）

③　住宅改修費支給額決定通知書その他の住宅改修費の給付額を証する書類（住宅改修費の給付を受ける場合に限る。）

　　なお、②及び③について、申請者が補助金等の交付又は住宅改修費の給付を受けていない場合は、補助金等の交付又は住宅改修費の給付の対象となる工事の実施の有無を確認することとする。

　　グリーン住宅ポイントの発行を受けている場合、20. (1)の補助金等の額を確認する必要があることから、上記のほか、グリーン住宅ポイント事務局から発行されるグリーン住宅ポイント数を確認する必要がある。グリーン住宅ポイント数は、これらの事務局から送られるポイント通知はがき又はその写しによって確認するほか、グリーン住宅ポイントの申請書類の一つであるリフォーム用工事証明書その他の工事の内容が確認できる書類によりグリーン住宅ポイント数を算定する。

(5)　省エネ特定改修工事特別控除制度の適用に係る工事費要件の確認に必要な書類

　　建築士等は、申請者が省エネ特定改修工事特別控除制度の適用を受けようとする場合は、次に掲げる書類又はその写しによって、20. の工事費要件を満たすか否かにつき確認を行うものとする。

イ　工事費内訳書その他の一般断熱改修工事等の費用の額及び当該増改築等の工事の全体の費用の額を証する書類

資 料 編　　　　　　　　　　　　　　　　　809

ロ　補助金交付額決定通知書その他の補助金等の交付額を証する書類（補助金等の
　交付を受ける場合に限る。）
ハ　グリーン住宅ポイント事務局から送られるポイント通知はがき（グリーン住宅
　ポイントの発行を受ける場合に限る。）
　　　ポイント通知はがきが届いていない場合等には、グリーン住宅ポイントの申請
　　書類の一つであるリフォーム用工事証明書その他の工事の内容が確認できる書類
　　によりグリーン住宅ポイント数を算定する。
　　なお、ロについて、申請者が補助金等の交付を受けていない場合は、補助金等の交
付の対象となる工事の実施の有無を確認することとする。
　　また、対象となる家屋が区分所有建物であるときは、申請者が負担した費用の額を
確認できる書類によって、当該額を確認することとする。具体的には、区分所有建物
において修繕積立金から支出する場合は、当該改修工事の実施のために修繕積立金の
取り崩しを行う旨を決議した管理組合の総会の議事録及び修繕積立金の区分所有者の
負担割合が明らかとなる書類（管理規約等）を、区分所有者から一時金を徴収する場
合は、当該改修工事の実施のために一時金の徴収を行う旨を決議した管理組合の総会
の議事録及び一時金の区分所有者負担割合が明らかとなる書類（一時金の負担割合を
決議した管理組合の総会の議事録等）によって確認することとする。

(6)　住宅ローン控除制度（増改築等）に係る第6号工事における改修前の住宅が相当す
る断熱等性能等級の確認
　　全ての居室の全ての窓の改修工事を行う場合の住宅ローン控除制度（増改築等）に
係る第6号工事については、改修前の住宅が相当する断熱等性能等級に応じ対象工事
が異なるため、改修前の住宅が相当する断熱等性能等級の確認を行う必要がある。
　　また、居室の窓の改修工事を行い改修後の住宅全体の一定の省エネ性能が確保され
る場合の住宅ローン控除制度（増改築等）に係る第6号工事については、改修後の住
宅全体の断熱等性能等級が現状から一段階相当以上上がることを確認する必要がある
ため、改修前の住宅が相当する断熱等性能等級の確認を行う必要がある。
　　建築士等は、(1)の証明を行うに当たり、改修前の居室の窓の性能が等級4以上に相
当していないことを写真等（必要に応じて現地調査）により確認した上で、次のいず
れかの方法により、改修前の住宅が相当する断熱等性能等級の確認を行うものとする。

①　建設住宅性能評価書の確認
　　住宅の品質確保の促進等に関する法律に基づく建設住宅性能評価書（以下「建設
　住宅性能評価書」という。）が交付された住宅にあっては、当該評価書に表示され
　た断熱等性能等級とする。
②　旧住宅金融公庫（現独立行政法人住宅金融支援機構）の融資関係書類の確認
　　旧住宅金融公庫（現独立行政法人住宅金融支援機構）融資を受けた住宅のうち、
　別表5−1に基づき帳票類が確認できるものにあっては、それぞれ対応する断熱等
　性能等級とする。
③　設計図書の確認
　　設計図書がある場合は、断面詳細図等から、改修前の住宅の天井等、外壁及び床
　等の各部位において施工されている断熱材の種別及び厚さを確認し、改修前の住宅

の性能を詳細に把握した上で、どの断熱等性能等級に対応しているかを照合し、対応する断熱等性能等級とする。

④　現地調査又は建築年数による確認

（i）　現地調査による確認

　　　①から③によって確認することができない場合は、現地調査により、改修前の住宅の天井等、外壁及び床等（別表３の７地域若しくは８地域である場合にあっては天井等のみ）における断熱材の施工について、スイッチ、コンセント等目視しやすい所を各部位ごとに１箇所ずつ（外壁にあっては異なる方位について２箇所）確認し、確認した箇所の全てにおいて断熱材の施工が認められる場合は等級２、その他の場合は等級１とする。

（ii）　建築年数による確認

　　　検査済証等から築年数が把握できる場合には、当該検査済証等の記載から改修前の住宅の断熱等性能等級を推定することとする。具体的には、住宅ローン控除制度（増改築等）に係る第６号工事における改修前の住宅の等級の確認においては、過去の断熱改修の有無を申請者に確認した上で、改修が行われていない場合には昭和55年以前に建築された住宅については等級１、昭和55年から平成３年までに建築された住宅については等級２、平成４年から平成27年までに建築された住宅については等級３とみなして差支えないこととする。

(7)　第６号工事における改修後の住宅の断熱等性能等級の確認

　　建築士等は、申請者が、住宅ローン控除制度（増改築等）に係る第６号工事について、居室の窓の改修工事（全ての居室の全ての窓の改修工事を除く。）を行うことにより、住宅ローン控除制度の適用を受けようとする場合又は住宅ローン控除制度（買取再販住宅の取得）に係る第６号工事について、居室の窓の改修工事（全ての居室の全ての窓の改修工事を除く。）を行い、住宅全体の省エネ性能について、断熱等性能等級が等級４以上又は一次エネルギー消費量等級が等級４以上かつ断熱等性能等級が等級３となることにより、住宅ローン控除制度の適用を受けようとする場合には、次に掲げる書類又はその写しによって、改修後の住宅全体の省エネ性能について、住宅ローン控除制度（増改築等）に係る第６号工事については、断熱等性能等級が１段階相当以上向上すること、住宅ローン控除制度（買取再販住宅の取得）に係る第６号工事については、断熱等性能等級が等級４以上又は一次エネルギー消費量等級が等級４以上かつ断熱等性能等級が等級３となることにつき確認を行うものとする。

①　建設住宅性能評価書

②　長期優良住宅の普及の促進に関する法律施行規則（平成21年国土交通省令第23号）に基づく認定長期優良住宅建築等計画に係る通知書

(8)　同居特定改修特別控除制度の適用に係る工事費要件の確認に必要な書類

　　建築士等は、申請者が同居特定改修特別控除制度の適用を受けようとする場合は、次に掲げる書類又はその写しによって、20．の工事費要件を満たすか否かにつき確認を行うものとする。

①　工事費内訳書その他の多世帯同居改修工事等費用の額及び当該増改築等の工事の全体の費用の額を証する書類

資 料 編　　　　　　　　　811

② 補助金交付額決定通知書その他の補助金等の交付額を証する書類（補助金等の交付を受ける場合に限る。）

③ グリーン住宅ポイント事務局から送られるポイント通知はがき（グリーン住宅ポイントの発行を受ける場合に限る。）

　　ポイント通知はがきが届いていない場合等には、グリーン住宅ポイントの申請書類の一つであるリフォーム用工事証明書その他の工事の内容が確認できる書類によりグリーン住宅ポイント数を算定する。

　なお、②について、申請者が補助金等の交付を受けていない場合は、補助金等の交付の対象となる工事の実施の有無を確認することとする。

(9) 耐久性向上特定改修特別控除制度の適用に係る工事費要件の確認に必要な書類

　建築士等は、申請者が耐久性向上特定改修特別控除制度の適用を受けようとする場合は、次に掲げる書類又はその写しによって、20. の工事費要件を満たすか否かにつき確認を行うものとする。

① 工事費内訳書その他の対象住宅耐震改修、対象一般断熱改修工事等若しくは耐久性向上改修工事等の費用の額並びにこれらの増改築等の工事の全体の費用の額を証する書類

② 補助金交付額決定通知書その他の補助金等の交付額を証する書類（補助金等の交付を受ける場合に限る。）

③ グリーン住宅ポイント事務局から送られるポイント通知はがき（グリーン住宅ポイントの発行を受ける場合に限る。）

　　ポイント通知はがきが届いていない場合等には、グリーン住宅ポイントの申請書類の一つであるリフォーム用工事証明書その他の工事の内容が確認できる書類によりグリーン住宅ポイント数を算定する。

　なお、②について、申請者が補助金等の交付を受けていない場合は、補助金等の交付の対象となる工事の実施の有無を確認することとする。

(10) 耐久性向上改修工事等が認定長期優良住宅建築等計画に基づくものであることの確認に必要な書類

　建築士等は、申請者が耐久性向上特定改修特別控除制度の適用を受けようとする場合は、次に掲げる①の書類又はその写しと②の書類又はその写しとを照らし合わせること（必要に応じて現地調査）によって、耐久性向上改修工事等が認定長期優良住宅建築等計画に基づくものであることを確認することとする。

① 長期優良住宅の普及の促進に関する法律施行規則に基づく認定長期優良住宅建築等計画に係る申請書及びその添付図書並びに通知書

② 工事請負契約書

(注) 上記②の書類又はその写しがない場合は、上記②の書類又はその写しに代えて、次に掲げる書類又はその写しを提出するよう求めるものとする。

　イ 増改築等の工事に要した費用に係る領収書

　ロ 増改築等の工事が行われる前と行われた後のそれぞれの状況を示した写真がある場合は当該写真

812 第　2　部

　　なお、上記①の通知書が、長期優良住宅の普及の促進に関する法律第8条第1項の変更の認定に基づくものである場合は、建築士等は当該住宅について過去に認定長期優良住宅建築等計画に基づく工事（新築又は増改築）が行われていないことを確認する必要がある。

24. 増改築等工事証明書の記載事項についての留意点

⑴　工事の内容の欄には、

イ　工事を行った家屋の部分

ロ　工事面積

ハ　工法

ニ　1．⑴②(ⅳ)又は1．⑵②(ⅳ)の工事にあっては、遮音のための性能を向上させるために使用した材料

ホ　1．⑴②(ⅳ)又は1．⑵②(ⅳ)の工事にあっては、修繕又は模様替を行う前及び行った後の熱伝達抵抗Rtの値

ヘ　1．⑴④、1．⑵④、2．の工事にあっては、耐震改修工事の内容

ト　1．⑴⑤、1．⑵⑤、3．の工事にあっては、バリアフリー改修工事の内容

チ　1．⑴⑥、1．⑵⑥、4．の工事にあっては、省エネ改修工事の内容

リ　1．⑵⑦の工事にあっては、給排水管又は雨水の浸入を防止する部分に係る工事の内容

ヌ　5．の工事にあっては、同居改修工事の内容

ル　6．の工事にあっては、耐久性向上改修工事の内容

等について当該工事が令第26条第33項第1号、第2号、第3号、第4号、第5号若しくは第6号、令第26条の28の5第15項、第16項、第18項、第20項、第22項若しくは第23項又は令第42条の2の2第2項第1号、第2号、第3号、第4号、第5号、第6号若しくは第7号に該当すると認めた根拠が明らかになるよう具体的に記載するものとする。

⑵　上記 19.⑵の工事費要件を満たす特定増改築等を行った場合は、法第41条第1項に規定する特定増改築等に要した費用の額、上記 19.⑵①の工事費要件を満たす第1号工事～第6号工事を行った場合の費用の額及び上記 19.⑵②、③、④又は⑤の工事費要件を満たす第4号工事、第5号工事、第6号工事又は第7号工事を行った場合の費用の額に関し、確認した内容について記載する表に記載することとする。なお、特定増改築等に係る部分のうちに個人の居住の用以外の用に供する部分がある場合には、これらの工事の金額は、当該特定増改築等の費用の額に、特定増改築等に要した費用の額のうちに居住の用に供する部分の特定増改築等に要した費用の額の占める割合を乗じて計算した額となることに留意する。

⑶　住宅耐震改修を行った場合は、法第41条の19の2第1項に規定する住宅耐震改修を行った場合の費用の額に関し、確認した内容について記載する表に記載することとする。なお、増改築等に係る部分のうちに当該工事を行った者の居住の用以外の用に供する部分がある場合には、住宅耐震改修の金額は、当該増改築等の費用の額に、増改

資 料 編

築等に要した費用の額のうちに当該居住の用に供する部分の増改築等に要した費用の額の占める割合を乗じて計算した額となることに留意する。

⑷　上記20．⑴の工事費要件を満たす高齢者等居住改修工事等を行った場合は、法第41条の19の3第1項に規定する増改築等を行った場合の費用の額に関し、確認した内容について記載する表に記載することとする。なお、増改築等に係る部分のうちに当該工事を行った者の居住の用以外の用に供する部分がある場合には、高齢者等居住改修工事等の金額は、当該増改築等の費用の額に、増改築等に要した費用の額のうちに当該居住の用に供する部分の増改築等に要した費用の額の占める割合を乗じて計算した額となることに留意する。

⑸　上記20．⑵の工事費要件を満たす一般断熱改修工事等を行った場合は、法第41条の19の3第2項に規定する工事を行った場合の費用の額に関し、確認した内容について記載する表に記載することとする。なお、増改築等に係る部分のうちに当該工事を行った者の居住の用以外の用に供する部分がある場合には、一般断熱改修工事等の金額は、当該増改築等の費用の額に、増改築等に要した費用の額のうちに当該居住の用に供する部分の増改築等に要した費用の額の占める割合を乗じて計算した額となることに留意する。また、法第41条の19の3第10項第1号に規定する工事を行った場合の費用の額に関し、工事を行った家屋が区分所有建物であるときは、当該改修工事に要した費用のうちにその者が負担する費用の割合を乗じて計算した額となることに留意する。

⑹　上記20．⑶の工事費要件を満たす多世帯同居改修工事等を行った場合は、法第41条の19の3第3項に規定する工事を行った場合の費用の額に関し、確認した内容について記載する表に記載することとする。なお、増改築等に係る部分のうちに当該工事を行った者の居住の用以外の用に供する部分がある場合には、多世帯同居改修工事等の金額は、当該増改築等の費用の額に、増改築等に要した費用の額のうちに当該居住の用に供する部分の増改築等に要した費用の額の占める割合を乗じて計算した額となることに留意する。

⑺　上記20．⑷の工事費要件を満たす対象住宅耐震改修、対象一般断熱改修工事等又は耐久性向上改修工事等を行った場合は、法第41条の19の3第4項、第5項若しくは第6項の工事を行った場合の費用の額に関し、確認した内容について記載する表に記載することとする。なお、増改築等に係る部分のうちに当該工事を行った者の居住の用以外の用に供する部分がある場合には、対象住宅耐震改修、対象一般断熱改修工事等又は耐久性向上改修工事等の金額は、当該増改築等の費用の額に、増改築等に要した費用の額のうちに当該居住の用に供する部分の増改築等に要した費用の額の占める割合を乗じて計算した額となることに留意する。

⑻　申請に当たっては、当該増改築等工事証明書のうち、①証明申請者の住所及び氏名、家屋番号及び所在地並びに工事完了年月日の記載のある1頁目、②当該申請に係る頁、並びに③証明年月日及び証明者の氏名等の記載のある証明書末尾の2頁を提出することとする。このため、当該証明書の発行に当たっては、当該申請に関係のないことが明らかな部分には斜線を施すなど、当該申請に係る部分が明確になるようにする必要がある。特に、住宅の増改築等に係る住宅ローン控除制度に係る申請を行わないこと

814 第 2 部

が明らかな場合は、1頁目の住宅の増改築等に係る住宅ローン控除制度に係る部分に斜線を施すなどの必要があることに留意する。

25. 建築士等の証明手数料について

証明手数料については、実費、技術料等を勘案し適正なものとする。

26. 固定資産税額の減額措置に係る証明について

(1)住宅耐震改修若しくは住宅ローン控除制度（増改築等）に係る第4号工事をした既存住宅、(2)住宅ローン控除制度（増改築等）に係る第6号工事若しくは一般断熱改修工事等をした既存住宅又は(3)対象住宅耐震改修若しくは対象一般断熱改修工事等と併せて行う耐久性向上改修工事等をした既存住宅については、それぞれに対応する固定資産税額の減額措置の適用対象となる場合がある。このため、(1)耐震改修特別控除制度若しくは第4号工事に係る住宅の増改築等に係る住宅ローン控除制度、(2)当該第6号工事に係る住宅の増改築等に係る住宅ローン控除制度、省エネ特定改修工事特別控除制度又は(3)耐久性向上特定改修工事特別控除制度に係る証明と併せて、それぞれに対応する固定資産税額の減額措置に係る証明も行うなど、申請者の利便性の観点から配慮願いたい（固定資産税額の減額措置に関する証明の方法については、令和4年4月1日付け国住政第7号・国住生第7号・国住指第6号参照）。

なお、税務署又は市町村等に提出する増改築等工事証明書については、その写しを用いることはできないため、上記(1)から(3)までの制度に係る証明と併せて固定資産税額の減額措置に係る証明を行う場合、増改築等工事証明書を2通発行する必要があることに留意する。

27. 特定の増改築等がされた住宅用家屋の所有権の移転登記の税率の軽減の特例等に係る証明について

特定増改築等をした既存住宅については、(1)法第74条の3に規定する特定の増改築等がされた住宅用家屋の所有権の移転登記の税率の軽減の特例、(2)地方税法附則第11条の4第4項に規定する改修工事がされた住宅の不動産取得税の軽減の特例の適用対象となる場合がある。また、増改築等工事証明書の様式は、「住宅用家屋の所有権の保存登記等の登録免許税の税率の軽減措置に係る市町村長の証明事務の実施について」（昭和59年建設省住発第32号。以下「登録免許税特例通知」という。）及び「買取再販で扱われる住宅の取得に係る不動産取得税の特例措置にあたっての要件の確認について」（平成27年4月1日付け国住政第115号）において、これらの特例の適用対象となる上で必要な、法第74条の3第2項に規定する増改築等をしたことを証する書類又は地方税法施行令附則第9条の3第1項第1号に規定する増改築等をしたことを証する書類の様式として認められることとされている。一方で、買取再販住宅の取得に係る住宅ローン控除制度の適用に必要な証明書類としては、登録免許税特例通知別表第5の様式は認められず、増改築等工事証明書の様式のみが認められることとなるため、これらの特例とあわせて買取再販住宅の取得に係る住宅ロー

資　料　編

ン控除制度の適用を受けようとする申請者に対しては、増改築等工事証明書の様式
により増改築等工事証明書が発行されることが望ましい。

　なお、税務署、都道府県又は市町村等に提出する増改築等工事証明書については、
その写しを用いることはできないため、これらの特例に係る証明を同時に行う場合、
増改築等工事証明書を最大3通発行する必要があることに留意する。

別表1　地域別断熱材の必要厚さ
（別表3の1及び2地域）

住宅の種類	断熱材の施工法	部位		断熱材の熱抵抗の値	A-1	A-2	B	C	D	E	F
鉄筋コンクリート造等の住宅	内断熱工法	屋根又は天井		3.6	190	180	165	145	125	105	80
		壁		2.3	120	115	105	95	80	65	55
		床	外気に接する部分	3.2	170	160	145	130	110	90	75
			その他の部分	2.2	115	110	100	90	75	65	50
		土間床等の外周部分の基礎	外気に接する部分	1.7	90	85	80	70	60	50	40
			その他の部分	0.5	30	25	25	20	20	15	15
	外断熱工法	屋根又は天井		3.0	160	150	135	120	105	85	70
		壁		1.8	95	90	85	75	65	55	40
		床	外気に接する部分	3.2	170	160	145	130	110	90	75
			その他の部分	2.2	115	110	100	90	75	65	50
		土間床等の外周部分の基礎	外気に接する部分	1.7	90	85	80	70	60	50	40
			その他の部分	0.5	30	25	25	20	20	15	15
木造の住宅	充填断熱工法	屋根又は天井	屋根	6.6	345	330	300	265	225	185	150
			天井	5.7	300	285	260	230	195	160	130
		壁		3.3	175	165	150	135	115	95	75
		床	外気に接する部分	5.2	275	260	235	210	180	150	115
			その他の部分	3.3	175	165	150	135	115	95	75
		土間床等の外周部分の基礎	外気に接する部分	3.5	185	175	160	140	120	100	80
			その他の部分	1.2	65	60	55	50	45	35	30
枠組壁工法の住宅	充填断熱工法	屋根又は天井	屋根	6.6	345	330	300	265	225	185	150
			天井	5.7	300	285	260	230	195	160	130
		壁		3.6	190	180	165	145	125	105	80
		床	外気に接する部分	4.2	220	210	190	170	145	120	95
			その他の部分	3.1	165	155	140	125	110	90	70
		土間床等の外周部分の基礎	外気に接する部分	3.5	185	175	160	140	120	100	80
			その他の部分	1.2	65	60	55	50	45	35	30
木造、枠組壁工法又は鉄骨造の住宅	外張断熱工法又は内張断熱工法	屋根又は天井		5.7	300	285	260	230	195	160	130
		壁		2.9	155	145	135	120	100	85	65
		床	外気に接する部分	3.8	200	190	175	155	130	110	85
			その他の部分								
		土間床等の外周部分の基礎	外気に接する部分	3.5	185	175	160	140	120	100	80
			その他の部分	1.2	65	60	55	50	45	35	30

（別表3の3地域）

住宅の種類	断熱材の施工法	部位		断熱材の熱抵抗の値	A-1	A-2	B	C	D	E	F
鉄筋コンクリート造等の住宅	内断熱工法	屋根又は天井		2.7	145	135	125	110	95	80	60
		壁		1.8	95	90	85	75	65	55	40
		床	外気に接する部分	2.6	140	130	120	105	90	75	60
			その他の部分	1.8	95	90	85	75	65	55	40
		土間床等の外周部分の基礎	外気に接する部分	1.4	75	70	65	60	50	40	35
			その他の部分	0.4	25	20	20	20	15	15	10
	外断熱工法	屋根又は天井		2.2	115	110	100	90	75	65	50
		壁		1.5	80	75	70	60	55	45	35
		床	外気に接する部分	2.6	140	130	120	105	90	75	60
			その他の部分	1.8	95	90	85	75	65	55	40
		土間床等の外周部分の基礎	外気に接する部分	1.4	75	70	65	60	50	40	35
			その他の部分	0.4	25	20	20	20	15	15	10
木造の住宅	充填断熱工法	屋根又は天井	屋根	4.6	240	230	210	185	160	130	105
			天井	4.0	210	200	180	160	140	115	90
		壁		2.2	115	110	100	90	75	65	50
		床	外気に接する部分	5.2	275	260	235	210	180	150	115
			その他の部分	3.3	175	165	150	135	115	95	75
		土間床等の外周部分の基礎	外気に接する部分	3.5	185	175	160	140	120	100	80
			その他の部分	1.2	65	60	55	50	45	35	30
枠組壁工法の住宅	充填断熱工法	屋根又は天井	屋根	4.6	240	230	210	185	160	130	105
			天井	4.0	210	200	180	160	140	115	90
		壁		2.3	120	115	105	95	80	65	55
		床	外気に接する部分	4.2	220	210	190	170	145	120	95
			その他の部分	3.1	165	155	140	125	110	90	70
		土間床等の外周部分の基礎	外気に接する部分	3.5	185	175	160	140	120	100	80
			その他の部分	1.2	65	60	55	50	45	35	30
木造、枠組壁工法又は鉄骨造の住宅	外張断熱工法又は内張断熱工法	屋根又は天井		4.0	210	200	180	160	140	115	90
		壁		1.7	90	85	80	70	60	50	40
		床	外気に接する部分	3.8	200	190	175	155	130	110	85
			その他の部分								
		土間床等の外周部分の基礎	外気に接する部分	3.5	185	175	160	140	120	100	80
			その他の部分	1.2	65	60	55	50	45	35	30

資 料 編

（別表３の４、５、６及び７地域）

住宅の種類	断熱材の施工法	部位		断熱材の熱抵抗の値	断熱材の厚さ（単位 ミリメートル）						
					A-1	A-2	B	C	D	E	F
鉄筋コンクリート造等の住宅	内断熱工法	屋根又は天井		2.5	130	125	115	100	85	70	55
		壁		1.1	60	55	50	45	40	35	25
		床	外気に接する部分	2.1	110	105	95	85	75	60	50
			その他の部分	1.5	80	75	70	60	55	45	35
		土間床等の外周部分の基礎	外気に接する部分	0.8	45	40	40	35	30	25	20
			その他の部分	0.2	15	10	10	10	10	10	5
	外断熱工法	屋根又は天井		2.0	105	100	90	80	70	60	45
		壁		0.9	50	45	45	40	35	30	20
		床	外気に接する部分	2.1	110	105	95	85	75	60	50
			その他の部分	1.5	80	75	70	60	55	45	35
		土間床等の外周部分の基礎	外気に接する部分	0.8	45	40	40	35	30	25	20
			その他の部分	0.2	15	10	10	10	10	10	5
木造の住宅	充填断熱工法	屋根又は天井	屋根	4.6	240	230	210	185	160	130	105
			天井	4.0	210	200	180	160	140	115	90
		壁		2.2	115	110	100	90	75	65	50
		床	外気に接する部分	3.3	175	165	150	135	115	95	75
			その他の部分	2.2	115	110	100	90	75	65	50
		土間床等の外周部分の基礎	外気に接する部分	1.7	90	85	80	70	60	50	40
			その他の部分	0.5	30	25	25	20	20	15	15
枠組壁工法の住宅	充填断熱工法	屋根又は天井	屋根	4.6	240	230	210	185	160	130	105
			天井	4.0	210	200	180	160	140	115	90
		壁		2.3	120	115	105	95	80	65	55
		床	外気に接する部分	3.1	165	155	140	125	110	90	70
			その他の部分	2.0	105	100	90	80	70	60	45
		土間床等の外周部分の基礎	外気に接する部分	1.7	90	85	80	70	60	50	40
			その他の部分	0.5	30	25	25	20	20	15	15
木造、枠組壁工法又は鉄骨造の住宅	外張断熱工法又は内張断熱工法	屋根又は天井		4.0	210	200	180	160	140	115	90
		壁		1.7	90	85	80	70	60	50	40
		床	外気に接する部分	2.5	130	125	115	100	85	70	55
			その他の部分								
		土間床等の外周部分の基礎	外気に接する部分	1.7	90	85	80	70	60	50	40
			その他の部分	0.5	30	25	25	20	20	15	15

（別表３の８地域）

住宅の種類	断熱材の施工法	部位		断熱材の熱抵抗の値	断熱材の厚さ（単位 ミリメートル）						
					A-1	A-2	B	C	D	E	F
鉄筋コンクリート造等の住宅	内断熱工法	屋根又は天井		1.6	85	80	75	65	55	45	40
		壁									
		床	外気に接する部分								
			その他の部分								
		土間床等の外周部分の基礎	外気に接する部分								
			その他の部分								
	外断熱工法	屋根又は天井		1.4	75	70	65	60	50	40	35
		壁									
		床	外気に接する部分								
			その他の部分								
		土間床等の外周部分の基礎	外気に接する部分								
			その他の部分								
木造の住宅	充填断熱工法	屋根又は天井	屋根	4.6	240	230	210	185	160	130	105
			天井	4.0	210	200	180	160	140	115	90
		壁									
		床	外気に接する部分								
			その他の部分								
		土間床等の外周部分の基礎	外気に接する部分								
			その他の部分								
枠組壁工法の住宅	充填断熱工法	屋根又は天井	屋根	4.6	240	230	210	185	160	130	105
			天井	4.0	210	200	180	160	140	115	90
		壁									
		床	外気に接する部分								
			その他の部分								
		土間床等の外周部分の基礎	外気に接する部分								
			その他の部分								
木造、枠組壁工法又は鉄骨造の住宅	外張断熱工法又は内張断熱工法	屋根又は天井		4.0	210	200	180	160	140	115	90
		壁									
		床	外気に接する部分								
			その他の部分								
		土間床等の外周部分の基礎	外気に接する部分								
			その他の部分								

第　2　部

※断熱材の厚さ欄中A-1～Fは、それぞれ次の断熱材を表すものとする。

記号	断熱材の種類	記号	断熱材の種類
A-1	吹込用グラスウール　13K相当、18K相当		吹込用セルローズファイバー　25K相当、45K相当、55K相当
	インシュレーションファイバー断熱材（ファイバーボード）		フェノールフォーム断熱材2種1号（AⅠ、AⅡ）、3種1号（AⅠ、AⅡ）
	建材畳床（Ⅲ形）		
A-2	グラスウール断熱材　10K（10-50、10-49、10-48）		建築物断熱用吹付硬質ウレタンフォームA種3
	高性能グラスウール断熱材　10K相当（HG10-47、HG10-46）		吹込用ロックウール　65K相当
	吹込用ロックウール　25K相当	D	グラスウール断熱材　80K（80-33）、96K（96-33）
	建材畳床（K、N形）		
B	グラスウール断熱材　12K（12-45、12-44）、16K（16-45、16-44）、20K（20-42、20-41）		高性能グラスウール断熱材　20K（HG20-34）、24K（HG24-34、HG24-33）、28K（HG28-34、HG28-33）、32K（HG32-34、HG32-33）、36K（HG36-34、HG36-33、HG36-32、HG36-31）、38K（HG38-34、HG38-33、HG38-32、HG38-31）、40K（HG40-34、HG40-33、HG40-32）、48K（HG48-33、HG48-32、HG48-31）
	高性能グラスウール断熱材　10K（HG10-45、HG10-44、HG10-43）、12K（HG12-43、HG12-42、HG12-41）		
	ロックウール断熱材（LA、LB、LC）		
	ビーズ法ポリスチレンフォーム断熱材4号		
	ポリエチレンフォーム断熱材1種1号、2号		
C	グラスウール断熱材　20K（20-40）、24K（24-38）、32K（32-36）、40K（40-36）、48K（48-35）、64K（64-35）		ロックウール断熱材（HC）
			ビーズ法ポリスチレンフォーム断熱材1号
			押出法ポリスチレンフォーム断熱材2種（b（A、B、C））
			フェノールフォーム断熱材2種2号（AⅠ、AⅡ）
	高性能グラスウール断熱材　14K（HG14-38、HG14-37）、16K（HG16-38、HG16-37、HG16-36）、20K（HG20-38、HG20-37、HG20-36、HG20-35）、24K（HG24-36、HG24-35）、28K（HG28-35）、32K（HG32-35）		硬質ウレタンフォーム断熱材1種
			ポリエチレンフォーム断熱材3種
			建築物断熱用吹付硬質ウレタンフォームA種1、A種2
	インシュレーションファイバー断熱材（ファイバーマット）	E	押出法ポリスチレンフォーム断熱材3種（a（A、B、C）、b（A、B、C））
	吹込用グラスウール　30K相当、35K相当		硬質ウレタンフォーム断熱材2種1号、2号、3号、4号
	ロックウール断熱材（LD、MA、MB、MC、HA、HB）		フェノールフォーム断熱材2種3号（AⅠ、AⅡ）
	ビーズ法ポリスチレンフォーム断熱材2号、3号	F	押出法ポリスチレンフォーム断熱材3種（a（D）、b（D））
	押出法ポリスチレンフォーム断熱材1種（b（A、B、C））		フェノールフォーム断熱材1種　1号（AI、AII、BI、BII、CI、CII、DI、DII、EI、EII）　2号（AI、AII、BI、BII、CI、CII、DI、DII、EI、EII）　3号（AI、AII、BI、BII、CI、CII、DI、DII、EI、EII）
	ポリエチレンフォーム断熱材2種		

資 料 編

(参考 日本産業規格 A9521 平成 26 年改正前の表記)

記号	断熱材の種類	記号	断熱材の種類
A-1	吹込用グラスウール（施工密度 13K、18K）	D	高性能グラスウール断熱材 40K 相当
	タタミボード（15mm）		高性能グラスウール断熱材 48K 相当
	A級インシュレーションボード（9mm）		A種ビーズ法ポリスチレンフォーム保温板特号
	シージングボード（9mm）		A種押出法ポリスチレンフォーム保温板2種
A-2	住宅用グラスウール断熱材 10K 相当		A種硬質ウレタンフォーム保温板1種
	吹込用ロックウール断熱材 25K		建築物断熱用吹付け硬質ウレタンフォームA種1
B	住宅用グラスウール断熱材 16K 相当		建築物断熱用吹付け硬質ウレタンフォームA種2
	住宅用グラスウール断熱材 20K 相当		A種ポリエチレンフォーム保温板3種
	A種ビーズ法ポリスチレンフォーム保温板4号		A種フェノールフォーム保温板2種2号
	A種ポリエチレンフォーム保温板1種1号	E	A種押出法ポリスチレンフォーム保温板3種
	A種ポリエチレンフォーム保温板1種2号		A種硬質ウレタンフォーム保温板2種1号
C	住宅用グラスウール断熱材 24K 相当		A種硬質ウレタンフォーム保温板2種2号
	住宅用グラスウール断熱材 32K 相当		A種硬質ウレタンフォーム保温板2種3号
	高性能グラスウール断熱材 16K 相当		A種硬質ウレタンフォーム保温板2種4号
	高性能グラスウール断熱材 24K 相当		A種フェノールフォーム保温板2種3号
	高性能グラスウール断熱材 32K 相当	F	A種フェノールフォーム保温板1種1号
	吹込用グラスウール断熱材 30K、35K 相当		A種フェノールフォーム保温板1種2号
	住宅用ロックウール断熱材（マット）		
	ロックウール断熱材（フェルト）		
	ロックウール断熱材（ボード）		
	A種ビーズ法ポリスチレンフォーム保温板1号		
	A種ビーズ法ポリスチレンフォーム保温板2号		
	A種ビーズ法ポリスチレンフォーム保温板3号		
C	A種押出法ポリスチレンフォーム保温板1種		
	建築物断熱用吹付け硬質ウレタンフォームA種3		
	A種ポリエチレンフォーム保温板2種		
	A種フェノールフォーム保温板2種1号		
	A種フェノールフォーム保温板3種1号		
	A種フェノールフォーム保温板3種2号		
	吹込用セルローズファイバー断熱材 25K		
	吹込用セルローズファイバー断熱材 45K、55K		
	吹込用ロックウール断熱材 65K 相当		

別表2　地域別断熱材の必要厚さ
（鉄骨造住宅で外壁の外張断熱工法又は内張断熱工法以外の工法）

（別表3の1及び2地域）

住宅の種類	外装材の熱抵抗	部位	一般断熱層を貫通する金属部材の有無	断熱材の厚さ（単位　ミリメートル）必要厚さ						
				A-1	A-2	B	C	D	E	F
鉄筋造	0.56以上	鉄骨柱、鉄骨梁部分	有	100	100	90	80	65	55	45
			無	100	100	90	80	65	55	45
		一般部	有	190	180	165	145	125	100	80
			無	115	110	100	85	75	60	50
		一般部において断熱層を貫通する金属部材	有	40	40	35	30	25	25	20
			無							
	0.15以上0.56未満	鉄骨柱、鉄骨梁部分	有	100	100	90	80	65	55	45
			無	100	100	90	80	65	55	45
		一般部	有	190	180	165	145	125	100	80
			無	130	125	110	100	85	70	55
		一般部において断熱層を貫通する金属部材	有	60	55	50	45	40	35	25
			無							
	0.15未満	鉄骨柱、鉄骨梁部分	有	100	100	90	80	65	55	45
			無	100	100	90	80	65	55	45
		一般部	有	190	180	165	145	125	100	80
			無	160	150	135	120	105	85	70
		一般部において断熱層を貫通する金属部材	有	75	75	65	60	50	45	35
			無							

（別表3の3地域）

住宅の種類	外装材の熱抵抗	部位	一般断熱層を貫通する金属部材の有無	断熱材の厚さ（単位　ミリメートル）必要厚さ						
				A-1	A-2	B	C	D	E	F
鉄筋造	0.56以上	鉄骨柱、鉄骨梁部分	有	35	35	30	30	25	20	15
			無	35	35	30	30	25	20	15
		一般部	有	120	115	100	90	80	65	50
			無	60	55	50	45	40	35	25
		一般部において断熱層を貫通する金属部材	有	20	20	15	15	15	10	10
			無							
	0.15以上0.56未満	鉄骨柱、鉄骨梁部分	有	45	45	40	35	30	25	20
			無	45	45	40	35	30	25	20
		一般部	有	120	115	100	90	80	65	50
			無	80	75	70	60	50	45	35
		一般部において断熱層を貫通する金属部材	有	30	25	25	20	20	15	15
			無							
	0.15未満	鉄骨柱、鉄骨梁部分	有	70	65	60	55	45	40	30
			無	70	65	60	55	45	40	30
		一般部	有	120	115	100	90	80	65	50
			無	90	90	80	70	60	50	40
		一般部において断熱層を貫通する金属部材	有	40	40	35	30	25	25	20
			無							

（別表3の4、5、6、7及び8地域）

住宅の種類	外装材の熱抵抗	部位	一般断熱層を貫通する金属部材の有無	断熱材の厚さ（単位　ミリメートル）必要厚さ						
				A-1	A-2	B	C	D	E	F
鉄筋造	0.56以上	鉄骨柱、鉄骨梁部分	有	5	5	5	5	5	5	5
			無	5	5	5	5	5	5	5
		一般部	有	120	115	100	90	80	65	50
			無	60	55	50	45	40	35	25
		一般部において断熱層を貫通する金属部材	有	20	20	15	15	15	10	10
			無							
	0.15以上0.56未満	鉄骨柱、鉄骨梁部分	有	20	20	15	15	15	10	10
			無	20	20	15	15	15	10	10
		一般部	有	120	115	100	90	80	65	50
			無	80	75	70	60	50	45	35
		一般部において断熱層を貫通する金属部材	有	30	25	25	20	20	15	15
			無							
	0.15未満	鉄骨柱、鉄骨梁部分	有	35	35	30	30	25	20	15
			無	35	35	30	30	25	20	15
		一般部	有	120	115	100	90	80	65	50
			無	90	90	80	70	60	50	40
		一般部において断熱層を貫通する金属部材	有	40	40	35	30	25	25	20
			無							

資　料　編　　　　　　　　　　　　　821

別表3　地域区分（令和元年11月16日以降居住の用に供する場合。）

地域区分	都道府県名	市町村
1	北海道	夕張市、士別市、名寄市、伊達市(旧大滝村に限る。)、留寿都村、喜茂別町、愛別町、上川町、美瑛町、南富良野町、占冠村、下川町、美深町、音威子府村、中川町、幌加内町、猿払村、浜頓別町、中頓別町、枝幸町(旧歌登町に限る。)、津別町、訓子府町、置戸町、佐呂間町、遠軽町、滝上町、興部町、西興部村、雄武町、上士幌町、中札内村、更別村、幕別町(旧忠類村に限る。)、大樹町、豊頃町、足寄町、陸別町、標茶町、弟子屈町、鶴居村、別海町、中標津町
2	北海道	札幌市、小樽市、旭川市、釧路市、帯広市、北見市、岩見沢市、網走市、留萌市、苫小牧市、稚内市、美唄市、芦別市、江別市、赤平市、紋別市、三笠市、根室市、千歳市、滝川市、砂川市、歌志内市、深川市、富良野市、登別市、恵庭市、伊達市(旧伊達市に限る。)、北広島市、石狩市、北斗市、当別町、新篠津村、木古内町、七飯町、鹿部町、森町、八雲町(旧八雲町に限る。)、長万部町、今金町、せたな町、島牧村、寿都町、黒松内町、蘭越町、ニセコ町、真狩村、京極町、倶知安町、共和町、岩内町、泊村、神恵内村、積丹町、古平町、仁木町、余市町、赤井川村、南幌町、奈井江町、上砂川町、由仁町、長沼町、栗山町、月形町、浦臼町、新十津川町、妹背牛町、秩父別町、雨竜町、北竜町、沼田町、鷹栖町、東神楽町、当麻町、比布町、東川町、上富良野町、中富良野町、和寒町、剣淵町、増毛町、小平町、苫前町、羽幌町、初山別村、遠別町、天塩町、枝幸町(旧枝幸町に限る。)、豊富町、礼文町、利尻町、利尻富士町、幌延町、美幌町、斜里町、清里町、小清水町、湧別町、大空町、豊浦町、壮瞥町、白老町、厚真町、洞爺湖町、安平町、むかわ町、日高町、平取町、新冠町、浦河町、様似町、えりも町、新ひだか町、音更町、士幌町、鹿追町、新得町、清水町、芽室町、広尾町、幕別町(旧幕別町に限る。)、池田町、本別町、浦幌町、釧路町、厚岸町、浜中町、白糠町、標津町、羅臼町
	青森県	平川市（旧碇ヶ関村に限る。）
	岩手県	八幡平市（旧安代町に限る。）、葛巻町、岩手町、西和賀町、九戸村
	秋田県	小坂町
	福島県	檜枝岐村、南会津町（旧舘岩村、旧伊南村、旧南郷村に限る。）
	栃木県	日光市（旧栗山村に限る。）
	群馬県	嬬恋村、草津町、片品村
	長野県	塩尻市（旧楢川村に限る。）、川上村、南牧村、南相木村、北相木村、軽井沢町、木祖村、木曽町（旧開田村に限る。）
3	北海道	函館市、室蘭市、松前町、福島町、知内町、八雲町(旧熊石町に限る。)、江差町、上ノ国町、厚沢部町、乙部町、奥尻町
	青森県	青森市、弘前市、八戸市、黒石市、五所川原市、十和田市、三沢市、むつ市、つがる市、平川市（旧尾上町、旧平賀町に限る。）、平内町、今別町、蓬田村、外ヶ浜町、西目屋村、藤崎町、大鰐町、田舎館村、板柳町、鶴田町、中泊町、野辺地町、七戸町、六戸町、横浜町、東北町、六ヶ所村、おいらせ町、大間町、東通村、風間浦村、佐井村、三戸町、五戸町、田子町、南部町、階上町、新郷村

	岩手県	盛岡市、花巻市、久慈市、遠野市、二戸市、八幡平市（旧西根町、旧松尾村に限る。）、一関市（旧大東町、旧藤沢町、旧千厩町、旧東山町、旧室根村に限る。）、滝沢市、雫石町、紫波町、矢巾町、住田町、岩泉町、田野畑村、普代村、軽米町、野田村、洋野町、一戸町
	宮城県	七ヶ宿町
	秋田県	能代市（旧二ツ井町に限る。）、横手市、大館市、湯沢市、鹿角市、大仙市、北秋田市、仙北市、上小阿仁村、藤里町、美郷町、羽後町、東成瀬村
	山形県	新庄市、長井市、尾花沢市、南陽市、西川町、朝日町、大江町、大石田町、金山町、最上町、舟形町、真室川町、鮭川村、戸沢村、高畠町、川西町、小国町、飯豊町
	福島県	二本松市（旧東和町に限る。）、下郷町、只見町、南会津町（旧田島町に限る。）、北塩原村、磐梯町、猪苗代町、柳津町、三島町、金山町、昭和村、鮫川村、平田村、小野町、川内村、葛尾村、飯舘村
	栃木県	日光市（旧足尾町に限る。）
	群馬県	上野村、長野原町、高山村、川場村
	石川県	白山市（旧白峰村に限る。）
	山梨県	北杜市（旧小淵沢町に限る。）、笛吹市（旧芦川村に限る。）、忍野村、山中湖村、鳴沢村、小菅村、丹波山村
	長野県	上田市（旧真田町、旧武石村に限る。）、岡谷市、小諸市、大町市、茅野市、佐久市、小海町、佐久穂町、御代田町、立科町、長和町、富士見町、原村、辰野町、平谷村、売木村、上松町、王滝村、木曽町（旧木曽福島町、旧日義村、旧三岳村に限る。）、麻績村、生坂村、朝日村、筑北村、白馬村、小谷村、高山村、山ノ内町、野沢温泉村、信濃町、小川村、飯綱町
	岐阜県	飛騨市、郡上市（旧高鷲村に限る。）、下呂市（旧小坂町、旧馬瀬村に限る。）、白川村
	奈良県	野迫川村
	広島県	廿日市市（旧吉和村に限る。）
4	青森県	鰺ヶ沢町、深浦町
	岩手県	宮古市、大船渡市、北上市、一関市（旧一関市、旧花泉町、旧川崎村に限る。）、陸前高田市、釜石市、奥州市、金ケ崎町、平泉町、大槌町、山田町
	宮城県	石巻市、塩竈市、気仙沼市、白石市、名取市、角田市、岩沼市、登米市、栗原市、東松島市、大崎市、蔵王町、大河原町、村田町、柴田町、川崎町、丸森町、亘理町、松島町、七ヶ浜町、利府町、大和町、大郷町、富谷市、大衡村、色麻町、加美町、涌谷町、美里町、女川町、南三陸町
	秋田県	秋田市、能代市（旧能代市に限る。）、男鹿市、由利本荘市、潟上市、三種町、八峰町、五城目町、八郎潟町、井川町、大潟村
	山形県	山形市、米沢市、鶴岡市、酒田市（旧八幡町、旧松山町、旧平田町に限る。）、寒河江市、上山市、村山市、天童市、東根市、山辺町、中山町、河北町、大蔵村、白鷹町、三川町、庄内町、遊佐町
	福島県	会津若松市、白河市、須賀川市、喜多方市、二本松市（旧二本松市、旧安達町、旧岩代町に限る。）、田村市、伊達市、本宮市、桑折町、国見町、川俣町、大玉村、鏡石町、天栄村、西会津町、会津坂下町、湯川村、会津美里町、西郷村、泉崎村、中島村、矢吹町、棚倉町、矢祭町、塙町、石川町、玉川村、浅川町、古殿町、三春町

資　料　編

茨城県	城里町（旧七会村に限る。）、大子町
栃木県	日光市（旧日光市、旧今市市、旧藤原町に限る。）、那須塩原市、塩谷町、那須町
群馬県	高崎市（旧倉渕村に限る。）、桐生市（旧黒保根村に限る。）、沼田市、神流町、南牧村、中之条町、東吾妻町、昭和村、みなかみ町
埼玉県	秩父市（旧大滝村に限る。）
東京都	檜原村、奥多摩町
新潟県	小千谷市、十日町市、村上市、魚沼市、南魚沼市、阿賀町、湯沢町、津南町、関川村
石川県	白山市（旧河内村、旧吉野谷村、旧鳥越村、旧尾口村に限る。）
福井県	池田町
山梨県	甲府市（旧上九一色村に限る。）、富士吉田市、北杜市（旧明野村、旧須玉町、旧高根町、旧長坂町、旧大泉村、旧白州町に限る。）、甲州市（旧大和村に限る。）、道志村、西桂町、富士河口湖町
長野県	長野市、松本市、上田市（旧上田市、旧丸子町に限る。）、諏訪市、須坂市、伊那市、駒ヶ根市、中野市、飯山市、塩尻市（旧塩尻市に限る。）、千曲市、東御市、安曇野市、青木村、下諏訪町、箕輪町、飯島町、南箕輪村、中川村、宮田村、松川町、高森町、阿南町、阿智村、根羽村、下條村、天龍村、泰阜村、豊丘村、大鹿村、南木曽町、大桑村、山形村、池田町、松川村、坂城町、小布施町、木島平村、栄村
岐阜県	高山市、中津川市（旧長野県木曽郡山口村、旧坂下町、旧川上村、旧加子母村、旧付知町、旧福岡町、旧蛭川村に限る。）、本巣市（旧根尾村に限る。）、郡上市（旧八幡町、旧大和町、旧白鳥町、旧明宝村、旧和良村に限る。）、下呂市（旧萩原町、旧下呂町、旧金山町に限る。）、東白川村
愛知県	豊田市（旧稲武町に限る。）、設楽町（旧津具村に限る。）、豊根村
兵庫県	香美町（旧村岡町、旧美方町に限る。）
奈良県	奈良市（旧都祁村に限る。）、五條市（旧大塔村に限る。）、曽爾村、御杖村、黒滝村、天川村、川上村
和歌山県	高野町
鳥取県	若桜町、日南町、日野町
島根県	飯南町、吉賀町
岡山県	津山市（旧阿波村に限る。）、真庭市（旧湯原町、旧美甘村、旧川上村、旧八束村、旧中和村に限る。）、新庄村、西粟倉村、吉備中央町
広島県	庄原市（旧総領町、旧西城町、旧東城町、旧口和町、旧高野町、旧比和町に限る。）、安芸太田町、世羅町、神石高原町

	愛媛県	新居浜市（旧別子山村に限る。）、久万高原町
	高知県	いの町（旧本川村に限る。）、梼原町
5	宮城県	仙台市、多賀城市、山元町
	秋田県	にかほ市
	山形県	酒田市（旧酒田市に限る。）
	福島県	福島市、郡山市、いわき市、相馬市、南相馬市、広野町、楢葉町、富岡町、大熊町、双葉町、浪江町、新地町
	茨城県	水戸市、土浦市（旧新治村に限る。）、石岡市、結城市、下妻市、常総市、常陸太田市、高萩市、北茨城市、笠間市、取手市、牛久市、つくば市、ひたちなか市、常陸大宮市、那珂市、筑西市、坂東市、稲敷市、かすみがうら市、桜川市、行方市、鉾田市、つくばみらい市、小美玉市、茨城町、大洗町、城里町（旧常北町、旧桂村に限る。）、東海村、美浦村、阿見町、河内町、八千代町、五霞町、境町、利根町
	栃木県	宇都宮市、栃木市、鹿沼市、小山市、真岡市、大田原市、矢板市、さくら市、那須烏山市、下野市、上三川町、益子町、茂木町、市貝町、芳賀町、壬生町、野木町、高根沢町、那珂川町
	群馬県	桐生市（旧新里村に限る。）、渋川市、富岡市、安中市、みどり市、榛東村、吉岡町、下仁田町、甘楽町、板倉町
	埼玉県	秩父市（旧秩父市、旧吉田町、旧荒川村に限る。）、飯能市、日高市、毛呂山町、越生町、滑川町、嵐山町、小川町、川島町、吉見町、鳩山町、ときがわ町、横瀬町、皆野町、長瀞町、小鹿野町、東秩父村、美里町、神川町、寄居町
	千葉県	印西市、富里市、栄町、神崎町
	東京都	青梅市、羽村市、あきる野市、瑞穂町、日の出町
	神奈川県	山北町、愛川町、清川村
	新潟県	新潟市、長岡市、三条市、柏崎市、新発田市、加茂市、見附市、燕市、糸魚川市、妙高市、五泉市、上越市、阿賀野市、佐渡市、胎内市、聖籠町、弥彦村、田上町、出雲崎町、刈羽村、粟島浦村
	富山県	富山市、高岡市、魚津市、氷見市、滑川市、黒部市、砺波市、小矢部市、南砺市、射水市、舟橋村、上市町、立山町、入善町、朝日町
	石川県	七尾市、輪島市、珠洲市、加賀市、羽咋市、かほく市、白山市（旧美川町、旧鶴来町に限る。）、能美市、川北町、津幡町、内灘町、志賀町、宝達志水町、中能登町、穴水町、能登町
	福井県	大野市、勝山市、あわら市、坂井市、永平寺町、南越前町、若狭町
	山梨県	甲府市（旧中道町に限る。）、都留市、山梨市、大月市、韮崎市、南アルプス市、北杜市（旧武川村に限る。）、甲斐市、笛吹市（旧春日居町、旧石和町、旧御坂町、旧一宮町、旧八代町、旧境川村に限る。）、上野原市、甲州市（旧塩山市、旧勝沼町に限る。）、中央市、市川三郷町、早川町、身延町、富士川町

資　料　編

長野県	飯田市、喬木村
岐阜県	大垣市(旧上石津町に限る。)、中津川市(旧中津川市に限る。)、美濃市、瑞浪市、恵那市、郡上市(旧美並村に限る。)、土岐市、関ケ原町、坂祝町、富加町、川辺町、七宗町、八百津町、白川町、御嵩町
静岡県	御殿場市、小山町、川根本町
愛知県	設楽町(旧設楽町に限る。)、東栄町
三重県	津市(旧美杉村に限る。)、名張市、いなべ市(旧北勢町、旧藤原町に限る。)、伊賀市
滋賀県	大津市、彦根市、長浜市、栗東市、甲賀市、野洲市、湖南市、高島市、東近江市、米原市、日野町、竜王町、愛荘町、豊郷町、甲良町、多賀町
京都府	福知山市、綾部市、宮津市、亀岡市、京丹後市、南丹市、宇治田原町、笠置町、和束町、南山城村、京丹波町、与謝野町
大阪府	豊能町、能勢町
兵庫県	豊岡市、西脇市、三田市、加西市、丹波篠山市、養父市、丹波市、朝来市、宍粟市、加東市、猪名川町、多可町、市川町、神河町、上郡町、佐用町、新温泉町(旧温泉町に限る。)
奈良県	生駒市、宇陀市、山添村、平群町、吉野町、大淀町、下市町、十津川村、下北山村、上北山村、東吉野村
和歌山県	田辺市(旧龍神村に限る。)、かつらぎ町(旧花園村に限る。)、日高川町(旧美山村に限る。)
鳥取県	倉吉市、智頭町、八頭町、三朝町、南部町、江府町
島根県	益田市(旧美都町、旧匹見町に限る。)、雲南市、奥出雲町、川本町、美郷町、邑南町、津和野町
岡山県	津山市(旧津山市、旧加茂町、旧勝北町、旧久米町に限る。)、高梁市、新見市、備前市、真庭市(旧北房町、旧勝山町、旧落合町、旧久世町に限る。)、美作市、和気町、鏡野町、勝央町、奈義町、久米南町、美咲町
広島県	府中市、三次市、庄原市(旧庄原市に限る。)、東広島市、廿日市市(旧佐伯町に限る。)、安芸高田市、熊野町、北広島町
山口県	下関市(旧豊田町に限る。)、萩市(旧むつみ村、旧福栄村に限る。)、美祢市
徳島県	三好市、上勝町
愛媛県	大洲市(旧肱川町、旧河辺村に限る。)、内子町(旧小田町に限る。)
高知県	本山町、大豊町、土佐町、大川村、いの町(旧吾北村に限る。)、仁淀川町
福岡県	東峰村
熊本県	八代市(旧泉村に限る。)阿蘇市、南小国町、小国町、産山村、高森町、南阿蘇村、山都町、水上村、五木村
大分県	佐伯市(旧宇目町に限る。)、由布市(旧湯布院町に限る。)、九重町、玖珠町
宮崎県	椎葉村、五ヶ瀬町

6	茨城県	日立市、土浦市（旧新治村を除く。）、古河市、龍ケ崎市、鹿嶋市、潮来市、守谷市、神栖市
	栃木県	足利市、佐野市
	群馬県	前橋市、高崎市（旧倉渕村を除く。）、桐生市（旧桐生市に限る。）、伊勢崎市、太田市、館林市、藤岡市、玉村町、明和町、千代田町、大泉町、邑楽町
	埼玉県	さいたま市、川越市、熊谷市、川口市、行田市、所沢市、加須市、本庄市、東松山市、春日部市、狭山市、羽生市、鴻巣市、深谷市、上尾市、草加市、越谷市、蕨市、戸田市、入間市、朝霞市、志木市、和光市、新座市、桶川市、久喜市、北本市、八潮市、富士見市、三郷市、蓮田市、坂戸市、幸手市、鶴ヶ島市、吉川市、ふじみ野市、白岡市、伊奈町、三芳町、上里町、宮代町、杉戸町、松伏町
	千葉県	千葉市、銚子市、市川市、船橋市、木更津市、松戸市、野田市、茂原市、成田市、佐倉市、東金市、旭市、習志野市、柏市、市原市、流山市、八千代市、我孫子市、鴨川市、鎌ケ谷市、君津市、富津市、浦安市、四街道市、袖ケ浦市、八街市、白井市、南房総市、匝瑳市、香取市、山武市、いすみ市、大網白里市、酒々井町、多古町、東庄町、九十九里町、芝山町、横芝光町、一宮町、睦沢町、長生村、白子町、長柄町、長南町、大多喜町、御宿町、鋸南町
	東京都	東京23区、八王子市、立川市、武蔵野市、三鷹市、府中市、昭島市、調布市、町田市、小金井市、小平市、日野市、東村山市、国分寺市、国立市、福生市、狛江市、東大和市、清瀬市、東久留米市、武蔵村山市、多摩市、稲城市、西東京市
	神奈川県	横浜市、川崎市、相模原市、平塚市、鎌倉市、小田原市、茅ヶ崎市、逗子市、秦野市、厚木市、大和市、伊勢原市、海老名市、座間市、南足柄市、綾瀬市、葉山町、寒川町、大磯町、二宮町、中井町、大井町、松田町、開成町、箱根町、真鶴町、湯河原町
	石川県	金沢市、白山市（旧松任市に限る。）、小松市、野々市市
	福井県	福井市、敦賀市、小浜市、鯖江市、越前市、越前町、美浜町、高浜町、おおい町
	山梨県	甲府市（旧甲府市に限る。）、南部町、昭和町
	岐阜県	岐阜市、大垣市（旧大垣市、旧墨俣町に限る。）、多治見市、関市、羽島市、美濃加茂市、各務原市、可児市、山県市、瑞穂市、本巣市（旧本巣町、旧真正町、旧糸貫町に限る。）、海津市、岐南町、笠松町、養老町、垂井町、神戸町、輪之内町、安八町、揖斐川町、大野町、池田町、北方町
	静岡県	浜松市、熱海市、三島市、富士宮市、島田市、掛川市、袋井市、裾野市、湖西市、伊豆市、菊川市、伊豆の国市、西伊豆町、函南町、長泉町、森町
	愛知県	名古屋市、岡崎市、一宮市、瀬戸市、半田市、春日井市、豊川市、津島市、碧南市、刈谷市、豊田市（旧稲武町を除く。）、安城市、西尾市、蒲郡市、犬山市、常滑市、江南市、小牧市、稲沢市、新城市、東海市、大府市、知多市、知立市、尾張旭市、高浜市、岩倉市、豊明市、日進市、田原市、愛西市、清須市、北名古屋市、弥富市、みよし市、あま市、長久手市、東郷町、豊山町、大口町、扶桑町、大治町、蟹江町、飛島村、阿久比町、東浦町、南知多町、美浜町、武豊町、幸田町

資 料 編

三重県	津市（旧津市、旧久居市、旧河芸町、旧芸濃町、旧美里村、旧安濃町、旧香良洲町、旧一志町、旧白山町に限る。）、四日市市、伊勢市、松阪市、桑名市、鈴鹿市、尾鷲市、亀山市、鳥羽市、いなべ市（旧員弁町、旧大安町に限る。）、志摩市、木曽岬町、東員町、菰野町、朝日町、川越町、多気町、明和町、大台町、玉城町、度会町、大紀町、南伊勢町、紀北町
滋賀県	近江八幡市、草津市、守山市
京都府	京都市、舞鶴市、宇治市、城陽市、向日市、長岡京市、八幡市、京田辺市、木津川市、大山崎町、久御山町、井手町、精華町、伊根町
大阪府	大阪市、堺市、岸和田市、豊中市、池田市、吹田市、泉大津市、高槻市、貝塚市、守口市、枚方市、茨木市、八尾市、泉佐野市、富田林市、寝屋川市、河内長野市、松原市、大東市、和泉市、箕面市、柏原市、羽曳野市、門真市、摂津市、高石市、藤井寺市、東大阪市、泉南市、四條畷市、交野市、大阪狭山市、阪南市、島本町、忠岡町、熊取町、田尻町、太子町、河南町、千早赤阪村
兵庫県	神戸市、姫路市、尼崎市、明石市、西宮市、洲本市、芦屋市、伊丹市、相生市、加古川市、赤穂市、宝塚市、三木市、高砂市、川西市、小野市、南あわじ市、淡路市、たつの市、稲美町、播磨町、福崎町、太子町、香美町（旧村岡町、旧美方町を除く。）、新温泉町（旧浜坂町に限る。）
奈良県	奈良市（旧都祁村を除く。）、大和高田市、大和郡山市、天理市、橿原市、桜井市、五條市（旧大塔村を除く。）、御所市、香芝市、葛城市、三郷町、斑鳩町、安堵町、川西町、三宅町、田原本町、高取町、明日香村、上牧町、王寺町、広陵町、河合町
和歌山県	海南市、橋本市、有田市、田辺市（旧本宮町に限る。）、紀の川市、岩出市、紀美野町、かつらぎ町（旧花園村を除く。）、九度山町、湯浅町、広川町、有田川町、日高町、由良町、日高川町（旧川辺町、旧中津村に限る。）、上富田町、北山村
鳥取県	鳥取市、米子市、境港市、岩美町、湯梨浜町、琴浦町、北栄町、日吉津村、大山町、伯耆町
島根県	松江市、浜田市、出雲市、益田市（旧益田市に限る。）、大田市、安来市、江津市、海士町、西ノ島町、知夫村、隠岐の島町
岡山県	岡山市、倉敷市、玉野市、笠岡市、井原市、総社市、瀬戸内市、赤磐市、浅口市、早島町、里庄町、矢掛町
広島県	広島市、呉市、竹原市、三原市、尾道市、福山市、大竹市、廿日市市（旧佐伯町、旧吉和村を除く。）、江田島市、府中町、海田町、坂町、大崎上島町
山口県	宇部市、山口市、萩市（旧萩市、旧川上村、旧田万川町、旧須佐町、旧旭村に限る。）、防府市、下松市、岩国市、光市、長門市、柳井市、周南市、山陽小野田市、周防大島町、和木町、上関町、田布施町、平生町、阿武町
徳島県	徳島市、鳴門市、吉野川市、阿波市、美馬市、勝浦町、佐那河内村、石井町、神山町、那賀町、牟岐町、松茂町、北島町、藍住町、板野町、上板町、つるぎ町、東みよし町
香川県	全ての市町

	愛媛県	今治市、八幡浜市、西条市、大洲市（旧大洲市、旧長浜町に限る。）、伊予市、四国中央市、西予市、東温市、上島町、砥部町、内子町（旧内子町、旧五十崎町に限る。）、伊方町、松野町、鬼北町
	高知県	香美市、馬路村、いの町（旧伊野町に限る。）、佐川町、越知町、日高村、津野町、四万十町、三原村、黒潮町
	福岡県	北九州市、大牟田市、久留米市、直方市、飯塚市、田川市、柳川市、八女市、筑後市、大川市、行橋市、豊前市、中間市、小郡市、筑紫野市、春日市、大野城市、宗像市、太宰府市、古賀市、福津市、うきは市、宮若市、嘉麻市、朝倉市、みやま市、糸島市、那珂川市、宇美町、篠栗町、須恵町、久山町、水巻町、岡垣町、遠賀町、小竹町、鞍手町、桂川町、筑前町、大刀洗町、大木町、広川町、香春町、添田町、糸田町、川崎町、大任町、赤村、福智町、苅田町、みやこ町、吉富町、上毛町、築上町
	佐賀県	全ての市町
	長崎県	佐世保市、松浦市、対馬市、雲仙市（旧小浜町に限る。）、東彼杵町、川棚町、波佐見町、佐々町
	熊本県	八代市（旧坂本村、旧東陽村に限る。）、人吉市、荒尾市、玉名市、山鹿市、菊池市、合志市、美里町、玉東町、南関町、和水町、大津町、菊陽町、西原村、御船町、益城町、甲佐町、錦町、多良木町、湯前町、相良村、山江村、球磨村、あさぎり町
	大分県	大分市（旧野津原町に限る。）、別府市、中津市、日田市、臼杵市、津久見市、竹田市、豊後高田市、杵築市、宇佐市、豊後大野市、由布市（旧挾間町、旧庄内町に限る。）、国東市、姫島村、日出町
	宮崎県	小林市、えびの市、高原町、西米良村、諸塚村、美郷町、高千穂町、日之影町
	鹿児島県	伊佐市、湧水町
7	千葉県	館山市、勝浦市
	東京都	大島町、利島村、新島村、神津島村、三宅村、御蔵島村、八丈町、青ヶ島村
	神奈川県	横須賀市、藤沢市、三浦市
	静岡県	静岡市、沼津市、伊東市、富士市、磐田市、焼津市、藤枝市、下田市、御前崎市、牧之原市、東伊豆町、河津町、南伊豆町、松崎町、清水町、吉田町
	愛知県	豊橋市
	三重県	熊野市、御浜町、紀宝町
	大阪府	岬町
	和歌山県	和歌山市、御坊市、田辺市（旧龍神村、旧本宮町を除く。）、新宮市、美浜町、印南町、みなべ町、白浜町、すさみ町、那智勝浦町、太地町、古座川町、串本町
	山口県	下関市（旧豊田町を除く。）
	徳島県	小松島市、阿南市、美波町、海陽町
	愛媛県	松山市、宇和島市、新居浜市（旧新居浜市に限る。）、松前町、愛南町
	高知県	高知市、室戸市、安芸市、南国市、土佐市、須崎市、宿毛市、土佐清水市、四万十市、香南市、東洋町、奈半利町、田野町、安田町、北川村、芸西村、中土佐町、大月町
	福岡県	福岡市、志免町、新宮町、粕屋町、芦屋町
	長崎県	長崎市、島原市、諫早市、大村市、平戸市、壱岐市、五島市、西海市、雲仙市（旧小浜町を除く。）、南島原市、長与町、時津町、小値賀町、新上五島町

資　料　編　　　　　　　　　　　　　　829

	熊本県	熊本市、八代市(旧八代市、旧千丁町、旧鏡町に限る。)、水俣市、宇土市、上天草市、宇城市、天草市、長洲町、嘉島町、氷川町、芦北町、津奈木町、苓北町
	大分県	大分市(旧野津原町を除く。)、佐伯市(旧宇目町を除く。)
	宮崎県	宮崎市、都城市、延岡市、日南市、日向市、串間市、西都市、三股町、国富町、綾町、高鍋町、新富町、木城町、川南町、都農町、門川町
	鹿児島県	鹿児島市、鹿屋市、枕崎市、阿久根市、出水市、指宿市、西之表市、垂水市、薩摩川内市、日置市、曽於市、霧島市、いちき串木野市、南さつま市、志布志市、南九州市、姶良市、三島村、十島村、さつま町、長島町、大崎町、東串良町、錦江町、南大隅町、肝付町、中種子町、南種子町、屋久島町
8	東京都	小笠原村
	鹿児島県	奄美市、大和村、宇検村、瀬戸内町、龍郷町、喜界町、徳之島町、天城町、伊仙町、和泊町、知名町、与論町
	沖縄県	全ての市町村

備考　この表に掲げる区域は、令和元年5月1日における行政区画によって表示されたものとする。ただし、括弧内に記載する区域は、平成13年8月1日における旧行政区画によって表示されたものとする。

別表4　改修を行うべき部位の組み合わせ
（別表3の1及び2地域）　　　　　第　6　号　工　事

		改修後の断熱等性能等級		
		等級2	等級3	等級4
改修前の断熱等性能等級	等級1	窓①[1]・天井[4]・床[6]・壁[5]	―	窓②[2]・天井[4]・床[6]・壁[5]
	等級2		窓①[1]・天井[4]・床[6]・壁[5]	窓②[2]・天井[4]・床[6]・壁[5]
	等級3			窓②[2]

（別表3の3地域）

		改修後の断熱等性能等級		
		等級2	等級3	等級4
改修前の断熱等性能等級	等級1	窓①[1]・天井[4]・床[6]・壁[5]	―	窓②[2]・天井[4]・床[6]・壁[5]
	等級2		窓②[2]・天井[4] 窓②[2]・床[6] 窓①[1]・天井[4]・床[6]	窓②[2]・天井[4]・床[6]・壁[5]
	等級3			窓②[2] 窓①[1]・天井[4] 窓①[1]・床[6]

（別表3の4地域）

		改修後の断熱等性能等級		
		等級2	等級3	等級4
	等級1	窓②[2]・天井[4]・床[6]	―	窓③[3]・天井[4]・床[6]・壁[5]

改修前の断熱等性能等級	等級2		窓③[1]	窓③[3]・天井[4]・床[6]・壁[5]
			窓②[2]・天井[4]	
			窓②[2]・床[6]	
			窓①[1]・天井[4]・床[6]	
	等級3			窓②[2]
				窓①[1]・天井[4]

(別表3の5及び6地域)

	改修後の断熱等性能等級		
	等級2	等級3	等級4
改修前の断熱等性能等級	等級1	窓③[3]・天井[4]	—	窓③[3]・天井[4]・床[6]・壁[5]
		窓②[2]・天井[4]・床[6]		
	等級2		窓③[3]	窓③[3]・天井[4]・床[6]・壁[5]
			窓②[2]・天井[4]	
			窓①[1]・床[6]	
	等級3			窓③[3]
				窓②[2]・天井[4]
				窓②[2]・床[6]

(別表3の7地域)

	改修後の断熱等性能等級		
	等級2	等級3	等級4
改修前の断熱等性能等級	等級1	窓②[2]	—	窓③[3]・天井[4]・床[6]・壁[5]
		窓①[1]・天井[4]		
		窓①[1]・床[6]		
	等級2		窓③[3]・天井[4]・床[6]	窓②[2]・天井[4]・床[6]・壁[5]
			窓①[1]・天井[4]・床[6]・壁[5]	
	等級3			窓③[3]・天井[4]・床[6]・壁[5]
				窓②[2]・天井[4]・床[6]・壁[5]

(別表3の8地域)

	改修後の断熱等性能等級		
	等級2	等級3	等級4
改修前の断熱等性能等級	等級1	窓①[1]・天井[4]		窓[1]・天井[4]・壁[5]
	等級2		窓[1]・天井[4]	窓[1]・天井[4]・壁[5]
	等級3			窓[1]・壁[5]

※1　[　]内の数字は、増改築等工事証明書中、「第6号工事」の「全ての居室の全ての窓の断熱改修工事を実施した場合」の欄における工事の種別の番号に対応している。

※2　別表3の1地域から7地域において、「窓①[1]」は 12(1)の表の①イの全ての居室の全ての窓の断熱性を高める工事を、「窓②[2]」は同表の①ロの全ての居室の全ての窓の断熱性を相当程度高める工事を、「窓③[3]」は同表の①ハの全ての居室の全ての窓の断熱性を著しく高める工事を、「天井[4]」は同表の②の工事を、「壁[5]」は同表の③の工事を、「床[6]」は同表の④の工事をいう。

資料編

※3　別表3の8地域において、「窓[1]」は、12⑴の表の①イの全ての居室の全ての窓の日射遮蔽性を高める工事をいう。

※4　「壁[5]」を含まない工事については、「天井[4]」又は「床[6]」（「「天井」及び「床」の両方を含む工事については「天井」又は「床」のいずれか一方）を「壁」に読み替えることができる。

※5　表中の各組み合わせと併せて、当該組み合わせにない「天井」、「壁」又は「床」の工事を行うことができる。

別表5－1　旧住宅金融公庫（現独立行政法人住宅金融支援機構）融資物件に係る断熱等性能等級の対応

融資申込年度	等級2相当	等級3相当
昭和55年度〜63年度	断熱構造化工事割増融資	
平成元年度	公庫融資の要件（別表5－2に掲げる地域については、断熱構造化工事割増融資を利用したものに限る。）	
平成2年度〜平成3年度	公庫融資の要件	
平成4年度〜平成8年9月		省エネルギー断熱工事割増融資
平成8年10月〜平成10年度		次のいずれか ①　省エネルギー断熱工事割増融資 ②　基準金利適用住宅（省エネルギータイプ）
平成11年度〜平成18年度		次のいずれか ①　省エネルギー住宅工事（一般型）割増融資 ②　基準金利適用住宅（省エネルギータイプ）
平成15年度〜	フラット35の融資要件	－

※1　上表を適用できるのは旧住宅金融公庫融資住宅のうち、融資種別が次のもの一般個人新築住宅・建売住宅・団地住宅（公社分譲・優良分譲）

※2　確認する帳票類は、次のものとする。
　　設計審査に関する通知書・現場審査に関する通知書適格認定に関する通知書（建売住宅の場合に限る）募集パンフレット（団地住宅の場合に限る）
　　適合証明書（新築住宅）（「フラット35Sを適用する基準」欄の「省エネルギー性」にチェックが無いものに限る。）

※3　別表5－3に掲げる地域に存する住宅のうち、平成13年度までに借入申込があった物件については、上表を適用できない。

別表5－2平成2年度から断熱工事が住宅金融公庫融資の要件となった県

富山県、石川県、福井県、山梨県、岐阜県、愛知県、三重県、和歌山県、鳥取県、島根県、岡山県、広島県、山口県、徳島県、香川県、愛媛県、高知県、福岡県、佐賀県、長崎県、熊本県、大分県、宮崎県、鹿児島県

第 2 部

別表5-3 断熱地域区分について、平成11年省エネルギー基準よりも緩和側で異なっていた地域（平成13年度まで）

　以下の地域に存する住宅で、平成13年度までに旧住宅金融公庫融資の申込を行った物件については、早見表のみでは所要の省エネルギー性能（等級2相当及び等級3相当）の有無を判断することはできない。

青森県	十和田市(旧十和田湖町に限る。)、七戸町(旧七戸町に限る。)、田子町
岩手県	久慈市(旧山形村に限る。)、八幡平市、葛巻町、岩手町、西和賀町
宮城県	栗原市(旧栗駒町、旧一迫町、旧鶯沢町、旧花山村に限る。)
山形県	米沢市、鶴岡市(旧朝日村に限る。)、新庄市、寒河江市、長井市、尾花沢市、南陽市、河北町、西川町、朝日町、大江町、大石田町、金山町、最上町、舟形町、真室川町、大蔵村、鮭川村、戸沢村、高畠町、川西町、小国町、白鷹町、飯豊町
福島県	会津若松市(旧河東町に限る。)、白河市(旧大信村に限る。)、須賀川市(旧長沼町に限る。)、喜多方市(旧塩川町を除く。)、田村市(旧都路村を除く。)、大玉村、天栄村、下郷町、檜枝岐村、只見町、南会津町、北塩原村、西会津町、磐梯町、猪苗代町、三島町、金山町、昭和村、矢吹町、平田村、小野町、川内村、飯舘村
栃木県	日光市(旧今市市を除く。)、那須塩原市(旧塩原町に限る。)
群馬県	沼田市(旧沼田市を除く。)、長野原町、嬬恋村、草津町、六合村、片品村、川場村、みなかみ町(旧水上町に限る。)
新潟県	十日町市 (旧中里村に限る。)、魚沼市(旧入広瀬村に限る。)、津南町
山梨県	富士吉田市、北杜市(旧小淵沢町に限る。)、西桂町、忍野村、山中湖村、富士河口湖町(旧河口湖町に限る。)
長野県	長野市(旧長野市、旧大岡村を除く。)、松本市(旧松本市、旧四賀村を除く。)、上田市(旧真田町、旧武石村に限る。)、須坂市、小諸市、伊那市(旧長谷村を除く。)、駒ヶ根市、中野市(旧中野市に限る。)、大町市、飯山市、茅野市、塩尻市、佐久市、千曲市(旧更埴市に限る。)、東御市、小海町、川上村、南牧村、南相木村、北相木村、佐久穂町、軽井沢町、御代田町、立科町、長和町、富士見町、原村、辰野町、箕輪町、南箕輪村、宮田村、阿智村(旧浪合村に限る。)、平谷村、下條村、上松町、木祖村、木曽町、波田町、山形村、朝日村、池田町、松川村、白馬村、小谷村、小布施町、高山村、山ノ内町、木島平村、野沢温泉村、信濃町、飯綱町
岐阜県	高山市、飛騨市(旧古川町、旧河合村に限る。)、白川村
埼玉県	秩父市(旧大滝村に限る。)、小鹿野町(旧両神村に限る。)
東京都	奥多摩町
愛知県	豊田市(旧稲武町に限る。)
兵庫県	養父市(旧関宮町に限る。)、香美町(旧香住町を除く。)
奈良県	奈良市(旧都祁村に限る。)、五條市(旧大塔村に限る。)、生駒市、宇陀市(旧室生村に限る。)、平群町、野迫川村
和歌山県	かつらぎ町(旧花園村に限る。)、高野町
鳥取県	倉吉市(旧関金町に限る。)、若桜町、日南町、日野町、江府町
島根県	奥出雲町、飯南町、美郷町(旧大和町に限る。)、邑南町(旧石見町を除く。)
岡山県	津山市(旧阿波村に限る。)、高梁市(旧備中町に限る。)、新見市、真庭市(旧落合町、旧久世町を除く。)、新庄村、鏡野町(旧鏡野町を除く。)
広島県	府中市(旧上下町に限る。)、三次市(旧三次市、旧三和町を除く。)、庄原市、廿日市市(旧佐伯町、旧吉和村に限る。)、安芸高田市(旧八千代町、旧美土里町、旧高宮町に限る。)、安芸太田町(旧加計町を除く。)、北広島町(旧豊平町を除く。)、世羅町(旧世羅西町を除く。)、神石高原町
徳島県	三好市(旧東祖谷山村に限る。)
高知県	いの町(旧本川村に限る。)
宮崎県	都城市(旧山之口町、旧高城町を除く。)、延岡市(旧北方町に限る。)、小林市、えびの市、高原町、西米良村、諸塚村、椎葉村、美郷町、高千穂町、日之影町、五ヶ瀬町
鹿児島県	大口市、曽於市、霧島市(旧横川町、旧牧園町、旧霧島町に限る。)、さつま町、菱刈町、湧水町

※ 備考 イ　上に掲げる区域は平成18年4月1日における行政区画によって表示されたものとする。
　　　　 ロ　括弧内に記載する区域は平成13年8月1日における旧行政区画によって表示されたものとする。

資 料 編　　　　　　　　　　833　　　　　　　　第２部

第6　様式・記載例等

資料18　令和04年分（特定増改築等）住宅借入金等特別控除額の計算明細書

資料編

令和 ０４ 年分（特定増改築等）住宅借入金等特別控除額の計算明細書　　FA4024　■

1 住所及び氏名

住所	郵便番号　　　-	整理番号						一面
	電話番号　（　　　）	（共有者の氏名）※共有の場合の方書いてください。						
フリガナ		フリガナ		フリガナ				提出用
氏名		氏名		氏名				

2 新築又は購入した家屋等に係る事項　　**3 増改築等をした部分に係る事項**

○ この明細書は、申告書と一緒に提出してください。

4 家屋や土地等の取得対価の額

5 家屋の取得対価の額は増改築等の費用の額に課されるべき消費税額等に関する事項　　**6 新型コロナウイルスの影響による入居遅延**

7 居住用部分の家屋又は土地等に係る住宅借入金等の年末残高

8 特定の増改築等に係る事項　（特定増改築等住宅借入金等特別控除の適用を受ける場合のみ書いてください。）

9 （特定増改築等）住宅借入金等特別控除額　※ 二面の該当する番号及び金額を転記します。

10 控除証明書の交付を要しない場合

○この明細書の書き方については、控用の裏面を参照してください。○住宅借入金等に連帯債務がある場合には、併せて付表を使用します。

資料18

令和04年分（特定増改築等）住宅借入金等特別控除額の計算

次の該当する算式のうち、いずれか一の算式により計算します。　　氏名

住宅借入金等の年末残高の合計額　※　一面の⑪の金額を転記します。	⑪	円

番号	居住の用に供した日等				算式等	（特定増改築等）住宅借入金等特別控除額（100円未満の端数切捨て）
1	住宅借入金等特別控除の適用を受ける場合（3から12のいずれかを選択する場合を除きます。）		令和4年中に居住の用に供した場合	住宅の取得等が(特例)特別特例取得に該当するとき	⑪×0.01=	⑳（最高40万円）　円 00
2				新築住宅又は買取再販住宅に該当するとき	⑪×0.007=	⑳（最高21万円）　円 00
				中古住宅又は増改築に該当するとき	⑪×0.007=	⑳（最高14万円）　円 00
			平成26年1月1日から令和3年12月31日までの間に居住の用に供した場合	住宅の取得等が(特別)特定取得に該当するとき	⑪×0.01=	⑳（最高40万円）　円 00
				住宅の取得等が(特別)特定取得に該当しないとき	⑪×0.01=	⑳（最高20万円）　円 00
			平成25年中に居住の用に供した場合		⑪×0.01=	⑳（最高20万円）　円 00
3	住宅借入金等特別控除の控除額の特例を選択した場合		平成20年中に居住の用に供した場合		⑪×0.004=	⑳（最高8万円）　円 00
4	認定住宅等の新築等に係る住宅借入金等特別控除の特例を選択した場合	認定住宅等が認定長期優良住宅又は認定低炭素住宅に該当するとき	令和4年中に居住の用に供した場合	住宅の取得等が(特例)特別特例取得に該当するとき	⑪×0.01=	⑳（最高50万円）　円 00
5				新築住宅又は買取再販住宅に該当するとき	⑪×0.007=	⑳（最高35万円）　円 00
				中古住宅に該当するとき	⑪×0.007=	⑳（最高21万円）　円 00
			平成26年1月1日から令和3年12月31日までの間に居住の用に供した場合	住宅の取得等が(特別)特定取得に該当するとき	⑪×0.01=	⑳（最高50万円）　円 00
				住宅の取得等が(特別)特定取得に該当しないとき	⑪×0.01=	⑳（最高30万円）　円 00
			平成25年中に居住の用に供した場合		⑪×0.01=	⑳（最高30万円）　円 00
6		認定住宅等がZEH水準省エネ住宅に該当するとき(※4)	令和4年中に居住の用に供した場合	新築住宅又は買取再販住宅に該当するとき	⑪×0.007=	⑳（最高31万5千円）　円 00
				中古住宅に該当するとき	⑪×0.007=	⑳（最高21万円）　円 00
7		認定住宅等が省エネ基準適合住宅に該当するとき(※4)	令和4年中に居住の用に供した場合	新築住宅又は買取再販住宅に該当するとき	⑪×0.007=	⑳（最高28万円）　円 00
				中古住宅に該当するとき	⑪×0.007=	⑳（最高21万円）　円 00

番号	居住の用に供した日等			算式等	（特定増改築等）住宅借入金等特別控除額（100円未満の端数切捨て）
8	高齢者等居住改修工事等に係る特定増改築等住宅借入金等特別控除を選択した場合	平成30年1月1日から令和3年12月31日までの間に居住の用に供した場合	住宅の増改築等が特定取得に該当するとき ⑪の金額(最高1,000万円) ……ⓐ(　　　) ⑲の金額(　　　)×0.02 +(ⓐ−⑲)×0.01=		⑳（最高12万5千円）　円 00
			住宅の増改築等が特定取得に該当しないとき ⑪の金額(最高1,000万円) ……ⓐ(　　　) ⑲の金額(　　　)×0.02 +(ⓐ−⑲)×0.01=		⑳（最高12万円）　円 00
9	断熱改修工事等に係る特定増改築等住宅借入金等特別控除を選択した場合	平成30年1月1日から令和3年12月31日までの間に居住の用に供した場合	住宅の増改築等が特定取得に該当するとき ⑪の金額(最高1,000万円) ……ⓐ(　　　) ⑲の金額(　　　)×0.02 +(ⓐ−⑲)×0.01=		⑳（最高12万5千円）　円 00
			住宅の増改築等が特定取得に該当しないとき ⑪の金額(最高1,000万円) ……ⓐ(　　　) ⑲の金額(　　　)×0.02 +(ⓐ−⑲)×0.01=		⑳（最高12万円）　円 00
10	多世帯同居改修工事等に係る特定増改築等住宅借入金等特別控除を選択した場合	平成30年1月1日から令和3年12月31日までの間に居住の用に供した場合 ⑪の金額(最高1,000万円) ……ⓐ(　　　) ⑲の金額(　　　)×0.02 +(ⓐ−⑲)×0.01=			⑳（最高12万5千円）　円 00
11	震災特例法の住宅の再取得等に係る住宅借入金等特別控除の控除額の特例を選択した場合	令和4年中に居住の用に供した場合	住宅の取得等が(特例)特別特例取得に該当するとき	⑪×0.012=	⑳（最高60万円）　円 00
12			新築住宅又は買取再販住宅に該当するとき	⑪×0.009=	⑳（最高45万円）　円 00
			中古住宅又は増改築に該当するとき	⑪×0.009=	⑳（最高27万円）　円 00
		平成26年4月1日から令和3年12月31日までの間に居住の用に供した場合		⑪×0.012=	⑳（最高60万円）　円 00
		平成25年1月1日から平成26年3月31日までの間に居住の用に供した場合		⑪×0.012=	⑳（最高36万円）　円 00

二面　提出用　○二面は一面と一緒に提出してください。

（再び居住の用に供したことに係る事項）

転居年月日	年　月　日	再居住開始年月日	年　月　日
居住の用に供していない期間の家屋の用途	□ 賃貸の用　年　月　日〜　年　月　日 □ 空家　□ その他（　　）		
その家屋に係る（特定増改築等）住宅借入金等特別控除の適用	【再び居住の用に供した場合の再適用】 □ 再び居住の用に供したことにより、（特定増改築等）住宅借入金等特別控除の再適用を受ける	【再び居住の用に供した場合の適用】 □ 再び居住の用に供したことにより、初めてその家屋に係る（特定増改築等）住宅借入金等特別控除の適用を受ける	

※1　⑳欄の金額を一面の⑳欄に転記します。
※2　⑳欄の括弧内の金額は、居住の用に供した日の属する年における住宅の取得等又は住宅の増改築等に係る控除限度額となります。
※3　（特例）特別特例取得及び（特別）特定取得については、控用の裏面の「用語の説明」を参照してください。
※4　「ZEH水準省エネ住宅」又は「省エネ基準適合住宅」に該当し、（特例）特別特例取得に該当する場合は、番号「1」の「住宅の取得等が（特例）特別特例取得に該当するとき」欄にて計算してください。
※5　「（再び居住の用に供したことに係る事項）」欄は、再居住の特例の適用を受ける方が、転居年月日や再居住開始年月日などを記載します。

○ **重複適用又は震災特例法の重複適用の特例を受ける場合**

二以上の住宅の取得等又は住宅の増改築等に係る住宅借入金等の金額がある場合（これらの住宅の取得等又は住宅の増改築等が同一の年に属するもので、上記の表で同一の欄を使用して計算する場合を除きます。）には、その住宅の取得等又は住宅の増改築等ごとに（特定増改築等）住宅借入金等特別控除額の計算明細書を作成し、その作成した各明細書の⑳欄の金額の合計額を最も新しい住宅の取得等又は住宅の増改築等に係る明細書の㉓欄に記載します。

重複適用を受ける場合	各明細書の控除額（⑳の金額）の合計額（住宅の取得等又は住宅の増改築等に係る控除限度額のうち最も高い控除限度額が限度となります。）を記載します。	㉓	円 00
震災特例法の重複適用の特例を受ける場合	各明細書の控除額（⑳の金額）の合計額を記載します。	㉓	円 00

※　㉓欄の金額を一面の㉓欄に転記します。

○ **不動産番号が第一面に書ききれない場合**

(1)		(3)	
(2)		(4)	

※（特定増改築等）住宅借入金等特別控除の対象となる家屋や土地が複数ある場合で、第一面の「不動産番号」欄に書ききれない家屋や土地の不動産番号を記載します。

資　料　編　　　　　835

第2部

（特定増改築等）住宅借入金等特別控除額の計算明細書の書き方

○　（特定増改築等）住宅借入金等特別控除額の計算明細書（以下「計算明細書」といいます。）の作成に当たっては、次の1～8に留意して記載してください。併せて、（特定増改築等）住宅借入金等特別控除の控除額の計算・手続の詳細や令和3年以前に入居した方については、居住した年分の「住宅借入金等特別控除を受けられる方へ」をご確認ください。

　なお、連帯債務による住宅借入金等を有する場合は、「（付表）連帯債務がある場合の住宅借入金等の年末残高の計算明細書」を併せて使用します。

1　「2　新築又は購入した家屋等に係る事項」欄及び「3　増改築等をした部分に係る事項」欄

　(1)　「土地等に関する事項」欄は、土地等に係る住宅借入金等の年末残高がある場合に書いてください。

　　　また、「土地等に関する事項」欄の「〔平成　令和〕□□.□□.□□」は、土地等を先行取得した場合に、その先行取得の日を書いてください。

　(2)　④「契約日・契約区分」の区分□は、住宅の新築に係る契約の場合は「1」を、新築住宅の購入に係る契約の場合は「2」を、買取再販住宅の購入に係る契約の場合は「3」を、中古住宅の購入に係る契約の場合は「4」を記入します。

　(3)　住宅の取得等又は住宅の増改築等に関し補助金等の交付を受ける場合、⑥欄、⑦欄又は⑨欄にその金額を書いてください。

　　　※　補助金等とは、平成23年6月30日以後に住宅の取得等又は住宅の増改築等に係る契約を締結した場合におけるその住宅の取得等又は住宅の増改築等に関し、国又は地方公共団体から交付される補助金又は給付金その他これらに準ずるものをいいます。

　　　なお、特定増改築等住宅借入金等特別控除の適用を受ける場合で、高齢者等居住改修工事等を含む増改築等、（特定）断熱改修工事等を含む増改築又は特定多世帯同居改修工事等を含む増改築等に要した費用に関し補助金等の交付を受ける場合には、⑨欄にはこれらの補助金等の額の合計額を記入します。

　　　また、「家屋及び土地等」の取得等に関し補助金等の交付を受ける場合や家屋と土地等のいずれの取得等に関し補助金等の交付を受けたか明らかでない場合には、次の算式により、「家屋」に係る補助金等の額と、「土地等」に係る補助金等の額とに区分した金額をそれぞれ⑥欄又は⑨欄に転記してください。

　　i　「家屋」に係る補助金等の額の計算

「家屋」の補助金等の額（　　　　円）　＋　「家屋及び土地等」の補助金等の額（　　　　円）　×　⑦欄の金額（　　　　円）／⑦欄の金額（　　　　円）＋⑰欄の金額（　　　　円）　＝（　　　　円）⇒⑥欄へ転記

　　ii　「土地等」に係る補助金等の額の計算

「土地等」の補助金等の額（　　　　円）　＋　「家屋及び土地等」の補助金等の額（　　　　円）　×　⑰欄の金額（　　　　円）／⑦欄の金額（　　　　円）＋⑰欄の金額（　　　　円）　＝（　　　　円）⇒⑨欄へ転記

　(4)　「不動産番号」欄には、登記事項証明書の不動産番号を記入してください。

2　「4　家屋や土地等の取得対価の額」欄

　　③欄は、住宅取得等資金の贈与税の非課税又は住宅取得等資金の贈与を受けた場合の相続時精算課税選択の特例（以下これらを「住宅取得等資金の贈与の特例」といいます。）の適用を受けた金額を書いてください。

　　なお、住宅取得等資金の贈与の特例を受けた場合で、住宅取得等資金を「家屋及び土地等」の取得等に充てたときや家屋と土地等のいずれの取得等に充てたか明らかでなく、かつ、共有でないときは、次の算式により計算した額を「家屋」又は「土地等」に充てたものとして差し支えありません。この場合、住宅取得等資金の贈与の特例の適用を受けた金額と、「土地等」に係る住宅取得等資金の贈与の特例の適用を受けた金額とに区分した金額をそれぞれ④又は⑧の③欄に転記してください。

　　i　「家屋」に係る住宅取得等資金の贈与の特例の適用を受けた金額の計算

「家屋」に関し特例の適用を受けた金額（　　　　円）　＋　「家屋及び土地等」に関し特例の適用を受けた金額（　　　　円）　×　⑦欄の金額（　　　　円）／⑦欄の金額（　　　　円）＋⑰欄の金額（　　　　円）　＝（　　　　円）⇒④の③欄へ転記

　　ii　「土地等」に係る住宅取得等資金の贈与の特例の適用を受けた金額の計算

「土地等」に関し特例の適用を受けた金額（　　　　円）　＋　「家屋及び土地等」に関し特例の適用を受けた金額（　　　　円）　×　⑰欄の金額（　　　　円）／⑦欄の金額（　　　　円）＋⑰欄の金額（　　　　円）　＝（　　　　円）⇒⑧の③欄へ転記

3　「5　家屋の取得対価の額又は増改築等の費用の額に課されるべき消費税額等に関する事項」欄

　　家屋の取得対価の額又は増改築等の費用の額に含まれる消費税額等について、該当する文字を○で囲んでください。

　　なお、同一年中に、二以上の家屋の取得等又は住宅の増改築等を行った場合で、当該住宅の取得対価の額又は増改築等の費用の額に含まれる消費税額等に係る消費税率が8％と10％であるときには、「8％」及び「10％」の両方の文字を○で囲んでください。

4　「6　新型コロナウイルスの影響による入居遅延」欄

　　令和2年9月30日までに住宅の新築に係る契約をした方、又は、令和2年11月30日までに新築住宅や中古住宅の購入に係る契約若しくは増改築等に係る契約をした方が、新型コロナウイルス感染症等の影響により令和2年12月31日までに当該家屋を居住の用に供することができず、令和3年中に居住の用に供した場合は、「あり」に○をしてください。

5　「7　居住用部分の家屋又は土地等に係る住宅借入金等の年末残高」欄

　(1)　⑤欄には、金融機関等から交付を受けた「住宅取得資金に係る借入金の年末残高等証明書」（以下「証明書」といいます。）に記載されている住宅借入金等の年末残高をその証明書の「住宅借入金等の内訳」の区分に応じて書きます（2か所以上から証明書の交付を受けている場合には、全ての証明書に基づいて書きます。）。

　　　なお、（特定増改築等）住宅借入金等特別控除の適用を受けている方が、住宅借入金等の借換えをした場合において、借換えによる新たな住宅借入金等（一定の要件を満たすものに限ります。）の当初金額が借換え直前の当初住宅借入金等残高を上回っている場合には、次により計算した金額が（特定増改築等）住宅借入金等特別控除の対象となる住宅借入金等の年末残高となりますので、ご注意ください。

本年の住宅借入金等の年末残高　×　借換え直前の当初住宅借入金等残高／借換えによる新たな住宅借入金等の当初金額

資料編

資料18

(2) ⑨欄は、小数点以下第2位を切り上げて記入します。
　なお、Ⓔの⑨欄とⒻの⑨欄の割合又はⒻの⑨欄とⒽの⑨欄の割合の差が10％以内（⑨欄が90％以上のため100％と記載した場合であっても、それぞれ正確な割合（例えば、92.5％など）により比較します。）である場合には、それぞれ㋛欄の面積は「㋚×Ⓔの⑨」又は「㋚×Ⓗの⑨」とし、Ⓕの⑨欄は、それぞれⒺの⑨欄の割合又はⒽの⑨欄の割合を書いても差し支えありません。

(3) Ⓖの⑨欄の記入に当たって、Ⓔの⑨欄とⒻの⑨欄の割合又はⒻの⑨欄とⒽの⑨欄の割合が同じ場合には、それぞれⒺの⑨欄の割合又はⒽの⑨欄の割合を書き、異なる場合は記入を省略して、Ⓖの⑩欄に次のⅰの金額とⅱの金額の合計額を書きます。

ⅰ　Ⓖの⑧欄の金額（　　円）× $\dfrac{\text{Ⓐの④欄又はⒹの④欄の金額（　　円）}}{\text{Ⓒの④欄の金額（　　円）}}$ × Ⓔの⑨欄又はⒽの⑨欄の割合（　　％）＝（　　円）

ⅱ　Ⓖの⑧欄の金額（　　円）× $\dfrac{\text{Ⓑの④欄の金額（　　円）}}{\text{Ⓒの④欄の金額（　　円）}}$ × Ⓕの⑨欄の割合（　　％）＝（　　円）

(4) ⑪欄は、それぞれ次の金額が最高限度額となります。

居住の用に供した日		⑪欄の最高限度額						
		二面番号1・4・11（令和4年入居で(特例)特別特例取得に該当）	二面番号2・3	二面番号6（ZEH水準省エネ住宅）	二面番号7（省エネ基準適合住宅）	二面番号5（認定住宅の特例）	二面番号8～10（特定増改築等）	二面番号12（住宅の再取得等に係る控除額の特例）
令和4年中	新築・買取再販	4,000万円（5,000万円）（※1）	3,000万円	4,500万円	4,000万円	5,000万円		5,000万円
	中古住宅・増改築		2,000万円	3,000万円	3,000万円	3,000万円		3,000万円
平成26年1月1日から令和3年12月31日まで			4,000万円（2,000万円）（※2）			5,000万円（3,000万円）（※2）	1,000万円	5,000万円（3,000万円）（※3）
平成25年中			2,000万円			3,000万円		3,000万円
平成20年中			2,000万円					

※1　認定長期優良住宅又は認定低炭素住宅に該当する場合（二面番号4）及び住宅の再取得等に係る控除額の特例に該当する場合（二面番号11）
※2　括弧内は住宅の取得等又は住宅の増改築等が(特別)特定取得に該当しない場合
※3　括弧内は平成26年1月1日から同年3月31日までの間に居住の用に供した場合

6　**二面への転記**
一面⑲欄の金額は、以下の区分に応じて**二面**へ転記してください。
(1) ⑫欄の金額がある場合は、二面番号8の⑲欄へ転記
(2) ⑫欄の金額がなく、⑬欄又は⑭欄の金額がある場合は、二面番号9の⑲欄へ転記
(3) ⑫欄から⑭欄の金額がなく、⑮欄の金額がある場合は、二面番号10の⑲欄へ転記

7　**「9（特定増改築等）住宅借入金等特別控除額」欄**
二面の該当する算式のうち、いずれか一の算式により(特定増改築等)住宅借入金等特別控除額を計算し、⑳欄に転記します。
なお、重複適用などを受ける場合はそれぞれ次によります。
(1) 同一年中に、二以上の住宅の取得等又は住宅の増改築等を行った場合で、当該住宅の取得対価の額又は増改築等の費用の額に含まれる消費税額等に係る消費税率が8％と10％である場合
　「8％・10％同一年中取得」の欄に○をした上で、該当する番号を記載します。また、㉑欄には㋒欄又は㋞欄の金額のうち、消費税率が10％である部分の金額について、㉒欄には④のⒶ欄又は④のⒹ欄の金額のうち、消費税率が10％である部分の金額についてそれぞれ記載します。
(2) 震災特例法の重複適用の特例を受ける場合
　「重複適用の特例」の文字を○で囲んだ上、控除額を㉓欄に記載します。
(3) (2)以外の重複適用を受ける場合
　「重複適用」の文字を○で囲んだ上、控除額を㉓欄に記載します。

8　**申告書への転記等**
(1) 重複適用又は震災特例法の重複適用の特例を受けない方
　⑳**(特定増改築等)住宅借入金等特別控除額**を**申告書第一表**の「**税金の計算**」欄の「**(特定増改築等)住宅借入金等特別控除**」に転記します。
　また、**申告書第二表**の「**特例適用条文等**」欄に居住開始年月日等（詳しくは、「所得税及び復興特別所得税の確定申告の手引き」をご確認ください。）を書きます。
(2) 重複適用又は震災特例法の重複適用の特例を受ける方
　㉓**(特定増改築等)住宅借入金等特別控除額**を**申告書第一表**の「**税金の計算**」欄の「**(特定増改築等)住宅借入金等特別控除**」に転記します。
　また、**申告書第二表**の「**特例適用条文等**」欄には、先の取得等をした家屋又は増改築等をした部分に係る居住開始年月日等と後の取得等をした家屋又は増改築等をした部分に係る居住開始年月日等のいずれも記載します。

用語の説明

◆（特別）特定取得
▶**特定取得**とは、家屋の取得対価の額又は増改築等の費用の額に含まれる消費税額等が、8％又は10％の税率により課されるべきものである場合の住宅の取得等をいいます。
▶**特別特定取得**とは、家屋の取得対価の額又は増改築等の費用の額に含まれる消費税額等が、10％の税率により課されるべきものである場合の住宅の取得等をいいます。

◆（特例）特別特例取得
▶**特別特例取得**とは、特別特定取得のうち、特別特定取得に係る契約が次の区分に応じそれぞれ次の期間内に締結されているものをいいます。
●新築（認定住宅を含む。）の場合
…令和2年10月1日から令和3年9月30日までの期間
●新築住宅（認定住宅を含む。）・中古住宅の購入、増改築の場合
…令和2年12月1日から令和3年11月30日までの期間
▶**特例特別特例取得**とは、特別特例取得に該当する場合で、床面積が40㎡以上50㎡未満の住宅の取得等をいいます。

資料編　　　　　　　　837

資料19　（付表）連帯債務がある場合の住宅借入金等の年末残高の計算明細書

第2部

資料編

（付表）連帯債務がある場合の住宅借入金等の年末残高の計算明細書

○　この明細書は、（特定増改築等）住宅借入金等特別控除の適用を受ける場合で、連帯債務に係る住宅借入金等があるときに使用します。
○　連帯債務に係る住宅借入金等について、当事者間において任意の負担割合が取り決められている場合には、税務署にお尋ねください。

（　　　　年分）

1　各共有者の取得した資産に係る取得対価の額等の計算

連帯債務者（共有者）の氏名			Ⓐ（あなた）	Ⓑ（共有者）	Ⓒ（共有者）	Ⓓ 合計等
取得した資産	家屋（増改築等）	家屋の取得対価の額（増改築等の費用の額）①				円
		各共有者の共有持分 ②				
		各共有者の持分に係る家屋の取得対価の額等（①×②）③	円	円	円	
	土地等	土地等の取得対価の額 ④				
		各共有者の共有持分 ⑤				
		各共有者の持分に係る土地等の取得対価の額等（④×⑤）⑥	円	円	円	
		各共有者の取得した資産に係る取得対価の額等（③＋⑥）⑦				
取得した資産に係る資金の状況		各共有者の自己資金負担額 ⑧				（Ⓐ＋Ⓑ＋Ⓒ） 円
	借入金	各共有者の単独債務による当初借入金額 ⑨				（Ⓐ＋Ⓑ＋Ⓒ）
		当該債務に係る住宅借入金等に係る年末残高 ⑩				
		連帯債務による当初借入金額 ⑪				円
		当該債務に係る住宅借入金等に係る年末残高 ⑫				

※1　①欄及び④欄には、住宅の取得等又は住宅の増改築等に関し補助金等の交付を受ける場合は、「（特定増改築等）住宅借入金等特別控除額の計算明細書」（以下「計算明細書」といいます。）の②⑦欄（増改築等の場合は③の⑦）及び②の⑦の金額をそれぞれ転記します。
※2　⑩欄及び⑫欄には、金融機関等から交付を受けた「住宅取得資金に係る借入金の年末残高等証明書」（以下「証明書」といいます。）に記載されている住宅借入金等の年末残高を書きます（2か所以上から証明書の交付を受けている場合には、全ての証明書に基づいて書きます。）。
※3　①と④の金額の合計額（以下「取得対価の額の合計額」といいます。）と、⑧及び⑨の⑪⑫の金額の合計額（以下「取得資金の額の合計額」といいます。）が異なる場合は、次による調整が必要となります。
　・取得対価の額の合計額の方が多い場合……「各共有者の自己資金負担額」を各共有者間で調整し、増加します。
　・取得資金の額の合計額の方が多い場合……「各共有者の自己資金負担額」を各共有者間で調整し、減少します。

2　各共有者の住宅借入金等の年末残高

	Ⓐ	Ⓑ	Ⓒ	Ⓓ
各共有者の負担すべき連帯債務による借入金の額（⑦－⑧－⑨）⑬	（赤字のときは0） 円	（赤字のときは0） 円	（赤字のときは0） 円	
連帯債務に係る借入金に係る各共有者の負担割合（⑬÷⑪）⑭　※小数点以下2位まで書きます。	%	%	%	% 100.00
連帯債務による借入金に係る各共有者の年末残高（⑫×⑭）⑮	円	円	円	
各共有者の住宅借入金等の年末残高（⑩＋⑮）⑯				

※1　連帯債務に係る住宅借入金等について、証明書に記載されている「住宅借入金等の内訳」欄の区分が2以上あるときは、税務署にお尋ねください。
※2　⑭の割合及び⑯の金額を各共有者の「計算明細書」の⑥欄及び⑦欄に転記します。

資料19

04.11

資料20　住宅借入金等特別控除を受けられる方へ（新築・購入用）

A1 〜 A6　住借

令和4年分　住宅借入金等特別控除を受けられる方へ（新築・購入用）

税　務　署

■本説明書の目的■

本説明書は、住宅ローンにより住宅の新築・購入をして、令和4年1月1日から令和4年12月31日までの間に自己の居住の用に供した方が、令和4年分の所得税及び復興特別所得税の確定申告において住宅借入金等特別控除（住宅ローン控除）を受ける場合の適用要件や必要な手続の概要を説明するものです。

※　令和4年11月1日現在の法令等に基づいて作成しています。
※　住宅ローンにより住宅の新築・購入をして、令和3年12月31日以前に居住の用に供した場合には、控除の種類・要件・計算方法などが本説明書に記載された内容と異なります。詳しくは、国税庁ホームページ（タックスアンサー）をご覧ください。

【制度の概要】

個人が、国内において、住宅の新築・購入（新築等）をして、自己の居住の用に供した場合において、住宅の新築等のための借入金等（住宅ローン）を有するときは、その居住の用に供した年以後10年間又は13年間の各年にわたり、その年分の所得税額から、その年の12月31日における住宅ローンの残額に応じて計算した金額を控除することとされています。これを「住宅借入金等特別控除」（住宅ローン控除）といいます。

※　本説明書で使用する用語の説明などにつきましては、839・840・857ページをご参照ください。
※　制度の詳細等は、国税庁ホームページ（タックスアンサー）(https://www.nta.go.jp) をご確認ください。
※　住宅の増改築等について住宅借入金等特別控除を受けられる方は、『令和4年分　住宅借入金等特別控除を受けられる方へ（住宅の増改築用）』をご覧ください。

【必要な手続】

次の書類を『確定申告書』に添付して税務署又は業務センターに提出します。

※　一部の税務署については郵送での確定申告書等の提出先が業務センターになります。詳しくは、国税庁ホームページをご確認ください。

確定申告書に添付すべき計算明細書	
全ての方	（特定増改築等）住宅借入金等特別控除額の計算明細書
連帯債務がある方	（付表）連帯債務がある場合の住宅借入金等の年末残高の計算明細書

確定申告書に添付すべき書類
適用する控除の種類により異なります。 839ページの「控除の種類判定」で判定された控除の種類に従い、適用要件を満たしているかを確認した上、提出書類をご準備ください。

申告書と計算明細書は、国税庁ホームページで作成できます!!

作成コーナー　検索

資　料　編　　　　839

控　除　の　種　類　判　定

○次の表に従い、該当ページをご確認ください。
　住宅の区分等に関する各種用語の説明については、839・840 ページにある「用語の説明」を必ずご確認ください。

区分	①　特別特例取得又は特例特別特例取得に該当する場合	②　左記以外の場合
一般住宅の新築等	A1　一般住宅の新築等に係る住宅借入金等特別控除　841 ページ	
認定住宅の新築等	A2　認定住宅の新築等に係る住宅借入金等特別控除　842 ページ	
ZEH水準省エネ住宅の新築等 省エネ基準適合住宅の新築等	A1　一般住宅の新築等に係る住宅借入金等特別控除　841 ページ	A3　ZEH 水準省エネ住宅又は省エネ基準適合住宅の新築等に係る住宅借入金等特別控除　843 ページ
買取再販住宅の購入	A6　中古住宅の購入に係る住宅借入金等特別控除　846 ページ	A4　買取再販住宅の購入に係る住宅借入金等特別控除　844 ページ
買取再販認定住宅等の購入	A6　中古住宅の購入に係る住宅借入金等特別控除　846 ページ	A5　買取再販認定住宅等の購入に係る住宅借入金等特別控除　845 ページ
中古住宅の購入	A6　中古住宅の購入に係る住宅借入金等特別控除　846 ページ	

※　「①　特別特例取得又は特例特別特例取得に該当する場合」であっても、「②　左記以外の場合」を選択することができます。ただし、修正申告や更正の請求において、確定申告において適用した控除方法と異なる控除方法に選択を変更することはできず、また、翌年分以降の確定申告において、本年分において適用した控除方法と異なる控除方法を適用することもできませんのでご注意ください。

○本説明書で用いられている住宅の区分等に関する各種の「用語の説明」は次のとおりです。

用語	説明
一般住宅	下記の認定住宅、ZEH 水準省エネ住宅、省エネ基準適合住宅、買取再販住宅、買取再販認定住宅等及び中古住宅のいずれにも該当しない住宅をいいます。
認定住宅	次のいずれかに該当する住宅をいいます。 ①　長期優良住宅の普及の促進に関する法律に規定する認定長期優良住宅 ②　都市の低炭素化の促進に関する法律に規定する低炭素建築物又は低炭素建築物とみなされる特定建築物
ZEH水準省エネ住宅	認定住宅以外の住宅でエネルギーの使用の合理化に著しく資する住宅（断熱等性能等級 5 以上及び一次エネルギー消費量等級 6 以上の住宅）をいいます。
省エネ基準適合住宅	認定住宅及び ZEH 水準省エネ住宅以外の住宅でエネルギーの使用の合理化に資する住宅（断熱等性能等級 4 以上及び一次エネルギー消費量等級 4 以上の住宅）をいいます。
買取再販住宅	次の①から⑥の要件をすべて満たす住宅をいいます。 ①　宅地建物取引業者から取得した住宅であること ②　宅地建物取引業者から取得した時点において、次の(1)及び(2)を満たすこと 　(1)　新築した日から 10 年を経過した住宅であること 　(2)　建築後に使用されたことのある住宅であること

用語	説明
買取再販住宅 （つづき）	③　宅地建物取引業者からの取得前2年以内にその宅地建物取引業者が取得をし、次のいずれかの工事（増改築等工事証明書によりこれらの工事に該当することが証明されたもの）を行い、販売した住宅であること 　(1)　増築、改築、建築基準法に規定する大規模な修繕又は大規模の模様替えの工事 　(2)　マンションなどの区分所有建物のうち、その人が区分所有する部分の床、階段又は壁の過半について行う一定の修繕・模様替えの工事 　(3)　家屋（マンションなどの区分所有建物にあっては、その人が区分所有する部分に限ります。）のうち居室、調理室、浴室、便所、洗面所、納戸、玄関又は廊下の一室の床又は壁の全部について行う修繕・模様替えの工事 　(4)　建築基準法施行令の構造強度等に関する規定又は地震に対する安全性に係る基準に適合させるための一定の修繕・模様替えの工事 　(5)　一定のバリアフリー改修工事 　(6)　一定の省エネ改修工事 　(7)　給水管、排水管又は雨水の侵入を防止する部分に係る修繕又は模様替えの工事（既存住宅売買瑕疵担保責任保険契約が締結されているものに限ります。） ④　③の工事に要した費用の総額が、①の住宅を取得した個人への譲渡の対価の額（税込み）の100分の20に相当する金額（300万円を超える場合には、300万円）以上であること ⑤　次のいずれかに該当すること 　(1)　③(1)から(6)の工事に要した費用の額の合計額が100万円を超えること 　(2)　③(4)から(7)のいずれかの工事に要した費用の額が50万円を超えること ⑥　次のいずれかに該当すること 　(1)　昭和57年1月1日以後に建築されたものであること 　(2)　(1)以外の場合は、次のいずれかに該当すること 　　イ　取得の日前2年以内に、地震に対する安全上必要な構造方法に関する技術的基準に適合するものであると証明されたもの（耐震住宅）であること 　　ロ　(1)又は(2)イに該当しない一定の住宅（要耐震改修住宅）のうち、その取得の日までに耐震改修を行うことについて申請をし、かつ、居住の用に供した日までにその耐震改修（租税特別措置法第41条の19の2第1項又は第41条の19の3第6項若しくは第8項の適用を受けるものを除きます。）により家屋が耐震基準に適合することにつき証明がされたものであること
買取再販認定 住宅等	認定住宅、ZEH水準省エネ住宅又は省エネ基準適合住宅のいずれかに該当する買取再販住宅をいいます（買取再販住宅の⑥(2)ロの要耐震改修住宅を除きます。）。
中古住宅	建築後使用された住宅で、買取再販住宅の⑥の基準を満たす住宅のうち、買取再販住宅以外の住宅をいいます。 ただし、その住宅の取得が特別特例取得又は特例特別特例取得に該当する場合の控除を適用する場合には、建築後使用された住宅で、買取再販住宅の⑥(2)の条件を満たす住宅又は家屋が建築された日からその取得の日までの期間が20年（マンションなどの耐火建築物の建物の場合には25年）以下である住宅をいいます。
特別特例取得	その住宅の取得等が特別特定取得（※）に該当する場合で、当該住宅の取得等に係る契約が次の期間内に締結されているものをいいます。 ①　居住用家屋の新築 　　令和2年10月1日から令和3年9月30日までの期間 ②　新築住宅・中古住宅等の購入の場合 　　令和2年12月1日から令和3年11月30日までの期間 ※　その住宅の新築・取得等の対価の額に含まれる消費税・地方消費税の額が10%の税率により課されるべきものである場合の、その住宅の取得等をいいます。
特例特別特例 取得	特別特例取得に該当する場合で、床面積が40㎡以上50㎡未満の住宅の取得等をいいます。

（注）　新築等をした住宅が、上記の住宅のいずれに該当するかご不明な場合は、住宅の販売会社等にご確認ください。

資 料 編　　　　　　　　　　　　　　　841

A1　一般住宅の新築等に係る住宅借入金等特別控除

○適用要件に該当するかを確認し、以下の書類をご準備ください。

	適　用　要　件	確認欄
1	新築等をした日から6か月以内に入居している。	☐
2	本年の12月31日（死亡した場合は、その日）まで引き続き居住の用に供している。	☐
3	A・Bのいずれかに該当する。	☐

			確認欄
3	A	住宅の床面積（登記事項証明書に表示されているもの）（857ページ）が50㎡以上であり、かつ床面積の2分の1以上が専ら自己の居住用である。 本年分の合計所得金額（857ページ）が、2,000万円以下である。 ※　特別特例取得に該当する場合は、本年分の合計所得金額が、3,000万円以下となります。	
	B	住宅の床面積（登記事項証明書に表示されているもの）（857ページ）が40㎡以上50㎡未満であり、かつ床面積の2分の1以上が専ら自己の居住用である。 本年分の合計所得金額（857ページ）が、1,000万円以下である。	

	適　用　要　件	確認欄
4	10年以上の償還期間を有する住宅ローンによって住宅を取得している。	☐
5	2以上の住宅を所有していない（所有している場合は主に居住している住宅である。）。	☐
6	入居した年及びその年の前2年・後3年以内において、譲渡所得の課税の特例等を受けている一定の場合（857ページ）に該当しない。	☐

※　確認欄のすべてにチェックが入る場合のみ控除を受けることができます。

	確定申告書に添付すべき書類	確認欄
1	金融機関等から交付された『住宅取得資金に係る借入金の年末残高等証明書』【原本】	☐
2	住宅の登記事項証明書【原本】 ※　不動産番号の記載又は住宅の登記事項証明書【写し】の添付に代えることができます。	☐
3	住宅の工事請負契約書又は売買契約書【写し】	☐
4	（土地の購入に係る住宅ローンについて控除を受ける場合）	
	土地の登記事項証明書【原本】 ※　不動産番号の記載又は土地の登記事項証明書【写し】の添付に代えることができます。	☐
	土地の売買契約書【写し】	☐
5	（補助金等の交付を受けた方） ・国や市区町村等からの補助金決定通知書など補助金等の額を証する書類【原本】	☐
6	（住宅取得等資金の贈与の特例（857ページ）を受けた方） ・贈与税の申告書など住宅取得等資金の額を証する書類【写し】	☐
7	確定申告書に記載したマイナンバー（個人番号）の本人確認書類（マイナンバーカード（個人番号カード）の写しなど） ※　確定申告書を提出する際に提示によることもできます。詳しくは、国税庁ホームページ又は『令和4年分所得税及び復興特別所得税の確定申告の手引き』をご確認ください。	☐

※　確定申告書への給与所得の源泉徴収票等の添付は不要です。
　　ただし、税務署等で確定申告書を作成する場合には、源泉徴収票等や登記事項証明書を忘れずにお持ちください。
※　「①　特別特例取得又は特例特別特例取得に該当する場合」（839ページ）を選択するときには、『住宅借入金等特別控除額の計算明細書』の二面番号「1」の「住宅の取得等が（特例）特別特例取得に該当するとき」欄にて計算し、「②　左記以外の場合」（839ページ）については、二面番号「2」の「新築住宅又は買取再販住宅に該当するとき」欄にて計算します。

➡　ご準備できましたら、847ページの計算明細書の作成へお進みください。

842　　　　　　　　　第　2　部

A2　認定住宅の新築等に係る住宅借入金等特別控除

○適用要件に該当するかを確認し、以下の書類をご準備ください。

	適　用　要　件	確認欄
1	認定住宅（839 ページ）である。	☐
2	新築等をした日から 6 か月以内に入居している。	☐
3	本年の 12 月 31 日（死亡した場合は、その日）まで引き続き居住の用に供している。	☐
4	A・Bのいずれかに該当する。	☐
	A　住宅の床面積（登記事項証明書に表示されているもの）（857 ページ）が 50㎡以上であり、かつ床面積の 2 分の 1 以上が専ら自己の居住用である。 　　本年分の合計所得金額（857 ページ）が、2,000 万円以下である。 　　※　特別特例取得に該当する場合は、本年分の合計所得金額が、3,000 万円以下となります。	
	B　住宅の床面積（登記事項証明書に表示されているもの）（857 ページ）が 40㎡以上 50㎡未満であり、かつ床面積の 2 分の 1 以上が専ら自己の居住用である。 　　本年分の合計所得金額（857 ページ）が、1,000 万円以下である。	
5	10 年以上の償還期間を有する住宅ローンによって住宅を取得している。	☐
6	2 以上の住宅を所有していない（所有している場合は主に居住している住宅である。）。	☐
7	入居した年及びその年の前 2 年・後 3 年以内において、譲渡所得の課税の特例等を受けている一定の場合（857 ページ）に該当しない。	☐

※　確認欄のすべてにチェックが入る場合のみ控除を受けることができます。

	確定申告書に添付すべき書類	確認欄
1	A1　一般住宅の新築等に係る住宅借入金等特別控除（841 ページ）《確定申告書に添付すべき書類》1 から 7 の書類	☐
2	「認定住宅」であることを証する次の書類 ① 認定長期優良住宅の場合（両方が必要（※ 1）） ・都道府県・市区町村等の長期優良住宅建築等計画等の認定通知書【写し】（※ 2） ・市区町村の住宅用家屋証明書【原本又は写し】 又は建築士等の認定長期優良住宅建築証明書【原本】 ② 低炭素住宅の場合（両方が必要） ・都道府県・市区町村等の低炭素建築物新築等計画の認定通知書【写し】（※ 2） ・市区町村の住宅用家屋証明書【原本又は写し】 又は建築士等の認定低炭素住宅建築証明書【原本】 ③ 低炭素住宅とみなされる特定建築物の場合 ・市区町村の住宅用家屋証明書（特定建築物用）【原本】 　※ 1　長期優良住宅建築等計画等の認定通知書等の区分が既存である場合は、その認定通知書の写しのみ必要となります。 　※ 2　計画の変更の認定があった場合には変更認定通知書の写し、認定計画実施者の地位の承継があった場合には認定通知書及び承認通知書の写しが必要となります。	☐

※　「① 特別特例取得又は特例特別特例取得に該当する場合」（839 ページ）を選択するときには、『住宅借入金等特別控除額の計算明細書』の二面番号「4」の「住宅の取得等が（特例）特別特例取得に該当するとき」欄にて計算し、「② 左記以外の場合」（839 ページ）については、二面番号「5」の「新築住宅又は買取再販住宅に該当するとき」欄にて計算します。

➡　ご準備できましたら、847 ページの計算明細書の作成へお進みください。

資料編　　　843

第2部

A3　ZEH水準省エネ住宅又は省エネ基準適合住宅の新築等に係る住宅借入金等特別控除

○適用要件に該当するかを確認し、以下の書類をご準備ください。

	適　用　要　件	確認欄
1	ZEH水準省エネ住宅又は省エネ基準適合住宅（839ページ）である。	☐
2	新築等をした日から6か月以内に入居している。	☐
3	本年の12月31日（死亡した場合は、その日）まで引き続き居住の用に供している。	☐
4	A・Bのいずれかに該当する。	☐
	A　住宅の床面積（登記事項証明書に表示されているもの）（857ページ）が50㎡以上であり、かつ床面積の2分の1以上が専ら自己の居住用である。	
	本年分の合計所得金額（857ページ）が、2,000万円以下である。	
	B　住宅の床面積（登記事項証明書に表示されているもの）（857ページ）が40㎡以上50㎡未満であり、かつ床面積の2分の1以上が専ら自己の居住用である。	
	本年分の合計所得金額（857ページ）が、1,000万円以下である。	
5	10年以上の償還期間を有する住宅ローンによって住宅を取得している。	☐
6	2以上の住宅を所有していない（所有している場合は主に居住している住宅である。）。	☐
7	入居した年及びその年の前2年・後3年以内において、譲渡所得の課税の特例等を受けている一定の場合（857ページ）に該当しない。	☐

※　確認欄のすべてにチェックが入る場合のみ控除を受けることができます。

	確定申告書に添付すべき書類	確認欄
1	A1　一般住宅の新築等に係る住宅借入金等特別控除（841ページ）《確定申告書に添付すべき書類》1から7の書類	☐
2	「ZEH水準省エネ住宅」又は「省エネ基準適合住宅」であることを証する次のいずれかの書類　①　建築士等の住宅省エネルギー性能証明書【原本】　②　登録住宅性能評価機関の建設住宅性能評価書【写し】	☐

※　「ZEH水準省エネ住宅」は『住宅借入金等特別控除額の計算明細書』の二面番号「6」の「新築住宅又は買取再販住宅に該当するとき」欄にて計算し、「省エネ基準適合住宅」は二面番号「7」の「新築住宅又は買取再販住宅に該当するとき」欄にて計算します。

　　ただし、「①　特別特例取得又は特例特別特例取得に該当する場合」(839ページ)を選択するときには、『住宅借入金等特別控除額の計算明細書』の二面番号「1」の「住宅の取得等が（特例）特別特例取得に該当するとき」欄にて計算することとなり、上記「2」の書類は不要です。

➡　ご準備できましたら、847ページの計算明細書の作成へお進みください。

資料編

資料20

第 2 部

A4 買取再販住宅の購入に係る住宅借入金等特別控除

○適用要件に該当するかを確認し、以下の書類をご準備ください。

	適 用 要 件	確認欄
1	買取再販住宅（839・840 ページ）である。	☐
2	購入をした日から 6 か月以内に入居している。	☐
3	本年の 12 月 31 日（死亡した場合は、その日）まで引き続き居住の用に供している。	☐
4	住宅の床面積（登記事項証明書に表示されているもの）（857 ページ）が 50㎡以上で、かつ床面積の 2 分の 1 以上が専ら自己の居住用である。	☐
5	本年分の合計所得金額（857 ページ）が 2,000 万円以下である。	☐
6	10 年以上の償還期間を有する住宅ローンによって住宅を取得している。	☐
7	2 以上の住宅を所有していない（所有している場合は主に居住している住宅である。）。	☐
8	購入時及び購入後において生計を一にする親族等（857 ページ）から購入した住宅でない。	☐
9	入居した年及びその年の前 2 年・後 3 年以内において、譲渡所得の課税の特例等を受けている一定の場合（857 ページ）に該当しない。	☐

※ 確認欄のすべてにチェックが入る場合のみ控除を受けることができます。

	確定申告書に添付すべき書類	確認欄
1	**A1** 一般住宅の新築等に係る住宅借入金等特別控除（841 ページ）《確定申告書に添付すべき書類》1 から 7 の書類	☐
2	（買取再販住宅が耐震基準（840 ページ ⑥(2)イ）を満たすものとして控除を受ける場合）次のいずれかの書類 ・建築士等の耐震基準適合証明書【原本】 ・登録住宅性能評価機関の建設住宅性能評価書【写し】 ・既存住宅売買瑕疵担保責任保険の保険付保証明書【原本】	☐
3	（買取再販住宅が要耐震改修住宅（840 ページ ⑥(2)ロ）に当たる場合） ・耐震改修に係る工事請負契約書【写し】 ・次の①から④のうちいずれかの書類 ① 建築物の耐震改修計画の認定申請書【写し】及び耐震基準適合証明書【原本】 ② 耐震基準適合証明申請書【写し】及び耐震基準適合証明書【原本】 ③ 建設住宅性能評価申請書【写し】及び建設住宅性能評価書【写し】 ④ 既存住宅売買瑕疵担保責任保険契約の申込書【写し】及び既存住宅売買瑕疵担保責任保険の保険付保証明書【原本】	☐
4	建築士等の増改築等工事証明書【原本】 ※ 給水管、排水管又は雨水の侵入を防止する部分に係る修繕又は模様替えの工事（既存住宅売買瑕疵担保責任保険契約が締結されているものに限ります。）の場合は、増改築等工事証明書に加え、住宅瑕疵担保責任保険法人が発行した既存住宅売買瑕疵担保責任保険の保険付保証明書が必要となります。	☐

※ 『住宅借入金等特別控除額の計算明細書』の二面番号「2」の「新築住宅又は買取再販住宅に該当するとき」欄にて計算します。
　　ただし、「① 特別特例取得又は特例特別特例取得に該当する場合」（839 ページ）を選択するときには、『住宅借入金等特別控除額の計算明細書』の二面番号「1」の「住宅の取得等が（特例）特別特例取得に該当するとき」欄にて計算することとなります。

➡ ご準備できましたら、847 ページの計算明細書の作成へお進みください。

資　料　編　　　　　845　　第2部

A5　買取再販認定住宅等の購入に係る住宅借入金等特別控除

○適用要件に該当するかを確認し、以下の書類をご準備ください。

	適　用　要　件	確認欄
1	買取再販認定住宅等（840ページ）である。	☐
2	購入をした日から6か月以内に入居している。	☐
3	本年の12月31日（死亡した場合は、その日）まで引き続き居住の用に供している。	☐
4	住宅の床面積（登記事項証明書に表示されているもの）（857ページ）が50㎡以上で、かつ床面積の2分の1以上が専ら自己の居住用である。	☐
5	本年分の合計所得金額（857ページ）が2,000万円以下である。	☐
6	10年以上の償還期間を有する住宅ローンによって住宅を取得している。	☐
7	2以上の住宅を所有していない（所有している場合は主に居住している住宅である。）。	☐
8	購入時及び購入後において生計を一にする親族等（857ページ）から購入した住宅でない。	☐
9	入居した年及びその年の前2年・後3年以内において、譲渡所得の課税の特例等を受けている一定の場合（857ページ）に該当しない。	☐

※　確認欄のすべてにチェックが入る場合のみ控除を受けることができます。

	確定申告書に添付すべき書類	確認欄
1	**A1**　一般住宅の新築等に係る住宅借入金等特別控除（841ページ）《確定申告書に添付すべき書類》1から7の書類	☐
2	**A4**　買取再販住宅の購入に係る住宅借入金等特別控除（844ページ）《確定申告書に添付すべき書類》2及び4の書類	☐
3	（買取再販住宅が認定住宅に当たる場合）**A2**　認定住宅の新築等に係る住宅借入金等特別控除（842ページ）《確定申告書に添付すべき書類》2の書類	☐
4	（買取再販住宅がZEH水準省エネ住宅又は省エネ基準適合住宅に当たる場合）**A3**　ZEH水準省エネ住宅又は省エネ基準適合住宅の新築等に係る住宅借入金等特別控除（843ページ）《確定申告書に添付すべき書類》2の書類	☐

※　「認定住宅」は『住宅借入金等特別控除額の計算明細書』の二面番号「5」の「新築住宅又は買取再販住宅に該当するとき」欄にて計算し、「ZEH水準省エネ住宅」は二面番号「6」の「新築住宅又は買取再販住宅に該当するとき」欄にて計算し、「省エネ基準適合住宅」は二面番号「7」の「新築住宅又は買取再販住宅に該当するとき」欄にて計算します。

　　ただし、「①　特別特例取得又は特例特別特例取得に該当する場合」（839ページ）を選択するときには、『住宅借入金等特別控除額の計算明細書』の二面番号「1」の「住宅の取得等が（特例）特別特例取得に該当するとき」欄にて計算することとなり、上記「3」及び「4」の書類は不要です。

➡　ご準備できましたら、847ページの計算明細書の作成へお進みください。

A6 中古住宅の購入に係る住宅借入金等特別控除

○適用要件に該当するかを確認し、以下の書類をご準備ください。

	適 用 要 件	確認欄
1	中古住宅（840 ページ）である。	☐
2	購入をした日から 6 か月以内に入居している。	☐
3	本年の 12 月 31 日（死亡した場合は、その日）まで引き続き居住の用に供している。	☐
4	A・B のいずれかに該当する。	☐
	A 住宅の床面積（登記事項証明書に表示されているもの）（857 ページ）が 50 ㎡以上であり、かつ床面積の 2 分の 1 以上が専ら自己の居住用である。 本年分の合計所得金額（857 ページ）が、2,000 万円以下である。 ※ 特例特別取得に該当する場合は、本年分の合計所得金額が、3,000 万円以下となります。	
	B 特例特別特例取得（840 ページ）に該当し、かつ床面積の 2 分の 1 以上が専ら自己の居住用である。 本年分の合計所得金額（857 ページ）が、1,000 万円以下である。	
5	10 年以上の償還期間を有する住宅ローンによって住宅を取得している。	☐
6	2 以上の住宅を所有していない（所有している場合は主に居住している住宅である。）。	☐
7	購入時及び購入後において生計を一にする親族等（857 ページ）から購入した住宅でない。	☐
8	入居した年及びその年の前 2 年・後 3 年以内において、譲渡所得の課税の特例等を受けている一定の場合（857 ページ）に該当しない。	☐

※ 確認欄のすべてにチェックが入る場合のみ控除を受けることができます。

	確定申告書に添付すべき書類	確認欄
1	A1 一般住宅の新築等に係る住宅借入金等特別控除（841 ページ） 《確定申告書に添付すべき書類》1 から 7 の書類	☐
2	（中古住宅が耐震基準（840 ページ　買取再販住宅⑥(2)イ）を満たすものとして控除を受ける場合） 次のいずれかの書類 ・建築士等の耐震基準適合証明書【原本】 ・登録住宅性能評価機関の建設住宅性能評価書【写し】 ・既存住宅売買瑕疵担保責任保険の保険付保証明書【原本】	☐
3	（中古住宅が要耐震改修住宅（840 ページ　買取再販住宅⑥(2)ロ）に当たる場合） ・耐震改修に係る工事請負契約書【写し】 ・次の①から④のうちいずれかの書類 ① 建築物の耐震改修計画の認定申請書【写し】及び耐震基準適合証明書【原本】 ② 耐震基準適合証明申請書【写し】及び耐震基準適合証明書【原本】 ③ 建設住宅性能評価申請書【写し】及び建設住宅性能評価書【写し】 ④ 既存住宅売買瑕疵担保責任保険契約の申込書【写し】 　及び既存住宅売買瑕疵担保責任保険の保険付保証明書【原本】	☐
4	（中古住宅が認定住宅に当たる場合（要耐震改修住宅（840 ページ　買取再販住宅⑥(2)ロ）に当たる場合を除きます。）） A2 認定住宅の新築等に係る住宅借入金等特別控除（842 ページ） 《確定申告書に添付すべき書類》2 の書類	☐
5	（中古住宅が ZEH 水準省エネ住宅又は省エネ基準適合住宅に当たる場合（要耐震改修住宅（840 ページ　買取再販住宅⑥(2)ロ）に当たる場合を除きます。）） A3 ZEH 水準省エネ住宅又は省エネ基準適合住宅の新築等に係る住宅借入金等特別控除（843 ページ） 《確定申告書に添付すべき書類》2 の書類	☐

※ 「認定住宅」は「住宅借入金等特別控除額の計算明細書」の二面番号「5」の「中古住宅に該当するとき」欄にて計算し、「ZEH 水準省エネ住宅」は二面番号「6」の「中古住宅に該当するとき」欄にて計算し、「省エネ基準適合住宅」は二面番号「7」の「中古住宅に該当するとき」欄にて計算し、それ以外は二面番号「2」の「中古住宅又は増改築に該当するとき」欄にて計算します。

　ただし、「① 特別特例取得又は特例特別特例取得に該当する場合」（839 ページ）を選択するときには、『住宅借入金等特別控除額の計算明細書』の二面番号「1」の「住宅の取得等が（特例）特別特例取得に該当するとき」欄にて計算することとなり、上記「4」及び「5」の書類は不要です。

➡ ご準備できましたら、847 ページの計算明細書の作成へお進みください。

資　料　編　　　　　　　　　　847

住宅借入金等特別控除額の計算明細書の作成

○次の書き方に従って、『住宅借入金等特別控除額の計算明細書』を作成してください。作成した『住宅借入金
　等特別控除額の計算明細書』は、ご準備いただいた書類と一緒に確定申告書に添付して税務署に提出する
　必要があります。
　なお、借入金等に連帯債務がある方は『（付表）連帯債務がある場合の住宅借入金等の年末残高の計算明細書』
　を併せて作成してください。

1 住所及び氏名

1　住所及び氏名				整理番号	
住　所	郵便番号				
	電話番号（　　）				
フリガナ		（共有者の氏名等）※共有の場合のみ書いてください。			
氏　名		フリガナ 氏　名		フリガナ 氏　名	

● あなたの住所及び氏名を記載します。
　共有者がいる場合には、共有者の氏名も記載してください。

2 新築又は購入した家屋等に係る事項

（家屋に関する事項）
● ㋐の欄には、新築等をした住宅に居住した年月日を記載します。
● ㋑の欄には、売買契約書（工事請負契約書）に記載された売買契約日（工事請負契約日）を記載します。また、
　区分の欄には、新築（注文住宅）の場合は「1」、分譲住宅の購入の場合は「2」、買取再販住宅の購入の場合は
　「3」、中古住宅の購入の場合は「4」を記載します。
● ㋒の欄には、売買契約書（工事請負契約書）に記載された住宅の購入金額（請負金額）を記載します。
● ㋓の欄には、住宅の新築等に関し、補助金等の交付を受けた場合に、その補助金等の金額（共有持分に応じた補
　助金等の交付を受けた場合は、補助金等の実際の交付額ではなく、共有持分を乗ずる前の給付基礎額）を記載します。
　※ 給付基礎額が不明の場合は、給付金額÷家屋の共有持分で計算します。
● ㋔の欄には、上記㋒欄に記載した住宅の購入金額（請負金額）から、上記㋓欄に記載した補助金等の金額を控
　除した金額を記載します。
● ㋕の欄には、登記事項証明書（建物）に記載された床面積の合計を記載します。
● ㋖の欄には、居住用に使用している部分の床面積を記載します。店舗や貸付等に使用していない場合は、上記
　㋕欄と同じ面積となります。
● 不動産番号の欄には、登記事項証明書に記載された不動産番号を記載します。
（土地等に関する事項）
● 住宅の新築等に併せて土地等を購入した場合には、土地等に関する事項を記載します。㋐の欄には、住宅の新
　築等をする前に土地等を購入した場合にその購入した年月日を記載し、その他の欄には、家屋の例に準じて記載
　してください。

3 家屋や土地等の取得対価の額

848　　　　　　　　　　　第　2　部

（家屋に関する事項）
- ①の欄には、登記事項証明書（建物）に記載されたあなたの持分を記載します。共有者がいない場合には、記載不要です。
- ②の欄には、「取得対価の額」×「①の割合」で計算した金額を記載します。
- ③の欄には、住宅の新築等に関し、住宅取得等資金の贈与の特例を受けた場合に、特例を受けた金額を記載します。
- ④の欄には、上記②欄に記載した金額から、上記③欄に記載した住宅取得等資金の贈与の特例を受けた金額を控除した金額を記載します。

（土地等に関する事項）
- 住宅の新築等に併せて土地等を購入した場合には、土地等に関する事項を家屋の例に準じて記載します。

4 家屋の取得対価の額又は増改築等の費用の額に課されるべき消費税額等に関する事項

5 家屋の取得対価の額又は増改築等の費用の額に課されるべき消費税額等に関する事項

| なし又は5% | 8% | 10% | 税率が10%の場合に②、②に含まれる消費税額及び地方消費税額の合計額（契約書等に記載された消費税額） | | | | | | | 円 |

- 売買契約書（工事請負契約書）に記載された消費税・地方消費税の税率について、該当する欄に○を記載します。消費税・地方消費税の税率が10%である場合には、上記②の欄に記載した住宅の購入金額（請負金額）に含まれる消費税・地方消費税の金額を記載します。中古住宅を個人間売買によって購入した場合には、消費税が課されませんので、なし又は5%の欄に○を記載します。

5 新型コロナウイルスの影響による入居遅延 （参考）

6 新型コロナウイルスの影響による入居遅延

- 住宅の新築等が、特例取得（857ページ）に該当し、新型コロナウイルス感染症及びそのまん延防止のための措置の影響により、その住宅を令和2年12月31日までの間に居住の用に供することができず、令和3年1月1日から令和3年12月31日までの間に自己の居住の用に供した場合には、○を記載します。

6 居住用部分の家屋又は土地等に係る住宅借入金等の年末残高

7 居住用部分の家屋又は土地等に係る住宅借入金等の年末残高

		㋑ 住 宅 の み	㋺ 土 地 等 の み	㋩ 住宅及び土地等	㋥ 増 改 築 等	
新築、購入及び増改築等に係る住宅借入金等の年末残高	⑤					円
連帯債務に係るあなたの負担割合（付表）の⑤の割合 ※連帯債務がない場合には、100.00%と書きます。	⑥					%
住宅借入金等の年末残高（付表）の⑨の金額 ※連帯債務がない場合には、⑤の金額を書きます。	⑦					円
④ と ⑦ の い ず れ か 少 な い 方 の 金 額	⑧					円
居 住 用 割 合 ※100%以上である場合には、100.0%と書きます。	⑨	④＋⑧	②＋④		⑦＋⑧	%
居住用部分に係る住宅借入金等の年末残高（ ⑧ × ⑨ ）	⑩					円
住宅借入金等の年末残高の合計額（㋑の⑩＋㋺の⑩＋㋩の⑩＋㋥の⑩） ※ ⑪の金額を二面の「住宅借入金等の年末残高の合計額⑪」欄に転記します。					⑪	円

- 『住宅取得資金に係る借入金の年末残高等証明書』に記載された借入金等の区分に応じて、それぞれ「住宅のみ」、「土地等のみ」及び「住宅及び土地等」の欄に記載します。
- ⑤の欄には、『住宅取得資金に係る借入金の年末残高等証明書』に記載された「年末残高」の額を記載します。
- ⑥の欄には、連帯債務がある場合のあなたの負担割合を記載します。連帯債務でない場合には、「100.00」と記載してください。
- ⑦の欄には、⑤×⑥で計算した金額を記載します。
- ※ 連帯債務がある場合の⑥、⑦欄は、『(付表) 連帯債務がある場合の住宅借入金等の年末残高の計算明細書』により計算した金額を記載します。
- ⑧の欄には、④の金額と⑦の金額のいずれか少ない金額を記載します。
- ㋩の⑨の欄には、㋑÷㋥で計算した割合を記載します。店舗や貸付用に使用していない場合は、100.0と記載してください。
  なお、住宅の新築等に併せて土地等を購入した場合には、『(特定増改築等) 住宅借入金等特別控除額の計算明細書』の控用の裏面書き方5(2)をご確認ください。
- ⑩の欄には、⑧×⑨で計算した金額を記載します。
- ⑪の欄の合計額を記載します。
- ※ 住宅の種類によって限度額が異なります。詳しくは、『(特定増改築等) 住宅借入金等特別控除額の計算明細書』の控用の裏面書き方5(4)をご確認ください。

7（特定増改築等）住宅借入金等特別控除額

9 （特定増改築等）住宅借入金等特別控除額

(特定増改築等)住宅借入金等特別控除額　※　二面の該当する番号及び金額を転記します。	番号		⑳	00	円

※次に該当する場合に、書いてください。

同一年中に８％及び10%の消費税率が含まれる家屋の取得等又は増改築等をした場合は、右の欄に○をした上で、10%に係る部分の金額等を書いてください。	8%·10%同一年中取得	家　屋:1 増改築等:2	㋒又は㋡の金額(10%に係る部分のみ)	㉑	円
			Ⓐの④又はⒹの④の金額(10%に係る部分のみ)	㉒	円

重複適用（の特例）を受ける場合は、右の該当する文字に○をした上で、二面の㉓の金額を転記してください。	重複適用	重複適用の特例
	㉓	00 円

- 番号の欄には、二面の該当する番号を記載します。
- ⑳の欄には、二面で計算した⑳の金額を記載します。
- 同一年中に消費税・地方消費税の税率が８％である住宅の新築等又は増改築等及び10%である住宅の新築等又は増改築等の両方がある場合には、以下のとおり記載します。
  - ・「８％・10%同一年中取得」の欄には、○を記載します。
  - ・「家屋：1　増改築等：2」の欄には、消費税・地方消費税の税率が10%であるものが住宅の新築等である場合には「1」、増改築等である場合には「2」を記載します。
  - ・　㉑の欄には、㋒欄に記載した住宅の購入金額（請負金額）（上記「家屋：1　増改築等：2」の欄に記載した番号が「2」である場合には、㋡欄の金額）のうち、消費税・地方消費税の税率が10%である部分の金額を記載します。
  - ・　㉒の欄には、Ⓐの④欄に記載した持分に係る取得対価の額等の金額（上記「家屋：1　増改築等：2」の欄に記載した番号が「2」である場合には、Ⓓの④欄の金額）のうち、消費税・地方消費税の税率が10%である部分の金額を記載します。

8 控除証明書の要否

10 控除証明書の交付を要しない場合

翌年分以後に年末調整でこの控除を受けるための、控除証明書の交付を要しない方は、右の「要しない」の文字を○で囲んでください。	要しない

- 給与所得者の方は、２年目以降の住宅借入金等特別控除については、年末調整で適用を受けることができます。その際に必要となる控除証明書の交付を要する方は、この欄には何も記載しないでください。後日「住宅借入金等特別控除証明書」を税務署から送付します。

※　控除証明書の交付を要しない方は、「要しない」の欄に○を記載します。

9 再び居住の用に供したことに係る事項

二面

（再び居住の用に供したことに係る事項）

転居年月日	年　月　日	再居住開始年月日	年　月　日
居住の用に供していない期間の家屋の用途	□ 賃貸の用　年　月　日～　年　月　日 □ 空家　□ その他（　）		
その家屋に係る（特定増改築等）住宅借入金等特別控除の適用	【再び居住の用に供した場合の再適用】 □ 再び居住の用に供したことにより、（特定増改築等）住宅借入金等特別控除の再適用を受ける	【再び居住の用に供した場合の適用】 □ 再び居住の用に供したことにより、初めてその家屋に係る（特定増改築等）住宅借入金等特別控除の適用を受ける	

- 住宅の新築等をして居住の用に供していた方が、勤務先からの転任の命令に伴う転居その他これに準ずるやむを得ない事由に基因してその家屋を居住の用に供さなくなった後、その家屋を再び居住の用に供した場合で次に該当するときに記載します。

① 再び居住の用に供したことにより、（特定増改築等）住宅借入金等特別控除の再適用を受ける場合
② 再び居住の用に供したことにより、初めてその家屋に係る（特定増改築等）住宅借入金等特別控除の適用を受ける場合

（参考）翌年以降における住宅借入金等特別控除の適用について

【給与所得者が年末調整によってこの控除の適用を受ける場合】

適用１年目の確定申告によりこの控除の適用を受けた給与所得者は、２年目以降の各年分の所得税について、年末調整によってこの控除を受けることができます。年末調整によってこの控除を受けようとする場合には、①後日税務署から送付される住宅借入金等特別控除証明書、②住宅取得資金に係る借入金の年末残高等証明書を給与支払者に提出してください。

【確定申告書を提出してこの控除の適用を受ける場合】

確定申告書を提出してこの控除の適用を受けようとする場合には、①（特定増改築等）住宅借入金等特別控除額の計算明細書又は住宅借入金等特別控除証明書、②住宅取得資金に係る借入金の年末残高等証明書を添付して確定申告書を所轄税務署に提出する必要があります。

850　　　　　　　　　　　第　2　部

【記　載　例　①】

○住宅を購入した場合（一般の住宅・共有者なし・建物、土地代金区分表示あり）

契約年月日	令和4年6月1日
居住開始年月日	令和4年11月1日
住宅及び土地の購入金額	50,000,000円（うち、消費税額 2,000,000円）
住宅の床面積（うち居住用部分の面積）	150.00㎡（150.00㎡）
土地の総面積（うち居住用部分の面積）	300.00㎡（300.00㎡）
住宅借入金の年末残高（当初借入金額）	49,000,000円（50,000,000円）
住宅借入金の区分	住宅及び土地等

※　「確定申告書に添付すべき書類」から計算明細書へ記載する事項の表示例

不動産売買契約書

契約年月日	令和4年6月1日	①
売買代金総額	5 0 0 0 0 0 0 0 円	
土地代金	2 8 0 0 0 0 0 0 円	③
建物代金	2 2 0 0 0 0 0 0 円	②
（うち消費税額及び地方消費税額の合計額）	2 0 0 0 0 0 0 円	⑥

建物の登記事項証明書

表題部	（主である建物の表示）	調製	余白		不動産番号	111111111111
所在図番号	余白					
所　在	○○市△△町××一××一×			余白		
家屋番号	×番			余白		

① 種類	② 構造	③ 床面積　㎡	原因及びその日付〔登記の日付〕
居宅	木造かわらぶき2階建	1階　80　00 2階　70　00	令和4年10月20日新築 〔令和4年10月31日〕

④

土地等の登記事項証明書

表題部	（土地の表示）	調製	余白		不動産番号	2222222222222
地図番号	余白	筆界特定	余白			
所　在	○○市△△町××一××一×			余白		
家屋番号	×番			余白		

① 地番	②地目	③ 地積　㎡	原因及びその日付〔登記の日付〕	
×番	宅地	300　00	令和4年6月1日売買 〔令和4年9月30日〕	⑤
所有者	○○市△△町××一××一×　国税太郎			

住宅取得資金に係る借入金の年末残高等証明書

住宅取得資金に係る借入金の年末残高等証明書

住宅取得資金の借入れ等をしている者	住　所	○○市△△町××一××一×	
	氏　名	国税　太郎	
住宅借入金等の内訳	1　住宅のみ　2　土地等のみ　③　住宅及び土地等		
住宅借入金等の金額	年末残高	49,000,000 円	⑦
	当初金額	令和4年10月31日　50,000,000 円	
償還期間又は賦払期間	令和4年11月から 令和34年10月まで　の　30 年　月間		
（摘要）			

資料編

(一面)

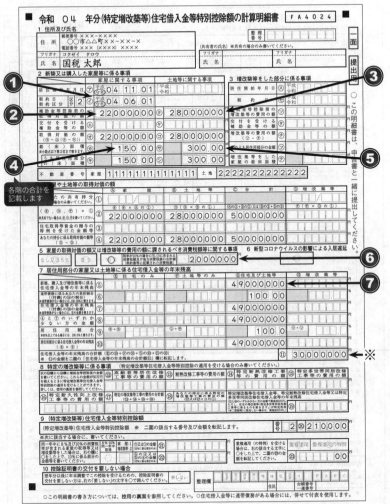

852　　　　　　　　　　　第　2　部

(二面)

令和04年分　(特定増改築等)住宅借入金等特別控除額の計算

次の該当する算式のうち、いずれか一の算式により計算します。　　　氏名　**国税 太郎**

住宅借入金等の年末残高の合計額　※　一面の⑪の金額を転記します。	⑪	30,000,000 円

番号	居住の用に供した日等	算式等	(特定増改築等)住宅借入金等特別控除額 (100円未満の端数切捨て)	番号	居住の用に供した日等	算式等	(特定増改築等)住宅借入金等特別控除額 (100円未満の端数切捨て)
1	住宅借入金等特別控除の適用を受ける場合(3から12のいずれかを選択する場合を除きます。)	令和4年中に居住の用に供した場合	住宅の取得等が(特別)特定取得に該当するとき ⑪×0.01＝⑳	(最高40万円) 円 00	8	高齢者等居住改修工事等に係る特定増改築等住宅借入金等特別控除を選択した場合	平成30年1月1日から令和3年12月31日までの間に居住の用に供した場合	住宅の増改築等が特定取得に該当するとき 　……①の金額(最高1,000万円) 　　　　①×0.02 　＋(⑧−①)×0.01＝⑳	(最高12万5千円) 円 00
			新築住宅又は買取再販住宅に該当するとき ⑪×0.007＝⑳	210,000 00			住宅の増改築等が特定取得に該当しないとき 　……①の金額 　　　　①×0.02 　＋(⑧−①)×0.01＝⑳	(最高12万円) 円 00
			中古住宅又は増改築に該当するとき ⑪×0.007＝⑳	(最高14万円) 円 00					
2		平成26年1月1日から令和3年12月31日までの間に居住の用に供した場合	住宅の取得等が(特別)特定取得に該当するとき ⑪×0.01＝⑳	(最高40万円) 円 00	9	断熱改修工事等に係る特定増改築等住宅借入金等特別控除を選択した場合	平成30年1月1日から令和3年12月31日までの間に居住の用に供した場合	住宅の増改築等が特定取得に該当するとき 　……①の金額(最高1,000万円) 　　　　①×0.02 　＋(⑧−①)×0.01＝⑳	(最高12万5千円) 円 00
			住宅の取得等が(特別)特定取得に該当しないとき ⑪×0.01＝⑳	(最高20万円) 円 00			住宅の増改築等が特定取得に該当しないとき 　……①の金額 　　　　①×0.02 　＋(⑧−①)×0.01＝⑳	(最高12万円) 円 00
		平成25年中に居住の用に供した場合	⑪×0.01＝⑳	(最高20万円) 円 00					
3	住宅借入金等特別控除の控除額の特例を選択した場合	平成20年中に居住の用に供した場合	⑪×0.004＝⑳	(最高8万円) 円 00	10	多世帯同居改修工事等に係る特定増改築等住宅借入金等特別控除を選択した場合	平成28年1月1日から令和3年12月31日までの間に居住の用に供した場合	……①の金額(最高1,000万円) 　　　　①×0.02 　＋(⑧−①)×0.01＝⑳	(最高12万5千円) 円 00
4		令和4年中に居住の用に供した場合	住宅の取得等が(特別)特定取得に該当するとき ⑪×0.01＝⑳	(最高50万円) 円 00					
			新築住宅又は買取再販住宅に該当するとき ⑪×0.007＝⑳	(最高35万円) 円 00					
5	認定住宅の新築等に係る住宅借入金等特別控除の特例を選択した場合	認定住宅が認定長期優良住宅又は認定低炭素住宅に該当するとき	中古住宅に該当するとき ⑪×0.007＝⑳	(最高21万円) 円 00	11	震災特例法の住宅の取得等に係る住宅借入金等特別控除の特例を選択した場合	令和4年中に居住の用に供した場合	住宅の取得等が(特例)特別特例取得に該当するとき ⑪×0.012＝⑳	(最高60万円) 円 00
		平成26年1月1日から令和3年12月31日までの間に居住の用に供した場合	住宅の取得等が(特別)特定取得に該当するとき ⑪×0.01＝⑳	(最高50万円) 円 00				新築住宅又は買取再販住宅に該当するとき ⑪×0.009＝⑳	(最高45万円) 円 00
			住宅の取得等が(特別)特定取得に該当しないとき ⑪×0.01＝⑳	(最高30万円) 円 00				中古住宅又は増改築に該当するとき ⑪×0.009＝⑳	(最高27万円) 円 00
6	認定住宅等がZEH水準省エネ住宅に該当するとき(※4)	平成25年中に居住の用に供した場合	⑪×0.01＝⑳	(最高30万円) 円 00	12		平成26年4月1日から令和3年12月31日までの間に居住の用に供した場合	⑪×0.012＝⑳	(最高60万円) 円 00
		令和4年中に居住の用に供した場合	新築住宅又は買取再販住宅に該当するとき ⑪×0.007＝⑳	(最高31万5千円) 円 00			平成25年1月1日から平成26年3月31日までの間に居住の用に供した場合	⑪×0.012＝⑳	(最高36万円) 円 00
			中古住宅に該当するとき ⑪×0.007＝⑳	(最高21万円) 円 00					
7	認定住宅等が省エネ基準適合住宅に該当するとき(※4)	令和4年中に居住の用に供した場合	新築住宅又は買取再販住宅に該当するとき ⑪×0.007＝⑳	(最高28万円) 円 00					
			中古住宅に該当するとき ⑪×0.007＝⑳	(最高21万円) 円 00					

(再び居住の用に供したことに係る事項)

転居年月日	年　月　日	再居住開始年月日	年　月　日
家屋を居住の用に供していない期間の家屋の用途	□賃貸の用　□その他( ) □空家　□その他( )	【再び居住の用に供した場合の再適用】 家屋を居住の用に供したことにより(特定増改築等)住宅借入金等特別控除の再適用を受ける	【再び居住の用に供した場合の適用】 再び居住の用に供したことにより、その家屋を(特定増改築等)住宅借入金等特別控除の適用を受ける

二面 提出用 ○ 二面は一面と一緒に提出してください。

※1　⑳欄の金額を一面の⑳欄に転記します。
※2　⑳欄の括弧内の金額は、居住の用に供した日の属する年における住宅の取得等又は住宅の増改築等に係る控除限度額となります。
※3　(特例)特別特例取得及び(特別)特定取得については、控用の裏面の「用語の説明」を参照してください。
※4　「ZEH水準省エネ住宅」又は「省エネ基準適合住宅」に該当し、(特例)特別特例取得に該当する場合は、番号「1」の「住宅の取得等が(特別)特定取得に該当するとき」欄で計算してください。
※5　「(再び居住の用に供したことに係る事項)」欄は、再居住の特例の適用を受ける方が、転居年月日や再居住開始年月日などを記載します。

○　重複適用又は震災特例法の重複適用の特例を受ける場合

二以上の住宅等又は住宅の増改築等に係る住宅借入金等の金額がある場合(これらの住宅の取得等又は住宅の増改築等が同一の年に属するもので、上記の表で同一の欄を使用して計算する場合を除きます。)には、その住宅の取得等又は住宅の増改築等ごとに(特定増改築等)住宅借入金等特別控除額の計算明細書を作成し、その作成した各明細書の⑳の金額の合計額を最も新しい住宅の取得等又は住宅の増改築等に係る明細書の⑳欄に記載します。

重複適用を受ける場合	各明細書の控除額(⑳の金額)の合計額(住宅の取得等又は住宅の増改築等に係る控除限度額のうち最も高い控除限度額が限度となります。)を記載します。	⑳	円 00
震災特例法の重複適用の特例を受ける場合	各明細書の控除額(⑳の金額)の合計額を記載します。	⑳	円 00

※　⑳欄の金額を一面の⑳欄に転記します。

○　不動産番号が第一面に書ききれない場合

(1) [　　　　　　　　　　　　]　　　(3) [　　　　　　　　　　　　]
(2) [　　　　　　　　　　　　]　　　(4) [　　　　　　　　　　　　]

※ (特定増改築等)住宅借入金等特別控除の対象となる家屋や土地が複数ある場合で、第一面の「不動産番号」欄に書ききれない家屋や土地の不動産番号を記載します。

資料編

【記載例 ②】
○住宅の取得等資金の贈与を受け、住宅を購入した場合
（マンション・共有者あり・建物、土地代金の区分表示なし）

契約年月日	令和4年6月1日
居住開始年月日	令和4年11月1日
住宅の購入金額	30,000,000円（うち、消費税額1,000,000円）
床面積（うち居住用部分の面積）	110.00㎡（110.00㎡）
住宅借入金の年末残高（当初借入金額）	8,000,000円（9,000,000円）
住宅借入金の区分	住宅及び土地等
共有持分	1／2
補助金等の給付金額	200,000円
住宅取得等資金の贈与の金額	6,000,000円
（住宅取得等資金の贈与の特例の適用を受けている）	

「確定申告書に添付すべき書類」から計算明細書へ記載する事項の表示例

不動産売買契約書

契約年月日	令和4年6月1日 ①	
売買代金総額	3 0 0 0 0 0 0 0	円
土地代金		円
建物代金	⑥	円
（うち消費税額及び地方消費税額の合計額）	1 0 0 0 0 0 0	円

建物と土地の金額が区分されていない場合

※ マンション等の購入については、売買契約書等に住宅と土地の取得価額が区分して記載されていない場合でも、その購入に係る消費税・地方消費税の税率が10%であるときには、それぞれの取得価額を記載する必要がありますので、消費税額を基礎として住宅の取得価額を計算します。
※ 土地の譲渡については消費税が非課税とされていますので、消費税額を消費税率（この場合は10%）で割り返すことにより、住宅の取得価額を計算することができます。

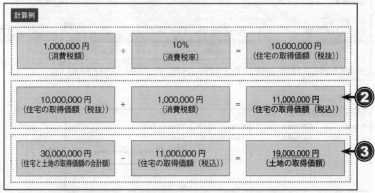

※ その購入に係る消費税・地方消費税の税率が10%である場合以外の場合であって、住宅と土地等で共有持分割合や居住用割合が異なるなど、それぞれの取得価額を記載する必要があるときは、上記の消費税額を基礎として住宅の取得価額を計算する方法などの合理的な方法により計算します。
　なお、上記以外の場合であって、住宅と土地等の購入に係る借入金等が一括借入である場合、住宅と土地等の取得価額の合計額を「住宅の取得対価の額」として、差し支えありません。

建物の登記事項証明書

○建物の床面積の表示

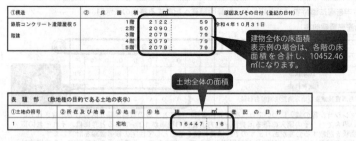

○土地の床面積の表示

マンションのように区分所有建物の場合には、所有分の土地の面積の表示がないため、敷地権の目的である土地全体の面積から合理的な方法により計算します。合理的な計算方法として、建物の床面積を基に以下のとおり計算する方法があります（建物の登記事項証明書に記載されています。）。

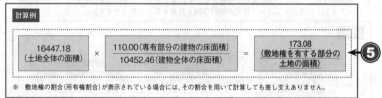

計算例

$$16447.18(土地全体の面積) \times \frac{110.00(専有部分の建物の床面積)}{10452.46(建物全体の床面積)} = 173.08(敷地権を有する部分の土地の面積)$$

※ 敷地権の割合（所有権割合）が表示されている場合には、その割合を用いて計算しても差し支えありません。

○共有持分の表示

資料編

住宅取得資金に係る借入金の年末残高等証明書

住宅取得資金に係る借入金の年末残高等証明書				
住宅取得資金の借入れ等をしている者	住　所	○○市△△町×ー×ー×		
	氏　名	国税　太郎		
住宅借入金等の内訳	1　住宅のみ　2　土地等のみ　③　住宅及び土地等			
住宅借入金等の金額	年末残高	8,000,000 円		⑩
	当初金額	令和4年10月31日	9,000,000 円	
償還期間又は賦払期間	令和4年11月から令和34年10月まで	の 30 年 　月間		
(摘要)					

ご注意ください!!

補助金等の交付を受ける場合又は住宅取得等資金の贈与を受けている場合

①住宅の新築等に関し補助金等を受ける場合、②住宅取得等資金の贈与を受けており、贈与税の申告において「住宅取得等資金の贈与の特例」（857ページ）の適用を受けている場合には、その交付を受ける金額又は適用を受けた金額を住宅の購入金額から差し引いて計算します。

なお、住宅と土地等の取得対価の額をそれぞれ記載している場合で、住宅取得資金を家屋と土地等のいずれの取得等に充てたか明らかでない場合には、取得対価の額で按分した金額をそれぞれの取得に充てたものとして差し支えありません。

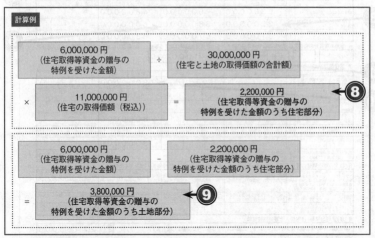

※　共有持分に応じた補助金等の交付を受けた場合は、補助金等の実際の交付額ではなく、共有持分を乗ずる前の給付基礎額を住宅の購入金額から差し引いて計算します。
　　共有持分を乗ずる前の給付基礎額が不明の場合は、補助金等の給付額を共有持分で割り返すことにより計算することもできます。

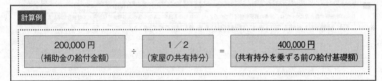

856 　　　　　　　　　　第　2　部

(一面)

■ 令和 ０４ 年分(特定増改築等)住宅借入金等特別控除額の計算明細書 ［FA4024］ ■

1 住所及び氏名

郵便番号 ×××-××××	整理番号	
住　所　○○市△△町×-××-×		一面
電話番号 ××× (××××) ××××	(共有者の氏名) ※共有の場合のみ書いてください。	提出用
フリガナ コクゼイ タロウ	フリガナ コクゼイ ハナコ	フリガナ
氏　名　国税 太郎	氏　名　国税 花子	氏　名

2 新築又は購入した家屋等に係る事項

	家屋に関する事項	土地等に関する事項
① 居住の用に供した年月日	平成 令和 ⑦ ０４ １１ ０１	平成 令和
契約日 ② 契約区分	⑦ ０４ ０４ ０１	
② 補助金等控除前の 取得対価の額	⑦ 11000000	⑦ 19000000
交付を受ける 補助金等の額	⑦ 400000	⑦
取得対価の額 ②=(②-⑦)	⑦ 10600000	⑦ 19000000
※1平方メートル未満の端数は切り捨てます。	② 110 00	⑦ 173 08
うち居住用部分 の (床) 面積	家屋 ② 110 00	⑦ 173 08
不動産番号 家屋	1111111111111	土地

3 増改築等をした部分に係る事項

⑧ 居住開始年月日	平成 令和
契約日	平成 令和
補助金等控除前の 増改築等の費用の額	⑦
交付を受ける 補助金等の額	⑦
増改築等の費用の額	⑦
うち居住用部分の金額	⑦
増改築等をした 家屋の総床面積	⑦

この明細書は、申告書と一緒に提出してください。

4 家屋や土地等の取得対価の額

	Ⓐ 家　屋	⑧ 土地等	Ⓒ 合　計	⑩ 増改築等
あなたの共有持分 ① ※共有の場合のみ書いてください。	1／2	1／2		
(⑦.⑦.⑦) × ① ② ※共有でない場合は、⑦.⑦.⑦を書きます。	5300000	9500000	Ⓐ+⑧又はⒸ+⑩ 14800000	
住宅借入金等の贈与の 特例を受けた金額等 ③	2200000	3800000	6000000	
あなたの持分に係る取得対価の額等 (②-③)	3100000	5700000	8800000	

5 家屋の取得対価の額又は増改築等の費用の額に課されるべき消費税額等に関する事項

なし又は5% ・ 8% ⑦ （税率が10%の場合は、①及び②を書いてください。②は、消費税額及び地方消費税額の合計額を書きます。） 1000000

6 新型コロナウイルスの影響による入居遅延

遅延

7 居住用部分の家屋又は土地等に係る住宅借入金等の年末残高

	Ⓐ 住宅のみ	⑧ 土地等のみ	Ⓒ 住宅及び土地等	⑩ 増改築等
新築、購入及び増改築等に係る 住宅借入金等の年末残高 ⑤			8000000	
連帯債務に係るあなたの負担割合 (付表)の⑤の割合を乗じます。 ⑥			100 00	
住宅借入金等の年末残高 (付表)の⑨の金額を書きます。 ⑦			8000000	
④と⑦のいずれか 少ない方の金額 ⑧			8000000	
居住用割合 ⑨ ※90%以上である場合には、100.0%と書きます。	②÷②	②÷②	100 0	②÷②
居住用部分に係る住宅借入金等の年末残高 (⑧ × ⑨) ⑩			8000000	

住宅借入金等の年末残高の合計額 (⑩の⑦+⑦の⑧+⑩の⑦+⑩の⑩) ⑪ ※ ⑪の金額を二面の「住宅借入金等の年末残高の合計額」欄に転記します。 ⑪ 8000000

8 特定の増改築等に係る事項 (特定増改築等住宅借入金等特別控除の適用を受ける場合のみ書いてください。)

次の⑫欄から⑮欄には、補助金等控除後の金額を書きます。これらの金額があるときは、それぞれの特定増改築等の費用の額に特別控除の適用を受けることができます。詳しくは、控用の裏面を参照してください。	⑫ 高齢者等居住改修工事等の費用の額	⑬ 断熱改修工事等の費用の額	⑭ 特定断熱改修工事等の費用の額	⑮ 特定多世帯同居改修工事等の費用の額
⑯ 特定耐久性向上改修工事等の費用の額	⑰ 特定の増改築等工事の費用の合計額 (⑫+⑬+⑭+⑯)	⑱ 特定の増改築等に係る事項	特定増改築等住宅借入金等、特定断熱改修住宅借入金等特別控除額	特定増改築等住宅借入金等又は特定多世帯同居改修住宅借入金等の年末残高 ⑲

9 (特定増改築等)住宅借入金等特別控除額

(特定増改築等)住宅借入金等特別控除額 ※ 二面の該当する番号及び金額を転記します。 番号 ⑳ 2 56000

※次に該当する場合に、書いてください。			
同一年中に8%及び旧10%の消費税の税率が含まれる家屋の取得等又は増改築等をした場合で、特定取得に係る部分の金額等を書いた上で、旧10%に係る部分の金額等を書いてください。	3%-5%・8% 家屋 ⑩Ⓐのうち特定取得に係る金額 ⑳	土地 ⑩⑧のうち特定取得に係る金額		重複適用の(特例)を受ける場合には、右の該当する文字を○をした上で、二面の⑳の金額を転記してください。 重複適用 重複例外の特例 ㉓ 0 0

10 控除証明書の交付を要しない場合

| 翌年分以後に年末調整でこの控除を受けるための、控除証明書の交付を要しない場合は、右の「要しない」の文字を○で囲んでください。 要しない | 整理欄 | | | 住民 | | 白紙番号 一連番号 |

■ ○この明細書の書き方については、控用の裏面を参照してください。○住宅借入金等に連帯債務がある場合には、併せて付表を使用します。

※ (二面) 記載例は省略しています。記載例①を参考にしてください。

資　料　編　　　　　　　　　　　　　857

用語	説明
特定取得	その住宅の新築等の対価の額に含まれる消費税・地方消費税の額が8％又は10％の税率により課されるべきものである場合の、その住宅の新築等をいいます。
特例取得	特別特定取得に係る契約が次の日までに締結されているものをいいます。 ① 居住用家屋の新築の場合　令和2年9月30日 ② 新築住宅・中古住宅の購入の場合　令和2年11月30日
合計所得金額	次の①と②の合計額に、退職所得金額、山林所得金額を加算した金額をいいます。 ① 事業所得、不動産所得、給与所得、総合課税の利子所得・配当所得・短期譲渡所得及び雑所得の合計額（損益の通算後の金額） ② 総合課税の長期譲渡所得と一時所得の合計額（損益の通算後の金額）の2分の1の金額 ☆ 申告分離課税の所得がある場合には、それらの所得金額（長（短）期譲渡所得については特別控除前の金額）の合計額を加算した金額です。また、純損失や雑損失の繰越控除など、損失の繰越控除の適用を受けている場合は、その適用前の金額をいいます。
床面積	登記事項証明書に表示されている床面積をいいます。ただし、マンションなどのように建物の一部を区分所有している住宅の場合は、登記事項証明書上の専有部分の床面積をいいます。その家屋が店舗併用住宅であるなど自己の居住の用以外の用にも供される部分がある家屋の場合やその家屋が共有である場合には、その家屋の全体の床面積によって判定します。
親族等	親族のほか、次の①から③のいずれかに該当する方をいいます。 ① 婚姻の届出をしていないが事実上婚姻関係と同様の事情にある方 ② 家屋を購入した人から受ける金銭その他の資産によって生計を維持している方 ③ ①、②又は親族の方と生計を一にするこれらの方
住宅取得等資金の贈与の特例	「住宅取得等資金の贈与税の非課税」又は「住宅取得等資金の贈与を受けた場合の相続時精算課税選択の特例」をいいます（詳しくは、『贈与税の申告のしかた』をご覧ください。）。
譲渡所得の課税の特例等を受けている一定の場合	住宅に入居した年及びその年の前2年において次の①から④のいずれかの譲渡所得の課税の特例を受けている又は住宅に入居した年の翌年以後3年以内において、入居した住宅及びその敷地以外の一定の資産の譲渡について次の①から④のいずれかの譲渡所得の課税の特例を受けている場合をいいます。 ① 居住用財産を譲渡した場合の長期譲渡所得の課税の特例 ② 居住用財産の譲渡所得の特別控除（3,000万円の特別控除）（被相続人の居住用財産に係る譲渡所得の特別控除を除く。） ③ 特定の居住用財産の買換え・交換をした場合の長期譲渡所得の課税の特例 ④ 既成市街地等内にある土地等の中高層耐火建築物等の建設のための買換え・交換の場合の譲渡所得の課税の特例

【参考】一般住宅（839ページ）における「①　特別特例取得又は特別特例特例取得に該当する場合」と「②　左記以外の場合」の比較表

	①　特別特例取得又は特別特例特例取得に該当する場合	②　左記以外の場合
控除額の計算方法	・居住1年目から10年目 　住宅ローン等の年末残高（※1）×1％ ・居住11年目から13年目 　次の①と②のいずれか少ない方 ① 住宅ローン等の年末残高（※1）×1％ ② （住宅の取得価格－消費税額）×2％÷3	・居住1年目から13年目 　住宅ローン等の年末残高（※1）×0.7％
控除限度額	40万円	21万円
控除期間	13年間	13年間
合計所得金額の上限	3,000万円（※2）	2,000万円（※2）

※1　住宅ローン等の年末残高は、住宅の新築・購入の対価の額が限度となります。
※2　合計所得金額が上限を超えると控除の適用はできません。また、住宅の床面積が40㎡以上50㎡未満の場合は1,000万円が合計所得金額の上限となります。

～市区町村からのお知らせ～
詳しくは、お住まいの市区町村にお尋ねください。

個人住民税の住宅借入金等特別税額控除制度について
　平成21年1月1日以降に居住の用に供した方のうち、所得税の額から控除しきれなかった住宅借入金等特別控除額がある方については、翌年度分の個人住民税から控除できる場合があります。
　この制度の適用を受けるためには、年末調整によりこの制度の適用を受けている方を除き、住宅借入金等特別控除を受けるための確定申告書を所轄税務署へ提出する必要がありますのでご注意ください。

資料21　住宅借入金等特別控除を受けられる方へ（住宅の増改築用）

 増改

令和4年分　住宅借入金等特別控除を受けられる方へ（住宅の増改築用）

税務署

■本説明書の目的■

本説明書は、住宅ローンにより住宅の増改築等（リフォーム）をして、令和4年1月1日から令和4年12月31日までの間に自己の居住の用に供した方が、令和4年分の所得税及び復興特別所得税の確定申告において住宅借入金等特別控除を受ける場合の適用要件や必要な手続の概要を説明するものです。

※　令和4年11月1日現在の法令等に基づいて作成しています。
※　住宅ローンにより住宅の増改築等（リフォーム）をして、令和3年12月31日以前に居住の用に供した場合には、控除の種類・要件・計算方法などが本説明書に記載された内容と異なります。詳しくは、国税庁ホームページ（タックスアンサー）をご覧ください。

【制度の概要】

個人が、国内において、住宅の増改築等をして、自己の居住の用に供した場合において、住宅の増改築等のための借入金等（住宅ローン）を有するときは、その居住の用に供した年以後10年間（その住宅の増改築等が、（特例）特別特例取得（868ページ）に該当する場合には、13年間）の各年にわたり、その年分の所得税額から、その年の12月31日における住宅ローンの残額に応じて計算した金額を控除することとされています。これを「住宅借入金等特別控除」（住宅ローン控除）といいます。

※　本説明書で使用する用語の説明などにつきましては、868ページをご参照ください。
※　制度の詳細等は、国税庁ホームページ（タックスアンサー）(https://www.nta.go.jp) をご確認ください。
※　住宅の新築・購入について住宅借入金等特別控除を受けられる方は、『令和4年分　住宅借入金等特別控除を受けられる方へ（新築・購入用）』をご覧ください。

【必要な手続き】

次の書類を『確定申告書』に添付して税務署又は業務センターに提出します。
※　一部の税務署については郵送での確定申告書等の提出先が業務センターになります。詳しくは、国税庁ホームページをご確認ください。

確定申告書に添付すべき計算明細書	
全ての方	（特定増改築等）住宅借入金等特別控除額の計算明細書
連帯債務がある方	（付表）連帯債務がある場合の住宅借入金等の年末残高の計算明細書
確定申告書に添付すべき書類	
859ページをご確認ください。	

申告書と計算明細書は、国税庁ホームページで作成できます!!
作成コーナー　検索

資 料 編　　　　　859

A7 増改築等に係る住宅借入金等特別控除

○適用要件に該当するかを確認し、必要な書類をご準備ください。

	適　用　要　件	確認欄
1	増改築等をした日から6か月以内に入居している。	☐
2	本年の12月31日（死亡した場合は、その日）まで引き続き居住の用に供している。	☐
3	自己が所有し、自己の居住の用に供する家屋について行う増改築等である。	☐
4	補助金等の額を差し引いた増改築等に要した費用の額が100万円を超えるものである。	☐
5	A・Bのいずれかに該当する。	☐

（以下、5のA・B詳細）

5	A	増改築等をした後の住宅の床面積（登記事項証明書に表示されているもの）（868ページ）が50㎡以上であり、かつ床面積の2分の1以上が専ら自己の居住用である。
		本年分の合計所得金額（868ページ）が、2,000万円以下である。 ※　特別特例取得（868ページ）に該当する場合は、本年分の合計所得金額が3,000万円以下となります。
	B	特例特別特例取得（868ページ）に該当し、かつ床面積の2分の1以上が専ら自己の居住用である。
		本年分の合計所得金額（868ページ）が、1,000万円以下である。

	適　用　要　件	確認欄
6	10年以上の償還期間を有する住宅ローンにより増改築等をしている。	☐
7	増改築等に要した費用の総額の2分の1以上が、居住の用に供する部分に係る費用である。	☐
8	2以上の住宅を所有していない（所有している場合は主に居住している住宅の増改築等をする。）。	☐
9	入居した年及びその年の前2年・後3年以内において、譲渡所得の課税の特例等を受けている一定の場合（868ページ）に該当しない。	☐

※　確認欄のすべてにチェックが入る場合のみ控除を受けることができます。

	確定申告書に添付すべき書類	確認欄
1	金融機関等から交付された『住宅取得資金に係る借入金の年末残高等証明書』【原本】	☐
2	住宅の登記事項証明書【原本】 ※　不動産番号の記載又は住宅の登記事項証明書【写し】の添付に代えることができます。	☐
3	住宅の工事請負契約書【写し】	☐
4	（補助金等の交付を受けた方） ・国や市区町村等からの補助金決定通知書など補助金等の額を証する書類【原本】	☐
5	（住宅取得等資金の贈与の特例（868ページ）を受けた方） ・贈与税の申告書など住宅取得等資金の額を証する書類【写し】	☐
6	建築士等の増改築等工事証明書【原本】 ※　増築、改築、建築基準法に規定する大規模な修繕又は大規模な模様替えの工事については、増改築等工事証明書、確認済証の写し、検査済証の写しのいずれかの書類	☐
7	確定申告書に記載したマイナンバー（個人番号）の本人確認書類（マイナンバーカード（個人番号カード）の写しなど ※　確定申告書を提出する際に提示によることもできます。詳しくは、国税庁ホームページ又は『令和4年分所得税及び復興特別所得税の確定申告の手引き』をご確認ください。	☐

※　確定申告書への給与所得の源泉徴収票等の添付は不要です。
　　ただし、税務署等で確定申告書を作成する場合には、源泉徴収票等や登記事項証明書を忘れずにお持ちください。

860 第 2 部

■留意事項■

　特別特例取得（868 ページ）又は特例特別特例取得（868 ページ）に該当する場合であっても、特別特例取得又は特例特別特例取得の特例を適用しないことを選択することができます。ただし、修正申告や更正の請求により、確定申告において適用した控除方法と異なる控除方法に選択を変更することはできず、また、翌年分以降の確定申告において、本年分において適用した控除方法と異なる控除方法を適用することもできませんのでご注意ください。

※　特別特例取得又は特例特別特例取得の特例を適用することを選択する場合には、『住宅借入金等特別控除額の計算明細書』の二面番号「1」の「住宅の取得等が（特例）特別特例取得に該当するとき」欄にて計算し、特別特例取得又は特例特別特例取得に該当しない（又はその特例の適用を選択しない）場合は、二面番号「2」の「中古住宅又は増改築に該当するとき」欄にて計算します。

○「①　特別特例取得又は特例特別特例取得の特例を適用する場合」と「②　左記以外の場合」の比較表

	①　特別特例取得又は特例特別特例取得の特例を適用する場合	②　左記以外の場合
控除額の計算方法	・居住 1 年目から 10 年目 　住宅ローン等の年末残高（※ 1）× 1 % ・居住 11 年目から 13 年目 　次の①と②のいずれか少ない方 　①　住宅ローン等の年末残高（※ 1）× 1 % 　②　（住宅の増改築等の対価の額－消費税額）× 2 %÷ 3	・居住 1 年目から 10 年目 　住宅ローン等の年末残高（※ 1）× 0.7 %
控除限度額	40 万円	14 万円
控除期間	13 年間	10 年間
住宅の床面積（11 ページ）	40㎡以上	50㎡以上
合計所得金額の上限（※ 2）	3,000 万円（※ 3）	2,000 万円

※ 1　住宅ローン等の年末残高は、住宅の増改築等の対価の額が限度となります。
※ 2　合計所得金額が上限を超えると控除の適用はできません。
※ 3　住宅の床面積（868 ページ）が 40㎡以上 50㎡未満の場合は 1,000 万円が合計所得金額の上限となります。

資　料　編　　　　　　　　　　　　　　　　　861

住宅借入金等特別控除額の計算明細書の作成

○次の書き方に従って『住宅借入金等特別控除額の計算明細書』を作成してください。作成した『住宅借入金等特別控除額の計算明細書』は、ご準備いただいた書類と一緒に確定申告書に添付して税務署に提出します。
なお、借入金等に連帯債務がある方は『（付表）連帯債務がある場合の住宅借入金等の年末残高の計算明細書』を併せて作成してください。

1 住所及び氏名

1 住所及び氏名			
住 所	郵便番号　－	（共有者の氏名）※共有の場合のみ書いてください。	
	電話番号　（　　　）	フリガナ	フリガナ
フリガナ		氏　名	氏　名
氏　名			

● あなたの住所及び氏名を記載します。共有者がいる場合には、共有者の氏名も記載してください。

2 増改築等をした部分に係る事項

2 新築又は購入した家屋等に係る事項			3 増改築等をした部分に係る事項	
	家屋に関する事項	土地等に関する事項		
居 住 開 始 年 月 日 ㋐	平成 令和	平成 令和	居 住 開 始 年 月 日 ㋘	平成 令和
契 約 日 ・ 区 契 約 日 区 分 分	平成 令和		契 約 日 ㋙	平成 令和
補助金等控除前の 取 得 対 価 の 額 ㋑		㋗	補助金等控除前の 増改築等の費用の額 ㋚	円
交 付 を 受 け る 補 助 金 等 の 額 ㋒		㋘	交 付 を 受 け る 補 助 金 等 の 額 ㋛	円
取 得 対 価 の 額 （㋑－㋒（㋗－㋘）） ㋓		㋙	増改築等の費用の額 （㋚－㋛） ㋜	円
総 （ 床 ） 面 積 ※小数点以下第2位まで書けます。 ㋔		㋚	㋜のうち居住用部分の金額 ㋝	円
うち居住用部分 の （ 床 ） 面 積 ㋕		㋛	増 改 築 等 を し た 家 屋 の 総 床 面 積 ㋞	
不 動 産 番 号 家屋		土地		

● ㋘の欄には、あなたが増改築等を行った後、住宅に居住した年月日を記載します。
● ㋙の欄には、工事請負契約書に記載された工事請負契約日を記載します。
● ㋚の欄には、工事請負契約書に記載された住宅の増改築等に要した費用の額を記載します。
● ㋛の欄には、住宅の増改築等に関し補助金等の交付を受けた場合に、その補助金等の金額を記載します。
● ㋜の欄には、上記㋚欄に記載した住宅の増改築等に要した費用の額から、上記㋛欄に記載した補助金等の金額を控除した金額を記載します。
● ㋝の欄には、上記㋜欄の増改築等に要した費用の額のうち、居住用部分の金額を記載します。店舗や貸付等に使用していない場合は、上記㋜の欄と同じ金額となります。
● ㋞の欄には、増改築等をした家屋の登記事項証明書（建物）に記載された総床面積を記載します。
● 不動産番号（家屋）の欄には、増改築等をした家屋の登記事項証明書（建物）に記載された不動産番号を記載します。

3 家屋や土地等の取得対価の額

4 家屋や土地等の取得対価の額		Ⓐ 家　　屋	Ⓑ 土 地 等	Ⓒ 合　　計	Ⓓ 増 改 築 等
あ な た の 共 有 持 分 ※共有の場合のみ書いてください。	①				
（㋓、㋑、㋗）× ① ※共有でない場合は、㋓、㋑、㋗を記載してください。	②	㋕（㋓ × Ⓐの①）	㋙（㋗ × Ⓑの①）	（Ⓐの②＋Ⓑの②）又は（Ⓐの④＋Ⓑの④） 円	㋜（㋜ × Ⓓの①） 円
住宅取得等資金の贈与の 特 例 を 受 け た 金 額 等	③				円
あなたの持分に係る取得対価の額 （② － ③）	④				円

● Ⓓの①の欄には、登記事項証明書（建物）に記載されたあなたの持分を記載します。共有者がいない場合には、記載不要です。
● Ⓓの②の欄には、「3 ㋜の増改築等の費用の額」×「①の割合」で計算した金額を記載します。
● Ⓓの③の欄には、住宅取得等資金の贈与の特例を受ける場合に、その特例を受ける金額を記載します。
● Ⓓの④の欄には、上記Ⓓの②欄に記載した金額から、上記Ⓓの③欄に記載した住宅取得等資金の贈与の特例を受けた金額を控除した金額を記載します。

4 家屋の取得対価の額又は増改築等の費用の額に課されるべき消費税額等に関する事項

5 家屋の取得対価の額又は増改築等の費用の額に課されるべき消費税額等に関する事項

なし又は5%	8%	10%	税率が10%の場合に㋒、㋞に含まれる消費税額及び地方消費税額の合計額（契約書等に記載された消費税額）	円

● 工事請負契約書に記載された消費税・地方消費税の税率について、該当する欄に○を記載します。消費税・地方消費税の税率が 10% である場合には、上記㋞欄に記載した増改築等に要した費用の額に含まれる消費税・地方消費税の金額も記載します。

5 新型コロナウイルスの影響による入居遅延（参考）

6 新型コロナウイルスの影響による入居遅延

あり

● 住宅の増改築等が、特例取得（868 ページ）に該当し、新型コロナウイルス感染症及びそのまん延防止のための措置の影響により、その住宅に令和２年 12 月 31 日までの間に居住の用に供することができず、令和３年１月１日から令和３年 12 月 31 日までの間に自己の居住の用に供した場合には、○を記載します。

6 居住用部分の家屋又は土地等に係る住宅借入金等の年末残高

7 居住用部分の家屋又は土地等に係る住宅借入金等の年末残高

		Ⓔ 住宅のみ	Ⓕ 土地等のみ	Ⓖ住宅及び土地等	Ⓗ 増改築等
新築、購入及び増改築等に係る住宅借入金等の年末残高	⑤	円	円	円	円
連帯債務に係るあなたの負担割合（（付表）の⑭の割合）※連帯債務がない場合には、100.00%と書きます。	⑥	%	%	%	%
住宅借入金等の年末残高（（付表）の⑯の金額）※連帯債務がない場合には、⑤の金額を書きます。	⑦	円	円	円	円
④と⑦のいずれか少ない方の金額	⑧	円	円	円	円
居住用割合 ※90%以上である場合には、100.0%と書きます。	⑨	㋖÷㋕ %	㋛÷㋚ %	%	㋡÷㋞ %
居住用部分に係る住宅借入金等の年末残高（⑧×⑨）	⑩	円	円	円	円
住宅借入金等の年末残高の合計額（Ⓔの⑩＋Ⓕの⑩＋Ⓖの⑩＋Ⓗの⑩）※ ⑪の金額を二面の「住宅借入金等の年末残高の合計額⑪」欄に転記します。				⑪	円

● 『住宅取得資金に係る借入金の年末残高等証明書』に記載された借入金等の区分に応じて、「住宅のみ」の借入金等は「増改築等」の欄に、「土地等のみ」又は「住宅及び土地等」の借入金等はそれぞれ「土地等のみ」又は「住宅及び土地等」の欄に記載します。

● ⑤の欄には、『住宅取得資金に係る借入金の年末残高等証明書』に記載された「年末残高」の額を記載します。

● ⑥の欄には、連帯債務がある場合のあなたの負担割合を記載します。連帯債務でない場合には、「100.00」と記載してください。

● ⑦の欄には、⑤×⑥で計算した金額を記載します。

※ 連帯債務がある場合の⑥、⑦欄は、『（付表）連帯債務がある場合の住宅借入金等の年末残高の計算明細書』により計算した金額を記載します。

● ⑧の欄には、④の金額と⑦の金額のいずれか少ない金額を記載します。

● Ⓗの⑨の欄には、㋡÷㋞ で計算した割合を記載します。店舗や貸付等に使用していない場合は、100.0 と記載してください。

● ⑩の欄には、⑧×⑨で計算した金額を記載します。

● ⑪の欄には、⑩の欄の合計額を記載します。

※ ⑪の金額は、2,000 万円が限度となります（注）。

（注）（特例）特別特例取得に該当する場合は、4,000 万円となります。

7 二面への転記

● ⑪の金額を二面に転記するとともに、適用する控除の種類に応じた⑳の欄に計算した金額を記載します。

8 住宅借入金等特別控除額

9 (特定増改築等)住宅借入金等特別控除額

- 番号の欄には、二面の該当する番号を記載します。
- ⑳の欄には、二面で計算した⑳の金額を記載します。
- 同一年中に消費税・地方消費税の税率が8％である住宅の新築等又は増改築等及び10％である住宅の新築等又は増改築等の両方がある場合には、以下のとおり記載します。
  - 「8％・10％同一年中取得」の欄には、○を記載します。
  - 「家屋：1　増改築等：2」の欄には、消費税・地方消費税の税率が10％であるものが住宅の新築等である場合には「1」、増改築等である場合には「2」を記載します。
  - ㉑の欄には、㋺欄に記載した住宅の増改築等に要した費用の額（上記「家屋：1　増改築等：2」の欄に記載した番号が「1」である場合には、㋺欄の金額）のうち、消費税・地方消費税の税率が10％である部分の金額を記載します。
  - ㉒の欄には、Ⓓの④欄に記載した持分に係る取得対価の額等の金額（上記「家屋：1　増改築等：2」の欄に記載した番号が「1」である場合には、Ⓐの④欄の金額）のうち、消費税・地方消費税の税率が10％である部分の金額を記載します。

9 控除証明書の要否

10 控除証明書の交付を要しない場合

- 給与所得者の方は、2年目以降の住宅借入金等特別控除については、年末調整で適用を受けることができます。その際に必要となる控除証明書の交付を要する方は、この欄には何も記載しないでください。後日「住宅借入金等特別控除証明書」を税務署から送付します。
- ※ 控除証明書の交付を要しない方は、「要しない」の欄に○を記載します。

10 再び居住の用に供したことに係る事項

- 住宅の増改築等をして居住の用に供していた方が、勤務先からの転任の命令に伴う転居その他これに準ずるやむを得ない事由に基因してその家屋を居住の用に供さなくなった後、その家屋を再び居住の用に供した場合で次に該当するときに記載します。
  ① 再び居住の用に供したことにより、（特定増改築等）住宅借入金等特別控除の再適用を受ける場合
  ② 再び居住の用に供したことにより、初めてその家屋に係る（特定増改築等）住宅借入金等特別控除の適用を受ける場合

（参考）翌年以降における住宅借入金等特別控除の適用について

【給与所得者が年末調整によってこの控除の適用を受ける場合】
　適用1年目の確定申告によりこの控除の適用を受けた給与所得者は、2年目以降の各年分の所得税について、年末調整によってこの控除を受けることができます。年末調整によってこの控除を受けようとする場合には、①後日税務署から送付される住宅借入金等特別控除証明書、②住宅取得資金に係る借入金の年末残高等証明書を給与支払者に提出してください。

【確定申告書を提出してこの控除の適用を受ける場合】
　確定申告書を提出してこの控除の適用を受けようとする場合には、①（特定増改築等）住宅借入金等特別控除額の計算明細書又は住宅借入金等特別控除証明書、②住宅取得資金に係る借入金の年末残高等証明書を添付して確定申告書を所轄税務署に提出する必要があります。

資　料　編　　　　　　　　　　　　　　　865

【記　載　例】

契約年月日	令和 4 年 6 月 1 日
居住開始年月日	令和 4 年11月 1 日
増改築等の費用の額（うち居住用部分の金額）	25,300,000 円 (25,300,000 円)
住宅の総床面積	150.00㎡
住宅借入金等の年末残高（当初借入金額）	24,000,000 円 (24,500,000 円)
借入金の区分	住宅のみ

「必要な書類」から計算明細書へ記載する事項の表示例

工事請負契約書

契約年月日	令和4年6月1日 ①
請負代金総額	2 5 3 0 0 0 0 0 円 ②
（うち消費税額及び地方消費税額の合計額）	2 3 0 0 0 0 0 円 ④

建物の登記事項証明書

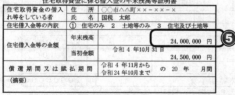

住宅取得資金に係る借入金の年末残高等証明書

<!-- 住宅取得資金に係る借入金の年末残高等証明書 -->
住宅取得資金の借入れ等をしている者	住　所	○○市△△町××ー××ー×
	氏　名	国税　太郎
住宅借入金等の内訳	① 住宅のみ　2 土地等のみ　3 住宅及び土地等
住宅借入金等の金額	年末残高	24,000,000 円 ⑤
	当初金額	令和 4 年10月31日　24,500,000 円
償還期間又は賦払期間	令和 4 年11月から令和24年10月まで　の 20 年　月間
（摘要）	

（一面）

令和 04 年分(特定増改築等)住宅借入金等特別控除額の計算明細書 FA4024

一面 提出用

この明細書は、申告書と一緒に提出してください。

1 住所及び氏名

住所	郵便番号 ×××－×××× ○○市△△町××－××－× 電話番号 ××（××××）××××
フリガナ	コクゼイ タロウ
氏名	国税 太郎

整理番号

（共有者の氏名）※共有の場合のみ書いてください。

フリガナ		フリガナ	
氏名		氏名	

2 新築又は購入した家屋等に係る事項

		家屋に関する事項		土地等に関する事項
居住開始年月日	㋐	平成・令和		（平成・令和）
契約日 契約区分	㋑	平成・令和		
補助金等控除前の取得対価の額	㋒		㋗	
交付を受ける補助金等の額	㋓		㋘	
取得対価の額（㋒－㋓（㋗－㋘））	㋔		㋙	
総（床）面積 ※小数点以下第2位まで書きます。	㋕		㋚	
うち居住用部分の（床）面積	㋖		㋛	

不動産番号	家屋		土地	

3 増改築等をした部分に係る事項

居住開始年月日	㋜	平成・(令和) 04.11.01 ← 1
契約日	㋝	平成・(令和) 04.06.01
補助金等控除前の増改築等の費用の額	㋞	25300000 円 ← 2
交付を受ける補助金等の額	㋟	円
増改築等の費用の額（㋞－㋟）	㋠	25300000 円
㋠のうち居住用部分の金額	㋡	25300000 円
増改築等をした家屋の総床面積	㋢	150.00 ㎡ ← 3

4 家屋や土地等の取得対価の額

		Ⓐ 家屋	Ⓑ 土地等	Ⓒ 合計	Ⓓ 増改築等
あなたの共有持分 ※共有の場合のみ書いてください。	①	／	／		／
（㋔、㋙、㋠）×① ※共有でない場合は、㋔、㋙、㋠を書いてください。	②	㋔（㋔×Ⓐの①）	㋙（㋙×Ⓑの①）	Ⓐの②＋Ⓑの②又はⒷの②＋Ⓓの②	㋠（㋠×Ⓓの①） 25300000 円
住宅取得等資金の贈与の特例を受けた金額等	③				円
あなたの持分に係る取得対価の額等（②－③）	④				25300000 円

5 家屋の取得対価の額又は増改築等の費用の額に課されるべき消費税額等に関する事項

なし又は5% ／ 8% ／ (10)% ／ 税率が10%の場合に㋔、㋠に含まれる消費税額及び地方消費税額の合計額（契約書等に記載された消費税額） 2300000 円 ← 4

6 新型コロナウイルスの影響による入居遅延

7 居住用部分の家屋又は土地等に係る住宅借入金等の年末残高

		Ⓔ 住宅のみ	Ⓕ 土地等のみ	Ⓖ 住宅及び土地等	Ⓗ 増改築等
新築、購入及び増改築等に係る住宅借入金等の年末残高	⑤				24000000 円 ← 5
連帯債務に係るあなたの負担割合（（付表）の⑭の割合） ※連帯債務がない場合には、100.00%と書きます。	⑥				100.00 %
住宅借入金等の年末残高（（付表）の⑮の金額） ※連帯債務がない場合には、⑤の金額を書きます。	⑦				24000000 円
④と⑦のいずれか少ない方の金額	⑧				24000000 円
居住用割合 ※90%以上である場合には、100.0%と書きます。	⑨	㋖÷㋕	㋛÷㋚		㋡÷㋠ 100.0 %
居住用部分に係る住宅借入金等の年末残高（⑧×⑨）	⑩				24000000 円

住宅借入金等の年末残高の合計額（Ⓔの⑩＋Ⓕの⑩＋Ⓖの⑩＋Ⓗの⑩） ⑪ 20000000 円 ← ※

※ ⑪の金額を二面の「住宅借入金等の年末残高の合計額⑪」欄に転記します。

8 特定の増改築等に係る事項 （特定増改築等住宅借入金等特別控除の適用を受ける場合のみ書いてください。）

次の⑫欄から⑱欄に補助金等控除後の金額を書いてください。これらの金額が50万円を超えるときに特定増改築等住宅借入金等特別控除の適用を受けることができます。詳しくは、控用の裏面を参照してください。

⑫ 高齢者等居住改修工事等の費用の額	⑬ 断熱改修工事等の費用の額	⑭ 特定断熱改修工事等の費用の額	⑮ 特定多世帯同居改修工事等の費用の額
			円

⑯ 特定耐久性向上改修工事等の費用の額	⑰ 特定の増改築等工事の費用の合計額（⑫＋⑭＋⑮＋⑯）	⑱ あなたの持分に係る特定の増改築等工事の費用の額（⑰又は⑰×Dの①）	特定増改築等住宅借入金等、特定断熱改修住宅借入金等又は特定多世帯同居改修住宅借入金等の年末残高 ⑲
			円

⑪と⑱のいずれか少ない方の金額で最高250万円。ただし、住宅の増改築等（特定多世帯同居改修工事等に係るものを除きます。）が特定取得（☞二面参照）に該当しない場合は、最高200万円。

9 (特定増改築等)住宅借入金等特別控除額

(特定増改築等)住宅借入金等特別控除額 ※ 二面の該当する番号及び金額を転記します。 番号 2 ⑳ 140000 円

※次に該当する場合に、書いてください。

同一年中に8％及び10%の消費税率が含まれる家屋の取得等又は増改築等をした場合は、右の欄に○をした上で、10%に係る部分の金額等を書いてください。 8%・10%同一年中取得 ／ 家屋:1 増改築等:2 ／ ㋔又は㋠の金額（10%に係る部分のみ） ㉑ 円 ／ Ⓐの④又はⒹの④の金額（10%に係る部分のみ） ㉒ 円

重複適用（の特例）を受ける場合は、右の該当する文字に○をした上で、二面の㉓の金額を転記してください。 重複適用 ／ 重複適用の特例 ㉓ 00 円

10 控除証明書の交付を要しない場合

翌年分以後に年末調整でこの控除を受けるための、控除証明書の交付を要しない方は、右の「要しない」の文字を○で囲んでください。 要しない

整理欄 住民 台帳番号 一連番号

○この明細書の書き方については、控用の裏面を参照してください。○住宅借入金等に連帯債務がある場合には、併せて付表を使用します。

※ 記載例は、（特例）特別特例取得（868 ページ）に該当しないため、2,000 万円が限度となります。
なお、（特例）特別特例取得に該当する場合は、4,000 万円が限度となります。

資　料　編　　　　　　　　　　867

（二面）

令和04年分 （特定増改築等）住宅借入金等特別控除額の計算

次の該当する算式のうち、いずれか一の算式により計算します。　　　氏名　**国税 太郎**

| 住宅借入金等の年末残高の合計額　※　一面の⑪の金額を転記します。 | ⑪ | 20,000,000 円 |

番号	居住の用に供した日等	算式等	（特定増改築等）住宅借入金等特別控除額（100円未満の端数切捨て）	番号	居住の用に供した日等	算式等	（特定増改築等）住宅借入金等特別控除額（100円未満の端数切捨て）
1		住宅の取得等が（補助特別特例取得）に該当するとき	⑪×0.01= ⑳ （最高40万円）円 / 0 0	8	高齢者等居住改修工事等に係る特定増改築等住宅借入金等特別控除を選択した場合	住宅の増改築等が特定取得に該当するとき	⑳ （最高12万5千円）円 / 0 0
2	住宅借入金等特別控除の適用を受ける場合（3から12のいずれかを選択する場合を除きます。）	令和4年中に居住の用に供した場合	新築住宅又は買取再販住宅に該当するとき	⑪×0.007= ⑳ （最高21万円）円 / 0 0		平成30年1月1日から令和3年12月31日までの間に居住の用に供した場合	住宅の増改築等が特定取得に該当しないとき	
			中古住宅等に該当するとき	⑪×0.007= ⑳ （最高14万円）円 / **140,0** 0 0				⑳ （最高12万円）円 / 0 0
		平成26年1月1日から令和3年12月31日までの間に居住の用に供した場合	住宅の取得等が（特別）特定取得に該当するとき	⑪×0.01= ⑳ （最高40万円）円 / 0 0	9	断熱改修工事等に係る特定増改築等住宅借入金等特別控除を選択した場合	住宅の増改築等が特定取得に該当するとき	⑳ （最高12万5千円）円 / 0 0
			住宅の取得等が（特別）特定取得に該当しないとき	⑪×0.01= ⑳ （最高20万円）円 / 0 0		平成30年1月1日から令和3年12月31日までの間に居住の用に供した場合	住宅の増改築等が特定取得に該当しないとき	
		平成25年中に居住の用に供した場合		⑪×0.01= ⑳ （最高20万円）円 / 0 0				⑳ （最高12万円）円 / 0 0
3	住宅借入金等特別控除の控除額の特例を選択した場合	平成20年中に居住の用に供した場合		⑪×0.004= ⑳ （最高8万円）円 / 0 0	10	多世帯同居改修工事等に係る特定増改築等住宅借入金等特別控除を選択した場合	平成30年1月1日から令和3年12月31日までの間に居住の用に供した場合	⑳ （最高12万5千円）円 / 0 0
4	認定住宅等が認定長期優良住宅は認定低炭素住宅に該当するとき	令和4年中に居住の用に供した場合	住宅の取得等が（補助特別特例取得）に該当するとき	⑪×0.01= ⑳ （最高50万円）円 / 0 0				
			新築住宅又は買取再販住宅に該当するとき	⑪×0.007= ⑳ （最高35万円）円 / 0 0	11	震災特例法の住宅の再取得等に係る住宅借入金等特別控除の控除額の特例を選択した場合	令和4年中に居住の用に供したとき	新築住宅等が（特例）特別特定取得に該当するとき	⑪×0.012= ⑳ （最高60万円）円 / 0 0
			中古住宅等に該当するとき	⑪×0.007= ⑳ （最高21万円）円 / 0 0			住宅の取得等が（特例）特別特定取得に該当するとき	⑪×0.009= ⑳ （最高45万円）円 / 0 0
5	認定住宅等の新築等に係る住宅借入金等特別控除の特例を選択した場合	平成26年1月1日から令和3年12月31日までの間に居住の用に供した場合	住宅の取得等が（特別）特定取得に該当するとき	⑪×0.01= ⑳ （最高50万円）円 / 0 0			中古住宅等に該当するとき	⑪×0.009= ⑳ （最高27万円）円 / 0 0
			住宅の取得等が（特別）特定取得に該当しないとき	⑪×0.01= ⑳ （最高30万円）円 / 0 0	12		平成26年4月1日から令和3年12月31日までの間に居住の用に供したとき	⑪×0.012= ⑳ （最高60万円）円 / 0 0
		平成25年中に居住の用に供した場合		⑪×0.01= ⑳ （最高30万円）円 / 0 0			平成25年1月1日から平成26年3月31日までの間に居住の用に供したとき	⑪×0.012= ⑳ （最高36万円）円 / 0 0
6	認定住宅等がZEH水準省エネ住宅に該当するとき（※4）	令和4年中に居住の用に供した場合	新築住宅又は買取再販住宅に該当するとき	⑪×0.007= ⑳ （最高31万5千円）円 / 0 0				
			中古住宅等に該当するとき	⑪×0.007= ⑳ （最高21万円）円 / 0 0				
7	認定住宅等が省エネ基準適合住宅に該当するとき（※4）	令和4年中に居住の用に供した場合	新築住宅又は買取再販住宅に該当するとき	⑪×0.007= ⑳ （最高28万円）円 / 0 0				
			中古住宅等に該当するとき	⑪×0.007= ⑳ （最高21万円）円 / 0 0				

（再び居住の用に供したことに係る事項）

転居年月日	年　月　日	再居住開始年月日	年　月　日
居住の用に供していない期間の家屋の用途	□ 賃貸用　□ その他（　　　　　） □ 空家　　□ その他（　　　　　）	年　月　日～	年　月　日
その家屋に係る（特定増改築等）住宅借入金等特別控除の適用	【再び居住の用に供した場合の再適用】再び居住の用に供したことにより、（特定増改築等）住宅借入金等特別控除の再適用を受ける		【再び居住の用に供した場合の適用】再び居住の用に供したことにより、初めてその家屋に係る（特定増改築等）住宅借入金等特別控除の適用を受ける

※1　⑳欄の金額を一面の⑳欄に転記します。
※2　⑪欄の括弧内の金額は、居住の用に供した日の属する年における住宅の取得等又は住宅の増改築等に係る取得限度額となります。
※3　（特別）特別特定取得及び（特例）特別特定取得については、控用の裏面の「用語の説明」を参照してください。
※4　「ZEH水準省エネ住宅」又は「省エネ基準適合住宅」に該当し、（特例）特別特例取得に該当する場合には、番号「1」の「住宅の取得等が（特例）特別特例取得に該当するとき」欄により計算してください。
※5　「（再び居住の用に供したことに係る事項）」欄は、再居住の特例の適用を受ける方が、転居年月日や再居住開始年月日などを記載します。

○ 重複適用又は震災特例法の重複適用の特例を受ける場合

　二以上の住宅の取得等又は住宅の増改築等に係る住宅借入金等の金額がある場合（これらの住宅の取得等又は住宅の増改築等が同一の年に属するもので、上記の表で同一の欄を使用して計算する場合を除きます。）は、住宅の取得等又は住宅の増改築等ごとに（特定増改築等）住宅借入金等特別控除額の計算明細書を作成し、その作成した各明細書の⑳の金額の合計額を最も新しい住宅の取得等又は住宅の増改築等に係る明細書の㉓欄に記載します。

| 重複適用を受ける場合 | 各明細書の控除額（⑳の金額）の合計額（住宅の取得等又は住宅の増改築等に係る控除限度額のうち最も高い控除限度額が限度となります。）を記載します。 | ㉓ | 円 / 0 0 |
| 震災特例法の重複適用の特例を受ける場合 | 各明細書の控除額（⑳の金額）の合計額を記載します。 | ㉓ | 円 / 0 0 |

※　㉓欄の金額を一面の㉓欄に転記します。

○ 不動産番号が第一面に書ききれない場合

(1) [　　　　　　　　　]　　　(3) [　　　　　　　　　]

(2) [　　　　　　　　　]　　　(4) [　　　　　　　　　]

※ （特定増改築等）住宅借入金等特別控除の対象となる家屋や土地が複数ある場合で、第一面の「不動産番号」欄に書ききれない家屋や土地の不動産番号を記載します。

868　　　　　　　　　　　　　第　2　部

本説明書で使用する用語の説明

用語	説明
特定取得	その住宅の増改築等に要した費用の額に含まれる消費税・地方消費税の額が 8 ％又は 10％の税率により課されるべきものである場合の、その住宅の増改築等をいいます。
特別特定取得	その住宅の増改築等に要した費用の額に含まれる消費税・地方消費税の額が 10％の税率により課されるべきものである場合の、その住宅の増改築等をいいます。
特例取得	特別特定取得に係る契約が令和 2 年 11 月 30 日までに締結されているものをいいます。
特別特例取得	特別特定取得に係る契約が令和 2 年 12 月 1 日から令和 3 年 11 月 30 日までの期間内に締結されているものをいいます。
特例特別特例取得	特別特例取得に該当する場合で、増改築等をした後の床面積が 40㎡以上 50㎡未満の住宅の増改築等をいいます。
合計所得金額	次の①と②の合計額に、退職所得金額、山林所得金額を加算した金額をいいます。 ①　事業所得、不動産所得、給与所得、総合課税の利子所得・配当所得・短期譲渡所得及び雑所得の合計額（損益の通算後の金額） ②　総合課税の長期譲渡所得と一時所得の合計額（損益の通算後の金額）の 2 分の 1 の金額 ☆　申告分離課税の所得がある場合には、それらの所得金額（長（短）期譲渡所得については特別控除前の金額）の合計額を加算した金額です。また、純損失や雑損失の繰越控除など、損失の繰越控除の適用を受けている場合は、その適用前の金額をいいます。
床面積	登記事項証明書に表示されている床面積をいいます。ただし、マンションなどのように建物の一部を区分所有している住宅の場合は、登記事項証明書上の専有部分の床面積をいいます。その家屋が店舗併用住宅である場合など自己の居住の用以外の用にも供される部分がある家屋の場合やその家屋が共有である場合には、その家屋の全体の床面積によって判定します。
住宅取得等資金の贈与の特例	「住宅取得等資金の贈与税の非課税」又は「住宅取得等資金の贈与を受けた場合の相続時精算課税選択の特例」をいいます（詳しくは、『贈与税の申告のしかた』をご覧ください。）。
譲渡所得の課税の特例等を受けている一定の場合	住宅に入居した年及びその年の前 2 年において次の①から④のいずれかの譲渡所得の課税の特例を受けている場合又は住宅に入居した年の翌年以後 3 年以内において、入居した住宅及びその敷地以外の一定の資産の譲渡について次の①から④のいずれかの譲渡所得の課税の特例を受けている場合をいいます。 ①　居住用財産を譲渡した場合の長期譲渡所得の課税の特例 ②　居住用財産の譲渡所得の特別控除（3,000 万円の特別控除）（被相続人の居住用財産に係る譲渡所得の特別控除を除く。） ③　特定の居住用財産の買換え・交換をした場合の長期譲渡所得の課税の特例 ④　既成市街地等内にある土地等の中高層耐火建築物等の建設のための買換え・交換の場合の譲渡所得の課税の特例

～市区町村からのお知らせ～

詳しくは、お住まいの市区町村にお尋ねください。

個人住民税の住宅借入金等特別税額控除制度について

　平成 21 年 1 月 1 日以降に居住の用に供した方のうち、所得税の額から控除しきれなかった住宅借入金等特別控除額がある方については、翌年度分の個人住民税から控除できる場合があります。

　この制度の適用を受けるためには、年末調整によりこの制度の適用を受けている方を除き、住宅借入金等特別控除を受けるための確定申告書を所轄税務署へ提出する必要がありますのでご注意ください。

資料編

資料22　住宅取得資金に係る借入金の年末残高等証明書（モデル様式）

住宅取得資金に係る借入金の年末残高等証明書

住宅取得資金の借入れ等をしている者	住　所			
	氏　名			
住宅借入金等の内訳		1　住宅のみ	2　土地等のみ	3　住宅及び土地等
住宅借入金等の金額	年末残高			円
	当初金額	年　　月　　日		円
償還期間又は賦払期間		年　　月から 年　　月まで	の	年　　月間
居住用家屋の取得の対価等の額又は増改築等に要した費用の額				円
（摘要）				

　租税特別措置法施行令第26条の2第1項の規定により、　　　年　　月　　日における租税特別措置法第41条第1項に規定する住宅借入金等の金額、同法第41条の3の2第1項に規定する増改築等住宅借入金等の金額、同条第5項に規定する断熱改修住宅借入金等の金額又は同条第8項に規定する多世帯同居改修住宅借入金等の金額等について、上記のとおり証明します。

　　　　令和　　年　　月　　日

　　　　　　　　　　　　　（住宅借入金等に係る債権者等）
　　　　　　　　　　　　　　　所　在　地
　　　　　　　　　　　　　　　名　　　称
　　　　　　　　　　　　　　　　（事業免許番号等　　　　　　　　　）

◎　この証明書は、家屋の新築、購入又は増改築等をして、その家屋に入居し又は増改築等をした部分を居住の用に供した人で、（特定増改築等）住宅借入金等特別控除を受けることのできる人が、その控除を受ける場合に、税務署又は給与の支払者に提出するためのものです。

＜参考＞　　　個人住民税の住宅借入金等特別税額控除制度について

　平成21年1月1日から令和7年12月31日までの間に居住の用に供した方のうち、所得税の額から控除しきれなかった住宅借入金等特別税額控除額（特定増改築等に係るものを除きます。）がある方については、翌年度分の個人住民税から控除できる場合があります。
　詳しくは、お住まいの市区町村にお尋ねください。

870　第　2　部

資料23　給与所得者の住宅借入金等特別控除用の記載例

申告書と計算明細書は、国税庁ホームページで作成できます！

作成コーナー　[検索]

給与所得者の

（この記載例は、給与所得について年末調整を受けた方が、住宅借入金等特別控除
び復興特別所得税の確定申告の手引き」を参照してください。住宅借入金等特別
※　この記載例では、『令和4年分（特定増改築等）住宅借入金等特別控

【設例】
○　青色の番号を付した金額などを申告書の同じ番号を付した欄に転記します。

確定申告書には、マイナンバー（個人番号）を記入する必

令和4年分　給与所得の源泉徴収票

○○市△△町×－××－×

営業課長
コクゼイ　タロウ
国税　太郎

給料・賞与	①	②	③	④
	6 800 000	5 020 000	2 608 484	146 600

380 000　1

1,053　484　40　000　25　000

コクゼイ　ハルコ
国税　春子

コクゼイ　イチロウ
国税　一郎

コクゼイ　ウメコ
国税　梅子

⑤○○区○○　×－×－×
○○産業株式会社　　XX-XXXX-XXXX

令和　04　年分（特定増改築等）住宅借入金等特別控除額の計算明細書　F A 4 0 2 4

（各種の計算明細書は、申告書の記載例を参照してください）

---

① 6 800 000

② 5 020 000

5 020 000

③ 2 608 484

0 0 0 0
0 0 0 0
0 0 0 0
0 0 0 0
2 608 484

2 608 484

○　還付される税金の受取に当たって、振込みを希望する場合
●　銀行等の場合は、銀行等の名称、預金種類（該当する
す。）及び口座番号を記入します。
●　ゆうちょ銀行の場合は、貯金総合通帳の記号番号のみ
（他の金融機関の振込用の「店名（店番）」「口座番号」は記入しな
再発行時に変更されない「1・2」などの枠）がある場合は、その数字
●　公金受取口座に振込みを希望する方
を記入します（この場合には「還付される税金の受取場所
金口座が記載されている場合は、記載された内容に基づき
●　預貯金口座の口座名義は、申告者ご本人の氏名のみ記
●　預貯金口座の名義に、店名、事務所名などの名称（屋
は、振込みできないことがあります。
※　一部のインターネット専用銀行については、還付金
あらかじめご利用の銀行にご確認ください。
●　「還付される税金の受取場所」に記載した預貯金口座と
登録の同意に○を記入します。
公金受取口座の登録・利用に当たっては、「所得税及び復
●　ゆうちょ銀行の各店舗又は郵便局窓口での受取を希望
さい。

○　申告する方に同一生計配偶者がいる場合は、申告する
行に、同一生計配偶者の氏名・マイナンバー（個人番号）・生
※　同一生計配偶者と別居している場合には、別居に○を
「上記の配偶者・親族のうち別居の者の氏名・住所」欄に
○　扶養控除の対象とならない16歳未満の扶養親族がいる
バー（個人番号）・続柄・生年月日を記入し、16に○を記入
※　16歳未満の扶養親族と別居している場合には、別居に○
の「上記の配偶者・親族・事業専従者のうち別居の者の」
入します。

---

⑥

⑦ 2回 7 70000

資料編　　　　　　　　871

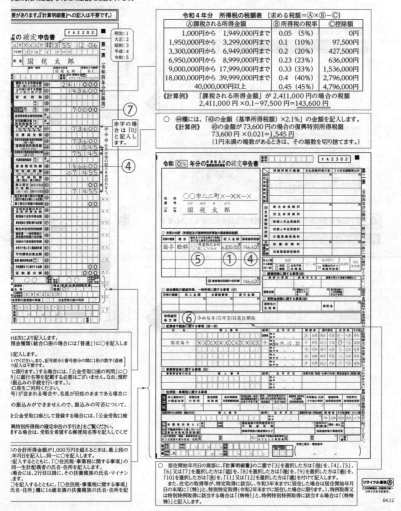

第 2 部

インターネットで住宅ロー
用意した書類を見ながら画面の案内どおりに入力す

年末調整済みの給与所得者が、初めて住宅ローン控除（住宅借入金等特）

1 国税庁HPの確定申告書等作成コーナーにアクセスします

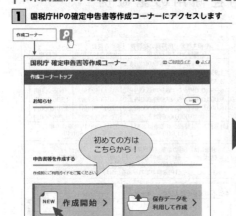

2 源泉徴収票の内容を入力します

4 住宅取得資金に係る借入金の年末残高等証明書の内容を入力します

5 氏名やマイナンバーを入力して

資料編　　　　　　873

ン控除の申告ができます
るだけで、自動計算でアッという間に申告書が完成！

別控除）の申告をする場合の入力例　※ この入力例には開発中の画面が含まれておりますので、実際の画面と異なる場合があります。

3 売買契約書や登記事項証明書の内容を入力します

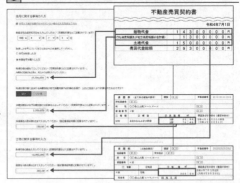

申告書の完成です

6 申告書をe-Taxで送信

作成した申告書は、マイナンバーカードとマイナンバーカード読取対応のスマートフォン（又はICカードリーダライタ）を用意すれば「e-Tax（電子申告）」を利用して提出できます。

詳しくは、確定申告書等作成コーナー内の案内をご覧ください。
※ 添付書類は郵送などで別途提出してください。

書面提出される方は、自宅のプリンタ又はコンビニエンスストア等のプリントサービス（有料）で申告書を印刷し、添付書類と一緒に郵送などで提出します。

申告手続等には**マイナンバーの記載** と **本人確認書類の提示 又は写しの添付** が**毎回**必要です。
- 本人確認書類とは、例1：マイナンバーカード
  　　　　　　　　　例2：通知カード 及び 運転免許証　など
- **e-Tax**で送信すれば、本人確認書類の提示又は写しの添付は**不要**です。

第3部

住宅耐震改修特別控除
住宅特定改修特別税額控除
認定住宅等新築等
特別税額控除関係

解 説 編

解説編（第1　住宅耐震改修特別控除）　　　879

第1　住宅耐震改修特別控除

1　住宅耐震改修特別控除が受けられる方

　個人が，平成26年4月1日から令和5年12月31日までの間に，その方の居住の用に供する家屋（昭和56年5月31日以前に建築されたものに限ります。）に一定の耐震改修工事等を行った場合には，その方のその年分の所得税の額から，次の算式により計算した金額を控除することができます（措法41の19の2①，平成21年国土交通省告示第383号（資料3参照））。

⑴　平成26年4月1日から令和5年12月31日までの間にした住宅耐震改修について，耐震改修住宅に係る住宅借入金等特別控除を適用する場合には，この住宅耐震改修特別控除は適用できません（措法41㉝）。なお，耐震改修住宅に係る住宅借入金等特別控除については，第2部解説編「第1　令和4年入居者の住宅借入金等特別控除」をご参照ください。

【算式】

控除額＝Ａ×10％＋Ｂ×5％

※　Ａ又はＢのそれぞれに対して算出された控除額のうち100円未満の端数金額は切り捨てます。

Ａ　住宅耐震改修に係る耐震改修工事等の標準的な費用の額（工事の費用に関し補助金等の交付を受ける場合には，その補助金等の額を控除します。以下同じです。）

　※　令和4年1月1日以後に住宅耐震改修をした場合の控除対象限度額（Ａの上限額）は250万円です（注2）。

Ｂ　次の⑴，⑵のいずれか低い金額（1,000万円からＡの金額を控除した金

額を限度）

※　このBの金額について控除の適用を受ける場合には，住宅耐震改修特別控除の要件のほか，耐震改修をした家屋が自己の所有であり，かつ，適用する年分の合計所得金額（340ページ参照）が3,000万円以下である必要があります。

⑴　次のイとロの合計額

　　イ　住宅耐震改修に係る耐震改修工事等の標準的な費用の額のうち控除対象限度額を超える部分の額

　　ロ　住宅耐震改修に係る耐震改修工事等と併せて行う増築，改築その他の一定の工事に要した費用の額（補助金等の交付がある場合には当該補助金等の額を控除した後の金額）の合計額

⑵　住宅耐震改修に係る耐震改修工事等の標準的な費用の額

　㈳1　住宅耐震改修に係る耐震改修工事等の標準的な費用の額とは，住宅耐震改修に係る工事の種類ごとに単位当たりの標準的な工事費用の額として定められた金額に，その住宅耐震改修に係る工事を行った床面積等を乗じて計算した金額をいい，増改築等工事証明書又は住宅耐震改修証明書において確認することができます。

　　　2　令和3年12月31日以前にした住宅耐震改修について住宅耐震改修特別税額控除を適用する場合で，その住宅耐震改修工事に要した費用の額に含まれる消費税額等（消費税額及び地方消費税額の合計額をいいます。）のうちに，8パーセント又は10パーセントの税率により課されるべき消費税額等が含まれている場合には，上記Aの控除対象限度額は250万円となり，8パーセント又は10パーセントの税率により課されるべき消費税額等が含まれていない場合には，上記Aの控除対象限度額は200万円となります。

　　　　また，令和3年12月31日以前にした住宅耐震改修については，上記Bの金額は控除対象となりません。

　　　3　この控除と併せて，高齢者等居住改修工事等，一般断熱改修工事等

解説編（第1 住宅耐震改修特別控除） 881

又は多世帯同居改修工事等に係る控除の適用を受ける場合のBの金額
は，次の①，②のいずれか低い金額（1,000万円から各改修工事に係る
Aの金額の合計額を控除した金額を限度）となります（第2の3の(2)
「その他工事等特別税額控除」もご参照ください。）。

① 次のイとロの合計額

 イ 各改修工事の標準的な費用の額のうち各改修工事の控除対象限
  度額を超える部分の額の合計額

 ロ 各改修工事と併せて行う増築，改築その他の一定の工事に要し
  た費用の額（補助金等の交付がある場合には当該補助金等の額を
  控除した後の金額）の合計額

② 各改修工事の標準的な費用の額の合計額

2 住宅耐震改修特別控除の対象となる家屋

適用対象となる家屋は，昭和56年5月31日以前（建築基準法の改正によ
り現行の耐震基準が適用される以前）に建築された家屋で，適用を受けよう
とする居住者の居住の用に供する家屋です。また，その人が居住の用に供
する家屋を二以上有する場合には，これらの家屋のうち，その人が主とし
てその居住の用に供すると認められる一の家屋に限ります（措令26の28の
4①）。

なお，その人の居住の用に供するために既存住宅を取得し，その取得後
3の耐震改修をして，その人の居住の用に供する場合には，本特例の対象
となります。

3 住宅耐震改修特別控除の対象となる耐震改修

平成23年6月30日以後に耐震改修に係る契約を締結した場合に適用対象
となる耐震改修は，①2の家屋に対して行う耐震改修（地震に対する安全

性の向上を目的とした増築，改築，修繕又は模様替えをいいます。）であって，②その家屋が，建築基準法施行令第3章及び第5章の4の規定又は国土交通大臣が財務大臣と協議して定める地震に対する安全性に係る基準に適合する耐震改修をした家屋に該当する旨を証する書類（具体的には4②に掲げる書類）により証明がされたもの（以下「住宅耐震改修」といいます。）となります（措法41の19の2①，措規19の11の2①）。

㊟　国土交通大臣が財務大臣と協議して定める地震に対する安全性に係る基準とは，「平成18年国土交通省告示第185号において定める地震に対する安全上耐震関係規定に準ずるものとして国土交通大臣が定める基準」とされています。

　　なお，1の算式のBの金額について控除の適用を受ける場合には，住宅耐震改修特別控除の要件のほか，耐震改修をした家屋が自己の所有であり，かつ，適用する年分の合計所得金額（340ページ参照）が3,000万円以下である必要があります。

4　住宅耐震改修特別控除の適用を受けるための手続

　住宅耐震改修特別控除を受ける方は，「住宅耐震改修特別控除額の計算明細書」で控除額を計算し，申告書第一表の「税金の計算」欄の住宅耐震改修特別控除等の「区分」欄に「1」を書くとともに，控除額を転記します。

㊟　ほかに住宅特定改修特別税額控除額又は認定住宅等新築等特別税額控除額がある方は，「区分」欄に「4」を書き，合計額を書きます。

　また，次の書類を確定申告書と一緒に税務署に提出する必要があります（措法41の19の2②，措規19の11の2②〜④）。

　①　「住宅耐震改修特別控除額・住宅特定改修特別税額控除額の計算明細書（令和4年分以降用）」（資料1参照）

　　㊟　令和3年以前に住宅耐震改修をした方は，「住宅耐震改修特別控除額・

解説編（第1　住宅耐震改修特別控除）　　　883

住宅特定改修特別税額控除の計算明細書（平成29年4月1日以降用）」

②　次のいずれかの書類

　i　地方公共団体の長が発行する「住宅耐震改修証明書」（資料2参照）

　ii　建築士，指定確認検査機関，登録住宅性能評価機関又は住宅瑕疵担保責任保険法人の発行する「増改築等工事証明書」

③　住宅耐震改修をした家屋の登記事項証明書（原本）

　㊟　③について，不動産番号の記載又は家屋の登記事項証明書（写し）の添付に代えることができます。

第2 住宅特定改修特別税額控除

1 住宅特定改修特別税額控除が受けられる方

次の(1), (2), (3)又は(4)に該当する方は，改修工事をした部分を居住の用に供した年分の所得税の額から，**3**で計算した住宅特定改修特別税額控除額の控除（以下「住宅特定改修特別税額控除」といいます。）を受けることができます（措法41の19の3①②③④⑤⑥）。ただし，**4**に該当する年分についてはこの控除を受けることはできません。

(注)1 　**2**に当てはまる改修工事について，住宅借入金等特別控除又は特定増改築等住宅借入金等特別控除の適用を受ける場合には，その改修工事について住宅特定改修特別税額控除の適用を受けることはできません（措法41⑳，41の3の2②⑥⑨）。

2 　住宅特定改修特別税額控除を適用して確定申告書を提出した場合には，その後において，更正の請求をし，又は修正申告書を提出するときにおいても，住宅特定改修特別税額控除を適用します。

　なお，住宅借入金等特別控除又は特定増改築等住宅借入金等特別控除を適用した場合においても同様です（措通41の19の3—2）。

(1) 高齢者等居住改修工事等に係る住宅特定改修特別税額控除が受けられる方

次の①から⑤のいずれかに該当する方（以下「特定個人」といいます。）で，**2**の(1)の①の高齢者等居住改修工事等をして，平成26年4月1日から令和5年12月31日までの間に，その方の居住の用に供した方（その改修工事の日から6か月以内に居住の用に供した場合に限ります。）

① 　年齢が50歳以上である方

② 　介護保険法に規定する要介護認定を受けている方

解説編（第2　住宅特定改修特別税額控除）　　885

③　介護保険法に規定する要支援認定を受けている方

④　所得税法に規定する障害者に該当する方

⑤　高齢者等（上記②から④のいずれかに該当する方又は年齢が65歳以上である方をいいます。以下同じです。）である親族と同居を常況とする方

(注)1　①の年齢が50歳以上であるかどうか又は⑤の年齢が65歳以上であるかどうかの判定は，改修工事をした部分を居住の用に供した年（以下「居住年」といいます。）の12月31日（①の方又は⑤の高齢者等が年の中途において死亡した場合には，その死亡の時。以下この注において同じです。）の年齢によります。また，⑤の高齢者等である親族と同居を常況としているかどうかの判定は，居住年の12月31日の現況によります。

2　②の要介護認定若しくは③の要支援認定を受けている方又は④の障害者に該当する方であるかどうかの判定，⑤のその同居を常況としている親族が②から④のいずれかに該当する方であるかどうかの判定についても，居住年の12月31日（これらの方が年の中途において要介護認定若しくは要支援認定を受けている方又は障害者に該当する方に当たらないこととなった場合には，その当たらないこととなった時の直前の時）の現況によります。

なお，この要介護認定又は要支援認定を受けている方であるかどうかについては，居住年の12月31日において現に認定を受けていない場合であっても，これらの認定について申請中であり，その後において，例えば確定申告を行う時までに認定を受けている方は，要介護認定又は要支援認定を受けている方とみなして差し支えありません。

(2)　**一般断熱改修工事等に係る住宅特定改修特別税額控除が受けられる方**

2の(1)の②の一般断熱改修工事等をして，平成26年4月1日から令和5年12月31日までの間に，その方の居住の用に供した方（その改修工事の日から6か月以内に居住の用に供した場合に限ります。）

(3)　**多世帯同居改修工事等に係る住宅特定改修特別税額控除が受けられる方**

2の(1)の③の多世帯同居改修工事等をして，平成28年4月1日から令

和5年12月31日までの間に，その方の居住の用に供した方（その改修工事の日から6か月以内に居住の用に供した場合に限ります。）

⑷ **耐久性向上改修工事等に係る住宅特定改修特別税額控除が受けられる方**

「第1　住宅耐震改修特別控除」の3の住宅耐震改修・2の⑴の②の一般断熱改修工事等と併せて，2の⑴の④耐久性改修工事等をして，平成29年4月1日から令和5年12月31日までの間に，その方の居住の用に供した方（その改修工事等の日から6か月以内に居住の用に供した場合に限ります。）

2　住宅特定改修特別税額控除の対象となる改修工事

住宅特定改修特別税額控除の対象となる改修工事とは，自己の所有している家屋で自己の居住の用に供するもの（居住の用に供する家屋を二以上有する場合には，主として居住の用に供する一の家屋に限ります。）について行う次の⑴に該当する改修工事で，⑵の要件を満たすものをいいます。

(注)　住宅特定改修特別税額控除を受ける場合には，建築士，指定確認検査機関，登録住宅性能評価機関又は住宅瑕疵担保責任保険法人（以下「建築士等」といいます。）の発行する「増改築等工事証明書」が必要です（第2部資料編資料16，17参照）。

また，住宅耐震改修特別控除又は住宅特定改修特別税額控除の対象となる改修工事等をして，その家屋を令和4年1月1日から令和5年12月31日までの間にその者の居住の用に供した場合には，住宅耐震改修特別控除又は住宅特定改修特別税額控除（10%の税額控除）の適用を受ける場合に限り，その居住の用に供した日の属する年分の所得税の額から，改修工事等に係る費用の一定金額の5%に相当する金額を控除できる場合があります。詳細は，改修工事等ごとの各項目及び3の⑵その他工事等特別税額控除をご

解説編（第2　住宅特定改修特別税額控除）　　887

覧ください。

(1)　適用対象となる改修工事

①　高齢者等居住改修工事等

　　高齢者等居住改修工事等の対象となる改修工事とは，廊下の拡幅，
階段の勾配の緩和，浴室改良，便所改良，手すりの設置，屋内の段差
の解消，引戸への取替え又は床表面の滑り止め化を行う改修工事をい
います（措法41の19の3①⑨，措令26の28の5⑮，措規19の11の3②，第
2部資料編資料14）。

②　一般断熱改修工事等

　　一般断熱改修工事等の対象となる改修工事とは，居室の窓の改修工
事，又はその工事と併せて行う床等の断熱工事，天井の断熱工事若し
くは壁の断熱工事（令和3年12月31日以前に居住の用に供する場合は，
全ての居室の全ての窓の改修工事又は全ての居室の全ての窓の改修工事と
併せて行う床等の断熱工事，天井の断熱工事若しくは壁の断熱工事）で，
その改修部位の断熱性能がいずれも平成28年基準相当以上となる改修
工事です（その改修工事と併せて行う一定の太陽光発電設備設置工事や一
定の太陽熱利用冷温熱装置等設置工事も対象に含まれます。）。（措法41の19
の3②⑩，措令26の28の5⑯〜㉑，措規19の11の3③〜⑤，平21年経済産
業省第68号（資料7），平成25年経済産業省・国土交通省告示第5号（資料8））。

③　多世帯同居改修工事等

　　多世帯同居改修工事等の対象となる改修工事とは，調理室を増設す
る工事，浴室を増設する工事，便所を増設する工事又は玄関を増設す
る工事をいいます（措法41の19の3③⑪，措令26の28の5㉒，措規19の
11の3⑥，平成28年国土交通省告示第585号）。

　㊟　自己の居住の用に供する部分に調理室，浴室，便所又は玄関のうちい
　　ずれか二以上の室がそれぞれ複数になる場合に限ります。

888　　　　　　　　　第　3　部

④　耐久性向上改修工事等

　　耐久性向上改修工事等の対象となる改修工事とは，構造の腐食，腐朽及び摩損を防止し，又は維持保全を容易にするための一定の改修工事をいいます（措法41の19の3④～⑥⑫，措令26の28の5㉓，措規19の11の3⑦，平成29年国土交通省告示第279号）。

(2)　**適用対象となる要件**

①　高齢者等居住改修工事等である場合の要件（措令26の28の5③）

　　(1)の①の高齢者等居住改修工事等に要する標準的な費用の額が50万円注を超えること及び⑤の要件を満たしていること。

　(注)　高齢者等居住改修工事等の費用に関し補助金等（国又は地方公共団体から交付される補助金又は給付金その他これらに準ずるものをいいます。以下同じです。）の交付を受ける場合には，その補助金等の額を差し引いた金額により判定します。

②　一般断熱改修工事等である場合の要件（措令26の28の5⑥）

　　(1)の②の一般断熱改修工事等に要する標準的な費用の額が50万円(注)を超えること（以下「対象一般断熱改修工事等」といいます。）及び⑤の要件を満たしていること。

　(注)　一般断熱改修工事等の費用に関し補助金等の交付を受ける場合には，その補助金等の額を差し引いた金額により判定します。

③　多世帯同居改修工事等である場合の要件（措令26の28の5⑨）

　　(1)の③の多世帯同居改修工事等に要する標準的な費用の額が50万円(注)を超えること及び⑤の要件を満たしていること。

　(注)　多世帯同居改修工事等の費用に関し補助金等の交付を受ける場合には，その補助金等の額を差し引いた金額により判定します。

④　耐久性向上改修工事等である場合の要件（措令26の28の5⑬）

　イ　「第1　住宅耐震改修特別控除」の2の住宅耐震改修（住宅耐震

解説編（第2　住宅特定改修特別税額控除）　　889

改修に要する標準的な費用の額が50万円(注)を超えるものに限ります。以下「対象住宅耐震改修」といいます。）若しくは②の対象一般断熱改修工事等と併せて行われること，又は，対象住宅耐震改修及び対象一般断熱改修工事等の両方と併せて行われること。

　　なお，いずれの場合も⑤の要件も満たす必要があります。

(注)　住宅耐震改修等の費用に関し補助金等の交付を受ける場合には，その補助金等の額を差し引いた金額により判定します。

ロ　(1)の④の耐久性向上改修工事に要する標準的な費用の額が50万円を超えること。

(注)　耐久性向上改修工事等の費用に関し補助金等の交付を受ける場合には，その補助金等の額を差し引いた金額により判定します。

⑤　高齢者等居住改修工事等，一般断熱改修工事等，多世帯同居改修工事等又は耐久性向上改修工事等である場合に共通して必要となる要件（措令26の28の5③⑥⑨⑬）

イ　(1)の①，②，③又は④であることについて，増改築等工事証明書により証明されていること。

ロ　その改修工事に係る部分のうちに自己の居住の用以外の用に供する部分がある場合には，自己の居住の用に供する部分に係る改修工事に要した費用の額がその改修工事に要した費用の総額の2分の1以上であること。

ハ　その改修工事をした後の家屋の床面積が50平方メートル以上であること。

ニ　その改修工事をした後の家屋の床面積の2分の1以上が専ら自己の居住の用に供されるものであること。

ホ　その改修工事をした後の家屋が，主としてその方の居住の用に供すると認められるものであること。

3 住宅特定改修特別税額控除額及びその他工事等特別税額控除の計算

(1) 住宅特定改修特別税額控除

　　住宅特定改修特別税額控除額は，改修工事の種類ごとに以下の①から④により計算します。

　　なお，具体的な控除額の計算は，「住宅耐震改修特別控除額・住宅特定改修特別税額控除額の計算明細書」（資料1）により行ってください。

　① 高齢者等居住改修工事等に係る控除額

　【算式】

$$控除額＝A×10％＋B×5％$$

　※ A又はBのそれぞれに対して算出された控除額のうち100円未満の端数金額は切り捨てます。

　A 高齢者等居住改修工事等の標準的な費用の額（工事の費用に関し補助金等の交付を受ける場合には，その補助金等の額を控除した後の金額。以下同じです。）

　　※ 改修した住宅を令和4年1月1日以後に居住の用に供した場合の控除対象限度額（Aの上限額）は200万円です（注2）。

　B 次の(1)，(2)のいずれか低い金額（1,000万円からAの金額を控除した金額を限度）

　　(1) 次のイとロの合計額

　　　イ 高齢者等居住改修工事等の標準的な費用の額のうち控除対象限度額を超える部分の額

　　　ロ 高齢者等居住改修工事等と併せて行う増築，改築その他の一定の工事に要した費用の額（補助金等の交付がある場合には当該

解説編（第2　住宅特定改修特別税額控除）　　　　891

補助金等の額を控除した後の金額）の合計額

(2)　高齢者等居住改修工事等の標準的な費用の額

　㊟1　高齢者等居住改修工事等の標準的な費用の額とは，高齢者等居
　　　住改修工事等の種類ごとに単位当たりの標準的な工事費用の額と
　　　して定められた金額に，その高齢者等居住改修工事等を行った床
　　　面積等を乗じて計算した金額をいい，増改築等工事証明書におい
　　　て確認することができます（資料5，第2部資料編資料16参照）。

　　2　改修した住宅を令和3年12月31日以前に居住の用に供し，住宅
　　　特定改修特別税額控除を適用する場合で，その高齢者等居住改修
　　　工事等に要した費用の額に含まれる消費税額等（消費税額及び地
　　　方消費税額の合計額をいいます。以下同じです。）のうちに，8
　　　パーセント又は10パーセントの税率により課されるべき消費税額
　　　等が含まれている場合には，上記Aの控除対象限度額は200万円
　　　となり，8パーセント又は10パーセントの税率により課されるべ
　　　き消費税額等が含まれていない場合には，上記Aの控除対象限度
　　　額は150万円となります。

　　　　また，改修した住宅を令和3年12月31日以前に居住の用に供し
　　　た場合，上記Bの金額は控除対象となりません。

　　3　この控除と併せて，耐震改修工事等，一般断熱改修工事等，多
　　　世帯同居改修工事等又は耐久性向上改修工事等に係る控除の適用
　　　を受ける場合のBの金額は，次の①，②のいずれか低い金額
　　　（1,000万円から各改修工事等に係るAの金額の合計額を控除した
　　　金額を限度）となります（(2)の「その他工事等特別税額控除」も
　　　ご参照ください。）。

　　①　次のイとロの合計額

　　　イ　各改修工事等の標準的な費用の額のうち各改修工事等の控
　　　　除対象限度額を超える部分の額の合計額

　　　ロ　各改修工事等と併せて行う増築，改築その他の一定の工事
　　　　に要した費用の額（補助金等の交付がある場合には当該補助
　　　　金等の額を控除した後の金額）の合計額

② 各改修工事等の標準的な費用の額の合計額

② 一般断熱改修工事等に係る控除額

【算式】

控除額＝Ａ×10%＋Ｂ×５％

※ Ａ又はＢのそれぞれに対して算出された控除額のうち100円未満の端数金額は切り捨てます。

Ａ 一般断熱改修工事等の標準的な費用の額（工事の費用に関し補助金等の交付を受ける場合には，その補助金等の額を控除した後の金額。以下同じです。）

※ 改修した住宅を令和４年１月１日以後に居住の用に供した場合の控除対象限度額（Ａの上限額）は250万円（太陽光発電設備設置工事が含まれる場合は350万円）です（注２）。

Ｂ 次の(1)，(2)のいずれか低い金額（1,000万円からＡの金額を控除した金額を限度）

(1) 次のイとロの合計額

イ 一般断熱改修工事等の標準的な費用の額のうち控除対象限度額を超える部分の額

ロ 一般断熱改修工事等と併せて行う増築，改築その他の一定の工事に要した費用の額（補助金等の交付がある場合には当該補助金等の額を控除した後の金額）の合計

(2) 一般断熱改修工事等の標準的な費用の額

(注)１ 一般断熱改修工事等の標準的な費用の額とは，一般断熱改修工事等の種類ごとに単位当たりの標準的な工事費用の額として定められた金額に，その一般断熱改修工事等を行った床面積等を乗じて計算した金額をいい，増改築等工事証明書において確認することができます。また，太陽光発電設備設置工事が含まれる場合に

解説編（第2　住宅特定改修特別税額控除）　　　893

は，増改築等工事証明書において証明されます（資料7，第2部
資料編資料16参照）。

2　改修した住宅を令和3年12月31日以前に居住の用に供し，住宅
特定改修特別税額控除を適用する場合で，その一般断熱改修工事
等に要した費用の額に含まれる消費税額等（消費税額及び地方消
費税額の合計額をいいます。以下同じです。）のうちに，8パー
セント又は10パーセントの税率により課されるべき消費税額等が
含まれている場合には，上記Aの控除対象限度額は250万円（太
陽光発電設備設置工事が含まれる場合は350万円）となり，8パ
ーセント又は10パーセントの税率により課されるべき消費税額等
が含まれていない場合には，上記Aの控除対象限度額は200万円
（太陽光発電設備設置工事が含まれる場合は300万円）となります。

　　　また，改修した住宅を令和3年12月31日以前に居住の用に供し
た場合，上記Bの金額は控除対象となりません。

3　この控除と併せて耐震改修工事等，高齢者等居住改修工事等又
は多世帯同居改修工事等に係る控除の適用を受ける場合のBの金
額は，次の①，②のいずれか低い金額（1,000万円から各改修工
事等に係るAの金額の合計額を控除した金額を限度）となります
（(2)の「その他工事等特別税額控除」もご参照ください。）。

①　次のイとロの合計額

　　イ　各改修工事等の標準的な費用の額のうち各改修工事等の控
　　　除対象限度額を超える部分の額の合計額

　　ロ　各改修工事等と併せて行う増築，改築その他の一定の工事
　　　等に要した費用の額（補助金等の交付がある場合には当該補
　　　助金等の額を控除した後の金額）の合計額

②　各改修工事等の標準的な費用の額の合計額

③　多世帯同居改修工事等に係る控除額

【算式】

$$控除額＝A×10\%＋B×5\%$$

※　Ａ又はＢのそれぞれに対して算出された控除額のうち100円未満の端数
金額は切り捨てます。

Ａ　多世帯同居改修工事等の標準的な費用の額（工事の費用に関し補
助金等の交付を受ける場合には，その補助金等の額を控除した後の金額。
以下同じです。）

※　控除対象限度額（Ａの上限額）は250万円です。

Ｂ　次の(1)，(2)のいずれか低い金額（1,000万円からＡの金額を控除し
た金額を限度）

(1)　次のイとロの合計額

　イ　多世帯同居改修工事等の標準的な費用の額のうち控除対象限
度額を超える部分の額

　ロ　多世帯同居改修工事等と併せて行う増築，改築その他の一定
の工事に要した費用の額（補助金等の交付がある場合には当該補
助金等の額を控除した後の金額）の合計額

　　(注)1　多世帯同居改修工事等の標準的な費用の額とは，多世帯同居
改修工事等の種類ごとに単位当たりの標準的な工事費用の額と
して定められた金額に，その多世帯同居改修工事等を行った床
面積等を乗じて計算した金額をいい，増改築等工事証明書にお
いて確認することができます（資料9，第2部資料編資料16参
照）。

　　　2　改修した住宅を令和3年12月31日以前に居住の用に供した場
合，上記Ｂの金額は控除対象となりません。

　　　3　この控除と併せて耐震改修工事等，高齢者等居住改修工事等，
一般断熱改修工事等又は耐久性向上改修工事等に係る控除の適
用を受ける場合のＢの金額は，次の①，②のいずれか低い金額
（1,000万円から各改修工事等に係るＡの金額の合計額を控除し
た金額を限度）となります（(2)の「その他工事等特別税額控除」

解説編　（第2　住宅特定改修特別税額控除）　　　895

もご参照ください。）。

① 次のイとロの合計額

　イ　各改修工事等の標準的な費用の額のうち各改修工事等の
　　　控除対象限度額を超える部分の額の合計額

　ロ　各改修工事等と併せて行う増築，改築その他の一定の工
　　　事等に要した費用の額（補助金等の交付がある場合には当
　　　該補助金等の額を控除した後の金額）の合計額

② 各改修工事等の標準的な費用の額の合計額

④ 耐久性向上改修工事等と耐震改修工事等又は一般断熱改修工事等を
　併せて行った場合の控除額

【算式】

$$控除額＝A×10％＋B×5％$$

※ A又はBそれぞれに対して算出された控除額のうち100円未満の端数金
　額は切り捨てます。

A 耐震改修工事等の標準的な費用の額，一般断熱改修工事等の標準
　的な費用の額及び耐久性向上改修工事等の標準的な費用の額の合計
　額（工事の費用に関し補助金等の交付を受ける場合には，その補助金等
　の額を控除した後の金額。以下同じです。）

※ 控除対象限度額（Aの上限額）は以下のとおりです。

　・ 耐震改修工事等と併せて耐久性向上改修工事等をした場合　250万
　　円

　・ 一般断熱改修工事等と併せて耐久性向上改修工事等をした場合
　　250万円（太陽光発電設備工事を含む場合は350万円）

　・ 耐震改修工事等及び一般断熱改修工事等と併せて耐久性向上改修
　　工事等をした場合　500万円（太陽光発電設備工事を含む場合は600
　　万円）

B 次の(1)，(2)のいずれか低い金額（1,000万円からAの金額を控除し

た金額を限度）

(1) 次のイとロの合計額

　　イ　耐震改修工事等の標準的な費用の額，一般断熱改修工事等の標準的な費用の額及び耐久性向上改修工事等の標準的な費用の額の合計額のうち控除対象限度額を超える部分の額

　　ロ　耐震改修工事等，一般断熱改修工事等及び耐久性向上改修工事等と併せて行う増築，改築その他の一定の工事に要した費用の額（補助金等の交付がある場合には当該補助金等の額を控除した後の金額）の合計額

(2) 耐震改修工事等の標準的な費用の額，一般断熱改修工事等の標準的な費用の額及び耐久性向上改修工事等の標準的な費用の額の合計額

　　(注)1　耐久性向上改修工事等の標準的な費用の額とは，耐久性向上改修工事等の種類ごとに単位当たりの標準的な工事費用の額として定められた金額に，その耐久性向上改修工事等を行った床面積等を乗じて計算した金額をいい，「耐震改修工事等の標準的な費用の額」や「一般断熱改修工事等の標準的な費用の額」，「耐久性向上改修工事等の標準的な費用の額」は，増改築等工事証明書において確認することができます。また，太陽光発電設備設置工事が含まれる場合には，増改築等工事証明書においてその型式が証明されます。

　　　　2　改修した住宅を令和3年12月31日以前に居住の用に供した場合，上記Bの金額は控除対象となりません。

　　　　3　この控除と併せて高齢者等居住改修工事等又は多世帯同居改修工事等に係る控除の適用を受ける場合のBの金額は，次の①，②のいずれか低い金額（1,000万円から各改修工事等に係るAの金額の合計額を控除した金額を限度）となります（(2)の「その他工事等特別税額控除」もご参照ください。）。

解説編（第2　住宅特定改修特別税額控除）　　897

　　　　① 次のイとロの合計額

　　　　　イ 各改修工事等の標準的な費用の額のうち各改修工事等の控
　　　　　　除対象限度額を超える部分の額の合計額

　　　　　ロ 各改修工事等と併せて行う増築，改築その他の一定の工事
　　　　　　等に要した費用の額（補助金等の交付がある場合には当該補
　　　　　　助金等の額を控除した後の金額）の合計額

　　　　② 各改修工事等の標準的な費用の額の合計額

(2)　その他工事等特別税額控除（第1の1及び(1)の①から④に記載している
　控除額の算式のBの部分について）

①　制度の概要及び税額控除額の計算

　　　個人が，その所有する居住用の家屋について住宅耐震改修特別税額
　　控除又は住宅特定改修特別税額控除の対象となる住宅耐震改修，高齢
　　者等居住改修工事等，一般断熱改修工事等，多世帯同居改修工事等又
　　は耐久性向上改修工事等（以下「対象改修工事」といいます。）をして，
　　その家屋を令和4年1月1日から令和5年12月31日までの間にその者
　　の居住の用に供した場合には，住宅耐震改修特別控除又は住宅特定改
　　修特別税額控除（10%の税額控除）の適用を受ける場合に限り，居住
　　の用に供した日の属する年分の所得税の額から次に掲げる金額の合計
　　額（対象改修工事に係る標準的な費用の額の合計額と1,000万円から当該金
　　額（当該金額が控除対象限度額を超える場合には，当該控除対象限度額）
　　を控除した金額のいずれか低い金額を限度）の5パーセントに相当する
　　金額を控除することができます（以下「その他工事等特別税額控除」と
　　いいます。）（措法41の19の3⑦）。

　イ　その対象改修工事に係る標準的な費用の額のうち控除対象限度額
　　を超える部分の（合計）額

　ロ　その対象改修工事と併せて行う増築，改築その他の一定の工事
　　（以下「その他工事」といいます。）に要した費用の額（補助金等の交

付がある場合には当該補助金等の額を控除した金額）の（合計）額

なお，この控除の適用を受けるその他工事については，増改築等に係る住宅ローン税額控除制度及び特定の増改築等に係る住宅借入金等を有する場合の所得税額の特別控除の控除額の特例の適用を受けることができません（措法41⑳，41の3の2②⑥⑨）。

② 適用期間

その他工事等特別税額控除は，個人が令和4年1月1日から令和5年12月31日までの間にその家屋（対象改修工事及びその他工事に係る部分に限ります。）を自己の居住の用に供した場合に適用を受けることができます。この場合において，対象改修工事等が住宅特定改修特別税額控除に係るものである場合には，その対象改修工事等の日から6か月以内に自己の居住の用に供しなければならないこととされています（措法41の19の3①～⑦）。

なお，住宅耐震改修特別税額控除は，6か月以内の居住の要件が課されていないことから，対象改修工事等が住宅耐震改修特別控除に係るものである場合には，当該要件は不要です（措法41の19の2①）。

③ 対象となるその他工事の範囲等

本制度の対象となる「その他工事」は，対象改修工事と併せて行う増築，改築その他の一定の工事で，その工事に該当するものであることにつき増改築等工事証明書により証明がされたものとされています（措法41の19の3⑦一～四，措令26の28の5⑭，措規19の11の3①）。

㊟ 「その他工事」の具体的な対象範囲は，増改築等に係る住宅ローン税額控除制度の対象となる増改築等と同様です（措令26㉝）。なお，本制度は，10パーセントの税額控除の対象とならない増改築等工事について税額控除の適用が受けられることとするものですので，対象改修工事に該当するものをその他工事の対象範囲から除かれています（措令26の28の5⑭）。

解説編（第2　住宅特定改修特別税額控除）　　899

4　控除が受けられない年分

　次のいずれかに該当する年分については，住宅特定改修特別税額控除は受けられません。

(1)　自己の合計所得金額が3,000万円を超える年分（措法41の19の3⑧）

　　(注)　「合計所得金額」は，340ページ参照。

(2)　平成26年4月1日から令和4年12月31日までの間に居住の用に供した場合（高齢者等居住改修工事等について住宅特定改修特別税額控除を受けようとする場合に限ります。）で，前年以前3年内の各年分に高齢者等居住改修工事等について住宅特定改修特別税額控除を受けている年分（措法41の19の3⑬，措規19の11の3⑧）

　　(注)　ただし，次の場合は除きます。

　　　①　前年以前3年内の各年分にこの控除を受けた家屋と異なる家屋について高齢者等居住改修工事等をした場合

　　　②　高齢者等居住改修工事等についてこの控除を適用しようとする特定個人（介護保険法施行規則第76条第2項の規定の適用を受けた方に限ります。）が，その前年以前3年内の各年分に，高齢者等居住改修工事等についてこの控除の適用を受けている場合

(3)　平成29年4月1日から令和4年12月31日までの間に居住の用に供した場合（一般断熱改修工事等について住宅特定改修特別税額控除を受けようとする場合に限ります。）で前年以前3年内の各年分に対象一般断熱改修工事等について住宅特定改修特別税額控除を受けている年分（措法41の19の3⑭）

　　(注)　ただし，前年以前3年内の各年分にこの控除を受けた家屋と異なる家屋について対象一般断熱改修工事等をした場合を除きます。

(4)　平成28年4月1日から令和4年12月31日までの間に居住の用に供した場合（多世帯同居改修工事等について住宅特定改修特別税額控除を受けよう

900 第 3 部

とする場合に限ります。）で，前年以前 3 年内の各年分に多世帯同居改修

工事等について住宅特定改修特別税額控除を受けている年分（措法41の

19の3⑮）

㊟　ただし，前年以前 3 年内の各年分にこの控除を受けた家屋と異なる家屋

について多世帯同居改修工事等をした場合を除きます。

5　住宅特定改修特別税額控除を受けるための手続と必要な書類

住宅特定改修特別税額控除を受ける方は，「住宅特定改修特別税額控除

額の計算明細書」で控除額を計算し，申告書第一表の「税金の計算」欄の

住宅耐震改修特別控除等の「区分」欄に「 2 」を書くとともに，控除額を

転記します。

㊟　この控除のほかに，住宅耐震改修特別控除額又は認定住宅等新築等特別税

額控除額がある方は，「区分」欄に「 4 」を書き，合計額を書きます。

また，次の①から④の書類を確定申告書と一緒に税務署に提出する必要

があります（措法41の19の3⑯，措規19の11の3⑪）。

①　「住宅耐震改修特別控除額・住宅特定改修特別税額控除額の計算明細

書（令和 4 年分以降用）」（資料 1 参照）

②　建築士等の発行する増改築等工事証明書

③　高齢者等居住改修工事等，一般断熱改修工事等，多世帯同居改修工事

等又は耐久性向上改修工事等をした家屋の登記事項証明書（原本）

④　 1 の(1)の②若しくは③の方又は 1 の(1)の⑤の方（要介護認定若しくは

要支援認定を受けている親族と同居を常況としている方に限ります。）に該

当する場合は，それぞれその②若しくは③の方又はその親族の介護保険

の被保険者証の写し

⑤　 2 の(1)の④（耐久性向上改修工事等）についてこの控除を受ける場合は，

解説編（第2　住宅特定改修特別税額控除）　　　901

その家屋に係る長期優良住宅建築等計画の認定通知書の写し（※）

（※）　長期優良住宅建築等計画の変更の認定を受けた場合は変更認定通知書
の写しが必要です。

(注)1　前年以前3年内の各年分において高齢者等居住改修工事等をして，こ
の控除の適用を受けている方で，本年分においても高齢者等居住改修工
事等を行いこの控除の適用を受ける場合（前年以前3年内の各年分にお
いてこの控除を受けた家屋と異なる家屋についてこの控除を受ける場合
を除きます。）は，介護保険法施行規則第76条第2項の規定の適用を受け
たことを証する書類も必要です。

2　③について，不動産番号の記載又は家屋の登記事項証明書（写し）の
添付に代えることができます。

《参考》　住宅耐震改修特別控除及び住宅特定改修特別税額控除の概要

（税額控除額の計算）

1　一定の要件を満たす耐震改修工事等（下記の表の対象工事）を行った
場合、その標準的な費用（控除対象限度額を限度）の10％を税額控除

2　上記1の適用を受ける者は、次に掲げる金額の合計の5％を追加で税
額控除（その他工事等特別税額控除）

①　耐震改修工事等に係る標準的な費用のうち控除対象限度額を超える
部分の額

②　耐震改修工事等に係る工事と併せて行うその他工事の費用

※　上記2の控除に係る対象工事の費用の限度額（工事限度額）は、次の
いずれか少ない金額とする。

・　耐震改修工事等に係る標準的な費用の合計額

・　1,000万円から耐震改修工事等に係る標準的な費用（控除対象限度額
を限度）を控除した金額

【上記1の部分の概要】

対象工事	住宅耐震改修特別控除	住宅特定改修特別税額控除				
		高齢者等居住改修工事等に係る税額控除	一般断熱改修工事等に係る税額控除	多世帯同居改修工事等に係る税額控除	耐久性向上改修工事等に係る税額控除	
対象工事	耐震改修工事等	高齢者等居住改修工事等	一般断熱改修工事等	多世帯同居改修工事等	耐久性向上改修工事等＋耐震改修工事等又は一般断熱改修工事等	耐久性向上改修工事等＋耐震改修工事等＋一般断熱改修工事等
控除額	標準的な費用（控除対象限度額が上限）の10%					
控除対象限度額※（　）書きは太陽光発電設備を設置する場合	250万円	200万円	250万円（350万円）	250万円	250万円（350万円）	500万円（600万円）

（例） 税額控除の適用対象となる一般断熱改修工事等とそれ以外の改修工事を行った場合の計算

※ 1,000万円の改修工事を行った場合で、そのうち300万円が一般断熱改修工事等の標準的な費用に該当する金額（標準的な費用として、増改築等工事証明書に記載されている金額）である場合

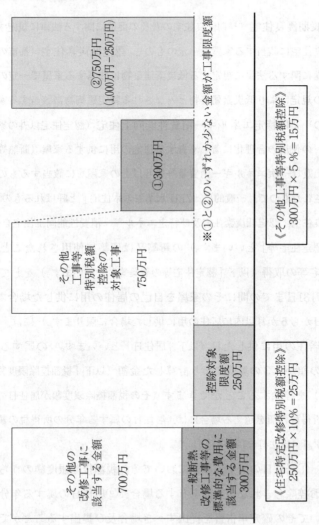

第 3 部

第3 認定住宅等新築等特別税額控除

1 認定住宅等新築等特別税額控除が受けられる方

　認定長期優良住宅（長期優良住宅の普及の促進に関する法律に規定する認定長期優良住宅に該当する家屋で一定のもの），認定低炭素住宅（都市の低炭素化の促進に関する法律に規定する低炭素建築物に該当する家屋で一定のもの又は同法の規定により低炭素建築物とみなされる特定建築物に該当する家屋で一定のもの）又は特定エネルギー消費性能向上住宅（認定住宅以外の家屋でエネルギーの使用の合理化に著しく資する住宅の用に供する家屋（断熱等性能等級5以上及び一次エネルギー消費量等級6以上の家屋）に該当するものとして証明がされたもので，一般的に「ZEH水準省エネ住宅」と呼ばれるもの）（認定長期優良住宅，認定低炭素住宅及び特定エネルギー消費性能向上住宅を併せて，以下「認定住宅等」といいます。）の新築又は建築後使用されたことのない認定住宅等の取得（以下「認定住宅等の新築等」といいます。）をして，令和5年12月31日までの間にその家屋を自己の居住の用に供した場合（その新築等の日から6か月以内に居住の用に供した場合に限ります。）には，その方のその居住の用に供した日（以下「居住日」といいます。）の属する年分の所得税の額から3の算式により計算した金額（以下「税額控除限度額」といいます。）を控除することができます（その税額控除限度額が居住日の属する年分の所得税の額を超える場合には，居住日の属する年分の所得税の額を限度とします。）（措法41の19の4①）。

　また，①居住日の属する年分においてその税額控除限度額のうち控除してもなお控除しきれない金額を有する場合，②居住日の属する年分の所得税についてその確定申告書を提出すべき場合及び提出することができる場

解説編（第3　認定住宅等新築等特別税額控除）　　　905

合のいずれにも該当しない場合には，その控除しきれない金額に相当する金額又は居住日の属する年分の税額控除限度額（以下「控除未済税額控除額」といいます。）を居住日の属する年の翌年分の所得税の額から控除することができます（控除未済税額控除額が，居住日の属する年の翌年分の所得税の額を超える場合には，居住日の属する年の翌年分の所得税の額を限度とします。）（措法41の19の4②）。

(注)1　認定住宅等の新築等をして，住宅借入金等特別控除を適用する場合には，その認定住宅等の新築等について認定住宅等新築等特別税額控除は適用できません（措法41㉔）。

　2　認定住宅等新築等特別税額控除を適用して確定申告書を提出した場合には，その後において，更正の請求をし，又は修正申告書を提出するときにおいても，認定住宅等新築等特別税額控除を適用します。

　　なお，住宅借入金等特別控除を適用した場合も同様です（措通41の19の4―2）。

2　認定住宅等新築等特別税額控除の対象となる認定住宅等

　認定住宅等新築等特別税額控除の対象となる認定住宅等とは，次の要件を満たす家屋（居住の用に供する家屋を二以上有する場合には，主として居住の用に供する一の家屋に限ります。）をいいます（措法41の19の4①，41⑨）。

(1)　床面積が50平方メートル以上の家屋であること。

(2)　その家屋の床面積の2分の1以上が専ら自己の居住に用に供されるものであること。

(3)　認定住宅等に該当すると証明がされたものであること。

(4)　新築又は建築後使用されたことのない家屋であること。

3 認定住宅等新築等特別税額控除額の計算

認定住宅等新築等特別税額控除額は，次の算式により計算します。

なお，具体的な控除額の計算は，「認定住宅等新築等特別税額控除額の計算明細書」により行ってください。

$$税額控除額 = \left[\begin{array}{c}認定住宅等の認定基準に適合するために\\必要となる標準的な費用の額\\【限度額：650万円】\end{array}\right] \times 10\%$$

$$\begin{array}{c}標準的な\\費用の額\end{array} = \left[\begin{array}{c}1\,㎡当たりの標準的な性能強化費用\\(45,300円)\end{array}\right] \times 住宅の床面積(㎡)$$

※ 算出された税額控除額のうち100円未満の端数金額は切り捨てます。

㊟ 令和3年12月31日以前に認定住宅等を居住の用に供した場合で，認定住宅の新築等に係る対価の額又は費用の額に含まれる消費税額等（消費税額及び地方消費税額の合計額をいいます。以下同じです。）のうちに，8パーセント又は10パーセントの税率により課されるべき消費税額等が含まれていない場合には，上記限度額は500万円となります。

4 控除が受けられない場合

次の(1)から(4)のいずれかに該当する場合は，認定住宅等新築等特別税額控除は受けられません。

(1) 居住日の属する年分の自己の合計所得金額が3,000万円を超える場合（この場合，居住日の属する年の翌年分の自己の合計所得金額が3,000万円以下であっても，居住日の属する年の翌年分においてこの控除を受けることはできません。）（措法41の19の4③）

　㊟ 「合計所得金額」は，340ページ参照。

(2) 居住日の属する年の翌年分に控除未済税額控除額を控除する場合で，居住日の属する年の翌年分の自己の合計所得金額が3,000万円を超える

解説編（第3 認定住宅等新築等特別税額控除） 907

とき（措法41の19の4④）

(3) 居住日の属する年分の所得税について次に掲げるいずれかの特例を適用している場合や，その居住日の属する年の前年分又は前々年分の所得税について次に掲げるいずれかの特例を適用している場合（措法41の19の4⑪）

① 居住用財産を譲渡した場合の長期譲渡所得の課税の特例（措法31の3①）

② 居住用財産の譲渡所得の特別控除（措法35①）（被相続人の居住用財産に係る譲渡所得の特別控除（措法35③）により適用する場合を除きます。）

(4) 居住日の属する年の翌年以後3年以内に認定住宅等の新築等をした家屋（これらの家屋の敷地を含みます。）以外の一定の資産を譲渡した場合において，その資産の譲渡について(3)に掲げるいずれかの特例を適用する場合（措法41の19の4⑫）

5 認定住宅等新築等特別税額控除を受けるための手続と必要な書類

認定住宅等新築等特別税額控除を受ける方は，「認定住宅等新築等特別税額控除額の計算明細書（令和4年分以降用）」（資料10参照）控除額を計算し，申告書第一表の「税金の計算」欄の住宅耐震改修特別控除等の「区分」欄に「3」を書くとともに，控除額を転記します。

㊟ 住宅耐震改修特別控除額又は住宅特定改修特別税額控除額がある方は，「区分」欄に「4」を書き，合計額を書きます。

また，次の(1)又は(2)のいずれに該当するかの別により，それぞれに掲げる書類を確定申告書と一緒に税務署に提出する必要があります（措法41の19の4⑤，措規19の11の4①③）。

(1) **居住日の属する年分に認定住宅等新築等特別税額控除を適用する場合**

① 「認定住宅等新築等特別税額控除額の計算明細書」

② 家屋の登記事項証明書（原本）など家屋の床面積が50平方メートル
　以上であることを明らかにする書類

　㊟　不動産番号の記載又は家屋の登記事項証明書（写し）の添付に代える
　　ことができます。

③ 工事請負契約書の写し，売買契約書の写しなど次の事項を明らかに
　する書類

　イ　家屋の新築年月日又は取得年月日

　ロ　認定住宅等の新築等に係る対価の額又は費用の額に含まれる消費
　　税額等のうちに新消費税額等が含まれているか否か

④ 認定住宅等の次の区分に応じ，それぞれに掲げる書類

　イ　認定長期優良住宅

　　㈠　その家屋に係る長期優良住宅建築等計画等の認定通知書の写し

　　　㊟1　長期優良住宅建築等の認定通知書の区分が既存である場合は，
　　　　　その認定通知書の写しのみ必要となります。

　　　　2　長期優良住宅建築等計画等の変更の認定を受けた場合は，変更
　　　　　認定通知書の写し，認定計画実施者の地位の承継があった場合は，
　　　　　認定通知書及び地位の承継の承継通知書の写しが必要です。

　　㈡　住宅用家屋証明書若しくはその写し又は認定長期優良住宅建築
　　　証明書

　ロ　低炭素建築物

　　㈠　その家屋に係る低炭素建築物新築等計画認定通知書の写し

　　　㊟　低炭素建築物新築等計画の変更の認定を受けた場合は低炭素建築
　　　　物新築等計画変更認定通知書の写しが必要です。

　　㈡　住宅用家屋証明書若しくはその写し又は認定低炭素住宅建築証

解説編（第3　認定住宅等新築等特別税額控除）　　909

明書

ハ　低炭素建築物とみなされる特定建築物

特定建築物用の住宅用家屋証明書

ニ　特定エネルギー消費性能向上住宅

住宅省エネルギー性能証明書又は建設住宅性能評価書の写し

⑤　再建支援法適用者が，災害によって被害を受けたことにより居住の
用に供することができなくなった住宅用家屋（以下「従前家屋」とい
います。）について，引き続き住宅借入金等特別控除を適用する年分
において，新たに再取得した住宅用家屋について認定住宅等新築等特
別税額控除を適用する場合，従前家屋に係る次に掲げる書類

イ　市町村長又は特別区の区長の従前家屋の被害の状況等を証する書
類（り災証明書）（写し可）

ロ　従前家屋の登記事項証明書その他の書類で，従前家屋が災害によ
り居住の用に供することができなくなったことを明らかにする書類
（滅失した場合は，閉鎖登記記録に係る登記事項証明書（原本）など）

㊟　「再建支援法適用者」とは，災害に際し被災者生活再建支援法が適用
された市区町村の区域内に所在する従前家屋をその災害により居住の
用に供することができなくなった方をいいます。

(2)　**居住日の属する年の翌年分の所得税の額から控除未済税額控除額を控除する場合（措法41の19の4⑥）**

(1)の①の書類（居住日の属する年分の所得税及び復興特別所得税について
その確定申告書を提出すべき場合及び提出することができる場合のいずれに
も該当しない場合は(1)の①から④（⑤は該当する場合のみ）の書類）

住宅耐震改修特別控除・住宅特定改修特別税額控除・認定住宅等新築等特別税額控除についての質疑応答編

質疑応答編（住宅耐震改修特別控除）　　913

第3部

質疑
応答編

住宅耐震改修特別控除についての質疑応答

1　住宅耐震改修特別控除の適用を受ける場合の手続

問　住宅耐震改修特別控除の適用を受けるための手続はどのようになりますか。

答　住宅耐震改修特別控除の適用を受けるためには，確定申告書に，住宅耐震改修特別控除額を記載するとともに，次の書類を添付する必要があります（措法41の19の2②，措規19の11の2②～④）。

① 「住宅耐震改修特別控除額・住宅特定改修特別税額控除額の計算明細書（令和4年分以降用）」（資料1参照）又は「住宅耐震改修特別控除額の計算明細書（平成26年4月1日から平成29年3月31日までの間に住宅耐震改修をした方用）」

② 建築士，指定確認検査機関，登録住宅性能評価機関若しくは住宅瑕疵担保責任保険法人の発行する「増改築等工事証明書」（第2部資料編資料16参照）又は地方公共団体の長の発行する「住宅耐震改修証明書」（資料2参照）

③ 住宅耐震改修をした家屋の登記事項証明書（原本）

（注）1　補助金等（国又は地方公共団体から交付される補助金又は給付金その他これらに準ずるものをいいます。）の交付を受ける場合には，その補助金等の額を控除した金額となります。

　　　2　登記事項証明書について，不動産番号の記載又は登記事項証明書（写し）の添付に代えることができます。

914 第 3 部

2 耐震改修後，その住宅について居住の用に供しなくなった場合

> **問** 令和4年7月に居住の用に供している住宅について耐震改修を行いましたが，11月に勤務先より転勤の命令があり，11月以降は居住の用に供すことができません。
>
> この場合，令和4年分の確定申告において住宅耐震改修特別控除の適用を受けることができますか。

答 住宅耐震改修特別控除は，個人が，その者の居住の用に供する一定の家屋に耐震改修を行った場合に，適用があることとされています（措法41の19の2）。

したがって，その耐震改修を行ったときにおいて，その家屋を居住の用に供していれば住宅耐震改修特別控除の適用を受けることができます。

3 耐震改修後，その住宅について居住の用に供した場合

> **問** 令和4年9月に中古住宅を購入しましたが，その住宅が昭和56年5月31日以前に建築されたものであり，現行の耐震基準を満たしていなかったことから，耐震改修を行い11月からその住宅に居住を開始しました。
>
> この場合，令和4年分の確定申告において住宅耐震改修特別控除の適用を受けることができますか。

答 住宅耐震改修特別控除は，個人が，その者の居住の用に供する一定の家屋に耐震改修を行った場合に，適用があることとされています（措法41

質疑応答編（住宅耐震改修特別控除） 915

の19の2）。

　したがって，その人が居住の用に供するために既存住宅を取得し，その取得後一定の要件に当てはまる耐震改修をして，その者の居住の用に供する場合には，住宅耐震改修特別控除について適用を受けることができます。

4　住宅ローンにより耐震改修を行った場合

> 問　令和4年7月に居住の用に供している住宅について耐震改修を行いましたが，その費用の一部は住宅ローンにより支払いました。
>
> 　この場合，令和4年分の確定申告において住宅耐震改修特別控除と住宅借入金等特別控除のいずれも適用を受けることができますか。

答　住宅耐震改修特別控除と住宅借入金等特別控除について，いずれの適用要件も満たしている場合には，両方の適用を受けることができます。

(注)　要耐震改修住宅（建築後に使用されたことのある家屋で，耐震基準等に適合しない一定の家屋をいいます。第2部「令和4年入居者の住宅借入金等特別控除についての質疑応答編」問19参照）を取得した場合には，一定の要件を満たすことにより住宅借入金等特別控除を適用することができますが，その適用を受けた場合には，住宅耐震改修特別控除を適用することはできません。

5　補助金等の取扱い

> 問　住宅耐震改修に要した費用の額からは交付を受ける補助金等を控除しますが，標準的な費用の額からは控除する必要はありますか。

答　住宅耐震改修に係る契約を締結し，その住宅耐震改修の費用に関し補

助金等の交付を受ける場合には，その住宅耐震改修の費用の額からその補助金等の額を控除することとされています。

したがって，税額控除を適用する際には，交付を受けた補助金等の額を住宅耐震改修の標準的な費用の額から控除して計算しなければなりません（措法41の19の２，平成21年国土交通省告示第383号（資料３参照））。

質疑応答編（住宅特定改修特別税額控除）　　917

第3部

| 住宅特定改修特別税額控除についての質疑応答 |

質疑
応答編

6　太陽光発電設備設置工事

問　令和4年5月に太陽光発電設備設置工事を行いました。税制上の優遇措置はありますか。

答　住宅特定改修特別税額控除とは，特定個人である方が，その方の所有している居住の用に供する家屋に高齢者等居住改修工事等をし，又は特定個人以外の個人の方が，その方の所有している居住の用に供する家屋に一般断熱改修工事等をして，その方の居住の用に供したなどの場合にその方のその年分の所得税の額から一定額が控除されるものです（措法41の19の3）。

　この一般断熱改修工事等の対象となる改修工事は，次の(1)及び(2)をいいます。

(1)　居室の窓の改修工事，又はその工事と併せて行う床等の断熱工事，天井の断熱工事若しくは壁の断熱工事で，その改修部位の断熱性能がいずれも平成28年基準相当以上となる改修工事

(2)　太陽光発電設備設置工事や一定の太陽熱利用冷温装置設置工事（(1)の工事と併せて行うものに限ります。）

　したがって，質問の場合，太陽光発電設置工事のみを行った場合には，この控除の対象となりませんが，上記(1)の工事と併せて行う設置工事である場合には一般断熱改修工事等に該当し，住宅特定改修特別税額控除の対象となります。

7 改修工事等の標準的な費用の額

> **問** 住宅特定改修特別税額控除の計算における「高齢者等居住改修工事等の標準的な費用の額」と「一般断熱改修工事等の標準的な費用の額」,「多世帯同居改修工事等の標準的な費用の額」,「耐久性向上改修工事等の標準的な費用の額」とはどのようなものですか。

答 (1) 高齢者等居住改修工事等の標準的な費用の額について

「高齢者等居住改修工事等の標準的な費用の額」とは,高齢者等居住改修工事等の内容の区分に応じて定められた金額に,その工事の箇所数や施行面積を乗じて計算した金額(その方の居住の用以外の用に供する部分がある場合には,その金額に,その高齢者等居住改修工事等に要した費用の額のうちにその居住の用に供する部分に係るその高齢者等居住改修工事等に要した費用の額の占める割合を乗じて計算した金額)とされています(措令26の28の5①,平成21年国土交通省告示第384号(資料5参照))。

(2) 一般断熱改修工事等の標準的な費用の額について

「一般断熱改修控除等の標準的な費用の額」は,一定の工事の種別及び地域区分に応じ,それぞれ定められた金額に,一般断熱改修工事等を行った家屋の床面積の合計を乗じて計算した金額(その方の居住の用以外の用に供する部分がある場合には,その金額に,その一般断熱改修工事等に要した費用の額のうちに居住の用に供する部分に係るその一般断熱改修工事等に要した費用の額に占める割合を乗じて計算した金額)とされています(措令26の28の5④,平成21年経済産業省・国土交通省告示第4号(資料6参照))。

また,この一般断熱改修工事等の標準的な費用の額のうち,エネルギー使用合理化設備設置工事が含まれている場合のその設置工事の標準的

質疑応答編（住宅特定改修特別税額控除）　　919

な費用の額は，原則として，一定の工事の種類に応じて定められた金額にその設置工事の箇所数を乗じて計算した金額とされています。

さらに，この一般断熱改修工事等の標準的な費用の額のうち，太陽光発電設置工事が含まれている場合のその設置工事の標準的な費用の額は，原則として，537,200円（一定の工事を併せて行う場合には，一定の費用を加算した金額）にその太陽光設置工事で設置する太陽電池モジュールの出力を乗じた金額とされています。

(3) 多世帯同居改修工事等の標準的な費用の額

「多世帯同居改修工事等の標準的な費用の額」は，多世帯同居改修工事等の内容の区分に応じて定められた金額に，その工事の箇所数を乗じて計算した金額（その方の居住の用以外の用に供する部分がある場合には，その金額に，その多世帯同居改修工事等に要した費用の額のうちにその居住の用に供する部分に係るその多世帯同居改修工事等に要した費用の額の占める割合を乗じて計算した金額）とされています（措令26の28の5⑦，平成28年国土交通省告示第586号（資料9参照））。

(4) 耐久性向上改修工事等の標準的な費用の額

「耐久性向上改修工事等の標準的な費用の額」は，耐久性向上改修工事等の内容の区分に応じて定められた金額に，その工事の箇所数や施工面積などを乗じて計算した金額（その方の居住の用以外の用に供する部分がある場合には，当該金額に，その費用の額のうちに居住の用に供する部分に係る費用の額の占める割合を乗じて計算した金額）とされています（措令26の28の5⑪，平成29年国土交通省告示第280号（資料14参照））。

(5) 増改築等工事証明書

上記(1)から(4)の標準的な費用の額は，建築士，指定確認検査機関，登録住宅性能評価機関又は住宅瑕疵担保責任保険法人が証明することとされており，これらが発行する増改築等工事証明書において確認すること

ができます（第2部資料編資料16，17参照）。

　また，エネルギー使用合理化設備設置工事や太陽光発電設置工事を含む場合には，増改築等工事証明書においてこれらの設備の型式が証明されています。

8　改修工事等に要した費用の額が標準的な費用の額を超える場合の税額控除額

> 問　私は，税額控除の対象となる耐震改修工事と併せて他の改修工事も行いました。その結果，改修工事全体に要した費用の額は耐震改修工事の標準的な費用の額を超えることになりましたが，この超えた部分の金額は税額控除の対象になりますか。

答　改修工事等の標準的な費用の額を超える部分の費用の額のうち，一定の要件を満たす部分の金額については，その金額の5％に相当する金額が税額控除の対象となります（改修した家屋を令和4年1月1日から令和5年12月31日までの間にその者の居住の用に供した場合に限ります。）。

　居住用の家屋について住宅耐震改修特別控除又は住宅特定改修特別税額控除の対象となる住宅耐震改修，高齢者等居住改修工事等，一般断熱改修工事等，多世帯同居改修工事等又は耐久性向上改修工事等（以下「対象改修工事」といいます。）をして，その家屋を令和4年1月1日から令和5年12月31日までの間にその者の居住の用に供した場合には，住宅耐震改修特別控除又は住宅特定改修特別税額控除の適用を受ける場合に限り，居住の用に供した日の属する年分の所得税の額から次に掲げる金額の合計額（対象改修工事に係る標準的な費用の額の合計額と1,000万円から当該金額（当該金額が控除対象限度額を超える場合には，当該控除対象限度額）を控除した金額

質疑応答編（住宅特定改修特別税額控除）　　　921

のいずれか低い金額を限度）の５％に相当する金額を控除することができます（以下「その他工事等特別税額控除」といいます。）（措法41の19の３⑦）。

イ　その対象改修工事に係る標準的な費用の額のうち控除対象限度額を超える部分の（合計）額

ロ　その対象改修工事と併せて行う増築，改築その他の一定の工事（以下「その他工事」といいます。）に要した費用の額（補助金等の交付がある場合には当該補助金等の額を控除した金額）の（合計）額

　　なお，この控除の適用を受けるその他工事については，増改築等に係る住宅ローン税額控除制度及び特定の増改築等に係る住宅借入金等を有する場合の所得税額の特別控除の控除額の特例の適用を受けることができません。（措法41⑳，41の３の２②⑥⑨）。

※　制度の詳細については，解説編第２の**3**の「(2)その他工事等特別税額控除」などをご覧ください。

9　住宅特定改修特別税額控除を適用した場合の効果

> 問　私は，令和４年分の確定申告で居住用の家屋について一般断熱改修工事等に係る住宅特定改修特別税額控除を適用しましたが，住宅借入金等特別控除や特定増改築等住宅借入金等特別控除に選択替えすることはできますか。

答　居住用の家屋について高齢者等居住改修工事等，一般断熱改修工事等又は多世帯同居改修工事等を行い住宅特定改修特別税額控除を適用して確定申告書を提出した場合には，その後において更正の請求をし，又は修正申告書を提出するときにおいても，住宅特定改修特別税額控除を適用することになり，住宅借入金等特別控除や特定増改築等住宅借入金等特別控除

922　　　　　　　　第　3　部

に選択替えすることはできません（措通41の19の3―2）。

　なお，住宅特定改修特別税額控除を適用しなかった場合も同様です。

質疑応答編（認定住宅等新築等特別税額控除）　　923

第3部

認定住宅等新築等特別税額控除についての質疑応答

質疑
応答編

10　居住の用に供した日の属する翌年分における控除

> **問**　令和4年9月に認定長期優良住宅を新築しましたが，本年分の所得税額はなかったため，翌年分の申告時において控除することはできますか。

答　認定住宅等新築等特別税額控除は，その居住の用に供した日の属する年（以下「居住年」といいます。）の所得税から控除できるほか，次の場合には，その居住年の翌年分の所得税から控除できます（居住年の翌年の所得税の額を限度とします。以下「控除未済税額控除額」といいます。）（措法41の19の4①②）。

① 居住年においてその控除額を控除してもなお控除しきれない金額を有する場合

② 居住年の所得税についてその確定申告書を提出すべきとき及び提出することができるときのいずれにも該当しない場合

上記①に該当する場合には，控除未済税額控除額の控除の適用を受けようとする年分の確定申告書に，控除未済税額控除額の控除を受ける金額についてのその控除に関する記載及びその控除未済税額控除額の計算に関する明細書（「認定住宅等新築等特別税額控除額の計算明細書」を使用します。）を添付する必要があります（措法41の19の4⑧）。

また，上記②に該当する場合にはその明細書や登記事項証明書などを添付した確定申告書を提出する必要があります（「第3部　解説編　第3」の

924 第　3　部

「5　認定住宅等新築等特別税額控除を受けるための手続と必要な書類」参照）。

　なお，①居住年の自己の合計所得金額が3,000万円を超える場合，②居住年の翌年の自己の合計所得金額が3,000万円を超える場合には，控除未済税額控除額を控除することはできません（措法41の19の4④）。

11　認定住宅等新築等特別税額控除を適用した場合の効果

> 問　私は，令和4年8月に認定長期優良住宅を新築し，令和4年分の確定申告で認定住宅等新築等特別税額控除を適用しましたが，認定住宅等の新築等に係る住宅借入金等特別控除の特例に選択替えすることはできますか。

答　認定住宅等の新築又は認定住宅等で建築後使用されたことのないものの取得をしたことにつき，認定住宅等新築等特別税額控除を適用して確定申告書を提出した場合には，その後において更正の請求をし，又は修正申告書を提出するときにおいても，認定住宅等新築等特別税額控除を適用することになり，認定住宅等の新築等に係る住宅借入金等特別控除の特例に選択替えすることはできません（措通41の19の4－2）。

　なお，認定住宅等新築等特別税額控除を適用しなかった場合も同様です。

第3部

資料編

第3部

資料編

資 料 編

資料1 「住宅耐震改修特別控除額・住宅特定改修特別税額控除額の計算明細書（平成29年4月1日以後用）」

第3部

資料編

資料1

住宅耐震改修特別控除額
住宅特定改修特別税額控除額 の計算明細書
（令和4年分以降用）

（　　　年分）　　　　　　　　　　　　　　氏名＿＿＿＿＿＿＿＿＿＿＿＿

この明細書は、次のⅠ又はⅡの場合に、住宅耐震改修特別控除額又は住宅特定改修特別税額控除額を計算するために使用します。
Ⅰ　令和4年1月1日以後に住宅耐震改修をして住宅耐震改修特別控除を受ける場合
Ⅱ　高齢者等居住改修工事等、一般断熱改修工事等、多世帯同居改修工事等又は耐久性向上改修工事等（住宅耐震改修又は一般断熱改修工事等と併せて行うものに限る。）をした部分を令和4年1月1日以後に居住の用に供して住宅特定改修特別税額控除を受ける場合

Ⅰ　住宅耐震改修特別控除額の計算

住宅耐震改修の標準的な費用の額	①	円
交付を受ける補助金等の合計額	②	
（①－②）	③	
③と250万円のいずれか少ない方の金額	④	（100円未満の端数切捨て）
住宅耐震改修特別控除額（④×10％）	⑤	

※Ⅱ7の計算欄を併せてご確認ください。

不 動 産 番 号	

「増改築等工事証明書」の「3(3)①ア　当該住宅耐震改修に係る標準的な費用の額」欄の金額を転記してください。

国又は地方公共団体等から交付を受ける補助金等の合計額を書きます。

申告書第一表の「税金の計算」欄の住宅耐震改修特別控除等の「区分」欄に「1」を書き、控除額を転記してください。
なお、⑤の金額や認定住宅等新築等特別税額控除がある方は、「区分」欄に「4」を書き、合計額を書きます。

家屋の「登記事項証明書」の不動産番号を転記してください。

※住宅耐震改修証明書の場合は、上記に準じて転記してください。

Ⅱ　住宅特定改修特別税額控除額の計算

1　改修工事をした家屋に係る事項

居住開始年月日	⑥	年　月　日
あなたの共有持分 ※共有の場合のみ書いてください。	⑦	／
不 動 産 番 号		

共有者の氏名　※共有の場合のみ書いてください。

フリガナ	
氏　名	
フリガナ	
氏　名	

家屋の「登記事項証明書」の不動産番号を転記してください。

2　高齢者等居住改修工事等に係る事項
（あなた又は同居親族の方が⑧から⑩のいずれかに該当する場合のみ書いてください。）
あなた又は同居親族の方について、⑧から⑩のいずれか該当する欄の右の「該当」の文字を○で囲んでください。

年齢が50歳以上（同居親族の方の場合は65歳以上）	⑧	該当
障害者（⑧に該当する方を除きます。）	⑨	該当
要介護認定又は要支援認定を受けている（⑧又は⑨に該当する方を除きます。）	⑩	該当
高齢者等居住改修工事等の標準的な費用の額	⑪	円
交付を受ける補助金等の合計額	⑫	
（⑪－⑫） ※50万円を超える場合に限ります。	⑬	
⑬と（⑬×⑦）のいずれか少ない方の金額	⑭	
⑭と200万円のいずれか少ない方の金額	⑮	
（⑮×10％）	⑯	（100円未満の端数切捨て）

同居親族の方が⑧から⑩のいずれかに該当する場合は、その方の氏名等を書きます。
氏名（　　　　　　）
続柄（　　　　　　）

「増改築等工事証明書」の「3(3)②ア　当該高齢者等居住改修工事等に係る標準的な費用の額」欄の金額を転記してください。

国又は地方公共団体等から交付を受ける補助金等の合計額を書きます。

○この明細書は、申告書と一緒に提出してください。

3　一般断熱改修工事等に係る事項

一般断熱改修工事等の標準的な費用の額	⑰	円	「増改築等工事証明書」の「3(3)③ア　当該一般断熱改修工事等に係る標準的な費用の額」欄の金額を転記してください。
交付を受ける補助金等の合計額	⑱		国又は地方公共団体等から交付を受ける補助金等の合計額を書きます。
（⑰ － ⑱） ※ 50 万円を超える場合に限ります。	⑲		
⑲と(⑲×⑦)のいずれか少ない方の金額	⑳		
⑳と250万円（太陽光発電設備設置工事を伴う場合は350万円）のいずれか少ない方の金額	㉑		
（㉑ × 10%）	㉒	(100 円未満の端数切捨て)	

4　多世帯同居改修工事等に係る事項

多世帯同居改修工事等の標準的な費用の額	㉓	円	「増改築等工事証明書」の「3(3)④ア　当該多世帯同居改修工事等に係る標準的な費用の額」欄の金額を転記してください。
交付を受ける補助金等の合計額	㉔		国又は地方公共団体等から交付を受ける補助金等の合計額を書きます。
（㉓ － ㉔） ※50 万円を超える場合に限ります。	㉕		
㉕と(㉕×⑦)のいずれか少ない方の金額	㉖		
㉖と250万円のいずれか少ない方の金額	㉗		
（㉗ × 10%）	㉘	(100 円未満の端数切捨て)	

5　耐久性向上改修工事等に係る事項
（住宅耐震改修又は一般断熱改修工事等のいずれかと併せて行う場合（Ⅰ、Ⅱ３及びⅡ６と重複して適用できません。））

住宅耐震改修又は一般断熱改修工事等の標準的な費用の額	㉙	円	「増改築等工事証明書」の「3(3)⑧ア　当該対象住宅耐震改修又は当該対象一般断熱改修工事等に係る標準的な費用の額」欄の金額を転記してください。
㉙に関し交付を受ける補助金等の合計額	㉚		国又は地方公共団体等から交付を受ける補助金等の合計額を書きます。
（㉙ － ㉚） ※50 万円を超える場合に限ります。	㉛		
耐久性向上改修工事等の標準的な費用の額	㉜		「増改築等工事証明書」の「3(3)⑧エ　当該耐久性向上改修工事等に係る標準的な費用の額」欄の金額を転記してください。
㉜に関し交付を受ける補助金等の合計額	㉝		国又は地方公共団体等から交付を受ける補助金等の合計額を書きます。
（㉜ － ㉝） ※50 万円を超える場合に限ります。	㉞		
（㉛ ＋ ㉞）	㉟		
㉟と(㉟×⑦)のいずれか少ない方の金額	㊱		
㊱と250万円（一般断熱改修工事等に太陽光発電設備設置工事を伴う場合は350万円）のいずれか少ない方の金額	㊲		
（㊲ × 10%）	㊳	(100 円未満の端数切捨て)	

資料編

資料2 「住宅耐震改修証明申請書・住宅耐震改修証明書」 に関する告示（平成23年6月30日以後の契約）

　　租税特別措置法施行規則（昭和32年大蔵省令第15号）第19条の11の2第4項〔平成23年財務省令第35号により削除〕の規定に基づき，国土交通大臣が財務大臣と協議して定める書類を次のように定めたので告示する。

　　　　平成18年3月31日　　国土交通省告示第464号
　　　　平成25年5月31日　　国土交通省告示第544号
　　　　平成28年3月31日　　国土交通省告示第588号
　　　　平成29年3月31日　　国土交通省告示第281号
　　　　平成30年3月31日　　国土交通省告示第551号
　　　　平成31年3月29日　　国土交通省告示第486号
　　　　令和元年6月28日　　国土交通省告示第224号
　　　　令和3年3月31日　　国土交通省告示第330号
　　　　令和4年3月31日　　国土交通省告示第441号

〔本文省略〕

資 料 編

〔令和4年4月1日以後に耐震改修をした場合の様式〕

別表

住 宅 耐 震 改 修 証 明 申 請 書

申 請 者 住 所
電 話
氏 名
家屋の所在地

上記家屋に係る住宅耐震改修が完了した日
年 月 日

イ 上記家屋が（1）の要件を満たすこと及び当該家屋に係る住宅耐震改修（租税特別措置法第41条の19の2第1項に規定する住宅耐震改修をいう。以下同じ。）の費用の額が（2）の額であったことについて証明願います。

（1）	住宅耐震改修をした家屋であること		
（2）	（イ） 当該住宅耐震改修に係る耐震工事の標準的な費用の額		円
	（ロ） 当該住宅耐震改修に係る補助金等の交付の有無	有　　無	
	「有」の場合	交付される補助金等の額	円
	（ハ） （イ）から（ロ）を差し引いた金額		円
	（ニ） （ハ）又は250万円のいずれか少ない金額（10％控除分）		円
	（ホ） （ハ）から（ニ）を差し引いた金額		円
	（ヘ） 1000万円から（ニ）を差し引いた金額		円
	（ト） （ホ）又は（ヘ）のいずれか少ない金額（5％控除分）		円

ロ 上記家屋において、地方税法施行令附則第12条第19項に規定する基準に適合する耐震改修が行われたことを証明願います。

932 第 3 部

住 宅 耐 震 改 修 証 明 書

上記家屋が（1）の要件を満たすこと及び当該家屋に係る住宅耐震改修の費用の額が（2）の額であったこと又は上記家屋において地方税法施行令附則第12条第19項に規定する基準に適合する耐震改修が行われたことについて証明します。

証 明 年 月 日	年　　　月　　　日

証明を行った地方公共団体の長	印

（用紙　日本産業規格　Ａ４）

備　考

1　住宅耐震改修証明申請書の｛　｝の中にはイ又はロのいずれについて証明を申請するかに応じ，該当する記号を○で囲むこと。（イ及びロの両方について証明を申請する場合は両方の記号を○で囲むこと。）

2　イの表中（2）（イ）の欄は，租税特別措置法施行令（昭和32年政令第43号）第26条の28の4第2項の規定に基づき，国土交通大臣が財務大臣と協議して住宅耐震改修の内容に応じて定める金額を定める告示（平成21年国土交通省告示第383号）に基づき住宅耐震改修の内容に応じて算出した金額の合計額（当該住宅耐震改修を行った同項に規定する家屋が一棟の家屋でその構造上区分された数個の部分を独立して住居その他の用途に供することができるものである場合又は当該家屋が共有物である場合には，当該金額に，当該住宅耐震改修に要した費用の額のうちにその者が負担する費用の割合を乗じて計算した金額）を記載すること。

3　イの表中（2）（ロ）「当該住宅耐震改修に係る補助金等の交付の有無」の欄には，実施された住宅耐震改修の費用に関し国又は地方公共団体から交付される補助金又は給付金その他これらに準ずるものの交付の対象となる工事が含まれているか否かに応じ，含まれている場合には「有」を，含まれていない場合には「無」を○で囲むものとする。

　　「「有」の場合」の「交付される補助金等の額」の欄には，当該住宅耐震改修の費用に関し国又は地方公共団体から交付される補助金又は給付金その他これらに準ずるものの額を記載するものとする。

4　イの表中（2）（ハ）の欄は，「（イ）　当該住宅耐震改修に係る耐震工事の標準的な費用の額」から「（ロ）　交付される補助金等の額」を差し引いた額を記載するものとする。

5　イの表中（2）（ニ）の欄は，「（ハ）　（イ）から（ロ）を差し引いた金額」又は250万円のうちいずれか少ない金額を記載すること。

6　イの表中（2）（ホ）の欄は，「（ハ）　（イ）から（ロ）を差し引いた金額」から「（ニ）　（ハ）又は250万円のいずれか少ない金額（10％控除分）」を差し引いた額を記載すること。なお，0円となる場合には「0円」と記載するものとする。

7　イの表中（2）（ヘ）の欄は，1000万円から「（ニ）　（ハ）又は250万円のいずれか少ない金額（10％控除分）」を差し引いた金額を記載すること。

8　イの表中（2）（ト）の欄は，「（ホ）　（ハ）から（ニ）を差し引いた金額」又は「（ヘ）　1000万円から（ニ）を差し引いた金額」のうちいずれか少ない金額を記載すること。

資 料 編　　　　　　　　　　　933

資料3　住宅耐震改修の内容に応じて定める金額に関する告示

　租税特別措置法施行令（昭和32年政令第43号）第26条の28の4第3項の規定に基づき，国土交通大臣が財務大臣と協議して住宅耐震改修の内容に応じて定める金額を次のように定めたので，同条第5項の規定により，告示する。

　　平成21年3月31日　　国土交通省告示第383号
　　平成25年5月31日　　国土交通省告示第548号
　　令和元年7月5日　　国土交通省告示第264号
　　令和4年3月31日　　国土交通省告示第446号

　租税特別措置法施行令第26条の28の4第2項の規定に基づき，租税特別措置法（昭和32年法律第26号）第41条の19の2第1項に規定する住宅耐震改修に係る耐震工事の標準的な費用の額として国土交通大臣が財務大臣と協議して当該住宅耐震改修の内容に応じて定める金額は，次の表の上欄に掲げる住宅耐震改修の内容の区分に応じ，それぞれ同表の中欄に定める額に，下欄の数値を乗じて得た金額（当該住宅耐震改修を行った同項に規定する家屋が一棟の家屋でその構造上区分された数個の部分を独立して住居その他の用途に供することができるものである場合又は当該家屋が共有物である場合には，当該金額に，当該住宅耐震改修に要した費用の額のうちにその者が負担する費用の割合を乗じて計算した金額とする。

(参考)

〔令和2年1月1日以後に工事が完了した場合の金額〕

木造の住宅（以下「木造住宅」という。）の基礎に係る耐震改修	15,400円	当該家屋の建築面積（単位　平方メートル）
木造住宅の壁に係る耐震改修	22,500円	当該家屋の床面積（単位　平方メートル）
木造住宅の屋根に係る耐震改修	19,300円	当該耐震改修の施工面積（単位　平方メートル）
木造住宅の基礎，壁及び屋根に係るもの以外の耐震改修	33,000円	当該家屋の床面積（単位　平方メートル）
木造住宅以外の住宅の壁に係る耐震改修	75,500円	当該家屋の床面積（単位　平方メートル）
木造住宅以外の住宅の柱に係る耐震改修	2,671,100円	当該耐震改修の箇所数
木造住宅以外の住宅の壁及び柱に係るもの以外の耐震改修	259,100円	当該家屋の床面積（単位　平方メートル）

資 料 編　　　　　　935

第3部

資料4　住宅特定改修特別税額控除におけるエネルギーの使用の合理化に資する増築，改築，修繕又は模様替を定める件に関する告示

資料編

　租税特別措置法施行令（昭和32年政令第43号）第26条の28の5第9項の規定に基づき，エネルギーの使用の合理化に資する増築，改築，修繕又は模様替を次のように定めたので，同条第10項の規定により，告示する。

　　平成21年3月31日　　国土交通省告示第379号
　　平成25年9月30日　　国土交通省告示第911号
　　平成28年3月31日　　国土交通省告示第591号
　　平成29年3月31日　　国土交通省告示第289号
　　令和元年6月28日　　国土交通省告示第227号
　　令和4年3月31日　　国土交通省告示第445号

資料4

　租税特別措置法施行令（以下「令」という。）第26条の28の5第16項に規定する国土交通大臣が財務大臣と協議して定めるエネルギーの使用の合理化に資する増築，改築，修繕又は模様替（令第26条の4第19項の規定により読み替えられた同条第18項に規定する増築，改築，修繕若しくは模様替を含む。）を次のように定める。

1　令第26条の28の5第16項に規定する国土交通大臣が財務大臣と協議して定めるエネルギーの使用の合理化に資する増築，改築，修繕又は模様替は，次に掲げる要件の全てに該当する工事とする。

一　次のアに定める工事又は次のアに定める工事と併せて行う次のウからオまでに定める工事（地域区分（建築物エネルギー消費性能基準等を定める省令における算出方法等に係る事項（平成28年国土交通省告示第265号）別表第10に掲げる地域の区分をいう。以下同じ。）が8地域の場合にあっては，次のイに定める工事又は次のイに定める工事と併せて行う次のウからオまでに定める工事）であること。

ア　窓の断熱性を高める工事（外気に接する窓（既存の窓の室内側に設置する既存の窓と一体となった窓を含む。以下同じ。）の断熱性を高める工事で、窓の熱貫流率が、地域区分に応じ、施工後に新たに別表1－1に掲げる基準値以下となるもの又はこれと同等以上の性能を有するものとなるものをいう。）

イ　窓の日射遮蔽性を高める工事（外気に接する窓の日射遮蔽性を高める工事で、開口部の建具、付属部材、ひさし、軒その他日射の侵入を防止する部分が、地域区分及び方位に応じ、施工後に新たに別表1－2に掲げる基準値以下となるもの又はこれと同等以上の性能を有するものとなるものをいう。）

ウ　天井等の断熱性を高める工事（屋根（小屋裏又は天井裏が外気に通じているものを除く。以下同じ。）、屋根の直下の天井又は外気等（外気又は外気に通じる床裏、小屋裏若しくは天井裏をいう。以下同じ。）に接する天井の断熱性を高める工事（住宅部分の外壁、窓等を通しての熱の損失の防止に関する基準及び一次エネルギー消費量に関する基準（平成28年国土交通省告示第266号）第1項(1)に掲げる部分以外の部分（以下「断熱構造とする部分以外の部分」という。）の工事を除く。）で、鉄筋コンクリート造、組積造その他これらに類する構造（以下「鉄筋コンクリート造等」という。）の住宅にあっては熱橋（構造部材、下地材、窓枠下材その他断熱構造を貫通する部分であって、断熱性能が周囲の部分より劣るものをいう。以下同じ。）となる部分を除いた熱貫流率が、その他の住宅にあっては熱橋となる部分（壁に設けられる横架材を除く。）による低減を勘案した熱貫流率が、それぞれ住宅の種類、断熱材の施工法、部位及び地域区分に応じ、施工後に新たに別表2に掲げる基準値以下となるもの又は各部位の断熱材の熱抵抗が、住宅の種類、断熱材の施工法、部位及び地域区分に応じ、施工後に新たに別表3に掲げる基準値以上となるものをいう。）

エ　壁の断熱性を高める工事（外気等に接する壁の断熱性を高める工事（断熱構造とする部分以外の部分の工事を除く。）で、鉄筋コンクリート造等の住宅にあっては熱橋となる部分を除いた熱貫流率が、その他の住宅

資 料 編　937

にあっては熱橋となる部分（壁に設けられる横架材を除く。）による低
減を勘案した熱貫流率が，それぞれ住宅の種類，断熱材の施工法，部位
及び地域区分に応じ，施工後に新たに別表2に掲げる基準値以下となる
もの又は断熱材の熱抵抗が，住宅の種類，断熱材の施工法，部位及び地
域区分に応じ，施工後に新たに別表3に掲げる基準値以上となるもの（鉄
骨造の住宅の壁であって外張断熱工法及び内張断熱工法以外のものにあ
っては，断熱材の抵抗が，地域，外装材（鉄骨柱及び梁の外気側におい
て，鉄骨柱又は梁に直接接続する面状の材料をいう。以下同じ。）の熱
抵抗，鉄骨柱が存する部分以外の壁（以下「一般部」という。以下同じ。）
の断熱層（断熱材で構成される層をいう。以下同じ。）を貫通する金属
製下地部材（以下「金属部材」という。）の有無及び断熱材を施工する
箇所の区分に応じ，別表4に掲げる基準値以上となるもの）をいう。）

オ　床等の断熱性を高める工事（外気等に接する床（地盤面をコンクリー
トその他これに類する材料で覆ったもの又は床裏が外気に通じないもの
（以下「土間床等」という。）を除く。）の断熱性を高める工事（外周が
外気等に接する土間床等の外周部分の基礎の断熱性を高める工事を含み，
断熱構造とする部分以外の部分の工事を除く。）で，鉄筋コンクリート
造等の住宅にあっては熱橋となる部分を除いた熱貫流率が，その他の住
宅にあっては熱橋となる部分（壁に設けられる横架材を除く。）による
低減を勘案した熱貫流率が，それぞれ住宅の種類，断熱材の施工法，部
位及び地域区分に応じ，施工後に新たに別表2に掲げる基準値以下とな
るもの又は各部位の断熱材の熱抵抗が，住宅の種類，断熱材の施工法，
部位及び地域区分に応じ，施工後に新たに別表3に掲げる基準値以上と
なるものをいう。）

二　前号ウからオまでに定める工事にあっては，発泡プラスチック保温材
（産業標準化法（昭和24年法律第185号）に基づく日本産業規格（以下「日
本産業規格」という。）A9511（発泡プラスチック保温材）に定めるものを
いう。）を用いる場合にあってはB種を，建築物断熱用吹付け硬質ウレタ
ンフォーム（日本産業規格A9526（建築物断熱用吹付け硬質ウレタンフォ
ーム）に定めるものをいう。）を用いる場合にあってはB種を，その他の

場合にあっては発泡剤としてフロン類（フロン類の使用の合理化及び管理の適正化に関する法律（平成13年法律第64号）第2条第1項に規定するフロン類をいう。）を用いた断熱材を用いない工事であること。

資　料　編　　　　　　　　　　　　　　939

別表1－1

地域区分	1及び2	3	4	5及び6	7
熱貫流率の基準値 （単位　1平方メートル1度につきワット）		2.33	3.49	4.65	

　「熱貫流率」とは，内外の温度差1度の場合において1平方メートル当たり貫流する熱量をワットで表した数値をいう。

別表1－2

住宅の種類	建具の種類若しくはその組合せ又は付属部材，ひさし，軒等の設置
一戸建ての 住宅	次のイ又はロに該当するもの 　イ　ガラスの日射熱取得率が0.68以下のものに，ひさし，軒等を設けるもの 　ロ　付属部材を設けるもの
共同住宅等	付属部材又はひさし，軒等を設けるもの

　1　「ガラスの日射熱取得率」は，日本産業規格R3106（板ガラスの透過率・反射率・放射率の試験方法及び建築用板ガラスの日射熱取得率の算定方法）に定める測定方法によるものとする。
　2　「付属部材」とは，紙障子，外付けブラインド（窓の直近外側に設置され，金属製スラット等の可変により日射調整機能を有するブラインド）その他これらと同等以上の日射遮蔽性能を有し，開口部に建築的に取り付けられるものをいう。
　3　「ひさし，軒等」とは，オーバーハング型の日除けで，外壁からの出寸法がその下端から窓下端までの高さの0.3倍以上のものをいう。

別表2

住宅の種類	断熱材の施工法	部　位		熱貫流率の基準値					
				地域区分					
				1及び2	3	4	5及び6	7	8
鉄筋コンクリート造等の住宅	内断熱工法	屋根又は天井		0.27	0.35	0.37	0.37	0.37	0.53
		壁		0.39	0.49	0.75	0.75	0.75	
		床	外気に接する部分	0.27	0.32	0.37	0.37	0.37	
			その他の部分	0.38	0.46	0.53	0.53	0.53	
		土間床等の外周部分の基礎	外気に接する部分	0.52	0.62	0.98	0.98	0.98	
			その他の部分	1.38	1.60	2.36	2.36	2.36	
	外断熱工法	屋根又は天井		0.32	0.41	0.43	0.43	0.43	0.62
		壁		0.49	0.58	0.86	0.86	0.86	
		床	外気に接する部分	0.27	0.32	0.37	0.37	0.37	
			その他の部分	0.38	0.46	0.53	0.53	0.53	

第　3　部

		土間床等の外周部分の基礎	外気に接する部分	0.52	0.62	0.98	0.98	0.98	
			その他の部分	1.38	1.60	2.36	2.36	2.36	
その他の住宅		屋根又は天井		0.17	0.24	0.24	0.24	0.24	0.24
		壁		0.35	0.53	0.53	0.53	0.53	
		床	外気に接する部分	0.24	0.24	0.34	0.34	0.34	
			その他の部分	0.34	0.34	0.48	0.48	0.48	
		土間床等の外周部分の基礎	外気に接する部分	0.27	0.27	0.52	0.52	0.52	
			その他の部分	0.71	0.71	1.38	1.38	1.38	

1　「熱貫流率」とは，内外の温度差１度の場合において１平方メートル当たり貫流する熱量をワットで表した数値であって，当該部位を熱の貫流する方向に構成している材料の種類及び厚さ，熱橋により貫流する熱量等を勘案して算出したものをいう。以下同じ。

2　鉄筋コンクリート造等の住宅において，「内断熱工法」とは鉄筋コンクリート造等の構造体の内側に断熱施工する方法を，「外断熱工法」とは構造体の外側に断熱施工する方法をいう。以下同じ。

3　一の住宅において複数の住宅の種類又は断熱材の施工法を採用している場合にあっては，それぞれの住宅の種類又は断熱材の施工法に応じた各部位の熱貫流率の基準値を適用するものとする。

4　土間床等の外周部分の基礎は，基礎の外側又は内側のいずれか又はその両方において，断熱材が地盤面に対して垂直であり，かつ，熱貫流率が表に掲げる基準値以下となる仕様で基礎底盤上端から基礎天端まで連続して施工されたもの又はこれと同等以上の断熱性能を確保できるものとしなければならない。ただし，玄関・勝手口及びこれに類する部分における土間床部分については，この限りではない。

別表3

住宅の種類	断熱材の施工法	部　位		断熱材の熱抵抗の基準値（単位　１ワットにつき平方メートル・度）					
				地域区分					
				1及び2	3	4	5及び6	7	8
鉄筋コンクリート造等の住宅	内断熱工法	屋根又は天井		3.6	2.7	2.5	2.5	2.5	1.6
		壁		2.3	1.8	1.1	1.1	1.1	
		床	外気に接する部分	3.2	2.6	2.1	2.1	2.1	
			その他の部分	2.2	1.8	1.5	1.5	1.5	
		土間床等の外周部分の基礎	外気に接する部分	1.7	1.4	0.8	0.8	0.8	
			その他の部分	0.5	0.4	0.2	0.2	0.2	
	外断熱工法	屋根又は天井		3.0	2.2	2.0	2.0	2.0	1.4
		壁		1.8	1.5	0.9	0.9	0.9	

資 料 編

		床	外気に接する部分	3.2	2.6	2.1	2.1	2.1		
			その他の部分	2.2	1.8	1.5	1.5	1.5		
		土間床等の外周部分の基礎	外気に接する部分	1.7	1.4	0.8	0.8	0.8		
			その他の部分	0.5	0.4	0.2	0.2	0.2		
木造の住宅	充填断熱工法	屋根又は天井	屋根	6.6	4.6	4.6	4.6	4.6	4.6	
			天井	5.7	4.0	4.0	4.0	4.0	4.0	
		壁		3.3	2.2	2.2	2.2	2.2		
		床	外気に接する部分	5.2	5.2	3.3	3.3	3.3		
			その他の部分	3.3	3.3	2.2	2.2	2.2		
		土間床等の外周部	外気に接する部分	3.5	3.5	1.7	1.7	1.7		
			その他の部分	1.2	1.2	0.5	0.5	0.5		
枠組壁工法の住宅	充填断熱工法	屋根又は天井	屋根	6.6	4.6	4.6	4.6	4.6	4.6	
			天井	5.7	4.0	4.0	4.0	4.0	4.0	
		壁		3.6	2.3	2.3	2.3	2.3		
		床	外気に接する部分	4.2	4.2	3.1	3.1	3.1		
			その他の部分	3.1	3.1	2.0	2.0	2.0		
		土間床等の外周部	外気に接する部分	3.5	3.5	1.7	1.7	1.7		
			その他の部分	1.2	1.2	0.5	0.5	0.5		
木造, 枠組壁工法又は鉄骨造の住宅	外張断熱工法又は内張断熱工法	屋根又は天井		5.7	4.0	4.0	4.0	4.0	4.0	
		壁		2.9	1.7	1.7	1.7	1.7		
		床	外気に接する部分	3.8	3.8	2.5	2.5	2.5		
			その他の部分							
		土間床等の外周部	外気に接する部分	3.5	3.5	1.7	1.7	1.7		
			その他の部分	1.2	1.2	0.5	0.5	0.5		

1　木造又は枠組壁工法の住宅において，「充填断熱工法」とは，屋根にあっては屋根組材の間，天井にあっては天井面，壁にあっては柱，間柱，たて枠の間及び外壁と内壁との間，床にあっては床組材の間に断熱施工する方法をいう。以下同じ。

2　木造，枠組壁工法又は鉄骨造の住宅において，「外張断熱工法」とは，屋根及び天井にあっては屋根たる木，小屋梁及び軒桁の外側，壁にあっては柱，間柱及びたて枠の外側，外気に接する床にあっては床組材の外側に断熱施工する方法をいう。以下同じ。

3　木造，枠組壁工法又は鉄骨造の住宅において，「内張断熱工法」とは，壁において柱及び間柱の内側に断熱施工する方法をいう。

4　一の住宅において複数の住宅の種類又は断熱材の施工法を採用している場合にあっては，それぞれの住宅の種類又は断熱材の施工法に応じた各部位の断熱材の熱抵抗の基準値を適用するものとする。

5　鉄筋コンクリート造等の住宅における一の部位において内断熱工法と外断熱工法を併用している場合にあっては，外側の断熱材の熱抵抗と内側の断熱材の熱抵抗の合計値について，上表における「内断熱工法」の基準値により判定できるも

のとする。

6 木造，枠組壁工法の住宅における一の部位において充填断熱工法と外張断熱工法を併用している場合にあっては，外張部分の断熱材の熱抵抗と充填部分の断熱材の熱抵抗の合計値について，上表における「充填断熱工法」の基準値により判定できるものとする。

7 土間床等の外周部分の基礎にあっては，基礎の外側若しくは内側のいずれか又はその両方において，断熱材が地盤面に対して垂直であり，かつ，基礎底盤上端から基礎天端まで連続して施工されたもの又はこれと同等以上の断熱性能を確保できるものとしなければならない。ただし，玄関・勝手口及びこれに類する部分における土間床部分については，この限りではない

別表4

地域区分	外装材の熱抵抗	一般部の断熱層を貫通する金属部材の有無	断熱材の熱抵抗の基準値 (単位 1ワットにつき平方メートル・度)		
			断熱材を施工する箇所の区分		
			鉄骨柱，鉄骨梁部分	一般部	一般部において断熱層を貫通する金属部材
1及び2	0.56以上	無し	1.91	2.12	
		有り	1.91	3.57	0.72
	0.15以上0.56未満	無し	1.91	2.43	
		有り	1.91	3.57	1.08
	0.15未満	無し	1.91	3.00	
		有り	1.91	3.57	1.43
3	0.56以上	無し	0.63	1.08	
		有り	0.63	2.22	0.33
	0.15以上0.56未満	無し	0.85	1.47	
		有り	0.85	2.22	0.50
	0.15未満	無し	1.27	1.72	
		有り	1.27	2.22	0.72
4，5，6，7及び8	0.56以上	無し	0.08	1.08	
		有り	0.08	2.22	0.33
	0.15以上0.56未満	無し	0.31	1.47	
		有り	0.31	2.22	0.50
	0.15未満	無し	0.63	1.72	
		有り	0.63	2.22	0.72

資 料 編　　　　　　　　　　　　　　943

資料5　住宅特定改修特別税額控除における高齢者等居住改修工事等の内容に応じて定める金額に関する告示

　租税特別措置法施行令（昭和32年政令第43号）第26条の28の5第3項の規定に基づき，国土交通大臣が財務大臣と協議して高齢者等居住改修工事等の内容に応じて定める金額を次のように定めたので，同条第4項の規定により，告示する。

　　　平成21年3月31日　　国土交通省告示第384号

　　　平成25年5月31日　　国土交通省告示第549号

　　　令和元年7月5日　　国土交通省告示第265号

　　　令和4年3月31日　　国土交通省告示第447号

　租税特別措置法施行令第26条の28の5第1項の規定に基づき，租税特別措置法（昭和32年法律第26号）第41条の19の3第1項に規定する高齢者等居住改修工事等の標準的な費用の額として国土交通大臣が財務大臣と協議して当該高齢者等居住改修工事等の内容に応じて定める金額は，次の表の上欄に掲げる高齢者等居住改修工事等の内容の区分に応じ，それぞれ同表の中欄に定める額に，下欄の数値を乗じて得た金額（当該上欄に掲げる高齢者等居住改修工事等をした家屋の当該高齢者等居住改修工事等に係る部分のうちにその者の居住の用以外の用に供する部分がある場合には，当該金額に，当該高齢者等居住改修工事等に要した費用の額のうちに当該居住の用に供する部分に係る当該高齢者等居住改修工事等に要した費用の額の占める割合を乗じて計算した金額）とする。

(参考)

〔令和2年1月1日以後に居住の用に供した場合の金額〕

平成19年国土交通省告示第407号（以下単に「告示」という。）1に掲げる工事のうち，通路の幅を拡張するもの	166,100円	当該工事の施工面積（単位　平方メートル）

告示1に掲げる工事のうち，出入口の幅を拡張するもの	189,200円	当該工事の箇所数
告示2に掲げる工事	585,000円	当該工事の箇所数
告示3イに掲げる工事	471,700円	当該工事の施工面積 （単位　平方メートル）
告示3ロに掲げる工事	529,100円	当該工事の箇所数
告示3ハに掲げる工事	27,700円	当該工事の箇所数
告示3ニに掲げる工事	56,900円	当該工事の箇所数
告示4イに掲げる工事	260,600円	当該工事の施工面積 （単位　平方メートル）
告示4ロに掲げる工事	359,700円	当該工事の箇所数
告示4ハに掲げる工事	298,900円	当該工事の箇所数
告示5に掲げる工事のうち，長さが150センチメートル以上の手すりを取り付けるもの	19,600円	当該手すりの長さ （単位　メートル）
告示5に掲げる工事のうち，長さが150センチメートル未満の手すりを取り付けるもの	32,800円	当該工事の箇所数
告示6に掲げる工事のうち，玄関，勝手口その他屋外に面する開口の出入口及び上がりかまちの段（差を解消するもの並びに段差を小さくするもの以下「玄関等段差解消等工事」という。）	43,900円	当該工事の箇所数
告示6に掲げる工事のうち，浴室の出入口の段差を解消するもの及び段差を小さくするもの（以下「浴室段差解消等工事」という。）	96,000円	当該工事の施工面積 （単位　平方メートル）
告示6に掲げる工事のうち，玄関等段差解消等工事及び浴室段差解消等工事以外のもの	35,100円	当該工事の施工面積 （単位　平方メートル）
告示7イに掲げる工事	149,700円	当該工事の箇所数
告示7ロに掲げる工事	13,800円	当該工事の箇所数
告示7ハに掲げる工事のうち，戸に開閉のための動力装置を設置するもの（以下「動力設置工事」という。）	447,500円	当該工事の箇所数
告示7ハに掲げる工事のうち，戸を吊戸方式に変更するもの（以下「吊戸工事」という。）	134,600円	当該工事の箇所数
告示7ハに掲げる工事のうち，戸に戸車を設置する工事その他の動力設置工事及び吊戸工事以外のもの	26,400円	当該工事の箇所数
告示8に掲げる工事	19,800円	当該工事の施工面積 （単位　平方メートル）

資　料　編　　　　　　　　　　　945

資料6　エネルギーの使用の合理化に資する改修工事の標準的な費用の額に関する告示

　租税特別措置法施行令（昭和32年政令第43号）第26条の28の5第7項の規定に基づき，国土交通大臣又は経済産業大臣が財務大臣とそれぞれ協議して定める金額を次のように定めたので，同条第8項の規定により，告示する。

　　　平成21年3月31日　　経済産業省・国土交通省告示第4号
　　　平成25年5月31日　　経済産業省・国土交通省告示第4号
　　　平成28年3月31日　　経済産業省・国土交通省告示第3号
　　　平成29年3月31日　　経済産業省・国土交通省告示第5号
　　　令和元年7月5日　　経済産業省・国土交通省告示第2号
　　　令和4年3月31日　　経済産業省・国土交通省告示第1号

1　租税特別措置法施行令第26条の28の5第4項の規定に基づき，租税特別措置法（昭和32年法律第26号）第41条の19の3第2項に規定する一般断熱改修工事等の標準的な費用の額のうち，同条第10項第1号に規定するエネルギーの使用の合理化に資する改修工事の標準的な費用の額として国土交通大臣が財務大臣と協議して定める金額は，次の表の上欄に掲げる工事の種別及び地域区分（建築物エネルギー消費性能基準等を定める省令における算出方法等に係る事項（平成28年国土交通省告示第265号）別表第10に掲げる地域の区分をいう。）に応じそれぞれ同表の中欄に定める額に，一般断熱改修工事等を行った家屋の床面積の合計及び同表の下欄に定める割合を乗じて得た金額（一般断熱改修工事等を行った家屋の当該一般断熱改修工事等に係る部分のうちにその者の居住の用以外の用に供する部分がある場合には，当該金額に，当該一般断熱改修工事等に要した費用の額のうちに当該居住の用に供する部分に係る当該一般断熱改修工事等に要した費用の額の占める割合を乗じて計算した金額（当該一般断熱改修工事等を行った家屋が一棟の家屋でその構造上区分された数個の部分を独立して住居その他の用途に供することができる

ものであって，その家屋の個人がその各部分を区分所有する場合には，当該金額に，当該一般断熱改修工事等に要した費用のうちにその者が負担する費用の割合を乗じて計算した金額））とする。

工事の種別及び地域区分	単位当たりの金額	割合
平成21年国土交通省告示第379号（この号において単に「告示」という。）第1項第1号アに規定する窓の断熱性を高める工事及び同号イに規定する窓の日射遮蔽性を高める工事のうち，ガラスの交換（1から8地域まで）	床面積1平方メートルにつき6,300円	外気に接する窓（既存の窓の室内側に設置する既存の窓と一体となった窓を含む。この欄において同じ。）のうち上欄に掲げる工事を行ったものの面積の合計を，外気に接する全ての窓の面積の合計で除した割合
告示第1項第1号アに規定する窓の断熱性を高める工事のうち，内窓の新設又は交換（1，2及び3地域）	床面積1平方メートルにつき11,300円	
告示第1項第1号アに規定する窓の断熱性を高める工事のうち，内窓の新設（4，5，6及び7地域）	床面積1平方メートルにつき8,100円	
告示第1項第1号アに規定する窓の断熱性を高める工事のうち，サッシ及びガラスの交換（1，2，3及び4地域）	床面積1平方メートルにつき19,000百円	
告示第1項第1号アに規定する窓の断熱性を高める工事のうち，サッシ及びガラスの交換（5，6及び7地域）	床面積1平方メートルにつき15,000円	
告示第1項第1号ウに規定する天井等の断熱性を高める工事（1から8地域まで）	床面積1平方メートルにつき2,700円	1
告示第1項第1号エに規定する壁の断熱性を高める工事（1から8地域まで）	床面積1平方メートルにつき19,400円	1
告示第1項第1号オに規定する床等の断熱性を高める工事（1，2及び3地域）	床面積1平方メートルにつき5,800円	1
告示第1項第1号オに規定する床等の断熱性を高める工事（4，5，6及び7地域）	床面積1平方メートルにつき4,600円	1

資　料　編　　　　　　　　947

2　租税特別措置法施行令第26条の28の５第４項の規定に基づき，租税特別措置法第41条の19の３第２項に規定する一般断熱改修工事等の標準的な費用の額のうち，同条第10項第２号に規定する工事（以下「エネルギー使用合理化設備設置工事」という。）の標準的な費用の額として国土交通大臣及び経済産業大臣が財務大臣と協議して定める金額は，次の表の上欄に掲げる工事の種類に応じそれぞれ同表の下欄に定める額に，エネルギー使用合理化設備設置工事の箇所数（平成25年経済産業省・国土交通省告示第５号（この号において単に「告示」という。）第１項第１号に規定する太陽熱利用冷温熱装置については集熱器の面積の合計）を乗じて得た金額（エネルギー使用合理化設備設置工事を行った家屋の当該エネルギー使用合理化設備設置工事に係る部分のうちにその者の居住の用以外の用に供する部分がある場合には，当該金額に，当該エネルギー使用合理化設備設置工事に要した費用の額のうちに当該居住の用に供する部分の当該エネルギー使用合理化設備設置工事に要した費用の額が占める割合を乗じて計算した金額（当該エネルギー使用合理化設備設置工事を行った家屋が一棟の家屋でその構造上区分された数個の部分を独立して住居その他の用途に供することができるものであって，その家屋の個人がその各部分を区分所有する場合には，当該金額に，当該エネルギー使用合理化設備設置工事に要した費用のうちにその者が負担する費用の割合を乗じて計算した金額））とする。

工事の種類	単位当たりの金額
告示第1項第1号に規定する太陽熱利用冷温熱装置の設置工事	集熱器一平方メートルにつき151,600円
告示第1項第2号に規定する太陽熱利用冷温熱装置の設置工事	一件につき365,400円
告示第2項に規定する潜熱回収型給湯器の設置工事	一件につき75,200円
告示第3項に規定するヒートポンプ式電気給湯器の設置工事	一件につき412,200円
告示第4項に規定する燃料電池コージェネレーションシステムの設置工事	一件につき1,057,200円
告示第5項に規定するガスエンジン給湯器の設置工事	一件につき458,300円
告示第6項に規定するエアコンディショナーの設置工事	一件につき88,600円

3　租税特別措置法施行令第26条の28の5第4項の規定に基づき，租税特別措置法第41条の19の3第2項に規定する一般断熱改修工事等の標準的な費用の額のうち，同条第10項第3号に規定する工事（以下「太陽光発電設備設置工事」という。）の標準的な費用の額として経済産業大臣が財務大臣と協議して定める金額は，425,500円（次の表の上欄に掲げる種類の工事を併せて行う場合には，同表の下欄に定める費用を加算した額）に当該太陽光発電設備設置工事で設置する太陽電池モジュール（平成21年経済産業省告示第68号に規定する太陽電池モジュールをいう。）の出力を乗じて得た金額（幹線増強工事（単相二線式の引込線を単相三線式に増強し，併せて分電盤を交換する工事をいう。）を併せて行う場合には，当該金額に106,800円を加算した金額）とする（太陽光発電設置工事を行った家屋の当該太陽光発電設備設置工事に係る部分のうちにその者の居住の用以外の用に供する部分がある場合には，当該金額に，当該太陽光発電設備設置工事に要した費用の額のうちに当該居住の用に供する部分の当該太陽光発電設備設置工事に要した費用の額が占める割合を乗じて計算した金額（当該太陽光発電設備設置工事を行った家屋が一棟の家屋でその構造上区分された数個の部分を独立して住居その他の用途に供することができるものであって，その家屋の個人がその各部分を区分所

資　料　編　　　949

有する場合には，当該金額に，当該太陽光発電設備設置工事に要した費用の
うちにその者が負担する費用の割合を乗じて計算した金額）とする。）。

工事の種類	費用
安全対策工事（急勾配の屋根面又は3階建以上の家屋の屋根面に太陽光発電設備設置工事をする場合に，当該太陽光発電設備設置工事に従事する者並びに当該太陽光発電設備設置工事で設置する設備及び工具の落下を防止するために必要となる足場を組み立てる工事をいう。）	37,600円
陸屋根防水基礎工事（陸屋根の家屋の屋根面に太陽光発電設備設置工事をする場合に，当該陸屋根に架台の基礎を設置する部分を掘削して行う基礎工事及び防水工事をいう。）	44,000円
積雪対策工事（太陽光発電設備設置工事で設置する設備が積雪荷重に対して構造耐力上安全であるように太陽電池モジュール及び架台を補強する工事をいう。）	27,800円
塩害対策工事（太陽光発電設備設置工事で設置する設備に対する塩害を防止するために必要となる防錆工事をいう。）	9,000円

資料7　一般断熱改修工事等が行われた家屋と一体となって効用を果たす太陽光の利用に資する設備に関する告示

　租税特別措置法施行令（昭和32年政令第43号）第26条の28の5第19項の規定に基づく，租税特別措置法（昭和32年法律第26号）第41条の19の3第4項第1号に掲げる工事が行われた家屋と一体となって効用を果たす太陽光の利用に資する設備として経済産業大臣が財務大臣と協議して指定する設備。

　　平成21年3月31日　　経済産業省告示第68号
　　平成25年5月31日　　経済産業省告示第148号
　　平成28年3月31日　　経済産業省告示第104号
　　平成29年3月31日　　経済産業省告示第91号
　　令和4年3月31日　　経済産業省告示第87号

　租税特別措置法施行令（昭和32年政令第43号）第26条の28の5第11項の規定に基づき，租税特別措置法（昭和32年法律第26号）第41条の19の3第4項第1号に掲げる工事が行われた家屋と一体となって効用を果たす太陽光の利用に資する設備として経済産業大臣が財務大臣と協議して指定する設備を次のように定めたので告示する。

　租税特別措置法施行令第26条の28の5第20項の規定に基づき，租税特別措置法第41条の19の3第10項第1号に掲げる工事が行われた家屋と一体となって効用を果たす太陽光を電気に変換する設備として経済産業大臣が財務大臣と協議して指定する設備は，太陽光発電設備（太陽光エネルギーを直接電気に変換するもの（次の各号のいずれにも該当するものに限る。以下「太陽電池モジュール」という。）で，これと同時に設置する専用の架台，制御装置，直交変換装置，系統連系用保護装置，接続箱，直流側開閉器，交流側開閉器又は余剰電力販売用電力量計を含む。）とする。

一　当該太陽電池モジュールの公称最大出力の合計値が10キロワット未満であるもの

資　料　編　　　　951

二　当該太陽電池モジュールの変換効率（太陽光エネルギーを電気に変換する
　割合をいう。）が，次の表の上欄に掲げる太陽電池モジュールの種類ごとに，
　それぞれ当該下欄に定める値以上であるもの

太陽電池モジュールの種類	変換効率の値
シリコン結晶系	13.5パーセント
シリコン薄膜系	7.0パーセント
化合物系	8.0パーセント

三　当該太陽電池モジュールの性能及び安全性についての認証を財団法人電気
　安全環境研究所（昭和38年2月22日に財団法人日本電気協会電気用品試験所
　という名称で設立された法人をいう。）から受けているもの又は当該認証を
　受けた太陽電池モジュールと同等以上の性能及び安全性を有するもの
四　当該太陽電池モジュールの公称最大出力の80パーセント以上の出力が製造
　事業者（太陽電池モジュールを製造する事業者をいう。以下この号において
　同じ。）によって出荷後10年以上の期間にわたって保証されているもの及び
　当該太陽電池モジュールの保守点検の業務を製造事業者又は販売事業者（太
　陽電池モジュールを販売する事業者をいう。）が実施する体制を整備してい
　るもの

資料 8　一般断熱改修工事が行われる構造又は設備と一体と　なって効用を果たすエネルギーの使用の合理化に著し　く資する設備に関する告示

　租税特別措置法施行令（昭和32年政令第43号）第26条の28の5第10項の規定に基づき，租税特別措置法（昭和32年法律第26号）第41条の19の3第8項第1号に掲げる工事が行われる構造又は設備と一体となって効用を果たすエネルギーの使用の合理化に著しく資する設備として国土交通大臣及び経済産業大臣が財務大臣と協議して指定する設備を次のように定めたので告示する。

　　　平成25年5月31日　　経済産業省・国土交通省告示第5号
　　　平成28年3月31日　　経済産業省・国土交通省告示第2号
　　　平成29年3月31日　　経済産業省・国土交通省告示第4号
　　　令和元年6月28日　　経済産業省・国土交通省告示第1号
　　　令和2年4月1日　　経済産業省・国土交通省告示第3号
　　　令和4年3月31日　　経済産業省・国土交通省告示第2号

　租税特別措置法施行令第26条の28の5第18項の規定に基づき，租税特別措置法第41条の19の3第10項第1号に掲げる工事が行われる構造又は設備と一体となって効用を果たすエネルギーの使用の合理化に著しく資する設備として国土交通大臣及び経済産業大臣が財務大臣と協議して指定する設備は，次のとおりとする。

1　次に掲げる太陽熱利用冷温熱装置
　一　冷暖房等及び給湯の用に供するもののうち，産業標準化法（昭和24年法律第185号）に基づく日本産業規格（以下「日本産業規格」という。）A4112に適合するもの（蓄熱槽を有する場合にあっては，日本産業規格A4113に適合する太陽蓄熱槽を有するものに限る。）
　二　給湯の用に供するもののうち，日本産業規格A4111に適合するもの
2　潜熱回収型給湯器（ガス又は灯油の消費量が70キロワット以下のものであり，かつ，日本産業規格S2109又はS3031に定める試験方法により測定した

資 料 編 953

場合における熱効率が90パーセント以上のものに限る。)

3　ヒートポンプ式電気給湯器（定格加熱能力を定格消費電力で除して算出した数値の平均値が3.5以上のものに限る。)

4　燃料電池コージェネレーションシステム（発電及び給湯の用に供するものであって，固体高分子形の燃料電池を用いたもののうち日本産業規格C 62282-3-201に定める試験方法により測定した場合における，定格出力が0.5キロワット以上1.5キロワット以下，廃熱回収流体の発電ユニット出口温度が50度以上，発電効率が35パーセント以上及び総合効率が85パーセント以上のもの又は固体酸化物形の燃料電池を用いたもののうち日本産業規格C 62282-3-201に定める試験方法により測定した場合における，定格出力が0.5キロワット以上1.5キロワット以下，廃熱回収流体の発電ユニット出口温度が60度以上，発電効率が40パーセント以上及び総合効率が85パーセント以上のものに限る。)

5　ガスエンジン給湯器（ガスエンジンユニットが小出力発電設備であって，日本産業規格B 8122に定める試験方法により測定した場合における総合効率が85パーセント以上のものであり，かつ，貯湯容量が90リットル以上の貯湯槽を有するものに限る。)

6　エアコンディショナー（エネルギーの使用の合理化に関する法律施行令（昭和54年政令第267号）第18条第2号に掲げるエアコンディショナーのうち，日本産業規格C 9901に定める省エネルギー基準達成率が114パーセント以上のものに限る。)

954 第 3 部

資料9　多世帯同居改修工事等の内容に応じて定める金額に関する告示

　租税特別措置法施行令（昭和32年政令第43号）第26条の28の5第7項の規定に基づき，国土交通大臣が財務大臣と協議して多世帯同居改修工事等の内容に応じて定める金額を次のように定めたので，同条第8項の規定により，告示する。

　　平成28年3月31日　　国土交通省告示第586号
　　令和元年7月5日　　　国土交通省告示第267号
　　令和4年3月31日　　国土交通省告示第452号

　租税特別措置法施行令第26条の28の5第7項の規定に基づき，租税特別措置法（昭和32年法律第26号）第41条の19の3第3項に規定する多世帯同居改修工事等の標準的な費用の額として国土交通大臣が財務大臣と協議して当該多世帯同居改修工事等の内容に応じて定める金額は，次の表の上欄に掲げる多世帯同居改修工事等の内容の区分に応じそれぞれ同表の下欄に定める額に，当該工事の箇所数を乗じて得た金額（当該上欄に掲げる多世帯同居改修工事等をした家屋の当該多世帯同居改修工事等に係る部分のうちにその者の居住の用以外の用に供する部分がある場合には，当該金額に，当該多世帯同居改修工事等に要した費用の額のうちに当該居住の用に供する部分に係る当該多世帯同居改修工事等に要した費用の額の占める割合を乗じて計算した金額）とする。

平成28年国土交通省告示第585号（以下単に「告示」という。）第1号に掲げる工事（同号に規定するミニキッチンを設置するものを除く。）	1,622,000円
告示第1号に掲げる工事のうち，同号に規定するミニキッチンを設置するもの	476,100円
告示第2号に掲げる工事のうち，浴槽及び給湯設備を設置するもの	1,373,800円
告示第2号に掲げる工事のうち，浴槽を設置するもの（浴槽及び給湯設備を設置するものを除く。）	855,400円

資料編　　　　　　　　　　955

告示第2号に掲げる工事のうち，シャワーを設置するもの（浴槽を設置するものを除く。）	584,100円
告示第3号に掲げる工事	526,200円
告示第4号に掲げる工事のうち，地上階に玄関を増設するもの	658,700円
告示第4号に掲げる工事のうち，地上階以外の階に玄関を増設するもの	1,254,100円

資料10 「認定住宅等新築等特別税額控除額の計算明細書（令和４年分以降用）」

認定住宅等新築等特別税額控除額の計算明細書
（令和４年分以降用）

（　　年分）　　　　　　　　　　　　　　　　　　氏　名＿＿＿＿＿＿＿＿

○ この明細書は、申告書と一緒に提出してください。

この明細書は、認定住宅等の新築又は建築後使用されたことのない認定住宅等の取得をして居住の用に供した方が、認定住宅等新築等特別税額控除を受ける場合に、認定住宅等新築等特別税額控除額を計算するために使用します。

詳しくは、「**認定住宅等新築等特別税額控除を受けられる方へ**」を読んでください。

1 共有者の氏名（共有の場合のみ書いてください。）

フリガナ		フリガナ	
氏　名		氏　名	

2 認定住宅等に係る事項

※ 前年分においてこの控除を受けた場合で前年から繰り越された控除未済税額控除額のみについてこの控除を受けるときは、①欄のみ記入します。

居住開始年月日	①	年　月　日
総床面積	②	㎡
②のうち居住用部分の床面積	③	
床面積1㎡当たりの標準的なかかり増し費用の額	④	45,300 円
あなたの共有持分 ※ 共有の場合のみ書いてください。	⑤	／

②：「**登記事項証明書**」の床面積（区分所有建物の場合は、区分所有する部分の床面積）を書きます。

不動産番号	

家屋の「**登記事項証明書**」の不動産番号を転記してください。

3 税額控除限度額の計算等

※ 前年分においてこの控除を受けた場合で前年から繰り越された控除未済税額控除額のみについてこの控除を受けるときは、⑬欄のみ記入します。

標準的なかかり増し費用の額（④×②）	⑥	円
あなたの持分に相当する費用の額 ⑥又は（⑥×⑤）	⑦	
居住用割合（③÷②） ※ 小数点以下第1位まで書きます。	⑧	%
居住用部分に相当する費用の額（⑦×⑧）	⑨	円
認定住宅等限度額	⑩	650万円
⑨と⑩のいずれか少ない方の金額	⑪	円
税額控除限度額（⑪×10%）	⑫	（100円未満の端数切捨て）
前年から繰り越された控除未済税額控除額（前年分の計算明細書の㉓の金額）	⑬	

⑧欄の割合が90%以上である場合は、100.0%と書きます。

4 本年分で差し引く認定住宅等新築等特別税額控除額の計算等

課税総所得金額に対する税額	⑭	円
配当控除	⑮	
投資税額等控除	⑯	
(特定増改築等) 住宅借入金等特別控除	⑰	
政党等寄附金等特別控除	⑱	
住宅耐震改修特別控除	⑲	
住宅特定改修特別税額控除	⑳	
(⑭−⑮−⑯−⑰−⑱−⑲−⑳)	㉑	（赤字のときは0）
認定住宅等新築等特別税額控除額（⑫と㉑のいずれか少ない方の金額又は⑬と㉑のいずれか少ない方の金額）	㉒	
翌年に繰り越す控除未済税額控除額（⑫−㉒） ※ 前年に居住の用に供した住宅の場合は「0」となります。	㉓	

⑭：**申告書第一表**の「**税金の計算**」欄の㉛の金額を書きます。

㉒：**申告書第一表**の「**税金の計算**」欄の住宅耐震改修特別控除等の「**区分**」欄に「3」を書き、控除額を転記してください。住宅耐震改修特別控除額又は住宅特定改修特別税額控除額がある方は、「**区分**」欄に「4」を書き、合計額を書きます。

資　料　編　　　　　　　　　　　　　　　　　　957

資料11　認定住宅の構造の区分に応じて定める金額に関する告示

　租税特別措置法施行令（昭和32年政令第43号）第26条の28の 6 第 1 項の規定に基づき，国土交通大臣が財務大臣と協議して認定住宅の構造の区分に応じて定める金額を次のように定めたので，同条第 3 項の規定により，告示する。

　　　平成21年 3 月31日　　国土交通省告示第385号
　　　平成25年 5 月31日　　国土交通省告示第550号
　　　平成28年 3 月31日　　国土交通省告示第592号
　　　令和元年 7 月 5 日　　国土交通省告示第266号
　　　令和 4 年 3 月31日　　国土交通省告示第448号

　租税特別措置法施行令第26条の28の 6 第 1 項の規定に基づき，租税特別措置法（昭和32年法律第26号）第41条の19の 4 第 1 項に規定する認定住宅等（以下「認定住宅等」という。）について講じられた構造及び設備に係る標準的な費用の額として国土交通大臣が財務大臣と協議して定める金額は，床面積一平方メートルにつき45,300円に当該認定住宅等の床面積（当該認定住宅等が一棟の家屋でその構造上区分された数個の部分を独立して住居その他の用途に供することができるものであって，その者がその各部分を区分所有する場合には，その者の区分所有する部分の床面積とする。以下同じ。）を乗じて得た金額（同条第 1 項又は第 2 項の個人が新築をし，又は取得をした認定住宅等のうちにその者の居住の用以外の用に供する部分がある場合には，当該金額に，当該認定住宅等の床面積のうちに当該居住の用に供する部分の床面積の占める割合を乗じて計算した金額）とする。

958   第　3　部

資料12　長期優良住宅建築等計画に係る認定通知書等

第二号様式（第六条関係）（日本産業規格Ａ列４番）

認　定　通　知　書
（新　築　／　増　築・改　築　／　既　存）

認　定　番　号　第　　　　　　号
認　定　年　月　日　　　　年　　月　　日

（※）⎰確　認　番　号　第　　　　　号
　　　⎱確　認　年　月　日　　　年　　月　　日
　　　　建築主事の氏名

　　　　　　　　殿

　　　　　　　所　管　行　政　庁　　　　　　　印

　　長期優良住宅の普及の促進に関する法律第５条第　　項の規定に基づき申請のあった長期優良住宅建築等計画等について、同法第６条第１項の規定に基づき認定しましたので、同法第７条の規定に基づき通知します。

1．申請年月日

2．申請者の住所

3．認定に係る住宅の位置

4．認定に係る住宅の構造

5．共同住宅等に係る申請にあっては、認定対象住戸番号

6．法第５条第１項から第５項までの規定による認定の申請にあっては、工事種別

7．法第５条第６項又は第７項の規定による認定の申請にあっては、新築又は増築・改築の時期

8．住宅の品質確保の促進等に関する法律（平成11年法律第81号）第６条の２第５項の確認書若しくは住宅性能評価書又はこれらの写しを添えて申請を行った場合においては、同条第１項の規定による求めを行った年月日

（※）は法第６条第４項において準用する建築基準法（昭和２５年法律第２０１号）第１８条第３項の規定により所管行政庁が確認済証の交付を受けた場合に記入されます。

資　料　編

第四号様式（第九条関係）（日本産業規格A列4番）

変　更　認　定　通　知　書
（新　築　／　増　築・改　築　／　既　存）

認　定　番　号　　第　　　　　　　　　　号
認　定　年　月　日　　　　　　年　　月　　日

（※）　〔確　認　番　号　　第　　　　　　　　号
　　　　　確　認　年　月　日　　　　年　　月　　日〕
　　　　　建　築　主　事　の　氏　名

　　　　　殿

　　　　　　　　　　　　所　管　行　政　庁　　　　　　　印

　長期優良住宅の普及の促進に関する法律第8条第1項の規定に基づき申請のあった長期優良住宅建築等計画等の変更について、同条第2項において準用する同法第6条第1項の規定に基づき認定しましたので、同法第8条第2項において準用する同法第7条の規定に基づき通知します。

1．申請年月日

2．申請者の住所

3．当該変更認定を受ける前の長期優良住宅建築等計画等の認定番号

4．認定に係る住宅の位置

5．認定に係る住宅が共同住宅等である場合は、区分所有住宅の該当の有無

6．認定に係る住宅の構造

7．法第5条第1項から第5項までの規定による認定の申請により当初認定を受けた場合は、当初認定時の工事種別

8．法第5条第6項又は第7項の規定による認定の申請により当初認定を受けた場合は、新築又は当初認定を受ける前にした増築・改築の時期

（※）は法第6条第4項において準用する建築基準法（昭和25年法律第201号）第18条第3項の規定により所管行政庁が確認済証の交付を受けた場合に記入されます。

960 第 3 部

第七号様式（第十四条関係）（日本産業規格Ａ列４番）

承 認 申 請 書
（新 築 ／ 増 築・改 築 ／ 既 存）

年　　月　　日

所管行政庁　　　殿

申請者の住所又は
主たる事務所の所在地
申請者の氏名又は名称
代 表 者 の 氏 名

　長期優良住宅の普及の促進に関する法律第１０条の規定に基づき、認定計画実施者の地位の承継について承認を申請します。この申請書及び添付書類に記載の事項は、事実に相違ありません。

1．長期優良住宅建築等計画等の認定番号
　　　　　第　　　　　　　　号

2．長期優良住宅建築等計画等の認定年月日
　　　　　　　　年　　　　月　　　　日

3．認定に係る住宅の位置

4．当初認定時の工事種別

5．申請時における認定計画実施者の氏名

6．地位の承継が生じた原因

（本欄には記入しないでください。）

受 付 欄		認 定 番 号 欄		決 裁 欄
年　　月　　日		年　　月　　日		
第　　　　　号		第　　　　　号		
係員氏名		係員氏名		

（注意）
1．この様式において、「既存」とは、本申請が、法第５条第６項又は第７項の規定による認定の申請に係るものであることを指します。
2．申請者が法人である場合には、代表者の氏名を併せて記載してください。
3．４欄は、法第５条第１項から第５項までの規定による認定の申請により当初認定を受けた場合に記載してください。また、住宅の質の向上及び円滑な取引環境の整備のための長期優良住宅の普及の促進に関する法律等の一部を改正する法律（令和３年法律第48号）による改正前の法第５条第１項から第３項までの規定による認定の申請により当初認定を受けた場合も記載してください。

資　料　編　　　　　961

第 3 部

資料編

資料
13

資料13　認定長期優良住宅建築証明書に関する告示

　租税特別措置法施行規則（昭和32年大蔵省令第15号）第18条の21第12項第 2
号の規定に基づき，国土交通大臣が財務大臣と協議して定める書類を次のよう
に定めたので告示する。

　　平成21年 7 月31日　　国土交通省告示第833号
　　平成31年 3 月29日　　国土交通省告示第474号
　　令和元年 6 月28日　　国土交通省告示第228号
　　令和 3 年 3 月31日　　国土交通省告示第331号
　　令和 4 年 3 月31日　　国土交通省告示第449号

　租税特別措置法施行規則第18条の21第13項第 2 号及び新型コロナウイルス感
染症等の影響に対応するための国税関係法律の臨時特例に関する法律施行規則
（令和 2 年財務省令第44号）第 4 条の 2 第 2 項第 2 号に規定する国土交通大臣
が財務大臣と協議して定める書類は，租税特別措置法（昭和32年法律第26号）
第41条第10項（同条19項の規定によりみなして適用する場合を含む。）若しく
は第41条の19の 4 第 1 項若しくは第 2 項の規定の適用を受けようとする者が新
築し，若しくは取得した家屋又は新型コロナウイルス感染症等の影響に対応す
るための国税関係法律の臨時特例に関する法律（令和 2 年法律第25号）第 6 条
の 2 第 5 項の規定の適用を受けようとする者が新築した家屋若しくは取得した
建築後使用されたことのない家屋が長期優良住宅の普及の促進に関する法律
（平成20年法律第87号）第 9 条第 1 項に規定する認定長期優良住宅建築等計画
に基づき建築された家屋である旨を，建築士（建築士法（昭和25年法律第202
号）第23条の 3 第 1 項の規定により登録された建築士事務所に属する建築士に
限るものとし，当該家屋が同法第 3 条第 1 項各号に掲げる建築物であるときは
一級建築士に，同法第 3 条の 2 第 1 項各号に掲げる建築物であるときは一級建
築士又は二級建築士に限るものとする。），建築基準法（昭和25年法律第201号）

第77条の21第1項に規定する指定確認検査機関又は住宅の品質確保の促進等に関する法律（平成11年法律第81号）第5条第1項に規定する登録住宅性能評価機関が別表の書式により証する書類とする。

資 料 編

別表

認定長期優良住宅建築証明書

証明申請者	住 所	
	氏 名	
家屋番号及び所在地		
建 築 工 事 終 了 日	年　　月　　日	
家 屋 調 査 日	年　　月　　日	
長期優良住宅建築等 計 画 の 認 定 主 体		
長期優良住宅建築等 計 画 の 認 定 番 号	第　　　　　号	
長期優良住宅建築等 計 画 の 認 定 年 月 日	年　　月　　日	

　工事が完了した建築物に係る上記の家屋について上記の認定長期優良住宅建築等計画に基づき建築された家屋であることを証明します。

年　　月　　日

証明を行った建築士、指定確認検査機関又は登録住宅性能評価機関	氏名又は名称			印
	一級建築士、二級建築士又は木造建築士の別		登 録 番 号	
			登録を受けた都道府県名 （二級建築士又は木造建築士の場合）	
	指定確認検査機関又は登録住宅性能評価機関の場合	住　　　所		
		指定・登録年月日及び指定・登録番号		
		指定をした者(指定確認検査機関の場合)		
建築士が証明を行った場合の当該建築士の属する建築士事務所	名　　　称			
	所 在 地			
	一級建築士事務所、二級建築士事務所又は木造建築士事務所の別			
	登録年月日及び登録番号			

指定確認検査機関が証明を行った場合の調査を行った建築士又は建築基準適合判定資格者	氏　　　名					
	建築士の場合	一級建築士、二級建築士又は木造建築士の別		登　　録　　番　　号		
				登録を受けた都道府県名（二級建築士又は木造建築士の場合）		
	建築基準適合判定資格者の場合			登　　録　　番　　号		
				登録を受けた地方整備局等名		
登録住宅性能評価機関が証明を行った場合の調査を行った建築士又は建築基準適合判定資格者検定合格者	氏　　　名					
	建築士の場合	一級建築士、二級建築士又は木造建築士の別		登　　録　　番　　号		
				登録を受けた都道府県名（二級建築士又は木造建築士の場合）		
	建築基準適合判定資格者検定合格者の場合		合格通知日付又は合格証書日付			
			合格通知番号又は合格証書番号			

（用紙　日本産業規格　Ａ４）

資　料　編　　　　　　　　　965

備考

1　「証明申請者」の「住所」及び「氏名」の欄には、この証明書の交付を受けようとする者の
　　住所及び氏名をこの証明書を作成する日の現況により記載すること。

2　「家屋番号及び所在地」の欄には、当該家屋の登記簿に記載された家屋番号及び所在地を記
　　載すること。

3　「建築工事終了日」の欄には、当該家屋の建築工事が終了した年月日を記載すること。

4　「家屋調査日」の欄には、証明のための当該家屋の調査が終了した年月日を記載すること。

5　「長期優良住宅建築等計画の認定番号」の欄には、当該家屋に係る長期優良住宅の普及の促
　　進に関する法律施行規則（平成21年国土交通省令第3号）第2号様式（長期優良住宅の普及の
　　促進に関する法律第8条第1項の認定があった場合には、第4号様式。6において同じ。）に
　　記載された認定番号を記載すること。

6　「長期優良住宅建築等計画の認定年月日」の欄には、当該家屋に係る長期優良住宅の普及の
　　促進に関する法律施行規則第2号様式に記載された認定年月日を記載すること。

7　「証明を行った建築士、指定確認検査機関又は登録住宅性能評価機関」の欄には、当該家屋
　　が認定長期優良住宅建築等計画に基づき建築された家屋であることにつき証明を行った建築士
　　、指定確認検査機関又は登録住宅性能評価機関について、次により記載すること。

　(1)　「氏名又は名称」の欄には、建築士が証明した場合には建築士法第5条の2の規定により
　　　届出を行った氏名を、指定確認検査機関が証明した場合には建築基準法第77条の18第1項の
　　　規定により指定を受けた名称（指定を受けた後に同法第77条の21第2項の規定により変更の
　　　届出を行った場合は、当該変更の届出を行った名称）を、登録住宅性能評価機関が証明した
　　　場合には住宅の品質確保の促進等に関する法律第7条第1項の規定により登録を受けた名称
　　　（登録を受けた後に同法第10条第2項の規定により変更の届出を行った場合は、当該変更の
　　　届出を行った名称）を記載するものとする。

　(2)　「一級建築士、二級建築士又は木造建築士の別」の欄には、証明を行った建築士の免許の
　　　別に応じ、「一級建築士」、「二級建築士」又は「木造建築士」と記載するものとする。な
　　　お、一級建築士、二級建築士又は木造建築士が証明することのできる家屋は、それぞれ建築
　　　士法第3条から第3条の3までに規定する建築物に該当するものとする。

　(3)　「登録番号」の欄には、証明を行った建築士について建築士法第5条の2の規定による届
　　　出に係る登録番号を記載するものとする。

　(4)　「登録を受けた都道府県名（二級建築士又は木造建築士の場合）」の欄には、証明を行っ
　　　た建築士が二級建築士又は木造建築士である場合には、建築士法第5条第1項の規定により
　　　登録を受けた都道府県名を記載するものとする。

　(5)　「指定確認検査機関又は登録住宅性能評価機関の場合」の「住所」、「指定・登録年月日
　　　及び指定・登録番号」及び「指定をした者（指定確認検査機関の場合）」の欄には、指定確
　　　認検査機関が証明した場合には建築基準法第77条の18第1項の規定により指定を受けた
　　　住所（指定を受けた後に同法第77条の21第2項の規定により変更の届出を行った場合は
　　　、当該変更の届出を行った住所）、指定を受けた年月日、指定番号及び指定をした者を、登
　　　録住宅性能評価機関が証明した場合には住宅の品質確保の促進等に関する法律第7条第1項
　　　の規定により登録を受けた住所（登録を受けた後に同法第10条第2項の規定により変更の

届出を行った場合は、当該変更の届出を行った住所）、年月日及び登録番号を記載するものとする。

8　「建築士が証明を行った場合の当該建築士の属する建築士事務所」の「名称」、「所在地」、「一級建築士事務所、二級建築士事務所又は木造建築士事務所の別」及び「登録年月日及び登録番号」の欄には、建築士法第23条の3第1項に規定する登録簿に記載された建築士事務所の名称及び所在地、一級建築士事務所、二級建築士事務所又は木造建築士事務所の別並びに登録年月日及び登録番号を記載すること。

9　「指定確認検査機関が証明を行った場合の調査を行った建築士又は建築基準適合判定資格者」の欄には、当該家屋が認定長期優良住宅建築等計画に基づき建築された家屋であることにつき調査を行った建築士又は建築基準適合判定資格者について、次により記載すること。

(1)　「氏名」の欄には、建築士である場合には建築士法第5条の2の規定により届出を行った氏名を、建築基準適合判定資格者である場合には建築基準法第77条の58又は第77条の60の規定により登録を受けた氏名を記載するものとする。

(2)　「建築士の場合」の「一級建築士、二級建築士又は木造建築士の別」の欄には、調査を行った建築士の免許の別に応じ、「一級建築士」、「二級建築士」又は「木造建築士」と記載するものとする。なお、一級建築士、二級建築士又は木造建築士が調査することのできる家屋は、それぞれ建築士法第3条から第3条の3までに規定する建築物に該当するものとする。

(3)　「建築士の場合」の「登録番号」及び「登録を受けた都道府県名（二級建築士又は木造建築士の場合）」の欄には、建築士法第5条の2の規定により届出を行った登録番号及び当該建築士が二級建築士又は木造建築士である場合には、同法第5条第1項の規定により登録を受けた都道府県名を記載するものとする。

(4)　「建築基準適合判定資格者の場合」の「登録番号」及び「登録を受けた地方整備局等名」の欄には、建築基準法第77条の58又は第77条の60の規定により登録を受けた登録番号及び地方整備局等の名称を記載するものとする。

10　「登録住宅性能評価機関が証明を行った場合の調査を行った建築士又は建築基準適合判定資格者検定合格者」の欄には、当該家屋が認定長期優良住宅建築等計画に基づき建築された家屋であることにつき調査を行った建築士又は建築基準適合判定資格者検定合格者について、次により記載すること。

(1)　「氏名」の欄には、建築士である場合には建築士法第5条の2の規定により届出を行った氏名を、建築基準適合判定資格者検定合格者である場合には、建築基準法施行令第6条の規定により通知を受けた氏名を記載するものとする。

(2)　「建築士の場合」の「一級建築士、二級建築士又は木造建築士の別」の欄には、調査を行った建築士の免許の別に応じ、「一級建築士」、「二級建築士」又は「木造建築士」と記載するものとする。なお、一級建築士、二級建築士又は木造建築士が調査することのできる家屋は、それぞれ建築士法第3条から第3条の3までに規定する建築物に該当するものとする。

(3)　「建築士の場合」の「登録番号」及び「登録を受けた都道府県名（二級建築士又は木造建築士の場合）」の欄には、建築士法第5条の2の規定により届出を行った登録番号及び当該建築士が二級建築士又は木造建築士である場合には、同法第5条第1項の規定により登録を受けた都道府県名を記載するものとする。

(4)　「建築基準適合判定資格者検定合格者の場合」の「合格通知日付又は合格証書日付」及

資 料 編　　967

び「合格通知番号又は合格証書番号」の欄には、建築基準法施行令第6条の規定により通知を受けた日付及び合格通知番号（建築基準法の一部を改正する法律（平成10年法律第100号）附則第2条第2項の規定により建築基準適合判定資格者検定に合格したとみなされた者については、合格証書日付及び合格証書番号）を記載するものとする。

968 第 3 部

資料14 耐久性改修工事等の内容に応じて定める金額に関する告示

租税特別措置法施行令（昭和32年政令第43号）第26条の28の 5 第11項の規定に基づき，国土交通大臣が財務大臣と協議して耐久性向上改修工事等の内容に応じて定める金額を次のように定めたので，同条第12項の規定により，告示する。

　　平成29年 3 月31日　　国土交通省告示第280号
　　令和 4 年 3 月31日　　国土交通省告示第454号

租税特別措置法施行令第26条の28の 5 第11項の規定に基づき，租税特別措置法（昭和32年法律第26号）第41条の19の 3 第 4 項に規定する耐久性向上改修工事等の標準的な費用の額として国土交通大臣が財務大臣と協議して当該耐久性向上改修工事等の内容に応じて定める金額は，次の表の上欄に掲げる耐久性向上改修工事等の内容の区分に応じそれぞれ同表の中欄に定める額に，下欄の数値を乗じて得た金額（当該上欄に掲げる耐久性向上改修工事等をした家屋の当該耐久性向上改修工事等に係る部分のうちにその者の居住の用以外の用に供する部分がある場合には，当該金額に，当該耐久性向上改修工事等に要した費用の額のうちに当該居住の用に供する部分に係る当該耐久性向上改修工事等に要した費用の額の占める割合を乗じて計算した金額（当該耐久性向上改修工事等を行った家屋が一棟の家屋でその構造上区分された数戸の部分を独立して住居その他の用途に供することができるものであって，その家屋の個人がその各部分を区分所有する場合には，当該金額に，当該耐久性向上改修工事等に要した費用のうちにその者が負担する費用の割合を乗じて計算した額。）。）とする。

資 料 編　　　　　　　　　　　969

平成29年国土交通省告示第279号（以下単に「告示」という。）第２項第１号イに掲げる工事	20,900円	当該工事の箇所数
告示第２項第１号ロに掲げる工事（軒裏に通気孔を有する天井板を取り付けるものを除く。）	7,800円	当該工事の箇所数
告示第２項第１号ロに掲げる工事のうち,軒裏に通気孔を有する天井板を取り付けるもの	5,900円	当該工事の施工面積（単位　平方メートル）
告示第２項第１号ハに掲げる工事	47,400円	当該工事の箇所数
告示第２項第２号に掲げる工事	18,300円	当該工事の箇所数
告示第２項第３号に掲げる工事	14,200円	当該工事の施工面積（単位　平方メートル）
告示第２項第４号イに掲げる工事	896,900円	当該工事の箇所数
告示第２項第４号ロに掲げる工事（壁にビニルクロスを取り付けるものを除く。）	12,800円	当該工事の施工面積（単位　平方メートル）
告示第２項第４号ロに掲げる工事のうち,壁にビニルクロスを取り付けるもの	5,400円	当該工事の施工面積（単位　平方メートル）
告示第２項第４号ハに掲げる工事（床に耐水性を有するフローリングを取り付けるものを除く。）	6,600円	当該工事の施工面積（単位　平方メートル）
告示第２項第４号ハに掲げる工事のうち,床に耐水性を有するフローリングを取り付けるもの	12,000円	当該工事の施工面積（単位　平方メートル）
告示第２項第５号イに掲げる工事	2,100円	当該工事の施工面積（単位　平方メートル）
告示第２項第５号ロに掲げる工事	2,400円	当該工事の施工長さ（単位　メートル）
告示第２項第６号に掲げる工事	2,100円	当該工事の施工面積（単位　平方メートル）
告示第２項第７号イに掲げる工事	12,700円	当該工事の施工面積（単位　平方メートル）
告示第２項第７号ロに掲げる工事	1,300円	当該工事の施工面積（単位　平方メートル）
告示第２項第８号に掲げる工事	27,800円	当該工事の箇所数

第３部

資料編

資料14

告示第2項第9号に掲げる工事	3,900円	当該工事の施工長さ（単位 メートル）
告示第2項第10号イに掲げる工事	3,100円	当該工事の施工面積（単位 平方メートル）
告示第2項第10号ロに掲げる工事	12,700円	当該工事の施工面積（単位 平方メートル）
告示第2項第11号イに掲げる工事（共用の給水管を取り替えるものを除く。）	9,500円	当該工事の施工長さ（単位 メートル）
告示第2項第11号イに掲げる工事のうち，共用の給水管を取り替えるもの	32,000円	当該工事の施工長さ（単位 メートル）
告示第2項第11号ロに掲げる工事（共同住宅等の排水管を取り替えるものを除く。）	9,800円	当該工事の施工長さ（単位 メートル）
告示第2項第11号ロに掲げる工事のうち，共同住宅等の排水管（専用の排水管を除く。）を取り替えるもの	16,800円	当該工事の施工長さ（単位 メートル）
告示第2項第11号ロに掲げる工事のうち，共同住宅等の専用の排水管（施工前に他住戸等の専用部分に設置されているものを除く。）を取り替えるもの	15,600円	当該工事の施工長さ（単位 メートル）
告示第2項第11号ロに掲げる工事のうち，共同住宅等の専用の排水管（施工前に他住戸等の専用部分に設置されているものに限る。）を取り替えるもの	49,200円	当該工事の施工長さ（単位 メートル）
告示第2項第11号ハに掲げる工事のうち，開口を床（共用部の床を除く。）に設けるもの	25,000円	当該工事の箇所数
告示第2項第11号ハに掲げる工事のうち，開口を壁又は天井（共用部の壁又は天井を除く。）に設けるもの	17,700円	当該工事の箇所数
告示第2項第11号ハに掲げる工事のうち，開口を共用部の床，壁又は天井に設けるもの	51,400円	当該工事の箇所数

備考
1 「共同住宅等」とは，共同住宅，長屋その他の一戸建ての住宅（人の居住の用以外の用途に供する部分を有しないものに限る。）以外の住宅をいう。
2 「他住戸等」とは，工事を行う住戸以外の住戸その他の室（当該工事を行う住戸と一体となって使用される室を除く。）をいう。

（編者紹介）

今井慶一郎（いまい　けいいちろう）

鈴木憲太郎（すずき　けんたろう）

（執筆者一覧）

檜山　耕佑

高橋　哲平

吉田　　睦

小西　啓吾

橋本　千幸

白石　洋也

医療費控除と住宅借入金等特別控除の手引

令和 4 年12月12日　初版印刷
令和 4 年12月28日　初版発行

不　許 複　製		編　者	今　井　慶一郎 鈴　木　憲太郎
		発行者	(一財)大蔵財務協会　理事長 木　村　幸　俊

発行所　一般財団法人　大蔵財務協会

〔郵便番号　130-8585〕
東京都墨田区東駒形 1 丁目14番 1 号
TEL（販　売　部）03（3829）4141　FAX（販　売　部）03（3829）4001
　　（出版編集部）03（3829）4142　　　（出版編集部）03（3829）4005
http://www.zaikyo.or.jp

乱丁・落丁はお取替えいたします。　　　　　　　　印刷　恵友社
ISBN978-4-7547-3074-1